王安石传

崔铭 著

上

天津出版传媒集团

天津人民出版社

图书在版编目(CIP)数据

王安石传：上、下 / 崔铭著. -- 天津：天津人民
出版社，2021.10(2025.5重印)
ISBN 978-7-201-17432-7

Ⅰ.①王… Ⅱ.①崔… Ⅲ.①王安石(1021—1086)
—传记 Ⅳ.①K827=441

中国版本图书馆CIP数据核字(2021)第124272号

王安石传：上、下

WANG ANSHI ZHUAN：SHANG、XIA

出　　版	天津人民出版社	
出 版 人	刘锦泉	
地　　址	天津市和平区西康路35号康岳大厦	
邮政编码	300051	
邮购电话	(022)23332469	
电子信箱	reader@tjrmcbs.com	

责任编辑	伍绍东
营销编辑	苏　晨
封面设计	姚立扬　李晶晶
版式设计	周丽艳

印　　刷	天津新华印务有限公司
经　　销	新华书店
开　　本	880毫米×1230毫米　1/32
印　　张	23
字　　数	520千字
版次印次	2021年10月第1版　2025年5月第6次印刷
定　　价	98.00元(上、下册)

目　录

第一章

心慕稷契许身高

　　他身材魁梧，后背结实有如龟壳，头大而圆，宽阔方正的脸庞上，一双眼睛炯炯有神，当他注视你时，就像两道利箭突然射出，让人不禁受到震慑。不过，更多的时候，他总是沉浸在自己的思索中，眼睛也像他的头脑一样不停地转动。他的额角隆起，好像长着两个肉角，两眉之间距离较宽，颧骨高耸，耳长过鼻，厚实的下巴，透出倔犟与威严。左右耳根上各有三颗黑痣，脸上有些许黑褐色的斑点。

　　他的样貌曾经为全国百姓所熟知。因为，在他去世八年之后（1094），作为神宗皇帝生前最信赖的大臣，他的画像被安置在神宗庙庭，与神宗一起接受祭祀；在他去世十八年之后（1104），作为儒家学派的正统传人，他的塑像更被安置在孔庙，位列于颜回、孟子之次，直到宋理宗淳祐元年（1241）才被撤除，那时距离南宋灭亡（1279）也不过三十多年。

　　随着他生前身后地位的升沉起伏，以及随之而来的种种是非毁誉，围绕他的外貌也产生了各种不同的故事与议论。喜欢他的人认为：他天生不凡，从古老的相术中即可得到印证。据说，神宗熙宁年间（1068—1077），有位擅长看相的大臣在神宗皇帝面前品评当时朝中重臣，就说他是"牛形人，任重而道远"，又说他"牛耳虎头，视物如射，意往直行，敢当天下大事"。这个故事广为流传，至少有两部宋人笔记（《画墁录》《清波杂志》）都有记载。陆游《老学庵笔记》中则提到，另一个长于相术的河北道士贾众妙，贾道士认为他"目睛如龙"，"得龙之一体"，所以能位极人臣。讨厌他的人则试图从他的外貌找出心术不正的依据，例如《道山清话》的作者曾经引用黄庭坚的话，说他"终日目不停转"，内心躁动不安，与心如止水、"二十年来胸中未尝起一思虑"的北宋名臣范镇相对比，境界高下判然立见。不过，笔记中的引用，抽离了原有语境，将两段在不同语境下讲述的话语组合在一起，与其说表达的是黄庭坚的意思，不如说是笔记作者个人的观点。事实上，在《跋王荆公禅简》一文中，对于这位充满争

议的长辈,黄庭坚毫不掩饰地表达了自己对他的崇敬:

> 余尝熟观其风度,真视富贵如浮云,不溺于财利酒色,一世之伟
> 人也。

他个性简率,不修边幅,甚至很长时间都不沐浴,衣服脏了、旧了也不及时换洗。他的同事兼好友吴充、韩维实在看不过去,便和他相约,每隔一段时间,大家一起去定力院浴室沐浴。每次沐浴前,两位好友都会为他准备干净崭新的换洗衣物。他们将这个活动取名为"拆洗王介甫"。

对于他脸上那些黑褐色的斑点,有人曾建议道:

"您脸上有黯(qián),不妨试试用芫荽的汁液擦洗,可以去掉。"

他却不以为然:"我这是皮肤黑,不是黯。"

那人又说:"芫荽的汁液可以去黑。"

他哈哈一笑,答道:"老天生就的黑皮肤,芫荽又能拿我怎么样?"

饮食上他也极不讲究。有段时间,家里的仆人都说他酷爱吃獐肉干,夫人听说后大吃一惊,说:"老爷平日从不挑食,怎么突然就喜欢吃獐肉干了呢?你们是怎么发现的?"

仆人回答:"最近几次在外面吃饭,满桌子的菜,老爷看都不看,只盯着獐肉干吃。"

夫人想了想,说:"獐肉干是不是每次都摆在他的面前?"

仆人点头道:"是的,夫人。"

夫人说:"这就对了,明天你在他面前放一盘别的菜。"

第二天,仆人将獐肉干挪到稍远一点的地方。果然只见他埋头吃饭,专夹面前的一盘菜,根本不知道桌上还有獐肉干。

因为过于专注自己的思考,他不时还会闹出些笑话。有一次,宫里

举行赏花钓鱼宴，每位大臣面前的几案上，除了佳肴美酒之外，各放了一碟鱼饵。他竟不知不觉把鱼饵全吃光了。

这些生活小节，喜欢他的人总是津津乐道，不仅觉得无伤大雅，反而体现了一种率性自然、脱略形骸的高情逸趣。讨厌他的人则认为都是装的，恰好证明他虚伪奸诈，甚至怒斥他"衣臣虏之衣，食犬彘之食，囚首丧面，而谈诗书"，"凡事不近人情"，是"阴险狠贼"的"大奸慝"，必为"天下之患"。这些尖刻的话语出自署名苏洵的《辨奸论》，成为宋人热议的一大话题。有的人拍手称快，赞许苏洵有先见之明；有的人则不以为然，认为苏洵完全是出于个人恩怨而肆意谩骂。然而，《辨奸论》是否为苏洵所作，直到今天，学术界依然议论纷纭，没有共识。当然，即便文章作者确实是苏洵，也并不具有盖棺论定的权威性，仅仅代表一部分人的看法，就像当年苏轼公开表示痛恨"程颐之奸"，以至形于颜色，而当时以及后世的人们并不因此就认为程颐是奸人，在整个元明清时代，程颐甚至被尊为圣贤，受到人们的顶礼膜拜。

总之，本书的主人公就是这么一个性格奇特、充满争议的人物。

一、天禧五年（1021）十一月，
王安石出生在一个书香洋溢的大家庭

宋真宗天禧五年（1021）十一月十三日，王安石（字介甫）出生在临江军府治清江县（今江西省樟树市），当时他的父亲王益是临江军判官①。他是这个家庭的第三个孩子，却是王益与吴氏夫人的第一个孩子。这时

---

① 军：宋代行政区划名，与府、州、监同为路之下的地方行政单位。判官，为知军属官，职能是辅佐知军（或军使）治理本军事务。

候,他两个同父异母的哥哥安仁和安道,一个七岁,一个五岁。在此后的十多年间,家中又先后添了四个弟弟和三个妹妹。

这是一个虽清贫却温暖幸福、书香洋溢的大家庭。王益为官清正,风节凛然。他秉公执法、说一不二的性格,就连顶头上司也不免对他有几分敬畏。不过,王益回到家里,却是极为和蔼可亲。自从宋真宗大中祥符八年(1015)进士及第步入仕途,他便将父母从临川(今江西抚州市辖区)老家接到身边一起居住,此后二十余年基本上都是奉亲宦游,在父母面前"敛色下气""委曲顺承"(曾巩《尚书都官员外郎王公墓志铭》)。自己生活十分节俭,却尽可能为父母准备丰盛的饮食,没有丝毫吝惜。亲戚族人遇到难事,也总是慷慨解囊,全力相助。对于孩子们,他更是疼爱有加,不管他们如何淘气,从未生气发怒、动手打骂,总是和颜悦色、耐心教导。一有时间,他就会跟孩子们讲述"孝悌仁义之本,古今存亡治乱之所以然"(王安石《先大夫述》)。他博学多识,富于文学才华,十七岁时就曾得到宋初名臣张咏的赏识。他的一些诗词名句,直到他去世多年以后,依然被人们广为传诵。

王安石的母亲,是金溪(今江西抚州市金溪县)乌石冈吴氏家族的小姐。金溪吴家是世代诗书衣冠之家,比临川王家起家更早、文化底蕴更为深厚。吴氏夫人从小受到良好教育,博学强记,至老不倦,"其取舍是非,有人所不能及者"(曾巩《仁寿县太君吴氏墓志铭》),是一位见识超群的女性,但为人谦逊、低调,遇事喜欢征求他人意见,从不独断专行。她心地善良,性格温和,对公公婆婆十分孝顺,对王益病逝的前妻徐氏留下的两个孩子极为疼爱,曾说:"只有我爱这两个孩子胜过自己亲生儿女,家里其他人才会对他们一视同仁。"所以,她的子孙一直到长大成人,还有人不知道安仁、安道其实不是她亲生的孩子。多年后,安仁、安道英年早逝,吴氏夫人已经年迈,悲痛之余更格外疼爱两位寡居的媳妇,而且不顾自己年老体弱,亲自养育幼年失怙的孙子、孙女。对于家族中内外亲疏各种关系,她都以仁爱之心处理。甚至对于那些蛮横不讲理的讥嘲怒骂,她都能冷静处理,以礼相待,过后也绝不怀恨在心。和丈夫王益一样,她非常乐于帮助衣食不足的亲友,以至于常常使自己陷于困顿也在所不惜。尤其难能可贵的是,她对待王益前妻徐氏的家人,就像对待自己的娘家人一样。她的贤德懿行是出自天性,一切都那么自然,毫无勉强。更为重要的是,出身诗书世家的吴氏夫人,以她的胸襟和学养深深地影响了当时文化积淀仍较为薄弱的临川王家,从此以后,王家不仅名士辈出,而且女眷们也多以知书、好学、能诗而著称于世。

王安石就在这样的家庭环境里逐渐成长。整个童年和少年时代,他跟随父亲宦游四方,从清江(今江西樟树)到新淦(今江西新干),到庐陵(今江西吉安),再到新繁(今属四川成都)。对于这段不同寻常的经历,后来有人附会出一个神奇的故事。据说,当时蜀道上有一座梓潼神祠,十分灵异。士大夫从这里路过,如果遇上风雨,将来必定位至宰相;赶考的书生从这里路过,如果遇上风雨,必定能考上状元。这一年,有位姓王的提刑路过,刚好遇上大风雨,王提刑以为风雨为自己而发,心中颇感自负,过后却并未应验。那年,王安石才八九岁,正随父亲从新繁知县离任进京,和王提刑一行在神祠相遇。四十多年后,人们才恍然大悟,原来这场大风雨竟应验在童年王安石身上!

宋仁宗天圣八年(1030),王益以殿中丞知韶州[①](今广东韶关)。此时,王安石已经十岁。韶州地处岭南,北岭峭险,南谷平易,土旷人稀,风俗淳朴,在宋代尚属偏远蛮荒之地。不过,对于年少的王安石来说,满眼所见却只有新奇和有趣。那奇峻险怪、巨石高耸对峙有如城阙门楼的韶

①宋代官制分为"官""职"(殿阁职称,如某某殿学士)和"差遣"三种,前两种是虚位,不任实职,主要标志俸禄等级和位阶,只有差遣才是实际职务。殿中丞是"官",文臣寄禄官阶,从五品上。知韶州,是"差遣",即韶州知州,主掌韶州军、民之政。

石山,那水波汹涌、抱城回曲而流、倒映着赤壁丹崖的美丽曲江,以及舜帝南巡登山石演奏《韶》乐而使万山动容的神奇传说,无不给他留下难以磨灭的印象。在以后的岁月中,他一次又一次在诗中书写道:

怪石巉巉上沆寥(xuè liáo,指清朗的天空),昔人于此奏箫韶。

——王安石《送崔左藏之广东》

沄沄(yún,水波汹涌)曲江水,天借九秋色。楼台飞半空,秀色盘韶石。

——王安石《送子思兄参惠州军》

在他的记忆中,韶州完全不是一般古代文人笔下鄙陋荒远、疾病丛生的瘴疠之地,简直就是物产丰饶、人杰地灵的世间乐土:

水清但见嘉鱼出,风暖何曾毒草摇。

——王安石《送崔左藏之广东》

韶山秀拔江清泻,气象还能出缙绅。

——王安石《贵州虞部使君访及道旧窃有感恻因成小诗》

他深情追忆在韶州度过的岁月和那曾经熟悉的山山水水,虽然鬓发已白,但依然不能忘怀。他揣想,父亲当年属下的小吏也一定还记得他这个在州府衙门里出出进进的好奇男孩:

我方文葆(即"文褓",绣花的襁褓)中,旋逐旌旗迹。去思今岂忘?

耳目熟遗迹。吏含殷勤言,俯仰问乖隔。当时府中儿,侵寻鬓边白。

——王安石《送子思兄参惠州军》

当然,令他最难忘也最自豪的,是父亲王益在韶州的出色政绩。在《先大夫述》中,他主要记述了三件事情。第一是移风易俗,通过行政和刑法措施,使当地老百姓改变"无男女之别"、渎乱人伦的原始野蛮风气。这件事被当时著名的教育家胡瑗作为施政典范编入教材,教导诸生。第二是不谈怪力乱神,不接受阿谀逢迎。韶州下属的翁源县多虎,常有伤人事件发生。王益督促县令组织人马进行围捕。政令下达不久,便有山民报告,有五只老虎自然死亡。县令叫人将虎头砍下,组织了报喜队,一路吹吹打打将虎头抬到州府衙门,并亲自写了一篇颂词献上,歌颂王益的德政连山中老虎也受到感化。王益先叫抬虎头的人统统退下,然后将那篇充满浮华言辞的颂词退还给县令,谆谆告诫他要踏实做事,以政绩来赢得上级的认可。第三是平息叛乱。当时,驻守韶州的五百名来自蜀地的士兵,因为替换他们轮戍的士兵迟迟未到,心生不满,图谋叛乱。得知这一消息,州府上下都极为恐慌,只有王益镇定自若。他以迅雷不及掩耳之势,派人逮捕了为首的五人,使叛军陷入群龙无首的状态。随即升堂判案,判处五名首犯流放,立即押送出韶州地界。刚开始,对于王益这一决定,其他州府官员都不赞成,他们认为应先将这五人送监狱看管,再慢慢审理。后来听说,叛军同伙计划深夜劫狱再次叛乱,假如当初将这五个首犯押在监狱,后果将不堪设想。因此,众人都佩服王益深谋远虑,有先见之明。对于首犯、要犯,果断处置,绝不手软,对于其他从犯,则以说服教育为主。恩威并用,仁治与法治兼施,是王益施政的突出特点。在他担任韶州知州的两三年间,军营、驿馆、仓库、街道,或新建,或修缮一新,各种政务也都处理得井井有条。当地的长者说,自从朝廷在岭南设置州府,历任知州没有谁比王大人更贤能了！在《送子思兄参惠州军》一诗中，王安石还描述了父亲王益在韶州发展文化教育事业所带来的盛况：

> 载酒填里间，吹花换朝夕。笙箫震河汉，锦绣烂冠帻。地灵瘴疠绝，人物倾南极。先朝有名臣，卧理讼随息。稍稍延诸生，谈笑顾宾客。

西汉大学问家扬雄嗜好饮酒，"时有好事者载酒肴从游学"（《汉书·扬雄传》）。在韶州的街巷和乡村，这种登门求教的景象随处可见，勤奋向学的士子们聚在一起，吹花嚼蕊，仔细推敲诗文的声律、辞藻，就这样送走一个又一个平静美好的日子。在一些重要的节庆祭典上，悦耳的笙箫雅乐响彻云霄，府学诸生身着灿烂的锦绣冠服行礼如仪。虽然这里是远离汴京的南方小州，但一样人杰地灵，让人闻之色变的瘴疠之气已经消逝无踪。这一切都是因为其敬爱的父亲，他是前朝的一代名臣，凭着仁德与干才，轻轻松松便将朝廷托付给他的这方土地治理得政通人和。政务之暇，他与慕名而来的士子才人畅谈古今，纵论天下……

父亲的治政理念和干练作风对王安石有着深刻影响，在他进士及第、步入仕途之后，我们常常可以从他的政治言论和施政措施中聆听到这种影响所发出的阵阵回声。

二、少年王安石只想有朝一日
用诗赋博取功名利禄

宋仁宗明道二年（1033），祖父王用之去世，享年七十五岁。父亲王益依例解职，率领全家匆匆北归，在故乡临川丁忧守制。这一年王安石十三岁。

临川是一座历史悠久的古城,自隋唐至宋朝,一直是抚州州治所在。城中地势东高西低,三面环水,五座山峰雄峙其中。城东高丘,左临溪水,汝水由南而来,向北流淌,和临水合并为赣江的上游抚河。因此,抚州城东面便以溪水作为护城河。

王安石的家在城东的高丘上。从王家再往东走约百步,有一座道观,名大中祥符观。这座道观,靠溪而建,站在观前纵目远眺,东南山水尽收眼底。王安石经常和家中长辈到大中祥符观游玩,他特别喜欢这里的优美风景。离王家不远处是一座临水的城门,往来盐船都在这里卸货,所以称为盐步门。临川郡学也在附近靠近城墙的地方。郡学门庭之间有一个长方形水池,池水深而不广,旱暵不竭。当地人传说,东晋时期著名书法家王羲之曾在这里"临池学书,池水尽黑"(曾巩《墨池记》)。因为"书圣"的关系,水池也颇有了几分灵气。每到乡试之时,如果有人看到"墨汁点滴如泼,出于水面"(吴曾《能改斋漫录》),那么第二年春天,本州一定会有人考中进士。另一种说法更加神乎其神:出于水面的并不只是墨汁点滴,而是一条形似蜥蜴的墨龙(《明一统志》)。州衙公署西侧的花园名叫金柅园,园内广植奇花异卉,建有瀛洲亭等亭台楼阁,园中景色为一郡之冠。王安石和兄弟姐妹们经常在这些地方玩耍。多年以后,他曾在一首集句诗①中引用同乡前辈晏殊的诗句"临川楼上柅园中"(王安石《送吴显道》);又曾嘱咐前往江西饶州任职的弟弟"为我聊寻逸少(王羲之字逸少)池"(王安石《送和甫奉使江南》)。不过,他最喜欢、最难忘的则是乌石冈。

---

①集句诗:又称集锦诗。是从已有的不同诗篇中选取现成的诗句,通过重新组合构成内容完整、格律谨严的新诗作。写作集句诗,作者需博闻强记、融会贯通。王安石极擅长写作此类诗歌。

乌石冈属抚州金溪县,距离临川三十里,王安石外婆家住在那里。那时候,外婆已经年过花甲,但行为举止仍谦逊有礼,就像一位刚出嫁的新媳妇。她性格沉静平和,言语轻柔而庄重,好读书史,能把握要义,相夫教子,十分贤惠。老人家平时从不卖弄学问,即便是同族中人也都不知道她通晓书史,唯独喜欢跟这位聪明好学的小外孙谈古论今。王安石也很喜欢和外婆聊天,外婆的博学,常常让他惊叹不已。

从临川到乌石冈,山环水绕,紫荆夹道的小路,绵延曲折,好像在水云间穿梭。在往返于自家与外婆家的路上,年少的王安石常常一边吟诵着诗篇,一边欣赏着美丽的风景,感到无比惬意:

乌石冈边缭绕山,紫荆细径水云间。吹花嚼蕊常来往,只有春风似我闲。

——王安石《乌石》

乌石冈上那成片成片的红杜鹃,也曾点缀过他无忧无虑的少年时光:

乌石冈头踯躅红,东江柳色涨春风。物华人意曾相值,永日留连草莽中。

——王安石《杂咏》

外婆家附近,还有一座高二里、周回五里的柘冈,冈上长满了辛夷树,景色幽美,王安石时常在冈上的小屋里读书,看那雪白的辛夷花在风中飘落:

柘冈西路花如雪,回首春风最可怜。

——王安石《柘冈》

试问春风何处好? 辛夷如雪柘冈西。

——王安石《乌塘》

在临川的两年多,是他记忆中最快乐、自在的时光,也是求知欲与自信心不断增长的时期。他恃才傲物,桀骜不驯,尽情地挥洒着天赋与才情。而且,当时真宗皇帝的《劝学诗》早已深入人心,所谓"书中自有黄金屋""书中自有颜如玉"的知识观念,弥漫整个社会。在此氛围下,王安石也渐渐形成了以文章优劣为向背、以知识学问为工具、以赢取功名利禄为目标的世俗追求。至于儒家经典中究心仁义、持己守正的一面,则几乎只是书本上的文字,于他并无切身感受。因此,父亲和舅父常常批评他治学之志不纯,但知"为人之学",不务"为己之学",而锋芒毕露、好胜争名的他却并不以为意。

十年后,当他回顾这段岁月时,虽然带着一种超越过去的自我审视和检讨的眼光,但字里行间依然有一种无法抑制的飞扬意兴:

忆昨此地相逢时,春入穷谷多芳菲。短垣囷囷(qūn qūn,曲折回旋的样子)冠翠岭,蹁躚万树红相围。幽花媚草错杂出,黄蜂白蝶参差飞。此时少壮自负恃,意气与日争光辉。乘闲弄笔戏春色,脱略不省旁人讥。坐欲持此博轩冕,肯言孔孟犹寒饥。

——王安石《忆昨诗示诸外弟》

回想当年与表弟们在这里初次相见,正是春回大地、芳草满谷的美丽季节。翠绿的山岗上环绕着曲折的短墙,成千上万树红艳艳的杜鹃花在四处开放。黄色的蜜蜂和白色的蝴蝶,成群结队,在各种各样闲静美丽的花草间飞来飞去。那时候的王安石,年少气盛,凭着一点小聪明,就以为自己可以与天地比高、与日月争辉。读书之暇,逞才使气,舞文弄墨,写一些无病呻吟的伤春惜春之作,自以为是,完全不在意别人的嘲笑和讥刺。只想有朝一日用诗赋博取个人的功名利禄,根本没有将孔孟等圣贤修己安人、立身行道的教诲放在心上。

有一天,舅舅家来了一位小客人,名叫方仲永,是金溪县有名的神童。他出身于世代种地的农家,家里没有一个读书人。仲永长到五岁,还从没见过读书写字的笔墨纸砚,却突然哭着闹着要父母帮他买。他的父亲觉得奇怪,于是到附近读书人家里借来给他。没想到仲永接过纸笔,立即写了四句诗,并署上自己的名字。诗歌表达了他奉养父母、团结族人、振兴家道的志向。家人把这首诗拿给乡里的读书人看,没有不感到惊叹的。从此,不管是谁指着某件东西让他作诗,他都能立即写出来,而且文采和道理都有值得欣赏的地方。这件事一传十,十传百,整个县里的人都知道了。大家都觉得很奇特,渐渐地人们便以贵宾的礼节接待仲永的父亲,有的还出钱请仲永作诗。仲永的父亲非常高兴,于是每天带着仲永到处拜访县里的有钱人,赚取酒食、钱财,而没有送他去读书。

王安石早就听父母谈论过这个奇特的小孩,非常好奇,而且听说仲永跟自己年纪相仿,更生出一番比试之心。因此,得知消息之后,他立即赶到舅舅的书房,这时,仲永父子已经在座。舅舅出了道题目,仲永思索了一会儿,提笔写下一首诗。王安石读过之后,却不免有些失望:为什么大家都说他是神童呢?这诗可写得不怎么样啊,我比他写得好多了!想到这里,嘴角不自觉地浮上一丝轻蔑而自得的微笑。

仲永父子走了之后,父亲和舅舅都非常感慨,他们说:"仲永五岁时写的诗比现在好多了！一般人都是越写越好，为什么他反而越写越差呢？关键还是因为他父亲只知让仲永以诗歌文章博取些蝇头小利，而不懂得培养教育这样一个难得的人才。像仲永这样生而知之的神童，不好好读书尚且不行，何况我们这些普通人呢?"长辈们看似无心的议论，王安石却是听者有意。对于自己之前的自满和自得，他忽然觉得有些惭愧。

宋仁宗景祐二年(1035)五月，南方边境发生叛乱，边民先后攻占高州(今广东高州)、窦州(今广东信宜)、雷州(今广东雷州)和化州(今广东化州)，朝廷下令桂州(今广西桂林)、广州(今广东广州)二州联合出兵讨伐。抚州位于闽广要冲，是中原前往南部边境的必经之路。于是，自夏至秋，传递军情的邮车驿骑络绎不绝，在临川城里城外穿梭而过，平添了几许紧张不安的气氛。十五岁的王安石在这种氛围影响下，内心也隐隐地生出了一些从未有过的忧思和担当天下兴亡的渴望。

一天，他正在书房读书，窗外又传来急促的马蹄声，他废书长叹，起身来到窗前，但见秋阴惨淡，绿树昏暝，送信的使者正快马加鞭自东向西飞奔。忽然，他深深地感到自己一直只是沉浸在个人的小小天地中，流连光景，寻愁觅恨，消磨了一天又一天宝贵时光，却从没好好思考过人生的意义与价值，于是提笔写道：

> 惨惨秋阴绿树昏，荒城高处闭柴门。愁消日月忘身世，静对溪山忆酒樽。南去干戈何日解，东来驲(rì，古代驿站用来送信的车)骑此时奔。谁将天下安危事，一把诗书子细论。
>
> ——王安石《闲居遣兴》

这是王安石现存最早的诗作，可以说是他步入青春期的一个仅存的标志。随着自我意识的觉醒，人生价值与社会角色等问题开始萦绕于他的脑海:我是个什么人?我过去是怎样的?我将来要成为什么样的人?生命的意义究竟是什么?这一系列问题将困扰他很长一段时间,使他不复有年少无知时那般单纯无瑕的快乐。

三、通过苦苦思索,王安石确立了
超越世俗价值观的人生目标

时间过得很快,转眼就到了景祐三年(1036)。王益免丧进京补官,王安石随行。此时,他依然处在青春期的忧郁中。虽然是第一次来到汴京,但这个全国最大、最繁华的城市并没有给他留下什么好印象,只觉得漫天灰尘,嘈杂喧闹。大大小小的官员,风餐露宿,奔波在滚滚红尘之中,耳目之间,尽是叹老嗟卑之声,争利逐名之态,真所谓"天下熙熙,皆为利来;天下攘攘,皆为利往"(《史记·货殖列传》)。被个人名利所裹挟的人们,竟是如此的可悲亦复可怜!这就是自己从小追求的功名利禄吗?他的心中忽然感觉到一阵空虚和苍白,在秋风萧瑟的汴京城郊,几句歌词飘过脑海:

> 长安古道马迟迟,高柳乱蝉嘶。夕阳鸟外,秋风原上,目断四天垂。
>
> ——柳永《少年游》

苍茫天宇之下,悠悠岁月之中,长安道上多少人满怀希望而来,又有多少人或志得意满、或黯然失意而去?然而,在广袤的天地宇宙间,得意和失意都不过是梦幻泡影。这位异乡的少年,徘徊秋野,愁思难解。

第二年春天,任命发布,王益通判江宁府①(今江苏南京)。王安石终于松了一口气,总算可以离开这座他不喜欢的城市了!

景祐四年(1037)初夏四月,他们一家抵达江宁。江宁地处长江下游,物产丰饶,景色秀丽,还是著名的六朝古都,素有"江南佳丽地,金陵帝王州"(南朝谢朓诗句)的美誉。这时候,王安石十七岁。他不再像在临川一样,放学之后即呼朋引伴,睁着一双好奇的眼睛四处游逛,而是独自待在家里,苦苦思索着人生的大问题。看起来光鲜亮丽、眩人眼目的功名利禄,本质上也不过如蜗角蝇头一般卑琐不足道,终将被岁月的波涛涤荡得无影无踪。那么,人生的价值究竟是什么?如何才能跳脱碌碌终身而老无所归的生命黑洞?

他回想父亲和舅父润物无声般的长期教导,反复诵读那些早已烂熟于心的经典著作。孔子说:"古之学者为己,今之学者为人。"(《论语》)为己即是建立自我,其所学所知,"入乎耳,着乎心,布乎四体,形乎动静"(《荀子》),学成之日,言行举止皆可为世法则;为人则是成就功名,其所学所知,"入乎耳,出乎口"(《荀子》),难免沦为炫耀的资本、图利的工具。儒学虽是入世之学,主张有为于世、建功于外,但"物有本末,事有终始,知所先后,则近道矣"(《礼记·大学》)。为己是学者之本,为人是学者之末。因此,学者必先为己,为己有余,自然便可以不期为人而自能为人。在建立自我的基础上,自然而然成就功名,这便是稷、契、伊、周②等古代圣贤以德服人、德泽天下的奥妙所在。如果问学之初,"其道未足以为己,而其志已在于为人"(王安石《杨墨》),则可谓"谬用其心"。

---

① 通判:官名,与知州同一级别,凡本州公事,与知州共同签署。通判江宁府,即担任江宁府通判。府:地方政区,与州同级,但地位略高。
② 稷(jì)、契(xiè):传说中尧舜时期的贤臣。稷主管农业,教会人类耕种五谷。契掌管民治。伊、周:商伊尹和西周周公旦,两人都曾摄政。

冥思苦想中，他忽然跳了起来：

"时光飞逝，昼夜不息，应该追随稷、契之后，像他们一样修养德性，建立自我！"

他终于从苦闷中走了出来，重新迸发出读书的热情。从此，他婉拒了一切娱乐活动和礼节性应酬，枯坐书斋，心无旁骛。因为过于集中精力读书，很长时间都忘了打扫书房，墙根下甚至长出了虫子。不过，现在他读书的目的不再是为了让自己的文章写得更漂亮，也不再是为了将来可以考取功名，而是意识到了圣贤经典的内在价值，希望通过深研细读，获得"用心于内，不求于外"（王安石《答龚深父书》）的立本、立大、务内的自我修养功夫，成就圣贤式的人格，成为一个"居天下之广居，立天下之正位，行天下之大道，得志与民由之，不得志独行其道，富贵不能淫，贫贱不能移，威武不能屈"（《孟子·滕文公下》）的大丈夫！后来，他在诗中这样描述自己的心路历程：

> 丙子从亲走京国，浮尘坌（bèn，尘埃）并缁（zī，黑色）人衣。明年亲作建昌（当作"建康"。江宁古称建康）吏，四月挽船江上矶。端居感慨忽自寤，青天闪烁无停晖。男儿少壮不树立，挟此穷老将安归？吟哦图书谢庆吊（庆贺与吊慰，指各种人际应酬），坐室寂寞生伊威（虫名）。材疏命贱不自揣，欲与稷契遐相希（相望）。

——王安石《忆昨诗示诸外弟》

在不舍昼夜的勤学苦思中，既有融会贯通、体会亲切的喜悦，亦有浩瀚无垠、难以把握的惶惑。无论是喜是惑，都更激发他深入钻研的决心，以至于常常进入到忘我的状态。几年后，在《上张太博书》中，他回忆道：

某愚不识事务之变,而独古人是信。闻古有尧舜也者,其道大中至正,常行之道也。得其书,闭门而读之,不知忧乐之存乎己也。穿贯上下,浸淫其中,小之为无间,大之为无崖岸,要将一穷之而已矣。

他废寝忘食、矢志求道,试图依据经典探寻古圣先贤的大中至正之道,在潜移默化中,使自己逐渐摆脱物欲名利的诱惑,"不淫耳目于声色玩好之物"(王安石《进戒疏》),精于用志,明于见理,形成自断、自主、自信的人格力量,不随俗浮沉,与世俯仰,不以众人的意见为意见,只以真理为依归。

然而,天有不测风云。正当王安石潜心攻读、乐在其中之际,宝元二年(1039)春,父亲王益身染重病,于二月二十三日不幸去世,年仅四十六岁。这时,王安石最小的弟弟王安上还在襁褓之中,而祖母谢氏则已七十五岁高龄。一家人顿时陷入巨大的悲痛之中:

旻天(mín tiān,苍天)一朝畀(bì,给予)以祸,先子泯没予谁依。精神流离肝肺绝,眦(zì,眼角)血被面无时晞(xī,干)。母兄呱呱泣相守,三载厌食钟山薇。

——王安石《忆昨诗示诸外弟》

他仰望苍天,俯叩大地,不知道为什么要强加给他们全家这样的飞来横祸?父亲去世了,家中的顶梁柱没有了,从今往后,他该依靠谁呢?在迷茫困惑之际,再也没有人给予他亲切有效的指点,再也不会有他们父子对饮的温馨场景!他心神涣散,肝胆俱裂,日以继夜地悲伤哭泣,使双眼严重充血,血泪相和流,没有一刻停止。

除了精神上无法忍受的伤痛,摆在面前的还有现实的困境。王家素无基业,主要依靠王益的俸禄维持全家生计。如今,父亲不在了,也就意味着家中失去了唯一的经济来源。他们没有能力安葬父亲,更没有能力扶柩还乡。王安石与母亲、哥哥商量之后,决定留在江宁,将父亲的灵柩暂时殡寄在寺庙,一家人先靠着父亲留下的微薄存款勉强度日,等到服丧期满,再做打算。

四、为了担当起养家的重任,
王安石不得不投身举业

父亲去世,家道不济,十九岁的王安石不得不直面赡亲养家的重任。对于仕宦之家的子弟,科举无疑是最好也是最重要的出路。他又一次陷入激烈的内心冲突。首先,建立自我,希圣希贤的"为己之学"才刚刚开始,他不愿违背心愿匆匆涉足场屋,追逐功名利禄;其次,"古之时,士之在下者无求于上;上之人日汲汲唯恐一士之失也"(王安石《进说》),可见,即便学问粗成,依照上古成法,士人也不应枉己自进。可是,时代不同了,古今情势也完全不一样。上古实行井田制,没有担任官职的士人,朝廷也会给他一份土地,足以使父母妻子过上丰裕无忧的生活。那时学校遍及海内,无论出游或是在家,都可在学校与他人相师相友,切磋琢磨,弦歌自乐。潜移默化中,德行日趋完美,才华日益齐备。士人守义行道,无需自进,同时又确保了朝廷选贤任能的需求。而今天,这样的养士条件全都不复存在,"舍为仕进,则无以自生"(王安石《答张几书》)。枉己自进固然不合古制,但确实是现实逼迫下不得已的选择。士人如果不主动求取功名,而试图通过其他手段养家糊口,难免会做出比枉己自进更加违背道义的事情。而且,在现有制度下,即便"豪杰不世出之士",倘若不参加科举考试,也不会得到朝廷任用;即便参加科举考试,倘若答题不符合考官的标准,也不会被录取。因此,不"自进"就等于"不进",既有损于士人经邦济世的古道,也不利于国家现实政治的正常运转。就这样,经过反复的内心拷问,王安石逐渐说服自己:生为本朝士人,自主求进,乃是情势所迫,并非"不如古之士自重以有耻"(王安石《进说》)。他强迫自己暂时放下相希稷契的人生理想,投身举业。在"学"与"仕"的矛盾冲突中,无可奈何做出的选择,成为他内心最大的遗憾和最深的羞愧,在此后的岁月,他无数次喟然感慨:

> 辍学以从仕,仕非吾本谋。欲归谅不能,非敢忘林丘。临餐耻苟得,冀以尽心酬。万事等画墁(在新粉刷的墙壁上乱画。比喻劳而无用),虽勤亦何收?扬扬古之人,彼职乃无忧。感子抚我厚,欲言只惭羞。
>
> ——王安石《答虞醇翁》

> 中不幸而失先人,母老弟弱,衣穿食单,有寒饿之疾,始怃然欲出仕。
>
> ——王安石《上张太博书》

> 仕初有志于养亲,学遂不专于为己。
>
> ——王安石《除知制诰谢表》

虽然深感痛惜,但既已做出决定,就当全力以赴。为了能尽快考上进士,步入仕途,王安石和哥哥安仁、安道一起,进入江宁府学,专心修习举业。

桃李石城坞,饷田三月时。柴门常自闭,花发少人知。

——王安石《杂咏》

桃李芬芳的春天,王安石无暇看一眼屋外的春光,一头扎进书海笔阵,以他特有的专注和韧性,钻研诗、赋、策、论等科场文体,揣摩当时文坛风尚,很快就成为江宁府学出类拔萃的学生。读书过目不忘,作文动笔如飞,"初若不经意,既成,见者皆服其精妙"(《宋史·王安石传》)。不过,真正能带给他心灵愉悦的依然是上古三代的圣贤之作。因此,他每天都会抽些时间进行阅读,作为对自己的补偿和慰藉。他最为用心的是儒家经典,但也并不自我设限,诸子百家之书亦无所不读。遗憾的是,心有所感时却无人可以交流。放眼周围,在偌大的江宁府学,几乎人人都陷溺于科场程文,缺少向上一路的精神追求,这使他常常有一种独学无友的寂寞和忧虑。每当心中苦闷,他便独自前往殡寄父亲灵柩的证圣寺,在父亲棺椁前默默地坐上一两个时辰。他是多么渴望能够遇到志趣相投的学友啊!几年后,他追述当时的心迹:

初予既孤,寄金陵家焉,从二兄入学为诸生,常感古人汲汲于友,以相镌切,以入于道德。予材性生古人下,学又不能力,又不得友以相镌切,以入于道德,予其或者归为涂之人而已邪?为此忧惧。

——王安石《李通叔哀辞》

孔子说:"益者三友,损者三友。友直,友谅,友多闻,益矣。友便辟,友善柔,友便佞,损矣。"孟子说:"一乡之善士斯友一乡之善士,一国之善士斯友一国之善士,天下之善士斯友天下之善士。以友天下之善士为未足,又尚论古之人。"可见,古人是多么重视友朋间的切磋砥砺!
王安石觉得,自己无论是天性禀赋,还是学习刻苦努力程度,都比不上
古代圣贤,假如再没有正直、诚实、博学多闻的好友互相帮助、彼此督
促,他担心自己最终会不知不觉滑入世俗的泥淖而碌碌终老。

就在这时,一位名叫李不疑的同学引起了他的注意。不疑字通叔,
福州闽县人,他眉目清明,容色蔼然,有一种儒雅的君子气度。与他交
谈,更是温厚坦荡,真挚恳切。再读他的文章,无论是内容还是语词风
格,都深得古圣先贤经典的陶冶,雅正淳至,好像完全没有受到过近代以
来浮薄虚华的世风与文风的影响。和通叔相处,王安石感觉自己的放纵
散漫之心不知不觉就收敛了,身上的邪僻不正之气也不知不觉消退了。
结交到这样一位难得的朋友,真有如获至宝之感,独学无友的寂寞与忧
虑豁然而解!为了表达自己喜得益友的欢悦之情,他写了一首《太阿》诗
送给通叔,通叔也回赠给他一首《双松》诗。两首互赠诗作,表达了一个
共同的感受:他们彼此气类相投,正是期待已久的道友!自从和通叔订
交之后,不仅能时时得到朋友坦诚的劝勉,而且通过观察朋友的行为举
止,也同样获益良多。王安石更加有信心追攀先圣,相信自己终有一天
可以策马驰入圣人户庭,登堂入室!

在江宁府学期间,王安石还结交了另外一位朋友,名叫马仲舒。和
李不疑相反,他几乎可以说是一名差生。仲舒字汉臣,合肥人。他的父
亲在江南东路拔发司工作,负责督管运送京师的各项物资,家人也随同
一起住在江宁。因此,依照朝廷相关规定,汉臣就近在江宁府学读书。
他年纪比一般同学都大,已经二十三岁,比王安石大了四岁。他自幼备
受宠爱,长大后爱酒好色,言语轻薄、浮夸。父母为此很伤脑筋,却又
舍不得过分严厉地教导。不过,汉臣也并非一无是处,他仗义疏财,急人所
难,无所顾惜。在同学中,汉臣最敬慕的是王安石,所以主动和他接近。

王安石也觉得汉臣本质纯良,只是从小被父母溺爱,落下这些坏毛病。于是,常常用儒家的礼仪法度开导他。不久,汉臣果然痛自悔悟,从此自我严格约束,一心要做个懂礼守法的人。在王安石的耐心帮助下,他认真学习写作科举应试的诗文,几个月后便辞章粲然,完全符合法式规范。平时,王安石对待汉臣就像弟弟对待兄长,而汉臣对待王安石却像弟子对待老师。

　　和志同道合、相亲相睦的朋友同窗共读,枯燥的备考生涯也变得适意自在,三年很快就过去了。庆历元年(1041)四月,朝廷发布了一系列有关科举选拔的利好消息:第一,曾经两次以上参加科举考试的生员,可不经解试①,直接获得进京参加省试的机会;第二,"诸州解额不及十人者,增五人;十人以上,增三人"(李焘《续资治通鉴长编》)。消息传来,府学生员们兴奋异常,个个摩拳擦掌,跃跃欲试。五月末,王安石守丧期满。按照规定,他既可选择在江宁参加解试,也可选择回临川,或者去汴京国子监参加解试。考虑到国子监解额较高,王安石决定前往汴京取解。在《与徐贤良书》中,他说:"从是北征,计在旬月。"夏末秋初,王安石带着家人的期望踏上征程,和他一同出发的还有李不疑、马仲舒等好友。

　　属闻降诏起群彦(有才有德之人),遂自下国趋王畿。刻章琢句献天子,钓取薄禄欢庭闱(内舍,多指父母的居处,这里代指母亲)。

——王安石《忆昨诗示诸外弟》

<hr>

　　① 宋代科举考试实行三级考试制:解试(由州、府或国子监主持的考试)、省试(由礼部主持的考试,又称礼部试)、殿试。解额:即解试录取名额。

五、庆历二年（1042）三月，王安石以第四名进士及第

当时的进士考试沿袭唐人以诗赋取士的传统，侧重文章之学，主要考察运用语言文字的能力与技巧，与王安石潜心儒学、步追圣道的志趣并不相投，但迫于家庭的现实困境，他不得不全力以赴投入这"刻章琢句"的文字游戏，以便获取功名利禄，为母亲分忧解难。

国子监的解试在秋高气爽的八月举行，王安石首场告捷，顺利取得"贡生"资格。但他不敢松懈，一边办理相关应试手续，如填写家状、保状等各式表格文件，一边继续埋头温课，专心致志准备来年正月的省试。

经过省试四场考试的分场淘汰和殿试的最后复试，庆历二年（1042）三月，仁宗皇帝亲临崇政殿，拆号、唱名，公布录取名单，分三个等级：其中进士及第（又称一甲或甲科，即一等）二百三十七人，进士出身（又称二甲或乙科，即二等）一百二十二人，同进士出身（又称三甲或丙科，即三等）七十三人，总共录取四百三十二人。王安石名列一甲第四名。唱名仪式隆重而热烈，每位新进士均获得皇帝赐予的绿襴袍、白简、黄衬衫，状元等三人又获赐酒食五盏，其余人各赐泡饭。最后，前三名代表全体新进士敬献谢恩诗。

唱名仪式之后，新进士们换上御赐新衣，骑上骏马，手持丝鞭，在宫中侍卫和亲朋好友的簇拥下打马游街，"黄旗杂沓，多至数十百面，各书诗句于上"（周密《武林旧事》）。汴京城里万人空巷，争相一睹新进士风采。游街的队伍从崇政殿出发，到设在礼部贡院前面的期集所（新科进士聚会的地方）停止。期集所周围，"豪家贵邸，竞列彩幕"（周密《武林旧

事》），专门打探那些年少而尚未成家的新进士，以便择为女婿，这就是宋代有名的"榜下捉婿"的习俗。王安石早已秉承父母之命与吴氏表妹定亲，对于这些热情的择婿者自然是一律婉谢。十天之后，新进士们依例上朝叩谢皇恩。又过了几天，便是拜黄甲，叙同年。"黄甲"是指礼部正式下达的进士及第者名单，用黄纸书写，故称"黄甲"。拜黄甲的这天，贡院设香案于庭下，置黄甲于案中，新科状元率领全体新进士，在礼部官员的主持和引导下望阙叩拜。拜完黄甲，便是叙同年之谊。同一年考上的进士互称同年。大家东西相向而立，四十岁以上的立于东廊，四十岁以下的立于西廊，彼此恭敬相对再拜。然后，择本榜年纪最长的一名，状元拜之；又择年纪最小的一名，拜状元。又过了几天，新进士们齐集国子监，谒谢先圣先师。朝廷于琼林苑赐闻喜宴，侍从以上官员、三馆（昭文馆、集贤院、史馆）学士皆与会，由知举官①主持。

接下来，又是一系列的拜谢活动。除了拜谢以知举官为代表的全体考官，还要拜谢朝中重臣。当时，王安石的同乡前辈晏殊为枢密使②，仁宗命前十名新进士前往拜谢。等众人告退时，晏殊将王安石单独留下来，再三说：

"我们是同乡，乡人对你的德行、才华都有很高评价，我早有耳闻。本人备位执政，而同乡贤俊得中高第，我亦与有荣焉！"

并约王安石于休沐日③到私第小聚，设宴款待。席间，晏殊多次表达对王安石的赞叹之情，并说：

"日后你定会做到我如今的位置。"

---

① 知举官，即礼部试主考官，其正式差遣名为"知礼部贡举事"。宋代贡举试，临时差遣翰林学士等朝官领贡举事，知举官之下或设"同知"，资历稍浅者称"权知贡举"。

② 枢密使：最高军事机构枢密院长官。枢密院与中书并称二府，分掌军政与民政。

③ 休沐日：宋代百官每月初十、二十日、三十日休假，称"休沐日"。

最后，晏殊送给他两句话："能容于物，物亦容矣。"

对于晏殊的教导，王安石出于礼貌勉强应承，心中却并不以为然。此时，他对自我的人格境界以及人生目标都有着极高的期许，认为晏殊所教不过是顺应世俗的官场生存法则，所以，回到旅店之后便对同舍好友感叹道：

"晏公是朝中大臣，却教人如何适应官场，格局未免太小，境界也实在太低。"

直到三十多年后，他退居金陵，和弟弟安礼（字和甫）谈及此事，才恍然惊觉晏殊善于识人，只是浅浅的几次交往，即已洞悉了自己个性中的弱点，他感叹道：

"当时我大不以为然。可是，回顾自己八年执政，平生交友，人人与我为敌，不能保其始终。今日思之，不知晏公何以知之？"

另外，据宋人王铚《默记》记载，这次科考录取，还有一段小小的插曲。正式录取前，考官们为慎重起见，将排名第一的试卷进呈给仁宗。仁宗浏览一过，看到其中"孺子其朋"一语，便有些不高兴，说：

"此话触犯忌讳，不可做状元。"

原来，仁宗看的正是王安石的卷子。"孺子其朋"一语出自《尚书·周书·洛诰》，是周公对成王的告诫，意思是："孩子，你要谨慎对待朋党。"作为一名年轻士子，王安石在考卷中借用此语规谏朝政，俨然以帝王之师自命，仁宗认为有失妥当，于是将其降格为第四名，就这样与状元擦肩而过。

这件事情传出之后，人们无不为王安石扼腕叹息，而他自己却丝毫不以为意，因为他早已确立了超越一般世俗价值观的高远人生目标，参加科考原本只是为了侍亲养家，又怎会在意状元的虚名？

忙完这一系列的仪式和应酬之后，朝廷的任命也已下来。王安石被任命为秘书郎、签书淮南节度判官厅公事,即大都督府扬州广陵郡淮南节度①长官的幕僚,协助长官处理州政。扬州府治所在江都县(今属江苏扬州),与江宁府同属长江下游,两地相距不远,因此,他决定先回江宁,与家人团聚。

回到江宁,已是潮湿闷热的五月。长期的超负荷运转,使王安石身心俱疲,加上旅途受热,他病倒了。去年和他一同前往京城的好友马仲舒,此时也在京城卧病,李不疑则因解试失利已于春初回福州老家探望双亲。热病难治,起病急,发展快,病情重,"或愈或死,其死皆以六七日之间,其愈皆以十日以上者"(《黄帝内经·素问》)。正当王安石缠绵病榻之际,马仲舒竟没能打熬得过,于六月不幸亡故,年仅二十六岁! 他的叔父在京城,为他买棺椁收殓送回金陵。得知消息,王安石十分悲痛,后来,在马仲舒下葬时,他满怀深情撰写《马汉臣墓志铭》②一文,详尽地记录了两人交往的过程,表达对好友的深切哀悼。

---

① 宋代州分六格:都督州(以大都督为长官,二品州)、节度州(以节度使为长官,三品州)、观察州(以观察使为长官,四品州)、防御州(以防御使为长官,五品州)、团练州(以团练使为长官,五品州)、刺史州(以刺史为长官,五品州)。都督州同时或为节度州,故扬州既称大都督府,又名淮南节度。另,州、府或有郡号,故扬州又名广陵郡。

② 关于《马汉臣墓志铭》,本文认同杨天保《金陵王学研究:王安石早期学术思想的历史考察》(上海人民出版社,2008)一书的考证,文中"庆历六年"或为"庆历元年"之误。

第二章

幕府青衫最少年

扬州江山清淑,土地平旷,乃东南繁雄之地,四会五达之所。隋唐时期,扬州是全国屈指可数的经济、文化大都会。沿及北宋,虽已不复隋唐之盛,但仍是重要的商贸城市,"百州之迁徙、贸易之人,往还皆出其下,舟车南北,日夜灌输京师者,居天下十之七"(沈括《扬州重修平山堂记》)。扬州府下辖江都、天长、高邮三县,属淮南路,是宋朝所设八大都督府之一。

庆历二年(1042)八月,王安石抵达任所。扬州与江宁虽然相去不远,但是初来乍到,内心还是有几分孤寂和怅然。

> 已作湖阴客,如何更远游。章江昨夜月,送我到扬州。
>
> ——王安石《杂咏》

父亲过世后,一家人客居江宁城玄武湖南面,虽然日子清苦,毕竟相濡以沫,有商有量。从今往后,却要独自面对一切。此时,在扬州府的官舍,年轻的王安石思绪翻飞,想起六年前跟随父亲离开故乡临川,乘船远行,皎洁的月光洒满清清的章江。然而,仅仅六年,世事沧桑,如今陪伴他的,唯有故乡的明月!

> 证圣南朝寺,三年到百回。不知墙下路,今日几荷开?
>
> ——王安石《杂咏》

失去父亲,是王安石心中永远难以愈合的伤痛。在江宁府学的三年,每当心中苦闷,他总是习惯性地前往殡寄父亲棺椁的证圣寺,坐在父亲的灵前,他的心就像有了依靠。证圣寺围墙下的那条小路,三年间他走过不止百回。今天,秋风瑟瑟,不知路旁的玄武湖中,还有几枝荷花开放?

一、初入仕途,王安石确立了以道进退的仕宦原则

庆历初年的赵宋王朝,正面临着一个多事之秋:一方面,建国八十余年所累积的社会矛盾日益尖锐,京东、京西酝酿着大规模的农民起义;另一方面,原本臣服于宋朝的西夏政权悍然反叛,于康定元年(1040)发动大规模侵扰行动,战火延烧,经年不解。庆历二年(1042)三月,北部契丹族政权辽国又于幽蓟一带聚兵,要求割让瓦桥关(今河北雄县南)以南的十县土地。内外交困、危机四伏的局面,使景祐年间(1034—1038)已在士林间暗潮汹涌的改革呼声,变得越来越强烈而急迫。

王安石在京应试时,已深深感受到时代的风云。任职淮南后,常常应长官之命,到辖区各县出差,"身着青衫手持版,奔走卒岁官淮沂"(王安石《忆昨诗示诸外弟》),对民间疾苦与社会现实,渐渐有了切身体会。然而,签书判官不过是庞大的官僚体系中一名最底层的官吏,他空有满腔报国情怀,却根本无从置喙。怎样才能真正地参与到这场改革的浪潮中?如何才能积极地推动朝廷响应士林舆论?迷茫和焦虑中他想到了一个人:田况。

田况,字元均,宝元元年(1038)应制举①"贤良方正能直言极谏科",名列第一,擢太常丞、通判江宁府,曾与王安石的父亲王益共事,他的弟弟田洵是王安石的同学好友,两家关系十分密切。田况少有大志,卓尔

---

① 制举也称制科,根据皇帝的诏令,设特定的科目,选拔非常人才,不定期举行,现任官员或普通百姓均可报考。分为五等,第一、二等不授人,第三等即最高等级。制举录取名额少,要求严,待遇优厚。

不群,好读书,手不释卷,无所不读,无所不记。"其为文章,得纸笔立成,而闳博辨丽称天下"(王安石《太子太傅致仕田公墓志铭》)。当年他制科对策时,"指斥天下利害,奋不讳忌"(王安石《上田正言书》),并说:"请陛下一定要接受臣下的意见,不要让天下人以为,制科不过是博取功名的一条途径而已!"

那时,在少年王安石心中,田况简直就是神一般的存在。他经常向田况请教,田况也总是耐心地给予指导。每当他有所进步,田况更是不吝赞美之辞。这次赴京应试,也得到田况多方照顾。"早烦教育,晚出荐延"(王安石《上田正言书》)。回到江宁后,王安石曾专门写信表达谢忱。自庆历元年(1041)九月起,田况在朝廷担任右正言,负责讽谏朝政得失,王安石即对他充满了期待。在《上田正言书》中,他说:

> 矧惟甚盛之才,实在可言之职,庙谟中失,物议否臧,有足敷陈,谅无回隐。

他相信,以田况出众的才华,居补遗拾阙的职位,正得其所。对于朝政得失,一定会知无不言,言无不尽。因此,当王安石的内心被改革的热望烧灼时,便特别希望能从田况那里听到一些振奋人心的消息,更希望田况能表率天下,有所作为。他仔细地阅读朝廷发送的每一份邸报[1],热切地向那些来自汴京、路过扬州的大小官员打听田况的消息。扬州是东南交通的咽喉之地,来自汴京的舟车,每天不下数十百趟。提及田况,人们都称赞他耿介坚贞,正直无偏,但是也有人对田况提出质疑,他们的质疑正是王安石一直以来所担心的。王安石认为,田况当年报考制科,确

---

[1] 邸报是世界上最早的报纸,专门用于朝廷传送朝政文书和政治情报。最早出现在西汉初年,但"邸报"的称呼则是宋代才有。

实是"欲行其志",而不是"猎取名位"而已。现在身为谏官,正是"行其志"的大好时机,可是任职已经一年多了,仍未见他提出什么重要见解,让皇帝豁然而悟。和田况试制科时相比,社会危机愈发加剧,朝政痼疾几乎已经发展到不可救治的地步,为什么当年指斥时弊那么慷慨激切,而今天却如此罕言少语?莫非是当年慷慨陈词有利可图、今天直言极谏难免危及仕途?这样看来,田况岂不也是靠制科来猎取名位吗?王安石越听越想越觉不安,于是决定给田况写信,将心中的疑虑坦然相告。他说:

> 为执事解者,或曰:"造辟而言,诡辞而出,疏贱之人奚遽知其微哉?"是不然矣。《传》所谓"造辟而言"者,乃其言则不可得而闻也,其言之效则天下斯见之矣。今国之疵,民之病,有滋而无损焉,乌所谓言之效邪?
>
> ——王安石《上田正言书》

有人为田况辩解:"大臣在内廷对君王提意见,是为了成全君王的德性,出来之后自然不会向同僚如实转述。疏远微贱的小官,怎么能马上知道他说过什么呢?"但王安石认为,这种说法是不正确的。《穀梁传》中固然有"造辟而言,诡辞而出"的说法,但这两句话所包含的意思应该是,大臣劝谏君王的具体言论,虽然不会让外人清楚了解,但是极谏之言所产生的效果,却是全天下人都可以清楚看到的。现在国家的问题、生民的疾苦有增无减,假如田况真有建言,为什么看不到一点点效果?

> 复有为执事解者曰:"盖造辟而言之矣,如不用何是?"又不然。臣之事君,三谏不从则去之,礼也。执事对策时常用是著于篇。今

言之而不从,亦当不翅三矣。虽惓惓之义,未能自去,孟子不云乎:"有言责者不得其言则去。"盍亦辞其言责邪?执事不能自免于疑也,必矣。虽坚强之辩,不能为执事解也。

——王安石《上田正言书》

又有人为田况辩解:"如果大臣在内廷已经把该说的话都说过了,天子不予采纳,又有什么办法?"王安石认为,这种说法也不对。大臣侍奉君王,如果三次劝谏而不被采纳,就应该主动辞职,这是清楚记载在《礼记》中的人臣之礼。田况当年应试制科时,也经常在策论中表达这个观点。如果真如大家所猜想的,他一直在内廷向皇帝建言,那么,他的言论不被皇帝采纳恐怕早已不止三次了吧?即使是出于耿耿忠心而不忍自行离去,但是,孟子不是说过:有进言责任的人,如果你的言论不被接受,就应该辞职。所以,王安石直言不讳地建议田况辞去谏官的职位,否则他无法打消别人对他的疑虑,即使再言之凿凿的辩解,也不能开脱。

乃如某之愚,则愿执事不矜宠利,不惮诛责,一为天下昌言,以寤主上,起民之病,治国之疵,蹇蹇一心,如对策时,则人之疑不解自判矣。

——王安石《上田正言书》

当然,王安石内心真正的想法是,希望田况能不吝惜已经获得的恩宠和荣利,不害怕朝廷的惩处责罚,为天下慷慨直言,使皇帝幡然而悟,解救百姓疾苦,治理国家弊病,和他当年贤良对策时一样,忠诚正直,言行一致,那么,别人的疑惑用不着辩解,便可自然消失。

由于文献的缺失,我们今天已无从知晓田况收到这封书信后的直接反应。不过,庆历三年(1043)八月,田况受命担任陕西宣抚副使①,与范仲淹、韩琦等共同处置西北边事,王安石曾作书恭贺,期盼他"复边人于安,称主上所以命之之意"(王安石《上田正言书(二)》),成就盖世功勋。由此可知,这封坦率劲直的质疑书信,并没有损害二人之间渊源深厚的师友情谊。而尤其值得注意的是,此时王安石虽初入仕途,年仅二十二岁,已在上古三代儒家经典思想的基础上,确立了对政治人物立身行事、出处进退的基本原则和理想高标,并将终生身体力行地奉行。

然而,要做到出处进退"不矜宠利,不惮诛责",前提便是能知"道"、得"道"和守"道"。王安石所谓的"道",是指"内圣外王"的"圣人之道",是先圣先贤身体力行并借助经典而传诸后世的"道"。它永恒地存在于世间,但对于每一生命个体来说,却需要通过对儒家经典的深研苦习,加以永不松懈的、反求诸己的自我道德修养才能获得。秉持"圣人之道"的君子,不仅能蔑视世人引以为荣的功名禄位,而且具有独立的思想见解,绝不随波逐流。因此,他认为:

> 时然而然,众人也;己然而然,君子也。己然而然,非私己也,圣人之道在焉尔。夫君子有穷苦颠跌,不肯一失诎己以从时者,不以时胜道也。故其得志于君,则变时而之道,若反手然,彼其术素修而志素定也。
>
> ——王安石《送孙正之序》

时下流行什么,就认为什么是对的,那是芸芸众生;自己认为对,就坚持己见,只要不是出于个人的私心私欲,而是从圣人之道出发思考问

---

① 军职名,为宣抚使副手。北宋时,宣抚使职掌,或传诏抚绥边境、宣布威灵,或统兵征伐、安内攘外。宣抚副使则在司治事,签书公事,在外措置沿边诸处战守事宜。

题,那就是君子。君子处世,即便处于窘迫、痛苦、困顿、挫折之中,也绝不肯降志辱身,顺应时尚潮流,因为他不愿意让浮薄的世风盖过圣人之道,而有志于成为滔滔浊浪中屹立不倒的中流砥柱。当然,他也决非穷守一己之操行,而是志存高远。由于长期坚持修身立德,他学养深厚,志向坚定,一旦得到君主的重用,便能轻而易举变革风俗,引领整个时代接近于圣人之道。

> 时乎杨、墨,己不然者,孟轲氏而已;时乎释、老,己不然者,韩愈氏而已。如孟、韩者,可谓术素修而志素定也,不以时胜道也,惜也不得志于君,使真儒之效不白于当世,然其于众人也卓矣。
>
> ——王安石《送孙正之序》

回顾历史,孟轲、韩愈就是中国思想史上两位能坚持己见的君子。孟轲所处的时代,"圣王不作,诸侯放恣"(《孟子·滕文公下》),杨朱、墨翟的言论充斥整个天下,人们不是追随杨朱,便是追随墨子。只有孟轲坚决不肯认同。他认为,杨朱主张个人第一,"拔一毛以利天下而不为",是目无君主;墨翟主张兼爱天下,不分亲疏,是目无父母;这些言论阻塞了仁义的道路,对社会发展是有害的。因此,孟子挺身而出,进行驳斥。韩愈所处的时代,朝廷尊崇道教,礼敬佛祖,借以神化自己的统治。只有韩愈坚决不肯认同。他认为,佛老贬斥仁义道德,弃绝君臣父子,扰乱思想,影响国计民生,因此大声疾呼,排辟佛老,倡明儒道。像孟轲、韩愈这样的人,可以说学养深厚,志向坚定,绝不屈从世俗而放弃圣人之道。可惜他们都没有得到君王的信任和重用,没能使儒学真粹的伟大力量彰显于当世,然而他们却卓然超越于众人之上,成为千古仰视的伟人。

反观今世,虽然朝廷大倡儒学,士大夫趋之若鹜,戴着高高的圆顶儒冠,穿着裙裾宽大的儒服,"坐而尧言,起而舜趋"(王安石《送孙正之序》),言谈举止都模仿古圣先贤的人比比皆是,但是如果"不以孟、韩之心为心",从内心深处理解、接受并真实地履践圣人之道,那么,和芸芸众生又有什么区别呢?对于这些以儒学装点门面、表里不一的所谓儒者,王安石十分反感。在规模圣贤、矢志求道的思想旅途上,他无时不渴望着志同道合的学友。幸运的是,来到扬州不久,他就遇到了孙侔。

孙侔,原名孙处,字正之,后改名孙侔,字少述。吴兴人。他四岁失去了父亲,随母亲胡氏居住在扬州。他从小便懂得孝敬母亲,敬爱兄长。他力学苦行,七岁能文。长大后读书,"精识玄解,能得圣人深意"(林希《孙少述传》),并且多所著述。孙侔品格高洁,庄重严肃,不轻易许诺,不随意嬉笑,平时在家闭门读书,鼓琴自娱,邻居们都很少见到他。不是他喜欢的人,如果登门拜访,他也不见。他比王安石年长两岁,二人一见如故。

孙侔认为:"文,气也。君子之气正,众人之气随。行之于身而正者,然后为文,故必见诸行。行不正,则言无以信于世。"(引自林希《孙少述传》)将文章写作、个人道德修养与日常生活中的行为操守紧密结合,要求言、意、行三位一体,这种观点与王安石一直以来的自我期许与人生追求极为契合。孙侔的诗文,严劲简古,自成法度,超然脱俗,如其为人。与孙侔相识订交,令王安石十分欣喜。他称许孙侔"行古之道,又善为古文",是"能以孟、韩之心为心而不已者"(王安石《送孙正之序》)。从此,公余之暇,两人经常见面,交流思想,切磋砥砺。

然而,美好的时光总是如此短暂。孙侔的哥哥孙观,与王安石同年进士及第,受朝廷派遣任职于温州,初步安顿之后,决定将寡母和幼弟接去任所一同生活。闰九月十一日,孙侔离开扬州,临行之前,孙侔作文相赠,王安石亦回赠《送孙正之序》相勉。他说:

　　夫越人之望燕为绝域也,北辕而首之,苟不已,无不至。孟、韩之道去吾党岂若越人之望燕哉?以正之之不已而不至焉,予未之信也。一日得志于吾君,而真儒之效不白于当世,予亦未之信也。

——王安石《送孙正之序》

　　南方越国之人,遥望北方燕赵之地,仿佛是不可企及的远方,但是,只要他车辕朝北,一直不停地走下去,就一定能到达。孟、韩的思想境界对于普通人来说,岂不就像越人望燕赵一样?但是,只要我们不懈努力,也一定能到达。然而,成圣成贤的目的,并不是为了个人,而是为了将来有一天能"得君行道",让儒学真粹的伟大力量彰显于当世,使天下清明,风俗淳厚,老百姓安居乐业。

　　这些话语,既是对友人的殷切期许和热情勉励,也是王安石对自我志向的真诚抒发。

　　此时二人虽相交尚浅,但是对圣贤古道的执着追求,为他们的友谊奠定了坚实的基础。在以后的岁月里,王安石逐步从地方到中央,在政坛风生水起,孙侔则选择终身隐居不仕。不管外人对他们的友谊有怎样的猜测和议论,他们却相互信任,毫不介意。王安石的诗文集中保存着诸多写给孙侔的作品,如:

　　子今去此来无时,予有不可谁予规?

——王安石《云山诗送正之》

　　此忧难与世共知,忆子论心更惆怅。

——王安石《寄正之》

应须一曲千回首,西去论心更几人。

——王安石《无锡寄正之》

这些饱含深情与知己之感的诗句,今天读来,依然令人深深感动。

二、期待已久的政治改革拉开了序幕, 兴奋之余,王安石心怀忧虑

庆历三年(1043)春,淮南江浙荆湖路制置发运司①派王安石往洪州出差。洪州与抚州相邻,治所在南昌、新建两县,距离临川仅两百余里地。得知这一消息,王安石十分兴奋。离开临川老家已经六年多了,他无时不思念着年迈的祖母和故乡的山山水水。而且,母亲也希望他能趁此机会回临川与吴氏表妹完婚。因此,他立即给发运司长官递交了一份报告,希望能在完成公务之后,请假回乡省亲、迎亲。在《忆昨诗示诸外弟》一诗中,他写道:

> 淮沂无山四封痹(四境低矮),独有庙塔尤峨巍。时时凭高一怅望,想见江南多翠微。归心动荡不可抑,霍若猛吹翻旌旗。腾书漕府私自列(陈情),仁者恻隐从其祈。

他的请求很快得到了批准。于是,"暮春三月,登舟而南"(王安石《上徐兵部书》),沿长江溯流而上,至鄱阳湖,再转入章江,绵延两千里水路。

---

① 官署名。为淮南路、江南西路、江南东路、两浙路、荆湖北路、荆湖南路制置发运使治所。主掌转输东南六路谷粟以供京师之事,又兼控制六路茶、盐、香、矾百货之利。

适逢江南雨季，"风波劲悍，雨潦湍猛"（同上），江水辽阔，巨浪奔涌。船行时而迅疾，时而迟缓，他的心却早已飞到了故乡，飞到了亲人的身旁。

这天，又遇大风，无法起航。枯坐舟中，百无聊赖。他拿出随身携带的《后汉书》，信手翻到《许劭传》。许劭是东汉末年名士，汝南人，善于品评人物，议论无不精当。许劭的堂兄许靖也有知人之名，兄弟俩喜欢一起谈论当代人物，每个月都有一次新的品题，因此，民间有"汝南月旦评"之称。得到好评的人往往名声大振。一时之间，天下豪杰纷纷慕名而来，无不以得到许氏兄弟一字之评为荣。曹操尚未发迹时，曾多次恭恭敬敬地带着厚礼前去拜访。但许劭一向瞧不起他，始终不愿开口。后来实在被他缠得烦了，便说："君清平之奸贼，乱世之英雄。"（《后汉书·许劭传》）曹操大喜而去。读到这里，王安石脸上露出了微笑，他想起了大哥安仁。兄弟在一起时，也喜欢谈经论史、品评人物。此时，安仁正在临川陪伴祖母，兄弟不见已有好些时日了。真希望立即回到老家，和大哥一起把酒相对、秉烛夜谈，那该是多么欢欣愉悦啊！可是，船舱外，一边是平林漠漠，乌云低垂，一边是白浪滔天，漫无边际。风高浪阻，行迈迟迟，等到办完公务，回到家中，不知道要等到什么时候？他长叹一声，提起笔来，将心中的感慨化为诗篇：

> 几时重接汝南评，两桨留连不计程。白浪粘天无限断，玄云垂野少晴明。平皋望望欲何向，薄宦嗟嗟空此行。会有开樽相劝日，鹡鸰（《诗·小雅·常棣》："脊令在原，兄弟急难。"后以"鹡鸰"比喻兄弟。）随处共飞鸣。
>
> ——王安石《舟还江南（洪州、抚州皆属江南西路）阻风有怀伯兄》

经过将近一个月的旅程，王安石于四月抵达洪州。和扬州一样，洪州既是都督州,也是节度州,所以全称为都督洪州豫章郡镇南军节度,属江南西路。他在这里的公务行程又足足忙了一个多月。

此时,朝廷发生了一系列重要的人事变动,朝野上下期待已久的政治改革缓缓拉开了序幕。三月二十一日,先后执政二十年的宰相吕夷简因年老多病辞去相位,仁宗皇帝决心以此为契机更新朝政、革除时弊。他采取的第一个举措便是开放言路,增补谏官,王素、欧阳修、余靖首被其选,蔡襄紧随其后。他们一样地充满忧患意识,一样地正直敢言,上任不久即被人们戏称为"一棚鹘"。鹘,又名隼,是一种形状似鹰的猛禽。他们以锐利的眼光审视朝野,以极大的勇气指陈朝政阙失,向权威挑战,向陈规开火,充当着改革的先锋和斗士。四月七日,士论所归的韩琦、范仲淹同时被任命为枢密副使①。自康定元年(1040)宋夏开战以来,两人同在西北整顿军队、加强防务、大兴屯田、招抚边地少数民族,为提高军队战斗力、反击西夏侵扰、安定人民生活,立下了汗马功劳,因此朝廷倚以为重。四月八日,在王素、欧阳修等的强烈反对下,声名狼藉的守旧派人物夏竦被罢去枢密使的任命,由枢密副使杜衍继任。杜衍劲正清约,好荐引贤士,裁抑侥幸,凛然有大臣之概,在朝野间享有盛誉,由枢密副使升任枢密使,正是顺理成章、深孚众望。加上此前已经受到重用的资政殿学士兼翰林侍读学士富弼,一时之间,可谓正人端士,济济一堂。

这些振奋人心的消息,使一大批关心国运、富有社会政治热情的士大夫欢欣鼓舞、奔走相告。正在国子监担任直讲的石介,更是抑制不住内心的激动,以澎湃的激情,写下一首长达一百九十句的四言古诗:《庆历圣德颂》。诗歌明辨忠邪,热情讴歌皇帝圣明,将富弼、范仲淹比喻为尧舜时代的贤臣夔、契,礼赞杜衍、韩琦、欧阳修、余靖、王素、蔡襄等是辅

---

① 枢密副使,即最高军事机构枢密院副长官。

佐圣君的贤德俊良,痛斥夏竦为朝廷大奸。最后以积极乐观的心情展望未来,仿佛太平盛世指日可待:

> 皇帝一举,群臣慑焉,诸侯畏焉,四夷服焉。臣愿皇帝,寿万千年!
>
> ——石介《庆历圣德颂》

王安石在洪州通过朝廷邸报了解到这一切,真有久旱逢甘霖的畅快之感!然而,和石介等一般士大夫不同的是,他并没有一味沉浸在皇帝圣明、贤者立朝的巨大喜悦中,而是对改革可能遭遇的困难心怀忧虑。在《读镇南邸报,癸未四月作》一诗中他写道:

> 众喜夔龙(舜的两位贤臣)盛,予虞绛灌憸(xiān,奸邪)。太平讵(jù,如果)可致,天意慎猜嫌。

当众人都在为群贤毕至、改革派声势壮大而欢呼时,王安石却担心那些根基深厚的保守派老臣忌妒谗毁,动摇君心。他想起西汉时,绛侯周勃与颍阴侯灌婴,鄙陋无文,一物不知,却常常凭着自己当年与汉高祖一道打天下的功劳,谩侮轻视才人志士,陈平、贾谊都曾遭到他们的陷害。因此,王安石认为,顺利推进改革、开创太平盛世,关键在于皇帝必须做到用人不疑,不轻易猜忌群贤。然而,不幸的是,仅仅一年多之后,他的担心就变成了现实。

三、回到故乡，王安石感伤嗟叹，物换星移，往日不再

五月，洪州的差事终于告一段落，王安石归心似箭，日夜兼程赶回临川。

　　还家上堂拜祖母，奉手出涕纵横挥。出门信马向何许，城郭宛然相识稀。

——王安石《忆昨诗示诸外弟》

因为父亲王益"宦游常奉亲行"（王安石《先大夫述》），王安石自小便在祖父母的百般呵护下长大，感情特别深厚。久别重逢，年过八旬的祖母身体依然健旺，王安石极为欣慰。他满含热泪，叩拜问安，祖母一把将他扶起，紧紧拉住他的双手不舍得放开。她左看右看，上看下看，抚今追昔，又是欢喜又是悲伤，止不住涕泪横流。离家时，年方十六的孙儿，如今已经变成了成熟稳重的官人，可叹儿子王益壮年早逝，没能等到这一天！

叩问过家中长辈，王安石便在叔父和兄长的带领下前往祖坟祭扫。骑马走在临川街上，一切都是那么亲切，一切又都是那么陌生。亲切的是，城郭宛然如昨，小时候和兄弟们追逐打闹的场景，被这熟悉的屋宇巷道一点一点重新激活，仿佛就在眼前；陌生的是，满大街熙来攘往的人群中，竟没有几张相识的面孔。不过，无论怎样，回到故乡，"展先人之墓，宁祖母于堂，十年萦郁，一旦释去"（王安石《上徐兵部书》），他的内心感受到许久不曾有过的安然、恬适、自在。

这次回乡的另一件大事就是娶亲。新娘子是王安石母亲吴氏夫人堂兄的女儿，王安石的远房表妹。吴小姐出身于书香世家，祖父吴敏是太宗淳化三年（992）进士，官至尚书都官员外郎，"为人孝友忠信，乡里称为长者"（《抚州府志·吴敏传》），是金溪以儒起家的第一人；父亲吴芮仁宗天圣二年（1024）进士，官至秘书丞。吴小姐自幼受到良好的教育，喜欢吟诗作赋，宋人胡仔《苕溪渔隐丛话》还记载着她的一首小词《定风波·约诸亲游西池》，其中最经典的两句："待到明年重把酒，那知无雨又无风。"洒脱可喜，为人所称赏。因此，这既是才子配佳人，又是门当户对、亲上加亲的好姻缘。

相比前代，宋人婚俗虽已从简，但仍有不少礼节，需要一个来月才能全部完成。第一是"请期"，男方选好吉日，告知女方，同时送去"催妆"吉礼，如花髻、销金盖头等饰品；女方也会回赠男方罗花幞头、绿袍靴笏等衣物。第二是"铺床"，女方派人到男方家布置新房，挂上帐幔，铺上床单褥子，摆好嫁妆器具、珠宝首饰，由陪嫁的丫鬟们守在房中，不许外人进入。第三是"亲迎"。铺床之后第三天，就是婚礼的高潮："亲迎"。新郎身着盛装，骑上高头大马，率领迎亲队伍，带着花瓶、花烛、香球、妆盒、照台、裙箱、衣匣、百结、青凉伞、交椅等，后面跟着大花轿，在乐队的伴奏下往女家迎娶新人。新娘子进门后，又有撒谷豆、牵巾、踏青毡、跨马鞍、坐富贵、挑盖头等一系列活动，然后参拜家神家庙及诸亲，新郎、新娘行交拜礼，并各抽青丝一缕作合髻状，象征结发夫妻，白头到老。新娘换装入中堂参谢亲长。第四是"拜舅姑"。结婚第二天，新娘要见公婆，行跪拜之礼，公婆要对新媳妇进行宴享。第五是"拜门礼"，新郎去岳父家行礼，岳家盛宴招待。因此，婚礼前后，王安石的紧张忙碌是可想而知的。

除了娶亲大事，金溪舅家也是王安石多年来梦回萦绕的地方，美丽的乌石冈是他心中最纯净的乐土，他急切地想旧地重游：

永怀前事不自适,却指舅馆接山扉。

——王安石《忆昨诗示诸外弟》

当他怀着往事重温的无限期待,叩响舅舅家简朴的门扉时,才发现物换星移,往日不再。为什么回忆与现实竟有如此巨大的差别?记忆中那温情、浪漫、鲜花盛开的家园,呈现在眼前的却是如此荒凉、冷落、偏僻的所在:

地僻居人少,山稠伏兽多。怒狸朝搏雁,馋虎夜窥骡。篱落生孙竹,门庭上女萝。未应悲寂寞,六载一经过。

——王安石《乌塘》

这座远离城邑的村庄人烟稀少,茂密的山林中隐藏着无数的野兽。白天有狐狸搏击落地的大雁,夜晚有饿虎窥伺栏厩的骡子。篱落边长满了新生的细竹,门庭上攀爬着长长的女萝。他几乎不敢相信,这就是自己日思夜想的地方吗?更重要的是,沉静平和、温雅博学的外婆已于庆历元年(1041)十二月去世了。再也看不到她慈祥的笑脸,再也听不到她的柔声细语,轻轻唤他"獾郎""獾郎"(王安石小名)。外婆长眠在屋后的深山。

当时髫儿(幼童。髫:tiáo)戏我侧,于今冠佩何顾顾。况复丘樊满秋色,蜂蝶摧藏花草腓(féi,枯萎)。令人感嗟千万绪,不忍苍卒(即"仓猝")回骖䯁(cān fēi,这里指马车)。留当开樽强自慰,邀子剧饮毋予违。

——王安石《忆昨诗示诸外弟》

当年的王安石是个孩子王，几个小表弟整天环绕在他的身边，又亲热又顽皮。如今个个身材颀长、衣冠楚楚，多年不见，彼此间已变得十分生疏，无形中便多了几分客套和拘谨，除了几句寒暄的话，一时竟找不出更多的话题。加上正逢深秋，山野间一片萧瑟沉寂，记忆中满山的姹紫嫣红和成群结队的蜜蜂、蝴蝶全都不见了踪影。他不禁思绪翻飞感伤嗟叹，但内心执着的眷恋和深情，又使他不忍仓促离去。于是，他请表弟们一起喝酒，希望借助酒的力量打开心扉，找回儿时亲密无间、无拘无束的感觉。

> 一自君家把酒杯，六年波浪与尘埃。不知乌石冈边路，至老相寻得几回。
>
> ——王安石《过外弟饮》

上一次来舅舅家喝酒，还是景祐三年(1036)，从那以后，自己在异乡经受了六年的颠簸与风尘。如今步入了仕途，更是身不由己。乌石冈边这条从小走惯的山路，从今往后，不知道还能走上几次？

还有方仲永，那个曾经令王安石既羡慕又不服的天才少年。时隔七年，他依然没有忘记。可是舅舅说，成年后的仲永已泯然众人矣！王安石深感可惜，回想起当年父亲和舅舅的那一番议论，写下《伤仲永》一文，记录下这位神童的故事，警醒世人：

> 金溪民方仲永，世隶耕。仲永生五年，未尝识书具，忽啼求之。父异焉，借旁近与之。即书诗四句，并自为其名。其诗以养父母、收族为意，传一乡秀才观之。自是指物作诗立就，其文理皆有可观者。邑人奇之，稍稍宾客其父，或以钱币乞之。父利其然也，日扳仲永环

谒于邑人,不使学。

　　予闻之也久。明道中,从先人还家,于舅家见之,十二三矣。令作诗,不能称前时之闻。又七年,还自扬州,复到舅家问焉。曰:"泯然众人矣。"

文章结尾部分,他说:

　　仲永之通悟,受之天也。其受之天也,贤于材人远矣。卒之为众人,则其受于人者不至也。彼其受之天也,如此其贤也,不受之人,且为众人。今夫不受之天,固众人,又不受之人,得为众人而已邪?

　　像方仲永这样天赋异禀的人,由于没有机会接受教育,长大后就和普通人一样。天资颖异的神童尚且如此,天赋平平的常人,如果不勤奋努力,其结果更是可想而知了!回想少年时代的自己,炫才露己,自以为是。在后怕的同时,王安石庆幸自己在长辈们的循循善诱下,摒除了故步自封、骄傲自满的肤浅,养成了好学深思的习惯。

四、王安石论诗,重视自然地理环境、
时代氛围与社会风尚对诗人的塑造

　　对于王安石今天的修养和成就,舅舅们自然极为欣慰和自豪。其中有位舅舅喜好作诗,甚至拿出自己歌咏家乡灵谷山的诗篇,请王安石为他写序。灵谷是江南的一座名山,在抚州东南。山上既有传说中可以通神的大蛇,花纹美丽的老虎、豹子和长尾野鸡,也有梗楠、豫章、竹箭等名

贵树木，还有高峻陡峭的林壑、诡异多变的峰峦、阴森暗昧的洞穴，以及千姿百态、形状各异的山石，这些石头，有的像飘然凌空的神仙，有的像静静打坐的罗汉，有的离奇怪异无法用语言描述。总之，这是一座秀美、空灵、奇幻的大山，因此，王安石的序言便从灵谷山开始写起：

> 吾州之东南有灵谷者，江南之名山也。龙蛇之神，虎豹、翚翟（huī dí，羽毛五彩的长尾野鸡）之文章（美丽的花纹），梗楠、豫章、竹箭之材，皆自山出。而神林、鬼冢、魑魅之穴，与夫仙人、释子、恢诵之观，咸附托焉。至其淑灵和清之气，盘礴委积于天地之间，万物之所不能得者，乃属之于人，而处士君实生其阯（即"址"，山脚）。
>
> ——王安石《灵谷诗序》

除了丰富、奇妙的物产和景观之外，灵谷山更有一种美好明秀、温和清朗的山野灵气，广大无边，积聚于天地之间，万物不能得到，唯有人类才能感受、体悟，并得到滋养和陶冶。而才高德劭、隐居不仕的舅舅就生活在灵谷山下，可以说尽得天时地利之便。

> 君姓吴氏，家于山阯，豪杰之望，临吾一州者，盖五六世，而后处士君出焉。其行，孝悌忠信；其能，以文学知名于时。惜乎其老矣，不得与夫虎豹、翚翟之文章，梗楠、豫章、竹箭之材，俱出而为用于天下，顾藏其神奇，而与龙蛇杂此土以处也。然君浩然有以自养，遨游于山川之间，啸歌讴吟，以寓其所好，终身乐之不厌，而有诗数百篇，传诵于闾里。他日，出灵谷三十二篇，以属其甥曰："为我读而序之。"惟君之所得，盖有伏而不见者，岂特尽于此诗而已？虽然，观其镵（chán，刺，凿）刻万物，而接之以藻缋（huì，

色彩鲜明），非夫诗人之巧者，亦孰能至于此？

——王安石《灵谷诗序》

　　灵谷山下的吴家，是当地备受尊崇的家族。舅舅出生时，吴家在抚州繁衍生息已经五六代。他品行超群，孝敬父母，顺从兄长，对人忠心耿耿，诚实守信；他才华出众，以文章、学问知名于时。可惜已经年纪老大，不能像灵谷山上那些珍稀物种一样为天下所用，却怀藏着神奇绝世的才华，隐居在这僻远的山间。但他毫无悲戚怨尤之情，而是以至大至刚的浩然之气修养自我，遨游于山川之间，吟咏歌唱，寄托自己的情怀，终身以此为乐，从不厌倦。他是生于灵谷、隐于灵谷的山间隐士，也是遨游山川、吟咏啸歌的诗人，更是领略自然美景、偏得天地淑灵清和之气的奇才。至今，他已有数百首诗篇在乡里传诵。这些诗歌所展现的思想、才情，和舅舅的淳至德性与深厚学养相比，无疑只是冰山一角。尽管如此，诗歌对自然万物深入细致的刻画，以及文采斐然的铺陈描写，却体现出诗人出色的创作技巧。

　　这篇文章写得精美凝练、文笔曲折，"览之如游峭壁邃谷"（茅坤《唐宋八大家文钞》），反映了王安石的文学理论见解：既主张文如其人，强调诗人的自我修养，强调自然地理环境对诗歌创作的影响，同时也主张诗人应该深入观察客观万物，讲究文采，重视诗歌创作技巧。

　　除了自然地理环境因素，王安石也注意到时代氛围、社会风尚，对诗歌创作产生的影响，在此前后所作的另一篇诗序，则就这个问题展开了讨论：

　　　　刑部张君诗若干篇，明而不华，喜讽道而不刻切，其唐人善诗者之徒欤！

君并杨、刘生。杨、刘以其文词染当世,学者迷其端原,靡靡然穷日力以摹之,粉墨青朱、颠错丛庞,无文章黼黻之序;其属情藉事,不可考据也。方此时,自守不污者少矣。君诗独不然,其自守不污者耶?子夏曰:"诗者,志之所之也。"观君之志,然则其行亦自守不污者邪?岂唯其言而已!

——王安石《张刑部诗序》

《张刑部诗序》是应他的好友、抚州司法参军张彦博之请而作,张刑部即彦博的父亲张保雍。王安石认为,张君的诗歌有自己的独特风格,形象鲜明、语言晓畅而不华丽富艳,有讽于世事而不过于直露、尖刻,温柔敦厚,含蓄蕴藉,继承了唐代诗歌的优秀传统。张刑部与宋初西昆派领袖杨亿、刘筠属于同一辈人。宋真宗景德二年(1005)至大中祥符元年(1008),杨亿、刘筠等人受朝廷之命,编撰大型文化典籍《册府元龟》。编书之余,馆阁学士们相互唱和,以晚唐诗人李商隐为效法对象,以"雕章丽句"为主要宗旨,创作了大批辞采华丽、属对精工的诗篇。大中祥符二年(1009),杨亿将这些诗作编为《西昆酬唱集》。"西昆"原指西方昆仑群玉之山,是神话中天帝的藏书之所,这里借以代指宋朝皇家图书馆秘阁。《西昆酬唱集》一经问世,"时人争效之,诗体一变"(欧阳修《六一诗话》)。文人学士无不深受影响,失去了自己独特的创作个性,一个个拜倒在杨亿、刘筠等诗人的脚下,耗尽时间和精力来模仿他们,一时之间,庞杂错乱、粉饰雕琢的艳辞丽句,充满整个诗坛,但炫人眼目的辞采下面,却并无思致理路,更没有真情实感作为抒情叙事的基础。王安石认为,在西昆体诗风盛行之际,张君是极少数能保持自己个性和追求的诗人。他不像芸芸众生一样,消极、被动地被时代潮流所裹挟,能有所辨析,有所判断,进而有所坚持。古圣先贤早就指出:诗歌是诗人心志的寄托和表现。因此，王安石认为，由张君的诗歌反观他的心志，进而了解他的人格、品行，无疑也是一位特立独行、"己然而然"(王安石《送孙正之序》)、绝不随波逐流的君子。文章表现了王安石对华而不实、空洞浮泛文风的不满，对诗人独特创作个性的坚持。

五、王安石常常与曾巩一起 探讨古圣先贤思想的纯正奥义

这次回临川，还有一件让王安石欢欣雀跃的事情，那就是可以和好友曾巩相聚畅谈，在道德学问上相互研讨、相互勉励。

曾巩，字子固，建昌南丰(今江西南丰)人，比王安石年长两岁。他俩是亲戚，论辈分，曾巩还高一辈。曾巩的表兄吴芮既是王安石的表舅，又是王安石的岳父。不过，曾巩五岁以后即随父亲曾易占宦游各地，景祐四年(1037)才回临川居住，而王安石除明道二年(1033)至景祐三年(1036)之外，其余时间也一直在外地生活。因此，直到庆历元年(1041)，他们各自上京应考，才有机会相识订交。在《寄王介卿》一诗中，曾巩描述了当时的情景。

那是一个秋日的午后，王安石来到曾巩在汴京的简陋居所。不需要太多的寒暄，两个年轻人一见如故，相见甚欢。在秋阳映照的稀疏竹帘下，曾巩热情地邀请王安石一同用餐。他们推心置腹，纵论古今，没有丝毫的保留和隔膜。美好的相聚总是短暂。八月举行的国子监监试，王安石首战告捷，曾巩却遗憾地落榜了。他们在太学的北墙外依依惜别，王安石继续留在汴京准备来年的礼部考试，曾巩则独自踏上旅途，黯然南归。

寒冷漫长的冬夜，在洪州的旅舍，曾巩拿出王安石赠送的习作挑灯

夜读。这些文章超越寻常的法式规矩,展现出不同一般的大家气象。在儒学衰微、衣冠之士皆为异端浊论所左右的思想背景下,王安石力排众议,论辩滔滔。曾巩被深深吸引,完全忘记了时间的流逝,内心所感受到的痛快和满足,就像长江奔涌,一泻千里,浩浩东海为之充盈;又似登高远望,触目所见,山川草木无不春意盎然。他认为,王安石是继孟子、韩愈之后极为难得的儒学正宗传人。因此,他越是爱不释手一遍又一遍地反复阅读,就越是有种相见恨晚的感慨。同时也为王安石尚未为世所用而感到万分遗憾。第二天,他渡江回抚州,旅途中一直沉浸在对王安石思想言论的回味中,如醉如痴的感觉就像一个喝醉了酒的人在炎炎酷暑中行走。

因此,在南风吹拂、绿树成荫的夏季,得知王安石披云带雨、逆江而上,借出差之便回到临川,曾巩的兴奋是可想而知的。王安石在临川的这段日子,他们常常对床夜语,一起探讨古圣先贤思想的纯正奥义。了解越深,曾巩对王安石就越加佩服。他觉得,王安石高尚的品德可与孔门弟子颜回、闵损相提并论,杰出的政治才能可与舜帝的贤臣龙、稷等量齐观。而在王安石心中,曾巩又何尝不是圣贤一类人物? 他说:

> 江之南有贤人焉字子固,非今所谓贤人者,予慕而友之;淮之南有贤人焉字正之,非今所谓贤人者,予慕而友之。二贤人者,足未尝相过也,口未尝相语也,辞币(币:赠送)未尝相接也,其师若友岂尽同哉? 予考其言行,其不相似者何其少也! 曰:学圣人而已矣。学圣人则其师若友必学圣人者。圣人之言行岂有二哉? 其相似也适然(当然)。
>
> ——王安石《同学一首别子固》

他认为曾巩和孙侔都是真正的贤人,和那些"圆冠峨如,大裙襜如,坐而尧言,起而舜趋,不以孟、韩之心为心"(王安石《送孙正之序》)的所谓当世贤人大相径庭,是他真正敬慕的人。他俩一个生长在江南,一个生长在淮南,彼此都不相识,既没有见过面,也没有说过话,甚至没有通过信,师从的先生、交往的朋友也很少相同,但是他们的言语和行为,不相似的地方极少。原因就在于,他们都以上古三代的古圣贤人作为自己的人生偶像。王安石为自己能结交到这样两位优秀的朋友而深感幸运。

> 予在淮南,为正之道子固,正之不予疑也;还江南,为子固道正
> 之,子固亦以为然。予又知所谓贤人者,既相似又相信不疑也。
>
> ——王安石《同学一首别子固》

在扬州时,他总是以无比钦佩的语气跟孙侔谈起曾巩;回临川后,他也常常十分自豪地跟曾巩介绍孙侔。两位朋友的反应几乎完全一样,没有丝毫质疑,更没有任何不服和妒忌。他们自己一心向道,也真诚地相信那些一心向道的人。可见,真正的贤人是既彼此相似,又彼此信任的。有这样两位好友,王安石十分珍惜,他热切地希望能和他们一道,"安驱徐行,辚(lìn,驶过)中庸之庭而造于其堂"(同上),接近于古圣先贤的崇高境界。因此,他们绝不一味地彼此奉承,而是本着互相帮助、共同进步的宗旨,直言不讳地指出各自身上存在的缺点和不足,"绸缪指疵病,攻砭甚针石"(曾巩《寄王介卿》),他们肝胆相照,心心相印,"论忧或共颦,遇惬每同嘻"(同上)。谈到忧伤的事情,一同叹息皱眉;遇到高兴的事情,一同开怀大笑。当时正是火神祝融当令的夏季,高楼开阔,一望无际,他们常常一起登高望远,意兴浩然。时人酷爱的娱乐活动他们全都不感兴趣,最喜欢的就是写字作文,往往直到夜深人静,月亮西斜,露珠洒满门前的草木,也丝毫不感到疲倦。

一个个悠闲的黄昏,一次次迫不及待的策马前行,一场场翘首期盼的美好约会……对于两位好友来说,这样的日子,所有时刻都是一种无瑕的美丽:

> 日暮驱马去,停镳叩君门。颇谙肺腑尽,不闻可否言。淡尔非外乐,恬然忘世喧。况值秋节应,清风荡歊(xiāo,炎热)烦。徘徊至星汉,更复坐前轩。

> ——曾巩《过介甫》

斗转星移,凉爽的秋风荡尽了炎夏的暑热,两位淡然于世俗之乐的知己好友,推心置腹,莫逆于心,一边散步,一边交谈,完全忘记了时间的流逝,直到午夜时分,璀璨的银河横亘天际,他们依然谈兴正浓,又情不自禁地在屋前的轩廊并排坐下……

六、出处进退之念、聚散离合之感,
在王安石心中纠结

时光不能停留,岁月悠悠而逝,转眼又到了深秋时节。王安石收到扬州寄来的公函,催促他尽快赴职。他的内心立时变得五味杂陈,一方面,"还职不时,以惧以惭"(王安石《上徐兵部书》);一方面,"去乡之感,犹有迟迟"(陶潜《读史述九章·箕子》)。他实在不舍得离开亲切温暖的故乡和亲友,却不得不打点行装,匆匆踏上归途。

晨雾迷蒙中,草木已经枯黄凋落,从早到晚,蟋蟀唧唧唧唧地叫个不停。长亭外,古道边,王安石携新婚妻子与亲友依依惜别,他们唱着悲凉的歌曲,泪水涟涟,洒满衣襟。

> 还家岂不乐,生事未应闲。朝日已复出,征鞍方更攀。伤心百道
> 水,阂目(视线为物所阻隔)万重山。何以忘羁旅,脩然醉梦间。
>
> ——王安石《还家》

　　困扰过古往今来无数士人的问题,此时也在王安石心中纠结。安居
故乡,潇洒度日,自然是人生乐事,然而仕宦养亲又是他不能不承担的基
本责任。太阳升起了,新的一天已经来临,而他,却要攀上征鞍远走他
乡。万水千山,将是横亘在他与故乡之间的万千阻隔。想到这里,他的
心便格外忧伤,只好一杯一杯借酒浇愁,希望在醉梦中忘记哀愁。

　　临别之际,曾巩作《怀友一首寄介卿》,他说:圣人与贤人的巨大差
别,在于圣人不仅知“道”,而且竭尽全力履“道”,“知”“行”合一,所以能
称之为“圣”。然而,圣人并不固执己见、自我封闭,总是以开放的心灵听
取师友的意见,作为修己立身的重要参考,从而不断获得自我超越。因
此,孔子以老聃、郯(tán)子为师,与子产、晏婴为友。师友的重要性,对
于圣人尚且如此,资质平凡的普通人倘若“不师而传,不友而居”,又怎么
可能没有过失呢?回顾往昔,曾巩十分感慨,他“少而学,不得师友”,虽
然极为刻苦勤勉,却始终无法企及圣人之道。故而特别希望结识“行古
法度”的同道友人,随时随地、诚恳坦率地指出自己的缺失,不断督促自
己改过自新。可是,“皇皇四海求若人而不获”,直到庆历元年(1041)与
王安石相识:

> 自得介卿,然后始有周旋傲恳摘予之过而接之以道者,使予幡
> 然其勉者有中,释然其思者有得矣,望中庸之域其可以策而及也,使

得久相从居与游,予知免于悔矣。

——曾巩《怀友一首寄介卿》

自从和王安石相识订交,终于有了可以激烈而恳切地指摘自己的过失、帮助自己不断进步的人,自己的勤奋和努力不再盲目,不再徒劳无功。假如两人能长期在一起相处交游,曾巩相信,自己一定会避免很多错误。然而,王安石任职扬州,自己贫居临川,"其合之日少,而离别之日多",他很担心朋友相劝的效力有限,而自己会不知不觉间变得懈怠,于是写下这篇文章"相慰且相警",并且工工整整地誊抄了两份,"一自藏,一纳介卿家",作为彼此督促、共同进步的庄严约定和承诺。

读过曾巩的《怀友一首寄介卿》,王安石十分感动,立即回赠了一篇《同学一首别子固》,表达自己与友人互相砥砺"相扳以至乎中庸而后已"的决心。与好友的离别,使他更加真切地体会到韩愈《醉留东野》一诗所表达的情意。李白和杜甫两位大诗人虽然生活在同一时代,却只有过相识极晚、匆匆而别的短暂一聚,从此便是"飞蓬各自远,且尽手中杯"(李白《鲁郡东石门送杜二甫》)。"何时一樽酒,重与细论文"(杜甫《春日忆李白》),遂成为永远不曾实现的美好心愿,令千古文人墨客憾恨不已!韩愈和孟郊(字东野)也是生活在同一时代的忘年之交,然而人生多故,相见时难,虽然希望如云龙相逐,却终不可得。为什么相聚总是短暂,而离别终为常态?旅途中,王安石临风而立,感慨抒怀:

离别何言邂逅(仓促、匆忙)同,今知相逐似云龙。苍烟白雾千山合,绿树青天一水容。已谢道途多自放,将归田里更谁从?庞公有意安巢穴,肯问箪瓢与万钟。

——王安石《豫章道中次韵答曾子固》

　　回望来处，雾霭长烟将千山万岭连成苍茫迷离的一片，故乡临川已隐没不见；近观眼前，绿树青天倒映的清清水面，孤舟一叶缓缓飘向远方。这就是他不得不面对的现实境遇！多么希望能像东汉末年的隐士庞德公那样，散淡自适，躬耕田亩，顺应自然的节奏，像鸿鹄巢于高林之上，暮而得所栖；像鼋鼍(yuán tuó，龟鳖一类水生动物)穴于深渊之下，夕而得所宿，箪食瓢饮或是俸禄万钟，全都不在他的考虑之中。

　　就这样一路沉思，一路感怀。水向东流，舟行疾速，很快就到达了池州境内。听说东流县尉许程是福州闽县人，王安石决定泊船江边，前去拜访。庆历元年(1041)秋末，李不疑监试落榜后，即回福州探望久别的双亲。临行前，王安石再三叮嘱来年相约淮南。没想到，第二年秋天，王安石刚到扬州，正要写信邀请不疑，却传来他去世的噩耗！王安石极为悲痛，一直不愿相信，心中总是存着一丝侥幸。这次出差江南，往返旅途中，逢人便打听不疑的情况。然而，现实终究是那么残酷，东流县尉许程证实了这一悲惨的消息：不疑自汴京回家，经过建溪时，遭遇山洪暴发，客船翻覆，不幸溺亡，年仅二十八岁！

　　这天夜里，王安石几乎通宵未眠，想到好友葬身溪壑，尸骨飘零，便不由得悲从中来：

　　　死不以所兮，谁得子尸？谁襚于棺兮，谁坎于丘？予欲恸哭兮，
　　　子岂有闻。子不可作兮，予生之愁。

　　　　　　　　　　　　　　　　　　　——王安石《李通叔哀辞并序》

　　是谁找到了他的遗体？是谁在棺前举行祭典？又是谁最后安葬了他？对于自己的至爱亲朋，每一个细节都想要清清楚楚地知悉啊。此时

却无从追问,唯有恸哭失声!可是,哭声也唤不回亲爱的友人!辗转反侧之际,王安石索性起床,拿起纸笔,长歌当哭,写下《李通叔哀辞并序》一文,追忆亡友生前的仪容举止,记录二人相识订交的点点滴滴,痛惜不疑不得志而夭,卓越的才德不得惠及于民;又悲叹老天不肯帮助自己,竟夺走这么一位正直、诚实、博学多闻的知己好友!深哀剧痛倾泻于笔墨之中,心情才稍稍有所平复。

七、得知韩琦即将出知扬州,王安石既深感遗憾,又充满期盼

王安石于庆历三年(1043)深秋携新婚妻子回到扬州任所。正逢知州宋庠卸任,即将前往郓州(治所在今山东东平)任职。宋庠,字公序,安陆人。天圣二年(1024)与弟宋祁同举进士,礼部奏宋祁第一,宋庠第三。其时仁宗年幼,太后刘氏垂帘听政。刘太后认为,弟弟不应排名在兄长之前,于是擢宋庠为第一,置宋祁于第十,一时之间,名重朝野,世人称为"双状元",又称"大、小二宋"。宋庠明练故实,为人宽厚仁慈,有君子之风,"以文学名擅天下,俭约不好声色,读书至老不倦,善正讹谬"(《宋史·宋庠传》)。庆历元年(1041)五月,以参知政事出知扬州,本当于庆历三年(1043)四月任满,因继任知州苏绅突然遭遇父丧,不能前来履职,故而延迟到朝廷新任命的知州陈商抵达任所才离开。宋庠与王安石的叔祖父王贯之有交情,彼此之间也就自然多了一份亲切。王安石进士及第获任淮南签判后,即给宋庠写信致意,赞美他"谠(dǎng,正直的)言善策,发为天子之光;厚实美名,布在舆人(众人)之诵"(王安石《上宋相公启》)。四月在洪州出差时,又为扬州府署新落成的园亭做《扬州新园亭记》,称赞宋

庠教化清明，政事简省。如今离别在即，自是依依不舍，遂作长诗《送郓州知府宋谏议》，诗歌历述宋庠自登第以来令人艳羡的辉煌履历，堪称一篇华美的诗传。此后，他们一直保持着良好的交谊。二十一年后，王安石的母亲过世，宋庠还曾"发使吊问，特在诸公之先"（王安石《上宋相公书》）。这份情谊也延续到了下一代，今天，我们仍能从《临川文集》中看到王安石与宋庠子侄辈的诸多往来酬唱之作。

从庆历三年（1043）秋到庆历五年（1045）春末，陈商、王逵先后担任扬州知州。王安石与陈商相处十分融洽。陈商之子陈洙（字师道），庆历二年（1042）与王安石同时进士及第，是彼此欣赏的朋友。在《得书知二弟附陈师道舟上汴》一诗中，王安石曾说："儿童闻太丘，邂逅两心投。"将陈洙比喻为东汉时期以清高有德行而闻名于世的陈寔（曾任太丘县令，世称陈太丘）。而在《陈师道宰乌程县》一诗中，更期许他"故自有仁政，能传家世贤"。至于王逵，据《续资治通鉴长编》记载，他"所至苛虐，诛剥百姓，徒配无辜"，是个声誉不佳的酷吏。但他在扬州仅仅四个月，或许"苛虐"之性尚未完全显露，又或许这本就是仁者见仁、智者见智的问题，因此，王安石与他相安无事。十年之后，王逵离京外任时，王安石还曾作《送王龙图守荆南》，称许他"壮志高才""老骥能行"。熙宁五年（1072）四月，王逵以八十二岁高龄去世，曾巩为其作《墓志铭》，亦说："君为人志意广博，好智谋奇计，欲以功名自显，不肯碌碌，所至威令大行，远近皆震然。当是时，天下久平，世方谨绳墨、蹈规矩，故其材不得尽见于事，而以其故亦多龃龉，至老益穷。"

庆历五年（1045）正月，朝廷颇不平静。随着一系列人事任免的发布，朝野上下主张革新的士大夫，陷入了深深的失望与压抑之中。自庆历三年（1043）四月，范仲淹、富弼、韩琦、杜衍等改革派大臣获得重用之后，同年八月，范仲淹改任参知政事，富弼为枢密副使。九月三日，仁宗

大开天章阁召见二府①大臣,要求他们当场奏对,条列已见。范仲淹写成
《答手诏条陈十事》,富弼呈上《安边十三策》,韩琦、杜衍等也各有所奏。
锐意革新的仁宗皇帝全部采纳了这些奏议,于庆历三年(1043)十月,陆
续以诏令形式统一颁行全国,付诸实施,历史上著名的"庆历新政"正式
拉开了帷幕。然而,新政的核心是整顿吏治,革除官场上"不问贤愚,不
较能否""人人因循,不复奋励"的弊病。朝廷选拔都转运按察使前往各
地考察地方官吏,代表朝廷"自择知州,知州择知县,不任事者皆罢之"
(陈邦瞻《宋史纪事本末·庆历党议》),严重触犯了某些官僚权贵的利益。
从限制臣僚自荐子弟做官,到严格按资历升官的考绩条规,使侥幸进取
之辈深感不便,尤其是按察使派出后,因循腐败者的各种罪状被大量检
举揭发出来,大大小小的官员寝食难安。庆历四年(1044)四月起,保守
派开始酝酿一系列的阴谋,罗织罪名,陷害打击参与新政的朝臣。他们
不断地给皇帝写信,毁谤之声不绝于耳。面对如此强烈的反弹,即便是
一些正直、中立的官员,也认为范仲淹等人"更张无渐,规模阔大"(脱脱
《宋史·范仲淹传》),改革难以稳步进行。仁宗皇帝心生疑窦,彷徨迷惘,
越来越困惑,越来越动摇,也越来越偏听偏信。改革的车轮就这样令人
遗憾地开始逆转。庆历五年(1045)正月二十八日,范仲淹罢参知政事,
知邠州(治所在今陕西彬县),兼陕西四路缘边安抚使;富弼罢枢密副使,
知郓州(治所在今山东东平),兼京东西路安抚使;二十九日,杜衍罢集贤
相兼枢密使,以尚书左丞知兖州(今属山东);三月五日,韩琦罢枢密副使,
出知扬州。范、富、杜、韩相继罢出之后,新政亦陆续遭到废止。"庆历新
政"宣告失败。

　　这样的结局,虽然早就在王安石的预料中,却仍是令他难以接受。

---

　　① 二府:宋以枢密院专掌军政,称西府;中书门下(政事堂)掌管政务,称东府,合称
二府,为最高国务机关。

在《次韵子履远寄之作》一诗中他写道：

> 飘然逐客出都门，士论应悲玉石焚。

子履即陆经，是王安石的朋友，在围绕"庆历新政"而展开的激烈政治斗争中，遭到保守派的打击，于庆历四年(1044)十二月贬谪袁州(治所在今江西宜春)。王安石寄诗相赠，对友人表达深切的慰问，对玉石俱焚的政治现实感到无比悲愤。

得知韩琦即将出知扬州，王安石内心既深感遗憾，又充满了期盼。遗憾的是，最后一位革新派领袖也被逐出朝廷，意味着"庆历新政"的彻底失败；期盼的是，韩琦"诚节表于当时，德望冠于近代"(王安石《贺韩魏公启》)，堪称一代伟人。能在这样一位革新派领袖属下工作，确实无比荣幸。

韩琦于庆历五年(1045)四月五日抵达扬州任所，正值芍药盛开的时节。百花之中，牡丹、芍药并称名花双绝，好事者尊为花王、花相。洛阳以牡丹闻名，扬州以芍药争胜。韩琦到任不久，一日闲暇，于州府后园散步，忽见一株芍药，分出四个枝桠，每枝上各开一朵鲜艳美丽的楼子花，层层堆叠、上下成楼的粉红花瓣中，夹着一层金黄色的花蕊。韩琦从未见过这种芍药，感到非常新奇，忙向园丁打听，原来这种芍药叫"金缠腰"，又叫"金带围"。园丁说：

"这种花出现非常偶然，不是靠培育能长出来的，据说一旦出现，就说明城里有宰相。"

韩琦觉得很神奇，决定举行一个小型赏花会，邀请三位客人一起欣赏，以应四花之瑞。他将阖府上下的年轻官员反复筛选一遍，仅挑出了两位，其一是时任通判的王珪，其二便是王安石。王珪，字禹玉，成都华阳人。他少好读书，日诵数千言，博通群书，庆历二年(1042)进士第二名。还差一位,只好以僚属中官阶最高的兵马钤辖充数。谁知第二天一早,赏花会正要开场,钤辖忽然递来病假条,因暴泻不止,无法赴宴。韩琦只好叫人取过客历,想从出差路过的朝官中找一人与会。但这天的过客中没有朝官,只有一位叫陈旭(字升之)的官员,刚刚卸任宿州(治所在今安徽宿州市)通判,转道扬州,回朝述职。于是,韩琦便命他一同与会。当时正是初夏,天清气朗,蕙风如薰,府署花园里夏木荫荫,芳草萋萋,四人绕花而坐,饮酒赋诗。酒过三巡,韩琦命人剪下四朵芍药,主客各簪一枝,尽兴而还。最最令人称奇的是,此后三十年间,韩琦、陈旭、王安石、王珪先后入朝为相,四花之瑞竟应验无爽!

在这次赏花宴上,王安石与陈旭一见如故,颇有惺惺相惜之感。陈旭比王安石年长十岁,景祐元年(1034)进士,博学多才。临别之际,王安石作《送陈升之序》赠别。朋友分别,赠送文字以为纪念,这种风气始于魏晋,唐宋时期尤其流行。所赠为诗,即称"赠诗";所赠为文,即称"赠序"。赠序实际是由诗序演化而来。因古人常常在赠诗前加一段小序,说明赠诗原由。后来有人不写诗只写序,即成"赠序"。赠序的主要内容大都是表达惜别之情和慰勉之意。王安石的赠序却往往不按常规写法。之前所作《送孙正之序》几乎就是一篇"君子论"。文章以"圣人之道"为核心,揭示"君子"与"众人",以及"真儒"与"伪儒"的分野。真正的君子,既能于困厄中守道,亦随时准备"得君行道",文章最后即以"君子"与"真儒"寄望于友人。这篇《送陈升之序》则可以说是一篇"人才论"。文章开篇即提出了一个带有普遍性的、值得思考的问题:

今世所谓良大夫者有之矣,皆曰:"是宜任大臣之事者。"作而任大臣之事,则上下一失望,何哉?

有时候，一个优秀的士大夫，得到众人拥戴，大家都认为他可以担当宰辅重臣之任。但是，一旦真的被提拔为宰辅重臣，天子和百官又都对他很失望。王安石认为：

> 人之材有小大，而志有远近也。彼其任者小而责之近，则煦煦然（言词婉顺、颜色和悦的样子）仁，而有余于仁矣，孑孑（琐屑细小的样子）然义，而有余于义矣。人见其仁义有余也，则曰："是其任者小而责之近，大任将有大此者。"然上下俟之云尔，然后作而任大臣之事。作而任大臣之事，宜有大此者焉，然则煦煦然而已矣，孑孑然而已矣，故上下一失望。

造成这种局面的原因，是对人才的认识不够准确、深刻。人的才能有小有大，志向有远有近。任小责轻时，只要做到和颜悦色、谨慎守法，就可说是仁德与道义皆绰绰有余的称职官员。然而，仁义的内涵至为博大，并不仅仅体现在琐细的言语行动上。担当天下兴亡大任的宰辅重臣，仅仅和颜悦色、谨慎守法显然远远不够，还需具备高远的志向、超凡的见识和非常之大才。选拔人才如果不着意于对"才""志"的深入考察与识别，知人善任，而只关注有限职守中的表面现象，以庸识浅见任免人事，最后必然落得上下一齐失望的结果。

> 岂惟失望哉！后日诚有堪大臣之事，其名实烝然于上，上必惩前日之所俟而逆疑焉。暴于下，下必惩前日之所俟而逆疑焉。上下交疑，诚有堪大臣之事者，而莫之或任。幸欲任，则左右小人得引前日之所俟惩之矣。

从长远来看,这种浅薄的人才观造成的结果又岂止是失望而已？它还会在只见现象不问缘由的人们心中留下阴影,对今后的人才选拔造成严重的消极影响。将来有确实能够担当大任、堪为重臣的大材出现,从皇帝到百官,一定会因之前的失望而心生疑虑。上下交疑的氛围下,真正的人才便会遭受压抑,无法得到重用。

噫！圣人谓知人难,君子恶名之溢于实。难则奈何？亦精之而已矣。恶之则奈何？亦充之而已矣。知难而不能精之,恶之而不能充之,其亦殆哉。

所以,王安石感叹道:圣人说知人难,君子厌恶名不副实。知人难,所以选拔人才一定要精心考察,辨清其"才""志";厌恶名不副实,所以要从我做起,严格要求,不断努力充实自我。否则,个人和社会都将陷入危险之中。

予在扬州,朝之人过焉者多,堪大臣之事可信而望者,陈升之而已矣。今去官于宿州,予不知复几何时乃一见之也。予知升之作而任大臣之事固有时矣,煦煦然仁而已矣,孑孑然义而已矣,非予所以望于升之也。

身在扬州这样一个交通枢纽,见过的大小官员可谓多矣,王安石认为,唯有陈升之可堪大任,值得信赖和期望。现在升之卸去宿州之任回京述职,此一别,山长水阔,不知何时才能再见？但他相信,陈升之一定有机会担当大任、成就大业。因此,他寄望友人,一定要不断充实自我,力求名实相符,而不仅仅满足于言词婉顺、谦和恭谨的小仁小义。

对朋友的期望,同时也是王安石对自我的要求。公余之暇,他从不散漫放任,恣意游嬉,而是利用一切可以利用的时间读书深思。读书的目的,不只是求知,而是求"道"——通过对儒家经典的深透理解,尽可能地接近和效法先圣先贤修己安人的人生境界。但是,王安石认为"世之不见全经久矣,读经而已则不足以知经"(王安石《答曾子固书》)。时代渺远,先秦典籍在漫长的传承过程中,不断遭到损毁、佚失、篡改、误读,我们今天所读到的文本,与经典的原貌已经有了一定的差池。要想全面、准确地理解先哲的思想,阅读范围就不能局限在几本儒家经典内,所谓"礼失而求诸野"。因此,王安石"自百家诸子之书,至于《难经》《素问》《本草》、诸小说无所不读,农夫、女工无所不问"(王安石《答曾子固书》)。他常常读书达旦,只稍稍打个盹,太阳就已升得老高,只好急急忙忙起床,去州府上班,往往来不及洗漱。这时王安石年方二十五岁,韩琦见他年少,不免疑心他耽于酒色,夜夜放逸。一天,趁身边人少,韩琦委婉地劝说道:

"你现在年纪轻轻,不要荒废了学业,切不可自我放弃。"

王安石没有回话,内心多少有那么一些失望。一方面,他一直相信,"所谓贤人者,既相似又相信不疑"(王安石《同学一首别子固》),韩琦的疑虑显然会令他产生"不知己"的感觉,所以后来他对朋友说:"韩公非知我者。"另一方面,韩琦不作任何调查了解,便直接将自己的怀疑当作事实,并且以长辈的身份加以劝谏,用心未必不善,但行事则有些武断。

王安石喜欢以古鉴今,有矫世厉俗之志,在公事上,与韩琦也发生过分歧。两人争执不下时,王安石曾脱口而出,说:

"如果这样做,即是俗吏的作为!"

韩琦不以为然,回答道:"实不相瞒,我便是一俗吏!"

尽管如此,这些小小事件并没有影响他们之间上下级的正常关系。相处时间渐久,韩琦也越来越了解王安石,对于他的博学多才十分赏识。王安石任满离职之后,有一次,韩琦收到一封别人的上书,书中多用古

字,州府上下没人能够通读,韩琦不禁感叹道:

"可惜王廷评①不在这里,只有他能认得这么多难字。"

八、庆历五年(1045)秋,王安石淮南签判任满

光阴荏苒,很快就到了庆历五年(1045)秋季,王安石淮南签判任期届满。上京改官之前,他决定先回临川一趟。时隔两年重回故乡,他已经是一个两岁孩子的父亲。长子王雱于庆历四年(1044)出生,长得聪明伶俐,十分可爱。于是,和往年不同,旅途中,除读书作文之外,王安石又多了一大乐趣:教牙牙学语的儿子认字读诗。

这次回乡,除了探望年迈的祖母和诸位长辈,主要是参加外祖母黄夫人的复墓仪式。四年前,外祖母去世时,王安石正在汴京参加科举考试。未能在灵前尽孝,始终是他心中的一大恨事。复墓之礼,各地习俗不同。如山西霍州是在葬礼过后第二天,子女至亲到墓地检查,是否有不妥之处,进行弥补。而浙江天台山地区,是在安葬后的第三天清晨,子孙打着灯笼去墓地,为死者送去脸盆、毛巾和热水,供死者洗脸,并在坟前供饭、供香、燃烛、跪拜。接着将安葬时插在坟头的幡竹折断,表示死者从今之后自立门户。然后将带去的木炭、火炉、净水供在坟前跪告:从此以后请自烧洗脸水。这些看似荒诞的仪式,寄托了人们对逝去的亲人的无限哀思。为这次复墓仪式,王安石郑重地撰写了《外祖黄夫人墓表》一文,深情追忆老人一生的嘉德懿行。

---

① 王安石此时官阶为大理寺评事(从八品),简称廷评。

好友曾巩的祖母也于庆历四年(1044)以九十二岁高龄辞世,今年即将下葬。应曾巩的请求,王安石作《曾公夫人万年太君黄氏墓志铭》。在王安石看来,两位老人有许多共同的美德:既孝且慈,柔色淑声,为人低调,自律甚严,故而能成为维护和巩固家族和谐亲睦的核心因素。反观当世,风俗衰颓,许多女性失去了美好德行,争相做一些严酷过分的事情,放任自己变得顽劣愚昧,这种状况,极不利于家族的繁荣与社会的发展。王安石感叹道:

> 圣人之教,必繇(同"由")闺门始。后世志于教者,亦未之勤而已。天下相重以戾,相荡以侈,疣然斁(dù,败坏)矣,自公卿大夫无完德,岂或女妇然?
>
> ——王安石《外祖黄夫人墓表》

天下之人,皆以暴戾之气相重,皆受侈靡之风影响,社会风气越变越坏,受过良好教育的公卿大夫都难免德行有缺,更何况那些没有机会读书识字的女性? 而造成这种局面的重要原因之一,恐怕在于长期以来,人们对于女性教育的忽视。因此,王安石认为,两位黄老夫人,堪称女德的楷模,她们的事迹值得广为传颂。

此时,已是深秋时节,寒风瑟瑟,菊花满地。他不禁回想起春末夏初,与韩琦、王珪、陈旭一同在府署花园内赏花的情景,心中涌起一阵时序如飞的悲感:

> 四月扬州芍药多,先时为别苦风波。还家忽忽惊秋色,独见黄花出短莎。
>
> ——王安石《黄花》

因为要上京改官,王安石没有在临川多加停留,就匆匆回到江宁,准备由长江入运河,溯流而上,前往汴京。出发前,韩琦特意派人到江宁为他送行,并带来美酒数樽。王安石十分感激,连忙修书致谢。文章说:

> 违离大斾(同"旆",此句意谓离开韩琦属下),留止近邦(指江宁,离扬州不远)。惟德之依,无时以懈。整仆夫之驾,方尔就涂。拜使者于庭,遽然承教。未忘故吏之贱,加赐上樽之余。望不素然,报将安所?
>
> ——王安石《上扬州韩资政启》

经过将近一个月的航行,王安石于庆历五年(1045)底到达东京汴梁。岁暮年关,独在异乡,不免思亲念友,心绪悠悠。在他离家不久,弟安国(字平甫)、安礼(字和甫)亦从江宁出发,回临川老家陪伴祖母,此时尚在旅途。他感慨万端,作诗相寄:

> 萧条冬风高,吹我冠上霜。我行岁已寒,悲汝道路长。持此犬马心(对尊长表示赤诚报效的谦词),千里不能将。使汝身百忧,辛勤冒川梁。青灯照诗书,仰屋涕数行。不有亲戚思,讵知远游伤?
>
> ——王安石《寄二弟时往临川》

万物萧条,风高霜重,走在路上已感到寒冷难耐。可是,亲爱的弟弟仍在旅途之中,水陆兼程,长路漫漫,实在令人心疼!因为要得禄养亲,自己不能陪伴在祖母和母亲的身边,遂使弟弟心系两头,忧思百转。弟弟们千里奔波,吃苦受累;王安石独对青灯,亦无法潜心攻读。每一念及,总不免仰天长叹、涕泪横流。没有经历过亲人离别的揪心牵挂,又怎能体会远游异乡的深切忧思？"我所思兮在何所？情多地遐兮遍处处。
东西南北皆欲往，千山隔兮万山阻"（韩愈《感春》），这种漂泊与分离的痛
苦时时折磨着他细腻敏感的心灵。在给孙侔的诗中他写道：

少时已感韩子诗，东西南北俱欲往。新年尤觉此语悲，恨无羽
翼超惚恍。肺肝欲绝形骸外，涕洟自落衣巾上。此忧难与世共知，
忆子论心更惆怅。

——王安石《寄正之》

宋代官制，官员任满之后，需还京由负责官员选拔的铨曹，考核其任
职年限、有无赃私罪、有无疾病、推荐人等情况，称为"参选"。参选合格，
即可参加由审官东院、审官西院、流内铨、三班院等四个部门主持的铨
选，称为"四选集注"（注即注官，审查官吏的资历和劳绩，确定其升降级别与
职位）。集注一年举行四次，分别在每个季度的第一个月。参加集注者，
必须在集注之月的十五日之前抵达京师。集注前，公布有关职位空缺情
况的"阙榜"，供参注人根据自己的资历申请注阙。集注时，集注官坐庭
上，应选官坐庭下，由侍郎或郎中唱名，询问愿意申请的职位。根据应注
者的回答，集注官亲批"就"或"不就"。两天之后，公布"拟榜"（即集注结
果）。剩下无人选择的空缺职位，重新公布，于拟榜公布后五天内，由唱
名时未获职位的人继续申请。集注十天结束。集注期间未能获得职位，
则继续"待次"，排定先后名次、登记在册，等待下次集注。集注时已获得
职位，但现任官尚未满任离阙，仍须等待的，称为"待阙"。宋代官冗，员
多阙少，"吏部一官阙，率常五、七人守之"（苏轼《转对条上三事状》），"士
大夫守一阙，有至七、八年者"（《宋会要·职官·久任官》）。

在等待参选、集注的漫长过程中，王安石每天都很忙碌。他虽然年

纪轻,资历浅,但文章精妙,动笔如飞,早已声名远播。庆历六年(1046)正月,他被礼部省试主考官张方平聘为试卷点检官。受命后即入贡院,与外界隔绝联系,参与省试命题、阅卷等工作,足足忙了四五十天。三月份,刚刚结束了礼部省试的工作,从贡院出来,又有一堆文章等着他写。

临川大中祥符观新建九曜阁,托他叔父出面,请他作《大中祥符观新修九曜阁记》;抚州通判在州府修建见山阁,多次写信求记,"数辞不得止",最后也是"因吾叔父之命以取焉,遂为之记"(王安石《抚州通判厅见山阁记》);叔父还命他为叔祖王贯之作《主客郎中知兴元王公墓志铭》;友人陈兴之也请他为自己的父亲陈执古作《比部员外郎陈君墓志铭》,诸如此类,不一而足。

除了这些源源不断的"文债",他也常常接到以文会友的邀约。例如,太常博士张君,"延之勤、问之密,而又使献其所为文"(王安石《上张太博书》),秘书丞祖无择,"欲收而教之使献焉"(王安石《与祖择之书》),等等。他们的年辈和资历都比王安石高,也都是博学能文之士,对于好学深思的王安石来说,自然是不容错过的交流机会。因此,他将过去几年撰写的原、说、志、序、书、词等各种文体的作品进行了仔细的修订、整理,然后誊抄数份,附上书信,分别寄赠,以期获得前辈们的赐教。

时间在忙碌中悄然流逝。"发策久嗟淹国士,起家初命慰乡人"(王安石《次韵十四叔赐诗留别》),等待了一年多的时间,庆历六年(1046)底,王安石终于获得大理评事、知鄞县事①的官职。他连忙收拾行装,准备走马上任。

---

① 大理评事,即大理寺评事。宋前期为文臣迁转官阶,无职事,为八品下。知鄞县事,即鄞县县令。

第三章

新邑县州南佐归

庆历七年(1047)春,王安石告别汴京亲友,踏上新的旅途。

> 行辞北阙楼台丽,归佐南州县邑新。
>
> ——王安石《次韵十四叔赐诗留别》

其时,全国各地旱情严重,王安石乘船赴任,道阻且长。漫漫旅途中,所见所闻无不惨淡。尤其是碰上大风天气,滞留江边,从白天到日落,兀自枯坐舟中,眼前所见无非空阔的江面和丛错的芦苇,天涯孤旅的伤感便悄悄袭上心头:

> 潮连风浩荡,沙引客淹留。落日更清坐,空江无近舟。共看葭苇宅,聊即稻粱谋。未敢嗟艰食,凶年半九州。
>
> ——王安石《江上二首》其一

生计多艰,谋生不易!倘若不是"母老弟弱,衣穿食单,有寒饿之疾"(王安石《上张太博书》),他当初也绝不会"忧然欲出仕"(同上)。如今,为衣食之谋而奔波道途,年华虚掷,不必说消磨了年少时希圣希贤、求学进道的远大理想,就连祖母、母亲亦不能陪伴侍奉,他深深地感受到人生的无奈。然而,在这样一个百姓流离的饥荒年岁,王安石意识到,自己的这份黯然与感慨多少显得有些矫情。

> 书自江边使,乡邻病饿稠。何言万里客,更作百身忧。补败今谁恤,趋生我自羞。西南双病眼,落日倚扁舟。
>
> ——王安石《江上二首》其二

想到九州大地,包括故乡抚州在内,无数百姓在饥饿与疾疫的肆虐中挣扎,他的心情便无比沉重。有谁同情他们? 又有谁会弥补他们遭受的灾害损失? 身为朝廷命官,自当忧民所忧,急民所急,倘若仅以个人生计为虑,实在可羞可耻! 他暗暗下定决心,上任之后,务必尽己之力,为民兴利除弊。

一、庆历七年(1047)三月,王安石抵达鄞县任所

鄞县(今浙江宁波鄞州区)地处东南沿海,属两浙路,是明州州府所在地,距离汴京两千六百八十里。庆历七年(1047)三月,王安石抵达任所。这里和其他地方一样,正处在干旱之中。这场由冬至春、旷日持久的旱灾,已经导致全国大部分地区"五种弗入,农失作业"(李焘《续资治通鉴长编》),朝廷上下无不焦虑、忧恐。为此,仁宗下罪己诏,表示"咎自朕致,民实何愆? 与其降灾于人,不若移灾于朕"(同上),并决定从下诏之日起,避正殿,减常膳,以示自我惩戒。同时,要求内外大臣以密奏的方式,上书言事,指陈当世政务。

读罢诏书,王安石十分感慨,他写道:

> 去秋东出汴河梁,已见中州旱势强。日射地穿千里赤,风吹沙度满城黄。近闻急诏收群策,颇说新年又亢阳。贱术纵工难自献,心忧天下独君王。

——王安石《读诏书》

去年秋季，他还在待次，曾因事离开汴京。那时中原一带旱情已十分严重。烈日照射下，赤地千里，几乎寸草不生，阵阵秋风卷起满地尘埃，沿途城邑都笼罩在风沙雾霾之中。今春以来，旱势依然不断加剧。现在皇帝下诏，广求改良政治的良策，王安石多么希望能将自己长期以来对国计民生的种种思考奉献给朝廷，但小小一名知县，尚不够资格上书言事，只能借诗慨叹。

上任之初，依照惯例，王安石分别给转运使、知州、通判等上司写信致意，长官们亦循礼答复，有的长官还"访以所闻"（王安石《与马运判书》），展现礼贤下士、兼听则明的姿态。很多时候这或许不过是官场上的虚文缛节，但王安石则视为讨论时弊、表达政见的机会。在写给江淮荆湖两浙制置发运判官马遵的信中，他恳切地提出应付灾害的具体办法，希望借马遵之力，反映给朝廷并予以施行。他说：

> 今岁东南饥馑如此，汴水又绝，其经画固劳心。私窃度之，京师兵食宜窘，薪刍百谷之价亦必踊，以谓宜料畿兵之骜惰者就食诸郡，可以舒漕挽之急。古人论天下之兵，以为犹人之血脉，不及则枯，聚则疽，分使就食，亦血脉流通之势也。
>
> ——王安石《与马运判书》

转运司肩负粮食供输之责，经营谋划极费心力，加上持续干旱，既导致东南地区粮荒，又导致水路阻塞，更是困难重重。可以想见，京城屯聚着大批军队，粮食很快便会出现短缺，柴草饲料以及各种食物也会价格飞涨。因此，王安石建议，将老弱残兵筛选出来，分配到各地方州郡，就地解决粮饷问题，以缓解粮食运输的压力。诚如古人所言，天下之兵犹如人的血脉，气血不足则形容枯槁，流通不畅则生疮毒。若让士兵分散到各地,则不致因粮荒而生变乱,与及时疏通血脉,保障人体健康同一道理。

　　此时距宋朝建立已近九十年,开国之初太祖、太宗建立的规章制度,随着时代发展和社会变迁,早已弊端丛生,其中最突出的问题便是财政危机。对此,王安石也颇有思考。在《与马运判书》中,他首次提出了自己的看法:

> 　　尝以谓方今之所以穷空,不独费出之无节,又失所以生财之道故也。富其家者资之国,富其国者资之天下,欲富天下则资之天地。盖为家者,不为其子生财,有父之严而子富焉,则何求而不得?今阖门而与其子市,而门之外莫入焉,虽尽得子之财,犹不富也。盖近世之言利虽善矣,皆有国者资天下之术耳,直相市于门之内而已,此其所以困与?
>
> 　　　　　　　　　　　　　　　　　——王安石《与马运判书》

　　他认为,国家之所以穷困贫乏,不只是因为费用支出没有节制,还由于缺少生财之道。家庭的富足有赖于国家,国家的富足有赖于天下百姓,要使天下百姓富足则有赖于天地自然。一个当家的人,虽不为儿子生财,但以父亲的威严,只要儿子富足了,又有什么不能得到呢? 如果关起门跟儿子做生意,门外的财富不能进来,即使得到儿子全部的财产,家庭还是不富。近世以来,围绕着如何解决国家财政危机,已经有过不少讨论。在王安石看来,这些言论都只是帝王索取百姓财富的方法,从未有人思考过怎样发展生产,从天地自然间开拓生财之道。如果只是采取各种办法征收税收,索取百姓财富,和父子关门做生意又有什么区别呢? 而这,大概就是国家穷困的原因吧? 他的《寓言十五首》其四也表达了同样的观点：

> 父母子所养，子肥父母充。欲富榷(què,专卖,征税)其子，惜哉术
> 之穷。霸者擅一方，窘彼足自丰。四海皆吾家，奈何不知农。

　　父母由儿子供养，只有儿子富足了，父母才能过上优裕的生活。国家想要富裕，却只知道一味向百姓征税，好比是父母同儿子争利，是没有出路的办法。割据一方的诸侯或许可以通过榨取别人来壮大自己，但对一统天下的王者来说，四海之内莫非王土，为何不懂得只有发展农业生产才是富国的根本途径？

　　带着这些思考，王安石开始了他的知县生涯。在宋代高度中央集权的政治体制下，知县一职，品级低微，受到诸多上级机构与相关法令的牵制约束，要想干出一番政绩很不容易。于是，懒怠者常常以客观条件的限制，为自己不作为辩解；夸诞者则以经纶大才自许，不屑于基层政务。"士大夫竞以含糊为宽厚，因循为老成"(明·章衮《王临川文集序》)。官场上下，人浮于事，安常习故，不以事功为急。真宗、仁宗以来，此风日盛：

> 繇(yóu,自)景德、祥符之间，四海平治，宽文法待吏，而吏乃相
> 习为遨嬉浮沉者。或按一吏，则交议群诋，以为暴刻生事。日浸月
> 积，而民散于下矣。
>
> ——王安石《尚书度支员外郎郭公墓志铭》

　　更有甚者，对于有才有志、勇于作为的新进之士，轻则讥刺谤议，重则打击压制，使其长年得不到升迁，渐渐变得谨小慎微，被官场同化。庆历三年(1043)范仲淹领导"庆历新政"，试图整顿吏治，革除"人人因循，

不复奋励"(范仲淹《答手诏条陈十事》)的官场陋习,可惜在保守势力的强大反击下昙花一现,戛然而止。官场习气依然如故。

王安石深受改革思潮影响,耻与官场上蝇营狗苟的流俗之人为伍。虽然,他也会感叹自己人微言轻,纵有治国良策,却难于被朝廷采纳;他也不满于左右掣肘、动辄得咎的官场现实,渴望能有更好的施政环境,使尽忠守职的能吏得以逞才适志:

> 不拘文牵俗,则守职者辨治矣;不责人以细过,则能吏之志得以尽其效矣。
>
> ——王安石《兴贤》

但他绝不陷溺于牢骚愤懑之中,更"不以材自负而忽其民之急"(王安石《余姚县海塘记》),而是脚踏实地履行知县的职责。三年淮南签判的任职经历,已使他对民生疾苦有了初步了解。鄞县到任后,又马不停蹄,身历县境,到各乡进行实地考察,倾听底层百姓最真切的呼声。此时正当仲春,本该万物茁壮、欣欣向荣,可是由北至南、旷日持久的旱灾也波及鄞县。田间地头,到处都是男女老幼奔波忙碌的身影,他们肩挑手提,从遥远的溪谷间运水抗旱,奋力拯救奄奄一息的庄稼。

此情此景令王安石颇为不解,鄞县东临大海,境内冈峦起伏,既有奉化江、慈溪江、鄞江等河流,又有东钱湖、广德湖等湖泊,"深山长谷之水,四面而出,沟渠浍(kuài)川,十百相通"(王安石《上杜学士言开河书》)。如此优越的地理环境,本当既无水患,又无旱灾,实际情况却截然相反,鄞县百姓"最独畏旱而旱辄连年"(同上)。当地老人说,五代十国时期,鄞县隶属吴越国,当时朝廷专门设有都水营田使,并置有撩湖兵、营田军,负责疏浚和治理河道,因此那时候"人无旱忧,恃以丰足"(同上)。宋朝建立后,营田制废弃了,六七十年来,州县官吏因循怠惰,无所作为,百姓又没有能力自动组织起来维护水道,以前畅通无阻的沟渠、河流,都渐渐变浅了、淤塞了,山谷的水都流入海中,没能储存下来。风调雨顺的年份,农田用水尚且不足,一旦遇上灾年,只需十天半个月不下雨,几乎所有河流都会干涸。由此可见,造成鄞县连年旱灾的原因,不在于自然气候与地理环境,而在于"人力不至"(同上)。在全面详实的调查研究过程中,一个计划在王安石心中逐渐明朗。

天遂人愿,通过春夏之际的抗旱救灾,这年秋天终于迎来了一场大丰收。王安石决定趁冬季农闲,组织农民大力疏浚河渠,开展农田水利建设。得知这一消息,多年来深受干旱之苦的鄞县百姓,无不欢欣鼓舞。男女老少,互相劝勉,争先恐后报名参加,没有一个人敢吝惜自己的气力。王安石将自己的想法以及百姓的热烈反应报告州府,又应州府要求,将相关计划全面详细地写下来,报告给两浙路转运使杜杞。杜杞,字伟长,常州无锡人,也是一位果于有为的官员,自庆历六年(1046)担任两浙路转运使以来,主持修筑钱塘堤,"自官浦至沙陆,以除海患"(欧阳修《兵部员外郎天章阁待制杜公墓志铭》),具有丰富的治水经验。很快,王安石的计划获得了杜杞的认可和支持。

庆历七年(1047)十一月,轰轰烈烈的农田水利建设在全县范围迅速展开。为了将工作落到实处,王安石专门抽出时间下乡巡视,亲临一线指导和督促。十一月初七,他带着几位懂水利的小吏从县城出发,花了整整十三天时间,跑遍全县十四个乡。在《鄞县经游记》一文中,他以日记的形式详细地记录了这些天的行程:登上高山,看采石工人凿石;乘船周游,考察地形地貌;亲临开渠工地,检查工程进展;深入村庄院落,宣讲治水事宜。天刚放亮,已经踏上征途;夜已深沉,还在路上奔走。从万灵乡到鸡山,从育王山到灵岩,从芦江到瑞岩、再到天童山……跋山涉水,起早贪黑。白天奔走道途,晚上借宿寺庙。这篇两百余字的短文,也许是有史以来最早的一篇地方官员工作日志吧!虽然,文章只是简约客观地记事,并无一句抒情和描写,我们却分明从字里行间,看到了一个不知疲倦、勤于政事的官员形象。十一月十三日是王安石二十七岁生日,而他在文中却一个字也没有提及。如此克己奉公的官员,无论放在哪个时代,都极为难得。因此,明代古文家茅坤感叹:"县令如此,知非俗吏已!"(《唐宋八大家文钞》)

正当全县上下齐心协力修渠浚河时,老天却不作美,开工没多久便下起大雨,好不容易等到雨停,丁壮老弱一齐上阵,可沟中积水还未清理干净,一场瓢泼大雨又倾泻而下……一次次返工重做,一次次空自劳苦,老百姓焦躁烦闷,王安石"亦夙夜以忧"(《祭鲍君永泰王文》)。万般无奈之际,听说本地灵应庙供奉的鲍君永泰王十分灵验,他虔诚斋戒,备上祭品,带领吏民前往拜祷,恳请神灵怜悯百姓的辛劳,他说:

> 农之劳,神之所知也。岁之四时,而于冬为最隙。然犹筑场圃、治屋庐、涂囷(qūn)仓、粪田畴,未尝一日而晏然以休息。今兹令又以其暇时,属之使治渠川,比常岁则农之劳盖有加焉。神宜哀怜而有以相之也。
>
> ——王安石《祭鲍君永泰王文》

农民的劳苦,神灵应该十分清楚。一年四季只有冬季较为空闲,还需修筑场圃,整治房屋,加固仓库,给田地施肥,为来年耕种做好准备,没有一天可以自在休息。而今年冬天,自己又趁着农闲让他们修治河渠。因此和往年相比,农民更加辛苦。作为一方神灵,岂不应加倍哀怜并保佑他们吗?"雨淫不止,民愁而令恐"(王安石《又祭鲍君文》),或许是自己

79

的施政乏善可陈,所以得不到神灵的护佑?可是"令则有罪,而民何尤"(同上)?况且,长久以来,神灵"巍然南面"(同上),享受民众供养,却尸位素餐,不施恩泽,难道不觉得羞愧吗?这些恳切的话语,虽为祈神而发,实为王安石的肺腑之言,亦可视为他对当时官场风气的委婉针砭。对民生疾苦的深切体恤,正是他此时为政的根本动因。因此,祷晴不应,他忧心如焚:

> 灵场(祭祀神灵的坛场)奔走尚无功,去马来车道不通。风助乱云阴更密,水争高岸气尤雄。平时沟洫今多废,下户京囷(粮仓)久已空。肉食(做官的人)自嗟何所报,古人忧国愿年丰。
>
> ——王安石《苦雨》

灵应庙前人马拥挤、川流不息,一次次虔诚的祈祷却劳而无功。狂风呼啸,乱云飞渡,天色越来越阴沉;洪水满涨,溢出高岸,气势竟如此豪雄。好不容易修筑的沟渠都被冲垮,贫困人家早就没有了余粮。身为一县之长却无计可施,唯有暗自嗟叹、暗自神伤,也深深体会了古圣先贤忧国忧民、祈愿丰收的殷切情怀!

经过艰苦的战天斗地,王安石终于带领全县人民完成了"起堤堰,决陂塘,为水陆之利"(邵伯温《邵氏闻见录》)的浩大工程。今天,从明州、鄞县地方志中,我们依然可以看到诸多相关记载。他所创筑的鄞县石塘,"上达县城,下过穿山","起于孔野岭下,自西而东,横亘以阻海潮,为镇海海塘肇始"(《乾隆镇海县志》),后人称为荆公塘(王安石晚年被封为荆国公),或王公塘。建于芦山出海口的斗门(水闸),后来方志中称为"穿山碶(qì,水闸)"或"通山碶",据学者考证,作为一种启闭方便的水利工程设施,亦首见于王安石《鄞县经游记》,显示了这次水利建设领先于时代的技术水平。这一造福于民的卓越功绩,受到当时及后世的一致好评。就连那些对他后期领导熙宁变法充满偏见的人,对此也都给予了由衷的肯定。如,元代文人袁桷在《咏王文公祠》中写道:

> 半山(王安石晚年自号半山)执政偏,惠独施鄞土。斗门东谷间,利泽沾尤普。

二、王安石采取的便民利民措施
很快收到了成效

庆历八年(1048)春,农田水利建设暂时告一段落,但是王安石并没有停止他的脚步。明媚的春阳、和煦的春风给大地带来蓬勃生机。田野里春苗初长,村落间柔桑采尽,白白胖胖的春蚕已经吐丝成茧。这盎然的春光令王安石的心情无比愉悦。然而,当他敲开农户简陋的柴门,看到的却是惨淡的愁容,听到的则是隐忍的悲叹:

> 柔桑采尽绿阴稀,芦箔蚕成密茧肥。聊向村家问风俗,如何勤苦尚凶饥?
>
> ——王安石《郊行》

虽然农民终年勤苦劳作没有一日安闲,虽然去年秋季全县丰收,可是开春后,许多贫困家庭却面临着青黄不接的窘迫。按照往年惯例,他们大都会以自家土地为抵押,以高额利息为代价,向本地豪强富绅借粮贷谷,暂度饥荒。等到秋收时节,他们大部分收成都得用来还本付息,余下的粮食又不足以支撑全家度过冬春。如此循环往复，困顿煎熬。可是这还不算最坏的情况，倘若遇上灾年，秋季收成难以保障，到时候无法偿还借粮的本息，便不得不用全家赖以为生的土地抵债，从此沦为上无片瓦、下无立锥之地的赤贫。

"这真是'医得眼前疮，剜却心头肉'啊！"王安石在心里默默叹息。

这天夜里，他辗转难眠，农民愁苦的面容一直在眼前萦绕。怎么才能帮助他们度过饥荒？怎么才能解除他们的心腹大患呢？突然，一个想法跃入脑海！县衙常平仓里不是颇有存粮吗？为什么不由官府来取代豪绅，以低额利息贷谷与民？

常平仓制度是我国古代为应对饥荒、稳定市场而设立的社会保障措施。具体做法是，粮价偏低时，官府以高于市场的价格买入；粮价偏高时，再以低于市场的价格卖出。以此调节粮价，既避免"谷贱伤农"，又防止"谷贵伤民"。存放官粮的仓库就称常平仓。宋代常平仓创建于太宗淳化三年(992)，最初仅设于京师，真宗景德三年(1006)后逐步推广到全国大部分地区，到仁宗庆历年间，各州县城内都设立了常平仓，并根据各州县户口多寡酌情留取上供钱，用于常平籴(dí，买粮食)粮。对于常平粮的买进价格，朝廷也有规定，一般与市场价之差为每斗三到五文，卖出时则往往要求"止于原籴价出粜(tiào，卖粮食)"，不准在籴本之上再加钱，有时甚至不计原价，以低于成本的价格出粜，以示"恤民之意"(《宋史·食货志》)。

常平仓的基本职能，是以销售方式给市场供粮，平抑谷价，救济灾荒，特殊情况下也以借贷方式发放，如，仁宗景祐初年，京畿地区饥荒，朝廷曾下诏，"出常平粟贷中下户"(同上)，每户一斛。因此，王安石这一想法是有先例可循的。虽然此时并非灾年，但那些贫困家庭面临的境况，与灾年并无二致。"贷谷与民，立息以偿"(邵伯温《邵氏闻见录》)，既能使农民免于高利贷盘剥,不至失去土地;又能使常平仓里的粮食得以新陈相易,官府还能适当增加收入。他为自己的想法感到兴奋!

说干就干,他立即草拟告示,通报全县。为防止富裕人户乘机聚敛,王安石要求各乡挨家挨户了解情况,逐一登记确需借粮的民户,及其所需粮食,报告给县衙。宋代常平仓粜粮一般都是设场进行,最基层只到县城,没有遍及乡村。为了方便农民,王安石决定送粮下乡,并亲自参与到送粮队伍中:

> 暮水穿山近更赊(shē,远),三更燃火饭僧家。乘田(春秋时鲁国主管畜牧的小吏,后用以指小吏)有秩难逃责,从事虽勤敢叹嗟。
>
> ——王安石《发粟至石陂寺》

山间的路,看着近,走起来却很远,正如唐代诗人李陟所言:"望水寻山二里余。"(《秋日过员太祝林园》)他们常常奔波到半夜三更还没有吃饭。和去年巡视水利建设一样,王安石此行仍是借宿于寺庙。粗糙的疏饭,简陋的僧床,便足以令他身心安顿。虽然自己只是一个卑微的小官,但毕竟享受着朝廷的俸禄,对老百姓的生计负有不可逃脱的责任,尽管辛苦劳累,而他无所怨尤。行走乡野之间,听初夏的鸟儿婉转歌鸣,看水中的鱼儿自在翔游,他感慨民生多艰,思考着该如何才能让百姓丰衣足食、与大自然的鱼鸟和谐共乐? 在《太白岩》一诗中他写道:

> 太白龍嵸(lóng zōng,山势高峻)东南驰,众岭还合青分披。烟云厚薄皆可爱,树石疏密自相宜。阳春已归鸟语乐,溪水不动鱼行迟。生民何由得处所,与兹鱼鸟相谐熙。

春粮发放工作进展顺利,所到之处受到民众热烈欢迎。看到村民得以安居乐业,王安石终于感受到几分轻松和愉悦:

> 溪水清涟树老苍,行穿溪树踏春阳。溪深树密无人处,唯有幽花度水香。

——王安石《天童山溪上》

清澈的溪水泛起阵阵涟漪,溪边老树苍翠茂盛。踏着春日和暖的阳光,穿行在幽深繁密的溪边树下,寂静美好,只有淡淡花香飘过水面,紧紧追随着他们的脚步……

一分耕耘一分收获,王安石采取的这一系列便民利民措施很快收到了成效。农民既摆脱了水旱之忧,又免去了高利贷盘剥之苦,于是人人勤恳,家家努力,一心一意发展生产。鄞县之政成为东南地区各县的典范,"环吴越之境"皆以之为法(范纯仁《朝散大夫谢公墓志铭》)。人们传说,在王安石领导下,鄞县四境之内,盗贼绝迹,夜不闭户,民无争讼,县狱屡空,人勤耕织,户诵诗书,四民乐业,百姓亲睦……面对纷至沓来的揄扬与褒奖,王安石并没有沾沾自喜,妄自尊大。一方面,他诚恳坦率地澄清那些对鄞县治绩言过其实的夸大之词,认为自己不过是履行了知县的本分而已:

> 为乘田,曰牛羊蕃而已矣;为委吏,曰会计当而已矣。牛羊之不蕃,会计之不当,斯足以得罪。牛羊蕃而已矣,会计当而已矣,亦不足道也。

——王安石《答王该秘校书》

就像一个掌管畜牧的乘田小吏，努力让牛羊茁壮成长，一个管理粮仓的小官，尽量使财物出纳的数字清楚明白。假如没有做到，应该承担失职的罪责，做到了也只不过尽到责任而已，并没有什么值得称道的。另一方面，他也感叹，在现行体制之下，知县之职，"拘于法，限于势，又不得久"（同上），难以按照自己的想法做事。所以，自己在鄞县的施政，也就难免苟且、马虎，"未尝不自愧也"（同上）。

三、邻县的几位知县与王安石志同道合

政务理顺了，王安石终于可以"二日一治县事"，分出一些心思来"读书为文章"（邵伯温《邵氏闻见录》）。明州有五位著名的儒者，分别是慈溪人杨适、杜醇，鄞县人王致、楼郁、王说。他们的共同特点是，安贫乐道，不求闻达，毁誉荣辱不动于心，于修身为己之学造诣精深，备受乡人尊崇，号为"五先生"。王安石与他们订交，以礼相待，常常或书来信往，或相聚清谈，咨询县政，研讨经义。当时，楼郁为鄞县教授，王安石称许他"学行笃美，信于士友"（《与楼郁教授书》）；王致虽已年过七旬，但仍关心州县政务，王安石认为，"无事于职，而爱民之心乃至于此，可以为仁矣"（王安石《答王致先生书》）。五先生中与王安石关系最密切的，当属"孝友称乡里，隐约不外求"（王安石《伤杜醇》）的杜醇。对于为衣食之谋而奔走天涯的王安石来说，遇见杜醇真是一个意外的惊喜：

天涯一杯饭，凤昔相逢喜。谈辞足诗书，篇咏又清泚。

——王安石《伤杜醇》

虽然此时杜醇已年近半百,却与二十多岁的王安石结为忘年之交。直到离开鄞县多年之后,王安石依然对他念念不忘,"都城问越客,安否常在耳"(同上)。得知杜醇去世的消息,王安石十分悲痛,作《伤杜醇》寄托哀思:

> 日月未渠央(匆遽完结。渠,通"遽"),如何弃予死。古风久凋零,好学少为己。悲哉四明山,此士今已矣。
>
> ——王安石《伤杜醇》

所谓"德不孤,必有邻"(《论语·里仁》),除了明州当地"五先生"之外,两浙路辖区内,还有几位知县与王安石志同道合。

明州慈溪知县林肇是王安石长兄安仁的妻兄,也是一位勇于有为的官吏。他主政慈溪的一项重要政绩便是建立县学。自仁宗即位以来,地方官学逐步发展,相当一部分州郡建立了州学。庆历四年(1044),在范仲淹等革新派大臣的推动下,仁宗下诏:"诸路州府军监,除旧有学外,余并各令立学。"(《宋会要辑稿·崇儒二之四》)由此开始了北宋历史上第一次大规模兴学运动。但是对于县学尚有一定限制:"学者二百人以上,许更置县学。"(同上)正是由于这一政策限制,直到庆历七年(1047),慈溪县仍没有属于自己的县学。前任县令刘在中请示州府之后,在民间筹措了一笔善款,准备着手建校,还没来得及动工就离任了。林肇继任后,便用这笔钱修复了县城里的孔庙,并在四周建造学舍讲堂。学校建好了,下一步就是聘请老师。慈溪名儒杜醇自然是不二之选。为了体现尊师重道之意,林肇请王安石代笔,作《请杜醇先生入县学书》。书曰:

君不得师,则不知所以为君;臣不得师,则不知所以为臣;为之师所以并持之也。君不知所以为君,臣不知所以为臣,人之类其不相贼杀以至于尽者,非幸欤?信乎其为师之重也。

从国家社会来说,"师"以仁义礼乐教化生民,使上自君主、下至臣民,皆能懂得各自应该具备的道德伦常、职责规范,人类社会才能有序运转,才不至于互相残杀而走向毁灭,"师"之一职的重要性可以想见。而从个人来说,学术乃天下公器:

　　而我先得之,得之而不推余于人,使同我所有,非天意,且有所不忍也。

"闻道有先后,术业有专攻"(韩愈《师说》),传道、授业、解惑,是每一位博学能文者的天赋使命。在林肇和王安石的再三恭请下,杜醇成为慈溪县学的首位教官。

王安石还应林肇之请,撰写了《慈溪县学记》。文章首次正面阐述了王安石有关学校教育的独特见解。首先,他认为:"天下不可一日而无政教,故学不可一日而亡于天下。"将学习与政教相提并论,既突出了学习的重要性,又点明了学习的目的。所谓"学而优则仕",正是儒家的理想政治形态。"学"是以格物致知、诚意正心为内容的修身,"仕"则是齐家、治国、平天下;"学"是根本,"仕"则是在此基础上延伸出来的枝末。其次,他理想中的学校,教学内容十分丰富,既包括传统的礼乐文化,也包括"养老劳农、尊贤使能、考艺选言"等施政方略,还包括"受成(接受作战计划)、献馘(guó,古时出战杀敌,割取敌左耳,以献上论功)、讯囚"等军事、刑狱方面的知识,这与当时一般为师者仅仅"讲章句、课文字而已"形成鲜明对比；教育对象也十分广泛，"天下智仁圣义忠和之士，以至一偏之伎、一曲之学，无所不养"；至于教师的选拔，不仅要求"材行完洁（清正纯备）"，而且要求有过施政经验，能做到理论知识与实际经验相结合，知行合一，学以致用。最后，在学校管理方面，一方面他主张在入学之初，举行释奠（陈设酒食以祭奠先圣先师的典礼）、释菜（亦作"舍采"。以苹蘩之属祭祀先师的典礼）等典礼，"以教不忘其学之所自"，培养学子们对文化的敬畏之心；另一方面他主张建立进退奖惩等规章制度，"以勉其怠而除其恶"。他相信，在这样的学校里，学子每天所见所闻都是"治天下国家之道"，每天练习的也都是仁义礼智信，而且能人尽其材，一旦被公卿大夫选拔录用，他们的才能品行平素早已养成，所要从事的工作，也都是平常所熟悉，"不待阅习而后能者也"。理想的学校培养出大批有用之材，天下才能追复远古太平之世，朝廷才能"事不虑而尽，功不为而足"。

除了林肇，越州余姚知县谢景初，也与王安石声气相通。景初字师厚，阳夏人，庆历六年（1046）进士，与王安石年纪相仿。他出身文学世家，父亲谢绛"以文学知名一时"（《宋史·谢绛传》），姨父梅尧臣是宋代著名诗人，后世誉为"宋诗鼻祖"。景初"少有才名""尤喜为诗"（范纯仁《朝散大夫谢公墓志铭》），多年之后，又招了著名诗人黄庭坚做女婿，可以说一家几代皆文豪。却并无一般文人好发空论的毛病，他"遇事明锐，勇于敢为"（同上）。庆历七年（1047），王安石到余姚出差，二人得以相识，一起畅谈天地之理、治国之策，十分相得。

景初认为，儒家之道分为体、用两个部分。道之体，闳大隐秘，难以深知；道之用，体现为治政教令的具体实施，凡与百姓息息相关，且反复叮咛告诫的紧要事项，都显明易懂。其中最重要的有两件事情：其一，"通涂川，治田桑，为之堤防、沟浍、渠川以御水旱之灾"（王安石《越州余姚县海塘记》），进行水利建设，发展农业生产；其二，"兴学校，属其民人相与习礼乐其中,以化服之"(同上),教化民众,使其有礼义廉耻之心,归于文明正道。然而,当今大多数官吏,对于这些事情都十分漠视,有的是因"其愚也固不知所为"(同上),自身能力所限而无所作为;有人虽以材自负,但"务出奇为声威,以惊世震俗"(同上),不做实事、哗众取宠;有人则"尽其力以事刀笔簿书之间而已"(同上),专于文书簿册上下功夫。凡此种种,对于古圣先贤反复叮咛告诫的紧要事项,反而说没有时间做,或者说曾经做过,但不值得做。即使有人做了,在这浮夸的官场也不足以引起关注而被埋没。这实在是非常可悲!对于景初的这些观点,王安石十分认同。

在余姚期间,他俩还利用空闲时间,到县城西边的龙泉寺游玩。这座寺庙始建于东晋咸康二年(336),唐会昌五年(845)武宗灭佛时被毁,唐宣宗大中五年(851)重建。寺中有泉,终年不竭,号为龙泉。其时正当全国大旱,王安石有感而发,题诗二首:

> 山腰石有千年润,海眼泉无一日干。天下苍生待霖雨,不知龙向此中蟠。
>
> 人传湫水未尝枯,满底苍苔乱发粗。四海旱多霖雨少,此中端有卧龙无?
>
> ——王安石《龙泉寺石井二首》

其中"天下苍生待霖雨,不知龙向此中蟠"二句,最为人所传诵。有人认为,可以看出王安石"有公辅之器"(施宿等《会稽志》);有人则认为,表明王安石有宰相之志。如:叶梦得《石林诗话》评述王安石诗,"少以意气自许,故诗语为其所向,不复更为涵蓄",即引这两句诗为例,认为"直道其胸中事"。总之,在人们看来,这两句诗带有"诗谶"的意味,预示着王安石日后将成为一代名相。

此后,王安石与谢景初经常书来信往,交流治县经验。王安石在鄞县起堤堰,决陂塘,贷谷与民,立息以偿,干得风生水起之际,谢景初在余姚县"为桥于江,治学者以教养县人之子弟"(王安石《越州余姚县海塘记》),接着又筑海塘,防止海潮侵袭农田。和王安石一样,在建造海塘时,景初亲临工地,"当风霜氛雾之毒,以勉民作,而除其灾"(同上)。在他的感召下,余姚百姓"翕然皆劝趋之,而忘其役之劳"(同上)。筑堤工程于庆历七年(1047)十一月开始,到庆历八年春夏完成。为了使建成的海塘在自己离任之后能得到妥善的维护,景初请王安石作《越州余姚县海塘记》,"以告后之人,令嗣续而完之,以永其存善"(同上)。

景初的弟弟景温(字师直)此时也在越州会稽县任知县,此外还有剡(shàn)县知县丁宝臣(字元珍)、杭州钱塘知县韩缜(字玉汝)等,都是王安石要好的朋友。其中关系最为密迩的当属丁宝臣。丁宝臣,常州晋陵人,景祐元年(1034)举进士及第,为峡州军事判官。宝元元年(1038)至庆历二年(1042)间,任淮南节度掌书记,曾与王安石短暂共事,在《寄丁中允》一诗中,王安石写道:

> 始我与夫子,得官同一州。相逢皆偶然,情义乃绸缪(情意深厚)。我于人事疏,而子久已修。磨砻(lóng,磨)以成我,德大不可酬。乖离今六年,念子未尝休。

那时,王安石初入仕途,不大懂得人情世故,已在官场历练多年的丁宝臣,曾给予他诸多引导和劝谏,彼此间建立了一种亦师亦友的深厚情谊。庆历八年(1048),王安石因公出差,途经剡县,丁宝臣于曹娥江畔置酒相待。分别六年之后,老友重逢,无限欢欣:

津亭(建于渡口旁的亭子)把手坐一笑,我喜满怀君动色。论新讲旧惜未足,落日低回已催客。离心自醉不复饮,秋果寒花空满席。

——王安石《复至曹娥堰寄剡县丁元珍》

他们举杯对饮,谈新论旧,畅叙几年来各自对学问、文章、事功的思考和见解。然而,时光匆匆,夕阳西下,王安石又将踏上旅途。他们握手言别,相约再见。当时法令规定,知县任期内不得擅离本县,否则以违制论罪。因此,剡、鄞两县虽近在咫尺,相见的机会却十分难得。王安石感叹道:

古人有所思,千里驾车牛。如何咫尺间,而不与子游。顾惜五斗米,无辜自拘囚。念彼磊落者,心颜两惭羞。

——王安石《寄丁中允》

遥想魏晋时代,人物风流,洒脱不羁,吕安与嵇康友善,"每一相思,辄千里命驾"(《晋书·嵇康传》)。相比之下,不能不令人感到惭愧啊!然而,现实终归就是现实,他只能寄望于宝臣能争取到出差的机会,这样便可再续今日的欢会:

剡山碧榛榛(草木丛生的样子),剡水日夜流。山行苦无蠘(xī,缝隙),水浅亦可舟。使君子所善,来檄自可求。何时有来意,待子南山头。

——王安石《寄丁中允》

剡山碧绿,草木丛生,剡水悠悠,日夜长流。即便山行无路,水路亦复可通。虽然我们都受到法令限制不能随意往来,使君(指越州知州)不是您的好朋友吗? 求一纸出差明州的公文想必不会太难。

四、王安石成为疑古疑经思潮的生力军

邻近的朋友限于职守难得相聚,远方的友生则常常不期而至。最先到来的是胡舜元,那时王安石到鄞县刚刚三个月。一天,忽见舜元身着丧服立于门前,王安石大吃一惊,忙将他迎了进来细细询问。原来,舜元的父亲五个月前去世了。王安石安排他住下,心里却感到有些奇怪。依照礼法,父亲去世,儿子应守丧三年,为什么舜元这么早就离家外出? 在王安石印象中,舜元可是纯孝之人啊!

庆历六年(1046)春,舜元科考落第,思念父母,却因害怕乡邻耻笑而不敢回乡,王安石为作《送胡叔才序》解其心结。王安石认为,求学的目的各有不同,平庸者以获得金钱和地位为荣,而贤德者以"道""艺"为目标,道义充满心中,才能表现于外在,虽然可能没有金钱和地位,但已经足以荣耀于世。胡舜元的父母,在当地普遍重利轻学的风气下,不顾众人偏见,在他很小的时候,花重金请名师教他,长大后又让他去外地游学,使他走上效法圣贤的道路,面对乡邻的非议、嘲笑,无怨无悔,可见是非常贤德之人。倘若舜元因未能求得功名便不敢归乡,岂不与父母的初衷相悖? 反之,应该以求道进学、孝敬父母来消解内心的惭愧,坦然归省双亲,这才符合父母的心愿。之前那些非议、嘲笑者,本来就是平庸之辈,志存高远的舜元难道应该介意吗? 经过这番劝导,舜元"释然寤,治装而归"(王安石《送胡叔才序》)。没想到,仅仅一年之后,他却带着父亲

去世的消息来到了鄞县,而此行的目的就是想请王安石为父亲撰写墓志铭,"藏之墓中,可以显于今世以传于后"(王安石《胡君墓志铭》)。王安石悯其孝心,为作《胡君墓志铭》。

姚辟则是在一个寒冷的冬日,"犯大寒,绝不测之江"(王安石《答姚辟书》)来到鄞县。他以极为恭谨的态度呈上过去三年所作的文章,请王安石赐教。对于姚辟的治学路径,王安石有些不以为然,在《答姚辟书》中,他委婉地表达了自己的看法:

> 今冠衣而名进士者用万千计,蹈道者有焉,蹈利者有焉。蹈利者则否,蹈道者则未免离章绝句、解名释数、遽然自以圣人之术单此者有焉。夫圣人之术,修其身,治天下国家,在于安危治乱,不在章句名数焉而已。而曰圣人之术单此,妄也。

他说,当今读书人中称为进士的成千上万,其中既有追求道德学问的,也有追逐功名利禄的。追逐功名利禄的人固然可鄙,而追求道德学问的也有不少人将分章析句、诠释辞义概念视为儒学的全部。事实上,儒学的精华与真谛,在于修身、齐家、治国、平天下,在于平定危亡,治理乱世,不只限于章句和概念而已。如果以为儒学仅止于此,是愚妄不合事实的。

王安石的这段话语,触及了中国思想史上一个大命题,呼应着当时思想界一股新思潮。自汉武帝"罢黜百家,独尊儒术"开始,儒家思想成为中国社会的主导思想,儒家经典亦成为全社会读书人学习和研究的主要对象。因此,对儒家经典的诠释,成为汉唐以来的显学。一经之注往往成百上千家,一家之注亦多达百十万言,极为烦琐。儒者不免埋头故纸堆中,着力于章句训诂的阅读和研究,皓首穷经。自汉至唐,汉儒注经,恪守师说;唐人作疏,疏不破注。学者都严格按照注疏来理解经文,体会圣贤思想,从而限制了思想自由、桎梏了儒学发展。直到中唐,在社会危局的刺激下,一些学者尝试以经驳传,自名其学,大胆怀疑和否定历代学者对经典的解释。这种新学风在晚唐五代至北宋前期两百多年间如星星之火、如穿石之水。到宋仁宗时代,鄙薄章句注疏之学蔚然成风,并在庆历以后,形成声势浩大的疑古疑经思潮。范仲淹和"宋初三先生"胡瑗、孙复、石介,是这一思潮的直接开创者,儒学转型由此拉开序幕。鄞县虽地处偏远,时代新风也已拂拂而至。居"五先生"之首的杨适,即以"治经不守章句"(《延祐四明志》)而著称。年轻的王安石更以他对经典的深刻领悟,和自断、自主、自信的独立品格,成为这一时代思潮的后起之秀和生力军。倡导为己之学与义理之学,正是王安石与明州五先生之间道义之交的基础。在《答姚辟书》中,王安石不仅清楚阐明了自己不惑经传、鄙薄章句之学的观点,而且明确主张通经致用,对于那些一心研究章句名数之学,而对国家、社会漠不关心的"蹈道"者,提出了批评,尽管他们不轻易迎合世俗,与"蹈利"者有云泥之别,但终究于世无补。因此,他劝告姚辟:"姑汲汲乎其可急,于章句名数乎徐徐之。"

王安石的这一思想,在鄞县所作的诸多作品中都有体现。如,在《慈溪县学记》中,他满怀激情地描述了上古理想学校的美好情景后,笔锋一转,批评后世"为师弟子之位者,讲章句、课文字而已",导致学问与政教的脱节;在《石仲卿字序》中,他称赞石生"于进士中名知经,往往脱传注而得经所以云之意";在《酬王伯虎》中,他认为儒学的衰微导致了社会风俗的浇薄,而可悲的是,身负教化之职的官吏们,却毫无救世济时之心,"恬观不知救,坐费大官廪",他"念此俗衰坏,何尝敢安枕。有时不能平,悲咤失食饮"!鄞县之政,正是他长期深研儒家经典,厚积薄发、通经致用的突出表现。

五、王安石时刻关注和思考天下大事

食盐作为人类生活的必需品,在中国古代很早就被纳入国家专卖范围。盐的品种很多,有池盐、海盐、井盐、岩盐等。除岩盐为自然盐之外,其余都是经过人们的劳动制作而成。海盐产于沿海州县,明州是当时重要的海盐产地之一。海盐生产的场所称为"亭场",生产海盐的民户称为"亭户"。海盐通过熬海水而成,前后需要七道工序。为了控制盐的生产,官府往往把亭户集中起来,分片煮盐,这种盐场称为"催煎场"。并设置了催煎官,"专管诸场煎盐"(《宋会要辑稿·食货》)。因盐场各有地界,又设置了巡检,拘捕违法者。亭户煮海需要的土地、工具以及运输车辆等,由官府借贷,须有三人以上作保,登记注册,要求"依例克纳盐货"(同上),不得耕种农田,不得转借他人。亭户生产的盐,除缴纳盐税外,全部由官府收购。按照规定,亭户每丁每年需生产一定额度的盐,称为正盐或盐课。正盐之外,亭户生产的盐称为浮盐,也必须卖给官府,只是收购价格比正盐略高一点。但总的来说,收购价格都极其低微,与官府在当地的售卖价格相比,有时竟达九倍之差。为了垄断盐利,官府严禁私人煮制和贩卖盐。建隆二年(961),宋太祖下诏:"私炼者三斤死,擅货官盐入禁法地分①者十斤死,以蚕盐②贸易及入城市者二十斤已上杖脊

---

① 根据盐的产地和产量,宋代划分了盐的供应、运销的范围,称为"地分"。在确定供销"地分"的基础上,又划分为两类地区:一类由官府直接运输买卖,称为"禁榷区";另一类许可商人贩卖,称为"通商地分"。

② 蚕盐,五代至南宋政府在农村按户配售食盐的制度。二月育蚕时按户配盐,六月新丝上市,缴纳夏税时收钱,故称。

二十、配役一年。"(《宋会要辑稿·食货》)后来盐禁虽有所放宽,仍处罚很重。尽管如此,由于暴利的诱惑,加上官方运销制度的弊端,私盐私贩活动十分常见,严酷的刑法根本无法禁止。

皇祐元年(1049),新任两浙转运使孙甫接连下达了多道公文,要求各州县严厉打击私盐私贩活动,并颁布命令,让老百姓出钱作为奖励金,奖励那些向官府告发违禁行为的人。这使王安石陷入两难境地。一方面,作为知县,他必须执行上级命令,逼迫百姓出钱,并领导缉拿私盐的执法行动;另一方面,作为一县父母官,他深知海岛居民生活艰辛不易,也深知这样的缉拿行动不能从根本上解决问题。在《收盐》一诗中,他写道:

> 州家飞符来比栉(zhì,梳子。比栉,像梳子一样紧密相连。形容接连而来),海中收盐今复密。穷囚破屋正嗟欷,吏兵操舟去复出。海中诸岛古不毛,岛夷为生今独劳。不煎海水饿死耳,谁肯坐守无亡逃。尔来盗贼往往有,劫杀贾客沉其艘。一民之生重天下,君子忍与争秋毫。

官府的紧急公文接连而至,对私盐的缉拿变得更加严厉。海岛上的穷苦百姓像囚犯一样,躲藏在破败的茅屋里叹息流泪。等到官兵乘船远去,他们又战战兢兢地出来重操旧业。因为海中诸岛从来就是不毛之地,岛民谋生十分不易,不熬制私盐便只能饿死。假如官府不给他们留一条活路,恐怕很多人都会铤而走险。最近海上的岛贼越来越多,他们劫杀商贾,抢走财货,然后将商船沉到海底,不留下一点点痕迹。孟子曾说:"行一不义,杀一不辜,而得天下,皆不为也。"因为人的生命比天下更重。权柄在手、接受儒家仁政思想教育的君子,怎么忍心与穷苦百姓争夺他们赖以为生的最后一点点利益呢？

　　王安石越想越坐不住，决定直接上书转运使孙甫，表达自己的看法。在《上运使孙司谏书》中，他开门见山，指出让百姓集资悬赏缉拿私盐的做法是错误的：第一，"海旁之盐，虽日杀人而禁之，势不止也"；第二，采取高压措施，重金诱惑，让民众互相告发，不仅会使州县监狱人满为患，而且会逼良为盗，导致社会动乱，"此不可不以为虑也"。接着，他以鄞县为例进行具体说明。鄞县是明州首县，经济条件比其他各县都好，但即便是县里的大户人家，也不过拥有百亩之地，产值也不过百千钱，不仅"数口之家养生送死皆自田出"，还要负担州县的各种税赋。对于农家来说，他们手头最缺的就是现钱。如果为了集资以供悬赏，逼迫他们交纳现钱，有些人家可能就不得不卖田卖土。他一针见血地指出："夫使良民鬻(yù，卖)田以赏无赖告讦(jié，攻击别人的短处或揭发别人的阴私)之人，非所以为政也！"而且，还有一些个性强硬的百姓会违背州县命令，拒不按时交钱，州县将不得不"鞭械以督之"，而"鞭械吏民使之出钱，以应捕盐之购，又非所以为政也"！严重违背古圣先贤仁民爱物的教导。他强烈建议孙甫知错就改，收回成命："文书虽已施行，追而改之，若犹愈于遂行而不反也。"这件事情最后结果如何？由于文献的缺失，我们已无从知晓，但正如清代学者蔡上翔所说："是时公年二十八，与上大夫言，绝无忌讳如此。……其为民恻怛之心，筹划利害之明，虽复老成谋国者弗如。"（《王荆公年谱考略》）

　　对于朝廷的惠民利民政策，王安石总是坚决、迅速地予以执行，并尽最大的努力推广普及。庆历八年(1048)，仁宗从福建路大臣所上的奏折中得知，民间常有以蛊毒害人者，福建医生林士元医术高明，能以药克制，于是诏令福建录呈林氏医方，又命太医将其他善治蛊毒的医方集为一编，令参知政事丁度为序，题名《善救方》，颁发全国。收到朝廷下达的

《善救方》后,为了能让更多百姓受益,王安石请人将所有医方刻于石上,立在县衙大门的左侧,让需要的人能随时前往抄录,不必向官吏求取。并作《善救方后序》以志其事:

> 孟子曰:"先王有不忍人之心,斯有不忍人之政。"臣某伏读《善救方》而窃叹曰:此可谓不忍人之政矣。夫君者,制命者也。推命而致之民者,臣也。君臣皆不失职,而天下受其治。方今之时,可谓有君矣。生养之德,通乎四海,至于蛮夷荒忽,不救之病,皆思有以救而存之。而臣等虽贱,实受命治民,不推陛下之恩泽而致之民,则恐得罪于天下而无所辞诛。谨以刻石,树之县门外左,令观赴者自得,而不求有司云。皇祐元年二月二十八日序。

他认为,仁宗皇帝颁发《善救方》,是施行儒家仁政的具体表现。作为臣子,有责任将君王的仁民之政推而广之,落实到每一位民众的身上,不如此,便是有罪于天下,理应受到严厉责罚。

除了尽职尽责做好知县的本职工作,王安石也时刻关注和思考天下大事。"冗兵"是北宋中期以来日趋尖锐的社会问题之一。宋朝实行雇佣兵制和"养兵"政策,每遇饥年凶岁,朝廷都会将大量灾民收编进军队,使他们获得基本生活保障,以免聚众为乱。早在开国之初,宋太祖就曾说:"吾家之事,唯养兵为百代之利。盖凶年岁有叛民而无叛兵,不幸乐岁变生,有叛兵而无叛民。"(邵伯温《邵氏闻见录》)这一养兵政策,在相当长的岁月里,确实有效地减少了内乱的发生。但是,它带来的副作用则是,军队不断膨胀,军费开支日益庞大。北宋开国时军队共有二十二万人,到庆历年间,竟增长到一百二十五万余人。不到百年之间,增加了将近六倍。皇祐元年(1049)十月,枢密使庞籍与宰相文彦博因国用不足、公私困竭,建议裁减军队,节约开支。由此引发了朝堂上的一场大讨论,大臣们尤其是缘边将领纷纷提出反对意见。他们认为,士兵长期习练弓刀武艺,肯定不乐意回乡务农。一旦朝廷将他们遣返,不再提供生活保障,他们便会散落到各地相聚为盗。从邸报上读到这些意见纷纭的奏章后,王安石写了《省兵》一诗:

> 有客语省兵,兵省非所先。方今将不择,独以兵乘边。前攻已破散,后距方完坚。以众亢彼寡,虽危犹幸全。将既非其才,议又不得专。兵少败孰继,敌骑饮秦川。万一虽不尔,省兵当何缘?骄惰习已久,去归岂能田。不田亦不桑,衣食犹兵然。省兵岂无时,施置有后前。王功所由起,古有《七月》篇。百官勤俭慈,劳者已息肩。游民慕草野,岁熟不在天。择将付以职,省兵果有年。

他的看法与以上两方都不一样。他并不反对裁减军队,但认为裁军应具备两大前提。第一,就目前状况来看,边境平安完全依靠庞大的军队镇守。即便前方被攻破,后方仍有源源不断的兵力补充,以众敌寡,所以在危局之中仍能得以保全。将领既没有很好的军事才能,有所谋虑又不能专断执行,一旦没有了人力优势,恐怕敌人的骑兵便会长驱直入,饮马秦川。因此,裁军之前应选将练兵,保证军队的战斗力不会因人数减少而削弱。第二,兵士骄纵懒惰已成习惯,回到家乡难道还能种田?既不种田又不养蚕,吃穿用度还要求跟当兵时一样,便会出现相聚为盗的情况。那么,裁军真的是遥遥无期吗?当然不是,事情应有先后顺序。若能在裁军之前像《诗经·豳风·七月》所描述的那样,发展农业生产,使人无遗力、地无遗利,百官勤俭仁慈,农民自在安乐,那些无业游荡的人就都愿意回到农村参加生产了,年成的丰实,便不取决于天而决定于人。

这时再选择优秀的将领,将指挥权交付给他们,裁减军队便果真有实现的那一天了。

六、皇祐二年(1050)三月,王安石告别鄞县

转眼已到皇祐元年(1049)岁末,再过两个月,王安石就将任满离职。公余之暇,他曾在县舍西亭栽花种竹,侍弄了一个小小的花园,内心烦闷时便在花竹间徘徊、漫步。此时虽是寒冬腊月,但江南春早,新竹已经拔节。看着自己亲手栽种的花竹,他的心中弥漫起深深的不舍:

> 山根移竹水边栽,已觉新篁破嫩苔。可惜主人官便满,无因长向此徘徊。
>
> 主人将去菊初栽,落尽黄花去却回。到得明年官又满,不知谁见此花开。
>
> ——王安石《县舍西亭二首》

鄞县三年是忙碌、充实、卓有成效的,他为这片土地付出了无数心血,也与这片土地结下了深厚情谊,更在这片土地上赢得了百姓衷心的爱戴和千年不变的无尽怀念……然而,受制于崇尚持平、不务兴造而流于懈怠因循的官场风气,鄞县任上每一项工作的推进所遭遇的阻力、所承受的压力,却是外人难以想象的。那些上下掣肘的龃龉,今天我们也只能从他的诗中依稀感知:

依倚秋风气象豪,似欺黄雀在蓬蒿。不知羽翼青冥上,腐鼠相随势亦高。

——王安石《鸱》(chī,猛禽,叫声凄厉,性情凶狠,古人视为恶鸟)

诗歌隐括《庄子·秋水》中鹓雏(yuān chú,凤凰的一种)与鸱枭的寓言故事。鹓雏自南海飞往北海,漫长旅途中,"非梧桐不止,非练实不食,非醴泉不饮"。这时,鸱枭抓着一只腐烂发臭的死老鼠,仰视凌空飞过的鹓雏,发出恐吓的尖叫:"吓!"这里,腐鼠比喻官禄名位,鸱枭比喻飞扬跋扈、自以为是的小人,他们仰仗着秋风飞得很高,似乎气势不凡,但相随左右的不过是腐臭的死鼠而已。用这些东西吓唬、欺辱蓬间小雀(比喻俗人)也就罢了,志节高远的鹓雏又怎会将他们放在眼里?

尽管,在当时及后世的人们看来,作为知县,王安石的政绩已足够亮眼,但以他对自己的要求而言,却还远远没能达到。限于客观环境,有太多想做的事情没能着手,有太多可做的事情应该做得更好。与心目中理想的"古之良吏"相比,他仍不免有"窃食"的羞愧:

收功无路去无田,窃食穷城度两年。更作世间儿女态,乱栽花竹养风烟。

——王安石《鄞县西亭》

身处荒远的海边穷县,耳闻目见多为浑浑噩噩、鼠目寸光的俗吏,独行无友的孤独感常常撕咬着他的心灵,在政务不顺的时候尤其如此。韩愈曾说:"有路即归田。"王安石又何尝不这么想?宁静的田园,有经典和知己相伴的书斋,始终是他最美的梦想!而现实的情状却只能在县舍西亭栽花种竹,聊以自慰。挣扎在去留两难的苦境中,这份煎熬与"独在异

乡为异客"的羁旅之感、思亲之情,交织成复杂难言的深永滋味,唯有借助诗歌,向至亲的兄弟和友伴尽情倾诉:

> 身留海上去何时,只看春鸿北向飞。安得先生同一饮,蕨芽香嫩鲚(zhì,一种肉质肥美的海鱼)鱼肥。
>
> ——王安石《寄伯兄》

春天鸿雁北归之际,他期盼着与久别的兄长相对而坐,就着香嫩的蕨菜和肥美的鲫鱼羹,畅饮高谈。

> 一樽聊有天涯忆,百感翻然醉里眠。酒醒灯前犹是客,梦回江北已经年。佳时流落真堪惜,胜事蹉跎只可怜。唯有到家寒食在,春风同泛灞溪船。
>
> ——王安石《除夜寄舍弟》

万家团聚的除夕,他百感交集,借酒消愁。醉梦中的短暂欢聚飘忽迷离,午夜酒醒时分,更觉孤寂悲凉。他祈祷时光的脚步快一点,再快一点,来年开春,就能踏上归途,寒食时节,便可回到家中。那时,他将与弟弟们泛舟溪上,在骀荡春风中享受美好时光。

> 投身落俗阱,薄宦自钳钛(铁制刑具,钳在颈,钛在足)。平居每自守,高论从谁丐。摇摇西南心,梦想与君会。
>
> ——王安石《寄曾子固》

挚友曾巩,自从庆历三年(1043)秋季临川一别,已是几年不见。自

己为了侍亲养家,怃然出仕,就像落入陷阱的困兽,身不由己。当初"相
扳以至乎中庸而后已"(王安石《同学一首别子固》)的约定,依然牢记心中,
并尽力履践。遗憾的是,读书有得时,却无人可与相谈!他的心无时不
向往着遥远的西南,盼望与友人再次相聚。

> 小吏一身今倦宦,先生三亩独安贫。欲抛县印辞黄绶(shòu,挂
> 官印的丝带),来伴山冠带白纶(lún,头巾)。
>
> ——王安石《和正叔怀其兄草堂》

当他听说友人陈正叔的哥哥隐居乡里,过着清贫却悠然的田园生
活,更是无比羡慕,真希望能抛弃官位,追随其后。

在鄞县这几年,王安石的家庭生活也不太顺利。作为父亲,他初次
尝到锥心刺骨的丧女之痛。庆历七年(1047)四月,夫人生下一女,那时
候他们一家到达鄞县刚刚一个多月,王安石将女儿取名为鄞女。传承了
父母的优质基因,鄞女灵慧异于常人,令王安石无比欢喜和疼爱。每天
从县衙回家,都迫不及待地想看到女儿可爱的笑脸,听她咿咿呀呀的笑
语。因为爱得太深,心里又常常隐隐地担心、害怕,毕竟民间有个说法,
孩子太漂亮、太聪明不容易带大。所以,他千般小心,万般呵护,可终究
还是没能敌得过无常!庆历八年(1048)六月,鄞女不幸夭折,还不到十
五个月大!她在日出前出生,而在日落后死去,给深爱她的父母留下难
以愈合的伤痛。

王安石将鄞女葬在县城以南五里的崇法院西北,逢年过节,夫妇俩
都会相扶着到坟前凭吊。皇祐二年(1050)三月,王安石离任前夕,最后
一次来到女儿坟前,看着夕阳的余晖一点点消逝,想到从此要将女儿独
自抛下,内心的伤感无以复加:

> 行年三十已衰翁,满眼忧伤只自攻。今夜扁舟来诀汝,死生从此各西东。
>
> ——王安石《别鄞女》

满怀离情,王安石带着家人踏上归途,他们此行先回临川。

> 忆昨初为海上行,日斜来往看潮生。如今身是西归客,回首山川觉有情。
>
> ——王安石《铁幢浦》

伫立船头,他不禁想起当年初来乍到,一切是那么新鲜,也是那么陌生。如今,这片山水已是这么熟悉、这么亲切,充满温情,好像是他的另一个故乡。最难忘,东山上淡淡雾霭缭绕的青葱树林,更思念,南湖里波光粼粼的明澈秋水……可是,不管多么不舍,多么怀念,他终究只是这里的匆匆过客:

> 最思东山春树霭,更忆南湖秋水波。三年飘忽如梦寐,万事感激徒悲歌。
>
> ——王安石《忆鄞县东吴太白山水》

客船缓缓远去,苍茫暮色下,村落显得冷寂萧条。他侧身东望,内心无限凄恻:

> 村落萧条夜气生,侧身东望一伤情。丹楼碧阁无处所,只有溪

山相照明。

——王安石《离鄞至菁江东望》

当王安石满怀离思悄然离去之际，并不曾想到，这片他付与深情与热爱的土地，亦对他饱含同样的眷恋和追怀。嘉祐六年（1061），王安石离开鄞县十一年后，"乡民父老思之，愿立生祠图像"（《（乾道）四明图经》）。明州知州钱公辅"顺鄞人之心"（同上），于县治经纶阁与县东育王山广利寺，分设王安石生祠二所，便于百姓焚香礼拜，表达思念和祝福。在王安石身后，经纶阁历经岁月的侵蚀、政治的风雨与兵火的焚毁，屡毁屡建，成为鄞县百姓心中无法摧毁的精神丰碑。正如徐度《重建经纶阁记》所言：

　　故相国荆文王公，庆历中尝以廷尉评事来为鄞令。于时年甚少，气甚锐，而学甚富，其志意之所存远矣。蕞尔一邑，固区区者，宜若无足以为。而公初无不屑之心，日夜惟以为民兴利除害为事。距今盖一百九年矣，而其所兴造之迹，尚班班可考。遗民子孙，常相与传诵其事，指其迹而怀思之。是非真知学夫圣人之为，安能及此？宜邑人思之愈久而愈不忘也。

——转自《（宝庆）四明志》

七、登山临水，王安石心中的黯然情绪一扫而尽

几天后，他们到达越州，王安石决定在这里停留几天。越州州治在

会稽县(今浙江绍兴),知县谢景温是王安石的好友。登上越州城楼,王安石的目光又不由自主地朝鄞县所在的东南方向远眺。然而,眼前所见,无非是越州的青山白水,山重水复,鄞县早已隐没在缥缈的浮云深处:

> 越山长青水长白,越人长家山水国。可怜客子无定宅,一梦三年今复北。浮云缥缈抱城流,东望不见空回头。人间未有归耕处,早晚重来此地游。
>
> ——王安石《登越州城楼》

前路茫茫,归途杳杳。作为一位居无定所的宦游人,哪里才是自己归隐的田园呢?他在心里默默地说:总有一天,我要回到这里,重寻三年的旧梦。

越州城东南二里之外,有一座龟山,又名飞来山、宝林山、怪山。据古籍记载,这座山远望似龟形,原本是"琅琊东武海中山,一夕自来"(《会稽志》)。故唐代诗人徐季海诗云:"兹山昔飞来,远自琅琊台。"山上有多宝塔,高二十三丈,登上塔顶,可以看见海上日出。宋真宗时,越州知州张伯玉有《清思堂雪霁望飞来山》诗:"隐几高堂上,坐对飞来峰。梵塔倚天半,楼台出云中。"又有《题寺壁》诗:"一峰来海上,高塔起天心。"

一个晴朗的日子,在谢景温陪同下,王安石慕名前往,登高览胜。身处层楼最高处,纵目远眺,一望无际,心胸顿时为之开阔。王安石意兴遄飞,脱口吟道:

> 飞来山上千寻塔,闻说鸡鸣见日升。不畏浮云遮望眼,自缘身在最高层。
>
> ——王安石《登飞来峰》

诗歌开篇两句,通过所见、所闻,用夸张的语气极写飞来山上多宝塔之高,后两句则直抒感慨:我不怕浮云遮住远望的目光,因为站在了最高的地方! 整首诗情调高昂,气魄宏放,澎湃的诗情升华为哲理,与神奇的飞来峰、千寻的古塔,以及雄鸡高唱、旭日东升的辉煌景象交相辉映,表现了年轻的王安石高瞻远瞩、无所畏惧的胆识和胸襟。

辽阔的自然风光,登山越岭的高强度运动,将连日来萦绕于王安石心中的黯然情绪一扫而尽。从飞来山下来,他们兴致勃勃地沿清澈美丽的若耶溪漫步,东风骀荡,草木葱茏,苔深水碧,让人流连忘返……直到日色渐昏,才载酒乘船,向越州城驶去:

> 若耶溪上踏莓苔,兴罢张帆载酒回。汀草岸花浑不见,青山无
> 数逐人来。
>
> ——王安石《若耶溪归兴》

船行迅疾,醉眼蒙眬中,水边岸上的花花草草,都在薄薄的雾霭中变得迷离,只有一座座青山,如调皮的孩子,鱼贯并立,扑面而来,跟船上的诗人追逐嬉戏……

几天后,王安石一家乘船离开越州,下一站将在杭州停靠。临行前,他给资政殿学士、杭州知州范仲淹写信问安,并表达拜谒之意。范仲淹与王安石的父亲王益同为大中祥符进士,有同年之谊。景祐三年(1036),范仲淹知开封府。王益免父丧进京补官,曾携王安石前往拜访。少年王安石聪明颖悟,范仲淹曾给予他高度赞赏。因此,在《谢范资政启》中,王安石有"童乌(汉扬雄之子,九岁助父著述。后借以指早慧儿,这里是王安石自指)署第,凤荷于揄扬"的感念之辞。不过,王安石对范仲淹的

敬意,并不仅仅因父辈的旧谊,和少年时代的美好回忆,更主要是出于对一位"大励名节,振作士气"(《朱子语类》)的时代伟人、一位敢为天下先的政治革新家的衷心仰戴。

老少二人的相聚十分愉快。分别后,王安石专门写了两封书启,表达自己的欢喜与感激。在信中,他追忆范仲淹慈祥儒雅的仪容与谈吐:

> 粹玉之彩(温润如玉的神情),开眉宇以照人;缛星之文(美如星辰的文采),借谈端而饰物。
>
> ———王安石《上杭州范资政启》

回味自己借父辈的因缘,得以再次叩拜受教的幸运:

> 羁堁方嗟于中露,逢迎下问于翘材(杰出人才)。仍以安石之甥(此处安石指谢安。安石之甥乃自喻),复见牢之之舅(刘牢之,东晋名将。《晋书·何无忌传》:"桓玄曰:何无忌,刘牢之甥,酷似其舅。"宋人常以"牢之舅"喻才识英伟之人。这里借以指范仲淹)。兹惟雅故(老朋友),少稔燕闲。
>
> ———王安石《上杭州范资政启》

> 童乌署第,凤荷于揄扬;立鲤联荣(鲤指孔子的儿子孔鲤,这里比喻范仲淹诸子。"立鲤联荣"意谓有幸与范仲淹的儿子们一起受教),复深于契眷。幸当栖庇(庇护、保护),以处钧成(陶钧、造就人才)。
>
> ———王安石《谢范资政启》

表达自己离别后的深深眷恋:

言旋桑梓之邦（王安石离杭州后回临川），骤感神麻之咏（神麻，神
灵护佑）。写吴绫（古代吴地所产的一种有纹彩的丝织品，这里指书信）
之危思，未尽攀瞻；凭楚乙之孤风（《南齐书·顾欢传》："昔有鸿飞天首，
积远难亮。越人以为凫，楚人以为乙，人自楚越，鸿常一也。"这里是说相
隔甚远），但伤间阔（久别，相距遥远）。

——王安石《上杭州范资政启》

两封书启，用事繁复，措辞典雅，可以见出王安石在写作时特别郑
重、敬慎的态度。这是他们最后一次见面。皇祐四年（1052），范仲淹自
青州（今属山东）移知颖州（今安徽阜阳），正月抱病出发，行至徐州（今属江
苏），病情加重，五月二十日不幸去世，享年六十四岁。噩耗传遍全国，上
自皇帝，下至公卿百官、普通百姓，无不悲叹痛惜，纷纷以自己的方式表
达深切的哀悼之情。其时，王安石正在舒州（治所在今安徽安庆）通判任
上，不能前往吊唁，怀着无比悲痛的心情，写下《祭范颖州文》。文章开篇
写道：

呜呼我公，一世之师。由初迄终，名节无疵。

接着，分五个方面回顾了范仲淹伟大的一生：他是刚直敢言的勇士，
屡遭贬谪，决不退缩；他是仁民爱物的能吏，历典州郡，造福于民；他是声
威赫赫的将帅，安定边陲，有功社稷；他是勇于革新的政治家，"扶贤赞
杰，乱冗除荒"（这里的"乱"意为"治"），虽功败垂成，但赢得千秋万代的崇
敬！他还是一位廉洁奉公、宽以待人、有着博大深厚情怀的长者，自己一
生节俭，却"闵死怜穷"，慷慨大方。文章最后感慨自己受知范公，却无法

亲临祭奠,只好长歌当哭,寄托哀思:

　　硕人(贤德之人)今亡,邦国之忧。矧(shěn,何况)鄙不肖(作者
自谦之词),辱公知尤(过错)。承凶万里,不往而留。涕哭驰辞,以赞
醪羞(祭品)。

第四章

勠力乘田岂为名

王安石一家于皇祐二年(1050)五月回到临川,住到秋凉后,又乘船回江宁。自从庆历六年(1046)离开江宁进京改官,已经五年过去。当客船穿越重重山水,由越抵吴,近乡情切,他几乎抑制不住内心的激动。船过姑苏城时,他写道:

> 误褫(chǐ,脱去,解下)云巾别故山,抵吴由越两间关(jiàn guān,形容旅途的艰辛,崎岖、辗转)。千家渔火秋风市,一叶归舟暮雨湾。旅病恹恹(yīn yīn,柔弱的样子)如困酒,乡愁脉脉似连坏。情知带眼(腰带上的孔)从前缓,更觉颠毛自此斑。
>
> ——王安石《姑胥①郭》

游宦异乡,光阴在悄无声息中渐渐消磨。旅途中身体的不适,加上丝丝缕缕不可断绝的乡愁,衣带日以缓,两鬓间也依稀可见零星白发,他比往日更为深切地感知到岁月的流逝。而当他终于踏上江宁这片熟悉的土地,身心顿时无比轻松。仿佛看见溪山都在欢笑,猿鸟也充满喜悦,眼前的一切都令人如此自在适意:

> 五年羁旅倦风埃,旧里依然似梦回。猿鸟不须怀怅望,溪山应亦笑归来。身闲自觉贫无累,命在谁论进有材。秋晚吾庐更潇洒,沙边烟树绿洄洄(huí huí,水回旋流动的样子)。
>
> ——王安石《到家》

几年的仕宦经历,已使他深切体会到"经世才难就"(王安石《秣陵道

---

① 姑胥:即姑苏。《吴郡图经续记》:"姑苏山在吴县西三十五里,连横山之北,或曰姑胥,或曰姑余,其实一也。"

中口占一首》),对仕途产生了更加强烈的倦怠心理,但现实却是"田园路欲迷"(同上),投闲归隐的梦依旧是可望而不可即。短暂休整后,在菊花凋残、冷雨凄凄的深秋时节,他不得不又一次踏上进京的旅程:

> 残菊冥冥风更吹,雨如梅子欲黄时。相看握手总无语,愁满眼前心自知。

　　　　　　　　　　　　——王安石《离升州(江宁古称升州)作》

一、两度辞谢朝廷召试,
皇祐三年(1051)春,王安石通判舒州

　　宋代崇尚文治,建国之初,即设有昭文馆、集贤院、史馆,称为三馆,后又建秘阁,合称馆阁。共置于皇家藏书处崇文院中,负责修史、藏书、校书等事务。进入馆阁任职,须经严格选拔。通常有三种选拔途径:其一,进士高科;其二,大臣荐举;其三,岁月酬劳。首先,进士第三人以上及第者和制科及第者,地方任职一任可申请考试馆职,进士第四、第五人,经两任可申请考试馆职;其次,两府①大臣刚获任命时,可推荐两至三人参加馆职考试;第三,历任"繁难久次或寄任重处者"(欧阳修《又论馆阁取士札子》),特令带馆职。

　　馆阁之职,虽无实权,但十分清要,"号为育材之地"(同上)。按照当时惯例,"两府阙人则必取于两制②,两制阙人则必取于馆阁"(同上)。自

---

① 两府:指中央最高政府中书门下(东府)和最高军事机构枢密院(西府)。

② 两制:翰林学士受皇帝之命,起草诏令,称为内制;中书舍人、知制诰为中书门下撰拟诏令,称为外制。翰林学士与中书舍人合称两制。

宋朝建立以来,"名臣贤相出于馆阁者十常八九"(同上)。可以说,进入馆阁几乎是通往高级官员的必由之路,因此最为士人所重。王安石当年以第四名进士及第,鉴于他出色的表现,早在淮南签判任满时,朝廷就曾召他进京参加学士院①考试,考试通过,便可升任馆职,跻身京城名流的行列。但是,出于种种考虑他放弃了这次机会。

如今再次进京,更是今非昔比。鄞县三年的出色政绩,使王安石声名远播,朝堂上下,多有所闻。但他依然打算放弃考试馆职的机会,循普通官员的途径参加"四选集注"。朝廷再次下达特别旨令,要求他参加学士院考试。但他没有接受,而是上书陈述自己"祖母年老,先臣(指父亲王益)未葬,二妹当嫁,家贫口众,京师难住"(王安石《乞免就试状》)的实际困难,要求继续去地方任职。确实,自宝元二年(1039)父亲去世,家中便失去了主要经济来源。王家几代都是寒素的读书人,临川老家也没有多少田地房产。一家人紧紧巴巴地熬过三年,直到庆历二年(1042),王安石终于可以承担起全家的经济重任。除了上自祖母、母亲,下至弟妹和自己妻儿的日常花销,这十年间,还有自己与弟弟安国、安礼的婚嫁、生养等大笔开支,日子始终捉襟见肘、入不敷出。皇祐元年(1049),长兄安仁考中进士,皇祐三年(1051)初获得宣州司户参军的任命,家中经济状况可望有所改善,但幼弟安上和两个妹妹尚未婚配,父亲的灵柩也依然殡寄在江宁证圣寺,尚未入土为安,这些都是压在王安石心头的千钧重担。以如此贫薄的家境,显然无法携家带口,长期在物价高昂的京城居住。

除了奏状上言之凿凿的客观经济困难,难以为外人道的恐怕还有主观原因。王安石的自我人生定位,在十七岁时就已清晰而稳定。虽然内

---

① 学士院为皇帝秘书处,专掌大官任命书(制诰)的起草,以及国书、赦书、德音、大号令等撰述之事。

心敬慕退居山野的高贤大德，向往宁静单纯的田园生活，并一度将全部热忱倾注于"为己之学"，一心成就圣贤人格，但"沮溺非吾意"（王安石《还自舅家书所感》），他从来都没有打算如上古隐士长沮、桀溺一样，终生不问世事，"欲与稷契遐相希"（王安石《忆昨诗示诸外弟》）的自白，清楚表明了他的人生目标。步入仕途后，救世之志更是越来越强烈。但他深知：第一，修身立德的"为己之学"尚未成就；第二，在养交取容、苟且因循的政风之下，作为一名基层县令，尚且让他常常不免尸位素餐的愧疚，到京城做一名可有可无的馆阁学士，无疑会更加觉得没有存在的意义和价值；第三，官场险恶，"木秀于林，风必摧之""行高于人，众必非之"（李康《运命论》）。在主客观条件尚未成熟之际，他只想暂且"禄隐"于远离政治中心的偏远州县，以便待时而起。官位的升迁、仕途的显达，原本就不是他汲汲以求的人生目标。他相信，只要自己德充于内，做到"术素修而志素定"（王安石《送孙正之序》），有朝一日自会得志于君，那时，"则变时而之道若反手然"（同上）。鄞县任上所作《酬王伯虎》，就曾借殷商名相傅说、伊尹之事，表达这一思想：

　　　　贱贫欲救世，无宁犹拾渖（拾取汁水。比喻事情不可能办到）。说（yuè，傅说）穷且版筑（筑土墙），尹（伊尹）屈唯烹饪。逢时岂遽废，避俗聊须嘿（闭口不说话）。

　　德薄而位卑却试图拯时济世，无异于用手捡拾洒落的汁水。作为成就一代伟业的名相，身处穷贱时，傅说遁迹于筑墙修路的劳役，伊尹屈身于烹调五味的厨灶。时机尚未成熟时藏锋不露，机会来临则挺身而出。

　　在《寓言十五首》其十五中，他表达了同样的意思：

猛虎卧草间,群鸟从噪之。万物忌强梁,宁独以其私?虎终机械得,鸟亦弹丸随。山鸡不怍物,默与凤凰期。

情辞恳切的申奏终于获得朝廷同意。皇祐三年(1051)春,王安石改殿中丞①,通判舒州。任命下达后,他急忙赶回江宁,打算在上任前完成安葬父亲的大事。庆历七年(1047)十一月在鄞县任上,他曾上书朝廷,希望能准予请假回乡葬父。在等待朝廷回复时,他追述父亲生平,写成《先大夫述》,又和兄弟们一道,将父亲遗留的"旧歌诗百余篇"编撰成集,作《先大夫集序》。然后寄书曾巩,请他为父亲作墓志铭。在《尚书都官员外郎王公墓志铭》中,曾巩说:"安石今为大理评事知鄞县,庆历七年十一月上书乞告葬公,明年某月诏曰:'可。'遂以某月某日与其昆弟奉公之丧,葬江宁府之某县某处。"可知曾巩撰写墓志铭时,王安石尚未得到朝廷批复,也还没有确定安葬的具体时间与地点。后来,因为种种原因,安葬父亲的计划没能如期完成,所以,鄞县任满进京时,"先臣未葬"(《乞免就试状》)仍是他辞免就试馆职的原因之一。

曾巩所作《尚书都官员外郎王公墓志铭》,王安石似乎有些不太满意,想请孙侔重写一篇,但孙侔认为不妥。王安石听从了孙侔的意见,决定仍用曾巩所作墓志铭,但请孙侔另写一篇墓碣铭,对墓志所记加以补充。在给孙侔的信中,他说:

先人铭固尝用子固文,但事有缺略,向时忘与议定。又有一事,须至别作,然不可以书传。某于子固亦可以忘形迹矣。而正之云然,则某不敢易矣。虽然,告正之作一碣,立于墓门,使先人之名德

①殿中丞,宋前期文臣寄禄官阶名,从五品上。

不泯,幸矣。……铭事子固不以此罪我两人者,以事有当然者。且吾两人与子固岂当相求于形迹间耶? 然能不失形迹,亦大善。唯碣宜速见示也。

——王安石《与孙侔书》

按照当时的丧葬礼仪,墓志铭记录墓主世系、名字、官爵、乡里、寿年、生平功绩、去世和安葬日期,以及子孙的大致情况,刻于石碑,埋在墓穴前三尺的地下,"以为异时陵谷变迁之防"(贺复征《文章辨体汇选》);而墓碣铭则叙述墓主学行德履,刻于方趺圆首的石碑上,立在墓门前。一般五品以上官员才可用墓碣铭。由曾巩作墓志,孙侔作墓碣,王安石认为,这样安排既合情又合理,曾巩应该不会有意见。况且,他们之间的深厚友谊,已经超越一般世俗的客套和礼法。

长兄安仁任职宣州司户参军刚三个月,最近被转运使调任江宁府监盐①。刚好两兄弟都在赴任间隙,便一起商量,选定江宁府以南三十里的牛首山上一块墓地,请工匠营造墓穴,刻写墓碑墓志,置办陪葬用品等,送葬前后又举行了一系列的祭奠仪式。

家中的事情尚未处理完,王安石又接到朝廷诏令,再次召他进京,参加学士院考试。

原来,五月下旬一次朝会中,宰相文彦博等向皇帝进言道:"陛下曾说:士大夫追名逐利之风盛行,不加以裁抑,则无以厚风俗。臣等以为,若能对恬退守道者加以表彰提拔,则奔竞躁求者或许可以知耻。……殿中丞王安石,进士第四人及第。依循惯例,地方一任②还京,即可进呈所作策论求试馆职。安石已经数任,却并无所陈。朝廷特令召试,亦辞以

① 监盐:掌管盐的煎、储、运、卖等事务。
② 这段文献出自《续资治通鉴长编》,与欧阳修《又论馆阁取士札子》略有不同。

家贫亲老。且馆阁之职，士人无不热衷，而安石恬然自守，未易多得，请陛下特赐甄擢。"因此朝廷有此诏令。

王安石仍然不肯接受。在《乞免就试状》中，他说，自己不愿参加学士院考试，确实是因家庭的现实困难，没想到却被大臣理解为"恬退"。如果自己"无葬嫁奉养之急，而逡巡辞避，不敢当清要之选"，便可称得上"恬退"。实际情况却是"以营私家之急，择利害而行"，而谓之"恬退"，显然是一种误解。加上自皇祐元年（1049）"罢县守阙，及今二年有余"，一家老幼奔波道途，很久没有过上安宁日子。现正准备前往舒州赴任，朝廷却诏令上京应试，"实于私计有妨"。他请求朝廷收回成命，同意他仍赴舒州，"终满外任"。

这样的误解虽充满善意，却让王安石感受到背负虚名的无奈：

> 戴盆难与望天兼，自笑虚名亦自嫌。槁壤太牢（古代祭祀，牛羊豕三牲具备谓之太牢）俱有味，可能蚯蚓独清廉？
>
> ——王安石《舒州被召试不赴偶书》

头顶大盆便无法望天，有养家之急，便无法在物价高昂的京城担任清贵的馆职；胸怀宏图远志和自我人生规划，无人能够理解，反被世人冠以"恬退"的虚名，这实在让他深感名实不符。人喜欢吃猪、羊、牛肉，蚯蚓喜欢吃土，你能说蚯蚓就比人更清廉吗？

二、初到舒州，王安石多少感到有些不太适应

夏末秋初，王安石携家人前往舒州。又一次作别江宁，他的心中满是怅然：

> 故畦抛汝水（汝水即抚河，流经临川），新垄（指父亲王益的坟墓）寄钟山。为问扬州月，何时照我还？
>
> ——王安石《杂诗》

舒州同安郡，属淮南西路，下辖怀宁、桐城、宿松、望江、太湖五县。这里"南滨大江，北介清淮"（《安庆府志》），"其山深秀而颖厚，其川迤逦而荡潏"（《方舆览胜》），当地民风，性躁果决，尚淳质，好俭约。初到舒州，王安石多少感到有些不太适应，在写给四弟安国的诗中他说：

> 夜别江船晓解骖（cān，解骖，停车），秋城气象亦潭潭（深广之貌）。山从树外青争出，水向沙边绿半涵。行问啬夫（sè fū，秦汉时乡官，掌管诉讼和赋税。这里指汉代循吏朱邑）多不记，坐论公瑾（周瑜，三国时吴国名将）少能谈。只愁地僻无宾客，旧学从谁得指南。
>
> ——王安石《到舒州次韵答平甫》

西汉循吏朱邑年轻时曾担任桐乡啬夫，廉洁公正，仁爱为怀，"未尝笞辱人，存问耆老，孤寡遇之有恩"（《汉书·朱邑传》），深受百姓爱戴。三

国时期一代名将周瑜是舒城人,曾统帅孙刘联军,赢得著名的赤壁之战。当王安石兴致勃勃地和当地人谈起这两位前代乡贤时,竟很少有人知道。他不禁感叹此地偏僻闭塞,文明不彰,担心接下来的三年时间,没有可以交往的读书人,学问也因此得不到长进。

舒州的同僚久闻王安石大名,能与他共事,都深感荣幸。他们举办了一场盛大的酒会,热烈欢迎王安石的到来:

泻碧沄沄(yún yún,水流汹涌的样子)横带郭,浮苍霭霭遥连阁。草木犹疑夏郁葱,风云已见秋萧索。荒歌野舞同醉醒,水果山肴自酬酢(chóu zuò,相互敬酒)。自嫌多病少欢颜,独负佳宾此时乐。

——王安石《到郡与同官饮》

州城西面,皖山千峰耸翠,山上瀑布飞流直下,水势汹涌,仿佛与城墙连成一片;青苍的山色幻化成霭霭云烟,从遥远的山边弥漫堆积,直到州府楼前。草木依然像夏天般郁郁葱葱,而飒飒凉风却传递出秋天的萧索。酒会上,本地艺人献歌献舞;餐桌上,陈列着土生土长的果蔬菜肴。大家相互敬酒,一醉方休。尽管王安石生性清简严谨,不喜宴饮,但也情不自禁被这热闹的气氛所感染,只可惜自己身体多病,不能与大家一起开怀畅饮。

欢乐的聚会使王安石很快消除了陌生感,和各位同僚就像多年的朋友一样。在此后公余之暇、迎来送往的各种宴饮中,他虽然始终不会是最投入、最沉醉的那一位,但也绝不至于落落寡合,而是自自然然地融入到群体的欢愉之中。有时候,他也会主动发起聚会:

青青石上蘗(bò,黄檗,落叶乔木),霜至亦已凋。冉冉水中蒲,尔

生信无聊。感此岁云晚,欲欢念谁邀。嘉我二三子,为回东城镳
(biāo,回镳即掉转马头)。幽菊尚可泛,取鱼系榆条。毋为百年忧,
一日以逍遥。

——王安石《招同官游东园》

　　自然界草木的凋零枯萎,引发诗人强烈的时序之感,为了驱遣萦绕
于心的伤感,他邀请同僚们东园饮酒赏菊。其中"取鱼系榆条"一句,化
用《石鼓文》[①]中"其鱼维何,维鱮(xù,鲢鱼)与鲤。何以贯之,维杨与柳"
一句,但读者即便不知出典,也完全不影响阅读。这是王安石诗歌的一
个特点。南宋人李壁曾赞叹道:"公诗妙处在使事而不觉使事也。"(《王
荆公诗注》)

　　在一次聚会上,他甚至饶有风趣地写了一首"药名诗":

赤车使者白头翁,当归入见天门东。与山久别悲念念(cōng
cōng,悲哀的样子),泽泻半天河汉空。羊王不留行薄晚,酒肉从容追
路远。临流黄昏席未卷,玉壶倒尽黄金盏。罗列当辞更缱绻,预知
子不空青眼。严徐长卿误推挽,老年挥翰天子苑。送车陆续随子
返,坐听城鸡肠宛转。

——王安石《既别羊、王二君,与同官会饮于城南,因成一篇追寄》

　　这是一首非常特别的诗歌。它记叙了王安石与同僚们一次颇为尽

---

　　① 石鼓文,秦刻石文字,因其刻石外形似鼓而得名。发现于唐初,共十枚,高约二
尺,径约三尺,分别刻有大篆四言诗一首,共十首,计七百一十八字。石鼓成于何时,究
属何物,历代说法不同。郭沫若《石鼓文研究》定为秦襄公时所制。马衡《凡将斋金石丛
稿》有《石鼓为秦刻石考》一文,定为秦献公以前、秦襄公以后之物;并认为"石鼓"之名不
妥当:"此正刻石之制,非石鼓也","特为正其名'秦刻石'"。

兴的聚会;这天,来自朝廷的两位使者羊君、王君,即将回朝复命,舒州州府为他们饯行。酒过三巡,羊、王二君于黄昏时离去,但王安石与同僚们意兴正浓,继续推杯换盏,直到夜深方才散去,那时,城楼上报晓的公鸡已叫过头遍。另一方面,诗歌的每一句都包含着,或暗示着一两种药名。如:"赤车使者""白头翁""当归""天门冬""葱""泽泻""半天河(积在竹篱头或空树穴中的水,可药用)""王不留行""肉苁蓉""硫黄""黄金盏(即忍冬草)""列当""预知子""徐长卿(又名竹叶细辛)""子苑(即紫苑)""续随子""鸡肠草",等等。

从诗歌的用典以及用药名,我们可以初步感受到,王安石对文字有一种近乎痴迷的热爱。在以后的岁月里,我们还将看到他不断出新的奇妙尝试。

九月十六日,王安石去下属的太湖县出差。骑马行走于山间水畔,但见"亘天青郁郁,千峰互崷崒(qiú zú,高峻)"(王安石《望皖山马上作》),他常常忍不住翻身下马,背靠山崖,久久地凝望那云烟缭绕的山顶,觉得这高峻秀丽的皖山可与中岳嵩山比高,可与南岳衡山媲美,可是为什么所有人都匆匆而过,竟无人歌咏它的美丽? 他很想登上峰顶,"一览众山小",但同行的僚属告知:当地人传说,山上"踊跃狼虎群,蜿蜒蛇虺(huǐ,毒蛇)窟"(同上),十分危险,令他深感遗憾:

惜哉危绝山,岁久沉汨没。谁将除茀(fú,野草塞路)涂,万里游人出。

——王安石《望皖山马上作》

这天晚上,他们借宿在怀宁县山谷乾元寺。寺庙西北有个石牛洞,其石状若伏牛,因此而得名。洞中有水,源远流长。两面石壁,多唐代以来题字刻石。当晚,王安石与道人文锐、四弟安国一起举着火把进洞游玩,见到中唐古文家李翱题写的书法。洞中鸣泉清幽悦耳,他们兴致益然地听了好一会儿,才恋恋不舍地回去休息。第二天一早,他们再次进洞游玩,王安石赋诗一首,刻在李翱题字的后面:

> 水泠泠而北出,山靡靡(壮丽的样子)以旁围。欲穷源而不得,竟怅望以空归。
>
> ——王安石《题舒州山谷寺石牛洞泉穴》

离开石牛洞,他们直奔太湖县。太湖县在州城西南七十五里,只有两个乡,境内有司空山和太湖。这里的山水更加清美。途中有座古朴的长亭,榜额上题曰"恬亭"。一行人休坐其间,都被这美好景色深深打动。恬亭临水而建,三面绿荫环抱,纵目远眺,溪岸起伏绵延,伸向远方青翠的山麓。此时正当日落时分,王安石漫步亭侧,伫立于一座久已废弃的断桥之上,竟无半点落寞惆怅之感,反而有种水绕树生、鸟倦知归的安宁、恬适,从心底生起:

> 槛(jiàn,栏杆)临溪上绿阴围,溪岸高低入翠微。日落断桥人独立,水涵幽树鸟相依。清游始觉心无累,静处谁知世有机。更待夜深同徙倚,秋风斜月钓舟归。
>
> ——王安石《太湖恬亭》

这一刻,他似乎超离了现实生活中的纷纷扰扰,忘却了政务的繁冗,忘却了家事的沉重,他由衷地期待夜深之际,重来此地,在秋风斜月之下,像一名遁世的渔翁,驾一叶扁舟归去……当然,这只是一个非常短暂的白日梦,很快,他又重新回到了自身的社会角色。

三、十月,一个沉重的打击降临到王安石身上

十月,一个沉重的打击降临到王安石身上,长兄安仁突然暴病身亡,年仅三十七岁!噩耗传来,王安石悲痛欲绝。兄弟情深,而安仁于他又不止如此,更有如父如师般的情义。安仁七岁好学,少年老成,"毅然不苟戏笑"(王安石《亡兄王常甫墓志铭》)。通过二十年的苦学,学问、品行颇为士林推许。庆历四年(1044),朝廷大力兴学,一时之间,江淮各州争相聘请安仁为师。他先后在各地教授《诗》《书》《礼》《易》《春秋》,慕名追随者往往不远千里而来,经他培养造就的人才更是不可胜数。父亲早逝,作为家中长子,安仁帮助母亲操持家事、长育弟妹,其懿行美德"蓄于身而施于家",只可惜步入仕途尚不足一年,未能"博见于天下"(王安石《亡兄王常甫墓志铭》),这不能不令王安石深感憾痛!

> 呜呼!先生之所存,其卒于无传耶?始先生常以为功与名不足怀,盖亦有命焉,君子之学,尽其性而已,然则先生之无传,盖不憾也。虽然,先生孝友最隆,委百世之重,而无所属以传。
>
> ——王安石《亡兄王常甫墓志铭》

古人以"立德、立功、立言"为人生三不朽。安仁成就了道德,却没有来得及建立功名、著书立说,"而世之工言能使不朽者"(同上)又对他所知不深,因此无人为他树碑立传。莫非他的美德终将随着生命的逝去而

在后世湮没无闻？安仁一生从不以功名为怀,认为一个有修养有道德的人好学上进,无非是为了尽其心,尽其命,对于身后能否传世不朽,自然是不以为意。尽管如此,作为安仁最亲爱的弟弟,王安石却不能不感到万分遗憾！而令他更为伤痛的是,从此兄弟阴阳两隔,永不再见:

> 有母有弟,方壮而夺之,使不得相处以久,先生尚有知,其无穷忧矣。呜呼！以往而推存,痛其有已耶！痛其有已耶！
>
> ——王安石《亡兄王常甫墓志铭》

有母有弟,有妻有女,正当壮年,却倏然而逝,倘若安仁死后有知,也一定无比忧伤！以逝者之心推想活着的亲人,心中的痛苦会有停止的时候吗！会有停止的时候吗！

皇祐四年(1052)寒食节前,王安石告假回到江宁,一则为去年下葬的父亲扫墓,二则操办长兄安仁的葬礼。

> 客思似杨柳,春风千万条。更倾寒食泪,欲涨冶城潮(冶城,地名,在江宁,靠近长江)。巾发雪争出,镜颜朱早凋。未知轩冕乐,但欲老渔樵。
>
> ——王安石《壬辰寒食》

父兄皆不及中寿而亡,令王安石怆然而兴“人生如逆旅,我亦是行人”(苏轼《临江仙·送钱穆父》)的漂泊孤寂之感。缭乱的情怀,好似春风中飞舞的万千柳条。尤其是在生者与亡灵对话的寒食节,他无法忍住悲伤的眼泪,只能任其像汹涌的江潮尽情倾泻。虽然还不过三十出头,纷纷争出的白发,日渐憔悴的容颜,都让他强烈地感受到生命的衰颓。人生如此虚幻而又短暂,轩冕荣华何足珍贵?他真想散淡自在地在乡野间终老此生。

预定的下葬日期,安仁的灵柩从宣州运抵江宁,瘦弱的寡嫂和两位年幼的侄女,白衣素服扶柩而至,王安石肝肠寸断,长跪不起:

> 百年难尽此身悲,眼入春风只涕洟(涕泪)。花发鸟啼皆有思,忍寻《常棣》脊令(即鹡鸰,鸟名)诗。
>
> ——王安石《宣州府君丧过金陵》

回想当年,兄弟同窗共读,《诗经·小雅》中,这首表现兄弟情谊的《常棣》,是他们最喜欢的作品之一。如今,"脊令在原,兄弟急难""凡今之人,莫如兄弟"等诗句,不断闪现在脑海,而他却不忍卒读。

> 周公兄弟相杀戮,李斯父子夷三族。富贵常多患祸婴,贫贱亦复难为情。身随衣食南与北,至亲安能常在侧。谓言黍熟同一炊,欻(xū,快速)见陇上黄离离。游人中道忽不返,从此食黍还心悲。
>
> ——王安石《食黍行》

人生是多么无常,人生又是多么无奈。周公位至冢宰(周官名,为六卿之首),弟弟管叔、蔡叔却不服管辖,发动叛乱,威胁周王室统治,周公率军东征,诛杀管叔,放逐蔡叔;李斯贵为秦朝宰相,最后却和儿子一起被腰斩于咸阳市。可见富贵常常招致祸患。然而,贫贱也同样无法得享天伦之乐,为了谋生,为了养家,人们不得不远离亲人,走南闯北。本以为等禾黍熟了可以一同享用,谁知道转眼间却已是生死异处!远去的亲人,将永远不再回来,从此只要端起饭碗我就止不住伤悲!

料理完家中的事务,王安石挥泪告别亲人,匆匆赶回舒州任所:

> 出谷频回首,逢人更断肠。桐乡岂爱我,我自爱桐乡。
>
> ——王安石《离蒋山(即钟山,在江宁)》

离开亲人,他一步一回头,万千的不舍和牵挂。此时他并不知道,仅仅几个月后,他又将失去二哥安道! 一次次撕心裂肺的生离死别之痛,使王安石敏锐善感的心灵备受煎熬。然而,不管个人遭遇了多大的不幸,作为朝廷命官,他自有职责在身。也许,即便他做得和汉代桐乡啬夫朱邑一样出色,多年后,桐乡之民也一样是"行问啬夫多不记"(王安石《到舒州次韵答平甫》),但他依然会毫无保留地将自己满怀的仁爱奉献给这片土地。

四、王安石认为,吏治不振的根本原因,
在于儒学衰微与士风鄙陋

北宋前期,通判一职既非知州副手,又非属官,入则与知州共同处置本州公事,出则巡视所属各县。凡本州兵民、钱谷、户口、赋税、狱讼等事的可否裁决,均由通判与知州共同签署施行;所辖官吏品性之善否、职事之修举废弛,亦由通判据实上闻。事务繁杂,责任重大。好在王安石已经有过两任基层工作经验,处理州务得心应手。

皇祐年间,江淮地区连年荒歉,"千里旱暵,及时不雨。农夫悼心,郡将(郡守。郡守兼领武事,故称)失色"(王安石《祈雨文》)。王安石忧心如焚,他斋戒沐浴,恭恭敬敬地写下《祈雨文》,带领僚属去当地神庙祈雨,

并积极安排各县抗旱救灾。他一面及时将灾情向上级汇报，一面督促各县发富室之藏，裁抑市价，贷谷予民。今存王安石文集中有一组写给舒州属县县令孟逸的书信，从中可以了解到他当时的一些工作情况。在信中，他说：

> 昨日以旱事奉报，既而且以书抵王公，言今旱者皆贫民，有司必不得已，不若取诸富民之有良田得谷多而售数倍者。贫民被灾，不可不恤也。
>
> ——王安石《与孟逸秘校手书》其二

他告诉孟县令，自己已将旱情上报淮南西路转运使王素，以争取朝廷对受灾贫民赋税的减免。在另一封信中，他充分肯定孟县令为救济灾民所付出的努力，认为在这样的饥荒岁月，"幸得贤令君相与为治"，方可使百姓不至流离失所。

为了将工作落到实处，他亲下基层：

> 跋涉溪山之远，亦劳矣。然足以慰二邑元元（百姓）之望。
>
> ——王安石《与孟逸秘校手书》其十

因此，他对各地救灾情况了如指掌：

> 然闻富室之藏，尚有所闭而未发者，切以谓方今之急，阁下宜勉数日之劳，躬往隐括而发之，裁其价以予民。损有余以补不足，天之道也。悠悠之议，恐不足恤，在力行之而已。
>
> ——王安石《与孟逸秘校手书》其四

他建议孟县令深入乡村,以行政手段,将那些"闭而未发"的"富室之藏"调集起来,以解燃眉之急。即便因此而引起非议也在所不惜!他甚至主张:

> 邑中但痛绳之,岂有不从者乎? 按置一二人,自然趋令矣。
>
> ——王安石《与孟逸秘校手书》其六

为了最大限度地调动民间资源,帮助贫苦无依的民众度过饥荒,必须严惩那些囤积居奇、拒不配合官府救灾工作的富人。因为他认为"贫民被灾,不可不恤",而且他相信,"损有余以补不足"是符合天道的。

早在步入仕途之前,对于底层社会的艰辛,他就有着发自内心的悲悯:

> 贱子(谦词,自称)昔在野,心哀此黔首(百姓)。丰年不饱食,水旱尚何有。虽无剽盗起,万一且不久。
>
> ——王安石《感事》

丰收之年百姓劳苦终岁,尚且难求一饱,遇上水旱灾害,他们的生活更加不可想象。虽然至今尚未发生大规模的社会动乱,但这种安定的局面,很难说是否能维持长久。而舒州的经济状况比他熟知的江宁、扬州和鄞县还要糟糕,在走乡串户的实际调研中,他悲哀地发现:

> 三年佐荒州,市有弃饿婴。驾言发富藏,云以救鳏惸(guān qióng,鳏寡)。崎岖山谷间,百室无一盈。乡豪已云然,罢(pí,疲)弱

安可生。

——王安石《发廪》

走遍舒州的崎岖山谷，他看到的是普遍的贫穷。即便所谓富豪，家里也没有多少盈余。民众生活如此艰难，他认为，造成这一现状的原因，首先在于官吏的贪暴与失职：

> 特愁吏（差役，地方官府的办事人员）之为，十室灾八九。原田败粟麦，欲诉嗟无赇（qiú，贿赂）。间关（jiàn guān，历经艰险）幸见省，鞭笞随其后。

——王安石《感事》

最令老百姓担忧害怕的并不是自然灾害，而是衙门里那些差役的胡作非为，十家就有八九家遭到他们的祸害。粮食失收，交不起赋税，想要向官府申诉，却还要蒙受差役们贪得无厌的敲诈勒索。有时经过艰苦努力，侥幸得到长官过问，但最后仍逃不过差役的追逼毒打。早在鄞县任上，他就曾写过一首寓言诗，对巧取豪夺、中饱私囊的大小官吏予以揭露和讽刺：

> 吏役沧海上，瞻山一停舟。怪此秃谁使，乡人语其由。一狙（jū，猴）山上鸣，一狙从之游。相匹乃生子，子众孙还稠。山中草木盛，根实始易求。攀挽上极高，屈曲亦穷幽。众狙各丰肥，山乃尽侵牟。攘争取一饱，岂暇议藏收。大狙尚自苦，小狙亦已愁。稍稍受咋啮，一毛不得留。狙虽巧过人，不善操锄耰。所嗜在果谷，得之常

以偷。嗟此海中山，四顾无所投。生生未云已，岁晚将安谋。

——王安石《秃山》

诗歌以猴子比喻大小贪官，他们一味残民以逞，满足个人私欲，不仅伤害了百姓的利益，更动摇了国家的根本。试想，身为官吏不爱惜百姓，这和猴子们坐吃山空又有什么区别呢？皮之不存，毛将焉附？

还有许多官吏，虽然并不奸诈贪婪，但高高在上，无所作为，对民众的疾苦漠不关心：

况是交冬春，老弱就僵仆。州家闭仓庾(yǔ,谷仓)，县吏鞭租负。乡邻铢两征，坐逮空南亩。取赀(zī,资)官一毫，奸桀(jié,凶暴)已云富。彼昏方怡然，自谓民父母。

——王安石《感事》

每到冬春之际，年老体弱者往往冻饿而死，而官吏却视而不见，紧闭粮仓，不肯开仓济贫，差役们还凶神恶煞地追打那些欠税未交的人。一铢一两都被征了税，最后就只能卖田卖地。百姓们所交的赋税，官府实际上只得到一毫，奸诈凶暴的差役却发了财。而那些昏聩糊涂的州县长官还怡然自得，感觉良好，自称是老百姓的父母官。

王安石从内心深处与这些尸位素餐的渎职官员格格不入。舒州旱灾期间，他日夜焦虑，好不容易有一天看到野外雾气弥漫，乌云滚滚，满心欢喜地期盼着一场大雨降临，结果却是雷声大，雨点小，只是倏忽而过的一场阵雨而已。城外的皖公山虽然被迷蒙的雨雾所笼罩，罗豆河却依然干涸见底：

　　行看野气来方勇,卧听秋声落竟悭(雨声细小)。淅沥未生罗豆水,苍茫空失皖公山。

——王安石《舒州七月十一日雨》

　　正当他为庄稼的收成与百姓的生计失声嗟叹之际,转眼却看到某些官员一副事不关己、无动于衷的样子,不禁心生厌恶:

　　火耕又见无遗种(火耕,古代的一种耕种方法,这里泛指种植庄稼。无遗种,指颗粒无收),肉食(当官的人)何妨有厚颜。巫祝万端曾不救,只疑天赐雨工闲。

——王安石《舒州七月十一日雨》

　　诚如五代后蜀国主孟昶所言:"尔俸尔禄,民脂民膏""下民易虐,上天难欺"(张唐英《蜀梼杌》)。王安石无法理解,为什么这些当官的竟会如此厚颜无耻呢?!

　　深细思之,吏治之不振,根本原因当在于儒学的衰微与士风的鄙陋。历经晚唐、五代之乱,天下斯文沦丧,宋廷立国之后,力倡文治,到真宗之世,读书习文虽已蔚然成风,但"天下之士知为诗赋以取科第,不知其它"(苏辙《龙川略志》)。勤学好问无非是为了博取功名利禄,一旦金榜题名,"则视故所业若弊屣"(苏辙《答司法庐陵曾君安强书》),从此不再读书问学,以为学者之事自此终结,更别提修身立德、知行合一。仁宗景祐、庆历以来,虽贤人间起,但多不得志于朝,影响十分有限。在《答孙长倩书》中,王安石一针见血地指出了这一时代症结:

　　古之道废踣(bó,跌倒,败亡)久矣。大贤间起废踣之中,率常位库泽狭,万不救一二。天下日更薄恶,宦学者不谋道,主禄利而已。

在这种背景下,一般本性较为纯良的士人,步入仕途后,无非也就能秉持循名责实、慎赏明罚的原则,处理些民间诉讼之事,全无敦行礼乐教化的意识:

> 始就诗赋科,雕镌久才成。一朝复弃之,刀笔事刑名。中材蔽末学,斯道苦难名。忽贵不自期,何施就升平?
>
> ——王安石《寓言十五首》其八

孔子曾说:"道之以政,齐之以刑,民免而无耻;道之以德,齐之以礼,有耻且格。"用政令来管理,用刑法来整治,老百姓因为害怕处罚,难免会不择手段、千方百计为自己免罚脱罪,从而失去基本的羞耻之心;用道德引导,用法制教化,老百姓不仅有珍贵的羞耻之心,而且心悦诚服,归于正道。因此,王安石认为,士大夫满足于法家学派的刀笔刑名之学,在自我修养和治国方略上没有更高的期许和作为,一旦位列公卿,又如何能开创太平盛世?

许多少年得志的士人,因为学浅德薄,往往轻狂自负,把天下国家之事看得过于简单随便,一旦步入仕途,"多为猾吏所饵,不自省察"(黄宗羲、全祖望《宋元学案》),从此患得患失,谨小慎微,很快便被权贵所同化,和那些生性奸诈者如出一辙:

> 小夫谨利害,不讲义与仁。读书疑夷齐,古岂有此人? 其才一莛芒(莛:tíng,草茎;芒:细刺),所欲势万钧。求多卒自困,余祸及生民。
>
> ——王安石《寓言十五首》其六

商周时代,武王伐纣,伯夷、叔齐认为以臣伐君为不仁,以暴易暴为不义,因此不食周粟,为坚持自己的信念,情愿饿死在首阳山上。而今天,这些自以为是的小人,计较私利,不讲仁义,反而质疑古代是否真有伯夷、叔齐这两人的存在?他们的才德细薄如草茎芒刺,贪欲却有万钧之重。过度的贪求最终毁了自己,老百姓也连带着遭受祸害。

还有一些抱有救世之志的士人,因为自身学养有限,其所施设,往往不得其法。如,在鄞县时所作《上运使孙司谏书》就曾指出:

> 天下之吏,不由先王之道而主于利,其所谓利者,又非所以为利也,非一日之积也。公家日以窘,而民日以穷而怨。

那些试图以利救世的官吏,因为不能秉持儒家仁民爱物的原初用心,本末倒置,一味敛取民财,反而使国家经济日益窘迫,百姓日益贫穷而充满怨恨,如此救世,真是无异于抱薪救火!皇祐二年(1050)所作《信州兴造记》一文,在表彰信州知州张君的出色政绩之后,他感叹道:

> 今州县之灾相属,民未病灾也,且有治灾之政出焉。施舍之不适,哀取之不中,元奸宿豪舞手以乘民,而民始病。病极矣,吏乃始警(áo,傲慢)然自喜,民相与诽且笑之而不知也。吏而不知为政,其重困民多如此,此予所以哀民而闵吏之不学也。

这些年各州县虽然灾害不断,但老百姓并不十分害怕灾害,而且朝廷也会有救治灾害的政令发布。可是,一旦官吏们在施行政令时处置不当,该救济的未能救济,不该征收的却征收了,再加上那些强横不法的恶人趁机施展手段,危害百姓,百姓才真正陷入无望的恐惧之中。官吏们却自高自大、沾沾自喜,老百姓背后纷纷责骂、讥笑也全然不知。身为官吏却不懂如何处理政务,反而加重百姓负担,导致百姓困苦。因此,王安石深深哀怜百姓,并为官吏们不学无术而深感忧心。他认为"士之欲施于政,未有不学而能者"(王安石《皇侄宗实可起复旧官泰州防御使知宗正寺制》),但他所强调的"学"并非刀笔刑名之学,而是先内后外、由己及人的圣贤之学:

> 学所以修身也,身修则无不治矣。
>
> ——王安石《皇侄宗实可起复旧官泰州防御使知宗正寺制》

五、王安石期待一场系统性、制度性的改革

除了揭露、抨击贪庸的官吏,反思吏治不修的根本原因,王安石也进一步思考制度本身存在的问题。宋朝建立后,沿袭晚唐五代以来的土地政策:第一,鼓励开荒。朝廷明令:"有能广植桑枣、开垦荒田者,并只纳旧租,永不通检。"(《宋会要辑稿·食货》)也就是说,新开垦的土地,可以不纳入交税的范围。第二,不限制个人对土地的占有额度。第三,除国有土地外,私人土地可以自由买卖。第四,保护土地私有,本主土地由子孙后代继承,无人继承则收归国有。这些土地政策在宋朝建立之初,广泛代表了社会各阶层的要求和愿望,对于经济发展起到了有效的推动作用。但与此同时,也为官僚豪绅、富商巨贾兼并土地提供了方便,使遭遇天灾人祸的中下农户面临破产失业,导致社会贫富分化。随着时间的推

移,这种"不抑兼并"的土地政策,弊端日益凸显。宋真宗后期,土地兼并就已相当严重,曾诏令限制土地的占有和买卖,但在众多既得利益者的反对下,未能贯彻执行。几年来对底层社会的考察和了解,使王安石深刻认识到,日趋严重的土地兼并现象,给百姓带来的祸患,为了国家的长治久安,他明确主张抑制兼并。他说:

> 三代子百姓,公私无异财。人主擅操柄,如天持斗魁(北斗七星
> 的前四颗星称斗魁)。赋予(征收和给予)皆自我,兼并乃奸回。奸回
> 法有诛,势亦无自来。
>
> ——王安石《兼并》

在儒家的话语体系中,夏、商、周三代的政治制度,是值得后世效法的典范。王安石认为,那时候,朝廷对百姓就像对自己的子女一般疼爱和养育,公家和私人都没有非分的财物。君主独揽大权,就像北极星掌控着其他星体,使它们环绕着自己运行。国家的财政收支都由君主把控,土地兼并被视为奸诈邪恶的行为,受到法律的严厉禁止和惩罚,因此,社会上也不可能形成兼并势力。

> 后世始倒持,黔首遂难裁。秦王不知此,更筑怀清台。
>
> ——王安石《兼并》

这种局面到后世却发生了变化。就像"太阿(宝剑名)倒持,授人以柄",国家财政大权被豪强势力操纵,于是老百姓也变得更加难以管理。秦始皇时代,巴地(今川东地区,含重庆)有个名叫清的寡妇,靠垄断丹砂生产而发家致富,秦始皇不懂经济不可受制于地方富豪的道理,反过来

还修建怀清台,表彰垄断和兼并。在《发廪》一诗中,王安石表达了同样的观点:

先王有经制,颁赉(lài,赏赐)上所行。后世不复古,贫穷主兼并。非民独如此,为国赖以成。筑台尊寡妇,入粟至公卿。

他认为,兼并之风的盛行,并非民间力量可以促成,需要依靠朝廷的支持和鼓励。后世违背先王创立的治国法度的例子,可谓不胜枚举。不仅秦始皇曾修建怀清台,汉文帝、武帝还曾公开卖官鬻爵,只要向朝廷纳粟捐谷,便可位至公卿。

礼义日已偷(浅薄),圣经久埋(yīn,埋没)埃。法尚有存者,欲言时所咍(hāi,讥笑)。俗吏不知方,掊克(聚敛贪狠)乃为材。俗儒不知变,兼并可无摧。利孔(生财的门路)至百出,小人私阖开(操纵财利)。有司(主管官吏)与之争,民愈可怜哉。

——王安石《兼并》

当今社会世风颓丧,先贤经典埋没尘埃,无人问津。如果有人想要倡导三代的制度法规,立即便会招致时人的无情嘲笑。那些不懂治国方略的俗吏,把善于搜刮民脂民膏当作才能;那些死守儒家旧说而不懂得在现实中灵活运用的俗儒,则以为没有必要抑制兼并。获得财利的窍门太多,唯利是图的小人便会投机取巧、营私舞弊。官府和富民争相取利,无钱无势的百姓就更加可怜!

我尝不忍此,愿见井地平。

——王安石《发廪》

因此，王安石希望能恢复西周井田制，将土地全部收归国有，使耕者有其田，贫富差距得以弥平。试图恢复西周井田制来解决土地兼并、贫富分化的社会问题，在当时并非是王安石所独有的思想。比他年长的李觏，和他同龄的张载，以及比他年轻的程颢、程颐兄弟，都对此寄予很高的期望。二程与张载甚至非常认真地讨论过具体实行的诸多细节问题，此情景清楚地记录在《张子全书》和《二程遗书》中。当然，这些都难免于书生空论的讥议，但王安石的思考显然并不仅止于此：

> 婚丧孰不供，贷钱免尔萦。耕收孰不给，倾粟助之生。物赢我收之，物窘出使营。后世不务此，区区挫兼并。
>
> ——王安石《寓言十五首》其二

土地兼并固然是造成底层百姓破产失业、国家税收持续减少的原因，但绝不是唯一原因，更不是根本原因。豪强兼并之家，之所以有机可乘，有利可图，是因为官府没有承担起应尽的社会责任。当老百姓婚丧嫁娶力不从心，灾年歉收或青黄不接时，如果官府能借钱、贷谷，救一时之急，他们便不至于沦落到卖田卖地的境地；当丰年粮谷有余，官府能及时收购，灾年物资紧缺，官府能及时赈济，囤积居奇、牟取暴利的事情就不可能发生。现在，这些基本的社会保障措施，或名存实亡，或没有建立，一味侈谈抑制兼并，不可能收到实效。

因此，王安石认为，要解决当时的各种社会问题，不能只是治标，必须治本，系统性、制度性的改革在所难免！而这，将是一个长期而艰巨的过程。在《临^①吴亭》一诗中，他说：

> 补穿葺漏仅区区，志义殊嗟士大夫。欲致太平非一日，谩劳使
> 者报新书。

六、随着名望的不断提升，
王安石亦屡屡遭受质疑与毁谤

可是，系统性、制度性改革，必须依靠君主的力量才能实行，他空有远大宏图，却苦于无从着手。在现有体制下，大小官员都受到各种既成法令规章的限制，很难发挥自己的才干、按照自己的理想，成就一番事业，这使王安石深感无奈：

> 朝廷法令具，百吏但循持。又况佐小邑，有才安所施。
>
> ——王安石《寄题睡轩》

身为通判，虽然并非知州副手，但毕竟相互牵制，政务的推行，反而比知鄞县时更为棘手。离任后，他曾向好友倾诉：

> 咨予栖栖者，气象已摧塌。他年佐方州，说将(shuì jiàng，将：郡将，
> 即知州)尚不纳。况于声势尊，岂易取酬答。有如持寸莛(tǐng，草

---

① 李壁《王荆公诗注》："临"，恐是"勾"字。

茎),未足撼鞺鞳(tāng tà,钟鼓声)。

——王安石《韩持国从富并州辟》

他只能庸庸碌碌、无所作为地虚度光阴:

大意苦未就,小官苟营营。

——王安石《发廪》

面对民众的苦难,他常有如坐针毡的愧疚与惶恐:

揭(qiè)来佐荒郡,懔懔常惭疚。

——王安石《感事》

嗟予久留连,窃食坐无为。

——王安石《寄题睡轩》

病得一官随太守,班春(颁布春令,指古代地方官督导农耕之政令)无助愧周任(古之良史,其人正直无私)。

——王安石《次韵春日即事》

入仕前,作为旁观者哀怜百姓、痛恨官吏,只是发发议论固然轻松,如今身为朝廷命官,在其位,应谋其政,对于世道兴衰、民生疾苦,负有不可推卸的责任,所以备感沉重:

昔之心所哀,今也执其咎。乘田(春秋时鲁国主管畜牧的小吏)圣所勉,况乃余之陋。内讼敢不勤,同忧在僚友。

——王安石《感事》

先圣孔子只是担任管理牛羊的小吏，尚且勤勉努力，不敢掉以轻心，何况像我们这些资质浅陋的普通人呢？因此，他严格要求自己鞠躬尽瘁，同时也希望同僚们忧民所忧。

然而，这些思想和言行不仅难有同调，反易招致敌视：

> 不得君子居，而与小人游。疵瑕不相摩，况乃祸衅稠……如傅一齐人，以万楚人咻。云复学齐言，定复不可求。
>
> ——王安石《寓言十五首》其一

正气不彰的官场就是一个同流合污的共犯结构，对于特立独行之士具有天然的排他性。身在其中，可谓处处有陷阱，要想有所作为，真是困难重重。就像楚国孩子在楚地学说齐国话，"一齐人傅（教导）之，众楚人咻（喧哗）之，虽日挞而求其齐也，不可得矣"（《孟子·滕文公下》）。在王安石的仕宦历程中，一直谤声不断，而且随着他名望的提升，谤声也日益喧闹、响亮。尤其是他一再坚辞朝廷召试，人们无法理解，一个下级官员为何要谢绝如此难得的升迁机会，于是诸如沽名钓誉、以退为进、矫情饰貌之类的质疑和攻击，便时有所闻。这一点，从曾巩《答袁陟书》中即可见一斑：

> 辱书说介甫事，或有以为矫者，而叹自信独立之难，因以教巩以谓不仕未为非得计者。

身在南丰的曾巩，就曾收到友人袁陟的来信，信中转述时人对王安石的猜疑和议论，感叹在当今官场，要想坚持自信独立，真是很不容易。

由此看来,不入仕未尝不是一种更好的人生选择,至少可以保全个人名节。对此,曾巩以他对王安石的深刻理解回应道:

> 然介甫者,彼其心固有所自得,世以为矫不矫,彼必不顾之,不足论也。
>
> ——曾巩《答袁陟书》

他深知,王安石有自己坚定不移的人生目标,更有对人生意义与价值的独到理解,既不会为物欲名利所累,也不会随俗浮沉、与世俯仰,无论世人认为他是矫情或是恬退,都不会改变他既定的人生态度,朋友们也没必要为此担心,更不该心存疑虑。

挚友的理解令王安石十分感激,在《答曾子固》一诗中,他写道:

> 斗粟(即五斗粟,代指微薄的俸禄)犹惭报礼轻,敢嗟吾道独难行?脱身负米将求志,黾力乘田岂为名?高论几为衰俗废,壮怀难值故人倾。荒城回首山川隔,更觉秋风白发生。

通判俸禄虽薄,亦是民脂民膏,他常觉愧对这份朝廷恩遇。以道自任,步武圣贤,即便遭遇再多艰难险阻,又岂敢嗟叹抱怨?他最初入仕为官,只是要侍亲养家,恰如子路所言:"负重涉远,不择地而休;家贫亲老,不择禄而仕……常食藜藿之实,为亲负米百里之外。"(《孔子家语·致思》)生民之多艰,现实的苦难,激发了他强烈的社会责任意识,使他逐渐将侍亲养家之愿,与匡世济民之志相统一。竭诚报国,百计安民,自是为官本分,又何尝考虑过个人名利?在这样一个儒学衰颓的时代,圣贤的经论早为俗人废弃。知己好友远隔千山万水,满怀壮志无人可与倾诉!陪伴他的只有荒凉的山城，瑟瑟的秋风，以及初生的白发。

怀抱难开醉易醒，晓歌悲壮动秋城。年光断送朱颜老，世事栽培白发生。三亩未成幽处宅，一身还逐众人行。可怜蜗角能多少？独与区区触事争。

——王安石《偶成二首》其二

他想起《庄子·则阳》中那个有趣的寓言故事：蜗牛的左角上有个触氏国，右角上有个蛮氏国，两国之间经常为争夺土地而发生战争，每次都会导致数万生灵的死亡。在浩无边际的天地宇宙中，我们生活的世界，岂不就像蜗角那般渺小？而世人孜孜以求的功名利禄，更是如尘埃般微不足道！可流俗之人偏偏无从领会这一道理。可叹的是，迫于生计，他不得不与这些人往来共处，蒙受他们的猜疑与攻击，使洁白的德行遭受玷污：

仁义多在野，欲从苦淹留。不悲道难行，所悲累身修。

——王安石《寓言十五首》其一

孔子早就说过："道之不行也，我知之矣，知(同"智")者过之，愚者不及也；道之不明也，我知之矣，贤者过之，不肖者不及也。"(《礼记·中庸》)道不离人，但人总有或超过，或不及的毛病，因此大道难行是现实的必然，君子乐天知命，没有必要为此悲伤。也正因为大道难行，求道、履道之士，便难免与世相违、特立独行：

瞢瞢(méng méng昏昧，糊涂)俗所共，察察(洁净的样子)与世违。违世有百善，一疵恶皆归。就求无所得，犹以好名讥。彼哉负且乘,能使正日微。

——王安石《寓言十五首》其七

洁身自好的贤者,不为世俗所容,哪怕一点点过失,便足可遮蔽他所有的美德;即便毫无过失,小人也会纷纷以沽名钓誉等莫须有的罪名妄加诋讥。

诜诜(shēn shēn,众多)古之士,出必见礼乐。群游与众饮,仁义得扬摧(商榷,讨论)。心疲歌舞荒,耳聒米盐浊。所以后世贤,绝俗乃为学。

——王安石《寓言十五首》其五

与风俗淳厚的古代不同,当今社会,礼乐仁义被束之高阁,人们的心志耽溺于歌舞佚乐的放纵,人们的视野局限于柴米油盐的俗务。然而,不管环境多么恶劣,不管现实多么残酷,求道、履道从来就是士人的天职,"始乎为士,则未离乎事道者也;终乎为圣人,则与道为一"(王安石《老子注》),因此,绝俗为学也是不得不如此的选择。

七、王安石认为,文学创作应服务现实政治

随着社会政治思想的逐步成熟,王安石也在鄞县至舒州这一时期,形成了自己的文学观。在《与祖择之书》《上人书》等书信中,他清楚地阐述了自己对文学本质的认识:

> 治教政令，圣人之所谓文也。书之策，引而被之天下之民，一也。圣人之于道也，盖心得之，作而为治教政令也，则有本末先后，权势制义，而一之于极。其书之策也，则道其然而已矣。

> ——王安石《与祖择之书》

> 尝谓文者，礼教治政云尔。其书诸策而传之人，大体归然而已。……且所谓文者，务为有补于世而已矣。

> ——王安石《上人书》

他认为，文章最初的产生，是由于古代圣贤对自然与人类社会本质规律（"道"）有独特领悟，总结成治理、教化天下的政策和律令（"文"），写了下来，传示当代及后人。因此，文学的本质就是反映政治教化，文学创作的目的，就是服务于现实政治。

那么，如何看待文学的审美特性呢？他说：

> 而曰"言之不文，行之不远"云者，徒谓辞之不可以已也，非圣人作文之本意也。……所谓辞者，犹器之有刻镂绘画也。诚使巧且华，不必适用；诚使适用，亦不必巧且华。要之以适用为本，以刻镂绘画为之容而已。不适用，非所以为器也。不为之容，其亦若是乎？否也。然容亦未可已也，勿先之其可也。

> ——王安石《上人书》

他认为，文章应以内容为主，形式为次，形式服务于内容。尽管孔子曾经说过"言之不文，行之不远"，但只是要借助优美的艺术形式，使文章得到广泛传播,并不是把追求文采和形式之美,当作文章写作的目的。美丽的文辞,就像容器上的装饰画,虽然很美,但没什么实际用途。我们制造容器,首先是要用它装东西,外观的美丽显然是次要的。但这并不是说我们排斥文采、排斥容器上的装饰画,只是说,实用与美观应有先后主次的分别。

依照这一标准,衡量历代文人,就连他一向敬仰的韩愈、柳宗元也并不合格:

> 自孔子之死久,韩子作,望圣人于百千年中,卓然也。独子厚名与韩并。子厚非韩比也,然其文卒配韩以传,亦豪杰可畏者也。韩子尝语人以文矣,曰云云;子厚亦曰云云。疑二子者徒语人以其辞耳,作文之本意,不如是其已也。
>
> ——王安石《上人书》

韩愈曾作《答李翊书》,柳宗元曾作《答韦中立论师道书》,以自己学道为文的人生经历指导晚辈,提出"文以明道""气盛言宜"等主张。但王安石仍然认为,他们过于偏重语言形式技巧,不符合圣人作文之本意。在《韩子》一诗中,他强烈表达了对韩愈的不满:

> 纷纷易尽百年身,举世何人识道真? 力去陈言夸末俗,可怜无补费精神。

倒是孟子的一段话,虽不是专为作文而发,但可借以说明文章写作的终极目的:

孟子曰:"君子欲其自得之也。自得之,则居之安;居之安,则资之深;资之深,则取诸左右逢其原。"孟子之云尔,非直施于文而已,然亦可托以为作文之本意。

——王安石《上人书》

孟子这段话的意思是:君子探求学问,应追本溯源,默识心通,达到有如本性中所自有的境界,这样才能不为权、利所移,不为流俗所动。根深蒂固,则取之不尽,用之不竭,无论从左从右,都能得知"道"的本源。写文章也是如此,要以求"道"为根本,"道"与"文"有本末先后之别。如果"置其本,求之末,当后者,反先之"(王安石《与祖择之书》),则所作文章必定与"道"相悖,因为"彼其于道也,非心得之也"(同上)。古代圣贤经典,原是"二帝、三王引而被之天下之民"(同上)的治教政令,孔子、孟子深造自得之后"书之策",因此,是"易地皆然"(同上)、放之四海而皆准的真理。

在历代诗人中,王安石最为推崇杜甫。他说:

予考古之诗,尤爱杜甫氏作者。

——《老杜诗后集序》

杜甫诗最为打动他的,恰恰是胸怀天下、忧国忧民的博大深厚的精神境界:

吾观少陵诗,谓与元气侔。力能排天斡九地,壮颜毅色不可求。浩荡八极中,生物岂不稠?丑妍巨细千万殊,竟莫见以何雕镂。

——王安石《杜甫画像》

他认为,杜甫的诗歌大气磅礴,有开天辟地的伟大力量,壮丽而坚毅的风貌,无人可以媲美。天地宇宙间,美丑巨细、千变万化的事物,无不纳之于笔下,主题、题材的丰富,艺术技巧的高妙,令人目眩神迷。然而,杜甫的一生颠沛流离,衣食不继:

> 惜哉命之穷,颠倒不见收。青衫老更斥,饿走半九州。瘦妻僵前子仆后,攘攘盗贼森戈矛。
>
> ——王安石《杜甫画像》

身处动荡的乱世,流落饥寒,终身不用,个人境遇如此窘迫仓皇,但他的眼界和胸怀,却决不因此而局限在自我的狭小天地:

> 吟哦当此时,不废朝廷忧。常愿天子圣,大臣各伊周(伊尹、周公,古代贤臣)。宁令吾庐独破受冻死,不忍四海赤子寒飕飗(sōu liú,寒风凛冽的样子)。
>
> ——王安石《杜甫画像》

身在草野,心忧天下,广施恩惠,济民于患难,这就是圣贤精神、君子人格!然而,可悲的是,当今世间,举目所见,多是些叹老嗟卑之辈:

> 伤屯(艰难困顿)悼屈止一身,嗟时之人我所羞!
>
> ——王安石《杜甫画像》

他们只会为个人的困顿、屈辱而伤心,感叹自己没有遇上好的时代。

虽然读遍圣贤之书,跻身士大夫行列,但是这样的人,王安石为他们感到羞耻,不愿与他们为伍。因此,他将杜甫引为千古知己:

> 所以见公像,再拜涕泗流。推公之心古亦少,愿起公死从之游!
>
> ——王安石《杜甫画像》

知其人,论其世,读其书,诵其诗,长期以来的精研细读,使王安石成为了一位名副其实的杜诗专家。他说:

> 其辞所从出,一莫知穷极,而病(恨,不满)未能学也。世所传已多,计尚有遗落,思得其完而观之。然每一篇出,自然人知非人之所能为,而为之者,惟其甫也,辄能辨之。
>
> ——王安石《老杜诗后集序》

对于杜甫的一辞一句,他无不用心揣摩学习。当时流传的杜诗虽然已经不少,但他相信还有遗落,一直渴望能得到一个完整的杜诗版本,因此从来也没有停止过辑佚钩沉的工作。每发现一篇佚作,他都能非常清楚地加以辨识。最大的收获来自知鄞县任上。当时,有位朋友送给他一批古诗,其中就包括了两百余篇“世所不传”的杜诗。王安石以他训练有素的专业眼光认定,“非人之所能为,而为之实甫者,其文与意之著(显明)也”。来到舒州后,他利用公余之暇,将自己收集的全部杜诗,加以抄录整理,“自《洗兵马》下序而次之”,编成一部《杜甫诗集》,“以示知甫者,且用自发(启发)焉”(同上)。并自豪地宣称:

然甫之诗其完见于今者,自予得之。

——王安石《老杜诗后集序》

在通读完所有存世的杜甫诗歌之后,他感叹道:

世之学者至乎甫,而后为诗不能至,要之不知诗焉尔。呜呼!诗其难唯有甫哉!

——王安石《老杜诗后集序》

他认为,杜甫是整个诗歌史上的顶峰,至今无人能够企及。

王安石的文学思想,与庆历前后兴起的北宋诗文革新运动遥相呼应。这场文学革新运动有两大主要诉求:其一,不满宋初以来文坛无病呻吟、玩弄辞藻的风气,力图以文学表现社会,反映现实;其二,不满当时诗人一味步趋唐人、拾人牙慧的创作弊端,力图在"学唐"的基础上"变唐",形成自己的特色。自庆历四年(1044)开始,王安石与文学革新派的主要代表人物,如欧阳修、梅尧臣等,保持着间接或直接的联系,从理论到创作都深受影响。因此,在鄞县、舒州任上的诸多作品,往往将诗歌作为议事议政的工具,"诗语惟其所向,不复更为涵蓄"(叶梦得《石林诗话》),艺术表现上有时候难免直露粗糙之嫌,但章法开阖,笔意纵横,能道人所不能道,初步形成了自己独特的艺术个性。

八、舒州通判任满，
至和元年(1054)，王安石乘船东去

至和元年(1054)六月，王安石舒州通判任满。作别这里的山山水水，他的心中五味杂陈，既依依不舍，又深深歉疚：

> 乡垒新恩借旧朱，欲辞潜皖更踟蹰。攒(cuán，聚)峰列岫(xiù，山)争讥我，饱食频年报礼虚。
>
> ——王安石《别潜皖二山》

初到舒州，也曾壮志满怀，希望能踵武桐乡啬夫朱邑，为百姓做些实事，谁知三年转瞬而逝，自我感觉乏善可陈。临别之际，他仿佛看到潜山、皖山上成群结队的峰峦，都在争先恐后地讥讽自己：饱食多年却一事无成。"桐乡岂爱我，我自爱桐乡"（王安石《离蒋山》），三年的岁月，使他对这片土地产生了深厚的感情：

> 浮烟漠漠细沙平，飞雨溅溅嫩水生。异日不知来照影，更添华发几千茎。
>
> ——王安石《别皖口》

细雨霏霏中乘船东去，此一别，不知何时才能再来？也许，要等到告老归田的那一天吧？凝视着明净河水中自己那清晰的倒影，他不禁感慨：如今鬓边华发初生，下次再来，恐怕已是白头萧散的垂垂老者！这美

丽宁静的山水,真希望能终老其间。在以后的日子,他不止一次地表达了这样的愿望:

> 野性堪如此,潜山归去来。
>
> ——王安石《送真靖大师归灵仙观①》

> 他日卜居何处好,溪山还欲与君同。
>
> ——王安石《送灵仙裴太博》

> 莫厌皖山穷绝处,不妨云水助风骚。
>
> ——王安石《别雷国辅》

从皖口入长江,一路东行,进入池州境内,雄奇秀美的九华山矗立在前方不远处。此山原名九子山,因其"高出云表,峰峦异状,厥数有九"(《九华山录》)。唐代著名诗人李白漫游江汉,见此山九峰玉立,状如莲华,遂改名为九华山,并与好友一道,作《改九子山为九华山联句》,传之后世。此时,王安石与家人舟中远望,但见此山"盘根虽巨壮,其末乃修纤""萧条烟岚上,缥缈浮青尖"(王安石《和平甫舟中望九华山四十韵》),景色十分优美,忙招呼船夫卸下风帆,将船停靠在岸边的芦苇丛中:

> 卸席取近岸,移船傍苍蒹。窥观坐穷晡(bū,傍晚),未觉晷刻
> (日晷与刻漏。古代的计时仪器,这里指时间)淹(长久)。
>
> ——王安石《和平甫舟中望九华山四十韵》

---

① 灵仙观在舒州怀宁县。

静对云山,尽情领受自然的恩赐,直到黄昏日暮,完全没有感觉到时间的流逝。

> 江空万物息,四面波澜恬。峨然九女鬟,争出一镜奁。卧送秋月没,起看朝阳暹(xiān,太阳升起)。游氛荡无余,琐细得尽觇(chān,看)。凌空翠纛(dào,旗)舞,照影寒铓铦(máng xiān,尖锐的锋芒)。冡(山顶)木立绀发(gàn fà,绀青色头发),崖林张紫髯。变态生倏忽,虽神讵能占?
>
> ——王安石《和平甫舟中望九华山四十韵》

夜晚,辽阔的江面波平浪静,一碧如洗。月光下,巍峨的九峰倒映水中,就像九个云鬟高耸的女子,在同一面镜子里争相比美。而当朝阳升起,空气清澈得透亮,远观近看,巨细无遗。葱郁的树木像整齐的翠绿色旗帜,在晨风中猎猎招展,奇峭的悬崖倒映水中,像锐利的刀剑寒光凛凛;山顶的大树上布满厚厚的青苔,好似绀青色的头发;岩壁的古木上缠绕着苍劲的古藤,仿佛紫红色的虬髯。千姿百态,瞬息万变,即使是神仙也难以把捉。令人叹为观止的美景,激发了王安石兄弟强烈的创作热情,四弟安国(字平甫)率先写成长诗《舟中望九华山四十韵》,王安石立即步韵唱和,作《和平甫舟中望九华山四十韵》。意犹未尽,几周之后又作《重和》,诗曰:

> 谁谓九华远,吾身未尝詹(zhān,至)。唱篇每起予,予口安能箝(qián,夹住,限制)。……诗力我已屈,锋铦子犹铦。扶伤更一战,语汝其无谦。

优美的自然风景,兄弟间的诗艺比拼,为旅途生活倍添乐趣。七月,王安石一家到达和州含山县(今属安徽),在这里稍事休整。距离县城北面十一里,有座褒禅山,原名华山,自从唐代高僧慧褒在此筑室定居后,人们便将它称为"褒禅山"。山上的慧空禅院,原是慧褒的弟子们为他守墓而修建的庐舍,后来扩建为寺。趁着闲暇,王安石带着四弟安国、幼弟安上(字纯父),以及另外两位朋友一起前去游玩。慧空禅院以东五里,有个华山洞,距洞百余步,有块石碑倒卧在路边,上面的文字已被风雨剥蚀,模糊不清,只有"花山"两个字还能勉强辨认。王安石据此推测,现在人们把"华山"的"华"字,念作"华(huá)实"的"华",应该是把音读错了。洞中平坦空旷,泉水从旁边流出,洞壁上题字留念的人很多,这就是所谓前洞。顺着山势向上走五六里,有个幽深的洞穴,里面十分寒冷。同行的当地向导说,即使是最喜欢探险的人,也没有谁走到尽头,这就是人们所说的后洞。一行人举着火把往里走,进去越深,路越难走,景色也越加奇丽。这时,同伴中有人不想走了,说:"再不出去,火把就要熄了。"于是,大家便一起退了出来。他们这次走进去的深度,和那些喜欢探险的人相比,大概还不到十分之一。但是,洞壁上题字留念的人已经很少了。王安石想,如果再往里走,到达的人应该更少。当时决定往回走时,他还不是很累,火把也还可以燃烧一段时间。出来之后,就有人埋怨主张退出来的人,王安石也后悔跟着出来,没有能尽兴游玩。这次的出游经历,令王安石很有感慨,回到驿馆后,便写下《游褒禅山记》一文。文章前半记游,后半抒感。他说:

古人之观于天地、山川、草木、虫鱼、鸟兽,往往有得,以其求思之深而无不在也。夫夷以近,则游者众;险以远,则至者少。而世之奇伟瑰怪非常之观，常在于险远，而人之所罕至焉。故非有志者，不能至也。有志矣，不随以止也，然力不足者，亦不能至也。有志与力，而又不随以怠，至于幽暗昏惑，而无物以相之，亦不能至也。然力足以至焉，于人为可讥，而在己为有悔。尽吾志也而不能至者，可以无悔矣，其孰能讥之乎？

首先，王安石认为，古代贤哲观察天地自然，往往能启迪思维，有所创获，是因为他们探究、思考深邃广远。平坦而邻近的地方，来游玩的人很多；艰险而遥远的地方，能到达的人就很少。而世上最奇特壮观、瑰丽怪异、非同寻常的景物，常常在艰险遥远、人迹罕至的地方。其次，他认为，要想看到最美的风景，必须具备三个条件：志、力、物。"志"包括志向和意志，"力"是指精力和体力，"物"则是指必要的物质装备。"志""力"属主观条件，"物"属客观条件，三者缺一不可。最后，在"志"与"力"这两个主观条件中，王安石尤其重视"志"。哪怕同样是"不能至"，有力而志不坚，则"于人为可讥，而在己为有悔"；尽志而力不足，则在己无悔，人亦未能讥。因此，他主张追求理想要意志坚定、尽力而为、不计成败。这些感想虽然是因登山探险而发，但充满人生哲理，完全可以运用到求学问道、成就伟大事业等各种领域。联想到华山洞前倒卧在路边的石碑，他写道：

余于仆碑，又以悲夫古书之不存，后世之谬其传而莫能名者，何可胜道也哉！此所以学者不可以不深思而慎取之也。

由于古代文献书籍的散失，后世以讹传讹，以至无法说明的事情，难以胜数，因此，做学问的人，一定要深入思考，慎重取舍。

从含山县再往东,舟行九十余里,便到了乌江浦(今属安徽和县)。相传楚汉相争时,西楚霸王项羽在这里兵败自杀。因此,江边建有乌江亭,以纪念这一段刀光剑影的历史。王安石舍舟登岸,在亭前徘徊良久,逐一品读前人题咏。其中,唐代诗人杜牧的一首《题乌江亭》吸引了他的注意:

> 胜败兵家事不期,包羞忍耻是男儿。江东子弟多才俊,卷土重来未可知。
>
> ——杜牧《题乌江亭》

杜牧认为,项羽不该含羞自刎,胜败乃兵家常事,好男儿应心胸宽广,吞得下耻辱,放得下失败,过江东重整旗鼓,说不定可以卷土重来,建立丰功伟业。对此,王安石并不认同,他写道:

> 百战疲劳壮士哀,中原一败势难回。江东子弟今虽在,肯与君王卷土来?
>
> ——王安石《乌江亭》

历经百战,浴血牺牲,壮士们深感疲惫悲哀。项羽啊,你中原一败之后大势已去,败局已经无法挽回。即使江东的子弟如今还在,难道他们真的愿意帮助你卷土重来?

王安石认为,项羽的失败是历史的必然,自垓下(在今安徽宿州灵璧县境内)一战,他失败的命运就已无法挽回,即便是江东子弟仍在,恐怕也没有谁愿意帮助他卷土重来,因为他失败的根源在于刚愎自用、心胸狭隘、丧失人心。显然,杜牧是用诗意的眼光看待项羽的失败,试图告诉人们，面对困境不要丧失信心。它是一首激昂慷慨的励志诗。王安石则是以政治家的理性眼光，深入分析项羽悲剧命运的本质，更有发人深省的力量。

题诗之后，王安石意犹未尽，又作《范增二首》：

> 中原秦鹿(比喻政权)待新羁，力战纷纷此一时。有道吊民(怜悯人民)天即助，不知何用牧羊儿。
>
> 鄛人七十谩多奇，为汉驱民了不知。谁合军中称亚父，直须推让外黄儿。

秦末战乱之际，项梁、项羽叔侄在会稽起兵，攻城略地，占领江淮。居鄛(cháo,今属安徽)人范增，虽已年过七十，但喜兵书，尚奇计，前往游说项梁，成为军中重要谋士，被项羽尊称为亚父。历来论者多感叹项羽不能听取范增的建议，故而在此后的楚汉相争中落于下风，成为刘邦手下败将。对此，王安石却有不同看法。他认为，在"秦失其鹿"(《史记·淮阴侯列传》)、群雄并逐之际，诛杀无道暴君，安抚黎民百姓，才是赢得战争胜利、成为新的统治者的关键所在。可是范增似乎全然不懂这一道理，他献出的第一条重要谋略，竟然是把流落民间为人牧羊的楚怀王孙子立为楚王，试图以此收拾民心，将政治基础建立在楚人复仇心理之上，这样的格局和眼光，甚至连外黄城那个十三岁的小儿都比不上。当年项羽攻打陈留外黄，多日不下，最后外黄终因寡不敌众而投降。项羽盛怒之下，决定坑杀城里所有十五岁以上的男子。危难时刻，外黄令舍人前往游说项羽："若要赢得民心，便不可滥杀无辜。"成功地阻止了一场惨无人道的大屠杀。而身为"亚父"的范增，却并没有起到这样的劝谏作用，以致在战争中杀人过多，自己把老百姓驱赶到刘邦那边去了。

不受前人既有观念束缚,善于另辟蹊径,发表新见特识,对历史旧事进行"翻案",是王安石咏史之作的突出特色。尤为重要的是,上述史论皆从民心向背着眼,体现了他作为一名杰出政治家的卓识远见。

离开和州,继续东行,很快就到达了江宁。稍作休整之后,又北上进京述职待命。

不管情愿不情愿,他的人生即将翻开新的一页。

第五章

厩牧三年厌苦频

至和元年(1054)六月舒州任满,在离任赴京的途中,王安石一直在思考一个严肃的问题。皇祐二年(1050)至皇祐三年(1051),朝廷两度下诏,命他参加馆阁考试,他都以"家贫口众,难住京师"(王安石《乞免就试状》)为由辞谢。虽然获得朝廷体谅,但并不意味着完全收回成命,只是暂时推迟执行,"且令终满外任"(同上)。如今外任已满,舒州通判任期内,又不时有人直接或间接向朝廷推荐他,如陈襄《与两浙安抚陈舍人荐上书》:

> 有舒州通判王安石者,才性贤明,笃于古学,文辞政事,已著闻于时……将置之美地,不拂其所进,以育成其美材,可量也哉?

可以预见,此次进京,朝廷一定会再次要求他考试馆职。然而,过去三年,虽已完成安葬父亲的大事,两个妹妹也已先后出嫁,但家庭却接二连三遭遇不幸,两兄一嫂相继亡故,九十高龄的祖母也丁皇祐五年(1053)十月去世。这一桩桩婚丧大事,使家中经济状况比三年前更加窘迫。而且,十年的仕宦经历,也使他深切体会到,在庞大的官僚体系中,要想有所作为,何其不易! 相对而言,在地方任职,多少还能做些实事。因此,无论从哪个角度来看,进京为官,时机皆未成熟,他一心希望能继续"禄隐"于州县,"修身以俟命,守道以任时"(王安石《推命对》)。可是,他该如何争取到继续任职地方的机会呢?

一、至和元年(1054)九月,
王安石被破格任命为群牧司判官

到达汴京后,王安石决定先去拜见神交已久的前辈欧阳修。好友曾巩早在庆历元年(1041)就已拜入欧阳修门下，是欧阳修最为得意的弟子。庆历四年(1044)，曾巩两次致书欧阳修，郑重其事地推荐王安石：

　　巩之友王安石，文甚古，行甚称文。虽已得科名，居今知安石者尚少也。彼诚自重，不愿知于人，尝与巩言："非先生(指欧阳修)无足知我也。"如此人，古今不常有。如今时所急，虽无常人千万不害也，顾如安石不可失也。

——曾巩《上欧阳舍人书》

信中极力称许王安石文如其人，转达了王安石对欧阳修的景慕之情，并随信附上王安石所作文章一篇，希望欧阳修能"进之于朝廷"。其时正当"庆历新政"退潮，欧阳修遭受反对派的严酷打击，不久即被贬往滁州，因此无缘荐引。庆历七年(1047)，曾巩前往滁州探望老师，又带去王安石不少新作，欧阳修"爱叹诵写，不胜其勤"(曾巩《与王介甫第一书》)，将其中很多篇章，选入自己正在编撰的当代优秀诗文集《文林》。对王安石诗文存在的一些问题，如思路不够开阔，喜欢生造词语，求新求怪，欧阳修也托曾巩，委婉地转达了自己的意见：

　　欧公更欲足下少开廓其文，勿用造语及模拟前人，请相度示及。欧云：孟韩文虽高，不必似之也，取其自然耳。

——曾巩《与王介甫第一书》

而且，通过曾巩，欧阳修还向王安石发出了热情的邀请：

> 欧公甚欲一见足下，能作一来计否？
>
> ——曾巩《与王介甫第一书》

　　但当时王安石正在知鄞县任上，按照朝廷规定，任职期间，不得擅离职守，没能前往赴约。此后几年，欧阳修仍不断从曾巩的来信中，了解王安石的情况，也不断读到曾巩寄来的王安石的新作，对这个年轻人的了解也日益加深。如，在《与曾舍人》中，欧阳修说：

> 辱示介甫鄞县新文，并足下所作《唐论》，读之饱足人意。盛哉盛哉！天下文章，久不到此矣。

　　至和元年（1054）七月，王安石刚刚离开舒州，尚在旅途之中，欧阳修担任权判吏部流内铨[①]，当时朝廷正好缺两名谏官，欧阳修觉得，王安石、吕公著二人是合适的人选，立即上书推荐：

> 伏见殿中丞王安石，德行文学为众所推，守道安贫，刚而不屈；司封员外郎吕公著，是夷简之子，器识深远，沉静寡言，富贵不染其心，利害不移其守，……今谏官尚有虚位，伏乞用此两人。
>
> ——欧阳修《荐王安石、吕公著札子》

　　不过，朝廷没有采纳欧阳修的这一建议。

　　总之，十年来，他与欧阳修虽从未晤面，但因曾巩的关系，一直信息相通，心中早已感到十分亲切。此时，欧阳修正在汴京任翰林学士，负责

---

　　① 流内铨：吏部下设机构，负责幕职州县官的考察、选拔、调动等相关事宜。

馆阁学士的选拔。王安石打算,先跟欧阳修说说自己的实际困难与内心想法,请他帮助自己重回地方任职。

选了一个休沐日,王安石来到欧阳修府上,呈上名帖,便立即被请进客堂。见到这位闻名已久的晚辈,欧阳修十分高兴。不过,当时在座还有其他客人,王安石也不便多说什么,寒暄一阵,便告辞出来。回到客馆,他给欧阳修写了一封信:

> 今日造门,幸得接余论。以坐有客,不得毕所欲言。某所以不愿试职者,向时则有婚嫁葬送之故,势不能久处京师。所图甫毕,而二兄一嫂相继丧亡,于今窘迫之势,比之向时为甚。若万一幸被馆阁之选,则于法当留一年。藉令朝廷怜闵,不及一年即与之外任,则人之多言,亦甚可畏。
>
> ——王安石《上欧阳永叔书》

他说,不愿参加馆阁考试,完全是因家庭经济状况过于窘迫,不能久居京师。一旦参加考试,就有可能考上,考上后,按规定至少须在朝廷工作一年。假设朝廷怜悯他的实际困难,不到一年就放他外任,但违背常规,定会招致诸多议论,人言可畏,这也是他不愿见到的。他表示:

> 若朝廷必复召试,某必以私急固辞。窃度宽政,必蒙矜允。然召旨既下,比及辞而得请,则所求外补又当迁延矣。亲老口众,寄食于官舟,而不得躬养,于今已数月矣。早得所欲,以纾家之急,此亦仁人宜有以相之也。
>
> ——王安石《上欧阳永叔书》

假如朝廷一定要再次召试，他也一定会因个人原因坚决请辞。而且，相信朝廷仁慈为怀，最终也会同意。但是，这么一折腾，获得外任的时间又得延后。一家老小寄食于官舟，已经好几个月了，不能再这么等下去。所以，他希望欧阳修帮助他早一点如愿以偿，解决他当下的困难。

王安石力辞召试，最终结果是，朝廷不再勉强他考试馆职。但皇帝下诏，"与在京差遣"（李焘《续资治通鉴长编》），仍是要将他留在汴京。

对于这位不同寻常的晚辈，欧阳修极为欣赏，和朝中其他大臣一样，他也希望王安石能留在京城任职。上次推荐王安石任台谏官，未能获得朝廷认可，这一次，欧阳修决定推荐他去群牧司任职。在中国古代，马匹是重要的国防物资和交通工具，群牧司即"掌内外厩牧之事，周知国马之政，而察其登耗焉"（《宋史·职官》）。和其他各部门相比，"俸入最优"，"又岁收粪墼（jī）钱颇多，以充公用"（欧阳修《归田录》）。欧阳修想，王安石家庭经济困难，俸禄优厚、办公经费也充裕的群牧司，应该比较适合他。

九月一日，朝命下达，王安石被任命为群牧司判官①。担任这一官职，通常要求做过一任知州的朝官，或是做过一任通判的馆职，而王安石此时仅做过一任通判，并无馆职，属于破格录用。可是王安石仍是极力推辞，坚决要求外任，后经欧阳修再三劝说，才勉强就职。

当王安石极力辞谢群牧司判官一职时，馆阁校勘沈康满怀希望地跑去找宰相陈执中，说：

"下官我已多次申请担任群牧司判官，一直未能如愿。王安石不带馆职，资历也比我浅，安石既不肯为，我愿得为之。"

陈执中一向处事方正严肃，性格也不大温和宽宏，尤其厌恶那些汲

---

① 群牧司判官：差遣名，群牧司官员。群牧司：总领内外饲养、放牧、管理、支配国马之政。

汲于求取功名的人,听了沈康这番自以为是的言论后,很不客气地说:

"安石辞让召试,故朝廷破格任用,以示奖掖,岂复屑屑计较资任?且朝廷设馆阁以待天下贤才,身为馆阁学士,名位面前应懂得逊让,而你竟争夺如此,和安石相比,你的脸皮未免太厚了吧?"

沈康听罢,满脸通红,又惭愧,又沮丧,连忙低头告退。

宋代文人以儒立身,融汇释、道,政治上崇尚气节,日常生活中,倡导对名利富贵、贫贱忧戚、死生祸福,保持主动从容的超越态度,试图成就"内圣外王"的"圣贤气象"。这种理想人格的追求,自景祐(1034—1038)前后在范仲淹等前贤的身体力行之下,渐渐成为群体自觉。即便如此,像王安石这样,完全漠视人人看重的升迁机会,恬然自退,一次次谢绝朝廷的美意,在当时仍属罕见。因此,朝野上下无不对他充满好奇。

至和二年(1055)三月,王安石就任群牧司判官五个月后,翰林学士、群牧使①杨伟等上奏朝廷:

> 判官、殿中丞王安石,文行颇高,乞除职名(即馆阁职衔)。
>
> ——引自《续资治通鉴长编》卷一百七十九

身为群牧司判官,理应带有馆阁职衔。王安石既是破格录用,本人学术、品行也完全配得上馆阁学士的称号,因此群牧司长官联名奏请。接到奏折,中书(即宰相办公厅)派人查验档案,发现王安石有过多次召试不赴的记录,足可证明群牧司长官所言不虚。于是,皇帝下诏,破格授予王安石集贤校理②的职衔。

---

① 群牧使:为群牧司长官,专领本司公事。由翰林学士、两省侍从官以上担任。
② 集贤校理:馆职名、贴职名。次等馆职,品位低于修撰、直馆(院),高于校勘、检讨。职能:在馆供职,京师差遣带职及外任贴职。

三月二十二日，敕牒（载有皇帝命令的文书）送达群牧司，王安石"闻命震怖，不知所以"（王安石《辞集贤校理状》），立即上书坚决辞谢。第一，他再次详述之前一再辞免召试的客观原因，完全只是出于个人生计考虑，没想到朝廷"不加考试，有此除授"。如果现在接受任命，那么之前的辞免请求，便难免不被人们理解为以退为进、欲擒故纵的图利手段。第二，按照常规，担任馆职之后需在朝一年，方可外任。考虑到王安石家庭的实际困难，敕牒明确表示，"朝廷特与推恩，不候一年，即与在外差遣"。但王安石认为，"一年供职，乃是朝廷旧制，臣以何名敢当此恩，而累朝廷隳废久行公共之法"？第三，朝廷最新规定，近臣荐举官吏，除非有皇帝手诏，否则不得援引惯例施行。现在新规发布还不到十天，自己得到的任命，是由于近臣杨伟等人的荐举，既不加考试，又不是皇帝直接下令，因此他不敢"冒过分之宠，而以身为废法之首"。基于以上理由，他请求朝廷收回成命，给予一个合适的外任官职，"使公义不亏于上，私行不失于下"（以上引文，皆出自王安石《辞集贤校理状》）。

然而，朝廷没有接受王安石的请求。在随后的一个月中，王安石与朝廷之间展开了一场不屈不挠的拉锯战。四月五日，中书（即宰相办公室）第二次派人将敕牒送回，王安石上《辞集贤校理状（二）》；四月九日，中书第三次派人将敕牒送回，王安石上《辞集贤校理状（三）》；四月二十四日，中书第四次派人将敕牒送回，王安石上《辞集贤校理状（四）》。这四封辞状反复阐述的无非就是，对朝廷的好意他"分有所不敢受，名有所不敢居"，如果违心地接受这项任命，"不独伤臣私义，固以上累国体"，会给善于钻营的趋进之士一个不良暗示，促使他们"立小异以近名，托虚名以邀利"，由此形成弊俗，则"非复法令所能禁止"。

朝廷终于没能拗过王安石，暂且收回成命。

二、"先自治而后治人",是王安石
对自我人生道路的设计

一年之间,再辞召试,四辞馆职,王安石又一次成为人们热议的对象。有的人钦佩他淡泊名利,品节高尚;有的人怀疑他沽名钓誉,以退为进;也有人议论他个性执拗,不懂变通。对于这些纷纷扰扰的毁誉之见,王安石已不像几年前那般感到困扰和不忿。随着思想的成熟,对于出处进退,他早已有了十分明晰的定见。作于至和元年(1054)的《进说》一文,虽然是为开导科考落榜的后辈杨忱而作,但清楚地表达了他本人的仕进观念。他说:

> 士之进退,不惟其德与才,而惟今之法度。而有司之好恶,未必今之法度也。是士之进,不惟今之法度,而几在有司之好恶耳。今之有司,非昔之有司也;后之有司,又非今之有司也。有司之好恶岂常哉? 是士之进退,果卒无所必而已矣。

他认为,当今士人的进退,并不真正取决于自身的德、才,也并不真正取决于选拔制度,而往往取决于权力核心人物的好恶。掌握核心权力的人物每年都在变化,假如士人一味以求进为目的,则不免劳心于揣摩时好,从而屈己枉道。因此,他奉劝以道自任的年轻后辈,只要家庭经济条件许可,就不要参加进士考试,不要汲汲于仕途的进取:

> 有得已之势,其得不已乎? 得已而不已,未见其为道也。

反观自身，迫于家庭经济压力而"辍学从仕"，十几年来，一直感到深深的遗憾和愧疚，也一直试图避免在身不由己的官场越陷越深，终至于使自己变得面目全非，初心不再。有鉴于此，当然也就不会以有所进为可喜。他从来也不讳言自己的观点，曾多次将这篇《进说》寄赠给那些向他求学问道的年轻人。在《答张几书》中，他说：

> 某常以今之仕进为皆诎道而信（通"伸"）身者。顾有不得已焉者，舍为仕进则无以自生，舍为仕进而求其所以自生，其诎道有甚焉。此固某之亦不得已焉者。独尝为《进说》，以劝已得之士焉。

不过，必须指出的是，尽管王安石不主张年轻人"辍学从仕""诎道而信身"，但并不意味着他倡导退隐山林、无为于世。他的思想中虽然包含着诸多佛、道的因子，但青壮年时代的王安石，积极用世的儒家思想无疑占据主导地位。孔子之后的儒者，王安石最推崇的是孟子和扬雄。他说：

> 扬子曰："先自治而后治人，之谓大器。"扬子所谓大器者，盖孟子之谓大人也。

——王安石《答王深甫书》

"先自治而后治人"（汉·扬雄《先知篇》），是王安石对自我人生道路的设计，也是他对一切有志之士的深切期望；成大器，做大人，则是他的人生理想。

那么，何谓"大人"？《孟子》一书，对"大人"的阐释甚多，诸如："居仁由义,大人之事备矣"(《孟子·尽心上》)。又如:"非礼之礼,非义之义,大人弗为""大人者,言不必信,行不必果,惟义所在""大人者,不失其赤子之心者也"(《孟子·离娄下》),等等。但最为切中王安石内心的则是以下这段文字:

> 充实而有光辉之谓大,大而化之之谓圣,圣而不可知之之谓神。
>
> ——《孟子·尽心下》

他专门撰写《大人论》一文,对上述文字进行了十分详尽的阐释。他认为,"大""圣""神"三字,都是圣人之名,但所指称的角度不同:

> 由其道而言谓之神,由其德而言谓之圣,由其事业而言谓之大人。

虽然三者并无高下区分,但与世间、世事的关系却并不一样。君子修道达到最高境界,则谓之神,"神"是对其人之道的指称;当"存乎虚无寂寞不可见之间"的道,体现在为人处世的德行上,则谓之圣;"神虽至矣,不圣则不显,圣虽显矣,不大则不形"。这里描画出一条由"神"至"圣"而至于"大"的清晰线索。在王安石看来,"神"为道之体,"圣"与"大"则为道之用:

> 故神之所为,当在于盛德大业,德则所谓圣,业则所谓大也。

因此,"称其事业以大人,则其道之为神,德之为圣,可知也"。也就是说,王安石心目中的"大人",不仅能成就伟大不朽的事业,同时其所修之道所达到的深不可测的境地，表现为最高尚的人格与最高超的智慧，也是不言而喻的。有些儒者却误认为"德、业之卑不足以为道，道之至在于神"，于是弃德、业而不为。对此，王安石极不认同。他说：

> 夫为君子者皆弃德业而不为，则万物何以得其生乎？

文章最后进一步强调：

> 神非圣则不显，圣非大则不形。此天地之全，古人之大体也。

由此可见，王安石并不打算做一名超然世外的高人隐士。这一点，在至和二年（1055）写给好友王回的书信中阐述得尤为明确：

> 某以谓期于正己而不期于正物，而使万物自正焉，是无治人之道也。无治人之道者，是老、庄之为也。所谓大人者，岂老、庄之为哉？
> ——王安石《答王深甫书》

着意于自我德行的修养，而不致力于影响他人、改变世界，期望万物自然而然归于正道，这是老庄学派的思想，王安石认为同样不可取。老、庄为代表的道家人物，并不符合他理想中的"大人"形象。孟子曾说："武王一怒而安天下之民。"（《孟子·梁惠王下》）如果周武王也抱持着"不期于正物而使物自正"的想法，那么，暴虐的商纣王横行天下，武王也没必要发怒。

虽然，王安石反对"正己而不期于正物"，但他也同样反对"正己而期于正物"。因为，事物的发展是由主、客观两方面因素决定的，伟大事业的成功，也是由主、客观两方面因素决定的。正如孔子所说："譬使仁者而必信，安有伯夷、叔齐？使智者而必行，安有王子、比干？"（《史记·孔子世家》）"正己以事君者，其道足以致容"（王安石《答王深甫书》），但不一定能容；"正己以安社稷者，其道足以致安"（同上），但不一定能安；"正己以正天下者，其道足以行天下"（同上），但不一定能行。因此，有道君子深信，"谋事在人，成事在天"，他不会因个人的穷达，而在心中泛起悲喜的涟漪，他也决不会因此而放弃影响他人、改变世界的信念。因此，王安石认为：

> 正己而不期于正物，是无义也；正己而期于正物，是无命也。是谓大人者，岂顾无义命哉？
>
> ——王安石《答王深甫书》

《大人论》所描述的由"神"至"圣"而至于"大"的逻辑线索，与王安石"先自治而后治人"的人生规划完全一致；而《答王深甫书》则在强调"大人"追求仁济天下之"达"的基础上，更凸显其知命不忧。由此我们可以更加深刻地理解，他对于"辍学从仕"的耿耿于怀，以及对朝廷美意一辞再辞的根本原因。一方面，秉持着成大器、做大人的最高理想，他需要有更多的时间修身进道。迫于种种现实压力，尚未完成"自治"，就不得不仓促步入仕途，实在有违初心；另一方面，他也敏锐地观察到，此时的政治环境，以老成持重为尚，朝野上下形成了一种因循保守的风气，与自己的做事风格极不相同，以他目前的资历和声望，显然并不适合长期留在朝廷任职。

被迫滞留京城，王安石常常感到深深的孤独，这使他非常想念散居各地的朋友们。此时，曾巩、孙侔都远在江南，书信往来最为密切的就属王回。王回,字深甫(一作"深父"),福州侯官人。他为人宽厚平和,朴实正直,以孝悌忠信著称于时。比王安石小两岁。庆历六年(1046),王安石淮南签判任满,进京改官,与随父宦游汴京的王回、王向兄弟相识,彼此心契神投,结为挚友。初识回、向兄弟,王安石的欢喜难以自抑,他一连给曾巩写了三四封信,高度推崇,"称之曰'有道君子也'"(曾巩《再与欧阳舍人书》)。并将王回、王向的文章寄给曾巩,"犹恨巩之不即见之也"(同上)。作为王安石最亲密的朋友,曾巩对王安石本来就"相信甚至,自谓无愧负于古之人",读过回、向兄弟的文章后,也非常佩服,认为"必魁闳绝特之人",于是立即推荐给欧阳修。他说:

> 三子者(指王安石、王回、王向)卓卓如此,树立自有法度,其心非苟求闻于人也。而巩汲汲言者,非为三子者计也,盖喜得天下之材,而任圣人之道,与世之务。……欲得天下之材,尽出于先生之门。
>
> ——曾巩《再与欧阳舍人书》

随后欧阳修编撰当代优秀诗文集《文林》,王回、王向的很多文章都被选录其中。皇祐初,父亲王平去世,兄弟二人居颍州(今安徽阜阳)守丧。至和元年(1054)王安石离舒州任,途经和州(今安徽马鞍山和县),王回前往相会,并一同游褒禅山。

此时,身在京城,王安石感到郁闷而又无奈,与王回兄弟分别近一年,许多的思考也迫切地希望能和朋友畅谈交流,再频密的书信似乎也难以写尽,他说:

> 某拘于此,郁郁不乐,日夜望深甫之来,以豁(开阔)吾心。
>
> ——王安石《答王深甫书》

可是,却迟迟等不到朋友的到来,不免抱怨道:

> 况自京师去颖良不远,深甫家事,会当有暇时,岂宜爱数日之
> 劳,而不一顾我乎?
>
> ——王安石《答王深甫书》

颍州距离汴京五百五十里,而王回刚免父丧,尚未入仕,不像自己被朝廷规章所制约,王安石认为他应该可以抽空来汴京做数日之游,甚至还将此上升到世道人心的高度:

> 朋友道丧久矣,此吾于深甫不能无望也。
>
> ——王安石《答王深甫书》

人心不古,世风衰薄,人们都不再像古人那般重情重义,魏晋时期吕安与嵇康,"每一相思,千里命驾"(《世说新语》),如此动人的友谊,几成绝响!但王安石认为,王回言行一向"合于古人",所以也期望他能像古人一样重视朋友之道。

三、在京三年,王安石不断上书请求出任外郡

王安石从至和元年(1054)八月进京,九月在欧阳修的劝说下勉强就任群牧司判官,但始终没有放弃寻求外任的机会。因此,刚到京师的最

初几个月,依然寄家于舟中,希望一旦得到朝廷应允,便可说走就走。谁知天有不测风云,初冬时节,一名仆佣不小心引发火灾,江上风大,倏忽间"一舟为火所燔"(王安石《与孙侔书》),所有生活用品全部化为乌有。万幸的是,一家老小得以安全逃离火海。天寒地冻,又遭此惊吓,家人纷纷病倒。不得已,只好寓居城南。《赠张康》一诗记录了当时潦倒狼狈的情状:

> 舍舟城南居,杖屦日相因。百口代起伏,呻吟聒比邻。叩门或夜半,屡费药物珍。欲报恨不得,肠胃盘车轮。

张康是这次进京途中结识的朋友,颇通医理,曾为王安石的母亲治病。此时两家在汴京城南比邻而居。王安石全家相继卧病,呻吟之声不绝于耳,常常半夜三更去张家叩门,求医问药。糟糕的是,这种状况并没有随着时间的推移而有所改善。在《乙未(至和二年)冬妇子病,至春未已》一诗中,他写道:

> 天旋无穷走日月,青发能禁几回首。儿呻妇叹冬复春,强欲笑歌难发口。黄卷幽寻非贵嗜,藜床稳卧虽贫有。二物长乖亦可怜,一生所得犹多苟。

这首诗作于至和三年(1056)春季,那时王安石一家已在汴京滞留将近两年。或许是水土不服,又或许是经济过于窘迫而导致的营养不良,妻子和孩子们一直生病,从冬到春不见好转,令他忧心忡忡。对于物质享受,王安石向来极为淡漠,只要一卷在手,便可藤床稳卧,其乐无穷,现在却因忧心家人而不能尽得其乐,只好努力自我开解:

人之多不适意,岂独我乎?

——王安石《与孙侔书》

　　除了经济困难、家人卧病,另一件令王安石感到忧心的事情,是弟弟与子侄辈的婚嫁之事。兄长安仁、安道过世之后,这个大家庭的所有事务都得由他操心。此时,安国、安礼早已娶妻生子,但幼弟安上年过二十尚未婚配,自己的儿女加上侄儿、侄女也在一天天长大,如果长期客居京城,缺少与亲族乡人的往来,很难找到合适的通婚机会。

　　不过,真正让他如坐针毡的,是低效而无所作为的官僚生活。身处庞大的朝廷机构,大部分时候都只是每天到时点卯:

寒堂耿不寐,辘辘闻车声。不知谁家儿,先我霜上行。叹息夜未央,呼灯置前楹。推枕欲强起,问知星正明。昧旦圣所勉,《齐诗》有《鸡鸣》。嗟予以窃食,更觉负平生。

——王安石《强起》

　　寒冷的冬夜,他因为内心的愧疚不安而无法安眠。窗外传来辘辘的车轮声,那些为生计所迫的人们,已经冒着风霜在长街行走,他不禁深深叹息。夜色深浓,他叫家人点上青灯,强迫自己摆脱温暖舒适的被窝,家人却告诉他外面星光灿烂,正当夜半。这情形让他想起《诗经·郑风·女曰鸡鸣》,又想起《诗经·齐风·鸡鸣》,这些经典的诗篇都是先圣对我们的警戒教诲呀。时光有限,岁月悠悠,每个人都该奋发努力,只争朝夕! 可叹的是,如今自己却身不由己,尸位素餐,因循苟且,徒然辜负了平生壮志!

他一次次上书请求外任。至和元年(1054)他曾跟朋友说:"某自度不能数十日,亦当得一官以出,但不知何处耳。"(王安石《与孙侔书》)结果却是失望。对于东南地区,王安石可谓情有独钟。从十七岁以来,他几乎就一直生活在那一带,那里的山水自然、风情民俗,都令他感到非常亲切。因此,他最大的愿望,就是能回到东南地区任职。

至和二年(1055)春,了解到常州(今江苏常州)有空阙,王安石十分兴奋,连忙上书请求前往。在《韩持国从富并州辟》一诗中,他历数过去三十多年所领略过的山水美景,从故乡的庐山,到韶州的韶石,从鄞县的春光,到舒州的雪景……最后写道:

> 荆溪(荆溪在常州)最所爱,映烛多庙塔。溪果点丹漆,溪花团绣罨(罨:yǎn,即罨画,色彩鲜明的绘画)。扁舟信所过,行不废樽榼(zūn kē,饮酒)。一从舍之去,霜雪行满颔。思之不能寐,蠚若蚊蚋噆(zǎn,叮咬)。方将筑其滨,毕景(整天,竟日)谢噂沓(zǔn tà,喧哗吵闹)。

诗歌表达了他对常州美丽山水的无限神往。远离京城的喧闹,在杂花盛开、百果飘香的荆溪边筑室而居,扁舟往来,该是多么惬意啊!可是,他的请求没有得到朝廷批准。

不久,与常州相邻的江阴军有阙,他的心中又燃起了希望的火花。江阴地近东海,有黄田、蔡泾两闸,潮水往来,浩瀚无垠。又有五卸港,运输税粮进京的专用河道(漕河),从常州州治晋陵抵达江阴,由港北进入长江。这里物产丰饶,商业发达,"海外珠犀常入市,人间鱼蟹不论钱"(《予求守江阴未得,酬昌叔忆江阴见及之作》)。王安石青年时代曾到过此地,留下非常美好的回忆。赴任江阴的申请刚刚呈递,在一次聚会上,他就迫不及待地以江阴主人的身份,邀请朋友们前往游玩:

咨予后会恐不数,魂梦久向东南驰。何时扁舟却顾我,还欲迎子游山陂。

——王安石《和贡父燕集之什》

但事与愿违,申请又被驳回。他只得无可奈何地感慨:

强乞一官终未得,只君同病肯相怜。

——王安石《予求守江阴未得,酬昌叔忆江阴见及之作》

至和三年(1056)秋季,常州再次出现空阙,他依然毫不犹豫地申请替补,可是再一次落空。在写给朋友们的诗作中,他怅然倾诉了自己"屡乞东南州"而不得的失落:

抚心私自怜,仰屋窃叹愀。强骑黄饥马,欲语将谁投?赖此城下宅,数蒙故人留。

——王安石《韩持国见访》

去年约子游山陂,今者仍为大梁客。天旋日月不少留,称意人间宁易得。

——王安石《过刘贡甫》

独坐中庭,仰视长空,朵朵白云随风飘浮,飘向那缥缈远、自在的烟水沧洲,令他情不自禁地生出无限渴望与遐思:

揽衣坐中庭,仰视白云浮。白云御西风,一一向沧洲。安得两黄鹄,跨之与云游。

——王安石《韩持国见访》

他也深深地怀念在舒州度过的那些美好岁月,《怀舒州山水呈昌叔》一诗写道:

山下飞鸣黄栗留,溪边饮啄白符鸠。不知此地从君处,亦有他人继我不?尘土生涯休荡涤,风波时事只飘浮。相看发秃无归计,一梦东南即自羞。

昌叔即朱明之,天长(今属安徽)人,皇祐元年(1049)进士,于皇祐三年至四年间与王安石二妹结婚。婚后不久,夫妇俩前往舒州拜望兄长,一同游山玩水。回首往昔,王安石不禁感慨:那时的心情,好似宛转飞鸣的黄鹂,又似溪边饮啄的白鸠,欢快而又自在。不知如今,那青山绿水之间,是否仍有人临风望月、潇洒度日?而我们却在这滚滚红尘中随波逐流。虽然鬓发渐疏,依旧归隐无望,梦回东南,连自己也不免感到羞愧。

舒州郡斋依山傍水,凭窗而立,清澈的灊(qián)水映入眼帘。因此,王安石曾将自己的书房命名为“灊楼”。二妹夫妇在舒州逗留期间,意气相投的郎舅二人,常在灊楼挑灯夜读,高谈阔论,“乾坤谈罢论雎鸠”(朱明之《因忆灊楼读书之乐呈介甫》),《周易》和《诗经》是他们当时研讨最多的两部书。州郡任职,应酬极少,公务之余,有更多时间可以潜心读书思考。如今为了生活,混迹京城,整日俗事缠身,如风中的尘埃,似水面的浪花,被外力所挟持,不能自我做主,岂不可悲可叹?

> 志食长年不得休,一巢无地拙于鸠。聊为薄宦容身者,能免高
> 人笑我不?道德文章吾事落,尘埃波浪此生浮。看君别后行藏意,
> 回顾灞楼只自羞。
>
> ——王安石《次韵昌叔怀灞楼读书之乐》

然而,想象和回忆终究替代不了现实,日子还得一天一天地过下去,
可期待的是,群牧司判官很快就要任满了。

至和三年(1056)八月,王安石被朝廷抽调,担任锁厅试考官。锁厅
试是宋代贡举考试方式之一,专为没有获得进士资格、通过其他途径入
仕的现任官员举行。考生锁其官厅出来应试,所以叫"锁厅试"。皇室宗
亲也可参加锁厅试。锁厅试合格,赐进士及第,并迁一官。今年的锁厅
试,以汴京丽景门外东边的景德寺为考试院。为防止作弊,依照惯例,考
试举行前几天,考官都须同时进入贡院,关闭院门,开始出题、收领试纸、
安排考生座位,准备择日开考,考试结束后,再阅卷、定出等第。直到正
式张榜那天,考官们才能离开贡院。这段时间称为"锁院"。一般从锁院
到开院,限期一个月。如果工作量太大,没能及时完成,可延期十天。这
种与世隔绝的生活十分枯寂,时间流逝的声音仿佛清晰可闻。在《题景
德寺试院壁》中,王安石写道:

> 屋东瓜蔓已扶疏,小石蓝花破萼初。从此到寒能几日?风沙还
> 见一年除。

花开花落,草荣草枯,一年很快就过去了,一生也会很快过去。陷身
于烦琐而无趣的事务性工作中,令人颇有尘垢蒙身之感。登上寺中高
塔,纵目远眺,这种感受尤其强烈:

放身千仞高,北望太行山。邑屋如蚁冢,蔽亏尘雾间。念此屋中人,当复几人闲。鸡鸣起四散,暮夜相与还。

——王安石《登景德塔》

尘埃浊雾,遮天蔽日,伫立在高高的塔顶俯视城区,鳞次栉比的屋宇,好似蚂蚁的巢穴。居住其中的人们,鸡鸣即起,暮夜方还,劳劳碌碌,奔忙不已。偌大京城,又有几人不是这样身不由己地辗转于红尘之中呢?蒙蒙雾霭中看太阳升起又落下,看凌厉如刀的秋风,割尽南山葱茏的草木,露出空洞嶙峋的岩石,王安石的心,也随着那东去的流水波涛汹涌:

秋风摧剥利如刀,漠漠昏烟玩日高。眼看南山露崖嶷,心随东水转波涛。归期正自凭蓍蔡(筮卜。比喻德高望重的人),生理应须问酒醪。还有诗书能慰我,不多霜雪上颠毛。

——王安石《丙申八月作》

迫于生计走上仕途,出处进退便不再能由自己掌握,除了借酒浇愁,又该如何消遣这长日的忧烦呢?幸亏还有诗书相伴,可以抵御两鬓添霜所带来的深切恐慌……

转眼就到了嘉祐元年(1056,至和三年九月改元嘉祐)年底,王安石群牧司判官任满。然而,朝廷依然没有理会他两年多来坚持不懈的外任请求,十二月十二日任命他担任提点开封府界诸县镇公事,负责东京开封府及所辖各县镇刑狱、贼盗、兵民、仓场、库务、沟洫、河道等事务,治所在汴京城中。朝廷这番培养提携的好意,王安石自然十分感戴,但是却与自己此时的志愿相违。因此,他将官印送回吏部,并作《上执政书》,直接向参知政事(即副宰相)曾公亮恳切陈辞。

他说:对于这项最新任命,"交游亲戚、知能才识之士",都很为我高兴,我自己也认为应该借此机会报效朝廷。但是,"事顾有不然者"。首先,当初出仕,是为了"得禄养亲",现在母亲年纪大了,因为忧心我的弟弟安上以及几位子侄还没有婚配,我死去的哥哥嫂子还没有安葬,整天闷闷不乐。所以,我很希望能到东南一带担任地方官,方便和家乡的亲戚往来,弟弟和子侄们的婚事更加容易解决,也可以得便安葬兄嫂。所以,"在廷二年,所求郡以十数",不仅仅因为"食贫而口众",还有以上这些实际困难。其次,我天生体质不好,又因为好学,患上了头目晕眩之病,"稍加以忧思,则往往昏瞆不知所为",现在朝廷要让我管理"京师千里之县,吏兵之众,民物之稠",以我的实际能力和身体状况而言,都难以胜任。所以恳请朝廷能于"东南宽闲之区,幽僻之滨",给我安排一个官职。

接着,他又引用《诗经·小雅》中《棠棠者华》和《鱼藻》二诗,说明远古圣贤治理天下,能使瞽蒙(盲人)、昏瞆、侏儒、蘧篨(qú chú,不能俯身的畸形)、戚施(不能仰视的畸形)之人,皆各尽其才,鸟兽、鱼鳖、昆虫、草木,皆各尽其性,对于士人,更是"宜左者左之,宜右者右之,各因其才而有之"。希望执政能效仿先圣先贤,"察其身之疾,而从之尽其才,怜其亲之欲,而养之尽其性",从而彰显朝廷的宽仁大德。

可是,这番请求依然没有得到朝廷应允。在《退朝》诗中,他无可奈何地写道:

> 门外鸣驺(zōu)送响频,披衣强起赴鸡人(古代官名,负责报时)。
> 火城夜暗云藏阙,玉座朝寒雪被宸。邂逅欲成双白鬓,萧条难得两

朱轮。犹怜退食亲朋在,相与吟哦未厌贫。

诗歌前四句,描写正月初一黎明前上朝的情景。天还没亮,随从就已经安排好马匹,在门外一遍一遍地摇铃,诗人睡眼蒙眬,勉强披衣下床,匆匆赶赴朝参。按照当时习俗,每年正旦日(即正月初一),拂晓以前,宰相、三司使、大金吾等高级官员上朝,都用一百炬桦木皮卷成的烛火,布成方阵,拥马而行,称为"火城"。此时,重楼高阙,仍隐没在深深的夜色中,各条街衢,三三两两的火城,朝宫城移动。一夜大雪,巍峨的皇宫银装素裹,寒气凛凛。就这样日复一日,晨兴夜寐,不知不觉,两鬓已经染上霜华。诗中"萧条难得两朱轮",即是感叹自己屡次请求出守东南州郡,却不能如愿。"两朱轮"指王侯显贵所乘的车子,这里借指知州。所幸亲朋环绕,诗文酬唱,亦可算贫居京城的一大乐事。

四、一次次唱酬活动,激发了王安石好强争胜、钻研不息的精神

虽然两年多来王安石请郡不已,但平心而论,汴京城里丰富多样的学术文化活动却是其他任何地方无法比拟的。这里汇聚了无数的才智之士,几乎所有文人都会涉足此地,或在朝任职,或两三年一次回京述职并等待新的任命。各种高水平的诗文雅集、各种接风洗尘或饯别宴会,接连不断,永远都是那么热热闹闹。

汴京是全国学术文化中心,而欧阳修则是这中心的中心。至和元年(1054)前,欧阳修早已通过文字熟悉和了解了王安石,但正所谓百闻不如一见。同在京城,几次见面晤谈后,更觉文如其人,名不虚传,所以有

意加以重点培养和提携。作为政界名流、文坛领袖,欧阳修经常邀请王安石参加各种聚会,借以提高他的社会影响力;过节时,亲友送来好酒,也总是不忘分一些给王安石,彼此关系日益亲密。

在诗歌创作上,欧阳修倡导化俗为雅,将士人文化情趣,注入日常生活中细小的事物。他发起一次次唱酬活动,歌咏的题材大多是"古未有诗"者,如:"璀璨壳如玉,斑斓点生花"(欧阳修《初食车螯》)的海上珍肴车螯,"曾于古图见仿佛,已怪笔力非人间"(王安石《和吴冲卿鸦树石屏》)的鸦树石屏,"卒(同'猝')然我见心为动"、"冯妇(古男子名,善搏虎)遥看亦下车"(王安石《虎图》)的猛虎图,等等。有时同题赋诗,有时此唱彼和,有时即席分韵……无论写景、状物、咏史、言情,往往借题发挥,谈理寓道,表现出理性深思的特点。

王安石参与其中,享受着一次次"头脑风暴",极大地激发了他天性中好强争胜、钻研不息的精神。嘉祐元年(1056)九月,有位叫裴煜(字如晦)的朋友即将赴任吴江知县,欧阳修做东为他饯行,王安石、梅尧臣、苏洵等与会。饯别宴上分韵赋诗,以南朝文学家江淹《别赋》中的名句"黯然销魂惟别而已"为韵,王安石得"然"字韵,遂作《席上赋得然字送裴如晦宰吴江》一诗。仍觉意犹未尽,于是又用"惟""而"两个韵字,一口气写了三首,题为《送裴如晦即席分题三首》。其中"而"字韵本为苏洵所得,苏洵诗句曰:"谈诗究乎而。"意为:讨论诗歌,推敲"乎"字、"而"字的用法。诗中"而"字显然与"乎"字同为助词,是比较常见的用法。王安石则别出心裁,出人意外,两个"而"韵句,其一为:

彩鲸抗波涛,风作鳞之而。

这两句诗,描写裴煜乘坐的官船,像五彩的美丽鲸鱼,鼓动着鳞片和颊须,在波峰浪谷间驰骋。其中"鳞之而",出自《周礼·考工记》:"梓人深其爪,出其目,作其鳞之而。"这里的"而"字是名词,指颊毛。其二为:

> 春风垂虹亭,一杯湖上持。傲兀何宾客,两忘我与而。

这里的"而"字作代词,即"你"。王安石这两处"而"字,皆用得极为工切而且古雅,尤其是"鳞之而",可说是古奥生僻,显示出他"胸中蟠万卷书,随取随有,愈出愈巧"(元·吴澄《事韵撷英序》)的卓越才华,因此博得满堂喝彩。七十多年后,署名苏洵的《辨奸论》风行一时,文章对王安石极尽攻击谩骂。这篇文章的作者是否确为苏洵,至今仍是聚讼纷纭的热门话题。不过,宋人却似乎并无怀疑,故"苏老泉不喜荆公"之说十分流行,对于二人交恶的原因也多有猜测。南宋龚颐正《芥隐笔记》便认为:一个有修养的人不应处处占人上风,王安石与苏洵结怨,很有可能就肇端于这次诗歌唱和。

还有一次也是在欧阳修家。梅尧臣、王安石等汴京文化界知名人士前来做客,欧阳修拿出珍藏的《猛虎图》,邀大家分题赋诗。其他客人还在冥思苦想,王安石却早已落笔挥毫,顷刻而就。众人无不佩服他才思敏捷,欧阳修也连忙放下自己正在构思的诗篇,取过王安石的新作,一边朗读,一边"为之击节称叹"(宋·胡仔《苕溪渔隐丛话》),其他客人全都"阁笔不敢作"(同上)。同样是在七十多年后,邵伯温《邵氏闻见录》说:王安石早年在扬州淮南签判任上不受韩琦重视,一直心怀不满,"每曰'韩公但形相好尔',作《画虎图》诗诋之"。这一说法显然不符合实际情况。《虎图》一诗作于嘉祐元年(1056),距庆历五年(1045)已过去整整十一年,韩琦也并没有参加这次聚会,怎么可能在与师友赋诗时"而忽诮及韩公耶"(清·蔡上翔《王荆公年谱考略》)?《虎图》诗以工于咏物见长,并无因物寓讽的意味。全诗如下：

> 壮哉非黑亦非貙(chū，传说中一种似狸而大的猛兽)，目光夹镜(形容双目明亮如镜)当坐隅。横行妥尾(垂着尾巴)不畏逐，顾盼欲去仍踌躇。卒(即"猝")然我见心为动，熟视稍稍摩其须。固知画者巧为此，此物安肯来庭除。想当槃礴(pán bó，箕踞而坐)欲画时，睥睨众史如庸奴。神闲意定始一扫，功与造化论锱铢。悲风飒飒吹黄芦，上有寒雀惊相呼。槎牙死树鸣老乌，向之俛噣(即"俯啄")如哺雏。山墙野壁黄昏后，冯妇遥看亦下车。

诗歌开篇四句先声夺人，以白描手法刻画图中猛虎凛然如生的形象。接着四句描写自己乍见虎图时的畏怯心理，烘托画面的逼真与画家巧夺天工的技艺。由此展开想象，揣测《虎图》的作者大概就像《庄子·田子方》中那位"真画者"一样，步入朝堂"儃儃(tǎn，从容、自在)然不趋，受揖不立"，作画前"解衣槃礴裸"，不受一切世俗规章约束，旷然天真，所以才能创作出与造化同工的惊人杰作。"悲风"以下四句，进一步描写画面细节，与开篇四句相呼应。最后两句，想象古代的打虎英雄冯妇，倘若在黄昏时陡然看到这幅画贴在墙上，恐怕也会跟自己一样认假为真。

同样是在嘉祐元年(1056)前后，梅尧臣在汴京一家书店，碰见了二十三年不见的老朋友、武陵人张顗。叙旧之余，二人的话题便转到了桃源故事及历代赋咏之作。自从东晋文学家陶渊明在《桃花源诗》《桃花源记》等作品中，虚构出那个美丽的人间乐土，原本鲜为人知的武陵桃源，便成为文人墨客最为神往的地方。梁陈之际就有人专门前往寻幽探秘。唐玄宗天宝七年(748)，朝廷还专门下诏，给予居住在桃源的三十户百姓蠲免税赋的优待，令其"永充洒扫，守备山林"(唐·狄中立《桃源观山界记》），此后游者日众，"桃花源"遂成为一个极富魅力的文化符号，由此产生了诸多以《桃源图》《桃源行》为题的作品。

受当时玄学风气与游仙诗影响，陶渊明《桃花源诗》，将桃花源与虚无缥缈的神仙世界联系在一起：

> 奇踪隐五百，一朝敞神界。淳薄既异源，旋复还幽蔽。借问游方士，焉测尘嚣外？愿言蹑轻风，高举寻吾契。

唐代诗人沿袭了这一基本思路，桃花源依然充满迷离惝恍的神秘色彩。如，王维《桃源行》，以"渔舟逐水"的动态画面开篇，通过移步换景的方式，优美地展开渔人误入桃源的故事情节，接着写道：

> 初因避地去人间，更闻成仙遂不还。峡里谁知有人事，世中遥望空云山。

明确点出"不知有汉，无论魏晋"（陶渊明《桃花源记》）的桃花源人成仙的"事实"。诗歌最后写道：

> 当时只记入山深，青溪几度到云林。春来遍是桃花水，不辨仙源何处寻。

离去又重来的渔人，试图重入桃源，却只见烟水茫茫，桃源早已渺不可寻……诗歌写出了诗人对美丽仙境的无限神往。

与王维不同，韩愈《桃源图》对神仙的有无提出了质疑，并将桃源等同于仙境。故其开篇曰：

神仙有无何眇茫，桃源之说诚荒唐。

诗歌主体部分仍是歌咏桃花源的故事，其中写到渔人夜宿桃源的情形，亦充满了时人对毫无烟火气的仙境的想象：

月明伴宿玉堂空，骨冷魂清无梦寐。

诗歌的结尾则再次表达了诗人的疑虑：

世俗宁知伪与真，至今传者武陵人。

历代文人的反复歌咏，使桃源故事由虚构成为传说，当地百姓对此更是津津乐道。身为武陵人，张顗也不例外。于是，应张顗之请，梅尧臣踵武前贤，作《桃花源》诗一首：

鹿为马，龙为蛇，凤凰避罗麟避罥(juàn，捕捉鸟兽的网)。天下逃难不知数，入海居岩皆是家。武陵源中深隐人，共将鸡犬栽桃花。花开记春不记岁，金椎自劫博浪沙(指张良刺杀秦始皇一事)。亦殊商颜采芝草(秦汉之际"商山四皓"的故事)，唯与少长亲胡麻。岂意异时渔者入，各各因问人间赊。秦已非秦孰为汉，奚论魏晋如割瓜。英雄灭尽有石阙，智惠(同"慧")屏去无年华。俗骨思归一相送，慎勿与世言云霞。出洞沿溪梦寐觉，物景都失同回槎。心寄草树欲复往，山幽水乱寻无涯。

与王维、韩愈依循《桃花源记》所写进行铺陈的叙述方式不同,梅尧臣从秦季动乱写起。残暴的统治导致天下大乱,权臣指鹿为马,百姓人人自危,纷纷逃往山间海隅,避世隐居。接着描写桃源深处的隐居生活。当外面的世界不断上演惊天动地的刺杀、战争与改朝换代的戏码时,桃花源里却是鸡犬相闻,桃花兀自开放又飘落,一片祥和安宁。人们摒弃智慧机巧,同时也摒弃了一切利欲与争斗。"不记岁""无年华""云霞"等语词,表明桃源中人自秦至晋,长生不老,已登仙界,不同于秦汉之际著名的"商山四皓"。而"唯与少长亲胡麻"一句,则揭示了他们成仙的原因。古人以胡麻为仙药,有"小仙翁"之称的东晋道教学者、医药学家葛洪就曾说:"巨胜一名胡麻,饵服之不老,耐风湿,补衰老也。"(《抱朴子·仙药》)整首诗从基本立意来说,仍是以桃源为仙境,未脱唐人固有范式。

王安石对梅尧臣十分敬重,早在至和元年(1054)进京前,彼此就已有诗歌酬赠。进京后,又常常一同参加欧阳修组织的各种聚会,同题赋诗、分韵唱和之作甚多。而且,他们之间还是亲戚。梅尧臣的妻子是谢绛的妹妹,王安石的六弟安礼是谢绛的女婿,从亲戚关系的角度,王安石应称梅尧臣为姑丈。梅尧臣是诗坛耆宿,他的每一首作品,王安石都会认真拜读,并仔细揣摩,甚至模仿写作。这首《桃花源》诗同样激发了他的兴趣。在反复诵读之后,王安石写下了《桃源行》一诗:

望夷宫中鹿为马,秦人半死长城下。避世不独商山翁,亦有桃源种桃者。此来种桃经几春,采花食实枝为薪。儿孙生长与世隔,虽有父子无君臣。渔郎漾舟迷远近,花间相见惊相问。世上那知古有秦,山中岂料今为晋!闻道长安吹战尘,春风回首一沾巾。重华(即虞舜)一去宁复得,天下纷纷经几秦?

　　和梅尧臣诗比较,不难看出二者的前后因袭关系。既有典故的袭用,如指鹿为马、商山隐士等;也有章法的相近:由秦朝的暴虐无道,引出桃源避世的叙述,并进而描述桃源深处的平静安逸,以及渔人的误入。但与梅尧臣诗以及此前所有桃源诗不同的是,王安石完全去除了这一题材原有的神秘气息,将它还原为一个带有一定传奇色彩的现实故事。"儿孙生长与世隔"一句,表明桃花源虽然与世隔绝,但代代更替;桃花源中的居民有父子之伦,而无君臣之义,过着返璞归真的生活,"采花食实枝为薪",但并非长生不老。也许是为了与这一写作意图相应,诗歌略去了渔人去而复返、桃源渺不可寻的情节。诗歌结尾借桃源中人之口,感叹天下虽屡经改朝换代,但始终纷扰不安,历朝历代的统治与嬴秦并无本质区别,尧舜那样的贤明君主终究不可复得!这番议论不仅出人意表,表达了王安石取法三代的高远政治理想,而且使整首诗的主题越出了历代桃源诗的窠臼。因此,这首模拟之作得以青出于蓝而胜于蓝,成为备受赞誉的千古名篇。以议论见长的特色,也体现了宋调与唐音的区别。

　　不过,对于王安石这首桃源诗,也有人提出了批评意见。南宋曾慥《高斋诗话》认为:指鹿为马是秦二世时的事情,修长城是秦始皇时的事情,而且指鹿为马的故事并不是发生在望夷宫,"荆公此诗追配古人,惜乎用事失照管"。另一位南宋学者李壁则反驳道:根据整首诗的意思来看,这两句诗是"概言秦事实,探祸乱之始末"(《王荆公诗注》),曾慥的理解过于狭隘。李壁的看法是可取的,正如孟子所言:

　　　　故说诗者,不以文害辞,不以辞害志。以意逆志,是为得之。

　　　　　　　　　　　　　　　　　　　　　　　　　——《孟子·万章下》

文学不同于历史。解说诗歌,不应拘泥于史实,而应结合自身体会,根据全篇来分析作品内容,领会作者意图。

五、欧阳修满怀热情地"付托斯文", 王安石却志不在此

王安石出众的才华令欧阳修称赞不已,心中早已暗自认定他为领袖文坛的接班人。在《赠王介甫》一诗中,欧阳修表达了自己对王安石的高度赞许和殷切期望:

> 翰林风月三千首,吏部文章二百年。老去自怜心尚在,后来谁与子争先? 朱门歌舞争新态,绿绮(司马相如的名琴)尘埃试拂弦。常恨闻名不相识,相逢樽酒盍(hé,何不)留连!

"翰林风月三千首"指李白的诗歌。李白曾经做过唐玄宗的翰林待诏,人称李翰林,他既是诗仙,又是酒仙,所谓"李白斗酒诗百篇"(杜甫《饮中八仙歌》)、"高吟大醉三千首"(罗隐《读李白集》)。"吏部文章"指韩愈的文章。韩愈曾担任吏部尚书,人称韩吏部。他的文章从中唐以来两百多年,独领风骚。

李白之诗、韩愈之文,是欧阳修心中最高的文学典范。多年来,他奋发努力、筚路蓝缕,就是要扫除韩愈逝世后二百年间文坛丛错的枯藤野棘,创造新的文学辉煌时代。然而现在,他深感壮心犹在而年华老大,把希望寄托在年轻一代身上。王安石的出现令他眼前一亮! 这位个性独特的临川才子,在同辈中可谓独占鳌头,无人可与争先。而尤其令欧阳修激赏不已的是,王安石不同流俗,甘于寂寞,谨守古风,具备了成就伟

大事业的重要人格素质。"朱门"二句,以比喻的手法,盛赞王安石的卓尔不群:整个社会都在争先恐后地追逐时尚与流行,他却从尘埃中重拾古调雅韵,接续珍贵的文化传统。这首诗中,欧阳修满怀热情地"付托斯文",希望王安石能继他之后,成为新一代文坛领袖,领导宋代诗文革新运动健康发展。

可是,王安石志不在此,在回赠的诗作中他写道:

> 欲传道义心虽壮,强学文章力已穷。他日若能窥孟子,终身何敢望韩公?抠(kōu)衣(古代礼节,见到尊长时提起衣服的前襟,以示恭敬)最出诸生后,倒屣(xǐ,急于出迎,把鞋穿倒)尝倾广坐中。只恐虚名因此得,嘉篇为贶(kuàng,赠)岂宜蒙!
>
> ——王安石《奉酬永叔见赠》

诗歌分别从"道""文"发意,坦率地陈述自己的心迹。大意是说:我的人生理想是像孟子一样,努力传承儒学道义,行有余力则以学文,但不敢奢望能成为像韩愈这样的文学大家。在您众多优秀弟子中,我只是那最普通的一个,当我恭恭敬敬地提起衣襟,上门拜访您时,您是那么亲切,礼贤下士,甚至来不及穿好鞋子,就急忙出来迎接,使得众人为之倾动。您赠给我的美好诗篇和崇高期许,令我满怀感激,并深感惶恐,愧不敢当,害怕自己因此而浪得虚名。

王安石的这首答诗,语气恭敬、谦逊,同时又十分坦率,充满自信,毫不掩饰地拒绝了欧阳修热切的期望,表明了自己与欧阳修不同的人生志趣,因此引起后人的热烈讨论。在宋人心中,欧阳修早已被推尊为"当代韩愈",而王安石诗中却说,"他日若能窥孟子,终生何敢望韩公",所以,后来有人据此批评王安石傲慢无礼,对欧阳修大不敬。因为,孟子是儒家学派的正宗传人,一代圣贤,而韩愈不过是一介文人而已,王安石竟然"自期以孟子,处公(欧阳修)以为韩公"(叶梦得《避暑录话》)。

这种理解颇有以今律古、以己度人之嫌。首先,从社会思想意识而言,北宋中期以前,孟子的地位并不高,只是一名普通的儒家学者,《孟子》一书在图书分类中,只能列入子部。第一个建议将《孟子》列入经部,作为科举考试必读书的,是唐代宗时期的礼部侍郎杨绾,但这一建议没有被朝廷采纳。最早将孟子其名置于孔子之后,与"古圣先王"相提并论的,是比杨绾晚出五十年的韩愈。在《原道》中,韩愈勾勒出一个儒学传承的正统谱系:"尧以是传之舜,舜以是传之禹,禹以是传之汤,汤以是传之文、武、周公,文、武、周公传之孔子,孔子传之孟轲,轲之死,不得其传焉。"试图以尊"孔孟"取代唐初以来的尊"孔颜"(颜渊)。又说:"尊圣人者孟氏而已矣。晚得扬雄书,益尊信孟氏。因雄书而孟氏益尊,则雄者亦圣人之徒欤!"(韩愈《读荀子》)这些观点在当时并没有引起多少反响。从晚唐到宋初,韩愈的道统观终于获得了部分儒者的响应,晚唐的皮日休、宋初的柳开、北宋中期的孙复、石介等,在此基础上进而将韩愈列为继孟子、扬雄之后的儒学道统继承人。庆历以后,越来越多文人接受了这一道统谱系。到至和、嘉祐年间,王安石写作《奉酬永叔见赠》时,韩愈除了拥有和孟子一样的儒学地位,同时还拥有无人可以匹敌的文学地位。因此,王安石所谓"他日若能窥孟子,终生何敢望韩公",显然并非自傲,反倒有几分自谦。直到将近二十年后,也就是王安石为首的新党执政时期,《孟子》一书才被列入科举考试的科目中,随后孟子被朝廷封为邹国公,接着又获得配享孔庙的资格,圣贤地位正式确立。其次,从自我人生定位而言,早在十七八岁,王安石就自言"欲与稷契遐相希"(王安石《忆昨诗寄诸外弟》),志向高远宏大;二十二岁作《送孙正之序》,即推崇孟子排杨墨、韩愈排释老,赞为"术素修而志素定",说明他志在道德、学术

和政治方面,于文学则是第二位的。这是欧阳修与王安石两人用心不同之处。可为佐证的是,他这一时期所作的另一首诗作:

> 城南平野寒多露,窗壁含风秋气度。邻桑槭槭(qì qì,象声词。风吹叶动声)已欲空,悲虫啾啾促机杼。柴门半掩扫鸟迹,独抱残编与神遇。韩公既去岂能追,孟子有来还不拒。
>
> ——王安石《秋怀》

在黄叶飘零、虫鸣唧唧的深秋时节,王安石柴门半掩,临窗读书。韩愈诗文也曾是他用心追摹的对象,但是,随着时间的推移,他越来越倾心于孟子。他的治学路径和学术追求,亦由"以文明道""学文而及道"的文学家范式,转向"深造自得""好道而及文"的思想家范式,诗歌的最后两句即清楚表达了这一层意思。

不过,话又说回来,尽管王安石《奉酬永叔见赠》一诗,并没有不尊敬欧阳修的意思,但多少流露了"欧公并非我知己"的想法,和庆历年间通过曾巩书信,间接表达的"非公无足知我者"的意思,有些不一样了。但欧阳修毫不介意。至和二年(1055)冬季,契丹新主继位,欧阳修以贺登宝位使出使北国。期间,契丹臣僚问欧阳修:

"当今中国德行文章之士,哪些人最为杰出?"

欧阳修回答:"王安石、吕公著。"

至和三年(1056)夏季,大雨成灾,江河决溢,"远方近畿无不被害"(欧阳修《论水灾疏》),影响了几乎大半个中国,就连汴京城里也是一片汪洋。水灾发生后,朝廷一面组织抗灾,一面诏令群臣上书,共论时政阙失。欧阳修连上三道长篇奏章,其中《再论水灾疏》,建议朝廷大力进用贤才,并重点推荐了池州知州包拯、襄州知州张瑰、崇文院检讨吕公著,以及群牧

司判官王安石,认为他们都是难得之士,希望朝廷予以重用。在这篇奏章中,他再一次高度评价王安石:

> 学问文章,知名当世。守道不苟,自重其身。论议通明,兼有时才之用,所谓无施不可者。

六、王安石与韩维、吴充、吕公著交往密切

除了以欧阳修为中心的社交圈,在京城的这段时间,王安石还有几位诗酒唱酬、交往频密的同辈朋友。其中一位是韩维。韩维,字持国,开封雍丘(今河南杞县)人,比王安石年长五岁,是王安石在鄞县任时的好友韩缜的哥哥。韩维自幼好学,景祐四年(1037)参加进士考试,顺利通过礼部省试。恰在此时,父亲韩亿被任命为参知政事,为避亲嫌,韩维主动退出殿试,放弃了进士及第的机会,最后以门荫步入仕途。对于以进士出身为正途的宋人来说,不能不算是一件终身憾事,韩维却处之淡然。庆历四年(1044)守父丧,丧满之后,闭门不仕,达五六年之久。宰相文彦博、宋庠等称许他,“好古嗜学,安于静退”,皇祐三年(1051)五月,联名推荐他参加学士院考试,以便委以重任。和王安石一样,韩维坚决辞谢了。可见,他们二人在处世态度上,颇有几分相似。此时,韩维在京担任国子监主簿。所谓“物以类聚,人以群分”,两人很快便成为无话不谈的好友。在《韩持国从富并州辟》一诗中,王安石称赞韩维:

> 韩侯冰玉人,不可尘土杂。官虽众俊后,名字久訇磕(hōng kē,

形容名声极大）。

并热切地表示：

　　惟子予所向，嗜好比鹣鲽（jiān dié，比翼鸟和比目鱼。这里比喻交
往密切的朋友）。

　　王安石的另一位好友叫吴充。吴充，字冲卿，建州蒲城（今属福建）
人。他"神采秀澈，词气温厚，内行修饬"（宋·王称《东都事略·吴充传》），是
一位品行高洁的谦谦君子。他和王安石同年出生，又在同一年考上进
士。至和二年（1055）六月，吴充调任群牧司判官，又成了王安石的同事。
两人的儿女正好年龄相当，于是相约结为亲家，王安石将大女儿许配给
了吴充的儿子吴安持。王安石有诸多诗作抒写彼此间的深挚情谊。至
和三年（1056）年八月围居试院时他写道：

　　空庭得秋长漫漫，寒露入幕愁衣单。喧喧人语已成市，白日未
到扶桑间。永怀所好却成梦，玉色仿佛开心颜。逆知后应不复隔，
谈笑明月相与闲。

　　　　　　　　　　　　　　　　　——王安石《八月十九日试院梦冲卿》

两年后京城分别时他写道：

　　同官同齿复同科，朋友昏姻分最多。

　　　　　　　　　　　　　　　　　　　　　——王安石《酬冲卿见别》

相隔两地时他又写道：

> 悠远山川嗟我老，急难兄弟想君愁。
>
> ——王安石《寄吴冲卿》

他们不仅是思想的知己、学问的益友，而且是生活中不拘形迹的亲密伙伴。本书第一章开篇写到的定期"拆洗王介甫"的活动，就是由韩维与吴充两人发起，并具体执行。虽然，在此后风云变幻的政治斗争中，他们不免渐行渐远，甚至彼此对立，但至和、嘉祐年间的几年愉快相处，却是他们记忆深处永难忘怀的美好时光。

这一时期，经常和他们一起聚会、唱和的还有刘攽（字贡父）、冯京（字当世）、沈遘（字文通）等人。其中刘攽以博学著称，王安石曾称叹道：

> 刘侯未见闻已熟，吾友称诵多文辞。才高意大方用世，自有豪俊相攀追。
>
> ——王安石《和贡父燕集之作》

> 能言奇字世已少，终欲追攀岂辞剧（剧：艰难，辛劳）。
>
> ——王安石《过刘贡父》

并表示：

> 吾愿与子同醉醒，颜状虽殊心不隔。
>
> ——王安石《过刘贡父》

在《和贡父燕集之作》一诗中，王安石用他的生花妙笔，给每位朋友画了一幅简略而传神的画像，同时还不忘自我调侃一番：

> 冯侯天马壮不羁，韩侯白鹭下清池。刘侯羽翰秋欲击，吴侯苞
> 萼春争披。沈侯玉雪照人洁，潇洒已见江湖姿。唯予貌丑骇公等，
> 自镜亦正如蒙倛(méng qī，古时腊月驱逐疫鬼或出丧时所用之神像。
> 脸方而丑，发多而乱，形容凶恶)。

大家年龄相近，个个都是饱学之士，彼此欣赏，彼此钦佩，每每相聚，便少了许多社交的客套与拘束：

> 忘形论交喜有得，杯酒邂逅今良时。心亲不复异新旧，便脱巾
> 屦(jù，麻鞋)相谐嬉。空堂无尘小雨定，浓绿黯水浮秋曦。高谈四坐
> 扫炎热，木末更送凉风吹。
>
> ——王安石《和贡父燕集之作》

世事的蹉跎，心绪的纷扰，在心意相得的谈文论道与诗艺比拼中得以暂时消解：

> 所欣同舍郎，诱我文义博。古声无慆淫(tāo yín，过度)，真味有
> 淡泊。……留连惜余景，从子至日落。明灯照亲友，环坐倾杯杓。
> 别离宽后悲，笑语尽今乐。论诗知不如，兴至亦同作。
>
> ——王安石《冲卿席上得昨字》

在同辈友人中，吕公著属于另一种类型。公著字晦叔，比王安石年

长三岁。他的叔祖吕蒙正是太宗朝宰相,父亲吕夷简是仁宗朝宰相,先后执掌朝政二十年。他"生长富贵,而淡于荣利"(欧阳修《再论水灾状》),从小就不爱玩乐,唯好读书,往往废寝忘食。庆历二年(1042)和王安石同年进士及第。皇祐元年(1049),欧阳修任颍州知州,吕公著为通判。因欧阳修早年与公著之父政见相忤,两人之间的关系原本有几分微妙。但共事一段时间后,欧阳修发现,吕公著秉性温醇,"与人交出于至诚"(《宋史·吕公著传》),是一位简重清静、乐善好德的谦谦君子。回到朝廷后,欧阳修于至和元年(1054)、嘉祐元年(1056)两次推荐王安石、吕公著,可充"左右顾问之臣"(欧阳修《再论水灾状》)。至和二年(1055)出使契丹时,又称许王安石、吕公著二人,为中国最杰出的德行文章之士。

此时,吕公著在京担任崇文院检讨,王安石佩服他"识虑深敏,量闳而学粹"(《名臣碑传琬琰集·吕正献公公著传》),以兄长之礼相待。两人同负当世盛名,意气相投,常在一起切磋学问,交流思想。王安石著书立言,"必以尧、舜、三代为则"(宋·晁说之《晁氏客语》),吕公著十分认同,曾相对感叹:

"今天下虽小康,然尧、舜之道,知不可复行。"(李壁《王荆公诗注》引《晦叔家传》)

因此,也和王安石一样,吕公著曾拒绝接受朝廷召试馆职的诏命,并屡屡自求散官闲职。

王安石文采斐然,长于雄辩,朋友、同僚没有谁敢和他抗衡,唯有吕公著能以精当的见识和简约的言辞令他折服。他曾说:

备官京师二年,疵吝(缺点、过失)积于心,每不自胜。一诣长者,即废然(消除)而反。夫所谓德人之容,使人吝意已消,吾于晦叔见之矣。

——引自李壁《王荆公诗注》卷十《寄吴冲卿》

　　吕公著的儿子吕希哲（字原明），为人端重，好学深思。先后师从"宋初三先生"胡瑗、孙复、石介，此时又因父亲的鼓励和介绍，跟随王安石问学。王安石认为：

　　"士人没有官职而从事科举，乃是因贫穷所迫；已有官职而仍从事科举，乃是侥幸于富贵利达，真正以修身为本、好学上进的人不做这样的事情。"（李幼武《宋名臣言行录外集》）

　　吕希哲听从他的教导，毅然放弃科举，潜心钻研古圣学问，成为中国历史上著名的理学家、教育家。

　　然而，又有谁能料到，如此心灵相契的朋友，多年后竟会分道扬镳，在政治上相互对立？

　　《宋史·王安石传》说："安石本楚士，未知名于中朝，以韩、吕二族为巨室，欲藉以取重。乃深与韩绛、绛弟维及吕公著友，三人更称扬之，名始盛。"将王安石与吕公著、韩维等的交往，描述成寂寂无名之辈的夤缘攀附，显然是不符合历史事实的诬枉之辞。

七、嘉祐二年（1057）四月，王安石出知常州

　　嘉祐元年（1056）春末夏初，四弟安国（字平甫）由江南入京。兄弟分别已近两年，得知消息，王安石日夜盼望。偏偏此时大雨不止，江河决溢，"居民室庐及军营漂流者，不知几千万区"（范镇《东斋记事》）。这场罕见的大水灾，影响了几乎大半个中国，"大川小水皆出为灾，远方近畿无不被害"（欧阳修《论水灾疏》）。在狂风巨浪的威胁下，汴河上的大小船

只，都被迫停运了：

> 万樯如山屹不动，嗟我仲子行亦止。自闻留连且一月，每得问
> 讯犹千里。……土桥立马望城东，数日知有相逢喜。
>
> ——王安石《示平甫弟》

弟弟尚在旅途之中，王安石万分牵挂，他每天骑马到江边翘首等待，可眼前所见都是停泊岸边如山一般静止的船只。安国乘坐的客船已经留连一个多月了，却还在离京千里之外的水域。

> 墙隅返照媚槐榖(gǔ，木名。又称"构""楮")，池面过雨苏篁苇。
> 欣然把酒相与间(jiàn，更迭)，所愿此时无一诡(违反)。
>
> ——王安石《示平甫弟》

终于等到雨过天晴，阳光明媚，草木葱茏，安国乘风而至，兄弟把酒相对，尽情畅饮，快慰无比！酒酣耳热之际，王安石意兴遄飞：

> 岂无他忧能老我？付与天地从此始。闭门为谢载酒人，外慕纷
> 纷吾已矣。
>
> ——王安石《示平甫弟》

难道从此就没有其他忧烦令我憔悴、令我衰老了吗？且将一切都付与天地、付与自然吧！关起门来，谢绝打扰，我心自足，何须外求？诗语洒脱、铿锵，体现出直面生命困苦的理性超越，可谓忧中有乐，乐中有忧，充满了知性美。其中"岂无他忧能老我？付与天地从此始"两句，历来备

受推崇。李壁《王荆公诗注》称赞其"所造至是益高",并说:"晦翁(朱熹)在史院,酒半,尝为余诵此二句,意气甚伟。"罗大经《鹤林玉露》亦记载:"荆公诗'岂无他忧能老我?付与天地从此始',朱文公每喜诵之。"当代学人亦多喜举此二句为宋人"治心之法"的典型例证。

王安国此时二十六岁,比哥哥小了十岁。他天资聪颖,"自总角未尝从人受学,操笔为戏,文皆成理"(王安石《王平甫墓志》)。十二岁时,家人将他所作铭、诗、赋、论等作品数十篇,编集印行,凡是读过的人都惊叹不已,从此以文学见称于时,人们都称赞他"于书无所不该,于词无所不工"(同上)。可是时运不济,几次参加科举考试都没能考中。此次进京,就是为了参加秋季举行的开封府府试。

过了几个月,大妹文淑也随夫婿张奎进京待选,家中越发热闹。文淑于宝元元年(1038)出嫁,当时父亲王益任江宁府通判,张奎即知江宁府张若谷之子。婚后便随夫婿游宦各地,将近二十年来,第一次有机会和母亲、兄弟长相聚合,全家上下无不欢喜。

接踵而来的是一件更大的喜事,七弟安上的婚事已经议定,即日便将赴江南娶妻。父亲去世时,安上还是蹒跚学步的婴孩,如今已长成英姿俊发的青年,王安石既欣慰又感慨,临行之际赋诗相送:

> 青溪看汝始蹒跚(形容走路不稳),兄弟追随各少年。壮尔有行
> 今纳妇,老吾无用亦求田。初来淮北心常折(中心摧折。形容伤感到
> 极点),却望江南眼更穿。此去还知苦相忆,归时快马亦须鞭。
>
> ——王安石《送纯甫如江南》

冬去春来,又是新的一年。嘉祐二年(1057)早春,王安石终于如愿以偿,朝廷同意了他外任的请求,等到四月新任提点开封府界诸县镇公

事陆诜到任,即可携家离京,回到日思夜想的江南,赴任常州知州。轻松愉悦的心境下,汴京的春天也似乎比往年来得更早:

> 春从沙碛(qì,沙石浅滩)底,转上青天际。霭霭桑柘墟,浮云变姿媚。游人出暄暖,鸟语辞阴翳。心知归有日,我亦无愁思。所嗟独季子,尚客江湖澨(shì,水名。在湖北省境内)。万里卜凤凰,飘飘何时至?
>
> ——王安石《春从沙碛底》

春天的气息从清澈的水底飘向清朗的天空,原野上,草木一天天变绿,白云轻舞嬉戏,变幻出无数迷人的姿影。人们在温暖的阳光下漫步,鸟儿在明媚的春风中歌唱。归期已定,王安石满心快慰,此时唯一的牵挂,便是远在湖北的七弟安上,不知他何时能携新婚妻子与家人团聚?

转眼就到了清明时节。自从皇祐三年(1051)安葬父亲王益、皇祐四年(1052)安葬长兄安仁,已经六七年没能亲自为父兄洒扫坟茔。每年的此时,王安石都在暗自神伤中度过。如今归有有日,即便是在春阴寂寂的清明节,他的心情也开朗了许多:

> 春阴天气草如烟,时有飞花舞道边。院落日长人寂寂,池塘风慢鸟翩翩。故园回首三千里,新火伤心六七年。青盖皂衫无复禁,可能乘兴酒家眠。
>
> ——王安石《清明辇下怀金陵》

四月,王安石卸任提点开封府界诸县镇公事。一家人打点行装,计划五月下旬出发。这时,妹夫张奎也将赴蜀为官,短暂相聚后,骨肉又将

分离。王安石满怀不舍,作《示长安君》(文淑被封长安县君)相送:

　　少年离别意非轻,老去相逢亦怆情。草草杯盘供笑语,昏昏灯
火话平生。自怜湖海三年隔,又作尘沙万里行。欲问后期何日是?
寄书应见雁南征。

　　年少时,离别已是一份难以承受的忧伤。如今年华渐老,相逢之喜亦
敌不过言说不尽的凄怆。时光之水侵蚀了彼此熟悉的容颜,让我们不
免乍见惊心。但亲人间的温暖亲昵,却是岁月带不走的人生至宝。不
需要玉盘珍馐、银烛高烧的排场和客套,依旧是从小吃惯的家常便饭,
依旧是略显暗淡的日常灯火,诉说各自生活的悲欢,回忆童年天真的趣
事……匆匆相聚,又将匆匆而别,下一次再见,更不知是在什么时候?
　　文淑"工诗善书,强记博闻"(王安石《长安县太君王氏墓志铭》),兄长
的赠诗,激起她强烈共鸣,遂含泪次韵:

　　昔年送别向都城,邂逅今宽万里情。壮观已怜江路隔,高谈却
待月华生。君随传人隋堤去,我驾车从蜀栈行。两处相逢知有日,
新诗何幸慰西征。

　　当年文淑出嫁不久,即因公公张若谷调任,举家北上进京,从此与父
母兄弟相隔万水千山。这一次汴京相逢,多年的思念终于有所宽解。临
别前,说过和未说过的话语,反复叮咛,不厌其烦,任月上中天,更残漏
尽。不日之后,兄长将带着全家沿汴河东去,自己则将跟随夫婿从陆路
西行。山长水阔,江路远隔,期待诗书往复,更期待下一次相见……
　　送别文淑已是五月中旬,天气大热,"甚于汤火之烈"(欧阳修《与梅圣

俞》)。欧阳修与梅尧臣等约定,于五月二十二日为王安石、曾巩饯行。

庆历以来二十余年,曾巩以文章享誉天下,"虽穷阎(穷人住的里巷)绝徼(jué jiǎo,极远的边塞之地)之人得其文,手抄口诵,唯恐不及"(林希《曾巩墓志》),但科场不顺,直到今年三月才考中进士。此次礼部省试由欧阳修任主考官。为了刷新文风,推动文学革新的进程,考试之前,欧阳修严申考场纪律,要求应试文字言之有物,平易自然,凡为险怪奇涩之文者一律黜落。结果,那些好写怪僻时文的"权贵人家与浮薄子弟"(欧阳修《与王懿敏公仲仪》),全都名落孙山。因此,礼部奏名后,一度引发巨大风波。但是,仁宗皇帝给予了欧阳修有力的支持,殿试时对礼部奏名进士全额录取,表明朝廷对欧阳修衡文标准的肯定。这一次,曾巩终于榜上有名!和曾巩一同考上进士的,还有他的弟弟曾布,以及苏轼、苏辙、程颢、张载、朱光庭、吕惠卿、王韶、吕大钧等,几乎网罗了北宋中后期政界、思想界、文学界的诸多杰出人物,可谓隽才云集,得人最盛。五月,曾巩被任命为太平州司法参军,即将离京返乡,准备赴任。因此,欧阳修特意广邀好友,送别自己的两位得意门生。

临别之际,师友纷纷赋诗赠言。梅尧臣作《送王介甫知毗陵(常州古称)》,殷切嘱咐:

款行问风俗,低意骑更驽。下情靡不达,略细举其粗。曾肯为众异,亦囷为世趋。学《诗》闻已熟,爱棠理岂无?

希望你骑着普通的驽马缓行慢走,沿途询问民情风俗,态度谦逊,忧民所忧。这样下层的情况、意见便没有不能上达的。处理政务要纲举目张,不要困于琐事。你曾经是那样不同流俗,今后也希望能不随波逐流。西周时代,召公推行德政,他巡行南国时曾在一棵甘棠树下休息。人们因感念召公的仁德,连这棵甘棠树也不忍砍伐,用心保护,并作《召南·甘棠》歌咏其事。听说你对《诗经》研究得十分透彻,应该也深深懂得人民爱护甘棠的原因吧?

吕公著并不长于作诗,临行前便送给王安石四个字:庄重靖密。

作别汴京的师友,王安石虽然归心似箭,但过去种种仍不免让他心生眷恋:

> 已嗟后会欢难必,更想前官责尚轻。
>
> ——王安石《冲卿席上》

怀着复杂的心情,他登上了南行的客船。

第六章

竭节初悲力不任

嘉祐二年(1057)五月下旬,王安石一家离开汴京,前往常州。时当
酷暑,江上行舟,虽偶有清风,更多的时候则处在烈日暴晒与河水熏蒸
的夹击中,十分难熬。六月抵达楚州(今江苏淮安),七弟安上便病倒
了,不得不泊舟上岸,求医问药,稍作休整再继续前行。数日后到达扬
州,群牧司任上出生的幼子和侄儿(四弟安国之子)又相继夭折。旅途之
艰辛、痛苦真是难以尽述! 在写给朋友的诗中,他感叹道:

> 二年羁旅越人吟,乞得东南病更侵。殇子未安庄氏义,寿亲还
> 慰鲁侯心(化用《诗经·鲁颂·闷宫》:鲁侯燕喜,令妻寿母)。
>
> ——王安石《酬裴如晦》

虽然他熟读《庄子》,深深懂得"天下莫大于秋豪之末而大山为小,莫
寿于殇子而彭祖为夭"(《庄子·齐物论》)的深刻奥义,可仍然无法轻易平
复内心的丧子之痛。值得庆幸的是,经历了如此漫长的旅途劳顿,年迈
的母亲还算安康。

一、常州之政遭遇挫败, 王安石并未放弃务实有为的施政理念

王安石于七月四日到任,眼前的常州"田畴多荒"(王安石《知常州上
中书启》),与记忆中"溪果点丹漆,溪花团绣罽"(王安石《韩持国从富并州
辟》)的鱼米之乡,相差甚远,不禁大吃一惊。于是,他以惯有的踏实作
风,走乡串村,察访民情,很快便了解到常州问题的症结所在:

惟此弊邑,比多凶年,岁行两周,守吏八易。

——王安石《知常州谢上表》

　　宋朝是在中晚唐至五代近两百年军阀混战的背景下建立起来的统一王朝,太祖、太宗两任开国皇帝,吸取历史教训,采取一系列强有力的措施,加强中央集权,有效地巩固了王朝统一,安定了社会秩序。然而,正如《庄子》所言:"彼出于是,是亦因彼。""方可方不可,方不可方可。"(《齐物论》)宋代的政治制度亦复如是。利与弊从一开始便共生共存,随着时间的推移,单向度的思维导致弊端的显现日渐突出,从而造成新的社会问题。就以州郡长官的任免来说,为防患地方势力的强大,宋朝规定知州任职两年即须调任。两年时间本就十分短暂,而实际情况往往又甚于此。王安石刚刚履任的常州,就是一个极为典型的例子,短短两年间,先后换了八位知州! 也就是说,在王安石之前的七位知州平均任职时间只有三个多月。如此走马灯似的调任,造成的后果非常严重。首先,来去匆匆的知州,使大小官吏困于迎来送往的应酬;朝令夕改的政务,让百姓无所适从。久而久之,教条法令,渐渐无人遵守;档案文书,也被某些心术不正的官吏随意篡改。其次,农田水利等需要整体规划、长线推进的工作,完全停顿,基本无人过问,导致近年水旱灾害频发。所以,在写给欧阳修的信中,王安石说:

承守将数易之后,加之水旱,吏事亦尚纷冗。

——王安石《上欧阳永叔书》

　　弄清了问题的根本,王安石开始行动。第一,他接连写了《知常州谢上表》《知常州上中书启》《知常州上监司启》等文章,向各级长官反映常州的实际情况，并指出："州郡抚循之势患在数更，官司考课之方要诸久任。"(王安石《知常州谢上表》)请求朝廷能"少假以岁时"(同上)，使他能有较为充裕的时间治理常州，不要再像之前的各位知州一样，只是做一名匆匆过客。第二，他以雷厉风行的工作作风，整顿了常州吏治，清查违法乱纪、贪赃枉法的人和事，就像烧起开水将隐藏在衣角絮被中的虫子、虮子全部清除。第三，他动员各县官民，利用冬季农闲时节，齐心协力，开挖运河，希望尽快改变常州年年灾害的局面，做到雨季水流顺畅，旱季蓄水充足。

但是，和当初在鄞县不同，常州幅员较为宽广，下辖晋陵、武进、无锡、宜兴四县，开挖运河需要调度五县的人力物力，计划过于庞大。而且，王安石有点急于求成。因此，这一决定遭到多方反对。宜兴知县司马旦说："开河之役太大，而且太急迫，百姓无法承受，恐怕不仅不能顺利完成，而且还会造成更大的后患。建议由各县轮流服役，循序渐进，虽然耗时久远，但一定可以修成。"浙西路转运使也不支持，只允许他征调下属各县的少量民夫。虽然困难重重，王安石决心迎难而上。但终究人力太少，工程进展极为缓慢，加上天不作美，倾盆大雨，连绵不绝，形势变得更加严峻。寒冷、泥泞、过度的劳累，民夫纷纷病倒，甚至有人因不堪忍受而自杀……天时不利，人事不和，王安石不得不停止了这项工程。

梅尧臣闻知这一情况，寄来长诗，谆谆告诫：

莫作腐儒针膏肓，莫作健吏绳饿狼。傥如龚遂劝农桑，傥如黄霸致凤皇。来不来，亦莫爱嘉祥。

——梅尧臣《得王介甫常州书》

中医讲究"上工治未病"(周·秦越人《难经》)，一个好的医生，在疾病刚刚萌生时,就能敏锐察觉,并预知其发展变化的情状。所以,在蔡桓公完全没有意识到身体有任何不适时,扁鹊就发现他"疾在腠理",十日后则"病在肌肤",再过十日已"病在肠胃"。但蔡桓公一次又一次拒绝治疗。等到他开始感到身体疼痛时,已经"病在膏肓",再高明的医生也无能为力了。《韩非子·喻老》篇中这个著名的故事,非常发人深省。治理国家,管理州郡,也是如此。梅尧臣深知王安石富有行政干才,希望他能成为西汉大臣龚遂、黄霸那样的循吏,宽和为政,以仁心厚德感化百姓。但是,切不可自恃才高,过于强硬地推行自己的行政措施。

其实,对于这项以劳民伤财、半途而废收尾的计划,王安石也感到十分懊悔,直到第二年三月,在写给刘敞的信中,仍自责不已:

> 河役之罢,以转运赋功本狭,与雨淫不止,督役者以病告,故止耳。昔梁王堕马,贾生悲哀;泔鱼(以米汁浸渍)伤人,曾子涕泣。今劳人费财于前,而利不遂于后,此某所以愧恨无穷也。
>
> ——王安石《与刘原父书》

西汉贾谊曾任梁怀王太傅。怀王不慎坠马而死,贾谊深自歉疚,抑郁而亡;得知泔鱼容易变质,吃后使人生病,曾子流下眼泪,后悔知道得太晚。王安石借这两个典故,表达自己对这一无法弥补的决策性错误的深深悔恨。

工程的失败引来诸多批评。有人说他虎头蛇尾、不能善始善终;有人(包括好友刘敞)以为地方官应以镇静为本,不宜轻启大役。对于前者,王安石承认,自己无法做到不顾天时和人力的限制,一味追求事遂功成,因此,"则论某者之纷纷,岂敢怨哉"(同上)? 可是,对于刘敞等人的观点,他却不敢苟同。他说:

阁下乃以初不能无意为有憾,此非某之所敢闻也。方今万事所以难合而易坏,常以诸贤无意耳,如鄙宗夷甫辈,稍稍骛于世矣。仁圣在上,故公家元海未敢跋扈耳。

——王安石《与刘原父书》

"鄙宗夷甫"指西晋名士王衍。王衍字夷甫,西晋末期重臣。他才华横溢,容貌俊秀,名盖四海,而身居高位。当时的后进之士没有不效仿他的,朝中的官员也都推举他为士族首领。但他崇尚玄虚,终日空谈,言不预世事,影响所及,形成浮华放诞的风气,最终导致西晋灭亡。"公家元海"指十六国时汉高祖刘渊。刘渊字元海,匈奴人。西晋太康末为北部都尉,后为建威将军、五部大都督,并封为汉光乡侯。晋惠帝时,"八王之乱"爆发,晋室骨肉相残,刘渊趁机起兵反晋,自称汉王,国号为汉,史称汉赵、前赵。

王安石借用这两个典故,评骘当代政治现状。他认为,如今社会危机重重,重要原因之一,就是像王夷甫这类崇尚空谈、不干实事的人太多。幸亏朝廷的统治十分稳固,像刘渊这样的野心家才不敢轻举妄动,王夷甫们的清谈误国,才不至于闹到不可收拾的地步。

这番思考和辩驳可谓切中肯綮。因循苟且、不求有功但求无过的官场习气,可说是由来已久。庆历二年(1042),欧阳修曾在《本论》中指出,当时朝政的弊端之一,即是"愚者无所责,贤者被讥疾,遂使天下之事将弛废,而莫敢出力以为之"。随后发生的"庆历新政",即以整顿吏治为核心,力图革除官场上"不问贤愚,不较能否""人人因循,不复奋励"(范仲淹《答手诏条陈十事》)的弊病。然而,新政戛然而止,习故蹈常、萎靡不振的政治空气重新弥漫朝野。

　　王安石从步入仕途之日起,便与这种政治空气不相适应。从淮南,到鄞县,再到舒州,他都不惧旁人侧目,力图有所作为。虽然常州之政遭遇挫败,但他并不因此改变自己对于当前政风的批判态度,更不打算随波逐流、泯然众人。

二、王安石将王令引为
可以携手并进以匡时济世的道友

　　嘉祐二年(1057)仲冬,常州官舍迎来了一位清瘦的年轻人。此人名叫王令,字逢原,原籍元城(今河北大名),五岁时父母双亡,便随叔祖父王乙在扬州长大。他从小酷爱读书,而且聪明过人,夜读诗书,通宵不倦,写作文章,雄伟老成。他性格洒脱,急公好义,对于他人的不义行为,往往当面指责,无所顾忌。而尤其与众不同的是,他虽"自少壮期切切以自奋进,裨补当世之万一"(王令《壬辰三月二十一日读李翰林墓铭云少以任侠为事因激素志示杜子长并序》),却自甘退隐,放弃科举求仕,遵从"天下有道,以道殉身;天下无道,以身殉道"(《孟子·尽心上》)的处世原则,痛感当世"道之不明,故士之出处,皆莫知其所宜守"(宋·刘发《广陵先生传》),立志以明道作为自己的终身志愿。为了生计,他从十七岁开始,辗转各地任家塾教师,独立奉养寡居的姐姐和外甥,过着十分清贫的生活。

　　王安石与王令的叔叔王越石同年进士及第,随后又与王令的叔祖父王乙,同在淮南节度府任职。而且,王安石的二妹夫朱明之、好友崔公度,都与王令交往密切。因此,对于王安石其人,王令早有耳闻。至和元年(1054)秋季,王安石舒州通判任满,奉诏进京,途经高邮(今属江苏),王令正在高邮任教。于是,趁此机会投书献诗,请求一见。在《上王介甫

书》中,他高度推崇王安石,"纯道厚德,高于近古。休风(美好的风格)盛烈,流决当世",乃是"庶几(近似,差不多)孔孟者"。随信所附《南山之田赠王介甫》一诗,则对王安石极为关切的出处进退之道等问题,表达了自己的看法。其诗曰:

> 南山之田兮谁为而芜?南山之人兮谁教堕且(jū,语气助词)?来者何为而往者谁趾?草漫靡兮不种何自?始吾往兮无耜,吾将归兮客我止。要以田兮寄我治,吾耕浅兮谷不遂。耕之深兮石挠吾耒,吾耒挠兮耕嗟难。雨专水兮日专旱,借不然兮颖以秀。螟悬心兮螣(té,同"蟘",古书上指吃苗叶的害虫)开口,我虽力兮功何有?虽然不可以已兮,时宁我违而我不时负。

诗歌运用比兴手法,借南山垦荒的艰苦卓绝,抒写奋发自励、昌明古道的高远志向。开篇以南山之田何以荒芜,一连提出四个问题,喻指"道之不明于世"的社会时代背景。接着描写在极为艰困的环境中,与山石、水旱、害虫等进行顽强不屈的斗争,喻指求道进学的过程中,所经历的种种艰难困苦。虽然竭尽全力,依然所获甚微,但并不因此而放弃努力。君子以修道为本分,以行道救世为目标。但是,正如孔子所说:"君子能修其道,纲而纪之,统而理之,而不能为容(媚俗求容)。"又如颜回所说:"道之不修是吾丑也,道既已大修而不用,是有国者之丑也。不容何病?不容然后见君子!"(《史记·孔子世家》)因此,即使被时代所辜负,也决不辜负时代!

此时王安石正泊舟待发,读罢王令的诗书,颇有知己之感,连忙将他延请上船。虽然迫于行程,只是匆匆晤谈片刻,但彼此都感觉十分投缘。在《与王逢原书(一)》中,王安石叙述了他对王令的最初印象:

始得足下之文，特爱足下之才耳。既而见足下，衣刓(wán，损坏)履缺，坐而语，未尝及己之穷；退而询足下，终岁食不荤，不以丝忽妄售于人；世之自立如足下者有几？

通过读其文、听其言、观其行、察其志，王安石认为，王令安贫乐道，独立不倚，是一位"知(同"智")及之仁，又能守之"(同上)的真君子。虽然当时王令还只有二十三岁，比王安石小了整整十一岁，但王安石毫无保留地表达了自己对他的钦佩之情：

读所辱书辞，见足下之材，浩乎沛然，非某之所能及。问诸邑人，知足下之行学为君子而方不已(停止)者也。

——王安石《与王逢原书(二)》

此后三年，虽相距遥远，但彼此书来信往，或诗歌唱酬，或交流研读儒家经典的心得体会，一直保持着十分密切的联系。随着了解的日益深入，王安石满怀欣喜和期待，将王令引为可以携手并进，以匡世济时的道友：

永怀古人今已矣，感此近世何为哉！庄韩百家爇(ruò，烧)天热，孔子大道寒于灰。儒衣纷纷欲满地，无复气焰空煤炱(tái，烟尘)。力排异端谁助我？忆见夫子真奇材。

——王安石《寄王逢原》

困居汴京时，王安石曾多次写信，邀请王令进京相聚：

我方官拘不得往，子有闲暇宜能来。晤言相与入圣处，一取万
古光芒回。

——王安石《寄王逢原》

不审定复枉顾否？不胜幸望也。

——王安石《与王逢原书（二）》

王令确实是那个真正懂得王安石的人。当王安石因两辞召试、四辞
馆职，引发纷纷议论时，唯有王令赋诗激励：

人留孟子皆非道，客议扬雄正自哗。贤哲相望每千古，得逢犹
说与时差。

——《寄介甫》

诗歌以孟子、扬雄比王安石，认为世人对王安石的议论，无论是推崇
或是非议，都未能真正理解王安石的志向与价值。他认为，王安石虽身
处当世，却有着和往圣先贤一样真淳的胸怀，他就是伊尹、周公一类的人
物，"得志定知移弊俗，闻风犹足警斯民"（王令《赠王介甫》），一旦风云际
会，定能昌明大道，移风易俗；即便不得志，他的高风雅韵也足以为万世
师表！

得知王安石出知常州，王令高兴得几乎奔走相告。他相信，王安石
到常州后，一定会兴办学校，振兴教育。"师学难遇"（王令《与束伯仁手书》
其五），这是十分难得的机会。因此，他广邀朋友，一起前往游学，并打算
长期留居常州。他认为，自扬雄之后，王安石是唯一一位有真知灼见的

醇儒。而王安石抵达常州任所后，稍事安顿，也立即写信相邀。

三年不见，王令的学问更有长进，"比在高邮见之，遂若不可企及"（王安石《与崔伯易书》）。然而，三年过去，王令已经二十六岁，清贫依旧，尚未婚娶。王安石想把表妹（同时也是王安石妻子的堂妹）介绍给他。表妹是表舅吴蕡的二女儿，今年二十一岁，性格和顺，聪明好学，"辞翰之工，不假师授"（王云《节妇夫人吴氏墓碣铭》）。表舅十分珍爱女儿，对女儿的婚事非常慎重，"嫁不轻诺"（同上）。王安石认为，王令"文学、才智、行义皆高过人""诚是豪杰之士"（王安石《与吴司录议王逢原姻事书》），与"婉婉慧成""天才超然"（宋·王云《节妇夫人吴氏墓碣铭》）的表妹可说是天生的一对。于是立即给表舅写信，为王令求亲。第一封书信寄去，久久不见回复，王安石和王令都很忐忑，"恐二舅不欲与作亲，久不得委曲"（王安石《与吴司录议王逢原姻事书》）。但他不肯放弃，紧接着又写了第二封、第三封信。他想，也许表舅听说王令家境清贫，又不愿应举求仕，担心表妹将来生活清苦？或者是担心王令个性乖张、不好相处？所以特别加以反复的解释：

> 虽贫不应举，为人亦通，不至大段苦节过当……传闻皆不可信也。某目见其所为如此，甚可爱也。
>
> ——王安石《与吴司录议王逢原姻事书》其一

> 或传其所为过当，皆不足信。某此深察其所为，大抵只是守节安贫耳。近日人从之学者甚众，亦不至绝贫乏；况其家口寡，亦易赡足。虽然不应举，以某计之，今应举者未必及第，未必不困穷。此人但恐久远非终困穷者也，虽终困穷，其畜妻子，当亦不至失所也。
>
> ——王安石《与吴司录议王逢原姻事书》其二

他说，王令的性格其实十分可爱，传闻并不可信。虽然他不打算应举求仕，但作为教书先生，在江淮一带声望很高，向他求学的人众多，家中人口又少，经济上不至过于贫困。而且，从长远来看，王令具有如此卓越的才华，将来一定前程远大。

经过王安石的再三劝说，吴蒉终于答应了这门亲事。嘉祐三年（1058）春，王令赴蕲州（今湖北蕲春）迎娶。

三、王安石酷爱读书，对歌舞伎乐没有丝毫兴趣

秋庭午吏散，予亦归息偃。岂无佳宾客？欲往心独懒。北窗古人篇，一读三四反。悲哉不早计，失道行晼（wǎn，太阳将落山的样子）晚。

——王安石《秋庭午吏散》

和汴京相比，在地方任职确实清闲许多，不仅公事单纯，而且应酬较少，王安石得以静下心来钻研学问。他最大的爱好就是读书，"虽寝食间手不释卷，昼或宴居（闲居）默坐，研究经旨"（宋·彭乘《墨客挥犀》），对于歌舞伎乐没有丝毫兴趣。此前途经扬州，老友刘敞于平山堂设宴招待，依州郡之礼，盛设伎乐。而王安石则期望与老友高谈快饮，看到席间官妓罗列，便觉兴味索然，不肯就座。刘敞没办法，只好命官妓离开。宋人赵令畤《侯鲭录》记录了这件事情，并评论道："王介甫诡诈不通。"赵令畤曾做过苏轼的幕僚，属于旧党人士，对王安石难免带有偏见。就这件事情

来说，"诡诈"二字无疑所指不实，但个性执拗、不愿随顺俗情，却是王安石的显著特点，也是他作为政治人物极易受到孤立的原因之一。不过，刘敞似乎并不怪罪王安石，此后他们然保持着密切的私人往来。

扬州平山堂之会，作为客人他可以拒绝官妓侍宴，可是作为常州知州，却不得不按惯例接待往来官员。但他从心里厌恶这种灯红酒绿、纸醉金迷的氛围，因此"对客语，未尝有笑容"（同上）。

无聊的应酬，常常激发他对自然率性的隐居生活的向往。在《次韵舍弟常州官舍应客》一诗中他写道：

> 霜雪纷纷上鬓毛，忧时自悔目空蒿（"蒿目"有独坐忧愁之意）。桑麻祇欲求三亩，势利谁能算一毫。此地旧传公子札，吾心真慕伯成高。飘然更有乘桴兴，万里寒江正复艚。

他少有忧时济世之志，为生计所迫而提早出仕，如今年近不惑，两鬓渐白，心中不免暗自生悔。常州古称延陵，传说春秋时吴国公子季札为避王位，"弃其室而耕"（《史记·吴太伯世家》)）于常州舜过山下，人称延陵季子。伯成子高则是《庄子·天地》篇中的虚构人物，他曾在尧的时代被立为诸侯，禹继位后，他毅然"辞为诸侯而耕"。王安石十分仰慕公子季札和伯成子高这类人物，虽时有飘然远引、乘桴浮于海的幻想，但终究摆脱不了现实的约束。古称十月水为复艚水，"言水落复故道"。诗歌最后一句"万里寒江正复艚"，意思是：十月水浅，不利乘桴漂流江湖。借以比喻现实条件不允许。

怀着这样的心态，他自然不可能兴致勃勃地参与官场应酬，而往往都是消极应付。身在歌舞热闹场中，心却沉浸在自己的世界。一天，州府举行盛大宴会，官妓们都被叫来歌舞助兴。宴会进行中，从来都是一脸严肃的王安石,忽然粲然而笑,大家都觉得十分稀罕。宴会结束后,管事的官吏高兴地将刚才表演的官妓叫到一旁,发给她一大笔奖金,说:

"你的才艺竟能让知州大人开怀大笑,值得奖励!"

但是,有人怀疑,王安石的笑声,未必因官妓的表演而发,于是找了个机会,问王安石本人,他回答道:

"我琢磨《易经》中的咸卦和恒卦,已经很久了,一直不得其义,那天宴席上,忽然有所领悟,高兴极了,所以忍不住笑出了声。"

《易经》是北宋儒者最为重视的经典之一,王安石对《易经》用功极深,先后撰写过两部解《易》之作,分别是《易解》十四卷和《易义》二十卷。其中《易解》一书,即是这一时期开始着手写作的。

白天处理公务,晚上钻研学问,慈母在堂,亲友环绕,整体而言,常州的生活宁静而安详。然而,这份宁静很快又被打破了。

首先是妹婿张奎携文淑抵达剑州任所,仅仅一天,就接到母亲张太夫人去世的消息,万里迢迢,回乡奔丧:

> 客舍飞尘尚满鞯(jiān,马鞍),却寻东路想茫然。白头反哺秦乌侧,流血思归蜀鸟前。今日相逢知怅望,几时能到与留连?行看万里云西去,倚马春风不忍鞭。
>
> ——王安石《张剑州至剑一日以亲忧罢》

文淑夫妇于嘉祐三年(1058)仲春途经常州,随即又匆匆离去。王安石伫立城郊,看着他们白衣素服,黯然远去,无限的牵挂与深切的悲感涌上心头:

> 行路想君今瘠瘦,相逢添我老悲酸。浮云渺渺吹西去,每到原

头勒马看。

——王安石《寄张剑州并示女弟》

刚刚送别文淑夫妇,王安石又意外地接到一道诏令:

诏新点江南东路刑狱沈康知常州,知常州王安石提点江南东路刑狱。

——引自李焘《续资治通鉴长编》

四、嘉祐三年(1058)二月,
王安石任提点江南东路刑狱公事

江南东路下辖一府(江宁府)、七州(宣州、徽州、江州、池州、饶州、信州、太平州)、二军(南康军、广德军),治所在饶州。提点刑狱公事属监司官,负责核察下属各州军疑难不决案件,所系囚犯案牍覆审,并兼劝课农桑、举刺官吏等职责。朝廷原本任命沈康担任这一职务,诏命发布后,谏官陈旭上书,指责沈康"才品凡下,又素无廉白之称"(同上引书),不配担此重任。因此,嘉祐三年(1058)二月十五日,朝廷改命王安石提点江南东路刑狱公事。

朝命迫促,要求尽快启程赴任。这实在是太出乎王安石的意料了!自然是万般不情愿,但又无可奈何。赴任途中,他给参知政事曾公亮上书,详尽陈说了自己的困难,希望得到朝廷体谅,为他改换一个既能尽忠又便于养亲的差遣:

> 某材不足以任剧,而又多病……阁下必欲使之察一道之吏,而
> 寄之以刑狱之事,非所谓因其材力之所宜也。某亲老矣,有上气之
> 疾日久,比年加之风眩,势不可以去左右。阁下必欲使之奔走跋涉,
> 不常乎亲之侧,非所谓因其形势之所安也。
>
> ——王安石《上曾参政》

在此之前,他曾就这一问题与王令交换过意见。从王令《答王介甫书》中可知,母老多病需就近奉养,固然是实情,但王安石不愿出任江东提刑的真正原因,则是"非其时""不可为"。但是,他的请求没有得到批准。

提点刑狱公事确实事繁而任重,出于公务需要,长年奔波道途。在其位,就得谋其职,虽知其不可,还得勉力为之。从三月离开常州,到十月下旬,整整七个月,王安石按巡各州各县,可谓席不暇暖。在此过程中,他发现了许多问题,也处理了许多问题。

他曾就太平州一桩刑事案件,与时任太平州司法参军的曾巩讨论:

> 所谓孙小九,情宜正其重辟(死罪)而听于铃辖司,固如尊旨。
> 至于妻子从坐,若不上请,则尚有可疑。
>
> ——曾巩《太平州与提刑别纸启》

他曾就宣州太平县盐秤子(盐贩子)闹事风波,和县令孙觉交换意见:

盐秤子搔扰事,幸疏示其详。不敢作足下文字施行,要约束今后耳。足下既受人民社稷于上官,势亦不得有所避,避太过,则其事将不直,而职事亦何由理也。

——王安石《与孙莘老书》

他曾破格起用一位低级武官担任州学教官。这位武官名叫刘季孙,字景文,开封人,是宋夏战争时期为国捐躯的名将刘平之子。他自幼好学,长于诗文,因父亲的恩恤得官。此时以左班殿直监饶州酒税。一天,王安石巡视饶州酒务,在酒务大厅屏风上读到一首小诗:

呢喃燕子语梁间,底事来惊梦里闲? 说与傍人应不解,杖藜携酒看芝山。

诗语清新雅逸,王安石读罢大为赞赏,忙打听是谁所作。有人告知是刘季孙。"即召与之语,嘉叹升车而去"(叶梦得《石林诗话》)。回到驿馆,刚好看到一群州学学生,拿着请愿书站在庭下,反映州学缺教授,请求尽快补充师资。王安石当即决定,起用刘季孙为代理教授。这一任命,在崇文抑武、看重资历的宋代,简直就是惊世骇俗之举,因此"一郡大惊"(同上),刘季孙也由此一举成名。三十年后,刘季孙又得到苏轼赏识,称许他"笃志力学,博通史传,工诗能文,轻利重义"(苏轼《乞擢用刘季孙状》),并多次向朝廷推荐。

也是在提点江南东路刑狱公事任上,王安石曾向朝廷派来巡访茶法利害的使者王靖,反映东南茶法之害。

宋代茶业兴旺,不仅在商品经济发展中占有十分重要的地位,而且是朝廷税收的重要来源。从宋初开始,茶便成为国家专卖物资,当时称为"榷茶"。朝廷在主要产茶区和茶叶贸易活跃地区,设置榷场。茶农必须先取得官方认证的"园户"资格,否则按非法种茶论罪。园户从官府领取本钱种植,所产茶叶全部按官方定价卖给榷场,同时扣除应缴纳的"园租"。茶商不得向园户直接买茶,而应向官府购买。除四川、广西、广东之外,榷茶制在全国推行。上述三地所产茶叶,只能在各自境内自由买卖,并依法纳税,严禁跨境销售。

然而,榷茶制度存在着诸多严重弊端。王安石《酬王詹叔奉使江东访茶法利害见寄》一诗,即从江南东路百姓的角度,揭示了茶法之害:

> 永惟(思虑,忖度)东南害,茶法盖其首。私藏与窃贩,犴(àn,牢)狱常纷纠。输将(送)一不足,往往死鞭杻(chǒu,手铐)。败陈被杂恶,强卖曾非诱。已云困关市,且复搔林薮。

王安石认为,茶法是东南地区对百姓伤害最大的恶法。所谓开门七件事,"柴米油盐酱醋茶",茶叶关乎百姓日常生活。由于种种原因,官茶"皆粗恶不可食,故民之所食,大率皆私贩者"(王安石《议茶法》),因此,民间走私获利空间巨大。首先,尽管官府严禁民间私贩,凡告捕私茶皆有赏,但为追逐利润,民众往往铤而走险,从而导致刑事案件多发;其次,官府对园户每年的产茶量都有定额要求,一旦完不成,便要遭受鞭打、拘留等处罚,"官司旁缘侵扰,因而陷于罪戾,以至破产逃匿者,岁比有之"(李焘《续资治通鉴长编》);最后,对茶商而言,官茶价格昂贵,质量低劣,经办官吏又"多有邀难,抑配陈茶,亏损商户"(《宋会要辑稿·食货》)。可见,茶法不仅扰乱市场,侵犯消费者和茶商的正当权益,而且使山村里的茶农不得安宁。

事实上,对百姓危害极大的榷茶制度,官府从中获利也极为有限。

一则茶叶运输,"经途万里,风涛没溺,官吏奸偷,陷失茶纲,比岁常有"(张泊《上太宗乞罢榷山行放法》);二则每年收购大量茶叶,堆贮仓场,充积州郡,因保管不善,而大半陈腐,只得减价出售,甚至直接焚毁,损失难以估量。据统计,全国每年茶税收入应为二百二十四万八千,嘉祐二年(1057)才及一百二十八万,去除虚报、误报等情况,便只剩八十六万,而本钱占了三十九万多,实际收入只有四十六万九千,还不包括"辇运糜耗丧失,与官吏、兵夫廪给杂费"(李焘《续资治通鉴长编》)。

嘉祐三年(1058),著作佐郎何鬲、三班奉职王嘉麟、淮南转运副使沈立等纷纷上书,主张取消茶叶专卖,以"疏利源而宽民力"(同上)。朝廷决定派使者分赴各地,进行实地调查。而王靖(字詹叔)所负责的区域,便是江南东路。朝廷有意改革茶法,王安石感到由衷的高兴,他一方面作长诗痛陈茶法之害,一方面再三嘱咐王靖:

> 吾宗恢奇(杰出)士,选使自朝右。聪明谅多得,为上归析剖。王程虽薄遽(紧迫),邦法难卤莽。愿君博咨诹(zōu,询问),无择壮与耇(gǒu,老人)。
>
> ——王安石《酬王詹叔奉使江东访茶法利害见寄》

经过多方呼吁、调研和讨论,嘉祐四年(1059)二月,仁宗下诏罢除榷茶,颁行通商法。即,园户种茶,官府收租;茶商贩茶,官府收税;园户与茶商之间可以自由买卖,官府不再干涉。通商法的实行,取消了茶叶交易的诸多环节。市场自由竞争之下,茶叶质量提高了,茶叶价格合理了,种茶、贩茶皆有利可图,经营茶业的人自然多了,官府税收因此得到保障。同时,朝廷撤销为禁茶而设置的各级机构,节省了大量经费,民间从此再无私贩之刑。王安石是茶法改革的坚决拥护者。嘉祐五年(1060)三月,刘敝、欧阳修上疏反对改革茶法,王安石还曾作《议茶法》与《茶商十二说》两篇文章进行反驳。通商法在宋代实行了四十多年,宋神宗熙宁年间,王安石主政,推行一系列新法,但茶法没有变更,依然沿用嘉祐通商法。

除了以上种种,王安石在提点江南东路刑狱公事任上,影响最大并引起轩然大波的举措,是对那些因循苟且、玩忽职守的官吏的惩处。按巡数千里,见过无数州县官吏,王安石最强烈的感受就是:

> 能推行朝廷之法令,知其所缓急,而一切能使民以修其职事者甚少,而不才、苟简、贪鄙之人,至不可胜数。
>
> ——王安石《上仁宗皇帝言事书》

身为提刑,负有举刺官吏之责,但他认为:

> 古者至治之世,然后备礼而致刑……方今之理势未可以致刑,致刑则刑重矣,而所治者少;不致刑则刑轻矣,而所治者多。
>
> ——王安石《答王深父书》

他倾向于儒家的道德感化,而不肯采取法家的严刑峻法。因此,仅仅处置了其中的五人,轻则罚款,重则降级,希望收到警示之效。没想到,仍然引起众人的不满,"江东在位,往往怨怒"(王令《答王介甫书》),毁谤之声布满道途。在《杂咏三首》其三中,他写道:

> 商阳杀三人,每辄不忍视。亦云食君食,报礼当如此。波澜吹九州,金石安得止。永怀南山阿,慷慨中夜起。

《礼记·檀弓》记载,楚国商阳奉命追击败退的吴国军队,先后射杀了三人。每杀一人,他都于心不忍,以手掩目。因为是"王事",他不得不杀;因为心怀仁慈,他不忍多杀,"杀三人,亦足以反命矣"。因此,孔子称许他,虽然杀人,但符合做人的原则。王安石借用这一典故,表明自己处置贪鄙、不称职官吏的用心所在。可叹时无孔子,他获得的不是赞许,反而是滔天的巨浪,几乎要将他淹没。

五、对于朋友们的批评和质疑,王安石既惊讶又难过

当他将自己所面临的困境,写信告知远方的朋友时,曾巩、王回等人的回信,却令他深感失望。他们认为,"时时小有案举"(曾巩《与王介甫第二书》),导致谤议纷然,并不奇怪,原因在于王安石"思之不审"(同上)。批评王安石没有先行教化,而责善过急。操切从事,偏听摘抉,故而"怨忿违倍之情生""潜诉告讦之害集",虽"己之用力也愈烦,而人之违己也愈甚"(同上)。

对于朋友们的批评和质疑,王安石既惊讶又难过。他说:

> 自江东日得毁于流俗之士,顾吾心未尝为之变,则吾之所存,固无以媚斯世,而不能合乎流俗也。及吾朋友亦以为言,然后怃然自疑,且有自悔之心。徐自反念:……今家异道,人殊德,又以爱憎喜怒变事实而传之,则吾友庸讵非得于人之异论、变事实之传,而后疑我之言乎?

—— 王安石《答王深父书》

自从担任江东提刑以来,王安石饱受流俗之士的攻击和毁谤,但他内心十分坚定,秉持"君子之仕,行其义者"的理念,决不改变自己,以取媚世俗。然而,当朋友们也加入到指责的行列时,有一瞬间,他怀疑自己真的错了。但很快又变得坚定,他宁愿相信,是传闻失实,造成了朋友们的误解。他感到十分委屈,不禁想要大声疾呼:

> 官居甚传舍,位以声势受。既不责施为,安能辨贤不?区区欲救弊,万谤不容口。天下大安危,谁当执其咎?
>
> ——王安石《酬王詹叔奉使江东访茶法利害见寄》

只有王令坚定地站在了王安石一边。他说:"道路时闻流议,固俗人常态耳。"(王令《答王介甫书》)他认为,以道义衡量,处置苟简贪鄙之徒,王安石没有做错什么。之所以谤议纷然,是由于官场敷衍成习,大概很久没见过人如此严肃认真,秉公执法,从而视为异端。他唯一感到担心的是,王安石"心不阿党,以游兹世,难恐久而不免人祸也"(同上),以刚正不阿的节操,处此污浊官场,时间久了,恐不免遭人陷害。在写给孙觉的信中,他进一步为王安石辩护,"所喻介甫甚悉,于此疑者固多,亦略类此,是亦何所疑哉? 彼教之不改而后诛之,固善也"(王令《寄孙莘老书》)。他认为,古代圣贤虽不主张轻易使用刑法,也只是宽待过失犯法者,以及因不知法而犯法者。他反问指责王安石的士大夫:你们认为,贪官污吏是过失犯法? 还是因不知法而犯法呢? 享受朝廷俸禄,吸食民膏民脂,不知体国为民,反而做出贪渎之事,难道还值得同情? 朝廷法令著于天下,这些贪官污吏难道不知道吗? 对于这些士林败类,却仍要求以教化为主,而不加斥逐,请问还有什么样的人应该被斥逐? 如果一律不加斥逐,难道是要留下来祸害天下吗?

再一次深切体会到"非其时""不可为"(王令《答王介甫书》),王安石决定辞任请郡。这一想法依然没有得到众多朋友的理解,他们纷纷写信加以劝阻。在《与王逢原书》中,王安石失望地写道:

> 某处此,遂未有去理,如孙少述、丁元珍、曾子固尚以书见止:"不宜自求便安,数溷(hùn,打扰)朝廷。"它人复可望其见察者乎?

与曾巩等其他朋友不同,王令旗帜鲜明地支持王安石尽快辞职,他说,"此职安可以久居? 所请虽频,要有得而后止耳"(王令《答王介甫书》)? 王令认为,江东提刑之职决不可久居。虽然王安石前不久刚刚递交过辞职申请,但只要没有得到批准,就应反复请辞,直到批准为止,"辞既逊顺,虽烦亦何所害"(同上)? 对于其他朋友所谓,"不宜自求便安,数溷朝廷"的说法,王令很不以为然。在其位却不能有所作为,就应尽快离职,这原本就是有道君子的本分,所以古代有道君子,不得其时之际,宁愿沦落市井,操鱼盐商贩之业,也决不会因家贫而出仕。做公卿大夫并非不可以,但身处其中,左右掣肘,不能有所作为,便难免尸位素餐,有损个人节操。现在既然已经出仕,还是应尽量申请一个能够做些实事的职位。审时度势,以道进退,正是一直以来,王安石和他的朋友们,相互期许、相互砥砺的仕进之道。信的末尾,王令又再次嘱咐道:"请郡事不可已(停止),幸思之。"(同上)

可以想见,深陷舆论漩涡之中,王安石多么需要朋友的认可与鼓励!因此,对于唯一理解和支持他的王令,便有一种特别的亲切和依赖。《临川文集》今存《与王逢原书》七则,其中五则皆作于江东提刑任上的短短八个月间,而且每则书信都表达了强烈的思渴之情。其三曰:"不久到真州,冀逢原一来见就。"其四曰:"切欲一见逢原。"其五曰:"逢原不知可以游番(江东提刑司治所鄱阳)乎?"其六曰:"冬末须一到金陵,……欲望逢原一至金陵见访。"其七曰:"冀相遇于江宁。"

而此时王安石与曾巩等人的友情,则几乎可以说降到了冰点,《与王逢原书》其七曰:

> 今世既无朋友相告戒之道,而言亦未必可用,大抵见教者欲使某同乎俗合乎世耳。非足下教我,尚何望于他人?

言语之间似乎已经不打算将他们当朋友看待。

公事不顺之际,王安石也格外想念家人,想念那些与家人共度的美好时光。他想起皇祐二年(1050)鄞县任满,进京待选,途经高邮,为二妹议婚。那一次,不仅与即将成为二妹夫的朱明之(字昌叔)一见如故,而且结识了闻名已久的沈季长(字道原)。当时沈君尚未婚配,因缘际会,日后便成为王安石的三妹夫。他们一道寻幽垂钓,谈文论史,说不尽的欢欣愉悦。当时,只有大妹夫张奎(字倩)远在庐山,未能与会:

> 昔来高邮居,我始得朱子。从容谈笑间,已足见奇伟。行寻城阴田,坐钓渠下沚。归来同食眠,左右皆图史。……当时独张倩,远在庐山趾。沈君未言昏,名已习吾耳。

——王安石《寄朱氏妹》

从那之后,将近十年过去,家人分散四方,乖违远隔,竟成常态。即便偶有相逢,亦难得合家团聚,欢喜之中总是带着深深的遗憾。直到今年仲春,大妹一家回乡奔丧,路过常州,恰逢二妹、三妹两家回来省亲,全家终于意外地团聚：

> 安知十年来，乖隔非愿始。相逢辄念远，悲咤多于喜。今兹岂
> 人力，所念皆聚此。诸甥昔未有，满眼秀而美。低佪吾亲侧，亦足慰
> 劳止。
>
> ——王安石《寄朱氏妹》

甥儿、甥女们或牙牙学语、蹒跚学步，或总角垂髫、青葱玉立，多是此
前未曾晤面，但个个灵秀可爱，环绕在王安石的老母亲身旁。此情此景，
令人沉醉，多少艰辛与劳苦，都一时烟消云散。然而，短暂相聚之后，又
是长久的离别：

> 嗟予迫时恩，一传日千里。尔舟亦已戒（预备），五两（古代船上
> 的测风器）翻然起。萧萧东南县，望尔何时已。空知梦为鱼，逆上西
> 江水。
>
> ——王安石《寄朱氏妹》

如今，大妹在虔州（今江西赣州），二妹在江阴（今属江苏），王安石在
江东提刑司治所饶州（今江西鄱阳）。章水、贡水在虔州汇合，由南向北，
流经饶州，经鄱阳湖注入长江，向东流往江宁、江阴、扬州。王安石行走
水边，每每想到水流相通，而亲人分隔异地，心中便充满无限的怀思：

> 贡水日夜下，下与章水期。我行二水间，无日不尔思。飘若越
> 鸟北，心常在南枝。又如歧首蛇，南北两欲驰。逝者日已远，百忧讵
> 能追。生存苦乖隔，邂逅亦何时？女子归有道，善怀见于诗。庶云

留汝车,慰我堂上慈。

——王安石《寄虔州江阴二妹》

正当王安石打算再次上书请辞江东提刑,十月二十七日,忽有朝命下达:

提点江南东路刑狱、祠部员外郎王安石为度支判官。

——李焘《续资治通鉴长编》

度支是宋代财政机构名称,与盐铁、户部构成三司。度支司主管各路财赋上送总数,每年计量出入,规划朝廷用度。下设度支使、副使、判官、推官、主簿等职位。度支判官一方面与推官分管本部文案,另一方面与副使签署本部公事。

收到诏令,王安石可谓喜忧参半。喜的是终于可以摆脱江东提刑之职,忧的是不愿回朝任职,还得继续上书请郡。在《与王逢原书》中,他说:

方欲请,而已被旨还都,遂得脱此,亦可喜也。但今兹所除,复非不肖所宜居,不免又干渎朝廷,此更增不知者之毁。然吾计当如此,岂能顾流俗之纷纷乎?

他一刻也没有等待,立即给宰相富弼上书,表示自己不熟悉钱谷财政之事,不敢担此重任。恳请裁赐一州,使其"处幽闲之区,寂寞之滨"(王安石《上富相公书》),虽不敢说擅于治民,但"庶几地闲事少,夙夜悉心力,易以塞责而免于官谤也"(同上)。此时王安石的妻儿在和州(今安徽和县），母亲在真州（今江苏仪征）三妹家。他打算先去真州接母亲，然后寓居和州等待朝命。

办理好政务交接手续，王安石乘船自鄱江出发，经城西棠阴镇入鄱阳湖，随后顺长江东下。回首已经消失在烟云雾霭中的饶州城，不禁感慨万千：

> 泊船棠阴下，滩水清且浅。回首望孤城，浮云一何缅（遥远）。久留非吾意，欲去犹缱绻。驰心故人侧，一望三四反。萧萧东堂竹，异日留息偃。无恩被南国，疑此行当蕲。
>
> ——王安石《解使事泊棠阴，时三弟皆在京师二首》其二

棠阴这个美丽的地名，让他想起《诗经·召南·甘棠》，仿佛听到那来自远古的淳朴歌声：

> 蔽芾（繁茂）甘棠，勿翦勿伐，召伯所茇（bá，居住）。
> 蔽芾甘棠，勿翦勿败，召伯所憩。
> 蔽芾甘棠，勿翦勿拜（掰），召伯所说（通"税"，止息）。

召伯的深仁厚德让百姓永远怀念，曾为召伯遮阳挡雨的甘棠树，成为他们心中不可侵犯的圣物。然而，反观自己，虽心劳力竭，却无功于民，官舍东堂外的萧萧翠竹，恐怕很快就会被砍伐殆尽。凝视着眼前苍茫的江水和似雪的荻花，想起这十个月来所经历的种种纷扰和忧患，想起正在汴京备考的三位弟弟，他的心情十分复杂：

> 始吾泊棠阴，三子不在舟。今当舍之去，三子还远游。茫然千

里水,今见荻花洲。俯仰我春冬,纷纷空百忧。怀哉山川异,往矣霰雪稠。登高一涕泗,寄此寒江流。

——王安石《解使事泊棠阴,时三弟皆在京师二首》其一

六、嘉祐四年(1059)春调任三司度支判官, 王安石作《上仁宗皇帝言事书》

请辞三司度支判官没有得到批准。朝命难违,嘉祐四年(1059)春,王安石携妻儿再度北上,于四月抵达汴京。不到两年时间,由汴京千里迢迢前往常州,又由常州按临江南东路各州县,再由江南重回汴京,羁旅行役之苦尚且不说,常州与江东所遭遇的种种,已使他颇有心力交瘁之感。然而,囿居庞大的中央机构,过着照章办事、毫无效率与实绩的生活,又让他惭愧和不安:

竭节初悲力不任,赐环(召回京城)终愧缪恩临。病来气弱归宜早,偷取官多责恐深。膏泽未施空谤怒,疮痍犹在岂讴吟。黄昏信马江城路,欲访何人话此心?

——王安石《次韵张唐公马上》

在其位,谋其职。他认为,忠于职守,有所作为,是自古传承的优秀品德,是生而为人应有的良心:

怀王自堕马,贾傅至死悲。古人事一职,岂敢苟然为?哭死非

为生,吾心良不欺。滔滔声利间,绛灌亦何知?(绛灌:汉开国功臣绛
侯周勃与颍阴侯灌婴的并称。二人起自布衣,鄙朴无文,曾谮嫉陈平、贾
谊等。)

——王安石《杂咏三首》其一

　　西汉大臣贾谊受命为梁怀王太傅,几年后,怀王骑马时不幸坠亡。
贾谊深深自责,认为自己没有尽到太傅的职责,"哭泣岁余亦死"(司马迁
《贾生列传》)。这样一片赤诚之心,那些一味图谋私利的人显然是无法理
解的。
　　过去两年的经历,使王安石对盛世繁华下的危机,有了更深的认识,
在《日出堂上饮》一诗中,他以高堂华屋、百蚁噬柱为喻,表达了自己对时
局的担忧:

　　日出堂上饮,日西未云休。主人笑而歌,客子叹以愀。指此堂
上柱,始生在岩幽。雨露饱所滋,凌云亦千秋。所托愿求久,何言值
君收?乃令卑湿地,百蚁上穷锼。丹青空外好,镇压已堪忧。为君
重去之,不使一蚁留。蚁力虽云小,能生万蚍蜉。又能高其础,不尔
继者稠。语客且勿然,百年等浮沤。为客当酌酒,何豫主人谋?

　　南宋李壁《王荆公诗注》认为,诗中主人喻君王,客子喻臣子。堂上主
人居安而忘忧,为客者却看到华屋梁柱毁损严重,试图为主人图谋,以免
除坍塌的祸患,"此臣不忘君卷卷之义,更张之念,疑始于此"。
　　面对朝野上下因循苟且、安于现状的局面,王安石时时陷入深深的
焦虑。尽管诗中有"为客当酌酒,何豫主人谋"之类的愤激之语,但他终
究无法置身事外:

> 予生少而憨,好古乃天禀。念此俗衰坏,何尝敢安枕。有时不
> 能平,悲咤失食饮。
>
> ——王安石《酬王伯虎》

因此,回京不久,王安石就写下了著名的《上仁宗皇帝言事书》,直言不讳地指出当今天下所面临的重大危机:

> 内则不能无以社稷为忧,外则不能无惧于夷狄,天下之财力日
> 以困穷,而风俗日以衰坏,四方有志之士,谌谌(xǐ xǐ,担心)然常恐天
> 下之不久安。

文章长达万言,明确提出变更法度的政治主张,其核心思想是,"方今之失患在不法先王之政"。"法先王之政"不是要回到远古时代,而是应"法其意",即立足现实,顺应民情民意,使改革"不至乎倾骇天下之耳目,嚣天下之口",但在思想本质和理想目标上"合乎先王之政"。怎样才能做到"改易更革天下之事,合于先王之意"呢?王安石以陶冶人才为中心,条分缕析,引经据典,针对当时的各种社会问题提出了一整套具体的改革措施。

他认为,培养人才是重中之重。当今不仅"在位之人才不足",而且"草野闾巷之间,亦未见其多"。人才缺乏导致的后果是,"朝廷每一令下,其意虽善",却没有足够多称职的官员来推行,使人民得到真正的实惠,反而被一些贪官奸吏利用,相与为奸,骚扰百姓。古代先王,如周文王、周宣王,之所以能开创太平盛世,就在于"能陶冶天下之士,而使之皆有士君子之才,然后随其才之所有而官使之"。而先王陶冶成就人才的经验,概而

言之就是："教之、养之、取之、任之有其道。"

教之之道，即兴办学校。选拔优秀教官教导学生，教学内容皆为"朝廷礼乐刑政之事"，以及"先王之法言、德行、治天下之意"。只要是对天下国家有用的知识学问，都应纳入学校的教学内容，反之则不教。针对当时的现实情况，王安石提出了三个重要观点：第一，"文武之道"不可偏废。他指出，当今学者往往重文轻武，将边疆宿卫等天下重任，"推而属之于卒伍（这里借指没有儒学修养的武人）"。而先王之时，射箭、御马以及军事谋略，乃是所有士人的必修课，至于其他技能，"则视其人才之所宜而后教之"。因此，边疆宿卫的将帅之职，都能选拔优秀的士大夫来担任。第二，他依然坚持在鄞县写作《答姚辟书》等文章时的观点，反对章句之学，认为"讲说章句，固非古者教人之道也"。第三，反对当时流行的"课试文章"，认为"大则不足以用天下国家，小则不足以为天下国家之用"。在他看来，无论章句之学，还是课试文章，不仅不能培养和造就人才，反而是对人才的压制和摧残。

养之之道，即"饶之以财，约之以礼，裁之以法"。所谓饶之以财，即根据为官等级，给予相应的、充分的生活保障，"使其足以养廉耻，而离于贪鄙之行"。因为，就一般人性而言，"穷则为小人，泰则为君子"。贫穷容易导致"贪鄙苟得，无所不至"，所以应采取"高薪养廉"的方法，来防范人性的阴暗。但是，另一方面，一旦财富充裕，人们又难免会放纵欲望、奢侈无度，人心不足，欲壑难填，同样会变得"无所不至"。因此，在"饶之以财"的同时，还应该"约之以礼"，即制定明确的礼制，规定不同等级官员"婚丧、祭养、燕享之事，服食、器用之物"的基本标准，任何人不得逾越。对于不守礼制、生活奢侈的官员，则应"裁之以法"。即制定严格的法律，加以毫不留情的惩罚。显然，对于这一问题，王安石颇有痛切的体会。他指出，"方今制禄，大抵皆薄"，一般中下层官员，只要家庭人口稍微多一点,往往就有入不敷出之虞。一旦遇上婚丧大事,便更是窘迫不堪。在这种情况下,"欲士之无毁廉耻",恐怕大多数人都做不到。一旦丧失廉耻,"则其偷惰取容之意起,而矜奋自强之心息",又怎么可能尽忠尽责履行为官的职责呢?对于婚丧、奉养、服食、器用之物,朝廷又没有礼法制度的约束,天下竞相以奢为荣、以俭为耻,"故富者贪而不知止,贫者则强勉其不足以追之"。这种不良风气,更进一步加剧了士大夫阶层廉耻的沦丧。而当今朝廷法令,对于贪污处罚重,对于奢侈之风却放之任之,"此所谓禁其末,而弛其本"。因此,王安石认为,养护人才既要提高官员的俸禄,又要加强礼制的约束与法令的制裁,坚决遏制盛行朝野的奢靡之风。但是,"官冗"与"财用不足",是当时有识之士公认的两大社会问题。在这种情况下,提高官员俸禄是否可行呢?针对这一疑虑,王安石指出,真宗时代,尽管官少俸薄,但财用不足的问题早已发生,可见二者之间并不存在必然的相关性。相对于庞大的国家财政,"吏禄岂足计哉"?财用不足的原因,在于"理财未得其道",负责国家财政的相关部门,不能根据现实情况"通其变"。如果"理财以其道而通其变",则"增吏禄不足以伤经费"。

取之之道,即建立合理的选拔制度。由地方和各级学校推举贤能,再由上级加以全面考察,情况属实,即"随其德之大小、才之高下而官使之"。对人才的考察,不仅要听其言,观其行,还要"试之以事"。选拔人才的工作,不能由皇帝一人来做。先由皇帝亲自选拔一批有杰出才能和出色品行的人才,委以要职。然后委托他们,选拔和自己才能、品行相近的人才,经过长时间考察,确实德才兼备,便可推荐给朝廷。现行的选拔方式,主要有三种。第一是科举,由主考官"于一日二日之间,考试其行能而进退之",难免偏颇;考试内容无非都是强记博诵、诗赋文辞之类,不仅"所得之技能不足以为公卿",而且可能让有公卿之才者,因"困于无补之学"而老死山野。第二是门荫,以家世背景入仕,而"不计其才、行"。王安石认为,这是商纣之世乱亡的原因所在,并非治世的人才选拔方式。第三则是流外,即没有品级的小吏。对于流外官,朝廷素来不以士大夫的道德标准要求他们,同时也限制了他们的进取之路,却"属之以州县之事,使之临士民之上",又怎能指望他们不贪赃枉法呢?凡此种种,都是取之不以道的表现。

任之之道,包括三个层次的内容。其一,知人善任,人尽其才。因为,"人之才德高下厚薄不同,其所任有宜有不宜",所以应该让"德厚而才高者"担任长官,让"德薄而才下者"担任辅佐、幕僚。其二,延长任期,并建立考绩制度。任职时间长,智能才力之士可以"尽其智以赴功",不用担心"其事之不终,其功之不就";偷惰苟且之人,虽然想取容于一时,但慑于朝廷考核的严厉,自然不敢不勉力尽职;而无能之辈,居职任事的时间越长,不胜任的罪过也越容易暴露。其三,用人不疑,对于官员的具体施政措施,不过多干预和牵制,"使之得行其意"。王安石认为,当今朝廷对百官的任用,恰恰与上述原则背道而驰:

> 不问其德之所宜,而问其出身之后先;不论其才之称否,而论其历任之多少。以文学进者,且使之治财;已使之治财矣,又转而使之典狱;已使之典狱矣,又转而使之治礼。

因此,掌管礼仪的官员不以不知礼为忧,负责刑狱的官员不以不知狱为耻,加上调任频繁,有的甚至"数日辄迁之"。不问才德,不讲专长,一味论资排辈,人浮于事,安常习故、不以事功为急便成为官场一时风气。真正有才有志的官员则既要承受同僚的议论讥讪,又要承受朝廷制度的各种限制,很难施展才干。

行文至此，王安石尖锐指出：

> 夫教之、养之、取之、任之，有一非其道，则足以败天下之人才，又况兼此四者而有之？则在位不才、苟简、贪鄙之人，至于不可胜数，而草野、闾巷之间，亦少可任之才，固不足怪。

人才奇缺，不仅不能行先王之政，就连社稷之托、封疆之守都危在旦夕。东汉张角"三十六万同日而起，所在郡国，莫能发其谋"，唐代"黄巢横行天下，而所至将吏无敢与之抗者"，这些历史事实足以证明，汉、唐帝国的灭亡，肇端于"在位之人才不足"。唐亡之后，五代更是"武夫用事，贤者伏匿消沮，而不见在位"，于是朝代更替"甚于弈棋之易"。西晋武帝只顾眼前，无长远之谋，文武百官也都是偷合苟容，其后海内大扰，"中国困于兵革者，二百余年"。他情辞恳切地告诫仁宗皇帝，"鉴汉、唐、五代之所以乱亡，惩晋武苟且因循之祸，明诏大臣，思所以陶成天下之才。"

这是从政十七年以来，王安石第一次主动向以仁宗为代表的中央政权建言献策，文章充满了对现行政治的尖锐批判，体现出强烈的危机感与问题意识。他所提出的一系列改革措施，无一不是对当时官僚制度的根本否定，表现了他对国家未来的宏图远志。

然而，这篇博辩滔滔，"慨然有矫世变俗之志"（《宋史·王安石传》）的万言书，就像一片雪花落进水里，没有溅起一点点浪花。此时，仁宗皇帝在位已近四十年，庆历年间奋然求治、振起威德的革新意愿，早已消失殆尽。宰相富弼、韩琦同为"庆历新政"主将，经历了十多年宦海浮沉，新政失败的教训，此后从政的丰富经验，使他们由激进而渐趋老成，不复当年的勇锐之气。据说，两位宰相对王安石的万言书，"读之不乐，知其得志必生事"（洪迈《容斋四笔》）。

七、王令不幸病逝,王安石
震惊之余陷入巨大的悲痛

虽然万言书没有得到回应,但五月十九日,朝廷诏令王安石直集贤院。直集贤院是馆职名,多用于通判、知州、转运使,及在京差遣贴职(即兼职),由京官以上充任。这显然与王安石的个人意愿相违背,他要的不是高官厚禄,而是一个可以真正施展才干、实现理想的机会。正如王令所说:"人留孟子皆非道。"(王令《寄介甫》)孟子周游列国,何尝找不到一官半职? 只不过那些想要任用孟子的诸侯,都无意推行王道。因此,王安石依然是辞让再三,但未得朝廷允许,只好勉强就职。考虑到今后去地方任职的可能性已经不大,他决定请假回南方一趟,将母亲接来汴京一同居住。

就在这时,他忽然接到一个噩耗:六月二日,王令不幸病逝,年仅二十八岁!

仿佛晴天里一声霹雳,王安石震惊之余,陷入巨大的悲痛。他不能相信,那个特立独行、矢志明道的朋友就这么走了! 他无法接受,那个在他孤立无援时,唯一理解和支持自己的逢原,就这么永远地离去了!

我善孰相我? 孰知我瑕疵? 我思谁能谋? 我语听者谁? 朝出一马驱,暮归一马驰。驰驱不自得,谈笑强追随。仰屋卧太息,起行涕淋漓。

——王安石《思王逢原》

他亲自为王令撰写墓志铭,追述由相识而相知的过程,表达对好友的无限崇敬,抒写失去知己与同道的深切悲哀:

> 余友字逢原,讳令,姓王氏,广陵人也。始予爱其文章,而得其所以言。中予爱其节行,而得其所以行。卒予得其所以言,浩浩乎其将沿而不穷也;得其所以行,超超乎其将追而不至也。于是慨然叹,以为可以任世之重,而有功于天下者,将在于此,余将友之而不得也。呜呼! 今弃予而死矣,悲夫!
>
> ——王安石《王逢原墓志铭》

也许,从世俗的眼光来看,王令短短的一生,并没有成就什么丰功伟业。但王安石认为,王令虽然"食无田""寝无庐"(王令《言归赋》),只是一个清贫的教书先生,却能遵从先圣的教导,立身明道、矢志不移,正是孟子所说的,"无恒产而有恒心者"(《孟子·梁惠王上》),他的德行足以永垂不朽:

> 盖无常产而有常心者,古之所谓士也。士诚有常心,以操圣人之说而力行之,则道虽不明乎天下,必明于己;道虽不行于天下,必行于妻子。内有以明于己,外有以行于妻子,则其言行必不孤立于天下矣。此孔子、孟子、伯夷、柳下惠、扬雄之徒所以有功于世也。
>
> ——王安石《王逢原墓志铭》

尽管曾巩质疑"介甫所作王令志文,以为扬子(即扬雄)不过,恐不然也"(曾巩《与王深父书》),王安石却表示"此于平生为铭,最为无愧"(王安石《与崔伯易书》)。

在给朋友们的书信中,他一遍又一遍地倾泻内心诉之不尽的痛惜之情:

> 惜也,如此人而年止如此!以某之不肖,固不敢自谓足以知之。然见逢原所学所为日进,而比在高邮见之,遂若不可企及,窃以谓可畏惮,而有望其助我者,莫逾此君。虽足下之言,亦以谓如此。今则已矣,可痛!可痛!然此特可为足下道尔。人之爱逢原者多矣,亦岂如吾两人者知之之尽乎?可痛!可痛!
>
> ——王安石《与崔伯易书》

> 有王逢原者,卓荦可骇,自常州与之如江南,已见其有过人者。及归而见之,所学所守,愈超然殆不可及。忽得报死矣,天于善人君子如此,可叹!可叹!如逢原者,求之于时,殆未见比……可痛!可痛!恨足下不得见之耳。
>
> ——王安石《与王深父书》

对于王令的遗属,他关怀备至:

> 闻妇欲北返,跂予常望之。寒汴已闭口,此行又参差。又说当产子,产子知何时?贤者宜有后,固当梦熊罴(《诗·小雅·斯干》:"维熊维罴,男子之祥。"后以"梦熊罴"指生男)。天方不可恃,我愿适在兹。
>
> ——王安石《思王逢原》

王令去世时,夫人吴氏有孕在身。九月四日,王令下葬之后,夫人原本打算进京,随兄嫂生活,王安石听说后,日夜翘首盼望。可是后来,因冬季汴河水浅,不便行舟,取消了行程。第二年,吴夫人生下一个女儿。十七年后,经王安石介绍,嫁给太学生吴师礼。那时王安石身为宰相,百忙之中,亲自给吴夫人之兄吴豪(字特起)写信提亲,他称许吴师礼"有文学节行","极多人欲婿之"(王安石《与吴特起书》),是众多公卿达官眼中的佳婿之选。但吴师礼仰慕王令的节义,"故欲娶其女"(同上)。吴师礼字安仲,太学上舍赐第,后来官至直秘阁知宿州,为一时名臣。他的儿子、王令的外孙叫吴说,南宋著名书法家,曾任信州知州,并编有《古今绝句》一书,专选杜甫、王安石二人的绝句。

王令夫人吴氏免丧之后,父兄要为她议婚改嫁,她"号泣弗许",从此"归老父母之家,屏迹田桑,以事兄嫂。荆钗布素,不事涂饰"(宋《国史·列女传》)。熙宁(1068—1077)、元丰年间(1078—1085),吴夫人在唐州泌阳县,率领当地百姓开垦荒地,"每岁农隙,躬率农夫数千余人,修治堤堰,蓄水灌田,利及一方"(同上)。经过多年努力,不仅使当地百姓丰衣足食,"而其家资亦累巨万"(王云《节妇夫人吴氏墓碣铭》)。但夫人依然保持着节俭的生活习惯,乐善好施,扶危济困,"贷不能偿,则为焚券"(同上),深受当地百姓的爱戴。乡邻之间发生纠纷,往往不找官府,都愿请夫人裁断;子弟有顽劣不轨者,父母自带荆条,请夫人代为训诫。元祐七年(1093)三月,州府将夫人的事迹上报,朝廷特赐绢一十匹,米一十石,以示旌表。元祐八年(1094)十二月二十日去世,享年五十九岁。死后与丈夫王令合葬于唐州桐柏县淮源乡。

王安石对王令夫人一直极为赞赏,嘉祐五年(1060)作《思王逢原三首》,曾说:"康子高才有妇同。"康子是战国时期齐国著名隐士黔娄,他安贫乐道,视荣华富贵如浮云,齐、鲁两国国君,都曾重金聘请他为官,但他不为所动。黔娄死后,曾子前来吊唁,问黔娄夫人:"先生终,何以为谥?"夫人说:"以'康'为谥。"曾子说:"先生在世时,食不裹腹,衣不蔽形;死则覆以布被,手足不尽,覆头则足见,覆足则头见。生不得其美,死不得其荣,何以谥为'康'呢?"夫人说:"甘天下之淡味,安天下之卑位,不戚戚于贫贱,不遑遑于富贵,求仁而得仁,求义而得义,其谥为'康',不亦宜乎?"

王安石的诗句,即以黔娄夫人比吴氏,不仅能与丈夫同甘共苦,而且能在思想上深刻理解,夫妇心心相印,琴瑟和鸣。

元丰八年(1085),王安石为吴夫人的父亲作墓志铭,又说:"季(小女儿,指王令夫人)有特操如令,豪养寡姊妹,嫁孤甥。夫妇孳孳(zī zī,勤勉),乡人又以为难。"(王安石《吴录事墓志》)同样称许吴夫人与夫君王令德行相当。王令在世时,他们虽然经济窘迫,但尽心奉养王令寡居的姐姐,并及时为外甥女选择合适的人家出嫁。夫妇二人勤勉度日,乡人都认为十分难得。正如王云《节妇夫人吴氏墓碣铭》所言,王令夫人"泽被一方,功昭于时",如此卓越的功业成就,"岂特古今女子所未尝有,虽烈丈夫建立无以过之",夫人与王令同为贤德之士,确实是极相匹配的一对佳偶。

虽然,王安石未及看到吴夫人在唐州的事功业绩,这位伟大的女性,却以自己的一生,印证了王安石在《王逢原墓志铭》中的论断:

> 道虽不行于天下,必行于妻子。……其言行必不孤立于天下矣。

第七章

经时济世才难就

自从宋真宗景德元年(1004)十二月,宋、辽(契丹)签订澶渊之盟,约为兄弟之国,半个多世纪以来,两国之间没有发生大规模军事冲突,基本保持友好往来。双方每年都会派正旦使、生辰使、国信使等各种名目的使者,互致问候、互通信息,外事活动十分频繁。

嘉祐五年(1060)正月,王安石受命为送伴使,伴送契丹使者离开汴京,直到北部边境。他们从京师北城陈桥门出发,途经长垣、澶州、大名府、贝州、深州、瀛州、莫州,至雄州白沟驿,渡白沟河,入契丹涿州境,随后,把酒话别。此次旅程历时一月有余,其中与辽国使者并辔同行十八天。因语言不通,大部分时间都是默不作声,各自赶路。王安石只好"时窃歌咏,以娱愁思、当笑语"(王安石《伴送北朝人使诗序》),作诗多达四十多首。回京后,他将这些诗作编订成册,遍送亲友。没想到,其中《明妃曲二首》①,不仅在当时引发了诗坛唱和高潮,而且成为此后千百年来聚讼不息的热门话题。

一、嘉祐五年(1060)使辽途中,
王安石作《明妃曲二首》抒发心曲

明妃即昭君,西汉元帝时宫女,晋时因避晋文帝司马昭之讳,改称明君或明妃。据《汉书》记载,竟宁元年(前33),匈奴呼韩邪单于来朝,求娶汉人女子为妻,元帝遂将昭君赐嫁单于。昭君与呼韩邪生下一子,三年后呼韩邪去世。依匈奴习俗,昭君改嫁继任单于,即呼韩邪的长子复株

---

① 有关王安石《明妃曲二首》创作时间,学界有嘉祐四年与嘉祐五年两说。本书参考日本学者内山精也的观点,参见《王安石〈明妃曲〉考》(内山精也《传媒与真相》,上海古籍出版社2005年)。

絮若鞮,生下两个女儿。

不过,这几条原本极为简略、客观的史实记载,经过杂史、笔记的渲染,到东汉以后,逐渐演变成一个内容丰富曲折、富有传奇色彩的昭君故事。根据这一故事的叙说,当时元帝后宫,嫔妃无数,皇帝不能一一面见,只好先让画师给她们画像,然后按像挑选。因此,宫女们纷纷贿赂画师,唯独昭君不愿行贿,竟以天生丽质,埋没深宫,最后远嫁匈奴。出宫之日,她的美貌震惊了所有在场的人,元帝后悔不及,只好将画师毛延寿处斩,以泄一时之愤。呼韩邪死后,昭君不愿接受匈奴的野蛮习俗,最后自杀而亡。这个充满强烈悲剧性的故事,从西晋开始,即成为历代诗人钟爱的题材,反复歌咏,绵延不绝。

王安石伴送契丹使臣,一路向北。越是接近边地,去国离乡的陌生感,便越觉浓郁。萧条的塞垣,月夜的筘鼓,云间的雁阵,缺舌(jué shé,比喻语言难懂)的契丹语,以及引刀取肉的胡地习俗,让他情不自禁想起千年前,那个肩负和亲使命的美丽女子:

> 明妃初出汉宫时,泪湿春风鬓脚垂。低徊顾影无颜色,尚得君王不自持。归来却怪丹青手,入眼平生未曾有。意态由来画不成,当时枉杀毛延寿。一去心知更不归,可怜着尽汉宫衣。寄声欲问塞南事,只有年年鸿雁飞。家人万里传消息,好在毡城莫相忆。君不见咫尺长门闭阿娇(汉武帝皇后,失宠后居长门宫),人生失意无南北。
>
> ——王安石《明妃曲二首》其一

那个寒意袭人的早春,不幸的昭君泪洒汉宫,她将去向不可知的远方。虽然,她惊人的美丽"竦动左右"(《后汉书·南匈奴传》),令君王难以自持,悔恨不已,但糊涂的君王,竟完全没有明白错失昭君的真正原因。

昭君的美丽不止在容颜,更在由内而外的精神气质,再高明的画师,也无法借画笔传达。她雅洁孤高,特立独行,当初既不愿贿赂画师,今日亦决不肯求宠乞怜。她早已做好一去不返的心理准备,却依然徘徊顾影,眷恋故国。在遥远的大漠,她"着尽汉宫衣",她"欲问塞南事",这份爱乡爱国的感情,出自天性,决不因在汉宫的失意而稍有减弱,更不是对汉帝尚抱有什么幻想。是的,"人生失意无南北",家人的劝勉,又何尝不是昭君用自己的亲身经历证明过的一条普遍真理? 在汉地被雪藏深宫多年的昭君,与独居长门宫的阿娇,又有什么区别? 如今,匈奴百辆毡车相迎,集万千宠爱于一身,境遇自有天壤之别。可是,昭君真的就可以快乐了吗?

明妃初嫁与胡儿,毡车百两皆胡姬。含情欲说独无处,传与琵琶心自知。黄金捍拨春风手,弹看飞鸿劝胡酒。汉宫侍女暗垂泪,沙上行人却回首。汉恩自浅胡自深,人生乐在相知心。可怜青冢已芜没,尚有哀弦留至今。

——王安石《明妃曲二首》其二

汉、胡之恩宠,虽浅深有别,"其不为知心则一"(《百家唐宋诗新话》)。人生最大的快乐,是遇到情意相投的知己,无关乎境遇的好坏。她的情愫无人可说,她的心事唯有自己能懂,"故在汉宫亦悲,嫁胡儿亦悲,此之谓'人生失意无南北'"(同上)。那叮咚的琵琶乐曲,飘洒在辽阔的荒漠,就像离群的孤雁,独自飞过长天。高山流水,知音难觅,这一曲哀弦,千载悠悠,动人心魂……

王安石这两首诗,袭用了前代昭君诗的惯用语词与主要情节,在此基础上,将叙事与抒情、议论相结合,通过人物意态的刻画,人物心理的描写、渲染、烘托等手法的运用,以及奇特新警、发人深省的议论,淋漓尽致地塑造出一个超然远俗、自我意识突出的昭君形象,给人耳目一新之感。诗人与其说是在写昭君,又何尝不是借昭君故事,抒发自己的心曲呢? 这些年来,朝廷对王安石恩宠有加,士大夫舆论,大多也对他推崇备至,处于事业上升期的他,此时应该是"春风得意马蹄疾"(孟郊《登科后》),王安石却怎么也高兴不起来。个人的名位、得失,他从不放在心上,重要的是,凝结了他十七年从政经验、智慧与心血的《上仁宗皇帝言事书》,如石沉大海,声息全无;唯一真正理解他人生志趣的好友王令,也英年早逝,他感受到一种无以言说的深刻孤独。然而,就像没有人懂得他内心的孤独一样,也少有人懂得这两首诗的真正意蕴。无论是誉是毁,似乎都没能把握核心。因此,当他将诗歌分享给亲友,虽然瞬间引爆京城,很快风靡四方,梅尧臣、刘敞、欧阳修、司马光、曾巩等纷纷唱和,成为嘉祐诗坛一大盛事,但人们多是叹服于诗歌艺术上的意新语工。

然而,并不是所有人,都对这两首诗赞赏有加,最早的批评就来自好友王回。嘉祐六年(1061)前后,少年黄庭坚曾拜访王回,谈及王安石《明妃曲二首》,黄庭认为"词意深尽,无遗恨矣"(李壁《王荆公诗注》引),可与李白、王维并驾齐驱。王回却说:

"不然,孔子曰:'夷狄之有君,不如诸夏之亡也。'介甫诗则曰:'人生失意无南北。'与圣人倡导的君臣伦理相悖,这是不对的。"

黄庭坚虽然年幼,但初生牛犊不怕虎,面对大名鼎鼎的前辈学者,并不轻易服输,他说:

"先生的评论可谓极忠孝矣。然而,孔子不也曾想要居于九夷吗?并说:'君子居之,何陋之有?'如此看来,介甫先生并没有什么错啊。"

这是两位对王安石满怀善意与敬意的读者之间的交谈,却已经显出了评价的分歧。而三十多年之后,发生在太学里的一番议论,就表现得更为尖锐激烈了。朱弁《风月堂诗话》记载:一天,有位太学生朗诵王安

石《明妃曲》,读到"汉恩自浅胡自深,人生乐在相知心"两句时,吟咏再三,称赞不已。有个叫木抱一的艴然不悦,说:

"诗可以兴,可以怨。虽以讽刺为主,然不失其正,才是可贵之作。如果照这两句诗的意思,则李陵偷生异域,也没有什么不对,汉武帝诛灭他的家人,倒是滥施酷刑了!"

显然,木抱一认为,这两句诗的意思是:汉恩寡浅,胡恩深重,因此胡人与我相知。接着,他又说:

"当介甫赋诗时,温国文正公(司马光)见而恶之,另作两篇,其词严,其义正,目的就是要矫正他的过失。诸君何不取而读之?"

"温国文正公见而恶之"的判断,带有很强的主观性。木抱一可能并不清楚,神宗熙宁二年(1069)以后,王安石与司马光虽然分属新、旧两党,政治立场完全对立,但在嘉祐年间,却是非常要好的朋友。据徐度《却扫编》记载:王安石、司马光、韩维、吕公著,"特相友善,暇日多会于僧坊,往往燕谈终日,他人罕得而预",当时称为"嘉祐四友"。司马光《和王介甫明妃曲》,是在一种十分友好的氛围中写作的。是否专为"矫其失"而作呢? 我们不妨来读一读原作:

> 胡雏上马唱胡歌,锦车已驾白橐驼。明妃挥泪辞汉主,汉主伤心知奈何。宫门铜环双兽面,回首何时复来见? 自嗟不若住巫山,布袖蒿簪嫁乡县。万里寒沙草木稀,居延塞外使人归。旧来相识更无物,只有云边秋雁飞。愁坐泠泠调四弦,曲终掩面向胡天。侍儿不解汉家语,指下哀声犹可传。传遍胡人到中土,万一他年流乐府。妾身生死知不归,妾意终期寤人主。目前美丑良易知,咫尺掖庭犹可欺。君不见白头萧太傅,被谗仰药更无疑。

诗歌前半部分,基本上是对历代昭君诗主旨的重复,没有多少新意。比较独特的是,"侍儿不解汉家语"以下十句。诗人先以第一人称叙述方式,表达了昭君虽然"生死知不归",却依然期盼自己的乐声,能辗转传回汉地,使元帝醒悟;但紧接着,便是一个强烈的反转,用活生生的历史事实,毫不留情地打破了这一不切实际的幻想。萧太傅指西汉大臣萧望之,曾受宣帝遗命,辅佐元帝,备受器重,后来元帝听信宦官谗言,将他杀害。可见,司马光的和作,明显受到王安石原作影响,不仅重复使用了《明妃曲二首》其一中"咫尺""君不见"等语词,而且"从内容上看,在暗示王昭君与主君元帝之间没有心灵沟通这一点上,它也可以说承袭了原篇《其二》的'人生乐在相知心'"(内山精也《王安石〈明妃曲〉考》)。

不过,在木抱一说出他的观点之后,太学生们的反应是,"虽心服其论,而莫敢有和之者"(朱弁《风月堂诗话》)。因为当时新党执政,王安石虽已去世二十多年,但作为思想权威、儒家学派正宗传人,配享孔庙,他创立的新学,被奉为官方哲学。在这种时代氛围下,木抱一敢于发表不同意见,就这件事情本身来说,倒颇有王安石"反流俗"的精神,因而是值得肯定的。

又过了二十年,靖康之乱,宋室南迁,朝野上下,许多人都将这个天崩地裂的大事件,归咎于新党,对新党创立者王安石的非议不断升级,《明妃曲二首》亦受到激烈批判。李壁《王荆公诗注》,记载了南宋初期翰林侍读学士范冲的一段评论:

> 臣尝于言语文字之间,得安石之心,然不敢与人言。且如诗人多作《明妃曲》,以失身胡虏为无穷之恨,读之者至于悲怆感伤。安石为《明妃曲》则曰:"汉恩自浅胡自深,人生乐在相知心。"然则刘豫(原为宋臣,后降金,受金册封为"大齐皇帝")不是罪过,汉恩浅而虏恩

深也。今之背君父之恩,投拜而为盗贼者,皆合于安石之意。此所谓坏天下人心术。孟子曰:"无父无君,是禽兽也。"以胡虏有恩,而遂忘君父,非禽兽而何?

这段评论带有强烈的党派偏见,已近于恶意毁谤。从批评方法而言,则正如孟子所批评的"以文害辞,以辞害志",完全不顾及诗歌语言的特殊性,以断章取义、牵强附会的手段,攻击政治假想敌。然而,类似的评论,却成为此后《明妃曲二首》接受史上的主流观点,即便是对王安石并无敌意的读者,也往往认为其言有失,只是并不认同范冲所谓"坏天下人心术"的险恶用心,而多归因于"诗人务一时为新奇,求出前人所未道"(李壁《王荆公诗注》)、"荆公专好与人立异,其性然也"(赵翼《瓯北诗话》)。

围绕王安石《明妃曲二首》而产生的种种解读,实质上体现了"两种君臣观、气节观之冲突"(刘成国《王安石年谱长编》)。《明妃曲》隐含着"从道不从君"的思想,近似于亚里士多德"吾爱吾师,吾更爱真理"的精神本质,而木抱一、范冲等人的指责,则是"从君即从道"的反映,所导向的无疑是愚昧与盲从。

二、王安石作《拟上殿札子》等,再度呼吁改革

这次出使,往返一个多月,途经北部七八个州府,王安石趁此机会,考察各地施政,再一次深切感到大宋吏治的败坏:

　　能推行朝廷之法,知其所缓急,而一切能修其职事者甚少;而不才、苟简、贪鄙之人至不可胜数;其能讲先王之意以合当世之变者,盖阖郡之间,往往而绝也。

——王安石《拟上殿札子》

　　尽管洋洋万言的《上仁宗皇帝言事书》,如石沉大海,杳无音讯,但他决不肯就此放弃。出使归来,依惯例需向朝廷呈交一份报告,于是,"因边事之所及,冒言天下之事",写成《拟上殿札子》一文,文章简要概述《上仁宗皇帝言事书》中的主要观点,再次呼吁朝廷,从人才培养入手,"法先王之意""改易更革天下之事"。

　　此时,王安石的职务仍是三司度支判官。一天,度支副使吕景初(字冲之),命人从朝廷档案中,查考出历届副使的姓名、官衔、任职年月等,刻写在度支副使办公厅东壁,并委托王安石,撰写《度支副使厅壁题名记》一篇,以记其事。所谓"厅壁题名记",原本是一种带有史志性质的叙事文体,王安石却借题发挥,在叙事的框架中,加入大段议论,阐发自己对国家理财、法制、吏治三者之关系的见解:

　　夫合天下之众者财,理天下之财者法,守天下之法者吏也。吏不良,则有法而莫守;法不善,则有财而莫理。有财而莫理,则阡陌间巷之贱人,皆能私取予之势,擅万物之利,以与人主争黔首(百姓),而放其无穷之欲,非必贵强桀大而后能。如是而天子犹为不失其民者,盖特号(徒有其名)而已耳。虽欲食蔬衣敝,憔悴其身,愁思其心,以幸天下之给足,而安吾政,吾知其犹不行也。然则善吾法,而择吏以守之,以理天下之财,虽上古尧、舜,犹不能毋以此为先急,而况于后世之纷纷乎?

他认为，能聚合天下百姓的是财富，而管理天下财富要靠法制，守护
天下法制，则有赖于官吏。官吏不称职，则有法而不能守；法制不完善，
则有财却不能管理好。一旦国家财富没有得到很好的管理，民间的富商
土豪，便会肆无忌惮地聚敛财富、兼并土地，和皇帝争夺百姓，放纵他们
无穷的私欲。发展到这一地步，天子也就只是徒有其名罢了。即便再刻
苦节俭、勤政务实，也无法开创太平盛世。因此，尧、舜等上古先王，无不
以完善法制、选拔官吏、管理财富，作为治理天下的首要任务。而三司主
掌盐铁、度支、户部，"总国计，应四方贡赋之入"（《宋史·职官志》），是国家
最高财政机构，三司副使这一职位的重要性，不言而喻：

> 三司副使，方今之大吏，朝廷所以尊宠之甚备。盖今理财之法，
> 有不善者，其势皆得以议于上而改为之。非特当守成法，咨出入，以
> 从有司之事而已。

作为备受尊宠的朝廷重臣，对于当今理财之法不妥当之处，三司副
使应该有权力、有责任，积极主动地和皇帝讨论，并进行改革，不能只是
谨守成法，不敢有所出入，敷衍塞责地完成日常事务而已。三司副使的
职责和工作如此重要，任职者是贤德或者不肖，直接决定了对天下是有
利或者有害。因此，考察历任三司副使任职年月，了解他们的政绩，以
及他们辅佐皇帝管理财政的策略，可以清楚地看出，"其人之贤不肖，与
世之治否"。王安石认为，这正是整理和创制三司副使厅壁题名的意义
所在。

这篇文章，与《上仁宗皇帝言事书》《拟上殿札子》的思想，一脉相承。
强调理财、变法与择吏，而"总归其效于人"（孙琮《山晓阁选本宋大家王临

川全集》),把择吏置于重中之重。文章高屋建瓴,喷薄而下,结构严谨,开阖有度,"而一种奇崛之气,精悍之思,具见介甫本色"(同上)。

这些改革主张,依然没有得到朝廷任何正面回应。不过,四月二十一日,朝廷诏令:

> 度支判官、祠部员外郎、直集贤院王安石,同修起居注。
>
> ——李焘《续资治通鉴长编》

同修起居注地位清要,由三馆秘阁校理以上馆职官,及进士高等,或制科出身,且才能出众者担任,主要职责是记录皇帝言行,修成起居注后,送交史馆,以备将来撰修国史。此时,距离王安石擢升馆职,还不到一年。相比较众多馆阁同僚,他资历最浅,而朝廷用人历来讲究论资排辈,这一任命,显然又是一次超级提升。王安石表示,"不敢贪冒宠荣,以干朝廷公论"(王安石《辞同修起居注状》其一),因此坚辞不就。朝廷暂且接受了他的辞让。但是,十一月二十六日,朝廷再度下令:

> 度支员外郎、直秘阁、判度支勾院司马光,度支判官、祠部员外郎、直集贤院王安石,同修起居注。
>
> ——李焘《续资治通鉴长编》

司马光"五辞而后受"(同上),王安石却力辞不已,而且再三请求出知地方。这样僵持多日,最后皇帝有旨,命阁门吏将任命书直接送到三司度支办公厅,但王安石仍然不肯接受。推让之中,阁门吏不管不顾,拱手向他道贺,他连忙躲到厕所里。于是,阁门吏将任命书,放在他的办公桌上,转身离去。王安石发现后,立即派人追赶,硬将任命书还了回去。

尽管如此,朝廷始终不准,王安石一连上了七八道辞章,最后无可奈何,只好服从朝命。

虽然当初迫于侍亲养家的压力步入仕途,但在基本生存需求得到保障之后,王安石的仕宦目标便不再只是一己之利禄,而是行道救世,尽君臣之义。《上仁宗皇帝言事书》《拟上殿札子》等,即是这一目标的积极体现。然而,他收获的是深深的挫败。"君子之仕,行其义,非乐其势也"(桓宽《盐铁论·刺权》)。既然不能行其义,接连不断的超常升迁,便没有任何意义,反而只是徒增愧疚,还不如到地方做点实事。可是,朝野上下,又有谁能理解他的心曲呢?人们都只看到他辞官的表象,或赞美,或羡慕,或非议。友人刘敞就曾作《论让官疏》,对此提出批评。文章首先引用古代典制,说明尧舜时代,"让官者或一让,或再让,或三让,皆有品秩",并不是人人都会让官。而近来士大夫每有升迁,不问高下,总是反复辞让,"虽有出其至诚,恬于势利",但不符合礼法;其次,刘敞认为:

> 让之迹近名,近名则容伪……若习俗遂巧,流风稍敝,必且挟伪采名,要(要挟)上迷众,更以为进取之捷径,奔竞之秘策,甚可恶也,岂独烦于礼哉!

应该说,刘敞对世情风俗的分析与忧虑,是十分深刻而富有远见的,正如老子所谓"天下皆知美之为美,斯恶已。皆知善之为善,斯不善已"。如果"每得官辄让,众亦予其恬退之称,让不失始利,而得名益高"(刘敞《刘公行状》),有可能形成不良示范,让那些汲汲于名利者心存侥幸,以为有可乘之机。但当时及后世的一部分人,据此质疑王安石矜尚虚名、以退为进,把他描述为居心叵测的阴谋家,则难免有以己度人、以蠡测海之嫌。

王安石性格率直、执拗,自我意识强烈,我行我素,不太顾忌旁人的看法,扬州平山堂刘敞宴上,拒不入席,就是一个典型例子。而这样的事情,对王安石来说属于常态。

嘉祐五年(1060)四月,三司院内牡丹盛开,三司使包拯摆酒设宴,邀同僚下属一同赏花。包公为人清正严肃,僚属们都对他十分敬畏。酒席上,包公举酒相劝,不管能喝不能喝,大家都尽力应酬。当时,司马光与王安石同在三司,一为度支勾院判官①,一为度支判官,同为从六品上的中级官员。和王安石一样,司马光"性不喜华靡"(《宋史·司马光传》),当年进士及第,在御赐的闻喜宴上,人人戴花欢庆,只有司马光一人不肯戴花。此时,面对个性严正的顶头上司频频劝酒,司马光虽"素不喜酒,亦强饮"(邵伯温《邵氏闻见录》),而王安石却"终席不饮,包公不能强也"(同上)。如此倔强不屈的个性特征,实与微妙官场所必需的察言观色、见风使舵、曲意逢迎,相去甚远。

嘉祐五年(1060)八月,王安石受命考试开封府举人,一同担任试官的滕甫、郑獬,性格粗豪不羁,嗜酒放任,时人称为"滕屠郑酤"。王安石平时就很讨厌这两人,此时一道批阅试卷,不免常常意见相左,以至于意气相争,互唱反调。有一份试卷,滕甫再三贬抑,王安石则偏要将这份试卷列为高等,谁知揭榜后却发现,那份试卷的作者,竟然是滕甫、郑獬的狐朋狗友,自然也是王安石很不喜欢的人。王安石十分生气,怀疑滕甫和郑獬故意设了个圈套让自己来钻,滕甫操着一口汴京城里的市井土话,指天发誓:

"老天在上!假如是我有意卖你,就让我的老母亲去死吧!"

王安石很不高兴地回答道:"你怎么能如此没有修养?凡事都应权衡轻重,再怎么也不能拿自己的母亲来赌咒啊!"

---

① 度支勾院隶属三司,设主判官一人,纠察三司钱谷、百物出入账籍考校,负责勾销报账,防止财物失陷。

滕甫身为馆阁学士,却像无知无识的市井小民一般赌咒发誓,确实有失身份。不过,回到事情的本身,如果王安石足够理性,秉公判卷,事情也不至于闹成这个样子。

三、随着王安石官职的升迁,家中经济状况越来越好

时光匆匆,转眼便到了嘉祐六年(1061)三月,王安石受命担任本届科举考试殿试详定官。殿试的既定制度是,先由初考官定出等级,弥封之后,送覆考官;覆考官再定等级后,交详定官;详定官将初考与覆考等级进行对照,如果相同,便交由编排所登录;如果不同,则仔细阅读卷面文章,再作决定,或从初考,或从覆考,不得另立等级。这次殿试,王安石认为,初考官和覆考官所定的第一名都不适当,便从其他试卷中挑出一份,评为第一。另一位详定官是天章阁待制杨畋(字乐道),他谨守旧制,认为王安石这一做法不合规定,两人为此争论不休,始终无法达成共识。于是,各自将自己的观点形诸文字,进呈御览,最后皇帝诏令,认同王安石的意见。"详定官得别立等,自此始,遂为定制"(沈括《梦溪笔谈》)。

对于朝廷以诗赋取士,王安石一向持反对态度。嘉祐四年(1059),作《上仁宗皇帝言事书》,曾全面分析其弊端。嘉祐五年(1060)八月,受命考试开封府举人时,曾作《试院中》一诗,抒发不满:

少时操笔坐中庭,子墨文章颇自轻。圣世选才终用赋,白头来此试诸生。

虽然当初为了求取功名，王安石也曾用心学赋。作为庆历二年（1042）进士第四人，他的赋写得"甚精切，有义味"（李壁《王荆公诗注》），但内心深处则认为，学习诗赋无助于治国理政，因此"颇自轻"。物换星移，他已经从一名青葱少年，变成了白发人，而朝廷竟依然靠这无用的诗赋选拔人才！其中"子墨"，是扬雄《长杨赋》中的虚构人物，这篇辞赋采用拟人手法，由"翰林"（笔）与"子墨"（墨）的对话展开全篇。因此，王安石以"子墨文章"，代指赋这一文体。

这次担任殿试详定官，王安石又作《详定试卷二首》，明确表达改革科举制度的强烈愿望，其二曰：

> 童子常夸作赋工，暮年羞悔有扬雄。当时赐帛倡优等，今日论才将相中。细甚客卿因笔墨，卑于《尔雅》注鱼虫。汉家故事（传统的制度和做法）真当改，新咏知君胜弱翁。

汉代儒者扬雄，早年以《甘泉赋》《长杨赋》等知名一时，晚年深自愧悔，有"童子雕虫篆刻，壮夫不为"的警示。诗歌首联，即以扬雄自比，表达自己早年不得不以诗赋入仕的羞愧之情。颔联以一古一今，形成鲜明对比：诗赋写作，在汉代只不过能得到一点皇帝的赏赐，地位与倡优（即歌舞、技艺）等同，如今却成为选拔将相之才的重要工具。《尔雅》是古代字书，其中有"释鱼""释虫"两类。韩愈《读皇甫湜公安园池诗书其后》曰："《尔雅》注虫鱼，定非磊落人。"告诫弟子，不要在无益的小事上，枉费了时光。王安石则尖锐地指出，写几句诗赋实在微不足道，还不如为鱼、虫做注释。因此，他大声疾呼：朝廷袭用百年的取士制度，真的应该改革了！诗歌最后一句，当指同为详定官的杨畋、何郯（字圣从）。汉宣帝丞相魏相，字弱翁，《汉书·魏相传》记载，他喜欢研究先朝制度，认为"方今务在奉行故事(旧日的行事制度)而已"。诗歌称许杨畋、何郯"胜弱翁",表明他们也并不主张墨守成规。

尽管,在担任详定官期间,王安石与杨畋、何郯,在公事上时有意见相左之处,但日常相处却十分和谐。他们都喜欢写诗,批卷之余,经常相互唱和。今王安石集中尚有《和杨乐道韵六首》《详定幕次呈圣从乐道》《奉酬杨乐道》《奉酬圣从待制》等诗作十余首。在这些带有很强交际性质的诗作中,王安石别出心裁,用汉代文学家扬雄与南朝梁代诗人何逊的典故,分别指代杨畋与何郯,如:

> 殿阁抡材覆等差,从臣今日擅文华。扬雄识字无人敌,何逊能诗有世家。旧德醉心如美酒,新篇清目胜真茶。一觞一咏相从乐,传说犹堪异日夸。

——王安石《详定幕次呈圣从乐道》

"赠人诗多用同姓事"(吴聿《观林诗话》),这一充满书卷气的诗歌技法,在北宋后期变得越来越流行,成为赠答应酬之诗一条不成文的规则。而王安石可能就是最早的探索者。

三月十日,殿试唱名,赐进士王俊民等一百三十九人及第,五十四人同出身,诸科一百二人及第并同出身,特奏名进士、诸科四十一人同出身及诸州文学、长史。①

这次科考,对王安石一家来说,是亦喜亦忧。喜的是六弟安礼进士

---

① 宋代科举考试录取分五等,第一、二等称"及第",三等称"出身",四、五等称"同出身"。诸科:除进士科以外的九经、五经、开元礼、三史、三礼、三传、学究、明法等其他科目的总称。特奏名:又叫"恩科",为照顾屡试不中的举子而设。州文学、州长史:散官名,分别为从九品、正九品。

及第,授莘县主簿;忧的是四弟安国,再一次名落孙山。不过整体来说,家中情况是在一天天向好的方向发展。

六月,王安石召试知制诰。知制诰负责起草皇帝诏令,相当于皇帝的机要秘书,有权参与国家的重大决策,历届宰相有不少都是从这一职位擢升。因为这一职位的重要性,按照宋朝惯例,"知制诰必先试而后命"(欧阳修《归田录》)。朝廷对知制诰的选拔和考试,极为郑重。一旦确定召试人选,先由皇帝传旨宰相。宰相得旨后,即派直省官奉请被试官员到都堂(即朝廷重要议事场所),当面传达圣旨,"被命者致辞,丞相谢之"(叶梦得《石林燕语》)。然后,在直省官带领下,到中书省侍郎厅就试。试卷由宰相亲自封印,共三道题目,其中两题,要求分别撰写两百字,一题要求撰写一百字。王安石这次考试的题目是:《节度使加宣徽使制》《翰林学士除三司使制》《试励诸道转运使经画财利宽恤民力制》。为了凸显朝廷的威仪,制诰多用典雅的四六骈文写成,语言平正透彻,风格雍容华美。考试期间,由中书省提供餐食,款待茶果,宰相亲自坐镇,直到被试官员交卷后才能下班。第二天一早,考试结果进呈皇帝,这才正式下达任命书。有的人文思迟缓,不能在规定时间内完成答题,便属不称职。王安石当然顺利通过了考试。六月二十七日,朝廷任命王安石以知制诰,兼任纠察在京刑狱,负责监察京师各监狱(包括开封府院、左右军巡院、御史台狱、三衙狱、四排岸司狱等)的判案情况。这一次他没有辞让。

宋朝自真宗咸平年间开始,沿用唐朝"举官自代"的制度,即中书省、门下省、御史台、尚书省六品以上,诸司四品以上官员,获得任命之后,应该上表推荐一人自代,推荐书交中书省保存,以便朝廷发现人才。"每官阙,以见举多者量而授之"(《宋史·选举志》)。王安石此时,已跻身于中书省六品以上官员行列,依例举人自代,他推举的即是好友吕公著:

具某官吕公著，冲深而能谋，宽博而有制。其器可以大受，而退然似不能言，故众人知之有所不尽。如蒙选用，得试其才，必有绩效，不孤圣世。臣实不如，今举自代。

——王安石《举吕公著自代状》

随着王安石官职的升迁，家中的经济状况也越来越好。此时，正当大宋三百多年间最为繁荣的盛世，经济发展，社会稳定，城市繁荣，奢华享乐之风，遍及朝野。一般中高级官员，往往姬妾成群，似乎也是一种身份的标志。受此影响，王安石夫人未曾商量，便自作主张地给丈夫买了一个小妾。这天，王安石下班回家，忽然发现，一个姿容艳丽的陌生女子，端坐在自己书房，他大吃一惊，说：

"怎么回事？"

女子轻轻道个万福，答道："夫人令小女子侍侯左右。"

王安石问："你是什么人？"

女子低头回答："妾之夫婿为军中大将，因押送漕运大米，遭遇洪水，翻船失米，全部家资，仍不足抵偿，只好将妾身出卖，以偿官债。"

王安石闻之，不禁愀然悲悯，说："夫人买你花了多少钱？"

女子说："九十万。"

王安石听罢，连忙吩咐随从，将女子的丈夫叫来，让他们夫妇团聚，九十万钱也全部送给他们。

尽管早年家境清贫，经济窘迫，但王安石对金钱十分淡漠。如今官位日显，俸禄日丰，依然如此。按照当时惯例，朝臣每有升迁，都会给负责撰写任命书的知制诰，送一份礼金，称为"润笔物"。这本是得到朝廷许可的额外收入，王安石却坚决拒收。有一次，经过百般推脱，都没能成功辞谢，他便将这笔钱，放在舍人院的房梁上，后来被同僚祖无择拿去，做公费用掉了,王安石"闻而恶之,以为不廉"(邵伯温《邵氏闻见录》)。他的日常生活也和以前一样,没有任何改变。"俸禄入门,任诸弟取去,尽不问"(同上)。

一天,王安石去拜访著名书法家、翰林学士、权三司使蔡襄(字君谟),蔡襄十分高兴,忙叫家人取出珍藏的绝品茶,亲自涤器烹点,希望得到他的称赏。王安石平时患有头风病,总是随身带着消风散,看着面前热气腾腾的香茶,突然想起,今天还没有吃药,于是取出一包消风散,放在茶水里一口喝下。蔡襄在一旁看得目瞪口呆,王安石点了点头,慢慢说道:

"好茶! 好茶!"

蔡襄开怀大笑,对王安石洒脱真率的性格赞叹不已。

入内都知①张茂则,生活十分精致讲究,普通的茶、酒,乃至朝廷为百官提供的官膳,从来都不肯吃,只吃他私家厨房准备的精美饮食。即便再美味的食物,也往往只吃上几口,就叫人撤掉。有人看不过去,责备道:

"您怎么不学学王介甫? 介甫对于饮食,好吃不好吃,从来都不挑三拣四。"

张茂则说:"我岂敢与王介甫相比? 介甫无心于饮食,所以才这样不挑不拣。像我这样的人,早上吃了美味珍馐,晚上就绝对吃不下粗茶淡饭,实在无法做到无心于饮食啊! 当然喽,是应该努力向王介甫学习才对。"

四、身为知制诰,王安石深感责任重大

知制诰的工作有时十分紧张忙碌,例如嘉祐六年(1061)七月,朝廷

---

① 宦官名,主管禁中供奉事。

举行祭祖大典后,太祖、太宗生母杜氏等五家外戚子孙,共十九人进秩授官,一天之中,王安石就撰写了十九道制词。不过,令王安石感到欣慰的是,这一职位并不仅仅是上传下达、奉命行事的传声筒,按照规定,知制诰起草政令时,对皇帝与朝廷的决定,有参谋之责,如果事有失当,或除授非其人,可以提出不同意见,奏请皇帝和宰执大臣重新考虑。可是,七月的一天,朝廷忽然下令:今后舍人院(知制诰所在官署)不得申请除改文字。即改变以往的成规,对知制诰的职权加以限缩。从今往后,知制诰不得对朝廷决议提出不同意见,只负责将旨令形成文字。对此,王安石抗词争辩。他认为,知制诰是皇帝身边近臣,起草诏令的同时,对每一条诏令进行参审,本是职责所在,是对宰执大臣进行权力制衡的重要环节。如果禁止知制诰提出异议,"则是舍人(即知制诰)不复行其职事,而事无可否,听执政(即宰执大臣)所为"(王安石《论舍人院条制》)。此时,仁宗在位已整整四十年,加上健康状况欠佳,故"自近岁已来,举天下之事,属之七八大臣"(同上)。宰相韩琦、富弼、曾公亮等人,参知政事欧阳修、赵概、包拯等人,多为庆历旧臣,在朝野间享有崇高声望,"天下之初,亦翕然幸其所能,为救一切之弊"(同上)。王安石则认为:

> 方今大臣之弱者,则不敢为陛下守法,以忤谏官、御史,而专为持禄保位之谋;大臣之强者,则挟圣旨、造法令,恣改所欲,不择义之是非,而谏官、御史亦无敢忤其意者。
>
> ——王安石《论舍人院条制》

这些尖锐的话语,直指广受敬重的宰执大臣。如今时隔将近千年,客观地看待那一段历史,不能不说,王安石这段话语,颇有耸人听闻、言过其实之处。嘉祐年间的宰执大臣,无论在当时还是后世,大多享有美誉。庆历新政时期，他们抱着自我牺牲的大无畏精神，雷厉风行，刷新朝政。经历了新政的失败与十多年宦海沉浮之后，虽然现实并未改观，积弊依然存在，昔日那种勇于进取的精神，确实已经大大消减。不过同时，我们也必须看到，面对复杂的社会政治问题，他们不再一味激进，而是渐趋老成，这种改变本身具有一定的现实性、合理性，不能简单归结为"持禄保位"，更没有"恣改所欲"。但是，年轻气盛、急于改革的王安石，显然无法理解，也无法接受这种追求稳妥的政治方略。身为知制诰，已属皇帝身边近臣，他深感责任重大，对朝廷治乱安危，荣辱同当。对现实的感慨，让他颇有不吐不快之感，在随后不久写作的《上时政疏》一文中，他再一次毫不避讳地对皇帝、宰相，乃至整个朝廷政治，提出尖锐批评：

> 方今朝廷之位，未可谓能得贤才；政事所施，未可谓能合法度。官乱于上，民贫于下，风俗日以薄，才力日以困穷；而陛下高居深拱，未尝有询考讲求之意。

他指出，朝野上下"因循苟且，逸豫而无为"，眼下或许能维持太平盛世的表面繁荣，长此以往，则难免导致天下大乱的可怕局面。这些见微知著的政治观点，也同样见于七月所作的《论舍人院条制》：

> 自古乱之所生，不必君臣为大恶，但无至诚恻怛求治之心，择利害不审，辨是非不早，以小失为无伤而不改，以小善为无补而不为，以阿谀顺己为悦，而其说用，以直谅逆己为讳，而其言废，积事之不当，而失人心者众矣，乃所以为乱也。

——王安石《论舍人院条制》

因此,他一次次大声疾呼:

> 有为之时,莫急于今日。过今日,则臣恐亦有无所及之悔矣!

改革必然会遭遇艰难险阻,会打乱既有社会秩序,就好比治病过程中,药物会带来一些副作用。但是,"若药不瞑眩(用药后而产生的头晕目眩的强烈反应),厥疾弗瘳(chōu,病愈)"(《尚书》),他希望皇帝不要讳医疾药,"不以一日之瞑眩为苦"(王安石《上时政疏》),从国家长治久安出发,"以至诚询考而众建贤才,以至诚讲求而大明法度"(同上)。

事实上,王安石《上仁宗皇帝言事书》《拟上殿札子》等文章中所提出的改革意见,皇帝和宰执大臣也并非完全无动于衷。嘉祐六年(1061)八月,朝廷讨论官制改革,即打算采纳王安石提出的"久其任,而待之以考绩之法"的"任之之道"(王安石《上仁宗皇帝言事书》),一定程度上改革官员调任频繁的弊端。朝廷经过讨论决定,对于"清白不扰,而政迹尤异,实惠及民"(《宋大诏令集·久任诏》)的知州、知军、知县、县令等官员,准许连任,但需上级长官连署,同罪保举,并"于奏状内将本官到任以来政绩可举实状,一一条列",由中书门下加以察访,情况属实,即可连任。诏令由王安石起草,于闰八月六日颁行。诏令写道:

> 今求才之路非不广,责善之法非不详,而吏多失职不治,不称所以为民之意,岂今人才独少而世变之殊哉?殆以不得久于其官故也。盖智明才力之士,虽有兴利除害、禁奸劝善之意,非稍假以岁月,则吏民亦且偷(苟且)而不为之用,欲终厥功,其路无由。今夫州县恃以为命者守令也,察其能者,使得久于其官,而褒厚以劝之,岂

非所谓先务者哉!

——《宋大诏令集·久任诏》

　　显然,上述观点,与王安石《上仁宗皇帝言事书》中的意见前后呼应。与此同时,司马光亦于闰八月八日,上《乞分十二等以进退群臣上殿札子》,建议在原有九品官阶之外,另将实际职位分为十二等,"若上等有阙,则于次之中择才以补之"。皇帝诏令两制(翰林学士与中书舍人)审查决定。王珪等认为,司马光的主张难以实行,并提出将知州两年任期,延长至三年,将知县一任后晋升为通判,延长至两任。王安石则认为,这些小小的变更,无补于事,"皆不足为",主张通过朝野间广泛、深入的讨论,寻求根本的改革之路:

　　　　朝廷必欲大修法度,甄序人才,则以至诚恻怛求治之心,博延天下论议之士,而与之反复,必有至当之论,可施于当世。

——王安石《详定十二事议》

　　对此,王安石早已有了自己的定见。正如《上仁宗皇帝言事书》等文章反复强调的,"改易更革天下之事"的核心,是人才的培养、选拔与任用。宋代崇尚文治,文化教育事业蓬勃发展,人才辈出,但在王安石看来,按照现有模式培养选拔的人才,"大则不足以用天下国家,小则不足以为天下国家之用"(王安石《上仁宗皇帝言事书》)。他心中的理想之士,"不徒苟尚文辞而已"(王安石《取材》),首先应具备高尚的道德,"道隆而德骏"(王安石《虔州学记》)。其次应具有独立自由的精神,"虽天子北面而问焉,而与之迭为宾主"(同上)。第三则应贯通古今,熟悉礼法,懂得天文人事,长于政治教化;或者修习典礼,通晓制度,了解大臣和君主的威仪、时代政治的沿袭。这样的人才合"圣""神""大"三者于一体(王安石《大人论》),由他们治理天下,才能使政治体制周密公平,遇到需要讨论的重大问题,"使以古今参之""以经术断之"(王安石《取材》)。他感叹道:

> 故学者不习无用之言,则业专而修矣;一心治道,则习贯而入矣。若此之类,施之朝廷,用之牧民,何向而不利哉?
>
> ——王安石《取材》

秉持这一理想标准,他对"孟尝君善养士"这一传统观点,提出了截然不同的看法。孟尝君名田文,著名的"战国四公子"之一,曾任齐国宰相,以好养士著称,门下食客常达数千人。据《史记·孟尝君列传》记载,孟尝君曾被秦国囚禁,面临被杀的危险。他门下食客,有善于偷盗者,化装成狗,混入秦宫,偷得狐白裘,用来贿赂秦昭王宠妃,孟尝君得以释放。因担心昭王反悔,他连夜逃离秦国,夜半时分抵达函谷关。昭王果然后悔,派人追捕。此时关门紧闭,按规定要鸡鸣以后,才能开关放人出入。追兵将至,时间紧迫,情急之下,有位食客模仿鸡叫,引得附近村落中的公鸡纷纷打鸣,守关人以为时间到了,打开关门,孟尝君一行顺利出关,逃回齐国。这一故事,遂成为孟尝君能得士的千古美谈。对此,王安石颇不以为然,作《读〈孟尝君传〉》一文予以驳斥:

> 世皆称孟尝君能得士,士以故归之,而卒赖其力,以脱于虎豹之秦。嗟乎!孟尝君特鸡鸣狗盗之雄耳,岂足以言得士?不然,擅齐之强,得一士焉,宜可以南面而制秦,尚何取鸡鸣狗盗之力哉?夫鸡鸣狗盗之出其门,此士之所以不至也。

文章短小精练,笔力矫健,仅仅四句话,九十个字,极尽转折腾挪之势。开篇概述传统观点:自古以来,世人都称许孟尝君深得士人之心,天下士人纷纷归附于他,而他最后也依靠门下之士的力量,逃离秦国。接着,以一声感叹,引出两个反问句:孟尝君只不过是鸡鸣狗盗之徒的首领罢了,哪里称得上"能得士"? 不然,凭借齐国的强大,只要"得一士",就可以使齐国成为霸主,制服秦国,何至于沦落到需借助鸡鸣狗盗的力量逃命呢? 这两个反问句,有力地驳斥了传统观点,同时也阐明了王安石心中"士"的标准:绝不是旁门左道、雕虫小技之辈,而是志趣高远、经纶天下的贤人志士。从文气上来说,承续与转折相并,可谓一气呵成,一举两得。至此,"伪士"与"真士"的对立隐然可见,最后的结论便水到渠成:鸡鸣狗盗之徒出入其门,贤人志士自然耻与为伍,这便是他们不愿投奔孟尝君的原因。这个断语,与开篇"能得士",形成鲜明对比,相反而相成,完美地凸显了全文主旨。

五、王安石与司马光等友人戏谑为诗,探索诗歌写作的各种可能性

欧阳修此时位居宰辅高位,政事繁忙,且年岁渐老,又身患多种疾病,加上嘉祐五年(1060)四月,挚友梅尧臣因染时疫而骤然离世,故而诗兴阑珊,至和、嘉祐年间以欧阳修为中心的诗酒聚会也随之消散不再。王安石公事之暇的诗朋文友,主要是一些和他年辈相近的朝中同僚,尤其是司马光。二人先是同在三司为官,后又同修起居注,交往十分密切,经常相互唱和。如,嘉祐五年(1060),王安石有《次韵吴仲庶省中画壁》,司马光也有《依韵和仲庶省壁画山水》,题中吴仲庶即时任户部副使的三

司同僚吴中复;随后,王安石作《和王乐道烘虱》,司马光则作《和王介甫烘虱》。王乐道,即王安石的进士同年王陶,时任右正言,七月二十六日,和王安石等受朝廷指派,一起考察国马牧养情况,所以有此唱和。岁末,三司盐铁判官王益柔作《雪霁借马入省》,王安石一连唱和三首:《和王胜之雪霁借马入省》《次韵王胜之咏雪》《又和雪》,司马光也作有《和胜之雪霁借马入局偶书》。嘉祐八年(1063)二月,王安石与范镇、司马光同知贡举,锁院期间多有唱和。揭榜后,故人之子、新进士葛蕴,携所作《巫山高》拜见座师,王安石爱其飘逸,作诗两首,并约司马光同赋,今《温国文正公文集》中,遂有《介甫作巫山高,命光属和,勉率成篇,真不知量》一诗。此外,同僚王恺、张觐、元绛等离京外任,王安石、司马光等也都一同赋诗饯别。

赠别自是诗中常调,咏画、咏雪、咏巫山亦不足奇,奇的是咏虱。寄生于人、畜身上,以吸食血液为生的虱子,总与污秽不洁相联系,身上有虱,无疑是难堪、不光彩的事情。但魏晋时代,一帮自由率性、放达不拘礼法的文人,却将这不登大雅之堂的东西,变成了风雅之物。

最早坦言身上有虱,并在文章中大肆宣扬的,是曹魏时期的嵇康。其时正当魏晋易代之际,政治无比微妙亦无比黑暗,好友山涛变志入仕,嵇康唯恐他动员自己步其后尘,遂先声夺人,作《与山巨源绝交书》,声称"性复多虱,把搔无已",如果穿着官服,正襟危坐,实在不堪忍受。他以玩世不恭的语调,表达自己决不与虚伪、残暴的当局合作的政治态度。

东晋名士顾和,年少时曾为王导幕僚,清晨上朝,宫门未开,他停车在外。宰相周𫖮从旁经过,他独自觅虱,夷然不动。周𫖮十分好奇,回转身来,指着顾和的胸口,问道:"此中何所有?"顾和"搏虱如故"(刘义庆《世说新语》),慢条斯理地回答道:"此中最是难测之地。"周𫖮大为叹赏,对王导说:"你的属下是个股肱重臣之才!"

　　前秦王猛少有大志,桓温入关时,他穿着粗布衣服前去拜访,"谈当世之事,扪虱而言,旁若无人"(《十六国春秋》),桓温对他的气度和才华赞赏有加,但王猛拒绝了桓温的征聘,后来成为苻坚的辅佐,官至宰相。

　　正是这些名人逸事,使"扪虱"成为后世诗歌的常用典故,借以形容谈吐从容、无所畏忌的风神气度。不过,将"虱"本身作为诗歌歌咏对象,却是从梅尧臣开始的。出于不断探索诗歌新题材、新意象的创新目的,梅尧臣曾先后作有《师厚云,虱古未有诗,邀予赋之》《扪虱得蚤》《秀叔头虱》等实验性作品。王陶、王安石、司马光这一组"烘虱"之作,显然受到梅尧臣的影响。诗歌以漫画式的夸张手法,描写为虱所苦,千方百计扪虱、灭虱的情形,极尽滑稽诙谐之趣:

　　　　秋暑汗流如炙輠(guǒ,古时车上盛贮油膏的器具),敝衣湿蒸尘垢涴(wò,弄脏)。施施(yí yí,洋洋自得)众虱当此时,择肉甘於虎狼饿。咀啮侵肤未云已,爬搔次骨终无那(nuó,奈何)。时时对客辄自扪,千百所除才几个。

　　　　　　　　　　　　　　　　　　——王安石《和王乐道烘虱》

　　戏谑为诗,是宋人"变唐成宋"过程中,一个重要的创作倾向。在游戏的状态中,可以更少顾虑地突破边界,无拘无束地探索诗歌写作的各种可能性——包括题材、内容、形式、技巧,以及风格等诸多方面。清代蒋士铨曾感叹:"宋人生唐后,开辟真难为。"(《辨诗》)唐代辉煌灿烂的诗歌成就,对于宋人来说,既是一笔丰厚的遗产,又是一道难以逾越的高峰。他们不愿匍匐在唐人脚下,亦步亦趋,而是雄心勃勃,勇于挑战,试图成就属于自己时代的独特风貌。梅尧臣、欧阳修等老一辈,是"宋调"的早期探索者,王安石深受他们影响,长期以来,孜孜不倦地钻研诗艺。

如今身处文化氛围浓郁的汴京，更得地利之便。

嘉祐四年(1059)重回京城后，王安石一家租住在春明坊，与同为三司度支判官的宋敏求比邻而居。宋敏求，字次道，前参知政事、燕国公宋绶之子。宋绶是北宋著名学者、藏书家，"经史百家莫不通贯""家藏书万卷，皆手自校正"(曾巩《隆平集》卷七)。宋敏求秉承家学，博览群书，熟谙朝廷事典。经他多方搜求，家中藏书增加到三万余卷。宋家藏书不仅数量多，质量精审，而且乐于借给他人阅读。王安石选择和宋家做邻居，大概就是看中了这一点。此时，王安石对诗歌有浓厚兴趣，宋敏求便将家中所藏唐诗百余册，毫无保留地借给他，并请他择其精粹，编一部《唐百家诗选》。精心研读唐人诗作，对王安石的诗歌创作，产生了重要影响，从而进入自我创意的诗歌成熟时期，诗歌风格也由前期的"诗语惟其所向，不复更为涵蓄""直道其胸中事"(叶梦得《石林诗话》)，逐渐转向深婉不迫。王安石选编的《唐百家诗选》，也一度成为风靡一时的权威选本。不过，令人们感到费解的是，这部选本没有选录李白、杜甫、韩愈的诗作，白居易、柳宗元、刘禹锡、李商隐等大诗人的作品，也没有录入，收录其中的多是不为人重视的中小诗人的作品。有人怀着敬畏之心揣摩道："杜、韩、李所不与，盖有微旨焉。"(杨蟠《唐百家诗选序》)有人则认为，"李、杜、韩、柳以家有其集，故不载"(严羽《沧浪诗话》)；至于未收其他大诗人作品，则可能是"荆公当时所选，当据宋次道之所有耳"(同上)。由于王安石晚年，另外编选了一部《四家诗选》，专门收录杜甫、韩愈、欧阳修、李白的诗歌，有人恍然大悟：原来王安石早有计划，因"李、杜、韩诗可取者甚众，故别编为《四家诗》"(黄伯思《跋百家诗选后》)。还有一种说法，近乎小说家言，但在宋人笔记中流传甚广。据说，当时王安石研读那百余册唐诗，读到精彩之作，便贴一张书签在上面，叫属下书吏将贴了书签的诗作誊抄下来。书吏偷懒，常常把王安石贴在长诗上的书签，擅自移到他没有选中的短诗上。王安石生性比较粗心大意，过后也不检查，书吏便这样蒙混过关了。因此，这部选本，与其说是王安石编选，不如说是他手下书吏所选定。

在研读唐诗的过程中，王安石时有所感，往往发而为诗。中唐诗人张籍，为人热情，交游广泛，在唐宪宗元和年间的诗坛上，他既与崇尚险怪、苦吟的韩孟诗派唱和，也与追求通俗、浅易的元白诗派酬答，诗歌风格丰富多样，而以乐府最为擅长。他的诗歌，语言平易晓畅，但经过精心锤炼，不至于平淡浅薄，化千锤百炼于无形。王安石对此极为赞赏，他写道：

> 苏州司业诗名老，乐府皆言妙入神。看似寻常最奇崛，成如容易却艰辛。
>
> ——王安石《题张司业诗》

张籍祖籍苏州，曾担任过国子监司业，世称张司业。"看似寻常最奇崛，成如容易却艰辛"两句，既是对张籍诗歌艺术的精妙总结，也是王安石力图追求的诗歌境界。

韩愈诗文讲究"务去陈言"，有意避开前人常用的语言和意象，力求奇特新颖，将散文、骈赋的句法引进诗歌，打破固有的规范整齐、节奏和谐的诗歌句式，形成独特的诗歌风格。但是，王安石却说：

> 纷纷易尽百年身，举世何人识道真？力去陈言夸末俗，可怜无补费精神。
>
> ——王安石《韩子》

这首诗与其说是批评韩愈,不如说是王安石的自我反思、自我鞭策。从青年时代开始,王安石就以求道、明道为己任,但在更早的少年时代,他就已懂得并深深迷恋文字之美。因此,"习文"与"求道"的矛盾,常在他心中激荡。他酷爱读诗,酷爱写诗,在诗歌的学习与创作上,花费了大量时间,这使他不免产生"玩物丧志"的愧疚。在《唐百家诗选序》中,他曾经感叹:

> 废日力于此,良可悔也。

但他终究不能克服自己这一大癖好。

六、品评古代历史人物, 王安石高度推崇西汉学者扬雄

当然,公务之余,王安石更多的时间,仍是用于研读经史。身处馆阁,同僚皆为天下知名之士,茶余饭后,大家最热衷的话题,自然是评论古今人物、治乱。面对纷繁错综的历史事件与复杂多元的历史人物,意见的分歧与对立,也是常有的事情。每当众人争执不下,王安石便是众望所归的"谈止之士",即所谓"众人之谈,止于斯一人也"(晁说之《题王深甫书传后》),大家都将他的观点,视为一锤定音的权威之论。不过也有例外的时候。

一天,馆阁学士们谈到西汉名臣、大学者刘向,身处末世,"言天下事,反复不休"(邵伯温《邵氏闻见录》)。有人认为他忠贞义烈,有人则认为他不识时务,双方各持己见。正在这时,王安石走了进来,大家连忙请

问他的意见,他不假思索,脱口而出:

"刘向不过是在徒然地发出些刺耳的噪音!"

显然,在王安石看来,刘向当时的做法,不仅于国无补,甚至有害。不过,对于这一看法,众人似乎并不完全信服。过了一会儿,吕公著来了,大家连忙又问。吕公著说:

"刘向既非忠贞义烈,也非不识时务。他之所以一而再,再而三地向汉元帝进谏,大概只是因为他与皇室同宗吧。"

众人听罢,连连点头。于是便有"众人之论,止于介甫,介甫之论,又为晦叔(吕公著字)所止"(邵伯温《邵氏闻见录》)的说法,传于众口。

王安石确实十分敬重吕公著,而吕公著对刘向的评价,也很有道理。但是,王安石的认识更为深刻,与众人闲谈之中,虽未能展开论述,而在《读汉书》一诗中,则有清楚的阐发:

> 京房、刘向各称忠,诏狱当时迹自穷。毕竟论心异恭显,不妨迷国略相同。

刘向,字子政,刘邦异母弟刘交的后裔。他学问渊博,曾奉诏整理皇室藏书,撰成《别录》一书,为中国最早的目录学著作。又撰《洪范五行传论》,运用阴阳五行、天人感应等学说,论述灾异与朝廷政治的对应关系。京房,本姓李,字君明,西汉大臣,著名《易》学家,开创了京氏《易》学,以自然灾害解释卦象,推衍人事,对当时朝政发表意见。汉元帝时,宦官弘恭、石显弄权乱政,刘向、京房多次上书,称引灾异,弹劾宦官。为此,刘向两度下狱,京房更以"非谤政治,归恶天子"(《汉书·京房传》)的罪名被弃市。刘向和京房历来被人们推许为忠臣,王安石则认为,刘向、京房虽然出于一片忠心,但以自然灾害和异常的自然现象,附会现实政治,认为人事决定灾异，灾异昭谴人事，这种观念十分荒谬，其结果必然和弘恭、石显一样，误国害民。

谶纬之学兴起于汉代，其核心观点即天命无常，有予有夺，祥瑞和灾异，即是上天对人事的预兆或警示。如果逆天而行，天命则会转移，政权也就难保。这套学说的提出，原本是为汉朝政权的建立，提供合法性证明，同时也试图借以约束君王。但是，将自然界的偶然现象神秘化，并视为人类社会盛衰因革的决定因素，未免荒诞无稽。而主张和奉行谶纬之学的人，又往往并非天道天意的忠实信徒，或借以挟持君主，或借以求取利禄，因此，早在东汉初期，诸多有识之士，就明确表示对这一学说的反对。魏晋以后，谶纬之学日渐衰落，"汉儒《五行传》，必以某异应某事"的观念，后世"识者多非之"（李壁《王荆公诗注》），宣扬宿命论的谶纬之书，也渐遭毁禁。但一方面，"天人感应"的观念，依然深入人心；另一方面，中国传统政治，往往偏重"忠""奸"之分别，而忽略为政之实效，故而刘向、京房历来颇受推重。因此，王安石这首诗所表达的思想，便显得迥出时流，卓尔不群。近代学者严复评论道："此意真无人道过，盖前人只说小人误国，而不知君子之可以迷邦也。"并认为这类诗歌，最能体现王安石超凡的识力，司马光、苏轼都难以望其项背。

阅读历史，品评古代人物，对于王安石来说，显然不只是一种单纯的知识与学问的兴趣，更主要的是，为了探讨士人的出处进退，及其对社会政治、文化的影响。与刘向同时而稍后的扬雄，最受王安石推崇：

孔孟如日月，委蛇（wēi yí，绵延屈曲貌）在苍旻（苍天）。光明所照耀，万物成冬春。扬子出其后，仰攀忘贱贫。衣冠眇尘土，文字烂星辰。

——王安石《扬雄三首》其一

他将扬雄视为孔、孟之后的儒学正统，认为"儒者陵夷此道穷，千秋止有一扬雄"(《扬子二首》其一)，在异端杂学横行肆虐之际，幸亏有扬雄"独泝颓波讨得源"(同上其二)，儒家之道才不至于湮没。

然而，在传统的评价中，扬雄晚年行事，颇受诟病。其一，王莽篡汉称帝，建立新朝。扬雄不仅出任新朝的中散大夫，而且还模仿司马相如为汉武帝所作的《封禅文》，写了一篇名为《剧秦美新》的文章，为王莽歌功颂德。其二，王莽借所谓"天命所归"的祥瑞登基之后，为防止这类符兆泛滥，而失去其神圣性，便不再希望有新的符命出现。刘向之孙刘棻，不识时务，即因进献符命而获罪，与刘家关系密切的扬雄，亦受到牵连。当办案官员派人前来收捕时，扬雄正在天禄阁校书，看到气势汹汹闯入的兵吏，吓得从楼上跳下，差点摔死。后来经过调查，扬雄与刘棻案毫无关联，但他的社会声誉却大受影响，当时就有人作诗讽刺道："惟寂寞，自投阁。爰清静，作符命。"人们并不真的相信，他与刘棻献符命邀功请赏的事件无关，普遍认为，在他清静自守、甘于寂寞的外表下，隐藏着强烈的功名利禄之心。

对于有关扬雄的这些非议，王安石曾一一加以辩驳。在《禄隐》一文中，他以春秋时鲁国大夫柳下惠比扬雄。"柳下惠不羞污君，不卑小官"(《孟子·公孙丑章句上》)，但孟子仍将他与"非其君不事"的伯夷，并称为"百世之师"，可见圣贤的言行不一定相同，所同者是他们心中执持的道义。柳下惠和伯夷言行不同，一方面，是由于他们所处时代不同，"盖时不同，则言行不得无不同，唯其不同，是所以同也。如时不同，而固欲为之同，则是所同者迹也，所不同者道也"(王安石《禄隐》)；另一方面，是他们各自采取的处世策略不同，就好比商纣王时代的"殷末三仁"，面对乱世暴君，微子悄然遁世远引，比干毅然舍身直谏，而箕子则"被发佯狂而为奴"(《史记·宋微子世家》),因此,"或出或处,或默或语"(《周易·系辞上》),君子无可无不可。在王莽篡汉之后,一般清高自守的士人,都知道不与其同流合污,扬雄却"亲屈其体,为其左右之臣",王安石认为,他并非"耽禄于弊时",而是出于对时局的考虑,这正是圣贤大智慧的体现。如果"于时为不可去"而必去,则反而显得其做人的格局太小。

好友曾巩、王回等与王安石观点相同。王回认为,"扬雄处王莽之际,合于箕子之明夷"(曾巩《答王深甫论扬雄书》)。所谓"明夷",乃《周易》六十四卦之一。《易·明夷》:"明夷,利艰贞。"后因以比喻昏君在上,贤人遭受艰难或不得志。曾巩更进一步阐释道:

> 夫任其难者,箕子之志也。其谏而不从,至辱于囚奴,盖尽其志矣。……当其辱于囚奴而就之,乃所谓明夷也。然而,不去非怀禄也,不死非畏死也,辱于囚奴而就之,非无耻也,在我者,固彼之所不能易也。……雄遭王莽之际,有所不得去,又不必死,辱于仕莽而就之,固所谓明夷也。然雄之言著于书,传著于史者,可得而考。不去非怀禄也,不死非畏死也,辱于仕莽而就之,非无耻也,在我者亦彼之所不能易也。故吾以谓与箕子合。
>
> ——曾巩《答王深甫论扬雄书》

正所谓"出淤泥而不染",学行修明的圣贤,无论身处何种环境、采取何种处世策略,他内心的德性都不会改变。总之,王安石和他的朋友们一致认为,扬雄出仕新莽,是"诎身所以伸道者也"(扬雄《法言》)。由此推论,《剧秦美新》之作,也是出于不得已。既然"辱于仕莽",这么严重的事情,都未能避免,又如何能避免写一篇歌功颂德的文章呢?显然,这是扬雄身处困厄之中,不得不承受的一种身心折磨:

> 岁晚天禄阁,强颜为《剧秦》。趋舍迹少迕,行藏意终邻。攘攘
> 外逐物,纷纷轻用身。
>
> ——王安石《扬雄三首》其一

在纷纷扰扰的世间和光同尘,与世俗相处,看似和那些为争名逐利而不惜伤生害命之辈,并无不同,实则有本质的区别。王安石对此既深深理解,又无限悲悯,并慨然表示:

> 往者或可返,吾将与斯人。
>
> ——王安石《扬雄三首》其一

尽管王安石为扬雄仕莽、写作《剧秦美新》,进行了曲意的辩解,但他并不能接受扬雄投阁一事,认为纯属诽谤之词。在《扬雄三首》其二中,他写道:

> 子云游天禄,华藻锐初学。覃思晚有得,晦显无适莫(指用情的亲疏厚薄)。寥寥邹鲁后,于此归先觉。岂尝知符命,何苦自投阁?长安诸愚儒,操行自为薄。谤嘲出异己,传载固疏略。……史官蔽多闻,自古喜穿凿。

扬雄早年,以华美的辞赋扬名天下,年长后悔其少作,认为既无补于朝廷政事,又无益于世道人心。于是,转而潜心研究天道义理,仿《周易》作《太玄》,仿《论语》作《法言》。虽然出仕为官,但恬于利禄,地位的显赫与卑微,完全不放在心上,因此,历经成帝、哀帝、平帝三朝,始终只是一

个小小的给事黄门郎,没有得到半点升迁。如此清高自守的儒者,怎么可能为求取利禄进献符命?又怎么可能会有"投阁"之事的发生?王安石认为,一定是当时长安那些嫉妒扬雄高才博学的陋儒愚生,捏造事实,造谣诽谤。史官不察,遂将这些不实之词,写到传记中,从而贻误后世。

尽管崇尚独立思考、推重怀疑精神,是宋代学术文化界的普遍风尚,扬雄也在此后的十多年间,实现了其思想史地位的"升格",但是,王安石为扬雄所作的上述辩护,并未成为学界共识。宋人笔记《北窗炙輠录》中,便记载了一个有趣的故事。

据说,有一天,王安石与苏轼一起聊天,谈到扬雄投阁一事,王安石说:

"这一定是史官乱写,扬子云怎么可能投阁!"

接着谈到《剧秦美新》,王安石又说:

"这也是后人诬蔑子云,子云怎么可能写这样的文章?"

苏轼一边听,一边不停地点头:"嗯嗯嗯,有道理。其实,我也怀疑一件事情。"

王安石很感兴趣,连忙问道:"你怀疑什么事?"

苏轼不慌不忙地说:"西汉真有个人名叫扬雄扬子云吗?"

此言一出,满座哄堂大笑。

这一故事的真假,今天已难详考,即便实有其事,也应该发生在十几年之后。因为,此时的苏轼,无论是年辈还是社会地位,都还没达到可与王安石平居闲谈、随意戏谑的程度。不过,从《苏轼文集》中的诸多文章中,我们可以清楚地看到,他是坚定的"贬扬"派,与王安石的"尊扬"立场正相对立。

那么,王安石为何如此推崇扬雄呢?因为,扬雄的诸多思想,对他启发甚深。例如,虽身处灾异之说甚嚣尘上的政治环境,扬雄却从不言灾异,强调以修人事为本;虽身处章句注疏之学盛行的学术时代,扬雄却"不为章句,训诂通而已"(《汉书·扬雄传》),并多次对日益烦琐、固守门户的经学,提出激烈批判;而且,扬雄推尊孟子,认为孟子最得孔子真传。凡此种种,都令王安石心有戚戚。他说:

> 扬雄者,自孟轲以来,未有及之者,但后世士大夫不能深考之尔。
>
> ——王安石《答龚深父书》

他深深感叹,世人对扬雄的认识至为肤浅,唯有自己才是他的异代知己:

> 子云平生人不知,知者乃独称其辞。今尊子云者皆是,得子云心亦无几。圣贤树立自有师,人知不知无以为。俗人贱今常贵古,子云今存谁汝数。
>
> ——王安石《扬子三首》其三

在王安石和他的朋友们心中,扬雄和孔子、孟子等古代圣贤一样,几乎成为一个最高人格典范。挚友王令在世时,曾以孟子、扬雄比安石:

> 人留孟子皆非道,客议扬雄正自哗。贤哲相望每千古,得逢犹说与时差。
>
> ——王令《寄王介甫(时在郡牧)》

而王令去世后,王安石为撰墓志铭,亦以扬雄比王令。而曾巩对此提出异议,说:"介甫所作王令志文,以为扬子不过,恐不然也。"(曾巩《与王深

《父书》）也同样是把扬雄，视为常人难以企及的圣贤。此外，在《答龚深父书》（龚原，字深父）中，王安石还曾推许好友王回（字深父）贤如扬雄，他说：

> 扬雄亦用心于内，不求于外，不修廉隅（此指不刻意表现端方不苟的行为），以徽名当世，故某以谓深父于为雄，几可以无悔。

七、王安石拒绝为苏辙撰写制词，使他与苏洵的关系雪上加霜

耽溺于经史诗书，固然能令王安石感受到无限乐趣，但朝廷政事，却始终令他心有不甘。此时正是宋朝三百余年历史中最安定、最繁荣的一段岁月，外无战事，内无大灾大难，至少从表面上看来，朝野之间一片祥和，仁宗皇帝十分快乐地与大臣们共享这太平光景。

嘉祐六年（1061）三月二十五日，仁宗率群臣在皇宫后苑赏花钓鱼，随后在太清楼举行宴会，君臣唱和，其乐融融。

嘉祐七年（1062）正月十四日，正是举国欢庆的元宵佳节期间，仁宗登宣德门观灯，并对身边大臣说：“来此观灯，只因岁时与万姓同乐，并非朕出于私心，放纵游玩观览之欲。”

嘉祐七年（1062）十二月二十三日，仁宗率身边近臣、皇室子弟至龙图阁、天章阁，观赏太祖、太宗、真宗御书；又到宝文阁，亲自以飞白笔法，书行草数张，分赐群臣；然后在群玉殿宴飨。席间，仁宗作《观书》诗，令群臣唱和，并“传诏学士王珪，撰诗序，刊石于阁”（李焘《续资治通鉴长编》）。

嘉祐七年(1062)十二月二十七日,君臣再次相会于天章阁,一同观赏祥瑞之物,并在群玉殿宴饮。仁宗说:"前日太过匆忙,所以再次宴请诸位。天下太平无事,朕愿与众卿同享今日之乐。诸君尽情畅饮,不要推辞。"并赐禁中花、金盘、香药,又特召宰相韩琦,至御榻前,赐酒一樽。"从臣霑醉,至暮而罢"(李焘《续资治通鉴长编》)。

这些盛世欢会,王安石都有幸参与其中。然而,在热闹繁华中,他的内心却深感寂寞和忧虑。多年来从地方到中央的行政历练,以他对当时社会政治的全面观察和深刻思考,他知道太平不可久恃,危机随时都有可能爆发!可是,他无能为力,他只是这部庞大的政治机器上一个可有可无的部件,周而复始,重复着那些按部就班的程式化的工作。在《杂咏三首》其二中,他感叹道:

先生善鼓瑟,齐国好吹竽。操竽入齐人,雅郑亦复殊。岂不得禄赐,归卧自欷歔。寥寥朱丝弦,老矣谁与娱?

不能发挥才干,有所作为,高官厚禄又有什么意义?反而使他备觉生命空耗的无聊、郁闷!于是,思乡之情便悄然在心中生起:

辇路(天子车驾所经的道路)行看斗炳东,帘垂殿阁转春风。树林隐翳灯含雾,河汉敬斜月坠空。新蕊谩知红蘕蘕,旧山常梦直丛丛。赏心乐事须年少,老去应无日再中。

——王安石《季春上旬苑中即事》

北斗七星的斗柄,又一次指向东方,春天又一次来到,时光的流逝,实在令人心惊!自从嘉祐四年(1059)奉调回京,日子就这样一天一天过着:日出日落,月缺月圆,花开花谢……当时间的焦虑,在心中变得越强烈,那重峦叠嶂、荟荟郁郁的故乡青山,便越来越频繁地在他的梦中出现。

岁月的流转,带来了王安石年岁将老的惶恐,也带走了恭俭仁恕的仁宗皇帝。嘉祐八年(1063)三月二十九日,仁宗驾崩,享年五十四岁,在位四十二年。对于仁宗之政,《宋史·仁宗本纪》有一段经典的评价:

> 吏治若偷惰,而任事蔑(无)残刻之人;刑法似纵弛,而决狱多平允之士;国未尝无弊幸,而不足以累治世之体;朝未尝无小人,而不足以胜善类之气。

仁宗无子,过继濮安懿王赵允让第三子赵曙为太子,四月一日即位,是为英宗。在韩琦、曾公亮、欧阳修等宰执大臣的鼎力扶持下,朝政平稳过渡,一切波澜不惊。

然而,几个月后,王安石的家中却发生了重大变故。八月十二日,母亲吴氏夫人卒于京师,享年六十六岁。朝中士大夫纷纷去王安石府上吊唁,唯独礼院编修苏洵没有前往。

苏洵与王安石的不和,在嘉祐元年(1056)那次分韵赋诗的饯别宴上,已经表面化。但那次事件,似乎并非两人矛盾的起始,真正的原因,应该肇端于彼此政治观点的分歧。苏洵喜欢谈论军事,早在庆历前后宋夏战争期间,便对朝廷政治颇多不满,认为"天下事有当改作"(叶梦得《避暑录话》)。于是,穷数年之功,将自己对国家政治、军事、经济的诸多看法,著书立说,于嘉祐元年(1056)来到汴京,寻找用世的机会。在欧阳修的大力推荐和揄扬下,苏洵声名大噪,"一时推其文章"(同上)。然而,同样不满现实、主张变革的王安石却并不欣赏。王安石认为,"苏明允(苏洵字)有战国纵横之学""大抵兵谋、权利、机变之言也"(邵博《邵氏闻见后录》)。战国纵横家以善揣摩、通辩辞、会机变驰骋世间,朝秦暮楚,事无定主,被儒家视为见利忘义的投机派。就文章风格与技法而言,纵横家之言,"词往往胜于理,其虽说理透达,然每乞灵于比喻,其气虽盛,然一泄无余,少含蓄纡郁之态"(梁启超《王荆公》)。王安石向来以正统儒家自诩,与苏洵在学术渊源、思想观念,乃至文章风格,各方面都极不相同,并多次在众人面前横加诋斥,因此,"明允恶荆公,甚于仇雠"(叶梦得《避暑录话》)。当然,思想上的不认同是双向的。如果将他俩同期的著述作一比较,不仅可以看出二人的分歧,"而且还可看出,苏洵的一些话,似乎是专门针对王安石而发"(曾枣庄《三苏评传》)。这样两个人,虽然同为欧阳修所赏识,却注定无法成为朋友。

据说,他们初次见面,就是在欧阳修家的饭局上。那天,客人众多,仅苏洵一人是新客。席间虽有介绍,但彼此并未全部熟识。饭后,当客人陆续散去,只剩欧阳修与苏洵两人时,苏洵问道:

"刚才坐在我对面那个头不梳、脸不洗、囚首丧面的人是谁?"

欧阳修回答:"是王介甫,他是一位文章道德超拔群伦之士啊,你没听说过吗?"

苏洵不以为然,说:"以我的观察,不近人情者,很少不为天下大患。此人将来必乱天下! 内翰,您为什么要跟这样的人交往?"

此后,两人虽又多次在欧阳修举行的宴席上碰面,但思想上的分歧导致的恶感,并没有丝毫减轻。嘉祐六年(1061),苏轼兄弟参加制科考试,矛盾又进一步升级。这年八月十七日,朝廷诏令王安石与翰林学士吴奎、龙图阁直学士杨畋、权御史中丞王畴一道,负责秘阁制科考试。制科不同于三年一次的进士、明经一类的常举,是由皇帝特别下诏,并亲自主持,为选拔非常人才而特设的一种考试。包含六个科目:贤良方正能直言极谏科、博通坟典明于教化科、才识兼茂明于体用科、详明吏理可使从政科、识洞韬略运筹帷幄科、军谋宏远材任边寄科。制科又叫大科,制科出身的人,升迁速度远远超过一般进士。所以,很多具有进士出身的人,仍会争取参加制科考试。但整个考试过程难关重重,分为三个步骤:第一步,由近臣推荐,应试者向朝廷提交五十篇策论,由朝廷安排专人进行考评,排出名次。第二步,考评合格者被召集到京城,参加秘阁考试,写作六篇命题作文,称为"秘阁六论"。第三步,在"秘阁六论"中,获得"四通""五通"者,可参加由皇帝亲自主持的"御试对策",即回答有关当前政治的一系列问题,写成对策,再由考官按五等评议,第一和第二两等照例空缺,第三等极为罕见,第五等以下不予录取。

嘉祐六年(1061)制科招考的,是"贤良方正能直言极谏科",王安石参与了"秘阁六论"的选拔。通过几天紧张的阅卷,选出王介、苏轼、苏辙三人。八月二十五日,仁宗皇帝亲临崇政殿,主持"御试对策"。其中苏轼入第三等,王介第四等,苏辙第四等次。苏轼、王介的录取十分顺利,而苏辙的录取过程,却充满了争议和波折。因为,苏辙的对策,有些话语极为切直,他说:"自西方解兵(指庆历四年宋与西夏停战议和),陛下弃置忧惧小心二十年矣。"又说:"陛下无谓好色于内,不害外事也。"又说:"宫中赐予无艺(没有定法,没有限度),所欲则给,大臣不敢谏,司会(指掌管经济的三司)不敢争。国家内有养士、养兵之费,外有北狄、西戎之奉,海内穷困,陛下又自为一阱,以耗其遗余。"

对于苏辙的对策,考官们意见纷纭,争论不休。谏官司马光十分赞赏,将苏辙评为第三等;翰林学士范镇也认为,如此切直实属难得;蔡襄支持司马光的意见,说:

"我是三司使,苏辙对司会的批评,我深感惭愧,不敢有所抱怨。"

胡宿认为苏辙答非所问,引唐穆宗这样的昏君,与当代明君相比拟,极不妥当,力主淘汰。司马光则坚持认为,本次进入御试对策的三人中,苏辙最有爱君忧国之心,不可不收。宰相韩琦、曾公亮等,也主张淘汰。大家意见难以统一,最后由仁宗皇帝拍板定案。仁宗说:

求直言而以直弃之,天下其谓我何!

——李焘《续资治通鉴长编》

于是,苏辙被评为第四等次。朝廷给三位制科及第者授予官职,苏轼被任命为大理评事、签书凤翔府判官事,王介为秘书丞、知青海县,苏辙为商州军事推官。但是,知制诰王安石认为,苏辙对策偏袒宰相、一味攻击皇帝、和依附权臣的西汉大臣谷永毫无区别,因此拒绝为他撰写制词(即任命文书)。宰相韩琦苦笑道:

"苏辙在对策中说,宰相不足用,欲得娄师德(唐朝宰相)、郝处俊(唐代大臣)用之。还认为他像谷永?"

于是,朝廷命令沈遘撰写苏辙的制词。

这次制科考试,苏轼获得第三等,这是北宋开制科以来,破天荒的好成绩。在此之前,只有吴育一人得过第三等次,其他都在四等以下。作为"秘阁六论"的考官之一,王安石对苏轼的策论印象如何呢?《邵氏闻见后录》中记载了一个小故事。

据说,一天,王安石问吕公著读过苏轼的制策没有? 吕公著点头,极口称赞。王安石却不以为然,说:"和战国纵横家的文章没有两样,如果我是考官,一定淘汰他!"

苏轼的思想与文风渊源有自,王安石极有可能作出这样的评价。但《邵氏闻见后录》这段记载的讹误也十分明显,因本次制科考试,王安石就是考官之一,而苏轼仍以优异成绩,跃居榜首,并未像苏辙一样,在录取的过程中,遭遇如此多的曲折。

王安石拒绝为苏辙撰写制词一事,已足以让苏洵与王安石的关系雪上加霜。嘉祐八年(1063)八月,王安石母亲病逝,苏洵自然绝不会前往吊丧。不仅不前往吊丧,据说,看到王安石声望越来越高,京城士大夫无不趋之若鹜,苏洵心中不忿,还写了一篇《辨奸论》,对王安石大加挞伐。文章虽未点王安石之名,但所谓"口诵孔、老之言,身履夷、齐(伯夷、叔齐)之行",时人皆"以为颜渊、孟轲复出",拥有"盖世之名",以及"衣臣虏之衣,食犬彘之食,囚首丧面,而谈诗书",诸如此类的描写,让人一眼即知。文章指责王安石表里不一,不近人情,并将他与历史上诸多大奸大恶相比拟,如:空谈误国的西晋大臣王衍,嫉贤妒能的唐代宰相卢杞,以及春秋时代善于揣摩、阿谀逢迎的齐国大臣竖刁,杀子邀宠、不近人情的齐国大臣易牙,表面忠心追随齐君、最终与竖刁、易牙等弑君乱政的卫国公子开方。甚至认为,王安石的危害性远远超过王衍、卢杞辈,断言其将为天下之大患。

这篇文章的作者究竟是不是苏洵?至今仍是一大疑案。当代文史研究界多位知名学者,均曾发表长篇论文,反复论辩,各执一词,并汇集成《〈辨奸论〉真伪考信编》一书。不过,无论作者为谁,此文的出现都折射出王安石其人的高度争议性。事实上,这种争议,早在他步入仕途之初,已经开始,且随着他声望的日益高涨,而不断加剧。正所谓,誉之所在,谤亦随之。这从王安石本人的诗作中亦可窥见:

> 当官拙自计,易用忤流俗。穷年走区区,得谤大如屋。
>
> ——王安石《寄吴冲卿》

但我行我素的王安石,终究不会因外界的争议而有所改变,在未来的日子,他将直面所有的争议,顽强不屈,继续前行。

第八章

三年衔恤隐钟山

　　嘉祐八年（1063）八月十二日，王安石的母亲去世。几天后，他依惯例办好解官手续，扶枢离京，开始居乡守制的生活。老上级、前宰相宋庠发使吊问，"顾恤尤厚"（王安石《上宋相公书》）；枢密使富弼致书拊慰，"又加赐物，以助其丧祭"（王安石《上富相公书》）；枢密使张昪亦"追赐手笔，哀怜备厚"（王安石《上张枢密书》）……

　　重新踏上秣陵古道，王安石心中无限凄迷。母亲不在了，家山顿觉空落冷清，没有半点温馨之感。仕途既已令他失望和倦怠，田园又是如此荒凉，无所依归。秋风阵阵，夕阳西下，禾黄稻熟，田间地头的农夫村妇，无不洋溢着丰收的喜悦。可是，快乐是别人的，王安石伫立在这片熟悉而又陌生的土地上，竟不知何去何从！

　　　　经世才难就，田园路欲迷。殷勤将白发，下马照清溪。
　　　　岁熟田家乐，秋风客自悲。茫茫曲城路，归马日斜时。
　　　　　　　　　　　　　　　　　——王安石《秣陵道中口占二首》

一、忧居江宁，噩耗一个接着一个

　　四十多年的人生，母亲始终是王安石最坚强的后盾。年少时，母亲给予他最温暖的呵护；年长后，母亲给予他最可贵的理解。皇祐、至和年间，家庭经济状况极为窘迫，王安石却数十次地谢绝朝廷的提拔，有人对他母亲说：

　　"朝廷既然如此器重介甫，飞黄腾达岂不是指日可待？现在家里这么穷困,您应该给他施加点压力,强迫他接受朝廷的征召。"

母亲淡淡地回答:"这种做法,可不符合我一直以来对儿子的教育。"

嘉祐前后,王安石的地位越来越显达,然而,身处庞大的官僚机构,而无法真正有所作为,他时常感到苦闷,离京外任或退隐田园的想法,不时在脑海中浮现,但又担心不能给予母亲优裕丰足的晚年生活。每当他和家人说起自己的内心志愿和种种顾虑,母亲总是安慰他道:

"你应该了解你的母亲,我难道不是一个安于命运的人吗?富贵荣华本是身外之物,安于命运的人,不会过分看重和依赖。"

嘉祐六年(1061),王安石被任命为知制诰。依照惯例,他的母亲可以受封为"郡太君",分享儿子带来的荣光。可是,母亲却不让王安石提交请封的申请。因此,直到嘉祐八年(1063)去世,王安石的母亲,依然只有一个"仁寿县太君"的封号。

虽然自从皇祐年间,安仁、安道两位兄长相继过世,王安石就成为全家的主心骨,承担起全部的家庭责任;虽然他已是皇帝身边的侍从官,是当时政治、思想、文化界一颗冉冉升起的新星,万众瞩目,但是大大小小的事情,他仍然喜欢听取母亲的意见,哪怕只是一个点头,一个微笑,他便觉得心里踏实、温暖。在他心中,母亲"好学强记,老而不倦"(曾巩《仁寿县太君吴氏墓志铭》),而又通于阴阳术数之学,永远都是那么理性、智慧,"其取舍是非,有人所不能及者"(同上),同时又是那么谦逊、淡泊、仁慈。

失去母亲的痛苦,令王安石椎心泣血,为了回报母亲的深恩厚德,整个居丧期间,他恪守丧礼,以近乎自虐的态度,寄托哀思,表达自己未能竭尽孝心的自责和追悔。他身着粗劣简陋的孝服,不沾荤腥,不修剪须发,甚至夜间也不在卧室的床上安寝,而是用稻草编成的垫子,"就厅上,寝于地"(王铚《默记》)。一天,老朋友潘夙派手下差役,寄书江宁,表达慰问之情,送信的差役到达王安石府上,看到一人在厅堂中央,席地而坐,衣冠不整,形容憔悴,以为是府上的仆人,于是大喇喇地招呼道:

"老哥,劳驾将这封潘大人的书信,呈递给贵家主人。"

王安石也不言语,起身接过书信,坐在稻草垫子上拆开就读。差役又急又怒,高声叫道:

"这是我家大人写给王舍人的书信,你一个仆人,怎么可以就这样拆了呢!"

差役的喧呼怒叫,惊动了王安石府上的用人,急忙出来,笑着解释道:

"这就是我家王舍人呀!"

差役张口结舌,吃惊得说不出话来,随即惶恐不安地退出大厅,到了屋外,才一迭声地念叨着:"好舍人!好舍人!"

长时间的过度悲伤和自我折磨,使王安石原本并不健壮的身体,变得更加虚弱,以至于患上了尿血症。而更为令人忧心的是,守丧期间,全家失去经济来源,生活陷入困顿。因为,按照严格的居丧礼仪,不仅当官的要去官,就连一切生产活动,也都应该停止。悲忧笼罩之下,一家老少相继病倒。幸亏,王安石有一位名医朋友陈景初。陈景初是颍川(今河南登封)道士,以医术精湛闻名一时。据宋人笔记记载,他"人物秀伟,见者莫能测"(李壁《王荆公诗注》引),经常在街市上骑驴卖药,身后跟着两个药童,一个叫黄精,一个叫枸杞。王安石对他的医术,极为推崇,在《赠陈君景初》一诗中写道:

吾尝奇华佗,肠胃真割剖。神膏既傅之,顷刻活残朽。昔闻今则信,绝伎世尝有。堂堂颍川士,察脉极渊薮。珍丸起病瘠,脍虫随泄呕。挛足四五年,下针使之走。

《列子·汤问篇》里，有一个关于"心脏移植手术"的神奇故事。鲁公扈"志强而气弱，故足于谋，而寡于断"，赵齐婴"志弱而气强，故少于虑，而伤于专"。神医扁鹊，给二人喝下一种毒酒，"迷死三日"，趁他们处于昏迷状态，"剖胸探心，易而置之"，然后抹上神药。两人很快恢复，行走自如。《三国志·魏志》记载，华佗也有类似的奇特医术。假如患者的病，结积在内，针灸汤药都不能治愈，华佗就会采取手术治疗，先令患者喝下麻沸散，"须臾如醉，死无所知"，然后剖开胸腹，直取病灶。如果病在肠中，"便断肠煎洗"。最后将伤口缝合，涂上药膏。整个手术过程，病人不会感到丝毫痛苦，一个月之间即可痊愈。

王安石说，以前在书中读到这些事情，难免半信半疑，只有见识了陈景初的医术之后，才知道世间真有这样的绝技。通过把脉，陈景初能察觉患者身体里最隐微的病因。三国时期，广陵太守陈登得病，心中烦懑，华佗说："这是因为您胃中有虫数升，即将在体内形成肿块，这是您过多食用鱼虾等食物造成的。"于是给他两升汤药，先服一升，过一会儿再全部喝完。喝完后，陈登竟然吐出两升多虫子，"赤头皆动，半身是生鱼脍"（《三国志·魏志》）。陈景初也有这样的本事，一颗药丸，就能起到立竿见影的作用。有人脚部痉挛，四五年不能走路，经过他的针灸治疗，很快就能正常行走。

但是，陈景初个性倔强、孤傲，"一言傥不合，万金莫可诱"（王安石《赠陈君景初》）。他不仅医术高明，而且写字作诗，都不同凡响：

又复能赋诗，往往吹琼玖（美玉，喻指美丽的文辞）。卷纸夸速成，语怪若神授。

——王安石《赠陈君景初》

因此,他"名声动京洛",但"踪迹晦良莠"(同上),长年混迹于市井江湖,与三教九流各色人等交朋友。他与王安石性情相投,"相逢则长笑,遇饮则掩口"(同上)。在王安石看来,陈景初超然远俗,独立不羁,但并不是一位避世的隐士,倒让人疑心,他是个身怀绝技的神仙般的人物。王安石守丧金陵,举族贫病,陈景初慨然伸出援手。当陈景初离开江宁,北上汴京之际,王安石一连写了两首诗歌赠别:

举族贫兼病,烦君药石功。长安何日到,一一问归鸿。

——王安石《送陈景初》

惨淡淮山水墨秋,行人不饮奈离愁。药囊直入长安市,谁识柴车载伯休?

——王安石《送陈景初》

诗歌于感激中深寓依依惜别之情,并用东汉名士韩康的典故,表达自己对陈景初才华与德性的高度赞许。韩康字伯休,曾隐姓埋名,在长安市中卖药,被一女子认出来后,遁入深山。朝廷多次征召他出来做官,韩康坚执不肯。后来,汉桓帝亲自派专人,执厚礼,前去聘请,韩康不得已,只好答应,但不肯坐朝廷派来的驷马高车,自己驾着一辆简陋的牛车,一大早就先于使者启程。走到一个驿亭,亭长听说,皇帝亲自征聘的高士,将从此地路过,为迎接韩征君的到来,正急吼吼地派人修路架桥。忽然看见韩康,身着布衣方巾,驾着简陋的牛车,远远走来,以为是个乡村野老,于是命手下把他的牛抢来服役。韩康也不辩解,连忙下车,把牛交给他们。没过多久,使者赶到,亭长才知道,这老头就是韩征君本人,顿时吓得面色如土。使者想要向朝廷奏报此事，斩杀亭长。韩康说："牛是我自己交给他的，亭长有何罪过？"最后，韩康还是在进京途中，找了个机会逃回了山中。

经过陈景初的精心医治，王安石和家人的身体状况，都大有起色。谁知治平二年（1065）年初，一个意想不到的噩耗从天而降：二妹暴病身亡！王安石心中哀痛，难以自胜，日日夜夜，眼前总是浮现幼时兄妹相处的种种画面，耳边总是回响二妹呼叫哥哥的娇音媚语。自从年长之后，兄妹各自成家立业，长相离别，聚少离多，只能借诗书传递思念和关切。他用颤抖的双手，打开悉心保存的往返信函，一封一封地重读，一遍一遍地回想。他想起在舒州通判任上，燕尔新婚的二妹，和妹夫一道去看望他，临别之际，他长路追送，以至于当天无法返回官舍，只得借宿于山中寺庙。第二天，他在诗中追述道：

> 晨霜践河梁，落日憩亭皋。念彼千里行，恻恻我心劳。揽辔上层冈，下临百仞濠。寒流咽欲绝，鱼鳖久已逃。暮行苦邅回（zhān huí，道路曲折难行），细路隐蓬蒿。惊麇（jūn，獐）出马前，乌骇亡其曹。投僧避夜雨，古檠（qíng，灯）昏无膏。山木鸣四壁，疑身在波涛。平明长安岭，飞雪忽满袍。天低浮云深，更觉所向高。
>
> ——王安石《自舒州追送朱氏女弟，憩独山，馆宿木瘤僧舍，明日度长安岭，至皖口》

当时生离，已是如此凄恻；如今死别，让人情何以堪？然而，正当王安石为失母丧妹哀痛不已之际，又一个噩耗传来：好友王回于治平二年（1065）七月二十八日病逝，年仅四十三岁！收到讣告，王安石不敢相信，不愿相信，却又不能不信！他失声痛哭，不停地追问：

> 嗟嗟深甫,真弃我而先乎? 孰谓深甫之壮以死,而吾可以长
> 年乎?
>
> ——王安石《祭王回深甫文》

他们相识于庆历六年(1046),那时王安石二十六岁,王回二十四岁。当王安石把自己结识的新朋友带回家中,跟母亲说起王回的种种言行,母亲十分欢喜,谆谆告诫道:

"这样的人,值得你跟他做一辈子的朋友。"

王回一生,"书足以致其言,言足以遂其志,志欲以圣人之道为己任""取舍、进退、去就,必度于仁义"(王安石《王深父墓志铭》),证明了王安石母亲的眼光没有错。所以,王安石感慨地说:

> 吾母知子,过于予初。终子成德,多吾不如。
>
> ——王安石《祭王回深甫文》

然而,如此万千人中难得一遇的醇厚君子,"其志未就,其书未具,而既早死"(王安石《王深父墓志铭》),终至于"无所遇于今,又将无所传于后"(同上),不能不令王安石捶胸痛惜,憾恨无已! 抚今追昔,他不禁仰天呼号,长歌当哭:

> 呜呼天乎! 既丧吾母,又夺吾友。虽不即死,吾何能久? 抟胸
> 一恸,心摧志朽。泣涕为文,以荐食酒。嗟嗟深甫,子尚知否?
>
> ——王安石《祭王回深甫文》

从十四岁第一次经历祖父的去世，此后二三十年来，王安石又先后失去父亲、鄞女、大哥、二哥、祖母、嫂子、幼子、侄儿、母亲、二妹等十位亲人，还失去了马仲舒、李不疑、王令、王回等多位挚友。人生啊，为什么如此艰难？一次又一次的生离死别，让他痛彻心扉。

二、王安石的道士朋友中，声名最著的是李士宁

从先秦直到汉唐，儒学主要是治国平天下的哲学，很少关注个体精神世界，对于死亡这一人人都必须面对和经历的人生大问题，除了"杀身成仁""舍生取义"等非日常化的抉择，几乎找不出可以依循的守则。在极度痛苦中，王安石不得不向佛道寻求救赎。

王安石与道教渊源甚深。外祖母和母亲，都喜欢并且通晓属于道教思想体系的阴阳术数之学。临川城中的王家祖宅附近，相距大约百步，就有一座名叫大中祥符的道观。少年时期，他常去观中游玩，特别喜欢那里优美的风景。长大后，他曾为这座道观撰写了两篇记文，一篇是《大中祥符观新修九曜阁记》，作于庆历五年（1045）；一篇是《抚州祥符观三清殿记》，作于皇祐二年（1050）。他有不少道士朋友，除了长于医术的陈景初，另一个声名最著的，是李士宁。

李士宁，蓬州（治所在今四川蓬安）人，传说他能预测祸福，能进入他人梦境，"目不识书，而能口占作诗，颇有才思"（司马光《涑水纪闻》），而且可能还有"归钱术"，因为他"既不采药卖都市，又不点石化黄金"（欧阳修《赠李士宁》），没有人见他从事过任何赚钱的营生，身边也从不带包裹行李，却好像总有用不完的钱财，哪怕突然有十几个宾客来吃饭，也能立即

安排出一大桌美酒佳肴。欧阳修、蔡襄、张方平、刘攽等众多知名人士，都和他有交往。欧阳修《赠李士宁》诗，称许他轻财仗义，"倾财解人难，去不道名姓"，赞扬他的诗歌"初如不着意，语出多奇劲"。刘攽亦有《送李士宁山人》诗，诗后原注曰："予妻常病，山人自其家取药见遗，山人妻能采药也。山人又尝谈南海神事，甚异。"可见交往之密切。不过，在《中山诗话》中，刘攽却对李士宁的"他心通"，提出了质疑。有一天，李士宁前来拜访，刘攽故意在心里暗暗地辱骂他，骂了好半天，李士宁竟毫无察觉。同时，刘攽还指出，李士宁并没有所谓"归钱术"，只不过"士大夫多遗其金帛钱物，士宁以是财用常饶足"。

王安石与李士宁的相识，据说早在庆历二年（1042）正月。当时，王安石刚刚通过了国子监监试，取得礼部省试资格。省试之前，和一帮同学去汴京会灵观，拜神求签。一群人正在庭中焚香礼拜，李士宁立于檐廊之下，远远地指着王安石，说：

"那个一拜到地的年轻人定会登第。"

跟随王安石前来的老仆，在一旁听到，高兴地跑去告诉他，王安石随即过来揖谢。

李士宁说："你是都官员外郎王大人之子吗？"

王安石有点吃惊，回答道："是的。"

李士宁带着沉思的神情，说："我曾跟令尊大人饮酒，几位小少爷列拜于前。我递给其中略大的孩子一株新鲜荔枝，那孩子莫非就是你？"

王安石点点头："是的，就是安石。"

李士宁说："你今年必定登第，将来地位极为尊贵，请善自珍重。"

果然，庆历二年，王安石考中进士第四名。

这个故事看起来荒诞不经，但当时的人们却深信不疑。他们相信，人的贫富、贵贱、寿数、际遇，等等，从出生之时就已注定，这便是"命"。

因此,占卜看相,预测祸福,十分流行,全国有多达数万人以此为业,而汴京城里就有近万名术士。

王安石也相信"命",并对此进行了非常深入的探讨。当然,他在意的并不是自己或他人会有怎样的"命运",而是在充满必然性的"命运"面前,儒者应该如何立身处世,这一哲学问题。王安石认为,"命"是人和万物的主宰,它决定人的死生、祸福、贫贱、富贵,并进而决定世道的盛衰治乱、万物的兴亡成毁:

> 命者,非独贵贱死生尔,万物之废兴,皆命也。
>
> ——王安石《答史讽书》

> 身犹属于命,天下之治其可以不属于命乎?孔子曰:"不知命,无以为君子。"又曰:"道之将行也欤?命也。道之将废也欤?命也。"孔子之说如此。
>
> ——王安石《与王逢原书》

他甚至相信,"天命"主宰一切,人为努力不能改变人的生存境遇。在《命解》一文中,他以孔子修身洁行而遭陈蔡之厄、孟子谨守礼节而被当政者忌恨为例,说明即便是圣贤,也无力改变命定的颓势。这一思想与传统的儒家思想,以及佛、道二教的因果报应之说,截然不同,而与先秦道家学派相一致。但是,道家学派因相信命定,而主张无为,王安石则承认命定,仍然主张有为。因此,有学者指出,王安石的思想,在中国古代人生哲学中,独具一格,而与西方加尔文新教的命定论,有相通之处。新教教徒认为,"人的力量在上帝面前不值一提,人为努力对于注定的命运毫无作用。但是,新教教徒并不因此放弃对上帝的信仰和人为的努力,他们坚信自己就是命中注定的上帝的选民,从而加倍努力,以自己的业绩证明上帝的荣光"(李祥俊《王安石学术思想研究》)。与此相近,王安石相信,人为努力虽然不能改变命运,但是具有无上的价值,在《命解》中,他清楚地表达了这一观点:

> 然孔子不以弱而离道,孟子不以贱而失礼,故立乎千世之上而为学者师。

孔子、孟子身处乱世,其生存境遇卑弱而低贱,但他们守道持礼,居仁行义,最大限度地发挥了人性中固有的善,与天命、天道相符合,因而成为万世师表。

正是基于上述天命观,一方面,王安石并不排斥看相算命,也常与江湖术士有交往。庆历三年(1043)回乡探亲时,"有金华山人者,率然相过,自言能逆斥(预测)祸福",王安石作《汴说》相赠。文章表示,看相算命虽然不能"考信于圣人",也不能"为天子营太平,提身(zhī shēn,修身)正家",但能为人决疑断惑,亦不失为有用。蔡绦《西清诗话》记载,嘉祐元年(1056)在汴京,王安石也曾与同僚陆经,一道见过术士王生,王生预测:"介甫自此十五年出将入相",而"陆学士无背,仕宦龃龉多难,且寿不满六十,官不至侍从"(蔡绦《西清诗话》),据说后来全都应验了。但另一方面,王安石有时也表现出对看相算命之类的事情不感兴趣。皇祐二年(1050)鄞县任满,途经杭州时,当地有位处士,"善推命,知贵贱祸福"(王安石《推命对》),有人几次三番怂恿他去问一问前程,他都拒绝了。他说:

> 夫贵若贱,天所为也;贤不肖,吾所为也。吾所为者,吾能自知

之；天所为者，吾独懵乎哉！吾贤欤？可以位公卿欤？则万钟之禄固有焉；不幸而贫且贱，则时也。吾不贤欤？不可以位公卿欤？则箪食豆羹无歉焉；若幸而富且贵，则咎也。此吾知之无疑，奚率于彼者哉？且祸与福，君子置诸外焉。君子居必仁，行必义，反仁义而福，君子不有也；由仁义而祸，君子不屑也。

——王安石《推命对》

他坚信人的富贵贫贱是上天决定的，能由自己把握的，只有"贤"与"不肖"。君子应该将祸福置之度外，遵行仁义，顺应天命，而不是汲汲于得失祸福，以至于偏离人性的正道。因此，富贵不值得欣喜，反而应检讨自己是否德不配位；贫贱亦不必忧悲，而应坦然接受。既然不应为求福避祸而违背仁义，那么又有什么必要预知祸福呢？"修身以俟命，守道以任时，贵贱祸福之来，不能沮也"（同上），才是君子的本分。

然而，"由于道，听于命"（王安石《洪范》），和"杀身成仁""舍身取义"等传统儒家观念一样，应对的只是社会性的生存境遇，是特定道德情境中的自处之道，几乎无助于缓解生命本身的孤弱所带来的痛切感受。经过一次又一次生离死别，王安石倍感"生"的渺小短暂、"病"的偶然莫测、"死"的不可避免、"我"的虚幻不实。发自内心的无奈与无力，促使他越出儒家的界域，寻求其他方面的思想慰藉。在诸多古代典籍中，《庄子》一书所探讨的主要问题，恰恰就是，人如何摆脱生命中的种种痛苦，获得精神的逍遥与自适。王安石非常重视《庄子》，曾专门作《庄周二篇》，表达自己对《庄子》思想的基本看法。当时许多儒者认为，《庄子》"务诋孔子"，乃异端邪说，"要焚其书，废其徒而后可"（王安石《庄周（上）》），王安石对此不以为然。他肯定庄子是"知圣人者"（同上），试图调和《庄子》与儒家思想之间的对立冲突。他认为，《庄子》之书的用心，和儒家圣人一样，即在"矫天下之弊，而归之于正"，其问题在于"矫之过，则归于枉"。因此，读《庄子》者，应该体会"其为书之心"，而对其中有些观点加以批判，"则可谓善读矣"（同上）。对于一再挣扎在死别之悲中的王安石来说，《庄子》思想的影响十分深刻。早在庆历五年（1045），他就已经认识到，《庄子》"通性命之分，而不以死生祸福累其心"（《答陈柅书》），是消解心灵痛苦的一剂良药。他服膺《庄子》相对主义思想，试图借助超越现实差别、齐一万物的哲学思维，来求得心灵的安适。在《杂咏八首》其一中，他写道：

> 万物余一体，九州余一家。秋毫不为小，徼外（jiǎo wài，塞外）不为遐。不识寿与夭，不知贫与赊（通"奢"）。忘心乃得道，道不去纷华。近迹以观之，尧舜亦泥沙。庄周谓如此，而世以为夸。

每一事物都可以是"彼"，也可以是"此"；每一事物都包含着"是"，也包含着"非"，"彼此""是非"共存，构成事物的整体。与此同时，"彼"事物可以转化为"此"事物，"是"可以转化为"非"，"彼此""是非"相生相因，"彼"出于"此"，"此"出于"彼"。因此，从根本上来说，万物一体，九州一家，世间一切都是相对的，没有大小、内外、远近、寿夭、贫富的区别。所有区别，都是由人的主观成见，与局部、片面的立场而产生，并非客观存在。用摒除了成见和片面性的自然之道，来观照事物，事物便将呈现其本然状态，心灵亦将获得觉醒与自由，从而达到澄明虚静的状态，涵容一切，安时处顺，哀乐不入，所谓"运数本来无得丧，人生万事不须谋"（王安石《苏州道中顺风》）。

《庄子》提供的独特视角，给予王安石莫大的启示。但在痛苦煎熬之中，仅有理论仍是不够的。这时，那位神秘的道士李士宁，来到了江宁，并在王安石府上留连数月。在此期间,王安石是否跟他学习过道家保养身心的功法？我们不得而知。但从王安石后来所作《周礼新义》《礼乐论》等论著中,可以看出,他对道家养气、养生之术,颇有体会。在《礼乐论》中,他强调养生保形与宁心尽性之间的关系:

> 养生在于保形,充形在于育气,养气在于宁心,宁心在于致诚,养诚在于尽性。

在阐释《周礼》"王齐(通"斋")日三举"一段文字时,还曾借用《庄子》"心斋"这一概念。他说,孔子斋祭时,不与妻子同房、不听音乐、不饮酒、不吃荤,目的就是避免哀乐好恶各种情绪欲念对自己的影响,保持内心的清静平和,但这只是祭祀之斋,尚未达到"心斋"的境界。什么是"心斋"呢?《庄子·人间世》的解释是:

> 若一志:无听之以耳,而听之以心;无听之以心,而听之以气。耳止于听,心止于符;气也者,虚而待物者也。唯道集虚。虚者,心斋也。

这段文字,可以看作是一套调心养气的功法,分为三个步骤:第一,专一心志;第二,关闭感官知觉,专注于内心的宁静;第三,排除一切思虑,以空明澄彻、绝对宁静的状态,与自然万物相接。"心斋"最终所达到的状态,就是心灵从外在干扰与内在欲念中获得解脱,无思无虑,与自然大道浑然一体。这正是陷溺在忧伤苦痛中难以自拔的王安石最大的愿望。

几个月后,李士宁离开江宁,王安石作诗相赠:

> 季主逡巡居卜肆,弥明邂逅作诗翁。曾令宋贾叹车上,更使刘
> 侯惊坐中。杳杳人传多异事,冥冥谁识此高风。行歌过我非无谓,
> 唯恨贫家酒盏空。
>
> ——王安石《送李士宁道人》

汉代术士司马季主名重一时,中大夫宋忠,与博士贾谊,曾结伴相访,听了他一番言论之后,二人"忽而自失,芒乎无色,怅然噤口不能言"(《史记·日者列传》),被他的学问与见识深深震撼。唐代道士轩辕弥明,曾与诗人刘师服、侯喜联句作诗,文思敏锐,出语奇警,令刘、侯二人"相顾惭骇"(韩愈《石鼎联句诗序》),佩服不已。诗歌以季主、弥明比李士宁,赞美他的见识与诗才,并感叹他的奇闻异事,人尽皆知,但他超尘出俗的高风逸韵,又有几人能懂呢?最后两句,写到彼此的交情。显然,"非无谓"三个字,透露了这段艰难日子里,李士宁对他的帮助,因此有无以为报的感慨。

三、王安石与佛教的关系,存在着理性与感性两个层面

王安石与佛教的关系同样渊源有自。他的故乡佛教氛围十分浓厚,早在唐代,就有"求官去长安,求佛去江西"的说法。"他(王安石)的出生地周边有寺庙近六十所,而且派别纷呈,争奇斗艳"(韩溥《江西佛教史》)。天禧五年(1021),祖父王用之去世,安葬在灵谷山,山上有一座寺庙,名叫城陂院。每年清明、冬至,以及祖父的冥诞、忌日,王安石常随父兄前

往扫墓祭拜,随后便在城陂院休息。因此,一家人和庙里僧众都十分相熟。后来,父亲免丧补官,离家远任,祖父的坟墓,就委托寺僧照看。在这样的环境下长大,王安石对于佛教,有一种天然的亲近感。十七八岁后,每到一地,他都会到寺庙游玩,结交了不少僧侣朋友。虽然,作为一位有志于继承和发扬儒学传统的士人,王安石曾站在儒家思想的立场,批评佛教废弃人伦、不合正道,但对许多僧人的品德和才能,仍表现出由衷的倾慕和赞美,称许他们"多宽平而不忮(zhì,凶狠,嫉妒),质静而无求"(王安石《涟水军淳化院经藏记》),其品行接近于儒家所崇尚的"仁""义",比世间那些"夸漫盗夺,有己而无物"的所谓儒士,更值得交往。

扬州龙兴寺的慧礼,是王安石的老朋友。康定元年(1040)前后,他们相识于江宁。庆历四年(1044),王安石在扬州担任淮南府签判,慧礼则住持扬州龙兴寺,"与其徒日讲其师之说"(王安石《扬州龙兴讲院记》)。龙兴寺是一座十分残破的小庙,几十间低矮简陋的屋子,"上破而旁穿,侧出而视后,则榛棘出入,不见垣端"(同上)。一天,慧礼指着这些破房子,对王安石说:

"我打算把这些全都拆了,重新修建。建成之后,不一定传给我自己的徒弟,一定要交付给真正能弘扬佛法的人。到时候,想请你写一篇记文,把这个意思形成文字,刻在寺壁上,以示后来者。"

王安石听罢,不以为意,认为他只是随便说说。因为,当时慧礼师徒,依靠信众的布施勉强度日,没有任何余财,根本不可能完成如此宏大的目标,于是故意开玩笑道:

"好啊,你先建起来再说,我一定作记,这不是什么难事。"

说过笑过,王安石也就忘了,没把这件事情放在心上。谁知,四年后,慧礼找上门来,兴奋地说:

"我当年发愿要重修寺庙,一百二十间崭新的房子,今年终于全部建好了！现在万事俱备,就差你这篇记文了!"

王安石既惊讶,又佩服,更有无限感慨,他说:

> 噫!何其能也。盖慧礼者,予知之,其行谨洁,学博而才敏,而
> 又卒之以不私,宜成此不难也。今夫衣冠而学者,必曰自孔氏。孔
> 氏之道易行也,非有苦身窘行,离性禁欲,若彼之难也,而士之行可
> 一卿、才足一官者常少。而浮屠之寺庙被四海,则彼其所谓材者,宁
> 独礼耶?
>
> ——王安石《扬州龙兴讲院记》

他认为,慧礼勤谨廉洁,学博才敏,而又毫无私心,所以能赤手空拳,
完成如此大愿。和佛教相比,儒学之道简单易行,并不要求苦行禁欲,但
当时的官场士林,品德、才华能配得上自己职位的人,却少之又少!而佛
教寺庙,遍布海内,足以说明,有一大批像慧礼这样才德兼备的僧人。儒
学的衰微与政治的危机,于此可见一斑。

王安石早年交往密切的另一位僧人朋友,是瑞新禅师。庆历七年
(1047)十一月,王安石到鄞县下属各乡巡视,督促县民兴修农田水利。
十一月十四日抵达天童山,当晚借宿于景德寺,瑞新禅师即为寺中长老。
他们一见如故,相谈甚欢。第二天一大早,二人还一同登上石峰,眺望玲
珑岩美景,聆听崖谷间传来的声声猿鸣。皇祐元年(1049),瑞新移锡润州
金山寺,王安石寄诗相答:

> 远水悠悠碧,远山天际苍。中有山水人,寄我十远章。我时在
> 高楼,徙倚观八荒。亦复有远意,千载不相忘。
>
> ——王安石《答瑞新十远》

其后,在《涟水军淳化院经藏记》一文中,王安石对瑞新更是推崇备至,称许他"既以其所学自脱于世之淫浊",又具有聪明辩智之才,所以自己每有所得,都愿意与他交流,并深深感慨:"与之游,忘日月之多也!"

皇祐五年(1053),王安石到苏州出差,公务完成后,立即前往润州金山寺,看望多年不见的老友。当他兴冲冲地步入寺院时,迎接他的,竟然是瑞新圆寂的不幸消息!访友的欢喜,乍变为死别的悲伤,令他难以接受。满怀悲痛,他在瑞新居住过的方丈室壁上,写下一篇短文,寄托哀思:

> 始瑞新道人治其众于天童之景德,予知鄞县,爱其材能,数与之游。后新主此山之四年,予自淮南来视苏州之积水,卒事访焉,则新既死于某月某日矣。人知与不知,莫不怆焉!而予与之又久以深,宜其悲也!夫新之材信奇矣,然自放于世外,而人悼惜之如此。彼公卿大夫操治民之势,而能以利泽加焉,则其生也荣,其死也哀,不亦宜乎!皇祐五年六月十五日临川王某介甫题。
>
> ——王安石《书瑞新道人壁》

文章又一次将出家僧徒,与公卿士大夫相对比。像瑞新这样无权无势的僧人,仅仅凭借自己的德性与才华,即能赢得众多民众的热爱与追怀,而当今有权有势,本可以造福于民的公卿士大夫,又有几人能真正赢得民众的爱戴?真正做到"其生也荣,其死也哀"呢?

除了与僧人交朋友,王安石也好读佛书,佛教的主要经典,他都涉猎过,对佛教命题、概念、术语十分熟悉。为此,还曾与好友曾巩发生过一场思想交锋。曾巩认为,佛经乱俗,献身于儒道的志士才人,不应读佛

经,以免被异端邪说扰乱了思想。王安石则反驳道:

> 方今乱俗不在于佛,乃在于学士大夫沉没利欲,以言相尚,不知
> 自治而已。
>
> ——王安石《答曾子固书》

他认为,社会的混乱并不是由佛教造成的,而是由于精英阶层的学士大夫缺乏理想、节操,贪图利欲,言行不一。这一观点,在当时思想背景下,可谓石破天惊、卓尔不群。唐代"安史之乱"以后,儒家学者有感于"忠信之凌颓,耻尚之失所,末学之驰骋,儒道之不举"(《旧唐书·杨绾传》引),力图恢复儒学在两汉时期所拥有的思想统治地位,儒学复兴运动由此发端。从中唐至北宋,大多数具有代表性的儒学思想家,都将"攻乎异端""拨乱反正"作为自己的神圣使命,佛教更被视为异端之尤。王安石不仅不将风俗的衰颓归咎于佛教,而且还提出"广闻博览以明道"的观点。他认为,"经"不单指佛经,也不单指儒家圣人之经,一切前代经典著作都可以称"经"。读经的目的是为了明道。然而,一方面,相传至今的儒家经典不系统、不完整;另一方面,历代儒家学者的阐释,存在着很多的讹误;此外,今天的时代,与经典产生的时代,已大不相同。如果只读儒家经典,以及儒家学者的注疏,显然过于片面、局限,"不足以知经",更不足以明道。因此,他主张无经不读,博采众长:

> 故某自百家诸子之书,至于《难经》《素问》《本草》诸小说无所不
> 读,农夫、女工无所不问,然后于经为能知其大体而无疑。盖后世学
> 者,与先王之时异矣,不如是不足以尽圣人故也。
>
> ——王安石《答曾子固书》

只有博览群书，才能培养良好的是非判断力，然后便能取其精华，去其糟粕，"故异学不能乱"。"他山之石，可以攻玉"，通过对其他各种学问知识的广泛涉猎，能更好地加深对儒家经典的理解，达到"明吾道"的目的。

应该说，王安石与佛教的关系，存在着理性与感性两个层面。从理性上而言，无论是赞美、表彰佛教僧徒的德性才华，还是广泛阅读佛教经典，都是作为世俗社会的重要参照，以便更好地继承儒学传统，实现明道济世的宏伟理想，带有很强的公共性。从感性层面而言，则首先是性情气质、生活方式等的吸引，显然比较私人化。知鄞县时，与崇法院僧人嗣端，为方外之友，所作《崇法留题》，即表达了对寺庙清幽之境的喜爱：

> 小亭临水闲修篁，郁郁余华席地香。惟愿时人观此境，尽将烦恼作清凉。

皇祐二年（1050）离鄞县任，途经杭州时，游圣果寺、明庆院，拜见高僧宝月大师修广，更体会到佛禅境界的高妙。在《杭州修广师法喜堂》一诗中，他写道：

> 浮屠之法与世殊，洗涤万事求空虚。师心以此不挂物，一堂收身自有余。堂阴置石双嵯峨，石脚立竹青扶疏。一来已觉肝胆豁，况乃宴坐穷朝晡。忆初救时勇自许，壮大看俗尤崎岖。丰车肥马载豪杰，少得志愿多忧虞。始知进退各有理，造次未可分贤愚。会将筑室返耕钓，相与此处吟山湖。

佛教认为,所有事物都在不停地变化,花开花谢,阴晴雨雪、升沉得失、喜怒哀乐、生老病死……像梦境,像幻影,像水上的泡沫,像草尖的晨露,也像夜空中的闪电,没有常性。身处其中,是如此真实,时过境迁,则缈如云烟。佛教徒修持出世间法,就是要证悟世间的无常虚幻,去除执着和计较,做到此心不住,不被事与情所困缚。步入伽蓝古刹,亲近高僧大德,王安石感受到一种发自本心、无所持碍的喜悦。回看世路崎岖,即便是那些志得意满的豪杰、显达,也一样忧患多于得意。可见,出世与入世,进取与隐退,不同的生活方式,各有其可取之处,不能草率轻易地评判高低是非。他希望有一天,能退隐田园,和这些心地清净的僧人朋友一道,自由自在地在湖山之间徜徉、吟啸……

尽管,由于现实的种种羁绊,这一天的到来,还十分久远,但面对接踵而至的现实烦恼,与生命苦痛,他已经自觉或不自觉地,习惯于寻求佛法的慰藉。嘉祐元年(1056),他甚至在自己常用的砚台底下,刻了一尊罗汉跌坐像,像的右边题口:"嘉祐丙中,弟子王安石绘。"

至和、嘉祐在京任职期间,王安石交往最密切的僧人朋友,是净因寺的大觉禅师。禅师名怀琏,"幼有远韵,聪慧绝人。长为沙门,工翰墨,声称甚著"(《禅林僧宝传》)。皇祐二年(1050)正月,朝廷诏令住持京师十方净因禅院。二月十九日,仁宗于化成殿召见,问佛法大意,奏对称旨,赐号大觉禅师。东晋高僧慧远,持"沙门不礼王者论",卜居庐山三十余年,"影不出山,迹不入俗,每送客,常以虎溪为界"(李昉《太平御览》)。大觉禅师虽身处繁华都市,但持律甚严,洒脱与高节,差堪比拟。有一次,仁宗皇帝赐给他一个名贵的龙脑钵盂,他当着使者的面,直接烧了,并说:

"身为佛门中人,依照律法,只能着坏色衣,用瓦钵、铁箸进食。这个钵盂不合律法。"

使者回宫禀奏,仁宗皇帝赞不绝口。

作为一位德高望重的佛教大师，信众供奉的财物珍宝堆积如山，足以建造一座金碧辉煌的宫殿。但大觉禅师一概不受，一直住在城西一座普通精舍里，仅可容纳百来人。

这种对物欲的淡漠，对世俗荣耀与享乐的超然，与王安石深相契合。他曾在诗中称许道：

> 道人心与世无求，隐几萧然在此楼。坐对高梧倾晓月，看翻清露洗新秋。
>
> ——王安石《酬净因长老楼上玩月见怀，有"疑君魂梦在清都"之句》

所谓"山不在高，有仙则名；水不在深，有龙则灵"（刘禹锡《陋室铭》）。就是这么一座小小精舍，成为汴京城里的神圣所在，上至公卿大夫、下至市井小民，纷至沓来：

> 西城方外士，传法自南华。高蹈玩一世，旁通兼数家。来游仁者静，传咏正而葩。
>
> ——王安石《和唐公舍人访净因》

大觉禅师不仅佛法修持精湛深妙，而且兼通儒、道等各家学术，同时还工于作诗。王安石曾把他的诗，拿给欧阳修看，欧阳修说：

"此道人作肝脏馒头。"

王安石不解其意，满脸疑惑。欧阳修补充道：

"他的诗中没有一点点菜气。"

"菜气"又称"蔬笋气""酸馅气"，往往用来指僧人所作诗歌或书法作

313

品,独有的一种腔调或风格,是一个充满贬义的用语。宋代学者叶梦得曾说:"近世僧学诗者极多,皆无超然自得之气,往往反拾掇模仿士大夫所残弃,又自作一种僧体格律,尤凡俗,世谓之酸馅气。"(《石林诗话》)清代文论家刘熙载也说:"高韵深情,坚质浩气,缺一不可以为书。凡论书气,以士气为上。若妇气、兵气、村气、市气、匠气、腐气、伧气、俳气、江湖气、门客气、酒肉气、蔬笋气,皆士之弃也。"(《艺概·书概》)有菜气的作品,往往刻意追求高雅,着力表现清苦,但情薄韵浅,淡而无味,不免做作,落于俗套。欧阳修说大觉禅师"作肝脏馒头""没有一点点菜气",就是称赞他的诗歌,情韵天然,潇洒出尘,超越流俗。

正因为与佛教有如此深刻久远的渊源,嘉祐八年(1063)到治平二年(1065),接连遭受丧母、失妹、亡友的沉痛打击,王安石便非常自然地,向丛林寺庙寻求解脱。他与南岳黄龙惠南禅师、金山宝觉禅师等,保持着书信联系,接受他们的开示、点化。他还常常前往离城十五里的蒋山寺(又名太平兴国寺)读经,与寺中住持赞元禅师,友情笃厚,亲如兄弟。一天,他向赞元禅师请教佛法奥义,赞元闭口不答。王安石一再追问,赞元说:

"你要获得解脱之道,有三大障碍,同时又有近于禅道的一种资质。恐怕还需经过一两世的红尘历练。"

王安石肃然拱手:"愿闻其详。"

赞元说:"你秉受着刚大之气,与俗世的缘分很深。以刚大之气,遭遇深厚的世缘,必定要担当天下重任。怀着经世济时的远大志向,用舍进退,不能从心所欲,则心中不平。以不平之心,怀经世之志,又如何能做到一念万年,消泯有限与无限的区别意识,于刹那中证得永恒?况且,你性格执拗,容易动怒,而又喜欢追求高强度的意识活动,学问知识,会成为你悟道的阻碍。但你视名利如敝屣,对于淡泊的生活,如苦行僧一般,甘之如饴,这便是你近于禅道的地方。你当时常读经参禅,以佛法来滋养、增长这一宝贵的资质。"

王安石听罢,起身再拜道:"谨受师教。"

四、王安石闲居江宁,许多青年学子千里迢迢登门求教

借助佛、道的观念与修持方法,王安石逐渐从痛苦中走了出来,得以利用守制时期的闲暇和清静进行学术研究。《诗经》一直是他十分关注的一部儒家经典,皇祐年间在舒州,嘉祐年间在常州,都曾潜心钻研,他案头的《毛诗正义》,因为反反复复翻阅了不知多少遍,以至于"揭处悉已漫坏穿穴"(陆游《家世旧闻》)。通过长期的研读,他积累了许多心得、札记,便在这段时间,动手撰写成《周南诗次解》《国风解》两篇文章。与此同时,又开始研究《周礼》《仪礼》《礼记》三部典籍,希望有所论著。他将这一研究计划,写信告诉了曾巩。曾巩听说后十分高兴,因为他也早有研读"三礼"的想法,只是由于恒心和毅力不够,又没有可以咨询讨论的师友,所以没能付诸实施。现在王安石既然有此打算,曾巩非常希望他能坚持下去,有所收获,"就令未可为书,亦可因得商榷矣"(曾巩《与王介甫第三书》)。曾巩还将王安石研究《三礼》的消息,告诉了自己的妹夫王无咎。王无咎,字补之,嘉祐二年(1057)进士,当时正在常州任州学教授。他勤苦自奋,"读书达旦,终身常然,不为寒暑辍也"(曾肇《王补之文集序》),尤其喜欢读《周礼》,"于此书深考而精通者也"(曾巩《讲周礼疏》)。通过曾巩的引荐,王无咎来到江宁,跟随王安石学习。

早在嘉祐后期,王安石的诸多著述,已风行天下,如《淮南杂说》《易

解》《洪范传》等。《淮南杂说》作于舒州通判任上,其中一些经典名句,如,"莫大之恶,成于斯须不忍""道义重,不轻王公;志意足,不骄富贵",等等,当时士人皆能出口成诵,"天下推尊之,以比孟子"(马永卿《元城语录》)。《洪范传》为批驳汉儒刘向、董仲舒、伏生等的灾异说而作,"大意言,天人不相干,虽有变异,不足畏也"(晁公武《郡斋读书志》)。至于《易解》一书,王安石自己似乎并不满意,在《答韩求仁书》中,他说:

> 某尝学《易》矣,读而思之,自以为如此,则书之,以待知《易》者质其义。当是时,未可以学《易》也,唯无师友之故,不得其序,以过于进取,乃今而后,知昔之为可悔,而其书往往已为不知者所传,追思之未尝不愧也。

这些著作,当时都以单行本行于世间,隐然已成学术经典,人们争相购求、抄录、精读,蔚为风气。

得知王安石闲居江宁,许多青年学子呼朋引伴,千里迢迢,登门求教。如,彭汝砺(字器资)、杨骥(字德逢)来自鄱阳,陆佃(字农师,陆游祖父)来自越州,龚原(字深之)来自处州,王据来自临川,沈凭来自桐川,蔡渊(字子雍)来自丹阳,杨训(字公发)来自浦城,蔡京(字元长)来自兴化……当然,也有不少江宁本地的学子,如,郑侠(字介夫)、徐君平(字安道)等,此外还有许多没有留下姓名的从学者。一时之间,"士子归赴如市"(吕南公《临川王君墓志铭》)。多年后,陆佃有诗追忆当时盛况:

> 蒋山(即钟山,又名紫金山)鳞鬣苍嵯峨,参、伐(星宿名)可扪斗可摩。建康开府占形胜,千樯万舳来江艖(chā)。忆昨司空(王安石晚年官名)驻千骑,与人倾盖肠无他。有时偃蹇(安卧)枕书卧,忽地起

走仍吟哦。诸生横经饱余论，宛若茂草生陵阿。

——陆佃《依韵和李知刚黄安见示》

诗歌以江宁壮阔的山水景物为背景，烘托王安石学术的博大精深，以及他门前千骑并驻、桃李满园的动人景象。王安石时而枕书而卧，时而朗声吟哦，弟子们追随其旁，如饥似渴地聆听他的精彩言辩。在他智慧的光芒普照下，每个人都收获满满，好似丰茂的草木长满山岗。在《傅府君墓志》中，陆佃也有类似记述：

> 嘉祐、治平间，……淮之南学士大夫宗安定先生之学，予独疑焉。及得荆公《淮南杂说》与其《洪范传》，心独谓然，于是愿扫临川先生之门。后余见公，亦骤见称奖，语器言道，朝虚而往，暮实而归，觉平日就师十年，不如从公之一日也。

安定先生指北宋著名教育家、思想家胡瑗。胡瑗字翼之，泰州海陵（今江苏泰州）人，与孙复、石介并称为"宋初三先生"，对宋代教育文化事业产生了深远影响。庆历年间，他在湖州讲学时，"弟子去来常数百人"。皇祐年间被任命为国子监直讲，"学者自远而至，太学不能容，取旁官署以为学舍"（欧阳修《胡先生瑗墓表》）。嘉祐四年（1059）去世。从陆佃的叙述中可知，王安石在当时，已被推尊为继胡瑗之后，最具影响力的思想家和教育家。

而王安石对于前来求教的学子，也无不竭诚以待。彭汝砺自鄱阳顺江来访，逗留数月之后，赴京应进士试，王安石作诗相赠：

> 鄱水滔天竟东注，气泽所钟贤可慕。文章浩渺足波澜，行义迢

迢有归处。中江秋浸两崖间,溯回与我相往还。我把其清久未竭,复得纵观于波澜。

——王安石《赠彭器资》

丘秀才学于金陵,将回乡娶亲,王安石借机说法,作《送丘秀才序》谆谆告诫。他说:

> 古之人以婚姻为兢兢,合异德以复万世之故。春秋世,此礼始寝废。不亲迎者,吾闻之矣;先配而后祖者,吾闻之矣。时其遂不复振,人皆直情而径行,乌识所谓兢兢者乎?

他殷切期望自己的弟子,能学以致用,"追古之昏礼而行之",成为一名"奋不顾世,独行古之所行"的法度之士,而不仅仅将兴复古道、传承优秀文化传统停留在口头上。

还有许多身在异地的学子写信求教,王安石也都一一耐心回复。老友韩缜长子韩宗恕(字求仁),"少年登诗赋进士第,独恨经术浅薄"(晁说之《宋太令人陈氏墓志铭》),决心潜心钻研《诗》《书》《礼》《易》《春秋》《论语》等先儒经典,写信请教治学次第。王安石倾囊相授,毫无保留。他认为,学者应从《诗》《书》《论语》入手,"能尽《诗》《书》《论语》之言",方可读《易》,"至于《春秋》,三传既不足信,故于诸经尤为难知"(王安石《答韩求仁书》)。这也是他一贯教导弟子的读书之法。陆佃《答崔子方秀才书》中亦有相近记载:

> 荆公不为《春秋》,盖尝闻之矣。公曰:三经所以造士,《春秋》非造士之书也。学者求经,当自近者始,学得《诗》,然后学《书》;学得

《书》,然后学《礼》。三者备,《春秋》其通矣。故《诗》《书》、执礼,子所雅言,《春秋》罕言以此。由是观之,承学之士骤而语《礼》,不知其本也;骤而语《春秋》,不知其始也。

有一种流传甚广的说法,认为王安石曾非议《春秋》为"断烂朝报",因此,在他执政时期,"不列于学官,不用于贡举"(周陵之《春秋经解后跋》)。但从《答韩求仁书》和《答崔子方秀才书》看来,王安石并非否定《春秋》,只是认为《春秋》过于简奥,而解释《春秋》的《左传》《谷梁传》《公羊传》都不可信,后人研读难度极大。对此,理学家尹焞说:

> 介甫未尝废《春秋》。废《春秋》以为断烂朝报,皆后来无忌惮者托介甫之言也。
>
> ——林希逸《竹溪鬳斋续稿·学记》引

> 安石不解《春秋》,以其难知也。后人以其师无说,却无从穿凿,遂因以废之,可哀也。
>
> ——李明复《春秋集义纲领》引

王安石不仅自己热心培育人才,对于那些有志于兴办教育的同道友人,更是随喜赞叹。老友吴中复(字仲庶),以天章阁待制出守潭州(治所在今湖南长沙),将"上漏旁穿""迫陋卑污"的州学校舍,修葺一新,王安石为作《潭州新学诗并序》;处于"大山长谷,荒翳险阻"之地的虔州(今江西赣州),庆历年间虽已奉朝廷之命设立州学,但"卑陋褊迫不足为美观"。治平元年(1064),前任知州蔡挺,和现任知州元积中,相继努力之下,于州治东南新建校舍,"斋祠、讲说、候望、宿息,以至庖湢(páo bì,厨房、浴室),莫不有所,又斥余财市田及书,以待学者"。王安石为作《虔州学记》;治平三年(1066),知太平州(今安徽当涂)李定(字仲求),"宽以有制,静以有谋",深得百姓拥护。人们纷纷相劝出钱,愿意兴学。李定亲自规划,将州学新址,定在子城东南,"为屋百间,为防环之,以待水患。而为田二十顷,以食学者"。王安石为作《太平州新学记》。

嘉祐四年(1059),作《上仁宗皇帝言事书》时,王安石就将人才培养,视为"法先王之道"、实行政治改革的重中之重,并提出教之之道、养之之道、取之之道、任之之道等四个方面的具体措施。其中教之之道,就是兴办学校。《虔州学记》延续了他一贯的观点,详细论述了兴学的必要性和重要性。首先,他阐释了理想政治楷模——先王之世,"学术"与"政治"的关系:

> 余闻之也,先王所谓道德者,性命之理而已。其度数在乎俎豆、钟鼓、管弦之间,而常患乎难知。故为之官师,为之学,以聚天下之士,期命辩说,诵歌弦舞,使之深知其意。夫士,牧民者也。牧知地之所在,则彼不知者驱之尔。

他认为,"先王之道"根基于天理、人性,表现于礼乐文化、政治制度,因其精深广博,不容易为人理解和掌握,所以需要建立学校、选派教师,汇聚天下士子,让他们在先生长者的指导下,学习、思考、深入分析,从而体会先王之道的真正意涵。这些青年学子,将来都要承担治理天下、管理百姓的责任。就好比牧羊人,应该知道哪里水草丰茂,然后将羊群驱赶过去。可见,"学"是为了"政"。因此,只有保障了"学"的有效性,才能保障合乎理想的"政"的实施。那么,如何才能保障"学"的有效性呢?仍然需要依靠"政":

　　然士学而不知,知而不行,行而不至,则奈何? 先王于是乎有政矣。夫政非为劝沮而已也,然亦所以为劝沮。故举其学之成者,以为卿大夫;其次虽未成而不害其能至者,以为士。此舜所谓庸之者也。若夫道隆而德骏者,又不止此,虽天子北面而问焉,而与之迭为宾主,此舜所谓承之者也。蔽陷畔逃,不可与有言,则挞之以诲其过,书之以识其恶,待之以岁月之久,而终不化,则放、弃、杀、戮之刑随其后,此舜所谓威之者也。

　　先王通过"政",来实施"劝沮"功能。依照士人"学"的效果,分别采取"承之"(尊崇)"庸之"(任用)"威之"(处罚)三种方法对待。对"道隆而德骏者",要屈尊下问;对学有所成者,或虽未有所成,而仍具有一定能力者,要量材使用;对那些被一己之私心蒙蔽陷溺,而叛离道德之域者,则要采取鞭挞之刑,令其悔改,并将他的恶行载之书册;如果仍不悔改,则视其情节轻重,分别处以流放、杀戮的刑罚。

　　既然"学"与"政"二位一体,相辅相成,"学"的内容就必须完全遵从天子之命,来加以规定和限制:

　　盖其教法,德则异之以智、仁、圣、义、忠、和,行则同之以孝友、睦姻、任恤,艺则尽之以礼、乐、射、御、书、数。淫言、诐行、诡怪之术,不足以辅世,则无所容乎其时。而诸侯之所以教,一皆听于天子。命之教,然后兴学;命之历数,所以时其迟速;命之权量,所以节其丰杀。命不在是,则上之人不以教,而为学者不道也。士之奔走、揖让、酬酢、笑语、升降,出入乎此,则无非教者。

　　学校从德行、才能各方面培养士子,一切与治国平天下无关的知识、技能都遭到摒弃。诸侯完全听从天子之命,对百姓实行教化。兴办学校,使士子接受教育;颁发天文历法,使全国有一致的时序节律;制定权衡等级,使民众懂得按照各自的身份地位行事。这样,通过推行教育教化,整个社会从上到下,便能保持思想文化的高度统一。

　　这就是王安石理想中的一元化模式。这个一元化模式,并不等同于君主专制。尽管,在他的描述中,整个体制所围绕的核心,是"王"或"天子",但基础却建立在"士"的上面。"士"阶层中最优秀的分子("道隆而德骏者"),可以与天子"迭为宾主",类似于帝王之师。有了这个"帝师"一般的角色,"学""政"一体的一元化模式,才真正完善。其核心与其说是天子,不如说是"道隆而德骏"的士大夫。因此,这是一个借助于君主专制体制建立的士大夫文化模式。"在王安石看来,他的一元化模式将驯致尧舜三代的治世,而简单的君主专制则只会导向秦代那样的暴政"(朱刚《士大夫文化的两种模式——读王安石〈虔州学记〉与苏轼〈南安军学记〉》)。几年后,王安石重回朝廷,主持变法,正是对这一模式的实践。"因为不是宋神宗而是王安石,才是新法的设计者"(同上)。到南北宋之交,王安石及其新党遭到清算,这一"迭为宾主"的思想,则被攻击为"背经悖理",包藏不轨之心。

五、除了设帐讲学, 王安石也常常在江宁及周边地区游玩

　　治平二年(1065)十月十一日,王安石服丧期满。半个月后,朝廷起复的诏令就已抵达江宁:

敕：三年之丧，禄之于家，而不敢烦以事，此朝廷所以待近臣，而申孝子之情也。若夫既除而从政，则下之所当勉也。具官某，学通经术，行应法义，衔哀服礼，内外竭尽，可谓邦之俊良，民之表仪者矣。朕临政，愿治久矣，想闻生之奇论，以佐不逮。其悉朕意，亟复于位。可。

——《工部郎中、知制诰王安石可旧官服阕制》

接读诏令，王安石内心充满了矛盾：

荣禄嗟何及，明恩愧未酬。欲寻西掖(中书省别称)路，更上北山头。

——王安石《初召作》

一方面他深深感激朝廷的礼遇，另一方面又不忍远离父母的坟茔，加上守制以来悲忧相袭，百病缠身，经过治疗，尿血症虽然有所控制，但身体仍是十分虚弱，自江宁到汴京，长途跋涉，恐怕难以胜任。于是，他一连写下两道《辞赴阙状》，请求朝廷赐一分司官①，暂留江宁居住，等身体略有好转，再回朝赴命。

此时，兄弟们开始各自出门谋事。四弟安国去了通州(今江苏南通)，六弟安礼则将进京补官。安国才华出众，在士林中声名甚著，然而科场蹭蹬，进士考试中屡次铩羽而归。嘉祐八年(1063)，英宗即位之后，曾诏令开制科。宋代制科，除苏轼兄弟参加过的贤良方正能直言极谏科等科目外，还专门设置有高蹈丘园科、沉沦草泽科、茂材异等科，"以待布衣之

————————
① 唐宋制度，中央之官有分在陪都(洛阳)执行任务者，称为"分司"。但除御史之分司有实权外，其他分司多用以优待退闲之官，并无实权。

被举者"(《宋史·选举二》)。考试程序同样是三个步骤：首先，应考人向有关部门，呈递自己平时所作策论，并有两名皇帝近臣推荐；其次，所进策论合格者，参加秘阁考试，写作六篇命题作文；最后，秘阁考试合格者，由皇帝亲自复试。王安国于嘉祐八年(1063)，报名参加茂材异等科，所献策论被评为第一，获得秘阁考试资格。然而，就在这时，母亲突然去世，依例不能应试，遗憾地失去了这次入仕的机会。因此，免丧之后，仍是布衣之身，只能去相邻地区，寻求州县教授之职，来养家糊口。对于这位才高而命蹇的弟弟，王安石格外疼爱，也特别愿意和弟弟交流自己的想法。婉谢朝廷起复的诏令之后，他在寄赠安国的诗中写道：

　　北山摇落水峥嵘，想见扬帆出广陵。平世自无忧国事，求田应不忤陈登。

　　　　　　　　　　　　　　　　——王安石《平甫如通州寄之》

　　三国时期，战乱频仍，百姓流离失所，名士许汜毫无拯世济时之志，一味求田问舍，为个人小家庭打算，因而遭到陈登的蔑视。王安石诗歌反用这一典故，既是对自己不受朝命的解释，也是对无缘在政治领域一展长才的弟弟的安慰。

　　六弟安礼于嘉祐六年(1061)进士及第，居丧前任莘县主簿。此次进京补官，江宁知府王晢(字微之)置酒送行。新免母丧，余哀未尽，在此寒风凛冽的冬季，兄弟临歧道别，不知何日才能相见，王安石不禁心酸落泪。他写道：

　　季子将北征，貂裘解亭皋。……陟屺(qǐ，没有草木的山)忧未已，强歌反哀号。问言归何时，逮此冬风饕(tāo，猛烈)。川涂良阻

修,棰辔(chuí pèi,马鞭和缰绳。泛指御马之具)慎所操。……往矣可
有合,可辞州县劳。

——王安石《和甫如京师微之置酒》

诗歌化用《诗经·魏风·陟岵(hù)》中"陟彼屺兮,瞻望母兮"的诗句,
想象弟弟在异乡的土地上,登高远眺,回望故园,思念母亲,是何等的孤
独凄凉。旅途如此漫长,又是如此艰辛,他殷殷嘱咐弟弟,注意安全,祈
望他一路平安,并祝福他此次能顺利迁为京官,摆脱州县小吏的辛劳。

冬去春来,转眼又到了治平三年(1066),安国得到常州州学教授的
教职,安礼则被补为池州司户参军。朝廷再次下诏,催促王安石进京,他
又写了第三道《辞赴阙状》,重申自己的现状及愿望:

　　缘臣自春以来,抱疢(chèn)有加,心力稍有所营,即所苦滋剧,
所以昧冒奏陈,乞且分司,实冀稍可支持,即乞复备官使。天听高
邈,未蒙矜允,虽欲扶伏奔走阙庭,而力与愿违,不能自强。

——王安石《辞赴阙状(三)》

逗留江宁期间,王安石除了继续设帐讲学,也常常在江宁,及周边地
区游玩。江宁历史悠久,早在西周时代,就已设立地方行政建署。三国
以后,孙吴、东晋、宋、齐、梁、陈先后建都于此,史称"六朝古都"。唐末五
代,群雄并起,割据四方,南唐高祖李昪,于937年称帝,亦以江宁(时称
"金陵")为都城。千百年来,这座风景秀丽、繁华富庶的城市,不知经历
过多少兴亡盛衰的历史变幻! 在出行的途中,在友朋的诗酒小聚中,这
些翻云覆雨的苍茫往事,总是萦绕于王安石的笔端。有时,涌上心头的,

是一种人生空漠的历史虚无感：

> 数百年来王气消，难将前事问渔樵。苑方秦地皆芜没，山借扬州更寂寥。荒埭(dài，土坝)暗鸡催月晓，空场老雉挟春骄。豪华只有诸陵在，往往黄金出市朝。
>
> ——王安石《自金陵如丹阳道中有感》

> 自古帝王州，郁郁葱葱佳气浮。四百年来成一梦，堪愁。晋代衣冠成古丘。　绕水恣行游，上尽层城更上楼。往事悠悠君莫问，回头，槛外长江空自流。
>
> ——王安石《南乡子》

江宁是"六朝古都"，龙盘虎踞，形势险要，历来被认为有帝王之气。城里城外，曾经布满了帝王的宫殿苑囿，堪与长安相比。但如今王气消尽，宫苑荒芜泯灭，山脉与扬州凭依相连，显得凄凉冷落。唯一可以证明当年的豪华，只有那些高大的帝王陵墓，却也早已被人盗挖，墓中的珠宝金银，常常被人拿到市场上贩卖。王安石行走于荒凉的堤坝间，听公鸡的啼鸣，在黎明的暗黑中催落残月，看春日的野鸡，在空阔的猎场中矫健飞翔，看滚滚长江东流不息，他不禁深深感慨自然的永恒，与人世的短暂无常！人生如梦，是非成败，转眼成空，历史的风云演变，终究也不过是渔歌樵唱的消闲话题。

更多的时候，王安石则是以一位政治家的深沉忧患，总结历史教训、感慨朝代兴亡：

> 霸祖孤身取二江，子孙多以百城降。豪华尽出成功后，逸乐安

知与祸双。

——王安石《金陵怀古四首》其一

当时君臣但儿戏，把酒空劝长星杯。临春美女闭黄壤，玉枝白蕊繁如堆。《后庭》新声散樵牧，兴废倏忽何其哀。

——王安石《和王微之登高斋三首》其三

创业不易守成难。当年陈霸先以弱冠之年，起身行伍，南征北战，立下赫赫功业，创立陈朝，成为开国之祖。不肖子孙陈叔宝，却荒芜朝政，整日与后妃、群臣，寻欢作乐，奢侈放佚，终至于"举江南而弃之"（司马光《资治通鉴》），宗庙山陵，沦为丘墟。如今陈后主的豪华宫殿，早已被雨打风吹去，残垣断壁上，长满杂树野花，临春阁中的美女，都已腐烂成泥，《玉树后庭花》等艳辞丽曲，却仍在世间流传。

当时谋臣非不众，上国拔取多陪台（低贱之人）。龙腾九天跨四海，一水欲阻为可咍（hāi，笑）。

——王安石《和王微之登高斋三首》其二

南唐后主李煜，虽不像陈叔宝那般荒淫无道，却以江南广大富庶之地，亡国破家，归为臣虏。王安石认为，作为皇帝，李煜的最大问题，是不善于选拔和任用人才，还侥幸希望凭借长江天险，阻挡宋朝的百万雄师，注定成为历史的笑柄。

这一时期，王安石写作的诸多咏史怀古之作中，《桂枝香·金陵怀古》最为世人称道：

登临送目,正故国晚秋,天气初肃。千里澄江似练,翠峰如簇。归帆去棹残阳里,背西风,酒旗斜矗。彩舟云淡,星河鹭起,画图难足。　念往昔繁华竞逐,叹门外楼头,悲恨相续。千古凭高,对此谩嗟荣辱。六朝旧事随流水,但寒烟芳草凝绿。至今商女,时时犹唱,《后庭》遗曲。

这首词描写诗人于秋高气爽之际,登高望远,吊古伤今。上片写景,对美如图画的开阔江景,进行精细的刻画,色彩鲜明,比喻生动。下片由景入情。"念往昔"以下三句,高度概括千百年来,这片美丽山水间,发生的种种盛衰变幻。然而,这一出又一出的历史大悲剧,只是换来文人墨客的徒然嗟叹,似乎并未成为现实政治的殷鉴。人们是如此健忘,那些惨痛的旧事,都随流水消逝,金陵城里依然是朝欢暮乐,歌女们为迎合客人的趣味,依然唱着那些绮靡不振的亡国之曲!整首词立意高远,风格苍健,表现了词人对不能励精图治的北宋政局的忧患和不满,当时就被推为名篇,引发了一波同一词牌、同一题材的唱和风潮,"金陵怀古,诸公寄词于《桂枝香》,凡三十余首,独介甫最为绝唱"(《古今词话》)。

王安石很少写词,但仅有的几首词作,已足以使他立于一流词人之列,而毫无愧色。尤其值得一提的是,就词体文学的发展而言,此时尚处于征歌侑酒、娱宾遣兴的游戏、娱乐文字阶段,题材不外乎男欢女爱、时光之叹,风格也多是柔婉妩媚、缠绵悱恻,极少有人尝试用词体,写作宏大、严肃的政治历史题材,表达悲壮沧桑的深沉情怀。词的创作,整体呈现出题材单一、内容狭窄、风格绮靡、词品卑下、个性色彩模糊不清、表现手法陈陈相因等诸多弊端。王安石的词作,像一缕清风,令人神清气爽、眼前一亮,为词坛革新提供了可资借鉴的珍贵样本。难怪几年后,"东坡见之,不觉叹息:此老乃野狐精也!"(同上)

在从容的讲学与悠闲的漫游中,时光的流逝格外迅疾。在此期间,家中也有令人欣喜的消息,长子王雱顺利通过了治平三年(1066)秋季举行的江宁府府试,即将前往汴京,参加来年春季的礼部省试。考虑到朝廷一定不会同意自己长期留在江宁,王安石命王雱,趁此次进京赴考之际,预先租赁一所宅子,以备将来全家居住。

王雱抵达汴京,已是隆冬时节。一天,在相国寺遇见同样进京应考的两位士子王莘、阎令,三人一道进一小院烤火闲聊。当时,许多人都在关注着王安石的动静去留,因此,阎令好奇地问道:

“令尊舍人为何屡召不赴?”

王雱回答道:“家大人屡辞朝命,并无其他原因,只是久病未愈。近几月来,因朝廷多次下诏,恩遇甚重,待病体稍安,便将赴命。不瞒二位,在下此次进京,不仅是参加省试,同时也是奉家大人之命,先来京师寻个宅子。”

阎令说:“令尊舍人一旦来京,谁家不愿租宅?何必预先寻找?”

王雱笑道:“二位有所不知,家大人说,必须与司马君实(司马光字君实)相邻的宅子才可。家大人经常在家里念叨:择邻必须司马十二,此人居家,事事可以为法,我希望孩子们跟他学习为人处世之道。”

王莘、阎令听罢,连连点头称叹。

尽管已经做好了回京的心理准备,王安石从内心深处,还是希望能继续留在江宁。然而,治平四年(1067)正月,朝中政局又发生了重大变化。

第九章

风云际会君臣合

治平四年(1067)正月初一,汴京城阴冷异常,史书记载:"是日,大风霾。"(李焘《续资治通鉴长编》)一向体弱多病的英宗皇帝,自去年冬季病重,至此时已危在旦夕。尽管众多御医竭力救治,尽管群臣采取了一切燮和阴阳、祈求福佑的政治手段,如:上尊号、大赦天下罪囚、免除京师酒商所欠税款等等,仍是徒劳。正月初八,英宗赵曙崩于福宁殿,年仅三十六岁。临终前留下遗诏,立长子颍王为皇太子。凶耗传出,京师百官,齐集宫中,身着丧服,鱼贯而入,至福宁殿举行哀悼仪式,并恭听遗诏。随后,年方二十的太子赵顼,于福宁殿东楹即皇帝位,是为神宗。

一、初登帝位,神宗试图寻找一位可以同心协力进行政治改革的股肱大臣

神宗赵顼,庆历八年(1048)四月出生,赐名仲铖。嘉祐八年(1063)九月封淮阳郡王,改名顼。治平元年(1064)进封颍王。他天资颖悟,勤学好问,读书听讲,往往废寝忘食。当身边内侍提醒他用餐时,他总是意犹未尽地说:"听读方乐?岂觉饥耶?"(范祖禹《帝学》)英宗担心他用功太过,损伤身体,曾专门派内侍来阻止他学习。但他嗜书如命,终身难改,常常一边吃饭,一边还不忘读书。身为皇子,从小接受严格的教育,赵顼不以为苦,反以为乐。他性格谦和,对身边的僚属,都十分温文有礼,从无颐指气使的表现。每次讲读时,为表示对老师的尊敬,都会身着正装,拱手行礼。即使盛夏酷暑之际,也未尝叫人挥扇,从始至终,恭恭敬敬地用心听讲。颍王府诸多臣僚中,记室参军韩维,最得赵顼信任,事事都向他请教,韩维亦悉心以对,就连日常生活中坐卧行立、言谈举止等细节,都一一指点,毫不松懈。论及天下大事,韩维曾谆谆告诫:"圣人不可有

功名之心,其功名体现在济世泽民的事业之中。"赵顼拱手称善,谨记心中。治平元年(1064),英宗为颍王选择王妃,韩维上疏,提出两点参考意见:第一,选妃不应专重美色,而应重点考察家世、品性和学养;第二,婚礼宜参考古代"纳采问名之义,以礼成之"(《宋史·韩维传》)。这些意见,都得到了英宗的采纳。经过严格挑选,最后选定已故宰相向敏中的孙女为颍王妃。治平四年(1067),赵顼继皇帝位,向氏被立为皇后。

新皇帝登基,依惯例大赦天下,百官进官一等,优赏诸军,尊仁宗皇后曹氏为太皇太后,英宗皇后高氏为皇太后,任命宰相韩琦为山陵使,主持英宗皇帝丧葬事宜。正月十一日,在群臣再三拜表恳请下,神宗正式临朝听政。此时,他需要处理的第一大难题,便是财政危机。

宋朝建立在晚唐五代百余年战争的废墟之上,为了根绝武人跋扈、战乱频仍的社会乱象,自立国之初,便采取中央集权、崇文抑武等基本国策,很快便收到显著效果。社会稳定,经济繁荣,百姓安居,国库充盈。然而,这一政治制度本身,却存在着无法克服的内在矛盾。军权的集中,虽然成功地杜绝了武人拥兵自重、分裂割据的局面,却造成军队训练不良、战斗力薄弱的严重弊端。为应对北方虎视眈眈的游牧民族政权,在不断扩充军队数量的同时,还需要以"岁币"的形式,换取边境和平;政权与财权的集中,虽有效地分化事权,避免了专权擅任、尾大不掉,却助长了因循苟且、人浮于事的官僚作风,以及官僚机构的庞大臃肿。到仁宗继位之初,"冗兵""冗吏"的问题,已十分严重。而"冗兵""冗吏",带来"冗费",进而导致"积贫""积弱"的社会问题。庆历年间,年少气盛的仁宗,起用范仲淹等,厉行改革,却因复杂纷繁的矛盾纠葛,仅仅持续一年多,就草草收场。如今,二十多年过去,"三冗""二积"的社会危机,不仅没有任何缓解,就连一度充盈的国库,也早已消耗殆尽。"百年之积,惟存空簿"(李焘《续资治通鉴长编》),这八个字是如此刺目,又是如此挥之不去。端坐龙椅上的神宗皇帝,在他听政的第一天,手捧三司使韩绛、翰林学士承旨张方平的奏疏,心情的沉重难以言喻。思虑再三,他决定采纳近臣的建议:第一,依惯例新帝登基,应厚赐宗室和近臣,现改为仅取先帝遗留的服用玩好之物,略加赏赐,比嘉祐八年(1063)英宗即位时,减三分之一;第二,遵从英宗遗诏,丧事从简从约。嘉祐八年为仁宗修筑陵墓,曾调遣四万六千四百余人服役,现在则只差派三万五千人,另外再雇四千名石匠,总人数减少七千。为此,神宗亲书手诏,赐予宰执大臣:

> 国家多难,四年之中,连遭大丧,公私困竭,宜令王陶减节冗费。
>
> ——李焘《续资治通鉴长编》

在资政堂议事时,又对宰执大臣说:"当年仁宗去世,先帝因是过继之子,需避世人嫌疑,丧事不敢从简。如今朕则无此顾虑。"

然而,这些举措都只能缓解眼前的急迫,不能解决根本问题。国家财政入不敷出,这样下去还能支撑多久?日理万机之余,神宗的脑海中,一直不断回想韩绛、张方平奏章中的话语:

> 方今至要,莫先财用。财用者,生民之命,为国之本。散之甚易,聚之实难。财用不足,生民无以为命,国非其国也。
>
> ——李焘《续资治通鉴长编》

除了财政问题,神宗还有一件无法忍受的事情,那就是长期对辽、西夏妥协求和。他曾和大臣谈及,太平兴国四年(979),宋太宗御驾亲征,与辽作战,惨败而归的往事,无比沉痛地说:

"太宗自燕京城下兵败,被北虏穷追不舍,仅得脱身,所有随身携带的服御宝器、随从宫嫔全都被抢走,太宗腿上连中两箭,岁岁必发,最后竟因箭疮复发而去世。此乃不共戴天之仇,反而年年捐银输帛数十万,并尊北虏之帝为叔父,为人子孙者,应当这样吗?"

说着说着,泣不成声。此时,他心中"已有取契丹大志"(王铚《默记》)。

熙宁元年(1068)三月初一,神宗对枢密使文彦博等说:

"当今理财最为急务,养兵备边,府库不可不丰,大臣宜共同留意,节约开支。"

又说:"汉文帝身着粗衣布履,不是没有意义的,大概也是有所为而为之。数十年间,终见成效。由此看来,事不可不勉也。"

四月初一,老臣富弼入见,神宗向他请教治国之道。富弼深知,年轻的皇帝锐于有为,十分担心他施政轻率,谆谆告诫道:

"人君好恶,不可令人窥测,一旦可以窥测,则奸邪之人,得以傅会其意。陛下当如天之鉴人,随其善恶,有若自取,然后加以奖赏或处罚。如此,则功与罪各得其实。"

神宗恭敬受教。接着,又问北方边境的各项事务,问得十分仔细。富弼提醒道:

"陛下登极不久,应当先布德泽,且二十年未可言用兵,亦不宜重赏边功。因为,干戈一起,所引发的灾难,将十分巨大。"

神宗听罢,略感失望。沉默了一会,他又问:"治国应以什么为先务?"

富弼回答:"使国内富足安定为先。"

这番谈话,并没有浇灭神宗心中燃烧的斗志。有一天,他身着铠甲,去慈寿宫拜见祖母太皇太后曹氏,意气风发地说:

"娘娘,孙臣穿这一身可好?"

祖母迎上前来,上下打量一番,笑着说:

"身穿铠甲,确实英武。但话又说回来,假如哪天,连你都得如此穿着,国家不知是何等局面?"

神宗闻言默然,"遂卸金甲",但他早已暗自下定决心,"慨然兴大有为之志,欲问西北二边罪"(蔡絛《铁围山丛谈》)。

他开始广泛征询大臣的意见,探求革新之路,并试图寻找一位才华与资望兼备,同时又富有理想抱负和勇锐之气的大臣,作为自己的心腹重臣。他首先看中了枢密副使吴奎,并不顾宰相韩琦、曾公亮等的反对,任命吴奎为参知政事(副宰相)。吴奎受命之日,进《治说三篇》,其言曰:

> 陛下在推诚以应天,天意无它,合人心而已。若至诚格物,物莫不以至诚应于上,自然感召和气。今民力困极,国用窘乏,直须顺成,然后可及它事也。帝王所职,惟在判别忠邪,自余庶务,各有司存。但不使小人得害君子,君子常居要近,则自治矣。
>
> ——李焘《续资治通鉴长编》

吴奎的议论虽不无道理,却毫无新意。知人善任,自是君王第一要务,但神宗此时,最想听到的是,面对"民力困极,国用窘乏",吴奎能有什么样的勇气、决心和具体谋略,来加以解决。

司马光也是神宗十分关注的对象,继位不久,便将他擢升为翰林学士。翰林学士是皇帝最亲近的顾问兼秘书,负责起草任命将相大臣等文书,以及与周边国家往来国书等。一个月之后,又任命他为御史中丞,这是皇帝的耳目之官,主掌纠察文武百官歪风邪气、贪官污吏,肃正朝廷纲纪法规。在此期间,司马光作《上神宗论人君修心治国之要三》。他说:

> 修心之要三:曰仁,曰明,曰武;治国之要三:曰官人,曰信赏,曰必罚。

　　这里的"仁",是指"修政治,兴教化,育万物,养百姓";"明",是指"知道义,识安危,别贤愚,辨是非";"武",是指"惟道所在,断之不疑,奸不能惑,佞不能移";而所谓"官人""信赏""必罚",则是希望皇帝,"能收采天下之英俊,随其所长而用之。有功者劝之以重赏,有罪者威之以严刑",而不是让百官"更来迭去,易地而居"。这番话语,直击宋代官制的一个突出问题,即大小官吏调任频繁,不能用人所长,从而人浮于事,有才有志者屈于客观情势,难以施展,而庸碌无能者,却可以敷衍塞责。这一观点,王安石在嘉祐四年(1059)所作《上仁宗皇帝言事书》中,也曾有充分论述,想必二人在京共事期间,亦多有讨论。

　　此外,神宗还注意到,早在嘉祐七年(1062),司马光就曾上《论财利疏》,主张"宜精选朝士之晓练钱谷者",负责财政事务,且应"用人专,而任之久",藉以解决国家"财力屈竭"的问题,并明确提出了役法改革的主张。治平四年(1067)九月,司马光又上《衙前札子》,深入分析了衙前役的弊端。衙前是北宋差役的一种,职责是运送官府所需的物资。按规定,服役者如果不慎失陷官物,必须以家财赔偿,一般由富裕的民户承担。由于押运官物责任重大,沿途耗费甚多,稍有闪失,便有可能破产失业。所以,为了逃避衙前役,人们想尽办法,缩小自己的家产,甚至不敢发展生产,积蓄财富,因为多种一株桑,多置一头牛,多蓄二年粮,多藏十匹帛,都有可能被邻里视为富户,从而被官府派遣衙前役。这对国家的繁荣发展,无疑是极为不利的。

　　司马光的这些论奏,给神宗留下了十分深刻的印象。但是,他是否就是自己想要寻找的那个可以同心协力、进行政治改革的人呢?神宗心里仍是犹豫。对于司马光的品格,他十分敬重,但总觉得他的思想行为,不太切合实际。有一次,他对吕公著说:

"司马光人品端方正直,只可惜有些迂阔。"

吕公著回答道:"孔子是上圣,子路还说他迂阔;孟轲是大贤,当时人亦说他迂阔;司马光又怎能免于这种诟病呢?大抵虑事深远,则近于迂阔,愿陛下更多地了解他。"

神宗若有所思地点了点头。此时,他的心中还有另一个人选,那就是远在江宁的王安石。

二、熙宁元年(1068)春,王安石启程进京

对于名重天下的王安石,神宗早在颖王府时,就已耳熟能详。他不仅读过王安石不少论著,而且常听颖王府的左右臣僚,如韩维、孙永、时君卿等,称道安石。尤其是韩维,每次讲课得到颖王称赞,总是谦虚地说:

"这些观点都不是我个人的见解,而是我的好友王安石的见解。"

因此,神宗对王安石充满了好奇。即位当日,尚未见群臣,便单独召见韩维,问王安石今在何处?韩维答道:"在江宁。"

神宗又问:"朕召之,他肯来吗?"

韩维说:"安石素有经世之志,并非甘心老于山林者。假如陛下能以礼相召,怎会不来?"

神宗高兴地说:"卿可先修书一封给安石,告知朕的意思,不久即下诏。"

韩维连连摇头:"假若是这样,则安石必不肯进京。"

神宗闻言,一脸疑惑。韩维说:"安石平日,进退出处,均秉持正道,

陛下想要用他,却叫人以私信传达,他怎会接受? 不过,安石之子王雱,现正在京中应考,常常往来臣家,臣可将陛下之意婉转告知,令他有个心理准备。"

治平四年(1067)闰三月二十日,神宗诏令王安石知江宁府。得知这一消息,韩维深觉不可,立即上书表达不同意见。他认为,"安石知道守正,不为利动,其于出处大节,料已素定于心,必不妄发"(李焘《续资治通鉴长编》),神宗如果真的"慨然想见贤哲,与图天下之治",则应该召安石进京,置于侍从(即翰林学士等高级官员)之列,而不是听信某些朝臣的说法,"以为安石可以渐致,而不可以猝召"(同上)。他断言:知江宁府之命,安石必不奉诏! 果然,不久,朝廷便收到了王安石《辞知江宁府状》。

读罢王安石的辞状,神宗问身边的宰辅大臣:

"安石历先帝一朝,屡召不起,有人说他对朝廷不恭。今朕召之,又不起。他是真的生病呢? 还是有所求取,借此跟朝廷讨价还价?"

宰相曾公亮回答道:"安石文学器业,在当代堪称完美无缺,应该予以重用。累召不起,一定是因为身患疾病,不敢欺罔。"

参知政事吴奎,则提起一件往事。嘉祐七年(1062),王安石担任纠察在京刑狱期间,曾遇到一件案子:开封府有个喜欢玩斗鹌鹑(一种民间娱乐活动)的少年,得到一只善斗的鹌鹑,他的朋友自恃彼此关系亲密,未经允许,强行拿走。争夺之中,少年失手将朋友打死。开封府判处这名过失杀人的少年死罪。王安石驳回了这一判决,认为:"依照法律,公然抢夺和偷窃都是盗贼。因此,未经鹑主同意,而强行拿走,就是盗贼;鹑主追而杀之,是捕盗,虽然将人打死,不应治罪。"开封府不服,上诉到审刑院和大理寺,最后维持开封府原判。对此,朝廷并不打算追究王安石的责任,直接下诏免罪。照规矩,王安石应去阁门拜谢免罪之恩,但他坚持说:"我没有罪。"御史台和阁门使多次催促,仍拒不谢恩。台谏官为此上奏弹劾他,因为他声望甚高，宰辅大臣们最后以息事宁人的态度，将他调任其他职位，勉强了结此事。不久，他便回江宁守制了。因此，吴奎推测，王安石不肯回朝，大概是由于他与韩琦不合，一直认为韩琦在故意阻遏自己。

对于吴奎的看法，曾公亮极不认同，他说：

"安石是真正的辅相之才，吴奎所言荧惑圣听！"

吴奎大声反驳道："臣尝与安石同为群牧司判官，亲眼目睹他临事迂阔，不仅不能知错就改，而且一味自护其短，这样的人，万一得到重用，必定紊乱朝纲。曾公亮荧惑圣听，非臣荧惑圣听！"

这一番御前的争执，引得朝臣背后议论纷纷，有人说，曾公亮极力推荐王安石，目的是为了打击韩琦。神宗对此不置可否，依然维持原来的决定，不准王安石辞知江宁府。

五月二十八日，王安石就任江宁知府，但朝中仍不断有人上疏神宗，请求将他召回侍从之列，与此同时，批评于安石的声音，也从来没有消失。如，新任参知政事张方平，就曾对神宗说："王安石此人，徒有虚名，而无实用，就像晋朝的王夷甫。如果真的重用他，恐怕会败坏天下风俗。"然而，不管身边臣僚怎么说，神宗已经有了自己的决定。

九月二十三日，神宗正式下诏，任命王安石为翰林学士，制诏称其"学为世师，行为人表，廉于自进"，并说"兹有金言（众言），宜还中禁，俾夫左右先后，以道义辅于予"（郑獬《工部郎中知制诰王安石可翰林学士制》）。翰林学士，"职亲地要，而以讨论、讽讥为官"（王安石《除翰林学士谢表》），既需具备"忠厚、笃实、廉耻之操"（同上），又需博通古今，文采斐然，才足以担当这一重任。唐宋以来，一直被视为"将相之储"，如果能幸运地遇到一个有志有才的帝王，且君臣契合相投，确实是一个可以施展才干、实现政治抱负的有利位置。

正如韩维所说，王安石素有经世之志，并不甘心老于山林。当他在政坛崭露头角时,恰逢仁宗晚年,庆历时期的革新派韩琦、富弼、欧阳修等,位居宰辅。但令人遗憾的是,"庆历、嘉祐施设,如出两手"(吴曾《能改斋漫录》),二十年前,试图雷厉风行地刷新朝政的一代君臣,似乎"前日事都忘了"(朱熹《朱子语类》)。在这种求稳求妥的保守气氛中,作为政坛新秀的王安石,又能有何作为? 嘉祐八年(1063)英宗即位,虽正当盛年,但疾病缠身,空有壮志,力不从心。且英宗对待两制词臣,十分严厉,经常亲自批阅臣僚起草的制诰,动辄以文字加罪词臣。依宋代制度,知制诰对于朝廷任命的人事,有不同意见,可以"封还词头"(即拒绝起草制诏)。但治平元年(1064)十二月,知制诰钱公辅,却因此而遭到重贬,同为知制诰的祖无择,请求薄责钱公辅,结果也被罚铜;治平三年(1066)正月,知制诰范镇,因为在起草韩琦晋升官位的制书时,将其比为周公、霍光(西周周公曾辅佐成王,西汉霍光曾辅佐昭帝),结果竟被出知陈州。而在嘉祐八年(1063)离京守丧时,王安石的官职就是知制诰,免丧之后依惯例仍袭原职。因此,有学者认为,王安石治平年间屡招不起,可能与此有关(刘成国《王安石年谱长编》)。神宗年轻气锐,志在有为,王安石想必早已从八个多月来的朝政动态中,看出端倪。而且,好友韩维曾通过王雱,将神宗的一些想法,间接转达给他,可以推测,这些日子,对于自己的出处进退,王安石已经有了深思熟虑。所以,接到朝廷诏令,他没有推辞,而是慨然表示:

> 臣于此时实被收召,所以许国,义当如何? 敢不磨砺淬濯已衰之心,紬绎(chōu yì,理出头绪)温寻久废之学,上以备顾问之所及,下以供职司之所守。
>
> ——王安石《除翰林学士谢表》

熙宁元年(1068)春,退居江宁整整四年半的王安石,终于启程进京。友人王介(字中甫)却作诗远寄,有"草庐三顾动幽蛰,蕙帐一空生晓寒"之句。前一句用刘备三顾茅庐的典故,后一句则出自南朝孔稚珪的名篇《北山移文》,讽刺意味十分明显。北山即钟山,孔稚珪这篇文章,假托北山山神的口吻,对那些表面爱好隐居、实际贪求官位的假隐士,予以揭露和鞭挞。其中"至于还飙入幕,写雾出楹,蕙帐空兮夜鹄怨,山人去兮晓猿惊"一段,描写隐士接受朝廷征召,出山之后,山中凄清冷落,一片寂寥。王介化用孔稚珪语意,直率地表达对王安石这一决定的不满和讥讽,无疑代表了当时一部分人的看法。然而,早在青年时代,王安石就已树立坚定不移的人生目标,更有对人生意义与价值的独到理解,又怎会顾忌他人的眼光? 正如曾巩所说,"彼其心固有所自得,世以为矫不矫,彼必不顾之"(曾巩《答袁陟书》)。因此,接读王介来诗,他付之一笑,提笔写道:

> 偶向松间觅旧题,野人休诵《北山移》。丈夫出处非无意,猿鹤从来自不知。
>
> ——王安石《松间》

在此期间,他还作有《浪淘沙令》一词:

> 伊吕两衰翁,历遍穷通。一为钓叟一耕佣。若使当时身不遇,老了英雄。　汤武偶相逢,风虎云龙,兴王只在笑谈中。直至如今千载后,谁与争功?

伊尹出身寒微,曾佣耕于莘地,后来被商汤王发现,任用他攻灭夏桀,成为商朝的开国功臣;吕尚早年困顿,历尽磨难,晚年得遇周文王,备受重用,继而辅佐周武王灭商有功。他们都是因为有幸遇上明君圣主,才没有被埋没在凡庸的尘埃之中。明君贤臣的遇合,充满了偶然性,但这千载难逢的遇合,却是王道鼎兴、太平临世的必要条件。因此,他们功盖千载,至今无人可与匹敌!词作纵论古今,笔力苍劲,意气昂扬,"隐然欲与争雄矣"(丁绍仪《听秋声馆词话》)。

出发当天,风正帆满,江宁城渐渐消逝在视线之外。王安石并不急于北上,他决定先去京口(今江苏镇江)金山寺,拜访亦师亦友的宝觉禅师。嘉祐年间,他与禅师相识于汴京,嘉祐八年(1063)同回江南,王安石守制江宁,禅师驻锡金山寺,两地仅隔数重之山,彼此一直保持着密切的往来。此次进京,可以预见,王安石将承担变法重任,干一番轰轰烈烈的大事业。临行之前,他很想听听这位方外挚友的意见。这天夜里,他们对床夜语,通宵达旦。第二天,王安石继续前行,由南至北,横渡长江,泊船于瓜洲(今属江苏扬州),这里是通往汴京的京杭大运河与长江的交汇处。此时月上中天,清风拂面,水面上波光粼粼,王安石回望对岸京口的灯火,不禁感慨系之:

> 京口瓜洲一水间,钟山只隔数重山。春风自绿江南岸,明月何时照我还?
>
> ——王安石《泊船瓜洲》

即将离开他热爱的江南,诗人心中有无限眷恋。但除此之外,尚有一层没有明说的言外之意。其实,"这首诗的预设读者是宝觉禅师,诗人是要向宝觉表明心志"(张鸣《"春风自绿江南岸"》),期待早日功成身退,回到江宁,和往昔一样,与禅师往来游从,请教佛学问题。作为一位儒释道兼修的传统士大夫,王安石具有强烈的社会责任感和使命感,希望以自己的所学,匡扶社稷,但功成不居,在天下太平之后,归隐江湖,过着与世无争的隐居生活——这才是他的终极理想。正如他在《张良》一诗中所歌咏的:

> 汉业存亡俯仰中,留侯当此每从容。

从楚汉相争,到晚年立储,刘邦无数次遭遇巨大危机,全凭张良运筹帷幄,轻松化解。而当众人纷纷争权逐利时,张良却杜门不出,修仙问道,"愿弃人间事,欲从赤松子(传说中的上古仙人)游耳"(司马迁《史记·留侯列传》)。心中没有功名富贵之念,进退之间便可洒脱从容,无所牵绊。理学家程颐对这首诗赞叹不已,并解析道:

> 王介甫咏张良诗最好。人言高祖用张良,非也,张良用高祖尔……高祖之势可以平天下,故张良助之,良岂愿为高祖臣哉?无其势不及天下。既平,乃从赤松子游,是不愿为其臣可知矣。
>
> ——《二程遗书》

张良臣事刘邦,是为了实现平天下的抱负,身居高位,显然不是他的目的。王安石又何尝不是如此?

三、王安石与同为翰林学士的好友司马光常常意见相左

王安石于熙宁元年(1068)四月初抵达汴京,四月四日即奉诏越次入对。

神宗开门见山,对王安石说:

"朕久闻爱卿道德学问,迥出众流,若有忠言嘉谋,当不惜告朕。依卿之所见,如今天下的治理,当以何者为先?"

王安石胸有成竹地回答:"当以选择治国之术为先。"

神宗点了点头,问道:"唐太宗是怎样的君主?"

王安石略一沉思,侃侃而谈:

"陛下每事当以尧、舜为法。以臣之愚见,唐太宗所知不远,所为不尽合法度,不过是乘着隋朝大乱之际,而侥幸崛起,加上他的子孙,大多昏聩而恶劣,前后映照,便显得他英睿不凡,所以被后世称许。治国之道,有升有降,臣以为当今之世,恐怕须每事皆效法尧、舜。尧、舜所为,至简而不烦,至要而不迂,至易而不难,但后世学士大夫,不能通晓圣人之道,所以认为尧、舜之治高不可及,殊不知圣人经世立法,都是按照常人的标准来设定。"

神宗说:"爱卿可谓责难(勉励人做难为之事)于君啊!但朕自视眇然(miǎo rán,微小),恐怕难以达到卿所设定的目标。卿可尽心辅佐朕,但愿能同济此道。"

接着,神宗又说:"祖宗守天下,能百年无大变,粗致太平,治国方略如何? 爱卿可否为朕略加阐释?"

王安石拱手答道:"此事千头万绪,容臣细思。"

随后,王安石立即撰写《本朝百年无事札子》。宋朝立国将近百年,经太祖、太宗、真宗、仁宗、英宗五帝,而至神宗。要在有限的时间,用不长的篇幅,回顾、总结这百年政事,实属不易。但王安石对此思虑多年,早已参详透彻,因此运笔如飞,一气呵成。文章取先扬后抑的笔法,于"无事"题下谈"有事",深入解析了"累世因循末俗之弊"。首先,他批评皇帝,"朝夕与处,不过宦官、女子;出而视事,又不过有司之细故(琐碎事务)",严重限制了眼界和胸襟,缺乏远大志向和宏伟气魄,加上"一切因任自然之理势",而主观努力不够,因此,虽能任用贤人,但小人也占据了一定的位置;虽能听取正确的言论,但错误的主张也时时被采纳。其次,他抨击当时的人才培养、官员选拔和升迁制度,存在严重弊端,导致了恶劣的官场氛围,"上下偷惰取容而已,虽有能者在职,亦无以异于庸人"。再此,他揭露农业、军事等各方面制度的疏失和缺陷。最后,他直斥"其于理财大抵无法,故虽俭约而民不富,虽忧勤而国不强"。总之,他认为"天下无事,过于百年",并非"人事"有多少可取之处,主要有赖于"天助"。其言下之意便是,"祖宗不足法"。五位先帝中,王安石较为肯定太祖的刚断明睿,称许他"周知人物之情伪,指挥付托,必尽其材;变置施设,必当其务",而对在位时间最长的仁宗,则褒中含贬,语多否定。文章最后,他谆谆告诫并勉励神宗:

知天助之不可常恃,知人事之不可怠终,则大有为之时,正在今日!

——《本朝百年无事札子》

神宗接读此文,爱不释手。第二天,君臣相见,他兴奋地对王安石说:

"昨夜读卿所奏书札,达数遍之多。真可谓精于谋划,治国之道无以出此。文中罗列的各种疏失,想必卿早已一一思虑谋划,试为朕细说。"

王安石答道:"一时之间,难以细说。愿陛下以讲学(研习、探讨)为事。讲学既明,则具体方略不言而自喻。"

他希望神宗能就改革的方向和方法等问题,在朝臣中发起一场讨论,通过讨论,逐步统一思想。但此时神宗意犹未尽,仍坚持让王安石详细阐述。于是,王安石将自己的改革思路,大致说了一下,神宗听罢,大

喜过望,说:

"此皆朕闻所未闻! 他人所学,确实不及于此。能为朕一一写下来,逐条上奏吗?"

王安石推辞道:"臣已论奏,陛下以讲学为事,则诸如此类,皆不言而自喻。若陛下择术未明,实未敢逐条上奏。"

神宗说:"卿今日所言甚多,朕恐有所遗忘,试记录今日所言进呈。"

王安石未置可否,唯唯而退。

当日,正式宣召王安石入翰林院,并赐对衣、金带、鞍马。宣召仪式庄严、隆重,"庭设裀褥,堂设酒醴"(洪遵《翰苑群书》)"出大庭之显服,束以精镠(liú,纯美的黄金);引内厩之名驹,傅之错采"(王安石《赐衣带等谢表》),皇帝亲自赐坐、赐茶。此时,正当石榴花开,鲜艳似火,正所谓:

浓绿万枝红一点,动人春色不须多。

——王安石

自此,王安石开始履行翰林学士的日常职责:起草重要制诏、兼修《英宗实录》、担任皇帝的顾问及经筵侍讲等。后两项职责最具意义,能使君臣之间,获得最大限度的相互认识,当然也是身为臣僚,得以影响君王的重要途径。

作为皇帝的顾问,王安石多次参与朝中繁难事务的讨论,在此过程中,他与同为翰林学士的好友司马光,却常常意见相左。第一次,是有关谋杀刑名的讨论,因登州上报的一桩刑事案件引发。一个名叫阿云的女子,在母丧期间,被家人许配给韦姓男子,韦男形象丑陋,阿云极为不满,于是身怀利刃,将睡梦中的韦男连刺十余刀,所幸没有刺死,仅砍断一根手指。尽管当时并无目击证人,但阿云还是以嫌疑人的身份被捕。审讯中，阿云对犯罪事实供认不讳，知县依大宋律法，以谋杀亲夫罪，判处死刑。案件上报州府后，知州许遵认为：阿云母丧未除，婚约无效，谋杀亲夫罪不成立，应按普通刑事案件结案，而且有自首情节，罪减二等，可免死刑。案件上报朝廷后，审刑院、大理寺维持死刑判决，但因是违法婚约，予以宽大处理。这一判决，也得到了刑部的认同。正在这时，许遵调任大理寺判官，御史台以阿云案弹劾许遵，抨击他不称职。许遵不服，坚持认为自己的观点没错，刑部及审刑院、大理寺的判决，堵塞了嫌疑人的自首之路，同时也违背了"罪疑惟轻"的仁恕之道。神宗诏令两制（翰林学士与中书舍人）讨论此案，但同样意见分歧。司马光支持刑部，王安石、吕公著、韩维、钱公辅等则支持许遵。神宗听从了王安石等人的意见，于七月下诏曰：

谋杀已伤，案问欲举自首者，从谋杀减二等。

——《宋史·神宗本纪》

但事情并未就此完结，御史中丞滕甫请求再次选官定议，御史钱顗要求罢免许遵，法官齐恢、王师元、蔡冠卿等，也认为许遵所争，违背法律。"自是廷论纷然"（《宋史·许遵传》），此事便暂且搁置。这时，知谏院吴申上《（谨奉）祖宗成宪不违朝廷众论》，神宗读罢，笑道：

"众论为何不可违？区区一件刑事案件，就不敢违背众论，倘若事关国家大政方针，又该如何？"

王安石十分赞成神宗的观点："先王稽考、咨询众人，但并非一一听从。"

接着又说："'谨奉成宪'，不知吴申想要怎样谨奉？假如事事因循弊法，不敢有丝毫改变，如此'谨奉成宪'，恐怕就很成问题了。"

刑名之争,衍生出是否应"谨奉成宪"? 是否应"不违朝廷众论"? 对此,神宗与王安石君臣二人,不约而同,达成了高度一致。

王安石与司马光的另一次分歧,发生在八月。朝廷计划本年冬十一月,在京城南郊举行祭天大礼,依照惯例,南郊礼毕,陪祀官都将得到朝廷的赏赐。宰臣曾公亮等,鉴于"方今河朔灾沴,调用繁冗"(《长编纪事本末》),主动提出,此次祭礼之后,朝廷不必再给两府臣僚赏赐银绢等物。神宗命学士院讨论。司马光认为:"国用不足,灾害频仍,节省冗费,当自高官近臣开始。宜听从两府辞赏。"

王安石则不以为然:"国家富有四海,大臣郊赍(郊祭时给予臣下的赏赐)所费无多,而吝惜不予,既不能使国家变得富有,又有伤朝廷体面。唐代宰相常衮,辞谢朝廷优礼宰相的餐食,当时人们讽刺道:如果常衮自认为不配居宰相之位,应该辞去俸禄,而不只是餐食而已。因为宰臣乃国之重器,社稷安危之所系,四海治乱之所属,朝廷礼遇之隆,乃所以寄望之重。今两府辞郊赍,正如常衮辞餐食,不仅于事无补,反而贻笑世人。况且,国用不足,并非当今之急务。"

司马光反驳道:"常衮辞禄,至少心存廉耻,和那些只知固位贪禄之徒相比,岂不更好? 国家自真宗末年以来,用度不足,近岁尤甚,怎能说非当今急务呢?"

王安石回答:"国用不足,是因未得善理财者。"

司马光连连摇头:"所谓善理财者,不过是苛捐杂税,盘剥民财。这样只会弄得百姓困穷,流离失所,为盗为贼,岂是国家之福?"

王安石说:"这并非善理财者。善理财者,民不加赋而国用丰饶。"

司马光以历史学家的博识与洞见,一针见血地指出:"此乃桑弘羊欺骗汉武帝的言论,司马迁将它载之史籍,用来讽刺武帝昏昧不明。天地所生货财百物,数量是一定的,不在民间,则在公家。桑弘羊理财,确实大幅增加了政府的财政收入，但若不取之于民，又能从何而来呢？假如真的能做到‘民不加赋而国用丰饶’，武帝末年为何群盗蜂起，而不得不派绣衣使者四处追捕？难道不是因为百姓困苦至极、铤而走险？桑弘羊的言论岂可据以为实？"

桑弘羊是西汉时期政治家、理财专家、汉武帝的顾命大臣之一。他曾采取一系列经济措施，大幅增加朝廷财政收入，为汉武帝的文治武功奠定雄厚的经济物质基础。对桑弘羊及其经济举措的历史评价，历来见仁见智，意见纷纭，并非三言两语能辩论清楚，王安石不想就此纠缠，于是，又将话题引回郊赉一事：

"太祖时，赵普等为宰臣，赏赉有时达万数。如今郊赉匹两不过三千，岂能算多？"

司马光针锋相对："赵普等运筹帷幄，平定天下，赏以万数，不是理所应当吗？而当今两府大臣，只不过在祭典上，做些递水奉巾的辅助工作，有什么功劳，可以跟赵普等开国元勋相提并论呢？"

两人你来我往，争论不休，谁也说服不了谁。王珪见状，连忙在中间打圆场，暂时平息了双方的争执。王珪代表学士院，向神宗汇报大家讨论的情况：

"司马光说，省费应从高官近臣开始，他的说法有道理。王安石说所费不多，恐伤国家体面，他的说法也有道理。只好请陛下裁决。"

神宗说："朕赞成司马光的观点。不过，从朝廷体面考虑，还是暂不同意两府辞赏为宜。"

这次辩论中，王安石首次透露了他解决国家经济危机的基本思路，这是神宗最感兴趣的话题，因此第二天迩英殿讲读结束之后，他将王安石单独留下来谈话，直到日落时分。

迩英殿是侍从讲读之所。汉唐以来，帝王为讲论经史，多在宫中特设御前讲席,宋代称为"经筵",由翰林学士或其他官员担任讲官。每年二月至端午节、八月至冬至节为讲期,逢单日入侍,轮流讲读。自四月五日正式履任翰林学士以来,王安石多次经筵侍讲,先讲《礼记》,后又讲《尚书》,遇到有些问题,经筵讲授过于仓猝,难尽其意,还会专门作文,为神宗答疑解惑。如,神宗问郊祀、宗祀之别,王安石撰《郊宗议伏奉圣问撰议缴进》;神宗问《尚书·益稷》君臣赓歌事,王安石撰《答圣问赓歌事》。当然,王安石的讲学,绝对不只是知识学问的探究,而时时与现实政治相联系。《礼记》"曾子易箦(zé,床席)",记录曾参临终事迹:曾参临终时,发现自己躺卧在华美的床席上。这种床席,原是大夫专用,曾参没有做过大夫,睡在这种床席上,是"非礼"的行为。他不顾病情危重,坚持让儿子为他换成普通竹席,并教导儿子:"君子之爱人也以德,细人之爱人也以姑息(无原则的宽容)。"王安石讲到这一段时,进一步发挥道:

"圣人以义制礼,其详见于床第之间。君子以仁行礼,其勤至于垂死之际。姑息者,且止之辞也,天下之害,未有不由于且止者也。"(陆游《老学庵笔记》)

四、神宗的信赖和倚重令王安石深深感激

随着时间的推移,王安石越来越得到神宗的赏识和信赖,君臣二人,总有说不完的话。据史书记载:

熙宁元年(1068)八月十四日,"迩英讲读罢,上独留王安石与语。……至晡后(黄昏)乃出"(《长编纪事本末》)。

八月二十三日,"迩英讲读罢,上又独留王安石,赐坐"(同上)。

十月三日,"王安石讲《礼记》,数难记者之非是,上以为然。是日,上因留安石坐,曰:'且欲得卿议论。'"(《宋史全文》)

在一次次的对谈中,王安石亦不断给予年轻的皇帝以信心和勇气,教导他要志存高远,取法先圣。一天,神宗感慨道:

"唐太宗必得魏征,刘备必得诸葛亮,然后可以有为,此二人确实是不世之材。"

言外之意,已将王安石视为当今魏征、诸葛亮。但王安石并不认同,他说:

"陛下如果能做尧、舜,则必定有皋、夔、稷、禹;如果能做殷高宗,则必定有傅说。魏征、诸葛亮何足道哉!以天下之大,人民之众,百年承平,学者不为不多,却常常担心无人可为辅佐,这是因陛下择术未明,推诚未至,虽有皋、夔、稷、禹、傅说之贤,也将为小人所遮蔽,最后退避隐遁,远离朝堂。"

神宗说:"哪个朝代没有小人呢?即使是尧、舜之时,不也有所谓四凶吗?"

王安石回答:"正因为能辨四凶而诛杀之,此其所以为尧、舜。如果四凶得以逞其奸匿,则皋、夔、稷、禹又如何肯苟食其禄以终身呢?"

不过,无论是做尧、舜,还是做唐太宗、刘备,神宗已经下定决心,要成就一番伟大事业,并在心中认定王安石作为自己的同路人。他很想立即重用王安石,开始频繁地咨询老臣的意见,希望获得他们的支持。熙宁元年(1068)七月十五日,三朝元老、宰相韩琦,以使相身份出知相州,临行前,神宗满怀期待地询问:

"卿离朝之后,谁可以托付国事?王安石怎么样?"

韩琦答道:"安石为翰林学士则有余,处辅弼之地则不可。"

神宗十分失望,不再言语。

熙宁元年(1068)十二月,神宗对宰辅大臣明确表示,想任用王安石为参知政事。宰相曾公亮十分支持,参知政事唐介却说王安石难当大任。神宗很不高兴,反问道:

"是义学不可任呢? 吏事不可任呢? 还是经术不可任呢?"

唐介回答道:"安石好学泥古,故议论迂阔,若使为政,必定多所变更,扰乱天下。"

不久,宰执大臣向皇帝进呈了新一批的官吏除授文书,神宗没有及时批示。过了几天,才对他们说:

"朕已问过安石,他说没问题,可以公布施行。"

唐介闻言,十分不满:"陛下如此作派,使宰辅大臣何以自安? 陛下若认为安石可以大用,宜立即任命,怎能让中书政事,由翰林学士决定可否? 臣最近常听陛下说,某事问安石,可便行之,不可便不行。如此,则执政大臣有何用处? 如果陛下认为臣不称职,应先行罢免。此类事情,若传之天下,恐怕有伤朝廷体面啊!"

尽管唐介频频抗议,但神宗心意已决,他说:

"唐太宗必得魏征,刘备必得诸葛亮,然后才能有所作为。"

发生在神宗与宰执大臣之间的这些龃龉,王安石自然全都一清二楚。他想起孟子当年,"闵悼尧、舜、汤、文、周、孔之业,将遂湮微"(东汉赵岐《孟子题辞》),满怀忧世之心,周游天下,试图以儒道拯世济民,时人"咸谓之迂阔,于事终莫能听纳其说"(同上)。如今自己也遭遇和孟子相似的处境,恨不能跨越时空,与孟子相对而坐,倾心交谈。再一次翻阅《孟子》,更觉字字亲切,不禁感慨万千。他写道:

> 沉魄浮魂不可招,遗编一读想风标。何妨举世嫌迂阔,故有斯人慰寂寥。

——王安石《孟子》

不过,神宗的信赖和倚重,令王安石深深感激,正如曾公亮所言,"上与安石如一人"(李焘《续资治通鉴长编》引)。回京之前,所期望的那种千载难逢的君臣遇合,似乎真的可能在现实中发生了!因此,对于前景,王安石还是比较乐观,并充满希望。而且,近两年间,家中也是喜事连连。先是治平四年(1067)三月,长子王雱进士及第,授旌德尉;接着,同年十一月,神宗诏令内外文武官员,推荐有才德行能者,四弟王安国获翰林学士王珪推荐。不久,枢密副使韩绛、邵亢,又一同以安国所著《序言》十卷进呈。神宗读罢,觉得"文辞优赡,理道该明"(《宋会要辑稿》),于是亲下手诏,令舍人院召试。考试合格,熙宁元年(1068)七月七日,诏赐安国进士及第,除武昌军节度推官,教授西京国子监。

熙宁二年(1069)正月初一,旭日初升,春风骀荡,汴京城里鞭炮声此伏彼起,家家户户都忙着,在门上张贴新的避邪桃符,合家团聚,饮酒迎新。在这吉祥喜庆的氛围中,王安石满怀憧憬,题诗一首:

> 爆竹声中一岁除,春风送暖入屠苏。千门万户曈曈日,总把新桃换旧符。
>
> ——王安石《元日》

诗歌即情即景,笔调轻快,气势恢宏,字里行间,洋溢着除旧布新的蓬勃气象。

按照朝廷规定,元日放假七天,休务五天;立春、人日(正月初七)各放假一天,不休务;上元(元宵节)放假三天,休务一天。"这里的'假日'是指在京的官员免予朝参,'休务'是指各级官署停止办公"(朱瑞熙《宋朝的休假制度》)。因此,整个正月都比较悠闲,王安石的心情,也相对较为放

松,敏锐善感的诗心,便时常在笔墨间跃动:

> 冰入春风涨御沟,上林花气欲飞浮。未央屋瓦犹残雪,却为祥
> 云映日流。
>
> ——王安石《祥云》

春风中,他看见沉沉的冬云,飘散成一簇簇柔软的花朵,在金色日光的辉映下,呈现出绯红、粉白的绮丽色彩;皑皑残雪渐渐消融,巍峨的宫殿,露出闪闪发光的琉璃碧瓦;御沟清澈的流水,一天天上涨,潺潺地缭绕着皇家苑囿,空气中仿佛已经可以嗅到花草的气息……

> 御柳新黄已进条,宫沟薄冻未全销。不知人世春多少,先向天
> 边问斗杓。
>
> ——王安石《御柳》

虽然鹅黄嫩绿的新芽,已在柳树枝头迸发,但冰雪尚未完全融化。身处宫城,不知城外春色几许?且从北斗七星的移转细究端倪……北斗七星在天空中的方位,随四季的变化而变化,因此古人通过观测斗柄指向,确定一年的十二个月,斗柄指东,则天下皆春,正如唐代诗人孟浩然诗句所言:"昏见斗柄回,方知星岁改。"(《岁暮海上作》)时人以为,王安石此诗有如"诗谶",因为没过多久,神宗皇帝即作出了重大决策。

上元节照例是欢快热烈的,汴京城里华灯齐放,火树银花,有如白昼。在《上元戏呈贡父》一诗中,王安石写道:

> 车马纷纷白昼同,万家灯火暖春风。别开阊阖壶天外,特起蓬

莱陆海中。尽取繁华供侠少，衹分牢落与衰翁。不知太乙游何处，
定把青藜独照公。

乘着和暖的春风，人们呼朋引伴，纷纷出门游玩，一时之间，宝马香
车挤满了大街小巷。城墙上、宫门前，都扎起了一座座缀满华美灯饰的
彩楼，在灯火与月色的交辉中，就像传说中的蓬莱仙境、壶天胜地……不
过，在诗人看来，繁华热闹只属于那些豪放不羁的年轻人。因此，诗歌颈
联，笔锋一转，将目光收回宁静、寂寥的书斋。当他独自挑灯夜读时，不
由得想起了身为馆阁校勘的好友刘攽(bān，字贡父)，此时，也一定和自
己一样，将热闹关在窗外，畅游在乐趣无穷的书海中吧？尾联用了《拾遗
记》中的典故：汉成帝时，大学问家刘向受命在天禄阁校书，专精覃思。
一天夜里，有位身穿黑衣的老人，拄着青藜拐杖，叩门进来。见刘向独坐
诵书，老人举起拐杖，吹了一口气，杖端赫然火出。老人将拐杖插在桌
前，屋里通明透亮，两人在火光下谈天说地。老人的博学，令刘向无比震
惊，一边洗耳恭听，一边扯下自己的衣裳和腰带做笔记。天亮时，老人
起身离开，刘向请问他的尊姓大名，老人回答道："我乃太乙之精，闻卯
金之姓(即"刘")有博览者，下而教焉。"说着，又从怀中拿出竹牒天书送
给刘向。王安石借这个典故，和好友开玩笑：今夜你独自专心读书，太
乙老人一定会去找你，为你点亮他手中的青藜拐杖。切于情境的同时，
赞美刘攽的博学多闻。而且赠刘攽诗用刘姓人典故，可见王安石诗作
艺术的精工。

五、熙宁二年(1069)二月,神宗力排众议,
任命王安石为参知政事

熙宁二年(1069)二月三日,王安石除右谏议大夫、参知政事[1],此时距离他履任翰林学士,仅仅十个月。神宗之所以如此急迫,除了对改革事业的渴望、对王安石的高度期待,此外还有一个重要原因,便是朝中有一股力量,极力阻挠王安石的进用,其中包括参知政事唐介、赵抃、张方平,以及御史中丞吕诲、翰林学士孙固等。张方平说:"此人有虚名,而无实用,乃西晋王夷甫一类的人物。如果得到重用,恐怕会败坏天下风俗。"孙固说:"王安石文行甚高,处侍从献纳之职可矣。宰相自有其度,安石狷狭少容。必欲求贤相,吕公著、司马光、韩维其人也。"(《宋史·孙固传》)神宗先后问了四次,他都是这番说辞。甚至还有人以唐高宗时的李义府、唐玄宗时的李林甫、唐德宗时的卢杞、唐宪宗时的皇甫镈,影射王安石,攻击他"诵六艺、挟才智,以文致其奸说"(《宋史·王益柔传》)。而王安石之所以招致如此大的反对声浪,亦与他的一些思想观念直接相关。嘉祐末年(1063)即已风行于世的《淮南杂说》,其中便颇有一些被时人视为"异端"的言论:

> 周公用天子礼乐可乎? 周公之功,人臣所不能为;天子礼乐,人臣所不得用。有人臣所不能为之功,而报之以人臣所不得用之礼乐,此之谓称(恰当,合适)。

---

[1] 右谏议大夫是官阶名,参知政事为职事官名,即副宰相。宰相与参知政事最多不过五员,两相则三参,三相则两参。

有伊尹之志，而放君可也；有周公之功，而伐兄可也；有周之后
妃之贤，而求贤审官可也。夫以后妃之贤，而佐王以有天下，其功岂
小补哉？与夫妇人、女子从夫子者可同日语乎？

——杨绘《论王安石之文有异志奏》

这些言论，打破了被许多儒者视为天经地义的君臣、男女、尊卑观
念，而以德性、功业，作为评判历史人物和历史事实的首要原则。王安石
不仅写在文章中，也毫不隐讳地在神宗面前直言陈说。在一次经筵侍
讲，神宗问：

"周公用天子礼乐，有这样的事吗？"

王安石回答："史传上有记载。"

神宗反问："既然如此，人臣可以僭越天子？"

王安石解释说："周公的功业，众人所不能为；天子礼乐，众人所不
得用。倘若有众人不能为之功，而报之以众人所不得用之礼乐，这是合
适的。"

王安石的上述阐释，在当时无疑惊世骇俗。

王安石另一备受质疑的思想，是他的"义利"观。"义利之辨"，是中国
思想史上的基本问题之一。孔子有言："君子喻于义，小人喻于利。"(《论
语·里仁》)。孟子继承孔子的这一思想，批评梁惠王言利不言义，认为"上
下交征利，而国危矣"(《孟子·梁惠王上》)。因此，后世儒者多将义利对
立，崇尚重义轻利，甚至重义弃利，无论于公于私，都讳言"利"字，将逐利
视为商贾、小人行径。王安石则迥然不同，他认为"政事所以理财，理财
乃所谓义也"(王安石《答曾公立书》)，"聚天下之人不可以无财，理天下之
财不可以无义"(王安石《乞制置三司条例》)。义与利有如阴与阳，皆政事
之一体两面，因此"一部《周礼》，理财居其半"。应该说，王安石这一思想，

与儒家学说并不矛盾。孔子虽然主张"见利思义""义然后取"(《论语·宪问》)，也只是教人不要忘义。孔子曾说："不义而富且贵，于我如浮云。"(《论语·述而》)又说："富而可求，虽执鞭之士，吾亦为之。"(同上)可见，只要合乎义，孔子并不排斥利。

此外，王安石在《本朝百年无事札子》等书面或口头发言中，时时流露出"祖宗不足法"的思想，亦与习惯于祖宗崇拜的社会氛围格格不入。

凡此种种，都是"安石果用，天下必困扰"(《宋史·唐介传》)"若果用之，恐败天下风俗"(李焘《续资治通鉴长编》引)等反对意见产生的重要依据。这些纷纷扰扰的言论，令年轻气盛的皇帝十分不悦，因此，在宰相富弼、曾公亮的支持下，他力排众议，提前签发了这一任命。经过将近一年的相处，王安石与神宗早已默契在心，收到诏令后，他只是象征性地推辞了一下，便表示将"直道事君，期不隳于素守"(王安石《除参知政事谢表》)。

隆重的就任仪式后，神宗召对，君臣纵论天下大事。神宗恳切地说：

"革新大业，非卿不能为朕推行，朕必须以政事烦卿。卿学问超迈，亦有除旧图新之念，朕心心知，卿必定不会固辞。"

王安石答道："臣所以来事陛下，当然希望能助陛下有所作为。然而，当今天下，风俗法度，一切颓坏，朝中有才有志者少。庸人安常习故，奸人恶直丑正，这些人一唱一和，即便臣有昭然独见，恐怕也难以奏效，反而为异论所胜。陛下若真心想用臣，恐怕不宜操之过急，还是应先讲学，使臣的治政理念为朝野熟知不疑，然后再用臣，或许能粗有所成。"

神宗说："朕知卿已久，并非今日。世人皆不能知卿，以为卿只懂经术，不善于经营世务。"

王安石答道："研究经术，目的就是要有用于世。倘若不能经营世务，则经术有何好处？"

神宗点头赞赏，又说："朕仰慕卿道德崇高，只要有助于朕，切勿吝惜不言。不知卿于政事，以何为先？"

王安石回答："变风俗，立法度，乃当今最紧迫之事。要使风俗淳美，就须长君子，消小人。小人道消，则礼义廉耻之俗成，而一般人变为君子者多。礼义廉耻之俗坏，则一般人变为小人者多。"

神宗深以为然。

走马上任之后，王安石筹备的第一件大事，便是成立财政改革领导小组——制置三司条例司。这一举措，直接针对沿用百余年的二府三司中央行政体制。所谓二府，分别指宰相为首的中书门下，与枢密使为首的枢密院，是宋朝最高行政机构，分掌文、武二柄。三司包括盐铁司、度支司、户部司，是最高财政机构，总掌全国财政收支大计。二府三司互相独立，互相牵制，直接对皇帝负责。这一行政体制的设计，有利于皇帝全面把控政治、军事、财政，防止臣僚专权擅任，是宋朝"祖宗家法"的一部分。但其在政务决策和推动上，存在严重弊端。三大机构，互不相知，造成政出多门，直接影响施政效率。从政二十多年来，王安石对人浮于事、互相掣肘的官场现状，一直极为不满。在与神宗的一次对谈中，他说：

"人才难得，亦难知。任用有才能者理财，十人之中，难免会有一两人做不好。何况需要多个部门、众多臣僚配合，又岂能有所成？"

既然要开展以富国强兵为目标的改革，涉及国家事务的方方面面，就必须打破这种各自为政、关节难通的局面。因此，王安石请求成立制置三司条例司，"掌经画邦计，议变旧法，以通天下之利"（《宋史·职官》）。这一部门，将成为领导变法的最高机构，凌驾于三司之上，亦不归属于中书门下。他说：

"成立专门机构，便于商议事务，早见事功。如果归属于中书门下，则需正副宰相四人皆无异议，方可起草文件；文件起草后，又须经过四人审阅,并一致认可,然后才能发布政令。如此一来,必将事事堆积,难以实施。"

王安石的建议,得到神宗有力的支持。二月二十七日,诏令王安石与枢密使陈升之,同制置三司条例[①]。陈升之就是二十多年前,在扬州和王安石、王珪一道,参加韩琦赏花会的陈旭,因与神宗之名谐音,改名升之,字旸叔。

制置三司条例司,除陈升之、王安石两名长官外,还需配备检详文字两员或三员,以及相度利害官若干。前者主要参与商议理财之事,拟订新法;后者则将出使各地,督促、检查新法施行情况。王安石想到的第一个人选便是吕惠卿。

吕惠卿,字吉甫,泉州晋江(今福建晋江)人,嘉祐二年(1057)进士甲科,深得座师欧阳修赏识,认为他"材识明敏,文艺优通,好古饬躬,可谓端雅之士"(欧阳修《举刘攽吕惠卿充馆职札子》)。及第后,调真州推官。当时,王安石知常州,两地相邻。欧阳修亲自给王安石写信,推荐惠卿,称许他"学者罕能及"(欧阳修《与王文公》其三)。嘉祐六年(1061),王安石在京任同修起居注,吕惠卿真州推官秩满入都,居京师待选,二人有了更多交往,"论经义,意多合,遂定交"(《宋史·吕惠卿传》)。

说起来,王安石与吕惠卿,还算是远房亲戚。惠卿之父吕璹,娶杨公适之女,而公适则是王安石叔祖父王观的女婿。嘉祐二年(1057),吕璹出知潮州,王安石曾作诗相送:

　　　同朝叙朋友,异姓接婚姻。恩义乃独厚,怀哉余所陈。

　　　　　　　　　　　　　　　　　——王安石《送潮州吕使君》

---

　　① 差遣官,掌领制置三司条例司,制定新法,签书三司条例司公事。两人同领此职,故冠以"同"字。

　　制置三司条例司成立之际,吕惠卿正在馆阁任编校集贤书籍。王安石对神宗说:

　　"惠卿之贤,不仅今人,即使前世儒者,也难以和他比肩。学先王之道,而能用者,只有惠卿而已。"

　　于是,神宗任命吕惠卿,为制置三司条例司检详文字,成为王安石最得力的助手。

　　另一名检详文字是苏辙。治平三年(1066)四月,苏洵去世,苏轼、苏辙还乡守制。免丧后,于熙宁二年(1069)二月回到汴京。三月,苏辙作《上皇帝书》,提出自己对国家政治的看法,认为当以理财为先,"常使财胜其事,而事不胜财,然后财不可尽,而事无不济"。这一观点,与神宗、王安石可谓不谋而合。十六日,神宗批示:

　　"详观疏意,知辙潜心当世之务,颇得其要,郁于下僚,使无所伸,诚亦可惜。"(孙汝听《苏颍滨年表》引)

　　即日召对延和殿。二十三日,任命苏辙为制置三司条例司检详文字。

　　随后,又选拔了刘彝、谢卿材、王广廉、侯叔献、程颢、卢秉、王汝翼、曾伉八人,为制置三司条例司相度利害官,巡行各路,考察农田水利、税赋科率、徭役利害等。将来新政实施之后,还要负责检查、督促新法的具体执行。

　　在物色改革核心人选、派出朝廷巡察使者的同时,王安石等人也考虑采用其他各种方法,积极进行调研,为出台新政做准备。三月二十五日,王安石与陈升之联名上奏:

　　　除弊兴利,非合众智,则不能尽天下之理。乞诏三司判官、诸路

监司,及内外官,有知财用利害者,详具事状闻奏,诸色人听于本司
陈述。

——杨仲良《续资治通鉴长编纪事本末》引

于是神宗下诏,命令三司判官、发运使及副使、判官,转运使及副使、
判官,提举辇运使、籴[易]、市舶、榷场、提点铸钱、制置解盐等所有官员,
限于受诏后两月之内,将自己所知本职及职外,有关财经问题,写成报
告,上奏朝廷。

六、幸遇君臣际会,得以一展宏图, 但王安石的境遇并不顺利

百废待兴,千头万绪,制置三司条例司的臣僚,个个都是焚膏继晷,
忙得不可开交。苏轼在写给堂兄苏子明的信中,对此曾有记载:

> 轼二月中授官告院,颇甚优闲,便于懒拙。却是子由在制置司,
> 颇似重难。人主求治至切,患财利之法弊坏,故创此司。诸事措置,
> 虽在王安石、陈升之二公,然检详官不可不协力讲求之,常晨出暮
> 归,颇羡弊局之清简。

——苏轼《与子明书》

此时苏轼任官诰院①判官,公务颇为清闲。担任制置三司条例司检

---

① 负责颁发官吏授官凭证的机构。

详文字的苏辙,则是早出晚归,十分忙碌。王安石除了条例司的繁重工作外,还要处理诸多其他朝廷事务,其辛劳可想而知。虽然已经年近半百,但在崇高理想与强烈责任心鼓舞下,他丝毫也不觉得疲累,每天都是生气勃勃,干劲冲天。一天夜里,他在政事堂(宰相总办公处)值班,处理完当天所有紧急事务后,靠在床头闭目凝神。虽然夜已深沉,更漏将尽,炉香渐渐成灰,但他却没有丝毫睡意。百虑千思,都萦绕在救弊图新、富国强兵的蓝图设计上。感受到阵阵春风,带来丝丝寒意,他索性起床,来到窗前。月上中天,婆娑的花影,映照在廊前的围栏之上,良辰美景,令人沉醉! 他不禁轻声吟道:

> 金炉香尽漏声残,剪剪轻风阵阵寒。春色恼人(撩人)眠不得,
> 月移花影上栏干。

——王安石《夜直》

诗歌含蓄优美,既写出了春日迷人的夜景,又融情于景,恰当地表现了幸遇千载难逢的君臣际会、得以一展宏图的愉悦心情!

然而,他的境遇并不顺利,就任之前遭遇的阻力,并没有因神宗义无反顾的任命而消失。因此,他常常不得不与反对者们短兵相接,针锋相对。

首先是同为参知政事的唐介,他们有太多意见不合之处,无数次在神宗面前激烈争执。大多数情况下,神宗都力挺王安石。唐介不胜愤懑,肝气郁滞,导致脏腑功能失调,背发毒疮,于四月不幸去世,享年六十岁。

在物色制置三司条例司下属的过程中,王安石也遇到了一些障碍。他看中的人选,屡屡拒绝他的延揽,如:好友刘恕、已故宰相陈尧佐之孙

陈知俭等。刘恕字道原,筠州(今江西宜春)人。他颖悟俊拔,过目成诵,博闻强记,于书无所不览。王安石十分欣赏他的才能,亲自登门,请他同修三司条例。但刘恕自称"不习金谷(钱财和粮食)之事"(司马光《刘道原十国纪年序》),坚决推辞。并谆谆劝说王安石,有幸得到皇帝如此信赖,应"恢张尧舜之道,以佐明主,不应以财用为先"(同上)。这些话语听来逆耳,且不能得到好友的支持,王安石虽然失望,但并没有生气。

但是,有些反对者,王安石却不能不防。首先是他一直讨厌的滕甫。滕甫字元发,后以字为名,改字达道,是范仲淹的外甥。他性情豪迈,身材魁伟,气度不凡,是个引人注目的美丈夫。据说,每次御前奏对完毕,退出时,皇帝必定以歆羡的目光注视着他,直到消失在重帘复幕之外。而且,滕甫奏对时,谈话风格也与一般大臣迥然不同。《宋史·滕元发传》记载:"元发在神宗前论事,如家人父子,言无文饰,洞见肝鬲。"神宗非常喜欢他的亲切诚恳,因此,"事无巨细,人无亲疏,辄皆问之。元发随事解答,不少嫌隐",神宗格外看重他,经常派小黄门持御笔小札,咨询政事。滕甫心中得意,不免夸示于人。有人看到御札上有用字错讹之处,于是上书弹劾滕甫,认为他有意张扬皇帝的短处,神宗闻知,多少有些不快。王安石一直担心,滕甫在皇帝身边,将会对新政的制定与实施,产生不良影响,于是趁此机会极力排挤。四月二日,诏令滕甫出知郓州(今山东东平)。

其次是滕甫的好友郑獬。王安石与郑獬的关系要复杂一点。虽然早有传言,王安石称滕甫、郑獬"滕屠""郑沽",但王安石与郑獬同为翰林学士时,相处却颇为友善。熙宁元年(1068)四月,王安石入翰林院就职,郑獬已在任数月。依照惯例,先入者在朝班行列中居上。郑獬却主动上奏道:

"臣德业学术及天下士论,皆在王安石之下。且当初同为知制诰,安石名在臣上。后来诏除学士,也是由臣起草制书,臣在其后方为学士。安石因自江宁赴召,故入院在臣之后。今臣班列反居其上,深感惶恐,欲乞在下。"

神宗在朝会上转述了郑獬的想法,王安石坚决推辞,说:

"岂可因依从郑獬谦抑,而改变祖宗惯例?"

但郑獬仍然谦让不已,过了几天,干脆请求辞去翰林学士之职,以避免列班于王安石之上。神宗不得已,只好下令:

"王安石班列在郑獬之上。但此为特例,往后仍依旧制。"

后来,郑獬之母去世,王安石为作墓志和挽词。其挽词有"欲知阴德事,看取玉堂人"之句,表达了对郑獬母子的赞美之情。今《临川先生文集》,有《郑公夫人李氏墓志铭》,时人评曰:"语笔优重。"

王安石任参知政事时,郑獬知开封府,审理案件时不遵循按问新法,令王安石十分不满。所谓按问新法,即熙宁元年(1068)七月因阿云案争议而下达的圣旨。这道圣旨虽然备受质疑,但经过再三辩论,熙宁二年(1069)二月十七日再次下诏:

自今谋杀人自首及按欲举,并以去年七月诏书从事。

——马端临《文献通考》引

但人心仍是不服,反对这一按问新法的人很多。侍御史知杂事、兼刑部主判刘述,将诏敕密封,退还中书省。这时,老臣富弼重回朝廷,担任宰相。神宗命富弼与王安石,再仔细商讨。富弼主张从众,王安石坚执不肯,于是富弼称病不出,此事又再次延宕。所以,从法理上,郑獬有理由不遵循按问新法。而且,郑獬还曾作诗讽刺王安石。据说,有一天,郑獬送客到郊外,经过朱亥墓。朱亥是战国时期魏国公子信陵君的上宾,曾在退秦、救赵、存魏的多场战役中,立下汗马功劳。他早年隐居市井,在魏国都城大梁做屠夫,因此,世人称朱亥墓为屠儿原。郑獬想起王安石"滕屠""郑沽"的蔑称,不禁诗兴大发,脱口成诵:

> 高论唐虞儒者事,卖交负国岂胜言。凭君莫笑金槌陋,却是屠
> 沽解报恩。
>
> ——陆游《老学庵笔记》引

诗歌借古讽今,影射王安石虽以三代相标榜,实则祸国殃民,言词不可谓不激烈。此外,郑獬屡次上书,批评神宗的外交政策,也忤逆了神宗的意旨。因此,五月六日,诏令郑獬出知杭州。按照宋代制度,两制以上官员的任免,应由宰相执笔撰拟文稿。当时富弼请病假,曾公亮出使西京,王安石便执笔起草了郑獬的任免书。

和郑獬同一天被出知地方的还有钱公辅。王安石与钱公辅可说是老朋友,彼此关系一向密切。早在至和二年(1055),王安石就曾为公辅的母亲撰写墓志铭。嘉祐五年(1060)至六年间,钱公辅知明州,王安石任职汴京,虽相距遥远,但二人书来信往,常有诗歌唱酬,今《临川先生文集》中,尚有《和钱学士喜雪》《明州钱君倚众乐亭》(公辅字君倚)等诗。在此期间,钱公辅还应鄞县父老之请,为王安石立生祠、图像,表达鄞县民众的感激和思念之情。治平四年(1067)九月,王安石除翰林学士,曾举钱公辅自代,称他"忠信笃实,富于文学,职事所及,不为苟且"(王安石《举钱公辅自代状》)。二人的交恶,源于两件事情。首先是滕甫出知郓州。消息发布时,钱公辅身为谏官,多次在皇帝面前进言,认为滕甫不当去。其次是因为薛向之事。薛向字师正,在当时堪称能吏,办事才干和器局,皆远胜常人,"尤善商财,计算无遗策,用心至到"(《宋史·薛向传》),王安

石对他十分器重,嘉祐五年(1060)担任度支判官时,曾与吴奎等人一道,向朝廷举荐薛向之才,希望朝廷能"久其任""专其事"(王安石《相度牧马所举薛向札子》)。薛向得以长期担任陕西转运副使,后又升为陕西转运使。八年任期中,"所入盐、马、刍、粟数累万,民不益赋,其课为最"(《宋史·薛向传》)。熙宁初,朝廷诏令淮南转运使张靖,考察陕西盐政和马政,张靖回朝后,举发薛向擅自更改陕西盐、马制度,有欺骗隐瞒的情况。朝廷令薛向还京,当面与张靖辩论。台谏官钱公辅、范纯仁都认为薛向有罪,而王安石、吴充等则支持薛向。但朝堂对质时,张靖理屈词穷,而且神宗也非常看重薛向的才干,最后张靖被责降,而薛向被任命为江、浙、荆、淮发运使。钱公辅几次三番的对立,令王安石心生怨怒,于是将他罢除谏职,出知江宁府。

此外,王拱辰知大名府任满回京,也在五月六日,诏令以宣徽使①出知应天府。王拱辰此次进京,曾对神宗说:

"臣愿尽忠报国,但不知陛下意之所向。如今朝廷朋党之争,已肇端倪,不可不戒。"

神宗将这番言论告知宰辅大臣。王安石说:"这算不得奸诈邪恶,只是因他不知陛下意之所向而已。"

曾公亮则说,早在仁宗朝时,先帝就认为,王拱辰品性不正,不再重用。王安石点头道:

"王拱辰交结温成皇后家等外戚,确实是人尽皆知。"

随后,便有出知应天府的诏令下达。

这一系列人事措置,加上一些其他纠葛,引发了台谏的反弹。就在郑獬、钱公辅、王拱辰等出知地方的诏令下达的同一天,御史中丞吕诲抗

---

① 宣徽使品级位于枢密使之下,枢密副使之上,多用以优待勋臣、外戚等,或为节度使、节度留后加官。

疏直言：

　　臣不惜四人之去，所惜者朝廷之体，无俾权臣盗弄权柄。以臣言是，乞追还四敕；以臣言非，愿并臣屏逐。

　　　　　　　　——杨仲良《续资治通鉴长编纪事本末》引

　　神宗将吕诲的奏章出示宰执大臣，说：

　　"王拱辰等出知地方，外间议论纷纭，众卿是否知情？"

　　赵抃、王安石皆说不知。神宗对王安石说："吕诲乃被人指使，完全不懂卿的用心。"

　　王安石感叹道："对于此三人（指滕甫、郑獬、王拱辰），臣唯一遗憾的是，不能尽理论情，将其罪状昭告天下，使小人知有所忌惮。没想到台谏官竟然这样。"

　　半个月过去，朝廷并未收回对滕甫、郑獬、钱公辅、王拱辰的任命，吕诲怒不可遏，于五月二十一日再次上疏。这篇名为《上神宗论王安石奸诈十事》的奏章，洋洋数千言，言辞极为激烈，指责王安石"外示朴野，中藏巧诈，骄蹇慢上，阴贼害物"，并罗列十事：倨傲不恭，慢上无礼，其事一也；见利忘义，好名欲进，其事二也；不识上下君臣之分，要君取名，其事三也；掠美于己，敛怨于君，其事四也；挟情坏法，徇私报怨，其事五也；卖弄威福，怙势招权，其事六也；斥逐近臣，专威害政，其事七也；是非任性，陵轹同列，其事八也；离间皇族，荧惑圣听，其事九也；未见其利，先见其害，其事十也。文章最后，更以不容置疑的口吻指出："误天下苍生必斯人矣！"

　　"赵宋王朝的权力结构引进了多种平衡机制"（王水照《宋代文学通论》），既有相权对皇权的牵制，又有台谏对相权的抑阻。台谏独立于中书门下,谏官由皇帝亲自除授,负责监督包括宰相在内的朝廷百官,"许以风闻,而无官长,风采所系,不问尊卑,言及乘舆,则天子改容,事关廊庙,则宰相待罪"(苏轼《上神宗皇帝书》)。宰执大臣一旦遭到台谏正面攻讦,必须请辞。因此,吕诲劾奏当日,王安石立即请辞参知政事之位。但神宗退回了他的辞章,"令视事如故"(杨仲良《续资治通鉴长编纪事本末》),王安石称病不出。五月二十二日,神宗一边派使者催促王安石上朝,一边派使者到吕诲府中,希望调和矛盾。但吕诲不肯退让,又追加了一道《论王安石奸诈十事第二状》。

回京以来,短短一年间,王安石遭受的非议,一浪高过一浪。如果说,此前的非议,主要围绕政见分歧展开,偶尔夹杂一些对他个性的不同看法,而吕诲的弹章,则直接攻击他的道德品性,这也是自青年时代便以道自律的王安石所无法忍受的。屏居家中,虽四围寂静,但心绪难平,他想起远在千里的故乡江宁,想起那些与江鸥为伴的悠闲岁月,洁白无瑕的江鸥,在辽阔的水面展翅,在汹涌的波浪间翻飞,曾带给他多少愉悦、多少诗情……可是,这自由的生灵,却难免屡屡受到罗网和冷箭的惊扰、伤害。物伤其类,饱受攻讦的王安石,不禁援笔写道:

> 江鸥好羽毛,玉雪无尘垢。灭没波浪间,生涯亦何有?雄雌屡惊矫,机弋常纷䌷(tǒu,丝黄色)。顾我独无心,相随如得友。飘然纷华地,此物乖隔久。白发望东南,春江绿如酒。
>
> ——王安石《江鸥》

整整八天,王安石称病请假,神宗几乎每天都派使者登门力请。经过再三敦促,直到五月二十九日,王安石才同意上朝谒见神宗。

神宗温言慰勉,说:"吕诲不明事理,朕追问他,又都无甚可说。"

　　王安石拜谢皇帝。神宗又说："吕诲指责卿好标新立异,多发大胆无顾忌之论,索取内批以为质证,欺诈诬罔,迎合朕意。这必是中书省有人跟他如此说。朕与卿相知,有如殷高宗与傅说,又岂须他人为助?"

　　王安石回答道："高宗用傅说,起于匹夫版筑之中,之所以能成就功业,是因为能广泛任用才德出众的俊义之士。"

　　神宗想了想,说："目前,近臣中只有吕公著合适,但其兄公弼现任枢密使,于理合当回避。"

　　王安石一向敬重吕公著,两人自嘉祐以来,即为莫逆之交,彼此期许。吕公著曾称赞王安石是真人、至人、圣人。在给吕公著的信中,王安石也曾说："晦叔(公著字晦叔)作相,吾辈可以言仕矣。"又说:"吕十六不作相,天下不太平。"而且,直到目前为止,吕公著与王安石,在政事上尚无明显分歧。现在神宗有意重用吕公著,王安石十分高兴,忙接口道:

　　"庆历年间,富弼任枢密副使,其岳父晏殊任宰相,即是先例。且陛下深知吕公著人品道德,岂是兄弟结党,辜负陛下之人? 如今看来,富弼、曾公亮大抵都是随顺流俗,而不愿更改弊法,臣恐如此僵持,但求苟安,天下大治难以期望。"

　　六月二十二日,吕诲罢御史中丞,出知邓州,翰林学士吕公著继任御史中丞。

　　吕诲的罢免又招致了舆论的非议。老友刘恕甚至专程登门,当众指责王安石,议其得失,无所隐讳。王安石勃然大怒,两人从此绝交。这似乎是他第一次真正遭遇朋友之间的交恶,而在随后的岁月里,他还将经历无数次这样令人痛心的事情。不过此时,他还对许多老朋友寄予厚望,期待他们能与自己同心协力。

七、一波未平，一波又起

吕公著就任御史中丞后，王安石又进一步向神宗建议，修改台谏官选拔制度。他说：

"现今选拔台谏官的标准太过严苛，所以很难选出合适之人。"

按照当时的制度，首先，台谏官人选须具备升朝官（可以入朝觐见皇帝的官员）身份和通判以上资历；其次，台谏官人选由翰林学士、御史中丞、御史知杂事轮流举荐。受到宰执大臣荐举的人，不得担任台谏官；最后，每一阙额举荐两人，供皇帝选择。

王安石分析道："凡得到宰执大臣推荐者，皆不得为御史。倘若宰执大臣故意推荐自己平日畏忌之人，则其人便不再有机会担任御史，顺理成章排除了许多真正合适的人选。这是台谏选拔制度最大的弊端。"

神宗深以为然，于是命令根除旧法，举荐台谏官的事务，全部归由御史中丞负责，被举荐者的资历、品级可以稍微降低。赵抃表示不赞成，说：

"台谏官如果用京官（地位低于升朝官），恐怕不太得体。而且，荐举一事，不委托御史知杂事，而专委御史中丞，也不符合固有制度。"

熙宁二年（1069）七月三日，正式下诏，今后将由御史中丞单独推举台谏官，且不拘官职高下。此诏一出，自然又引发不少反对声浪。

一波未平，一波又起，从熙宁元年（1068）五六月间开始的谋杀刑名之议，虽经两下圣旨，依然阻力重重，未能落实。这时，又一桩震惊全国的案子发生。苏州人张朝的堂兄张念六，用枪戳死张朝之父，畏罪潜逃，张朝追捕堂兄，并将他杀死。审刑院、大理寺以十恶不睦大罪，判处张朝

死刑。案件上报后,王安石说:

"张朝之父被堂兄所杀,他为父报仇,杀死堂兄,不应责其不睦,只应判处流放加劳役,遇到朝廷大赦,可以获得赦免。"

神宗听从了王安石的建议。于是,有关谋杀刑名的争议,再一次成为焦点。宰相曾公亮认为,中书不应参与这一争议,王安石则认为:

"州县用刑不当,则审刑院、大理寺予以纠正;审刑院、大理寺用刑不当,由朝廷选派官员讨论;讨论不能达成一致,即由中书省论奏,最后由皇帝决定。这是关系国家根本的大事,中书岂有不参与之理?"

熙宁二年(1069)八月一日,皇帝第三次下诏:

谋杀人自首及案问欲举,并依今年二月十七日敕施行。

——杨仲良《续资治通鉴长编纪事本末》引

但侍御史知杂事、兼刑部主判刘述,又一次将诏敕密封,退还中书,拒不执行。同时,刘述还与侍御史刘琦、钱顗联名上疏,极论王安石专肆胸臆,轻改法度,全无忌惮之心,恳请罢其职;抨击曾公亮畏避安石,更相称誉,以固宠荣,无补时政,亦当罢免;批评赵抃括囊拱手,但务依违,毫无大臣之体。

八月九日,刘琦、钱顗以语侵大臣、言过其实罢御史,分别贬为监处州、衢州盐务。

诏令下达,知谏院范纯仁上《论刘琦等不当责降》,请求皇帝"将琦等责降告敕,速赐追还",并以激切的言辞攻击王安石,"舍尧、舜知人安民之道,讲五霸富国强兵之术;尚法令则称商鞅,言财利则背孟轲;鄙老成为因循之人,弃公论为流俗之语;异己者指为不肖,合意者即谓贤能",认为"安石不可久在中书,必恐任性生事,宜速解其机务,或且置之经筵,足以答中外之心,弭未然之患"。同时也言及曾公亮、赵抃,其观点与刘琦等相似。

神宗留章不下。范纯仁力请外任,神宗不许,他干脆阖门不出。于是罢知谏院,除起居舍人,亦固辞不受。王安石派身边亲信挽留他,说:

"朝廷已经在讨论,要任命你为知制诰,不要轻易求去。"

范纯仁冷笑道:"这是利诱我,朝廷既不能采纳我的进言,高官厚禄于我有何意义!"

于是,将所上章疏抄录一份,直接递送到中书。王安石读罢,怒火中烧,带着范纯仁的章疏去见神宗,请求加以重贬。神宗说:

"还是应给他一个好地方。"

八月十五日,范纯仁出知河中府。范纯仁,字尧夫,范仲淹之子。王安石与他相识于皇祐二年(1050),那时纯仁虽已中进士,但尚未出仕,随父宦游杭州。王安石鄞县任满之时,携四弟安国,以晚辈身份前往拜谒范仲淹。在此期间,与纯仁一同游山玩水,交游甚密。范纯仁《和吴君平游蒋山,兼呈王安国》诗中,有"钱塘山色饱相从"之句,即是追述当时景况。治平二年(1065),王安石忧居江宁,范纯仁任江东转运判官,二人亦常有往来。王安石对范纯仁一向都很看重,希望能为我所用,如今竟然适得其反,这不能不让他意有不平。想到范纯仁多次在章疏中指斥他为商鞅,王安石愤然执笔,作诗一首:

自古驱民在信诚,一言为重百金轻。今人未可非商鞅,商鞅能令政必行。

——王安石《商鞅》

商鞅是战国时期著名政治家、改革家,法家思想代表人物。他通过变法,使秦国成为战国七雄中实力最强的国家。将要公布改革法令时,他命人在都城南门外,放置一根三丈高的木头,张贴告示:"谁能将此木头搬到都城北门,即可获得十金。"百姓纷纷围观,个个心怀疑虑,无人出手。商鞅又命人张贴布告:"谁能将此木头搬到都城北门,即可获得五十金。"重赏之下,必有勇夫。有个年轻人挺身而出,将信将疑地把木头搬到都城北门,果然获得五十金的赏赐。围观民众无不啧啧称奇,奔走相告。商鞅借此表明令出必行的决心。随后,改革法令正式颁布,"行之十年,秦民大说,道不拾遗,山无盗贼,家给人足,民勇于公战,怯于私斗,乡邑大治"(《史记·商君列传》)。然而,对于商鞅及其变法,自古以来,评价即呈两极,肯定者将他与姜太公、管仲相提并论;反对者则批判他刻薄寡恩,违礼义,弃伦理,是历史罪人。作为一位儒家学者,王安石无疑是扬儒而抑法的,尤其对于法家治国崇尚暴力、刑名,曾予以批判。但是,作为一名务实的政治家,王安石对法家的富国强兵之术,亦有所借鉴。他说:"商鞅所以精耕战之法,只司马迁所记数行具足。若法令简而要,则在下易遵行;烦而不要,则在下既难遵行,在上亦难考察。"(陈瓘《四明尊尧集》)此时,王安石一心辅佐神宗富国强兵,苦于人言言殊,政令推行不顺。历史上的商鞅,"令行而禁止,法出而奸息"(刘歆《新序论》),展现出超凡的干才与魄力。因此,王安石认为,后人不应对商鞅全盘否定。在《谢安》一诗中,他表达了同样的观点:

> 谢公才业自超群,误长清谈助世纷。秦晋区区等亡国,可能王衍胜商君。

《晋书·谢安传》记载,谢安曾与王羲之登冶城,悠然遐想,有高世之志。王羲之说:"夏禹勤王,手足胼胝;文王旰食,日不暇给。今四郊多垒,宜思自效,而虚谈废务,浮文妨要,恐非当今所宜。"谢安回答道:"秦任商鞅,二世而亡。岂清言致患邪?"王安石认为,谢安身为宰相,虽器识超群,但错误地助长清谈之风。谢安身后,不过三十余年,纷乱不息的东晋即归于灭亡,与嬴秦又有何区别? 清谈误国的王衍,是否就真的胜过实干有为的商鞅? 诗歌借历史评述,对尚议论、不作为的北宋官场习气提出批评。

范纯仁等人罢任离京后,刑部主判刘述、权刑部主判丁讽、审刑院详议官王师元,也因在谋杀刑名之争中,拒不服从朝旨,一一受到处罚。八月二十八日,朝命下达,刘述知江州,丁讽通判复州,王师元监安州税。至此,谋杀刑名之争方告终结。

在此过程中,七月决定的台谏官选拔新制,也备受攻讦。刘述、刘琦、钱颛在八月份联名所上的奏疏中,分析这一新制的弊端:推荐言官的事务,全部归御史中丞负责,难以避免主观、片面,从而导致"爱憎由己,公道废于私恩"(引自《宋名臣奏议》);更可怕的是,还可能出现"受权臣之托,引所亲厚,擅窃人主威福"(同上)的情况。甚至认为:"此亦安石之谋也,不过欲引用门下之人,置在台中,为己之助耳。"(同上)但是神宗不为所动。

不能不说,这些批评确实切中要害。为了能顺利实行新法,从担任参知政事的第一天起,王安石便有意识地进行各项人事布局。这也是他为什么要成立制置三司条例司,并将这一机构完全独立于中书的原因所在。经过极为艰辛的奋战,针对行政机构的一系列改革,已基本就绪。从七月开始,有关经济改革的新法,也开始陆续颁行,而王安石与神宗皇帝,又将迎来更为声势浩大的反对声浪。

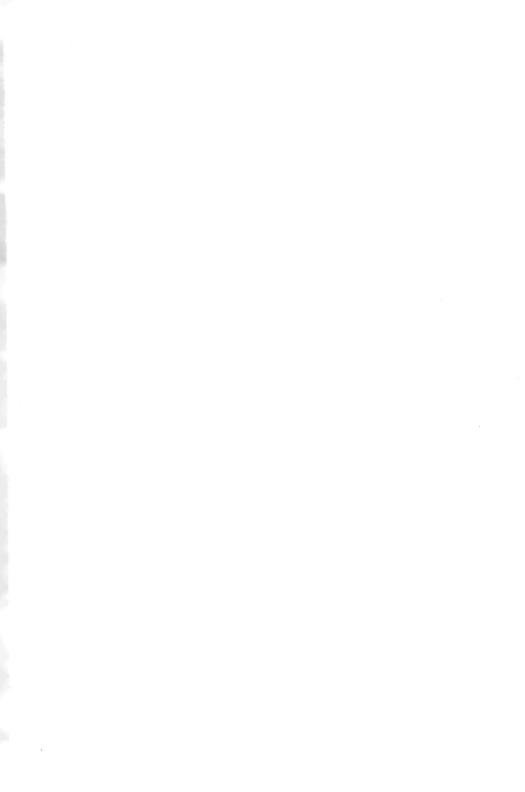

王安石传

崔铭 著

下

天津出版传媒集团

天津人民出版社

第十章

万钧雷霆推新政(上)

熙宁二年(1069)二月以来,神宗和王安石开始了他们人生中最激情燃烧,同时也是最艰难困苦的岁月。"锐意新美天下之政","而台谏章疏攻击者无虚日"(魏泰《东轩笔录》)。但君臣二人同心协力,排除万难向前走,任何反对势力都无法动摇他们坚定的意志。当时,宰辅班子总共五人,时人用"生、老、病、死、苦"加以形容:参知政事王安石生龙活虎,宰相曾公亮老朽昏聩,宰相富弼称病不出,参知政事唐介愤懑而死,参知政事赵抃力不能胜,"但终日叹息,遇一事更改,即声苦者数十"(同上)。概述极为精当。在神宗皇帝的大力支持下,王安石一面改组中央机构,布局人事,一面逐步推出新法。

一、均输法的推行十分艰难

最先推出的是均输法,这是针对国家供输制度的改革。自晚唐五代以来,汴京即成为全国政治、经济、文化中心,宋太祖即位初期,开封府的居住人口,就达到了约89万,宋徽宗崇宁二年(1103)时,则已达到约130万。因此,保守估计,神宗熙宁初,汴京人口应已超过百万。如此庞大的聚居人口,所需大量生活物资,主要依靠汴水,从东南六路,经由真州(今江苏仪征)、扬州(今江苏扬州)、楚州(今江苏淮阴)、泗州(今江苏盱眙),运输过来。整个供输体系,涉及赋税征敛、市场购买、漕运等多个环节。宋初以来确定的供输制度,经过百年运行,暴露了不少弊端。最突出的问题是,上下内外不通声气,造成各个环节严重脱节。诸路上供物资,年年按规定数额收取、运输,"丰年便道,可以多致,而不能赢;年俭物贵,难于供亿,而不敢不足"(《宋史·食货志》)。一方面,丰年谷贱伤农,灾年百姓不堪盘剥而流离失所；另一方面，"远方有倍蓰之输，中都有半价之鬻"（同上），从远方以加倍的价格采购运输，到京城却以半价出售，这样的荒唐之事时常发生。于是，那些有实力的富商大贾，便趁机囤货居奇，贱买贵卖，控制市场。均输法即试图纠正这些弊端。

首先，新的法令赋予负责漕运供输的发运使较大的自主权。发运使既可以掌握一定数额的钱谷作为"籴本"，以便在丰年多加采购，备不时之需；又可以周知不同地区的丰歉情况，自行决定购输数额，不需事先请示，物少价高的地区少买，物多价低的地区多买；同时，还有权力了解京师库藏状况和所需物品，以便及时供应。其次，对实物征敛制度进行改革，对于歉收地区本应上供的份额，发运司不再令其输纳实物，可以折成货币缴纳，其应上供的实物，则用发运司所辖仓库的库存供应，发运司再利用收到的货币，去其他丰收地区采购实物，补充库存。这一赋税折钱、徙贵就贱的办法，是庆历三年（1043）至皇祐五年（1053）间，江淮发运使许元首创，当时并未形成制度。均输法加以吸收、继承和发展，以朝廷法令的方式进行推广。总之，王安石希望，通过均输法的实行，"协调供需关系，在保障汴京物资供应的同时，提高财政收支的效率，撙节购买、运输等开支，减轻农民负担，打击商人操纵市场的兼并行为"（李晓《论均输法》）。

对于这一法令，王安石与神宗多次商讨，又与制置三司条例司的同僚反复研议，经过几个月的酝酿，于熙宁二年（1069）七月十七日，正式颁布，并委派极富理财经验的薛向，担任江淮发运使，主掌淮南路、两浙路、江南东路、江南西路、荆湖北路、荆湖南路均输事务，具体实行新政。在神宗的大力支持下，发运司所需"籴本"及时到位，京师所需与江淮发运司上供的沟通机制也建立起来，同时，江淮发运司增辟官吏，成立了专门的行政机构。至熙宁三年（1070）六月，均输法颁行不到一年，江淮发运司的专门执行机构就正式运转起来,并很快收到成效。市籴购买成为漕粮的主要来源,减少了运输的周转环节,提高了漕运效率,缓解了民间货币短缺的情况,拓展了农产品的销路,调节了东南地区市场的供求状况,促进了商品交易活动,汴京的供应也随之有了显著改善。神宗亲下手诏,嘉奖薛向,称其对东南财赋物资,"皆得消息盈虚,翕张敛散之"(李焘《续资治通鉴长编》),并将他破格晋升为天章阁待制。在施行过程中,均输法亦根据实际情况,逐步进行完善,使"徙贵就贱,用近易远"的原则得到了更好的贯彻。

但均输法的推行过程却十分艰难。早在法令颁布之初,就遭到不少朝臣的坚决反对。熙宁二年(1069)七月,时任知谏院的范纯仁,一连上了《奏论薛向》《再论薛向》《又论薛向》《奏乞罢均输》等多道奏章;同修起居注、知谏院陈襄,也上了《论三司条例乞行均输法札子》;八月九日刘琦、钱颚、刘述等所上《论王安石专权谋利及引薛向领均输非便奏》,也以大量篇幅论及均输法;此后,又有苏辙、李常、苏轼等先后上书反对。

反对派的意见大致可以概括为三个方面:首先,他们认为用人不当。担任发运使的官员,应为"仁爱有德之士,视人如己"(范纯仁《奏论薛向》),而薛向"其性贪狡,不可付以六路之权"(同上)。其次,他们认为,均输法是用西汉桑弘羊之术,"渔夺商人毫末之利,以开人主侈大之心"(范纯仁《奏乞罢均输》)。对此,宋史研究者认为,反对派存在着明显的误解。其实,桑弘羊的均输,与王安石的均输,有着显著区别。前者"是把各地的赋税贡物全部改折为当地最多最便宜的物品,运到价高地区出售,属于追求贸易利润的官营商业,其目的是抑制豪富牟利的同时充实国家财政,其核心是'卖'和'利'",后者"则是从价廉近便之地,收购上供的物资,属于政府的消费性购买活动,虽也有打击商人兼并势力之意图,但最主要的出发点乃是保障政府的消费需求、节省开支、提高财政资金的使用效率,其核心是'买'和'用'"(李晓《论均输法》)。最后,他们认为,实行均输法,堂堂官府,习商贾之术,以理财为要务,以财利诱导民心,将滋长贪欲之风,违背了先王治国之术。这无疑是一种不切实际的理想主义,而且也存在对孔孟思想的单向解读。因此,当范纯仁跑到中书,当面指责王安石"本以经术佐人主,今乃以理财为先"时,王安石坦然答道:"正为经术以理财为先,故为之。若不合经术,必不出此。"(《王安石日录》)

不过,随着均输法实行日久,其本义与成效充分显现之后,反对派的非难,也逐渐减少了,甚至到元祐年间旧党执政、废除新法之际,均输法也仍在实际执行中。据学者研究,均输法真正遭到严重破坏,是在北宋后期宋徽宗时期。

但是,在具体实行过程中,均输法也确实存在一些问题,主要是有折钱过重、钱米并征和折钱不均等情况。就折钱过重而言,在农业歉收、米价昂贵时,政府不征米改征钱,如果按照丰收地区的粮价折钱,农民的负担便能得到减轻。但是,"有时官府折征的钱数比当地的市场价格都高出不少,就反而加重了农民负担"(李晓《论均输法》)。

二、青苗法颁布,制置三司条例司
内部的矛盾变得不可调和

在推出均输法的同时,青苗法也在讨论中。熙宁二年(1069)七月的一天,王安石将制置三司条例司僚属吕惠卿、张端、苏辙等人,召集到自己的私人府邸。众人坐定之后,他拿出一卷文件,说:

"此乃青苗法草案,诸位细阅之。如有疑虑之处,即请告知,我等再加详议。此事需保密,暂不可与人谈论。"

　　青苗法草案,由王安石精心设计,吕惠卿执笔写成。结合了王安石早年鄞县施政经验,广泛吸收了同时代其他地方官吏的改革尝试,如陕西转运使李参等人,运用无息或有息借贷方法,对农民实施生活救济和生产救济,曾取得良好效果。王安石设计这一法案,试图对汉、晋、隋、唐以来,相沿袭用的常平仓法,进行改革。

　　常平仓制度建立的目的,是为了调节粮价,备荒赈恤。但自宋朝立国以来,百余年间,具体运行中却存在诸多问题。

　　一方面,运行机制有多重缺陷:常平仓设置数量过少,且没有稳定充足的籴本,故籴粮数量亦少,"仓储之建均在郡治"(李觏《富国策》第六),赈济范围极为有限,此其一。常平司在朝廷由司农寺主管,在地方则由诸路转运司或提点刑狱司主管,而这两个部门都没有财政权。这种管理模式,无法避免钱粮被三司和转运司借支或移用之弊,此其二。常平仓籴粜的申报程序烦琐,此其三。

　　另一方面,常平仓籴粜活动中,也出现了不少弊端:第一,官员为追求政绩,"但务多积,以为劳效"(徐松《宋会要辑稿》),并以高于市价的价格,出粜常平仓储粮,使常平仓失去平抑粮价、赈济灾伤的作用。第二,不能运用市场调节手段。每遇丰年,豪商富贾常与官府争购粮食,导致官府籴价上涨。甚至有些地方官员,与商贾互相勾结,故意抬高官府收购价格。结果"农夫粜谷止得贱价,官中籴谷常用贵价,厚利皆归蓄积之家"(司马光《乞趁时收籴常平斛斗白札子》)。①

　　王安石立青苗法,就是想要解决上述问题,因此,青苗法又称常平新法。

　　苏辙读过草案之后,认为其中存在很多不当之处,于是将最重要的

_____

　　① 以上有关常平仓的论述参考李金水《王安石经济变法研究》,福建人民出版社,2007年。

一些问题,依次罗列出来,拿给吕惠卿看。吕惠卿当场面红耳赤,连忙回去进行了修改。随后,苏辙又去谒见了王安石,王安石向他征询意见,苏辙回答道:

"以二分利息向农户提供贷款,目的应是援救百姓困苦,非为利也。但贷出和收回过程中,官吏借以行贪污奸诈之事,严刑峻法恐怕亦难禁止。况且,百姓手中一旦有钱,即便是良民,亦不免胡花乱用;等到还钱,即便是富家,亦不免百般拖欠,则催缴贷款,必得鞭棰相加,自此以后,州县吏事将不胜其烦。"

王安石点头道:"你的意见很有道理,此事当深思熟虑、反复研议之后再推行。此后如有其他不同意见,亦请坦诚相告,不必见外。"

于是一个多月没有提及青苗法。

恰在这时,河北路转运司勾当公事王广廉上奏,请求朝廷拨发数千道僧尼度牒①,作为本钱,参照皇祐年间,李参在陕西施行的青苗钱有息借贷办法,春散秋敛以便民,不加抑配。这一构想,正与王安石的青苗法相合。于是,八月,王广廉奉召进京议事。一番详谈之后,广廉主动请缨,愿率先于河北路试行。王安石遂下定决心推行青苗法。

然而,制置三司条例司内部的矛盾,却因此变得不可调和。苏辙坚决反对青苗法的施行,愤然写下《制置三司条例司论事状》,递交给陈升之、王安石。文章对条例司成立以来的所有举措,一一加以评析指斥。文末还附有一篇《条例司乞外任奏状》,说自己"每于本司商量公事,动皆不合",因此力请外任。

对于苏辙此举,王安石深感意外。因为,嘉祐六年(1061)苏辙参加制科"贤良方正能直言极谏科"考试时,曾上"进策"二十五篇,其中《民

---

① 度牒也叫戒牒。唐宋时期官府发给和尚、尼姑的身份证明文件。凡有度牒的僧尼可免税役。官府可出售度牒,其收入以充军政费用。

政下》第二道明确提出，为打击高利贷者，朝廷应该向农民提供贷款。他说：

> 而使富民之贷……其势莫如官贷，以赒民之急。《周官》之法，使民之贷者，与其有司辨其贵贱，而以国服（向国家交纳的租税）为息。今可使郡县尽贷，而任之以其土著之民，以防其逋逃窜伏之奸。而一夫之贷，无过若干，春贷以敛缯帛，夏贷以收秋实。薄收其息而优之，使之偿之无难。
>
> ——苏辙《进策·民政下·第二道》

"无论是施行方法，还是经典依据，都与王安石的'青苗法'极其近似"（朱刚《论二苏贤良进卷》）。作为那一次制科考试的考官，王安石自然是读过这篇文章的，这或许也是他此前比较重视苏辙意见的原因。如今苏辙竟改变素志，以如此激烈的方式，反对青苗法等各项新法，这不能不让王安石感到异常愤怒。

八月十六日，苏辙的奏状进呈到神宗面前，神宗一边读，一边问王安石：

"卿以为苏辙、苏轼兄弟如何？朕观其学问颇为相类。"

王安石满心怨怒，答道："臣此前曾有论奏，苏轼兄弟大抵以战国纵横家巧辞善辩、权变揣摩之术为本。"

神宗说："如此则应当合于时事，何为此异论？"

王安石答道："大概小人权变揣摩，并非尽皆合于人主之意，才有利可图吧。"

王安石认为，苏辙此举，无非是迎合流俗，沽名钓誉。在讨论苏辙外任之事时，王安石主张加罪惩治，陈升之不同意，于是任命苏辙为河南推官。

九月四日,青苗法正式颁行。具体做法是,各路将常平仓、广惠仓的粮谷,向转运司兑换成现钱,将现钱贷给乡村民户,如有剩余,也可贷给城市居民。每年两次,各收息二分;在夏、秋收获时随两税还纳,使农户在青黄不接时,免受民间高利贷盘剥。同时也可以增加政府财政收入。诏令发布时,还附加了多项条款,大致可归纳为:

第一,借贷:普惠原则与自愿原则相结合。以往常平仓制度,"敛散之法未得其宜,故爱人之利未溥""所及者大抵城市游手之人而已"(《宋会要辑稿》引)。而青苗钱的借贷,则采取五户以上为一保,根据各户的实际需要,每户至少可以申请一贯钱以上的贷款。不愿贷钱,愿意贷粮也可以,依照当时的市场价折算贷予,但不得亏损官本。并明令规定:"不愿请者,不得抑配。"(同上)

第二,还贷:基本原则与灵活原则相结合。基本原则是"随税纳斛斗"(同上),即在缴税时一同以实物形式归还。灵活原则是,既可还粮,也可还钱,还钱还粮,"皆许从便"(同上);如果遇上灾伤年景,还可申请延期到下一个收获季节归还。

第三,施行:先在河北、京东、淮南三路施行,"俟成次第,即推之诸路"(同上)。

为了保证常平仓钱粮能真正做到专款专用,避免以往常有的被借支、挪用的弊端,朝廷又专设提举常平司,并于各路,委派提举常平官,常平仓由提举常平司直接管理。加强了中央对地方的控制,打破了由三司、转运司主管财政的格局。

王安石满怀信心地期待,青苗法推行之后,不仅可以防备水旱灾荒之患,而且农民能于青黄不接、乃至遭遇其他困难时,及时得到救助,基本生活需求得以保障,便可以组织他们在农闲时节兴修水利,"则四方田事自加修益"(同上),对于发展农业生产、创造更多财富具有重大意义。

苏辙留下的职阙,王安石有意让孙立节(字介夫)来补充。一天,他在中书门外遇见孙立节,亲切地对他说:

"介夫啊,我条例司用得上如您这般明敏之士。"

孙立节笑道:"王公过誉!当求胜过我者。如我等,亦不肯为条例司。"

王安石听罢,遂不发一言,直接走了进去。

直到九月八日,才选定李常继任苏辙的职位。

三、王安石与司马光不仅政见时相抵牾, 对人的看法也大不相同

熙宁二年(1069)九月十六日,诏令李常、吕惠卿看详中书编修条例。

编修中书条例司是朝廷新设置的一个部门,负责清理中书政务,类似于中书机构改革小组。该部门设看详、同看详及编修官。王安石就任参知政事不久,即曾提出,中书事务过于繁杂,应及时加以清理整顿,将各种具体工作处置权,还归其应属的部门,不必全部集中到中书来处理。熙宁二年(1069)五月十七日,经中书讨论,决定先设立条例司,"然后许众人建言"(《宋会要辑稿》),诏令各级部门所有官员、吏人,就现行行政体系有何不便,或管理有何漏洞提出意见,地方官吏则将意见书送交州府。等汇聚的意见书足够多时,即选派合适人员,进行斟酌删定,形成中书工作条例。所提意见得到采纳施行的官吏,将量事酬赏,或随材录用。

编修中书条例司成立之后,神宗想任命苏轼任编修官,王安石不同意。

　　苏轼自二月还朝，第一次参与时政讨论，是有关贡举法改革。三月九日，神宗与宰辅大臣讨论贡举法存在的问题，王安石认为，应取消明经、诸科，将名额增加到进士科。同时效法上古先王之世的取士方法，兴建学校，逐步以学校取代科举。神宗心中犹疑，于四月下诏，令两制、两省、待制以上，及御史、三司、三馆等官员讨论，限于一月之内，上状闻奏。

　　以诗赋声病取进士、以记诵默写试明经的科举制，长期以来备受诟病。因此，大多数人都主张变改旧法，如：韩维主张罢去诗赋，苏颂主张"先士行，后文艺，去封弥、誊录之法"（马端临《文献通考》），等等。唯有苏轼《议学校贡举状》，明确反对贡举法改革。首先，他认为，"贡举之法行之百年，治乱盛衰初不由此"，当今的社会政治问题，不是贡举法造成的；其次，针对王安石的复古主张，他表示：君相若无知人之才，即便尽复古制，也无济于事。此外，还对当时其他几种改革意见，进行了驳斥。文章层层深入，论辩滔滔，神宗读罢赞叹不已，立即传旨，召见苏轼，命他对当前时政发表看法。苏轼回答道："臣窃以为陛下求治太急，听言太广，进人太锐，愿陛下安静以待物之来，然后应之。"神宗竦然听受，说："卿三言，朕当细思之。"并鼓励苏轼"今后遇事即言"（苏轼《乞郡札子》）。

　　这次召见，苏轼给神宗留下了很好的印象。五月，编修中书条例司成立，神宗想任用苏轼为编修官。但王安石说：

　　"苏轼与臣所学和议论皆不同，可以任命他做别的工作。"

　　又说："陛下想对中书进行机构改革，大臣不乐意，小臣也不乐意。苏轼并非可以违背众人意愿推进改革之人，恐怕他会故意发表不同意见，反而破坏改革的进行。再说，陛下用人，须再三考察，确实可用才用。现在，陛下只不过读到些苏轼的文章，听他发表过几句言论，而这些言论还不见得有用，恐怕不宜轻易将他置于重要岗位。"

　　六月十四日，神宗与王安石再次讨论编修中书条例司的人选问题。

神宗说：

"中书应尽快挑选人员修例，此最是急事。"

王安石回答道："人才选拔乃事之根本。凡编修中书条例者，要知王体、识国论，不为流俗之见所蔽，方可担此重任。若是流俗之士，所见不能超出流俗，其议定的事情，如何能优于旧有制度呢？今陛下欲修条例，宜先博见士大夫。以陛下聪明睿智，亲自挑选，必得其人。若得五六人交付中书，令修条例，每过数日向陛下汇报一次，则是非皆决于陛下，则法度成立有期。若由中书择人，恐所用不无流俗之人。流俗之人，岂可参与讨论更变流俗之大事？而且，现有条例，皆仁宗末年以来大臣所建置，一旦尽行更改，众人岂肯服从？须由陛下独断，此事才能有成。"

神宗说："待朕自选得人，只恐太迟。"

王安石答道："此事确实不可太迟，但也不可太急。若由不知王体、不识国论，一味随顺流俗者执掌此事，与不修条例又有何不同？当今并非没有人才，关键在于陛下须留意考察、选择。"

九月，神宗又一次与宰执大臣讨论编修中书条例司的人事问题。王安石说：

"中书乃政事之原，欲修法度，应先从中书开始。必须尽快选拔人员，令编修条例。"

神宗摇头道："现在馆阁中，没有其他适合参修法度的人选，唯有吕惠卿才能出众。朕曾问吕公著，为何不推荐吕惠卿做御史？公著说惠卿才虽高，但奸邪不可用。朕见惠卿论事极有本末，有意将他召置讲筵。公著讲论经籍，似乎还达不到惠卿的水平。"

吕惠卿本是王安石最为倚重的助手。制置三司条例司成立以来，王安石大小事务，都与吕惠卿商量，制置三司条例司所有上奏的章疏，都由吕惠卿起草。当时人们称王安石为"孔子"，吕惠卿为"颜子"。听到神宗称许惠卿的才学，王安石也非常高兴。他说：

"惠卿学术，岂只今人少有其比，即便前世儒者亦不及他。能学先王之道，并能运用于政事者，臣独见惠卿而已。如此才能，将来必为陛下大用。有人之所以说他奸邪，主要是认为他阿附于臣。实则早在惠卿为举人时，即已与臣相从问学，并非臣执政之后，方与臣往来。惠卿既已追随于臣，便不轻易降身屈节，即便在臣面前，亦不肯降身屈节，因此颇招人谗毁。"

神宗感叹："惠卿负其高才，而取怒众人，似乎亦是他的短处。"

王安石解释道："惠卿并非自命高才，而矜持傲慢，只不过对长官无所依附，对同僚、下属无甚私交而已。"

神宗点头："如此便好。"

停了停又说："一般小臣上殿应对，难免仓皇失措，而惠卿则极为从容，大概因他学问深厚，反复追问，亦不致理屈词穷，所以不惧怕。"

王安石回答："有道之士，本来就将身外的宠辱荣衰，看得很轻，何至于惧怕朝廷威仪？臣曾经说过：奸邪者，大抵皆内在空洞。若内在充实，怎肯为奸邪？通常家有资产者，尚且不肯轻易与人殴打撕搏，何况有道之士，岂能不自尊自爱？"

谈话时，宰相曾公亮也在一旁，不停地称赞吕惠卿有品行，讲道义。于是，神宗同意任命吕惠卿为编修中书条例司看详官。接着讨论另一个人选，大家都说李常合适。神宗说：

"朕未见李常之前，就常听人称许他的品行操守。"

接着又说："还是须有才识，仅德性超群，未必能编修中书条例。"

王安石说，李常虽比不上惠卿，但也很聪明。于是两人一同获得任命。

九月二十九日，王安石又推荐吕惠卿为崇政殿说书。吕惠卿接到新的任命后，趁御前讲学之机，向神宗面辞，认为既为经筵讲师，不宜兼修中书条例。神宗对王安石说：

"难得知经而善讲者，吴申不能讲，韩维亦不知经义。今差惠卿说书，他却说师臣不可再兼条例司。"

王安石认为无妨，吕惠卿便不再推辞。

十月三日，宰相富弼以武宁军节度使、同平章事出判亳州。富弼原本十分欣赏王安石，神宗任命王安石为参知政事时，曾说："富弼、曾公亮与卿协力，弼闻卿肯任事，亦大喜。"（杨仲良《宋九朝编年备要》）但随着二人共事时间渐长，彼此在政见上的分歧也逐渐显露。对于各种人事的变动，以及各项新政的实施，富弼多有反对，但终究归于无用，因此常常告病居家。八月九日，刘琦、钱顗等遭贬时，范纯仁上《论刘琦等不当责降》，全力抨击王安石之后，笔锋直指其他宰执大臣："加以曾公亮年高不退，廉节已亏，且欲安石见容，惟务雷同苟且。旧则好拘文法，今则一切依随。赵抃心知其非，而词辩不及安石，凡事不能力救，徒闻退有后言。此皆陛下大臣所为，安得政令无失？"曾公亮、赵抃随后纷纷上章自劾。范纯仁虽未指富弼之名，但身为宰相，亦不能置身事外，因此富弼也写下长篇自劾章疏，并对王安石进行了严厉批判。他痛诉道："如安石者学强辩胜，年壮气豪，论议方鄙于古人，措置肯谐于僚党？"（李焘《续资治通鉴长编》）在王安石的强势主导下，"拖绅朝序者，非安石之党则指为俗吏；圜冠校学者，异安石之学则笑为迂儒"（同上）。在富弼看来，王安石的为人与为政，前后有天壤之别："平居之间，则口笔丘旦（孔丘、周公旦）；有为之际，则身心管商（管仲、商鞅）。至乃忽故事于祖宗，肆巧讥于中外，喜怒惟我，进退其人。待圣主为可欺，视同僚为不物。"（李焘《续资治通鉴长编》）因此，"台谏官以兹切齿，谓社稷付在何人；士大夫罔不动心，以朝廷安用彼相"（同上）？他强烈地感到，自己这个宰相已经形同虚设，极力请求辞职外任。自此以后，富弼一边继续告病，一边不断求退。连续上章

数十次之后,神宗终于同意,并向他征求继任者人选。神宗说:

"卿离去之后,谁可代卿之位?"

富弼推荐时任枢密使的文彦博。神宗默然,过了好一会儿,才说:

"王安石如何?"

富弼也默然不语。君臣不欢而散。

富弼出任亳州知州后,拒不实行新法,于熙宁四年(1071)被罢去武宁节度使、同平章事的官衔,以左仆射判汝州。其属下包括通判、幕僚及县令等十八人,同时遭到贬谪。富弼到达汝州后,"仍以老病昏塞,凡新法文字乞免签书,止令通判以下施行"(李焘《续资治通鉴长编》),同时再三称疾求归。熙宁四年(1071)八月获准回洛阳养病。熙宁五年(1072)三月致仕,恢复武宁军节度使及同平章事,加司空,进封韩国公,但仍不断上书反对新法,至死未变。

富弼免除宰相之职的当天,陈升之升任宰相。虽然,神宗内心一直希望由王安石继任,但陈升之资历更高,又与王安石政见相合,因此,王安石劝说神宗先用他。但陈升之为人,城府极深,狡黠多智,善于谋取个人的富贵利禄。王安石与他相识多年,却并未觉察他的狡诈,反而十分推重他。王安石任参知政事,主持变法,陈升之竭力相助,王安石将他引为同道,共同执掌制置三司条例司。但陈升之就任宰相后,却立即提出,难以继续担任这一职位,理由竟然是,"臣待罪宰相,无所不统,所领职事,岂可称司"(杨仲良《续资治通鉴长编纪事本末》)? 主张将制置三司条例司,交由孙觉、吕惠卿全盘负责,自己和王安石只挂名。其实质,便是要将这一财政改革的最高领导机构,降格为普通职能部门。宰相曾公亮亦附和这一主张。御史中丞吕公著则更进一步,请求撤销制置三司条例司。王安石当然不会同意。经过多次御前辩论,神宗最后仍是选择支持王安石的意见。于是陈升之退出,改由枢密副使韩绛同制置三司条例。

此时司马光仍在朝任翰林学士,但与王安石不仅政见时相抵牾,对人的看法也大不相同。

熙宁二年(1069)八月一日,刑部侍郎刘述在谋杀刑名之争中,退还诏令,拒不执行,王安石想要将他下狱惩治,司马光极力反对,最后只将刘述贬知江州。

八月五日,神宗原本派遣司马光视察汴京附近二股河水利工程建设情况,王安石担心他另生异议,建议神宗取消了这一命令。

十月六日,也就是陈升之就任宰相之后第四天,神宗在延和殿召对司马光。神宗问:

"最近任命陈升之为相,外面臣僚有何看法?"

司马光答道:"今已降麻①,宣告中外,臣虽有言,再说何益?"

神宗说:"但说无妨。"

司马光回答:"闽人狡险,楚人轻率,今二相皆闽人,二参政皆楚人,必将援引乡党之士,充塞朝廷。天下风俗,如何能变得淳厚?"(曾公亮泉州晋江人,陈升之建州建阳人,皆属闽地;赵抃衢州西安人、王安石抚州临川人,战国时属楚地。)

神宗反驳道:"升之有才智,通晓民政、边事,他人莫能及。"

司马光说:"升之确实有才智,但恐怕德性有亏,不能临大节而不可夺。当年汉高祖评论宰相之才,认为王陵过于戆直,陈平则才有余而德不足,皆不可单独任事,故以陈平辅佐王陵。真宗任用丁谓、王钦若,而以刚直敢言的马知节来钳制他们,亦是同样道理。凡才智之人,必得忠直之士从旁约束,这是明主用人之法。"

神宗沉思不语。司马光感叹道:"富弼老成,有人望,他辞职离京实

____

① 唐宋时期任免将相,用黄、白麻纸写诏书,宣告于朝廷,谓之"降麻"。也称宣麻。

在可惜!"

神宗说:"朕极力挽留,但他坚决请辞。"

司马光回答:"他之所以坚持引退,大概是因为自己的意见不被采纳,与同列不合。"

神宗未置可否。过了一会儿,又问:"卿以为王安石如何?"

司马光答道:"有人说安石奸邪,臣以为毁之太过。他只是不明事理,又个性执拗而已。"

神宗说:"韩琦敢做敢当,贤于富弼,但个性质直刚强。"

司马光点头道:"韩琦确实有忠于国家之心,但喜欢坚持、掩饰自己的过错,这是他的短处。"

接着,神宗又请司马光逐一品评朝中其他大臣,说到吕惠卿,司马光评论道:

"惠卿奸险巧诈,并非良善之士,使王安石受到朝野非议的事情,都是惠卿所为。近日破格进用,不合众心。"

神宗说:"惠卿应对聪明敏锐,是个难得之才。"

司马光反问道:"西汉佞臣江充、晚唐奸相李训,倘若无才,何以动人主之心?"

神宗若有所思。司马光又劝说神宗,台谏官是天子耳目,还是应该由皇帝亲自选拔。神宗说:"谏官难得,还得劳卿代为访察。"

退朝之后,司马光经过反复思考,推荐了天章阁直学士陈荐、直史馆苏轼、集贤校理赵彦若和职方员外郎王元规。

不久,同修起居注一职缺人,神宗想让苏轼担任。但此时王安石对苏轼的恶感更深了,原因是八月十四日,苏轼担任国子监举人考试官时,出了一道考题,具体内容是:"晋武平吴以独断而克,苻坚伐晋以独断而亡;齐威专任管仲而霸,燕哙专任子之而灭。事同功异,何也?"明显针对当前朝政现状,因王安石曾鼓励神宗独断,神宗则对王安石专信不疑。王安石见到之后很不高兴。现在,神宗又一次想重用苏轼,王安石说:

"苏轼岂是值得奖进之人?"

神宗回答道:"苏轼有文学之才,朕见他为人,似乎也澹然沉静,司马光、韩维、王存都称许他。"

王安石不以为然:"奸邪之人而已。臣并非随口评论,有事实可证。他曾作《贾谊论》,竟认为贾谊应与绛侯、灌婴等掌握朝廷大权的重臣,'优游浸渍而深交之,使天子不疑,大臣不忌',以便获取天下之权。欧阳修作《正统论》,章望之不赞成这篇文章的观点,苏轼为了攀附欧阳修,专门写文章攻击章望之,而观点都毫无道理。不仅如此,遭父丧,韩琦等赠送金帛不肯接受,却贩运几船苏木入川,此事人所共知。司马光说吕惠卿受人钱财,说苏轼淡泊,这实在是一种欺骗之辞。陛下想要更变风俗,平息邪说,如果重用此人,则士人如何知晓陛下好恶所在? 此人并非没有才智,以其人望,确实不可废弃不用,可以让他担任推官、判官之类,最多也就是通判级别,岂可让他修起居注?"

于是神宗便不再提起。

也许,王安石对人的认识,并非与司马光截然相反。只是作为一名务实的政治家,在特定阶段,他用人的首要原则,不是道德、品性,而是其人是否支持变法。他曾作《咏月三首》:

寒光乍洗山川莹,清影遥分草树纤。万里更无云物动,中天只有兔随蟾。

江海清明上下兼,碧天遥见一毫纤。此时只欲浮云尽,窟穴何妨有兔蟾。

一片清光万里兼,几回圆极又纤纤。君看出没非无意,岂为辛勤养玉蟾？

李壁《王荆公诗注》认为，诗中"兔蟾"隐喻小人，"此见公包容小人之意"。

那时，尽管王安石与司马光政见分歧，常在朝堂上针锋相对，互相辩驳，但两人的友谊尚未破裂。据说，司马光曾私下问他：

"介甫推行新法，却援引些小人，或置于清要之位，或授以监司之职，这是为何？"

王安石回答道："新法初行之际，用人自当以才干和执行力为先。等诸法实行成功之后，再逐一更换，用德才兼备、稳重可信的人守之。所谓智者行之，仁者守之。"

司马光连连摇头："介甫错矣！君子难进易退，小人则易进难退。小人倘若得势，岂可轻易去之？一旦去之，必成仇敌，他日悔之晚矣！"

王安石默然不语。

四、措置宗室法颁布两天之后，又颁布了农田水利法

在陆续颁行均输法、青苗法的同时，裁减冗官、冗费的工作也在推进中。这项工作的第一步，便是针对赵氏宗室的改革。

自建国开始，宋朝宗室皆由国家提供衣食住行的全部花费，长子以外的其他子孙，原则上从七岁开始赐名授官，领取俸禄，十五岁以后可逐年升迁，增加俸禄，而实际上常常有违例者，有的甚至襁褓之中就获此恩惠。经过百余年的蕃衍，到熙宁年间，宗室人数已十分庞大，由最初的几十人，

发展到数千人之多。熙宁元年（1068），京师百官月俸四万余缗，诸军十一万缗，而宗室七万余缗，加上生日、婚嫁、丧葬、岁时补洗杂赐与四季衣物，宗室的全部花费，和军费差不多。嘉祐、治平年间，韩琦担任宰相，曾想对此进行改革，但没有落实为行动。

神宗即位后，面临严重的财政困难，曾多次询问臣僚，如何裁减国用，司马光、陈升之、王安石等，都谈到了宗室繁多的问题。熙宁二年（1069）三月二十五日，神宗与宰执大臣讨论，如何改革宗室制度。富弼说：

"此事只能由陛下自定，外人掺和，是以疏间亲。"

曾公亮反驳道："由陛下自定，也当由臣僚商议斟酌，决定其去取可否。"

富弼说："更革须缓慢渐进，否则易致纷扰。"

对于富弼的谨慎小心，王安石颇不认同，他说：

"此事只要做到不伤害感情、道义，何须论渐进不渐进？既然要裁减恩泽，怎能不引起纷扰？只要陛下不顾忌人情，则此事可为。"

总的来说，裁减宗室恩数，是神宗与大臣们的共识，但像富弼这般顾虑重重的人，也不在少数。十一月七日，措置宗室法已基本拟定，正式颁布之前，神宗曾向司马光征询意见。司马光说：

"宗室法确实需要更革，但宜逐渐改变，不可令人诧异。"

但神宗已经下定决心。十一月十一日，中书和枢密院提出了整套具体改革措施，进行全面的宗室改革。概括而言就是："唯宣祖（赵匡胤之父）、太祖、太宗之子，择其后一人为公，世世不绝。其余元孙（本人以下的第五代）之子，将军以下，听出外官。祖免（五服以外的远亲）之子更不赐名授官，许令应举。"（马端临《文献通考》）核心是限制宗室特权，鼓励宗室成员出宫任职，鼓励宗室远亲，通过科举考试进入仕途。当天，神宗正式颁发诏令,昭告天下:"宜依中书、枢密所奏施行。"(《宋会要辑稿》)此后几年,又陆续补充了一些细则。熙宁五年(1072),主管宗室事务的大宗正寺,上编修条例六卷,宗室管理从此走上规范化之路。[1]

宗室改革,一定程度上减少了宗室费用,缓解了朝廷的财政困难,客观上激励了宗室子弟读书为官,使"自励而向学者弥众矣"(范镇《东斋记事》)。改革过程中,当然也遇到一些阻碍:部分宗室子弟聚集街头,趁王安石上朝之际,遮道陈情,要求看祖宗情面;好友曾巩也作《公族议》表达异议;但诸如此类,皆不足以影响大局。

措置宗室法颁布两天之后,熙宁二年(1069)十一月十三日,又颁布了农田水利法。

这项法令是王安石理财思想的集中体现。早在知鄞县时,在《与马运判书》中,王安石就提出"欲富天下,则资之天地"的理财思想,嘉祐四年(1059)作《上仁宗皇帝言事书》,也强调"因天下之力,以生天下之财"。简而言之,就是要通过发展生产,达到"民不加赋而国用饶"(陈均《九朝编年备要》引王安石语)的目的。

中国自古以农为本。而兴修水利,则是抵御自然灾害、发展农业生产的重要手段。宋朝建立后,在和平安定的环境下,农业生产得到迅速恢复和发展,农田面积不断扩大。宋朝建立的前一年(959),登记在册的农田约1.08亿亩,而到仁宗继位之前(1021),则已达到5.24亿亩。其中水稻面积,占据非常大的比例。加上作物复种指数的提高,水利供给及水患防治的需求不断增长,成为宋代农业发展的当务之急。但熙宁以前,朝廷并没有把兴修水利明确规定为地方官府的重要职责,而且缺乏国家财政支持,因此地方官府对于兴修水利,态度较为消极,对已有水利设施

---

[1] 有关宗室改革部分多参考李国强《论北宋熙宁年间的宗室改革》,《江西社会科学》2010年第10期。

也疏于管理,常有地方豪强,巧取豪夺公共水利资源。

王安石十分重视兴建农田水利,庆历、皇祐年间知鄞县时,就曾率领全县人民,"起堤堰,决陂塘,为水陆之利"(邵伯温《邵氏闻见录》)。苏州河流域田地膏腴,但常苦水患,皇祐五年(1053),江、淮、荆湖、两浙制置发运使许元,请求朝廷营建水利设施,并奏请委派时任舒州通判的王安石,前来考察,定夺其可行性。王安石抵达之后,与县吏一道遍历苏州河,踏荒径,浮波涛,亲自挖土试水,访问乡民,"尽得其利害,度长绳短,顺其故道,施之图绘"(《吴郡志》),取得第一手调查资料,报告朝廷,建议批准许元的请求,可惜当时,朝廷并没有施行,直到至和年间才完成这一工程。嘉祐二年(1057),王安石知常州,也曾动员各县官民,齐心协力,开挖运河,希望改变常州年年灾害的局面。虽然这项工程半途而废,没能成功,但也为他积累了不少失败的教训。

对于其他地方官员兴修水利、发展生产的实践经验,王安石也非常关注。庆历年间,好友谢景初在余姚县率民筑海塘,防止海潮侵袭农田,王安石为作《余姚县海塘记》,"以告后之人,令嗣续而完之,以永其存善";皇祐二年(1050),信州知州张衡,组织民众,对州治内外水道、城池,进行综合整治,王安石为作《信州兴造记》,称许他救灾补败之政,"贤于世吏则远矣";嘉祐年间,唐州知州赵尚宽,调遣兵士,修复废坏大渠一条、大水塘四个,动员民众修复小渠、小水塘数十处,荒田野地皆得灌溉,吸引四方流民云集,垦荒拓地,"尚宽复请,以荒地计口授之,及贷民官钱买牛"(李焘《续资治通鉴长编》),不到三年,地荒人稀的唐州,废田尽为膏腴,人口增加万余户。王安石为作《新田诗》,并附上长篇序言,加以热情讴歌;嘉祐年间,程师孟提点河东刑狱公事,兼管本路河渠事,曾募集民间资本,雇人开渠筑堰,淤田一万八千顷。所谓淤田,是将河水冲刷的淤泥,用决水法引入田内,使土质肥沃。经过几年的努力,咸卤之地,尽成膏腴。所淤田地,"旧值两三千,所收谷五七斗。自淤后,其值三倍,所收至三两硕(同'石')"(《宋会要辑稿》)。王安石与程师孟十分要好,两人常有诗文唱酬。

这些尝试和努力充分说明,即便是在古代社会,通过改善水土资源,扩大耕地面积,推广新式农具、优良品种等手段,提高农业技术水平,发展农业生产,达到"民不加赋而国用饶"的目标,也是具有一定可行性的,并非完全空穴来风。

神宗皇帝也深深懂得兴修水利与农业发展的关系,早在熙宁元年(1068)六月,就下达政令,要求"诸路监司,访寻辖下州县可兴复水利之处"(《宋会要辑稿》),如能组织民众兴修塘堰圩堤,且卓有成效者,朝廷将给予嘉奖。

所有这些,都是王安石制定农田水利法的基础。其具体内容如下:

第一,资金来源。国家财政困难,无力拨款,鼓励民间筹款兴建,可以向官府借贷,官府将放宽偿还期限;也可以由富人预先垫付,官府将负责帮助催还贷款。

第二,奖惩措施。兴修水利有功的民户,根据功劳大小,授予官职,或赏以重金。不肯出钱出力的民户,将被罚钱罚粮。所罚钱粮,登记在册,用于兴修水利。地方官员积极组织兴修水利者,可以获得更快的升迁。

第三,州县职责。做好当地荒地、水利状况的调查与垦荒、兴修规划,逐级审批,报送上级主管部门。

农田水利法颁布之后,又于闰十一月十九日,派遣四十一名官员,分别担任各路提举常平、广惠仓,兼管农田水利差役事。各级官员对这一政令的反响,也颇为积极,纷纷献计献策,拟订水利规划。一些大型的农田水利工程,很快获得朝廷支持。闰十一月十五日,提举两浙常平等事、秘书丞侯叔献上书：

"汴河两岸，沃野千里，而夹河之间，多有牧马地，及公私废田，略计二万余顷。牧马用地，不过其半，尚有万余顷，常为不耕之地。观其地势，利于行水，最宜稻田。倘若于汴河南岸，设置斗门(堤堰中用以蓄泄渠水的闸门)，泄其余水，分为支渠，并引京河、索河，以及周边二十六处陂塘之水灌溉，则京师周边地区，每年可以收获稻谷数百万，作为禁军用粮。由此即可改变，汴京数百万人仰给东南千里之外的状况，大大减轻东南六路民众的负担，同时也减轻漕运压力，实为富国强兵之术。"

这一建议奏报朝廷之后，立即引起高度重视。十二月二十三日，侯叔献调任提举开封府界常平等事，负责这一重大农田水利工程的实施。后来又任命精通水利的官员杨汲等人，作为他的副手，协助工作。经过几年的努力，这项工程取得了很大的成效。他们采取的方法是，按地势不同，分片筑堤，引汴水一片一片淤灌，防止水势泛滥成灾，因此成功率高。经过淤灌的土地，"视之如细面"(李焘《续资治通鉴长编》)，地价和亩产量都成倍增加。侯叔献、杨汲等人，因淤田有功，得到朝廷嘉奖，熙宁六年(1073)九月，各赏赐良田十顷。后来，朝廷还专门设立淤田司，各地官府也有专人负责这项工作。

据宋史学界研究，北宋160余年，治理河流总次数最多的是神宗朝(共18年)，达42次，最少的是哲宗朝(共16年)，仅12次；治理河流年均次数最高的也是神宗朝，达2.33次，最少的是仁宗朝，仅0.44次。神宗朝对黄河的治理成就尤其巨大。由于五代战乱，黄河失修，宋太祖在位的16年间，黄河决溢次数为北宋之最，年均1.6875次。经过太祖、太宗两朝长达38年的努力，至真宗朝，黄河决溢次数减少为年均0.76次。而神宗在位18年，黄河决溢次数为北宋第二，年均1.2777次。但随后哲宗朝年均决溢次数便下降到0.9333次。

水利工程的兴建与修复,使荒田废地的开垦数量不断增长。至元丰六年(1083),垦田46145.5万亩,增长156%。而淤田法的使用,不仅增加了垦田数量,而且使土质肥沃。仅熙宁时期,北方就进行过三十三次淤灌,最多的一次淤灌面积达一百五十万亩,使大片盐碱地、沙荒地、低洼地,得到改良。元丰元年(1078)神宗曾赞扬道:

> 大河源深流长,皆山川膏腴渗漉,故灌溉民田,可以变斥卤而为肥沃。朕遣中使往取淤土,亲自尝之,极为润腻。
>
> ——李焘《续资治通鉴长编》引

元丰年间,有人写诗描述黄河下游的景象:

> 万里耕桑富,中原气象豪。河淤开亿顷,海贡集千艘。
>
> ——韦骧《过金陵上仆射王舒公》

但是,在农田水利法的推行过程中,也出现了一些问题,导致了诸多争议与反对。因为水利建设,尤其是重大的水利工程,需要投入大量人力、物力,牵涉国家、集体、个人多方面利益关系,本来就极为繁难,需审慎处理。第一,兴修水利侵占民田。由于长久不兴水利,许多原来建有水利设施的土地,被民户耕占为田,许多湖面被违规填塞,变为耕地,若要重新疏浚,或进一步扩大,则必然需要废田开渠、开湖,受影响的不仅是违规占地的民户,也包括一些并没有违规的民户,具体实施时,可能还存在徇私舞弊等不公正现象。第二,淤田过程中,由于技术掌握等原因,也会时常出现浸坏民田庐舍的情况。以上两方面,实际上是地区整体长远利益与民户个人眼前利益的矛盾。第三,工程规划或组织不当,无法达到预期效果,不仅浪费财力物力人力,甚至淹没城池、土地,损害民众利益。还有更为恶劣的一种问题是,为邀功贪利,而滥兴民役,及工役不实。这涉及官员的工作能力与德行操守。

针对上述问题,朝廷及时采取了相应对策。为协调民户的利益分配,规定新增水利田不增税,民户利益受到侵害的给予经济补偿;为减少官员的失误与渎职问题,一方面,加强水利工程的审批、巡察和验收,另一方面,官员任满之后,将会重点考察其水利工程的虚实功利情况,"妄有沮废,及妄冒保明功绩,朝廷差官察访得实,并重行降黜"(《宋会要辑稿》)。其中,因农田水利法的实施而产生的问题,朝廷通过按验制度、差官察访制度、考课制度等对策,一定程度上得以解决。但仍有许多问题,尤其是许多政令的具体落实,属于古今难解的问题,在民间造成的不良影响,以及对新法的推行产生的危害,也是不言而喻的。①

五、元老重臣韩琦的奏章引发巨大震荡

均输法、措置宗室法,以及农田水利法的推行,虽都遭遇诸多障碍,但真正铺天盖地的质疑与反对,却是青苗法所引发的。从青苗法酝酿讨论,到正式颁布实行,随着时间的推移,反对的声浪不仅没有止息,而且越来越激烈。

有人抨击王安石一味言利,"用盗跖之法,而变唐虞不易之政"(《宋会要辑稿》引)。对此,他坦然回应,让百姓不至于缺衣少食、流离失所就

---

① 以上有关农田水利的数据及观点多参考李金水《王安石经济变法研究》,福建人民出版社,2007年。

是政事,因此,"政事所以理财,理财乃所谓义也。一部《周礼》,理财居其半,周公岂为利哉"(王安石《答曾公立书》)?

有人质疑,既然目的是济贫救乏,官府借钱与民,何必收取利息?应该发放无息贷款才对,或者将二分的利息,降低到一分。对此,王安石解释道:

> 必至于二分者何也?为其来日之不可继也。不可继,则是惠而不知为政,非惠而不费之道也,故必贷。然而有官吏之俸,辇运之费,水旱之逋,鼠雀之耗,而必欲广之,以待其饥不足而直与之也,则无二分之息,可乎?则二分者,亦常平之中正也,岂可易哉!
>
> ——王安石《答曾公立书》

国家财政紧张,不仅常平仓没有稳定的本金来源,就连各种管理、损耗费用,也无法负担。如果不收取二分利息,难免和之前的常平仓一样有名无实,根本起不到实际的作用。

有人担心,青苗法在具体的推行过程中,会出现种种乱象,如:州县官吏为邀功请赏,强行摊派;甚至贪官污吏,趁机盘剥百姓。在青苗法讨论初期,苏辙就提出过这一问题,王安石也曾为此而暂缓了青苗法的颁行。在正式颁布时,又以诏令的形式,明令禁止摊派。但举国之大、官吏之众、人心和事态之多样复杂,又岂是一道诏令所能防范?许多体恤民情的官员无不忧心忡忡,因此反对之声不断。

熙宁二年(1069)闰十一月,因右正言孙觉的极力推荐,秀州(今浙江嘉兴、上海松江一带)军事判官李定(字资深)奉诏进京。抵达汴京后,李定去拜访了另一个好友、右正言李常。李常问:

"南方之民以为青苗法如何?"

李定回答道："都觉得颇为便利，无不善之处。"

李常说："如今朝廷争议甚大，此番言论切勿与他人说。"

李定早年从学于王安石，二人私交甚好。治平二年（1065），王安石曾为李定之父作墓志铭；治平三年（1066），王安石久居江宁，屡召不赴，朝野间颇多非议，李定寄书相问，王安石作《答李资深书》，表示自己丝毫不将世俗毁誉放在心上。从李常家里出来，李定又去了王安石府上，两人很自然便谈到了青苗法一事，李定说：

"学生只知据实而言，不知京师竟不得言说青苗法之便利。"

此时，王安石正在舆论的阻击中焦头烂额，听完李定的话，真有久旱逢甘霖之感，立即向神宗推荐李定，请求越次召对。十二月三日，李定即被任命为《三司岁计》《南郊式》二书的编修官。这两部书，是有关中央财政机构三司的典章制度、日常经费预算，以及朝廷大型祭祀仪式的费用标准，是根据制置三司条例司建议而决定编修的，涉及三司机构改革等重大问题。

但青苗法的制度设计，确实存在弊端。随着青苗法的推广，不仅地方官员强行摊派等消息不断传来，又发现了一些此前未曾预料到的其他问题。于是，反对青苗法的人也越来越多，就连一些原本支持青苗法的大臣，也提出了异议。

熙宁三年（1070）正月，一贯反对新法的翰林学士范镇上书，认为今春以来，"天雨土，地生毛，天鸣地震，皆民劳之象"（《宋会要辑稿》引），是上天的警示，"陛下应观天地之变，罢青苗之举，归农田水利于州县，追还使者，以安民心"（同上）；曾经支持新法的监察御史里行程颢、右正言李常也先后上书，论奏京东转运使王广渊，"挟转运使之势临郡县，以鞭笞强百姓出息钱"（李常《上神宗论王广渊和买抑配取息》），主张朝廷对其加以惩处。朝廷诏令王广渊据实陈情，加以解释，王广渊自然不肯承认有

抑配的情况。就在这时,河北转运使刘庠拒绝发放青苗钱的消息传到京城。王安石对神宗说:

"王广渊为人,的确不可知。但他见陛下要求官员务实有为,便全力以赴,此恰是官员本分,不该责其迎合。广渊力主新法,倘若遭受弹劾,刘庠故意破坏新法,却置而不问,人心向背,如何能随朝廷意旨?"

于是朝廷不再追究王广渊之事。但是,对于朝野间巨大的反对声浪,却不得不予以重视。正月二十二日,神宗再次下诏表明,青苗法的实行,目的是"惠恤贫乏",请贷放贷,一定要出于民众自愿,禁止强行摊派,扰民害民,要求"诸路提点刑狱官,体访觉察,违者禁止,并以名闻"(《宋会要辑稿》引)。但诏令同时也强调:

> 敢沮抑愿请者,按罚亦如之。
>
> ——《宋会要辑稿》引

告诫各级官员,如果敢于阻止自愿申请贷款的民户,将同样受到严厉处罚。诏书上"敢沮抑愿请者,按罚亦如之"一语,很有可能是王安石的主张,他认为有部分地方官,因为政治立场的原因,不仅不能履行职守,推行新法,而且还故意阻挠。正月二十三日,王安石因事告假,曾公亮、陈升之却将这句话删除,并附上中书省稽查抑配青苗钱的公文,一并发布出去。几天后,王安石回朝任事,得知这一情况,十分生气,当面质问曾、陈二人:

"身为宰相,当有执守,怎能妄自下达公文,命令稽查抑配青苗钱?而且还随意删削当日诏语?"

曾公亮和陈升之自知理亏,皆不敢抗辩。

这时,新一轮科考在即,王安石在江宁时的弟子陆佃,自淮南东路进京应考。抵京后，陆佃前往王安石府中拜望恩师，尚未坐定，王安石就急切地向他了解，基层地方对于新法的看法。陆佃说：

"新法并非不善，但推行效果恐未能完全合乎初衷，如青苗法即是。"

王安石闻言，很是吃惊，道："怎会如此？我与吕惠卿反复商议过，又听取了诸多意见。"

陆佃说："您一向乐于倾听众人建议，但现今外间颇以为您拒谏。"

王安石笑道："我岂是拒谏之人？但如今朝野间邪说纷纷，本不足听。"

陆佃说："此即所以招致人言的原因啊！"

不过，对于自己最赏识、最信任的弟子之言，王安石还是很上心的。第二天，他将陆佃反映的情况，跟吕惠卿说了，命他派人去淮南东路调查核实。吕惠卿说：

"私家放贷，除了利息之外，中间人也难免会收点鸡鸭鱼肉之类。"

言下之意，对于各级官吏从中渔利，亦视为理之所然。不过，还是派遣李承之去淮南调查。后来，李承之从淮南回来，有人认为他并未将实际情况全部告知朝廷，此事也就过去了。

然而，基层反对青苗法的消息，一直在源源不断地传来。而真正引发巨大震荡的，是判大名府韩琦二月一日呈递的奏章。

在奏章中，韩琦明确主张罢除青苗法，并召还诸路提举官。他指出：第一，朝廷依民户等级发放青苗法，收取利息，容易变为官府放债取利的工具，"与初抑兼并、济困乏之意绝相违戾，欲民信服，不可得也"（韩琦《上神宗乞罢青苗及诸路提举官》）。第二，"上户既有物力，必不愿请""近下等第与无业客户，虽或愿请，必难催纳"（同上），地方官吏担心发放和催缴青苗钱不力，而影响考绩、升迁，便难免抑配。更严重的是，青苗法为防范或减少借贷风险，规定由上等户替下等户担保，因此，一旦下等户无力偿还贷款，还将连累整甲、整村，从而导致难以预料的社会动荡。第三，民间高利贷，资本筹措，以及还贷时间、方式、数量等，均十分灵活，"往往旧债未偿其半，早已续得贷钱，兼并者既有资本，故能使相因岁月"（同上），而官府本钱有限，而放贷范围又极广，一旦出现大面积逾期，则无法延续，自然是不能容许民户拖欠，必得采取严刑峻法，加以催收。韩琦的奏章，深刻揭示了青苗法存在的诸多缺陷，极具说服力。

身为三朝宰相，韩琦名重朝野，影响非同小可，神宗不禁心中动摇。第二天，他将这封奏章出示给宰执大臣，并说：

"韩琦真是忠臣，虽然出任地方，仍不忘朝廷。朕本以为青苗法可以利民，不曾想竟害民如此，颁发政令不可不审慎啊！"

王安石读罢韩琦奏章，反驳道：

"陛下修常平法，目的在于助民，至于收息，亦是周公遗法。昔桑弘羊汇聚天下财物，以奉人主私欲，游幸郡国，赏赐动辄数百万，皆出自均输法聚敛所得，如此乃真所谓兴利之臣。今陛下扩充常平储蓄，抑制兼并，赈济贫弱，置官员为天下理财，并非满足一己私欲，怎可称之为兴利之臣呢！"

神宗觉得有理，王安石接着又说：

"臣以为此事至小，利弊极易分辨。即便令各州郡抑配上等户，每户十五贯钱，出二分息，则一户不过多缴三贯钱。朝廷用这笔多得之钱，作为常平储蓄，以备百姓灾荒，比之前代，让百姓出米建义仓，并无任何不妥。何况如今并不抑配，任民户自愿请贷，有何所害？臣论此事，已上奏十数万言，然陛下尚不能无疑，仍不免为异论所惑，如此，则天下何事可为？"

神宗说："还是应让诸位大臣人尽其言。朕料想文彦博、吕公弼，亦以为不可,但腹诽而已。唯独韩琦肯直言陈说,真是忠臣。"

为稳妥起见,神宗打算任命新法的坚决反对者司马光为枢密副使,以便在政令的制定过程中,得到更充分、审慎的讨论。为此,他征询诸位宰执大臣的意见。王安石坚决反对,他说:

"司马光外借规谏陛下之名,内怀趋附流俗之实,所言尽害政之事,所交尽害政之人。一旦令他参与国家大计的商讨,岂能指望其洗心革面,襄助陛下推行新政?恐怕只会结交朋党,阻挠陛下之所为!"

这天的御前会议不欢而散。神宗的动摇,令王安石颇感失望,二月三日,便称病家居。这天夜里,辗转难眠之际,他提笔写道:

范蠡五湖收远迹,管宁沧海寄余生。可怜世上风波恶,最有仁贤不敢行。

——王安石《世上》

几年来世路的艰难险阻,让他深深理解,为何春秋时期,范蠡助越王勾践雪耻复国后,飘然远引、泛舟五湖,为何汉末大乱时,管宁隐居山谷,有终焉之志。王安石似乎有些后悔自己当初的选择。他从书架上取出晋朝皇甫谧的《高士传》,随手打开,刚好看到"商山四皓"一则。不禁心有所感:

四皓秦汉时,招招莫能致。紫芝可以饱,粱肉非所嗜。谷广水涣涣,山长云泄泄(舒缓飞动的样子)。与其贵而拘,不若贱而肆。

——王安石《四皓》

"修道洁己,非义不动"(皇甫谧《高士传》),何尝不是王安石·直以来的处世态度？此刻，他多么想"振衣千仞岗，濯足万里流"（左思《咏史》），追随"商山四皓"，遁迹山野，远离世间所有的纷纷扰扰。

王安石的告假奏表递入宫中，依惯例，由翰林学士代皇帝批答。正逢司马光轮值，遂批答道：

> 朕以卿材高古人，名重当世，召自岩穴，置诸庙朝，推心委诚，言听计用，人莫能间，众所共知。今士夫沸腾，黎民骚动，乃欲委远事任，退处便安。卿之私谋，固为无憾，朕所素望，将以诿谁？祗复官常，无用辞费。所乞宜不允，仍断来章。
>
> ——司马光《赐参知政事王安石不允断来章批答》

王安石收读批答，其中"士夫沸腾，黎民骚动"八字，令他异常愤怒，立即抗章自辩，并请求辞去参知政事之职。神宗读罢，大惊失色，立即封还辞章，派吕惠卿专程上门，传达旨意，催促王安石复职办公，又亲赐手诏，主动道歉，温言慰解：

> 诏中二语，乃为文督迫之过，而朕失于详阅，今览之甚愧。
>
> ——杨仲良《续资治通鉴长编纪事本末》引

二月四日，王安石进宫谢恩，仍坚决请求罢任。神宗当然不会同意，反复劝慰和奖勉。

王安石为神宗分析了当时大臣、侍从、台谏、朝士，出于各种原因，相互逢迎、彼此串通的情形，说：

"陛下欲以先王之正道，更革天下、刷新朝政，自然难免要与天下流俗较量轻重。流俗之力占据优势，则天下之人归于流俗；陛下之力占据优势，则天下之人归于陛下。两股力量势均力敌之际，胜负只在铢两之差。"

神宗深以为然。

王安石不安于朝的消息，迅速传遍京城，一时之间，人心浮动。二月十日，御史王子韶、程颢，谏官李常，纷纷请求登殿急奏，强烈表示：朝廷不当听从王安石离任，而应尽力挽留。

二月十一日，神宗不顾王安石的反对，任命翰林学士兼侍讲学士、右谏议大夫、史馆修撰司马光为枢密副使。不过，就在同一天，又任命王安石极为赏识和信赖的王韶，为提举蕃部兼营田、市易。同时发布两项任命，显然是神宗的帝王之术，试图在变法与反变法两派中，寻求平衡。但司马光深知，皇帝倚重王安石，自己即便身居高位，也改变不了眼前的局势，因此连上六道辞章，坚决不肯就任。

与此同时，王安石继续称病请假，神宗一边时时派人探视，并多次亲写手诏，备加抚慰，催促他尽快复职；一边诏令宰执大臣讨论，是否应罢除青苗法。曾公亮、陈升之、赵抃等商议多日，无法决断。赵抃主张等王安石复出后再做决定。于是，曾公亮连夜派儿子曾孝宽，将情况告知王安石，并说：

"请尽快出来理政，否则，后续情势如何发展，难以预料。"

六、之前的知交好友与同盟军纷纷暌离，王安石倍感痛心

二月二十一日，王安石销假复职。虽然，他已伤痕累累，承受了太大的压力，遭受了太多攻讦，甚至蒙受了太多污名，但壮志依然没有消磨。

孔鸾负文章,不忍留枳棘。嗟子刀锯间,悠然止而食。成书与后世,愤悱聊自释。

——王安石《司马迁》

他不会像爱惜羽毛的鸾凤一样,逃离丛错的荆棘,而愿像发愤著书的司马迁,即便含垢忍耻,也要完成自己心中的伟业!而此时,经过多日的疑虑、动摇和反复思考,神宗皇帝终于再次坚定了变法的信心。他满怀歉意地对王安石说:

"有关青苗法,朕确实被众论所迷惑。寒食假中,静思此事,一无所害,至多不过损失些钱物罢了,何足为虑!"

王安石说:"只要勉力推行,不令小人故意破坏法度,则必无损失钱物之理。"

神宗的决心虽已坚定,但朝中反对青苗法的声音,并没有就此止息。

二月二十三日,神宗召开御前会议,对曾公亮、陈升之说:

"当初此事皆经中书讨论决定,如今人言纷纷,乃因诸位辅臣议论不一。"

曾公亮、陈升之都说,自己本就不赞成此法,因皇帝坚持,只好签名同意。神宗十分不满,责问道:

"若以为不可,当直言极谏,为何要签字同意? 既已同意,又何以至今论议不一? 况且,此法究竟有何不便?"

曾公亮答道:

"陛下不必问其不便,陈升之乃最初立法之人,李常也曾参与讨论,如今他们全都反对,则此法之弊不言而喻。"

王安石反驳道:"台谏议论纷纷,陈升之畏忌人言,自然要改变态度。

臣生性愚笨,确实不见其有何不便,不敢妄同流俗。"

陈升之说:"臣身为宰相,整日纷纷计较财利,实以为耻。"

王安石针锋相对:"理财乃所谓政事,乃宰相最重要的职责,怎可以之为耻?身为朝廷重臣,却畏惧流俗之言,不敢为人主守法,臣亦深以为耻!"

宰辅大臣意见的不一致,直接影响到诸多具体事务的处置。如,在积极推行新法过程中,犯有过失的官员该如何对待?消极抵抗、甚至擅自停发青苗钱的官员,又该如何对待?凡此等等,都免不了一争再争,一辩再辩。王安石性格刚硬,言语直率无顾忌,有一次甚至圆睁双目,怒斥同列道:

"公辈识见短浅,只因素不读书罢了!"

赵抃当即反驳道:"尧、舜之时,贤臣皋、夔、稷、契,有何书可读?"

由于神宗强有力的支持,每一次的争议,都以王安石获胜告终。于是,三月一日,曾公亮、陈升之双双告假,称病不出。

司马光六辞枢密副使之后,二月二十七日终于获得批准,但心中对国事的忧虑、对昔日挚友王安石的担心,仍使他有不吐不快的冲动。当天晚上,他写下《与王介甫书》,洋洋数千言,诚恳坦率,反复致意。首先,他以好友的身份,直截了当地批评王安石,"用心太过,自信太厚",对人对己,标准不一,秉性刚直,"每议事于人主前,如与朋友争辩于私室,不少降辞气",而面对宾客僚属,"则唯希意迎合、曲从如流者,亲而礼之",一旦有人批评新法不便,"辄艴然加怒,或诟詈以辱之,或言于上而逐之,不待其辞之毕也""自以为我之所见,天下莫能及,人之议论与我合则喜之,与我不合则恶之";其次,他逐一否定了王安石执政以来的所有改革举措,认为是"弃先圣之道,违天下人之心""大抵所利不能补其所伤,所得不能偿其所亡",因而导致"士大夫不服,农、商丧业,谤议沸腾,怨嗟盈路"；并预言：如果王安石一意孤行，推行新法，"及二三年，则朝廷之患已深矣"。因此，他强烈呼吁王安石，"能进一言于主上，请罢条例司，追还常平使者"。文章最后表明：彼此"趣向虽殊，大归则同。介甫方欲得位，以行其道，泽天下之民；光方欲辞位，以行其志，救天下之民，此所谓和而不同者也"。

此后数日，两人书来信往，反复再三，但谁也没有说服谁。在《答司马谏议书》中，王安石斩钉截铁地说：

> 今君实所以见教者，以为侵官、生事、征利、拒谏，以致天下怨谤也。某则以谓受命于人主，议法度而修之于朝廷，以授之于有司，不为侵官；举先王之政，以兴利除弊，不为生事；为天下理财，不为征利；辟邪说，难壬人，不为拒谏。

他指出，本朝官场，"人习于苟且非一日，士大夫多以不恤国事，同俗自媚于众为善"，一旦有人挺身而出，变革图新，必然导致谤议汹汹。对此，他早有心理准备。他明确表示，假如司马光责备他身为执政，未能辅佐君主有所作为，以膏泽斯民，自己定会虚心接受；但倘若要求他"一切不事事，守前所为而已"，则恕不听命。

多年挚友，从此分道扬镳。一片喧嚣的反对声浪中，王安石如中流砥柱，巍然不动。在《众人》诗中，他写道：

> 众人纷纷何足竞？是非吾喜非吾病。颂声交作莽岂贤？四国流言旦犹圣。唯圣人能轻重人，不能铢两为千钧。乃知轻重不在彼，要之美恶由吾身。

汉平帝时,王莽任大司马,深得朝野拥戴,一时之间,颂声并作,而随后却篡汉自立。"颂声交作"能保证王莽之贤吗?周公摄政时,远则流言四起,近则成王猜忌,身处是非漩涡。流言与猜忌能有损于周公之圣吗?虽然毁誉由人,但真正的君子,唯仁义自守,时间终将证明一切。

他甚至将众多异论,比为春暖时节,饶舌山鸟的啁啾呜哳:

> 悠悠独梦水西轩,百舌枝头语更繁。山鸟不应知地禁,亦逢春暖即啾喧。

——王安石《崇政殿后春晴即事》

或者借咏物之作,化用柳宗元《答韦中立论师道书》中蜀犬吠日、越犬吠雪的典故,讥讽众人少见多怪:

> 樊笼寄食老低摧,组丽深藏肯自媒。天日清明聊一吐,儿童初见互惊猜。

——王安石《吐绶鸡》

在一次次君臣的谈话中,王安石也以同样的信念,不断鼓舞神宗。三月二十八日,神宗对王安石说:

"外间多有议论,曰今朝廷以为天变不足惧,人言不足恤,祖宗之法不足守。"

王安石答道:"陛下躬亲政务,无流连之乐,无荒淫之行,每事唯恐伤民,此即是惧天变。陛下广纳人言,事无大小,唯言是从,岂是不恤人言?但人言本就有不足恤者,倘若所行合于义理,则人言何足恤!陈、蔡之乱,周公三年东征,彰善惩恶,初无畏众之意;柴世宗一日斩大将二十七人，以能者代之，当时岂无人言？古之有为者，上如周公，下如柴世宗，皆不畏人言，所以能振衰救弊，兴起功业。至于祖宗之法不足守，理当如此。仁宗在位四十余年，就曾多次修改政令，倘若祖宗之法不可变，子孙应当世世守之，仁宗又为何要屡次变改？"

王安石与神宗的强势态度，更激发了反对派的斗志。对立与冲突之中，双方的言辞愈发激烈，几乎势同水火。随后的几个月间，君臣二人以雷霆手段，先后罢黜了一大批异议者，有的是自始至终的反变法派，如范镇、赵抃、张次山、张戬等，有的则是王安石之前的知交好友与同盟军，如孙觉、吕公著、李常等。后者无疑最令王安石感到痛心。在《即事三首》其一中，他感叹：

> 我起影亦起，我留影逡巡。我意不在影，影长随我身。交游义相好，骨肉情相亲。如何有乖睽，不得同苦辛。

孙觉字莘老，高邮人，皇祐元年（1049）进士，王安石与他订交已近二十年，彼此志同道合，情深意厚，他们还有一个共同的好友王令（字逢原）。嘉祐元年（1056）所作《别孙莘老》诗中，王安石曾满怀深情地写道：

> 逢原未熟我，已与子相知。自吾得逢原，知子更不疑。

那时，王安石任群牧判官，孙觉进京改官，同在京城，白天各自忙于事务，只有在夜间，才有时间欢聚畅谈：

> 会合常在夜，青灯照书诗。往往并衾语，至明不言疲。

当孙觉将要离京赴任,王安石依依难舍,作长诗相送:

> 把手湖上舟,望子欲归时。茫然乃分散,独背东南驰……忽忽舍我去,使我当从谁?

此后虽分隔异地,但始终联系不断。嘉祐四年(1059),王安石还曾推荐孙觉,编校昭文馆书籍。

除了多年的友情,两人对国政的看法,曾经也是高度一致。熙宁元年(1068),孙觉曾连上多篇奏章,尖锐指出:"今天下承平百年,纪纲法度有所未备,顾但守祖宗一切之法而不知变,则何以异于胶柱鼓瑟、刻舟求剑哉!"(孙觉《上神宗论所急者近效所勤者小数》)诸多议论,均与王安石桴鼓相应。熙宁元年(1068)七月,孙觉因言事不当,被降官两级,王安石曾上章为他辩护。两人友情出现裂痕,是在熙宁二年(1069)之后,当时王安石任用吕惠卿,颇受朝臣非议,孙觉亦不例外。他曾对神宗说:"惠卿善辩多才,远过于常人。他屈身安石,只不过为利而已。然安石不悟,臣窃以为忧。"

青苗法颁行后,孙觉多次上书论罢,令王安石十分恼怒。一天,孙觉因事到中书,王安石语带伤感和失望,对孙觉说:"不料孙学士亦是如此!"

自此二人渐行渐远,直至彻底绝交。

吕公著与王安石、司马光、韩维,本是朝野皆知的"嘉祐四友"。和司马光不同,熙宁元年(1068)至熙宁二年十月前,吕公著诸多政见都与王安石相同。担任御史中丞之后,吕公著推荐的台谏官,也都出自制置三司条例司,都是王安石欣赏的人。但熙宁二年(1069)十月之后,吕公著接连上疏,要求罢除条例司和青苗法,"前后章十数上"(《吕公著家传》)。甚至说,朝廷实行青苗法,失天下人心,"若韩琦因人心如赵鞅举甲,以除君侧恶人,不知陛下何以待之"(王安石《时政记》引)？赵鞅即春秋时晋国大夫赵简子,他曾以清君侧为名,在晋阳起兵征讨。这番言论,借用古事,批评朝廷倒行逆施,将会引起地方官吏兴兵造反。神宗和王安石读罢震怒不已,立即罢去吕公著御史中丞之职,命他出知地方。宋代朝廷一向体恤文臣,即便降官贬职,在文书中也多为其保存体面,极少厉声呵斥。但吕公著之言,超过了神宗和王安石的容忍底线,因此,打破历来惯例,在宰执大臣意见不一致的情况下,执意在降官制词中,明言其罪状:"乃诬方镇,兴除恶之名;深骇予闻,乖事理之实。"(李焘《续资治通鉴长编》引)毫不留情。

至于李常的反目,更令王安石不能接受。两人原本不仅是好友,而且从熙宁二年(1069)九月开始,李常就是制置三司条例司中的一员,曾经参与了青苗法的讨论和修订,担任右正言、知谏院以后,却不断上疏反对青苗法。熙宁三年(1070)四月二十二日,李常再上疏,说:"散常平钱流毒四海,又州县有钱未尝出,而徒使民入息者。"(李焘《续资治通鉴长编》引)神宗命令他,说出这些州县官吏的姓名,逼问五六次,但李常坚决不说,而自求罢职。而且李常还在奏疏中说:"陛下一宫殿之费百余万,一宴游之费十余万,乃令大臣剥肤椎髓,掊敛百姓。"(同上)实际上,神宗即位以来,殚精竭虑于国事,除了修缮太皇太后与皇太后的两座宫殿,宫中再无其他营建。至于游宴活动,也极少举行。因此,神宗怒斥他"言事反覆,专为诋欺"(同上)。退朝之后,王安石也责问他:"你本出自条例司,亦曾参与青苗之议,如今却转而攻击,与出尔反尔的小人,有何区别?"吕惠卿更威胁他道:"你怎可背叛介甫？我能使你终身不如人！"

十多年前,王安石曾应友人之约,写过一首寄题之作,其中四句曰:

知音四海无几人,况乃区区郢中小。千载相传始欲慕,一时独唱谁能晓?

——王安石《寄题郢州白雪楼》

谁知,"及作相,更新天下之务,而一时沮毁之者蜂起,皆如白雪之句也"(胡仔《苕溪渔隐丛话》),竟无意中预示了自己今日的处境,被后人视为"诗谶"。

朝中斗争激烈,京城也是流言四起。有人假造皇帝敕书,批量印刷贩卖;有人假造司马光书信,攻击谩骂王安石,甚至语涉神宗,说:"天不祐陛下,将致皇子夭折。"

神宗听说后,对身边大臣说:"此决非司马光所作。"

遂命开封府严加追查,其始作俑者,乃已故宰相沈伦之孙、沈贵妃之弟沈惟恭。

沈惟恭因求取朝廷格外恩泽不得,而心生怨恨,对自己的门客孙棐说:"皇子生必不久。"语涉诅咒,并诋斥时事。孙棐为讨好主人,伪造司马光章疏,言辞极不恭敬。沈惟恭将此伪作,转给其他人看。当时,司马光连作三封书信劝谏王安石的消息,广传于京城。这封伪造的章疏一经出现,便被好事者信以为真。于是一传十,十传百。

全案审查清楚后,执笔者孙棐被处死,沈惟恭被除名,并流放琼州(今海南岛),其余传抄、阅览者皆不问罪。

随着反对派不断被罢黜,或自请外任,大批新人得到起用。至熙宁三年(1070)五月间,有关青苗法的争议渐渐消歇。五月十四日,朝廷诏令增加宫观员额。宫观本指道教庙宇,唐宋时代尊崇道教,朝廷特设此类官职,又称祠禄官,用于养贤优老,基本上属于闲职。祠禄官本身没有品级,根据官员原有的官职和级别而定。通常,宫观使由宰相或执政官级别的官员充任,宫观副使由翰林学士等级别以上官员充任,此外还有判官、都监、管勾官、提举、提点等官名。北宋前期,宫观官员数量极少,而此时决定增加员额,目的即是为了安置反对新法的异议者,令他们处闲置散,但仍能享受原有官阶的待遇。

七、变法派攻击苏轼私贩货物,反对派弹劾李定不服母丧

熙宁三年(1070)八月五日,侍御史知杂事谢景温奏称:"嘉祐、治平间,苏轼兄弟先后丁母丧、父丧,往返京、蜀途中,多占舟船,偷贩私盐、苏木、瓷器等,又多差兵丁。"而信息的来源,据说正是苏轼的表弟。

这些事情,王安石早有耳闻,虽心中对苏轼颇为不喜,但并未借题发挥。然而,苏轼屡屡上疏议论新法,熙宁二年(1069)底,作《上神宗皇帝书》,"凡七千余言",质直剀切,雄肆博辩,极富说服力。在王安石看来,虽然不过是些书生空论,但也足以蛊惑人心,扰乱是非。熙宁三年(1070)三月,神宗御集英殿,亲试礼部奏名进士,叶祖洽得中状元。苏轼则认为叶祖洽制策趋时阿附,要求重新排定等级,神宗没有同意。苏轼退朝后,愤然作《拟进士对御试策》,对新法一一加以驳斥。这一系列言行,深得众多反变法派官员的高度认同与赞赏,认为其才识胆略,足可以为御史、任谏官。因此,王安石对苏轼的厌恶之情愈甚。他曾对神宗说:

"苏轼确实才高,但所学不正,今又以不得逞之故,言语放肆到如此地步,请罢黜他!"

曾公亮却说:"苏轼不过观点不同而已,并无可以治罪之处。"

过了几天,王安石又对神宗说:

"陛下为何不罢黜苏轼? 难道是因为惜才? 譬如驯恶马,须减其粮

食,加以鞭锤,使其帖服,方可以驾御。如苏轼之流,不困之使自悔,而制其不逞之心,怎肯为陛下所用? 况且,苏轼之才,为世用甚少,为世患甚大,陛下不可不察。"

七月,朝廷有诏,命两制以上官员推举可任谏官的人选,苏轼得到范镇的举荐。苏轼一旦成为谏官,便有直接弹劾宰执大臣的权力,这无疑是王安石以及所有变法派所不愿看到的。八月,侍御史知杂事谢景温,将苏轼贩运私货这件风闻已久的事情,正式奏报朝廷,加以弹劾。由于两件事情的发生,在时间上前后相续,因此,司马光等反变法派,及后世诸多史家都认为,谢景温对苏轼的弹劾,乃是王安石幕后指使,目的即是为了阻止苏轼被任命为谏官。因为王、谢两家渊源甚深,王安石之父王益,与谢景温之父谢绛,同为大中祥符八年(1015)进士。庆历、皇祐年间,王安石知鄞县时,景温知会稽,其兄景初知余姚,彼此便已结识并相知。王安石曾作《余姚县海塘记》,盛赞景初"通涂川,治田桑,为之堤防沟浍渠川,以御水旱之灾,而兴学校,属其民人相与习礼乐其中"的功业。鄞县任满途经会稽,亦曾与景温携手同游。后来,王安石六弟安礼,又娶景温妹妹,两家关系由此更进一步。而且,王安石极为称许谢景温品行平直,曾对神宗说:"仁宗、英宗之世,韩琦先后担任枢密使、宰相达十一年之久,许多知名的士大夫,纷纷与韩琦妻弟崔公孺曲意结交,凭借他的延誉,获得韩琦的赏识,唯有景温不肯稍屈。"因此,在关于所谓苏轼贩运私货案的各种叙述中,谢景温都被归类为奉迎讨好王安石、曲意构陷正人君子之徒。

但是,值得注意的是,谢景温于熙宁三年(1070)四月就任侍御史知杂事,六月即弹劾王安石极力推荐的薛向,称其为"区区聚敛之臣""在江淮未有毫分之效"(李焘《续资治通鉴长编》);八月,就在劾奏苏轼之后不久,谢景温又劾奏知庆州李复圭邀功生事、擅兴致寇,而此人恰恰也是王安石所着力维护的;十月,谢景温更与另一御史薛昌朝,连章弹击王安石最为倚重的王韶,欺罔朝廷,应予治罪,致使王韶被夺一官,令王安石十分恼怒。凡此等等,皆令我们无法断言,谢景温对苏轼的弹劾,一定就是受王安石所指使。

对于谢景温的为人,作为反变法派的程颢、程颐皆深怀好感。在《二程遗书》等一系列著作中,均记载着谢景温与程颢讨论《易经》的故事。熙宁四年(1071),谢景温任陕西路转运使,程颢为鄠县(今西安市鄠邑区)主簿,二人经常一起讨论学问。程颢说:"运使《春秋》犹有所长,《易》则全理会不得。"后来,谢景温将程颢这一评论告知程颐,程颐答道:"据某所见,二公皆深知《易》者。"谢景温说:"何故?"程颐解释道:"以运使之尊,能屈节问一主簿,以主簿之卑,敢言运使不知《易》。运使不怒,主簿敢言,非深知《易》道者不能也!"这一故事,亦可见谢景温虚怀若谷、从善如流的人格特质。

官员经商,自五代以来渐成风气,藩镇往往组织长途贩运,牟取暴利。宋朝建立之初,"大功臣数十人,犹袭旧风。太祖患之,未能止绝"(李焘《续资治通鉴长编》)。因为官员经商,总是以利用特权、侵夺民财为特色,因此,太宗太平兴国二年(977)正式下诏,禁止中外臣僚,利用公务车船贩运货物,赚取利润,同时禁止雇人从事商业活动。如有违反,地方政府应将其名单上报朝廷。仁宗时期,又对这项禁令陆续进行了一些补充,如:"募告者赏之"(李焘《续资治通鉴长编》),对于违禁官员,"以除名之罪坐之"(同上)等。事实证明,这项禁令并没有得到很好的贯彻执行,实际情况是,"苟非殖货太甚,则是法所不禁"(同上)。也就是说,这实际上是可大可小的事情。

如今苏轼既已激怒王安石为代表的变法派,自然不可能将大事化小。八月五日,谢景温的奏疏上呈,八月六日,朝廷便下达诏令,命淮南路、江南东路、江南西路、荆湖北路、夔州路、成都路六路转运司,调查苏轼沿途水行、陆行所经州县,及所差借的兵夫、柁工,据实以闻。

司马光得知此事,极为愤慨。八月八日于垂拱殿奏对,请求出知许州,或西京留司御史台。神宗颇感意外,说:

"卿怎能出外?朕还想再申前命,望卿接受。"

神宗这番话,语出有因。七月四日,枢密使吕公弼出知太原,神宗想增加一名枢密副使,来接替吕公弼的工作。赵抃也于四月十九日出知杭州,已由韩绛继任。七月七日,神宗与宰执大臣讨论枢密副使人选,曾公亮、韩绛都极力称赞司马光,而王安石表示反对,于是决定起用御史中丞冯京。第二天,神宗又提出来,是否司马光和冯京一同擢升?但经过一番激烈的讨论,仍然没有获得通过。可见,虽然因为政治立场的原因,司马光一直未获大用,但他在神宗的心中,还是很有分量的。

听到神宗的挽留之词,司马光回答:"臣现有官职,尚且无法担当,何况还要进用?臣不敢再留朝廷。"

神宗沉吟了好一会儿,说:"卿与王安石为知交好友,为何如此相疑?"

司马光答道:"臣本与王安石交好,但自从他执政以来,相互抵触之处甚多。而现今不顺从王安石者,如苏轼等人,都被罗织罪名,败坏名誉。臣不敢逃避惩处,但想要保全名誉。臣与安石的交情,岂能与吕公著相比?安石当初举荐公著时,是如何赞赏?后来又是如何诋毁?为何前是而后非?"

神宗说:"安石与公著情如胶漆,一旦公著有罪,不加隐讳,正是安石至公的表现。况且,青苗法的推行,目前已经收到显著效果。"

司马光极不认可,连连摇头:"此事天下皆知其非,唯独安石之党以之为是。"

神宗不想争辩此事,转而说道:"苏轼并非佳士,卿误知之。当初苏洵死,韩琦赠银三百两,苏轼不受,却私贩盐、苏木、瓷器。"

司马光反问道:"苏轼贩运之利,岂能比得上所赠之银?安石一向厌恶苏轼,陛下难道不知?不过是以姻家谢景温为鹰犬,攻击异论者罢了。如此情势,臣岂能自保,不可不去!即便苏轼并非佳士,岂不贤于李定?不服母丧,禽兽之不如,而安石却欣赏他,还要任用他为台谏官。"

司马光所说李定不服母丧一事,也是四五月间两派交锋的一个重要事件。王安石曾推荐李定接受神宗召对,神宗决定任用他为太子中允、权监察御史里行,但权御史中丞陈荐,奏劾李定任泾县主簿时,生母仇氏死,不服母丧。知制诰苏颂、李大临,也认为李定资质不够,超常擢升,破坏制度,因此一再退还诏令,拒绝起草任命书。

在古代中国,不服母丧可谓大不孝,属十恶不赦之罪。李定真的如此不堪吗?实际的情况是,仇氏是李定父亲李问的侍妾,李定并不知自己是仇氏所生,从小就认她为奶妈。治平二年(1065),王安石为李问作墓志铭时也说:"娶开封浩氏。有两男子,察,山南东道节度推官,蚤卒;定,集庆军节度推官;一女,嫁杭州新城县令许仲蔚。"在仇氏去世前,李定一直以为,自己的生母是浩氏。这种情况在古代并不罕见,就连宋仁宗,也是在刘太后去世之后,才得知自己的生母并非刘后,而是李妃。仇氏去世后,有人告诉李定,仇氏才是他的生母,李定向父亲求证,父亲矢口否认,又再无亲近长辈可以访问。但他心中还是疑惑,于是以侍养年迈父亲为由,请求解官家居,以守丧之礼要求自己,只是不敢明言。李定为人,据《宋史》记载,"于宗族有恩,分财振赡,家无余赀"。每当得到朝廷推恩的机会,总是先让已故兄长的儿子补官。因此,仕宦终身,到他去世时,"诸子皆布衣"。王安石、孙觉在熙宁二年(1069)变法之前,皆以品节相尚,同气相求,倘若李定德性有亏,自然不可能和他交往,孙觉更不可能推荐他入朝。

但是,由于反变法派认为李定是让神宗确信青苗法可行的关键人物,对他深恶痛绝,当然不肯放弃这个攻击的机会,又因没有真凭实据来否定李定的解释,除了享有"风闻言事"特权的御史中丞陈荐,其他人都不敢以此作为理由弹劾李定。但众多反对派,在非正式场合的一再言说,朝野舆论中,"不服母丧"遂成为李定百口莫辩、无法洗刷的人格标签。

其实,苏轼一案也类同于此,谏官谢景温"风闻言事",朝廷经过调查,卒无所得。幸运的是,苏轼的绝世才情与人格魅力,所焕发的万丈光芒,使这一莫须有的污点,很快销铄无痕。但是,苏轼本人却是第一次真切感受到官场险恶,难免心灰意冷,十二月卸任京城之职后,便自请外任。神宗批示"与知州差遣",中书认为不可,改为通判颍州,神宗又改批为"通判杭州"。杭州属东南第一大都会,这一差遣,按规定也与知州同一级别。

反对派陆续遣出,朝中顿时安静了不少,虽不时仍有反对之声冒出,但毕竟已经不成气候,许多事情推进得也比较顺利了,王安石的心情明显变得轻松了许多。自熙宁三年(1070)四月以来,挚友韩维的胞兄韩绛,由枢密副使转任参知政事,两人共事基本和谐,政务之暇时有唱和。这天,接到韩绛《斋居晚兴》诗,王安石兴致盎然地唱和道:

> 斋禁虽严异太常,萧然高咏意何长。烟舍欲暝宫庭紫,日映新秋省闼黄(宫门名黄闼,涂黄色)。壮节易摧行踽踽,华年相背去堂堂。追攀坐叹风尘隔,空听钧天(天上的音乐)梦帝乡。
>
> ——王安石《和东厅韩子华侍郎斋居晚兴》

太常为官名,专掌祭祀礼乐。后汉周泽担任此官,极为尽责,即便重病在身,也常夜宿斋宫。他的妻子心疼他又老又病,于是前去探望。周泽大怒,认为妻子破坏了斋禁,将她逮送诏狱。当时有人写了一首诗,讥刺周泽不近人情,为他的妻子鸣不平:"生世不谐,作太常妻。一岁三百六十日,三百五十九日斋。"王安石这首诗歌,虽亦有年华渐逝的感叹,但整体风格轻快而闲适。首句用周泽之典,切合韩绛来诗所咏斋居之事,风趣诙谐。末句则借神话传说中的钧天广乐,抒超尘出俗之思。

第十一章

万钧雷霆推新政(下)

熙宁三年(1070)八月,西夏趁着草黄马肥,大举入侵环、庆二州(今属甘肃),攻打大顺城、柔远砦、荔原堡等要塞。兵多者号二十万,少者不下一二万。屯兵榆林,游骑直抵庆州城下。宋军奋起反击,钤辖郭庆等数人英勇牺牲。边事紧急,朝廷震惊。九月八日,参知政事韩绛,请求出使巡边,督察战事。王安石亦主动请缨,他说:

"臣于边事未尝历练,宜派臣前往。"

两位辅臣均有意于督边,神宗倾向于派遣王安石,但韩绛认为,朝廷大政有赖安石,此时不宜离朝。君臣几人,经过反复商议,最后还是决定由韩绛出使。神宗嘱咐韩绛,有难以决断的事情,多与王安石书信讨论,互为表里,内外相成。

九月十七日,神宗令王安石等诸位宰执大臣,亲至韩府,为韩绛饯行。

韩绛离京后,神宗打算起用吴充,继任韩绛之职。但王安石自言,与吴充为亲家,依朝廷章程宜避嫌。于是,改命枢密副使冯京,转任参知政事,而以吴充代冯京原职。

一、从并营减兵,到选将练兵,
宋军的战斗力明显增强

陕西用兵,使军队改革的急迫性更加凸显,此事朝廷讨论已近两年,并已在逐步实行。

先是对现有军队的整顿。和以往历朝"农兵合一""寓兵于农"不同,宋朝实行募兵制,且一贯奉行"荒年养兵"政策。太祖曾说:"可以利百代者,唯养兵也。"(晁以道《元符三年应诏封事》引)因为,无赖不逞之徒,一旦被招入军中,"连营以居之,什伍相制,节以军法"(李焘《续资治通鉴长编》),便不敢轻易为非作歹,反而可以"取其力以卫养良民"(同上)。这一基本国策,无疑有其积极意义。一方面,减轻了百姓的兵役、徭役负担,有利于农业生产的发展;另一方面,将荒年流民及破产农民招募为兵,消泯了社会动乱因素。但正所谓"有无相生,难易相成,长短相形,高下相盈,音声相和,前后相随"(《老子》),养兵制也不可避免地存在着内在缺陷。立国百年,日积月累,军队形成三大积弊:

第一,兵额过于庞大。太祖时期37.8万人,仁宗皇祐年间达到140万人,英宗治平年间尚有116.2万人。[1]

第二,充斥着缺乏战斗力的老弱兵士。一旦招入军队,终身仰食官府。不仅本人基本生活所需由官府供给,还需支付月俸,供家属开支。即便衰老病残,也只是降退出禁军[2],转送各州郡充当杂役,61岁才免除兵籍。据《宋史·兵志》记载,到真宗时,就连禁军中,也是"老病之兵渐多";英宗时,"三路就粮禁军,多老疾不胜铠甲者"。

第三,军营空额严重。宋朝兵制,马军以四百人为一营,步军以五百人为一营。"承平既久,额存而兵阙"(《宋史·兵志》),马军一营有的只剩数十骑,步军一营有的不满一二百人,而将、校之类的长官并未减少,他们所获得的赐予、俸禄,都十倍于普通士卒,升迁也完全不受影响。

因此,早在仁宗秉政之初,朝臣们就已纷纷上书,对这一养兵政策提

---

① 数据来自葛金芳《宋代冗兵成因新说》,《湖北大学学报》1987年第6期。

② 宋朝建立之初,定天下兵为禁兵、厢兵、乡兵。禁兵又称禁军,北宋正规军,原指皇帝亲兵。厢兵,宋代各州之兵,不加训练,不任战斗,唯供劳役。乡兵,两宋地方民兵。禁兵从各地招募,或从厢兵、乡兵中选拔。厢兵来自招募,部分来自流放罪犯,禁兵武艺不合格或犯法,也降充厢兵。乡兵选自户籍,一般是几名壮丁中选拔一名充当,平时不脱离生产,农闲定期教阅,教阅时发给钱粮。此外,北宋中后期,因对西夏战争,又有蕃兵,指归附宋朝的沿边少数民族(以羌人为主)组成的军队。

出激烈批评。如,欧阳修在他的长篇论文《原弊》中指出:"一遇凶岁,则州郡吏以尺度量民之长大,而试其壮健者,招之去为禁兵,其次不及尺度而稍怯弱者,籍之以为厢兵。吏招人多者有赏,而民方穷时争投之。故一经凶荒,则所留在南亩者,惟老弱也。而吏方曰:'不收为兵,则恐为盗。'噫!苟知一时之不为盗,而不知其终身骄惰而窃食也。"认为宋代兵制,不合三代兵农合一的古制,列为"众弊"之首。

针对上述情况,神宗有意推动兵营并废、裁减老弱兵士等改革措施,但身边大臣都不赞同。他们认为,兵骄已久,骤然并废、裁减,必然招致叛乱,不可轻易实行。只有王安石一人,表示坚决支持。神宗决心已定,熙宁二年(1069)三月二十五日,正式下达诏令,首先在禁军中开始并营,此后逐步推进。但反对之声,绵延不断。

枢密使文彦博说:"近来多所更张,人心躁动,议论纷纷。"言下之意,对减兵并营等改革,深感忧虑。其实,皇祐元年(1049)十月,时任宰相的文彦博,就曾与枢密使庞籍一道,提出裁减军队、节约开支的建议,试图以此缓解国用不足、公私困竭的局面。可一旦改革真正推行,又不免叶公好龙,忧心忡忡。

和文彦博等人一样,苏轼也早已洞察兵制之弊,并试图提出改革意见。他在嘉祐六年(1061)应制科时所上策论中,曾尖锐指出,现有兵制,"养兵十万,则是五万人可去也;屯兵十年,则是五年为无益之费也"(《策别十六》)。并明确提出减兵、精兵之策:"臣以谓五十已上,愿复而为民者宜听。自今以往,民之愿为兵者,皆三十已下则收,限以十年而除其籍。"(同上)然而,当神宗与王安石推动减兵并营时,苏轼更多关注的,却是兵营并废过程中出现的问题:"并省诸军,迫逐老病,至使戍兵之妻,与士卒杂处其间,贬杀军分,有同降配。"(苏轼《再上皇帝书》)他坚定地站在反对派的立场,批评神宗"不恤人言,持之益坚"(苏轼《拟进士对御试策》),如此行事,难免招致变乱。

对此,王安石毅然表示:"只要更张合乎事理,何须忌惮人们议论纷纷?"

于是,自此以后,连续多年,每年都有并废。全国陆续合并的结果是,陕西马步军营327营,并为270营;其他各地马步军545营,并为355营。"皆会总奇零,各定以常额"(马端临《文献通考》)。许多京师之兵,依此原则,拨并到地方或厢军。

在并废军营的同时,熙宁二年(1069)九十月间,神宗又与宰辅大臣讨论裁减、安置老弱兵士之事。此事最先由陈升之提出。陈升之建议,禁军凡年满四十以上,身体素质与武艺技能不合要求者,应酌情减少其薪饷,安置到淮南等地广人稀之处务农。但枢密使吕公弼坚决反对,认为此事"于人情未安,且事体甚大"(王称《东都事略·吕公弼传》),难以推行。宰相曾公亮亦认为,若要推行这项改革,不可操之过急,"为之当有渐"(杨仲良《皇宋通鉴长编纪事本末》),王安石表示认同。于是,这项动议暂且搁置。然而,要想提高军队的战斗力,裁减老弱兵士,无疑是必行之道。经过一次又一次的讨论、争辩,熙宁四年(1071)七月,终于正式颁布相关诏令。一时之间,自然又引发了一片反对声浪。

有人认为,禁军屯驻京城,是"祖宗之制,所以重内轻外,其来已久"(杨仲良《皇宋通鉴长编纪事本末》引龙图阁直学士陈荐语),不宜轻易迁徙外地。

有人认为,将老弱兵士"迁徙淮甸,仅若流放"(苏轼《再上皇帝书》),导致禁军年近五十者,人人怀忧,军中怨声载道。

有人更从人情世故的角度,详加分析:"在京禁军及其家属,率皆生长京师,亲姻联布,安居乐业,衣食县官,为日固久。年四十五,未为衰老,微有呈切,尚任征役,一旦别无罪负,减其请给,徙之淮南,是横遭降

配也。诸军之内,沙汰甚多,必恐人情惶惑,大致愁怨。"(司马光《乞不拣退军置淮南札子》)

总之,反对者一致认为,裁汰禁军,并安置于淮南务农的作法,十分不妥,朝廷如果一意推行,必将激起众怒,酿成意外变故。

尽管如此,在神宗与王安石的强势主导下,并营减兵的工作仍在不断推进。熙宁四年(1071),上述改革措施,由禁军进一步推向地方厢军。厢军名为军队,实际上主要担任杂役,有的修桥铺路,有的传送文件,有的牧放马匹,有的看门守库,其中老弱病残者,尤其众多。一律依照禁军的整顿模式,加以合并和裁减。这项改革,至熙宁八年(1075)告一段落,禁军并为56万8688人,厢军并为22万7627人,全国总军额79万6315人。比英宗治平年间,减少了36万多人,和仁宗皇祐年间相比,则减少将近半数,节省了大笔财政开支。神宗曾不无得意地对宰辅大臣说:

"天下财用,朝廷只要稍加料理,所省便不可胜计。当初并废军营,总共裁减军员十将以下三千余人,除去他们享受的节日赏赐,以及仆役费用之外,光是俸禄,一年便省下钱四十五万缗,米四十万石,绸绢二十万匹,布三万端,马料二百万束。如果天下事都这样加以整顿,国家财用大概就不致匮乏了!"

随着并营省兵成效的显现,熙宁四年(1071)以后,反对的声音也逐渐消泯。

在王安石看来,并废军营、裁减老弱兵士,尚只是军队改革的前奏曲。他所设想的,是一场更大规模的整体性变革,将直接针对已经实行百余年的募兵、养兵制,并挑战"削夺事权""以文抑武"等基本治国方略。这些治国方略,历来被视为"祖宗家法",不可轻易碰触。而所有这些改革,都需与农业改革同步进行。这一整套兵制改革思想,早在皇祐元年(1049)王安石知鄞县时所作《省兵》诗中,已见雏形,在此后的施政过程中日渐成熟。

王安石认为,募兵制存在诸多危害,不可经久。第一,宋代募兵、养兵的重要目的之一,是为了避免凶年饥岁,流民叛乱。招募兵士时,虽有"琵琶腿,车轴身"(张舜民《画墁录》)等体格要求,并进行"阅走跃,试瞻视"(《宋史·兵志》)等体能测试,但无品性、操守的考察,无赖奸滑之辈,得以充斥军中,致使"五代祸乱"之根未能尽去。第二,军中招募,只进不退,年深月久,便有大批毫无战斗力的老弱病残占据军籍。于是"养兵虽多,及用则患少"(王安石《熙宁奏对日录》)。第三,募兵制带来的军队膨胀,导致严重的财政困难,减兵并营,虽有利于缓解经济危机,但终究有限。减兵过多,则"无以待缓急,不减则费用无有已时"(杨仲良《皇宋通鉴长编纪事本末》)。如何解决节财与减兵之间的矛盾?如何在裁汰兵额之后,依然能保障国防安全与内部稳定?这是王安石急须解决的难题。他的基本解决思路有二:其一是"选将练兵",其二是"寓兵于农"。

"选将练兵"针对正规军,包括几个方面:

首先是整顿军纪军风。宋朝虽外有强敌窥伺,但自真宗景德以来,主要采取议和的方式,与周边政权和平相处。国家承平日久,军队训练废弛,纪律松懈。兵士"生于无事,而饱于衣食""出入无时,终日嬉游廛市间,以鬻伎巧、绣画为业。衣服举措,不类军兵,习以成风"(苏舜钦《诣目二》)。"卫兵入宿,不自持被,而使人持之;禁兵给粮,不自荷,而雇人荷之"(欧阳修《原弊》),此类怪现象,竟触目可见。戍守边地的骑兵,"有不能被甲上马者""挽弓不过五六斗,每教射,皆望空发箭,马前一二十步,即已堕地"(李焘《续资治通鉴长编》引田况《兵策》)。并营之后,禁军分作三等,仍由枢密院掌管,每年秋季校试武艺,成绩优秀者给予奖励。每年试艺,神宗都亲自参加。赏罚既明,士卒知劝,禁军风气亦有所改善。

其次是罢废"更戍法"。宋初,为防止武将拥兵自重,重蹈晚唐、五代以来动荡之祸,规定禁军定期轮流出戍,定期回驻京师,但将领不随之调动,从而使"兵无常帅,帅无常师"(马端临《文献通考·兵制》)。此法称为"更戍法"。这一兵制,可以有效地防止兵变,却使大批兵士,常年奔波道途,耗废大量人力、物力;又无将帅长期负责训练和管理,严重影响了军队的战斗力。王安石曾多次与神宗探讨,五代方镇大多可以自守一方的原因,关键在于"任事得自专"(杨仲良《皇宋通鉴长编纪事本末》)。要想提升宋军的战斗力,必须解除朝廷对将领的拘制之法,使他们有权亲自挑选、训练兵士。因此,在罢废"更戍法"的同时,推行范仲淹创立的"将兵法"。"将兵法"又称置将法,即在全国各军事要地,设置带兵将领,有正将、副将、押队使臣、训练官、部将、队将等职,选择作战经验丰富的人担任,专门负责训练军队。凡实行"将兵法"的地方,州县不得干预军政。"选用使臣,专令训练"(李焘《续资治通鉴长编》)。这一措施,提高了武将职权,使他们摆脱地方行政体系的束缚,一定程度上改变了"兵不知将,将不知兵"的弊端,"使兵知其将,将练其士卒"(马端临《文献通考》)。此外,当时军队另一怪现象是,"将帅不敢言赈恤士卒,赈恤士卒,即众以为姑息致兵骄""将帅于抚士卒,未尝敢妄用一钱",以致于士兵穷困,"有衣纸而拥甲者"(李焘《续资治通鉴长编》),都没有人向朝廷反映。王安石认为,只有爱兵如子的将帅,士兵才能与之同生共死,同仇敌忾。因此,他主张给予将帅一定的经济自主权,使他们有可能根据情况,随时赈济、抚恤、奖赏士卒,朝廷才可以要求将帅训练出拼死效忠的士兵。

再次是改革军器制造和管理流程。所谓"工欲善其事,必先利其器"(《论语》),决定军队战斗力的另一重要因素是武器。仁宗以来,有关军器制造的事务,由三司兼管。而三司诸务繁杂,官员又频繁调动,不能起到有效的管理作用,武器制作的质量和水平,一直存在严重问题。为改变这一状况,熙宁六年(1073),朝廷专门设立军器监,并于出产军器制作材料的州府，设立都作院，负责制作各种武器。"军器监派员至各处都作院，指导制作法式，按制作的优劣，分为三等，作为各路都作院官员的升降依据"（漆侠《王安石变法》）。此外，军器监还直接管理一个规模甚大的军器作坊。制作军器的工匠，大都是招募而来，待遇较为优厚。这一整套的组织和管理措施，使得宋朝武器制作技术，得到突飞猛进的提高，数量也大大增加。经过十几年的努力，军器监储存的武器，"戈矛弧矢甲胄刀剑之具，皆极完具；等数之积，殆不可胜计"，"可足数十年之用"（吕陶《奏乞罢军器冗作状》）。同时，神宗还命令侍臣，汇集军器制作经验，编成《军器法式》110卷。

从并营减兵，到选将练兵，这些针对军队的整顿，不仅消除了名存实阙等情况，而且军风军纪得到改善。"自是部伍整肃"（杨仲良《皇宋通鉴长编纪事本末》），军队战斗力明显提升。同时，原本重内虚外的军队部署格局，也进行了重要调整，"集结了三分之二的重兵以对付辽、夏"（漆侠《王安石变法》），国防力量得到很大的加强。

二、《畿县保甲条例》颁布

王安石兵制改革的另一重要思路，是"寓兵于农"。即发展民兵，部分地取代募兵。他说："募兵未可全罢，民兵可渐复。"（李焘《续资治通鉴长编》）他认为，拥有一支常备职业军队是必要的，一则可使"国之勇力之士"为朝廷所用，"有事则可使为选锋（即精锐士兵组成的突击队）"（同上）；二则"不使此辈委弃于民伍"（同上），避免其因怀才不遇，而兴愤怨背叛之心。但宋朝百年来的历史已经证明，不能完全依靠募兵队伍。王安石设想,如果能将并营减兵所得军职的十分之二三,"鼓舞百姓豪杰,使趋为民兵,则事甚易成"(同上)。为此,熙宁二年(1069)九月,他曾向富有作战经验的边地将领种古等人咨询:

"如果将拥有五千兵士的边州,精简为三千人,以节余的费用奖励、鼓舞留下来的兵士,及边州民众,使其习练兵战,是否可以战守?"

种古等人纷纷表示:"倘若真能如此,只需千名兵士即可。"

恢复"兵农合一",以除募兵之弊的改革理念,在当时极富代表性,是众多士大夫心中的理想兵制。这一思路,与唐代府兵制一脉相承,但需解决几个难题。

第一,唐代府兵制与唐代土地制度、赋税制度相配合。唐代前期,实行均田制,丁男二十岁以上,授田百亩,其中二十亩为永业田,八十亩为口分田,死后还田。政府依据授田记录,向农民征收租庸调。租即田租,一般征收谷物;庸即劳役,丁男每年需为官府服役(包括徭役、兵役);调是每丁需要缴纳的布帛丝麻等物品。因此,唐代府兵制下,兵农合一,每个丁男平时都是农民,农闲时进行武艺训练,战时自备武器、马匹和衣粮等物资,从军打仗。但是,到唐代中期,土地兼并现象严重,均田制遭到破坏,失去土地的农民生活艰难,却仍然无法免除劳役,只得大量逃亡。在此情况下,朝廷不得不废除府兵制,代之以募兵制。可见,若想实行寓兵于农、兵农合一,必须让承担兵役的农民,在经济上无后顾之忧。对此,王安石提出,农民战时从军,衣粮、武器等均由官府提供,不必自备,则无论贫富,"皆可以入卫出戍,虽未有租庸调法,亦可为也"(王安石《荆公日录》)。

由此便引出了第二个难题:既然需要官府提供米粮,则仍会面临财政支出问题。王安石的解决方法是,"计每岁募兵死亡之数,乃以义勇(民兵)补之可也"(《宋史》)。按照他的计算,训练和供给民兵的费用,仅需募兵的十分之二三。以民兵补募兵之缺,无需额外支出钱物,反倒节省大量费用,可以很大程度上,缓解国家财政困难与国防需求之间的矛盾。

其实,民兵在宋代也是其来有自。尽管正规军皆为募兵,但早在宋初,各地就设置有民兵。"河北、河东有神锐、忠勇、强壮,河北有忠顺、强人,陕西有保毅、寨户、强人、强人弓手,河东、陕西有弓箭手,河北、河东、陕西有义勇,麟州(今陕西神木北)有义兵,川峡有土丁、壮丁,荆湖有弩手、土丁,广南有枪手、土丁、壮丁等乡兵"(白寿彝《中国通史》),虽称呼各异,都是寓兵于农的地方武装。与募兵不同,民兵多为强制性征兵,因循既久,逐渐罢废。仁宗康定元年(1040),宋与西夏爆发战争,宋军屡败,"死者动以万数"。战事吃紧,于是朝廷下令,"陕西之民,三丁之内,选一丁以为乡弓手"(司马光《乞罢陕西义勇札子》)。此后又征召"保捷"军、"义勇"军等。英宗治平元年(1064),西夏再次扰边,朝廷也同样诏令陕西,征召"义勇"军。但是,宋朝正规军尚且缺乏训练,毫无战斗力,强制征召的民兵,更难以期待。因此,以往留下的,几乎全是血的教训!正如司马光所说,康定、庆历年间,驱遣民兵与西夏作战,造成的后果极为惨痛:"耕桑之民不习战斗,官中既费衣粮,私家又须供送,骨肉流离,田园荡尽,陕西之民,比屋凋残,至今二十余年,终不复旧。"(司马光《乞罢陕西义勇札子》)而这便是"寓兵于农"必须解决的第三个难题。

在王安石的改革思路中,"寓兵于农",应与"将兵法"相辅相成。他认为,"募兵与民兵无异,顾所用将帅如何尔"。如果皇帝善于识才御才,优秀的将帅必能大批涌现。他说:"陛下今欲省兵,当择边州人,付以一州,令各自精练,仍鼓舞其州民使各习,则兵可省。"(杨仲良《皇宋通鉴长编纪事本末》)又说,应"择其乡间豪杰,为之将校,量加奖拔,则人自悦服"(王安石《荆公日录》)。他相信,"有将帅,则不患民兵不为用矣"(李焘《续资治通鉴长编》)。

但是,民兵的首要身份是"民",如果既要训练,又要作战,难免妨碍农事。这是"寓兵于农"存在的第四个难题。对于这一质疑,王安石反驳道:"先王之时,以农为兵,各乡皆为军旅。平时虽只务农,但已按五人一伍、十人一什的建制,组织成队,授以战守之法,一旦有事,即可守、可征、可战,耽误农事之时甚少。而本朝边地,兵农分离,募兵戍边,农民耕织,各司其职。但穷尽边民耕织之力,尚不足以提供募兵的衣粮,还需朝廷转输劳费;遇到边地战事紧急,募兵亦不足以抵御敌人。而无事之时,募兵仍需百姓供养。如此,岂可称为良法? 只要组织得当,平时务农,战时从军,可以两不相误。"

宋代军制,一方面,对于应募士兵没有品行上的严格要求,许多无赖奸猾之人混迹军中;另一方面,朝廷为了表示"轻刑",将许多应判徒刑、流刑的罪犯,改责脊杖,并刺配充军,纳入厢军队伍之中;加上"崇文抑武"基本国策影响,社会普遍形成"好铁不打钉,好男不当兵"的观念。部队为了管理方便,凡人应募为兵后,都须在脸部或手臂、手背刺字,标明其部队性质及编制,防止逃跑。在皮肤上刺字,自古以来,就是一种带有极大侮辱性的肉刑,却堂而皇之地用于部队人员管理,可见当时兵士社会地位之低。依照这一制度,以往征招的义勇军也不例外,必须刺字。对于有着"身体发肤,受之父母,不敢毁伤"(《孝经》)观念的古人来说,无疑极难接受。若要普遍实行"寓兵于农",不能不考量这一社会心理带来的阻力。王安石认为,和奸猾无赖之徒充斥的募兵不同,民兵依户籍征招,都是出身清白的良民,"刺手背但使其不乐"(王安石《熙宁奏对日录》),无益于管理。因此,他主张对于民兵,"当以礼义奖养"(同上),不须刺手臂,这样才能激发他们的荣誉感和保家卫国的积极性。

王安石不厌其烦地向神宗宣讲他的兵制改革思想,神宗虽然颇为认同,但顾虑重重。王安石苦口婆心,有时甚至不惜以极为尖利的语言进行责备和激励。

熙宁二年(1069)闰十一月二十日,他说:

> 陛下天纵上智,卓然之材,有百年无事之中国,欲追尧舜三代,其势不难。岂宜每事尚或依违,牵制流俗,不能一有所立,以为天下长计?
>
> ——王安石《进邺侯遗事奏稿》

熙宁二年(1069)十二月十三日,他说:

> 药不瞑眩疾不瘳。陛下若欲变数百年募兵之弊,则宜果断,详立法制,令本末备具。不然无补也。
>
> ——杨仲良《皇宋通鉴长编纪事本末》引王安石语

熙宁三年(1070)七月八日,他说:

> 陛下诚欲行,则孰能御?此在陛下也。
>
> ——李焘《续资治通鉴长编》引王安石语

熙宁三年(1070)八月二十一日,他说:

> 乾,君道也。非刚健纯粹,不足以为乾。
>
> ——李焘《续资治通鉴长编》引王安石语

正当神宗、王安石与文彦博、曾公亮、吕公弼、陈升之等宰辅大臣,就"寓兵于农"等兵制改革的可行性进行反复论难之际,同管勾开封府界常平等事赵子畿反映,他在担任开封府漕官时,因公务出差,经常往来于畿县乡村,体问民间疾苦,百姓"皆以近岁以来,寇盗充斥、劫掠公行为患"(《宋会要辑稿·兵二》),究其原因,即在于原有的民兵组织废弛已久,乡村缺乏治安保障机制,致使"凶恶亡命,容于其间,聚徒结党,乘间伺隙,公为民患"(同上)。他建议,重新恢复真宗咸平年间实行过的保甲制度,将开封府界各县民户,"自近及远,结为大小诸保,各立首领,使相部辖"(同上),保障乡村治安。赵子畿提出的保甲制度,正是"寓兵于农"的一个典型实例,只是它所针对的,不是抵御外敌入侵的国防需要,而是除盗安民,通过建立人民自治的武装组织,保障地方治安。

赵子畿的建议,得到朝廷的高度重视。神宗将他起草的《保甲条例》,转发给臣僚,命司农寺详加审订。经过一番仔细的推敲和增损,熙宁三年(1070)十二月九日,《畿县保甲条例》正式颁布。条例规定:

一、组织结构:相邻十家为一保,选取其中有才干者一人为保长;五十家为一大保,选取其中最有才干、最富有者一人为大保长;十大保为一都保,选取其中品行端正、有才干和勇气、并为众人所信服者一人为都保正,另选取一人任副手。保内如有人户迁移或死绝,须申报县衙。如同保不及五户,可并入其他保中。有外来人户入保居留者,也须申报县衙,收入保甲。本保内户数不足,且令附保;达到十户,即别为一保。各保均设立告示牌,写明保内各人户及保丁姓名。

二、保丁选拔:无论主户或客户①,家有两丁(成年男子)以上者,选一人为保丁。两丁以上还有年富力强者,有武艺才干且家资富有,也可编为保丁。单丁、老幼、疾患、女户等,不充保丁。

三、保丁训练:除禁用兵器之外,保丁可自备弓箭等兵器,以便习学

---

① 主户,又称税户、编户,指城市有房产或乡村有田产,应纳税服役的人户。客户指城市无房产或乡村无田产的人户。乡村客户主要是佃农。

武艺。

四、保丁义务：由大保安排，在所保区域内轮流值勤，进行治安巡查。如果遇到贼盗，则击鼓报警。大保长以下，率同保人户，实时救应追捕。如果盗贼逃到其他保区，各保之间应互相呼应，共同追捕。捕盗有功的保丁，将获得奖赏。

五、同保连坐：同保内有犯窃盗、杀人、放火、强奸、掠人、传习妖教、造畜蛊毒等案件，如果知而不告，按五保连坐法处罚。若本保内有外来身份不明之人，须立即收捕送官。三个以上强盗，在本保内居留三天，邻居虽不知情，也将以不觉察之罪，受到处罚。

保甲法最先在开封、祥符两县试行，逐渐推广到开封府所辖的其他各个畿县。很快，开封府界治安状况明显好转，"盗贼比之昔时，十减七八"(李焘《续资治通鉴长编》)。当然，这仅仅只是一个开始。王安石真正的目标，是要将保甲法用于国防，以弥补募兵制的不足，从而实现强兵的政治理想。

据说，王安石在昼夜苦思兵制改革大计期间，曾撰写了一篇《兵论》。一天，老友刘攽(字贡甫)来访，王安石正在餐厅吃饭。刘攽径自命小吏带他去书房等候，刚要就座，忽见一沓草稿压在砚台下，便随手取出来阅读，发现是一篇论兵之文。读完之后，他重新将草稿放回原处。刘攽记忆力超群，匆匆一阅，早已过目不忘。坐了一会儿，想到自己与王安石虽然是不拘形迹的老友，如今却是上下级关系，尊卑有序，还像以往那样，随意进入他的书房，似有不妥。于是悄悄退出，在侧屋等候。王安石吃完饭，得知刘攽到访，忙请他到书房就座。闲谈之际，王安石问刘攽最近有何大作，刘攽生性幽默，喜欢恶作剧，略一寻思，回答道：

"最近作《兵论》一篇，尚未完稿。"

王安石很感兴趣，忙请他概述大意。刘攽便将刚刚读到的王安石的草稿,当作自己的文章介绍了一番。王安石不知道,自己苦心孤诣的文章,已被刘敞先睹为快。默然良久,慢慢取出砚台下的草稿,撕了个粉碎。因为,王安石平时议论文章,必定要出人意表,一旦发现与人雷同,便以为是流俗之见,没有传世的价值,宁愿弃而不存。

小说家之言虽不可全信,但颇能体现王安石卓尔不群的个性。

三、熙宁三年(1070)十二月,王安石被任命为宰相

熙宁三年(1070)九月,年过古稀的曾公亮告老致仕;十月,陈升之因母丧解职守制。十二月十一日,神宗下诏,任命王安石为礼部侍郎、同中书门下平章事、监修国史(简称史馆相、次相),授金紫光禄大夫,进封开国公,加封邑功臣。制书称许他"学穷于圣人,贵名薄于天下。不以荣辱是非易其介,不以安危利害辞其难……众訾所伤,曾靡捐身之惮;孤忠自许,唯知报国之图",并说:

> 朕与(赞许)其知道者深,倚以为相者久……若作室,用汝为垣墉;若济川,用汝为舟楫。予有违而汝弼,汝有为而予从……自成汤至于帝乙,靡不怀畏相之心;若孟子学于仲尼,其唯达事君之道。
> ——王珪《王安石授金紫光禄大夫礼部侍郎同中书门下平章事监修国史进封开国公加封邑功臣制》

制书虽由翰林学士王珪起草,但充分表达了神宗对王安石长久不变的崇敬、倚重和期待。商汤任伊尹为宰相,帝乙以比干为辅佐,均是知人

善任的典范，神宗以此自励。孔子说："所谓大臣者，以道事君，不可则止。"（《论语·先进》）孟子更进一步发展为："君有大过则谏，反覆之而不听则易位。"（《孟子·万章下》）无论孔、孟，均强调，大臣事君，当依道而行，不为权势富贵所屈服，这也是王安石一贯所秉承的。早在青少年时代，他就立下了规模圣贤、矢志求道的高远志向；步入仕途后，他始终坚持"君子谋道不谋食""忧道不忧贫"（《论语·卫灵公》）的先师教诲，难进易退，视功名富贵如敝屣；遭遇神宗后，他更是以行道济世为己任，以"虽千万人吾往矣"（《孟子·公孙丑上》）的决绝与勇气，投身于改革事业。所有这一切，令神宗极为敬佩、嘉许！在王安石看来，君主虽得其"位"，大臣可以"德"相侔，"德"之于"位"，不仅旗鼓相当，而且更胜一筹。因此，他认为"道隆而德骏者"，"天子当北面而问焉，而与之迭为宾主"（王安石《虔州学记》）。这种理想的君臣关系，在神宗与王安石之间，几乎已经实现！这恐怕也是几年来，王安石殚精竭虑、矢志不移的重要原因。

诏令发布后，一时之间，王安石府前门庭若市，朝廷百官争先恐后，纷纷登门祝贺，不下数百人之多。王安石则以尚未上朝谢恩为由，一概婉拒不见。他远离喧闹喜庆的氛围，与门人魏泰，坐于府中西廊小阁。闲谈之中，忽然眉头紧皱，思索良久，拿起笔来，在窗纸上写下两行诗句：

霜筠雪竹钟山寺，投老归欤寄此生。

——魏泰《东轩笔录》引

然后，他朝魏泰拱了拱手，独自退回书室。这一天，和此前大多数休沐日一样，王安石在经史书卷中悄然度过。

魏泰记录的这个故事，在当时及此后的宋人笔记中多有记载，人们无不感佩于王安石的淡泊超然，就连政治上对他充满敌意的人，也不例

外。例如,南宋罗大经,就曾在《鹤林玉露》中,满怀敬意地写道:

> 士岂能长守山林、长亲蓑笠?但居市朝轩冕时,要使山林、蓑笠之念不忘,乃为胜耳。陶渊明《赴镇军参军》诗曰:"望云惭高鸟,临水愧游鱼。真想初在襟,谁谓形迹拘。"似此胸襟,岂为外荣所点染哉?荆公拜相之日,题诗壁间,曰:"霜筠雪竹钟山寺,投老归欤寄此生。"只为他见趣高,故合则留,不合则拂袖便去,更无拘绊。山谷云:"佩玉而心若槁木,立朝而意在东山。"亦此意也。

于富贵热闹之中,淡然不动于心,是自古文人尊崇的最高人格境界。老子说:"万物作焉而不辞,生而不有,为而不恃,功成而不居。"李白说:"申、管、晏之谈,谋帝王之术,奋其智能,愿为辅弼,使寰区大定,海县清一。事君之道成,荣亲之义毕,然后与陶朱(范蠡)、留侯(张良)浮五湖、戏沧洲,不足为难矣。"(《代寿山答孟少府移文书》)李商隐说:"永忆江湖归白发,欲回天地入扁舟。"(《安定城楼》)这种理想境界,曾在无数文人笔下反复书写,但千百年来,只有范蠡、张良等极少数人,能真正做到。人生在世,既有社会的责任,又有家庭的义务,还有自我生命价值的完成,这些人生目标的实现,总是与功名利禄的获得相交织,世人往往一旦尝到后者的滋味,便身不由己,沉醉迷失,执着不舍,不知不觉忘记了初心。

王安石曾说:"士欲任大事,阅富贵如群儿作息,乃可耳。"(释惠洪《冷斋夜话》)可知,他之所以能视富贵如浮云,既由于天性恬淡,也由于志趣高远,更由于对人性弱点不懈的理性反思和有意识的自我约束。如果说"人生如梦""人生如寄",是屡屡失意的苏轼惯用的自我开解之语;而"人生如戏",则是置身富贵场中的王安石常写的诗歌主题:

> 侏优戏场中,一贵复一贱。心知本自同,所以无欣怨。
>
> ——王安石《相国寺启同天道场行香院观戏者》

> 傀儡只一机,种种没根栽。被我入棚中,昨日亲看来。方知棚外人,扰扰一场痴。终日受伊谩,更被索钱财。
>
> ——王安石《拟寒山拾得二十首》其十一

　　冷眼旁观,勘破痴妄,以出世之心,做入世的事业,才能有如此的勇气和胆略,惊世绝俗,言人所不敢言,为人所不敢为。

　　就在王安石获得任命的同一天,正在西北督察边事的韩绛,也被任命为同中书门下平章事、昭文馆大学士(简称昭文相、首相),神宗派专使前往军中宣诏。任命发布前夜,诏翰林学士王珪进宫,起草制书,阁门吏宣读圣旨之后,神宗微笑着取出手札,对王珪说:

　　"已任命卿为参知政事。"

　　王珪与王安石、韩绛,同为庆历二年(1042)杨寘榜进士①,当时科考成绩,王珪第二,韩绛第三,王安石第四。如今三人又同参大政,一时之间,传为佳话。上任之日,王安石也兴致勃勃地题诗一首:

> 夜开金钥诏词臣,对御抽毫草帝纶。须信朝家重儒术,一时同榜用三人。
>
> ——王安石《题中书壁》

　　物换星移,转眼又到了熙宁四年(1071)上元节,从正月十三日到十

---

　　① 庆历二年进士科殿试状元为杨寘,故称杨寘榜。

五日,朝廷百官照例放假三天,举国欢庆。正月十四日,神宗在集禧观宴请群臣。集禧观原名会灵观,供奉着三山五岳的神灵。夜幕初降,壮丽的宫观,大门洞开,皇帝的车驾缓缓驶入;高低错落的灯烛,辉煌灿烂,拥挤的人潮,扬起滚滚红尘;倡优艺人表演着时新的歌舞,仪仗外是威武尽责的禁军护卫……此情此景,令王安石回想起九年前的上元之夜。当时是仁宗嘉祐七年(1062),王安石四十二岁,在朝廷担任知制诰。身为近臣,"负橐簪笔,从备顾问"(《汉书》张晏注),第一次出席皇家上元之宴,并随皇帝至宣德门观灯。他清楚地记得,仁宗皇帝俯视满城火树银花和欢腾的百姓,回头对身边大臣说:"此因岁时与万姓同乐尔,非朕独肆游观也。"(李焘《续资治通鉴长编》)如今,九年过去,王安石已渐入老境,追随新一代年轻帝王,缓步天汉桥上,作为三朝(仁宗、英宗、神宗)老臣、当朝宰相,他内心有无限感慨,想起仁宗皇帝"与万姓同乐"的话语,更觉任重道远。思绪滔滔之际,不觉轻声吟哦:

> 昭陵(指仁宗)持橐从游人,更见熙宁第四春。宝构中开移玉座,华灯错出映朱尘。楼前时看新歌舞,仗外还如旧徼巡(jiào xún,巡察)。投老逢时追往事,却含愁思度天津(汴京天汉桥,又名州桥)。
>
> ——王安石《上元从驾至集禧观次冲卿韵》

四、王安石与文彦博之间的攻防与对峙越来越激烈

短暂的节日过后,迎接王安石的,又是千头万绪的军政事务。虽然,自熙宁三年(1070)秋季以来,反对派的声势已大大减弱,但针对新法以

及王安石本人的攻击,仍源源不断。

所谓"李定不服母丧"一事,虽已在朝廷热议、争辩达九个月以上,依然没有结束。新年刚过,权监察御史里行林旦、薛昌朝、范育等接连上书,认为李定应该停职追服母丧,指责王安石不顾是非,上诬天心,下塞公议。宰相与台谏之间的矛盾难以调停,熙宁四年(1071)正月二十一日、二十八日,林旦等三人分别罢免,改任他职。

司马光已于熙宁三年(1070)十月,以端明殿学士兼翰林侍读学士出知永兴军。虽身在地方,仍时有论奏,但他的意见,都被朝廷一一驳回,不被采纳。也许是积怨太深,二月五日,司马光愤然上章,抨击王安石"专逞其狂愚,使天下生民被荼害之苦,宗庙社稷有累卵之危"(司马光《上神宗论王安石》),并给他扣上"荧惑陛下,以佞为忠,以忠为佞,以是为非,以非为是"(同上)的大帽子,说他"引援亲党,盘据津要,摈排异己,占固权宠,常自以己意阴赞陛下内出手诏,以决外廷之事,使天下之威福在己,而谤议悉归于陛下"(同上)。在这封章奏中,原本存在于二人之间的不同政见之争,被简单粗暴地勾勒成"忠""奸"之争,言语之间,充满了你死我活的政治倾轧,往日情谊荡然无存!他甚至完全否认过去与王安石之间有过的亲密交往和惺惺相惜:

> 臣与安石南北异向,取舍异道,臣接安石素疏,安石待臣素薄。徒以屡常同僚之故,私心眷眷,不忍轻绝而预言之,因循以至今日,是臣不负安石,而负陛下甚多。
>
> ——司马光《上神宗论王安石》

文章最后说:

今陛下唯安石之言是信,安石以为贤则贤,以为愚则愚,以为是则是,以为非则非,谄附安石者谓之忠良,攻难安石者谓之谗慝,臣之才识固安石之所愚,臣之议论固安石之所非。今日所言,陛下之所谓谗慝者也。伏望陛下圣恩裁处其罪!

——司马光《上神宗论王安石》

在司马光的再三请求下,熙宁四年(1071)四月十九日,神宗批准司马光,判西京留司御史台。留司,即分司。唐宋时期,中央之官有部分在陪都洛阳任职,称为"分司"。分司官没有实权,多用于优待退闲之官。从此以后,司马光退居洛阳,"遂绝口不复论新法"(李焘《续资治通鉴长编》)。

此时,在朝宰辅大臣对于变法的态度,王珪、吴充较为中立,文彦博、冯京则仍多持异议。文彦博字宽夫,是朝中资格最老的军国重臣,早在仁宗庆历七年(1047),就已被擢升为枢密副使、参知政事,此后又两度出任首相,英宗治平二年(1065)任枢密使至今。他"凝简庄重,有大臣体"(《宋史·文彦博传》),在朝野间声望极隆。王安石早年,曾受到他的赏识和提携;但是,自从熙宁二年(1069),王安石担任参知政事以来,无论是议刑名,还是论兵制,二人的政见时常相左。

中书南厅壁间,有已故宰相晏殊题写的一首《咏上竿伎》诗:

百尺竿头袅袅身,足腾跟挂骇傍(同"旁")人。汉阴有叟君知否? 抱瓮区区亦未贫。

一天,文彦博到中书议事,和王安石一同步入南厅,特意走到壁前,反复诵读此诗。诗歌前二句,描写杂技艺人在百尺竹竿上的惊险表演,后两句化用《庄子·天地》中的故事:子贡路过汉阴,见一种菜老人,用陶罐从井里取水灌园,往返出入,十分辛劳,遂主动上前,建议他用桔槔(jié gāo,一种省力的取水工具)汲水,但老人说:"有机械者,必有机事;有机事者,必有机心。机心存于胸中,纯静的道心便不复存在。吾非不知,羞而不为也。"子贡听罢,十分惭愧,由衷地敬佩这位种菜老人。《庄子》借此故事,表达贬黜智巧、返璞归真的思想。晏殊此诗,以守拙安贫的汉阴老人与炫技露巧的上竿伎,进行对比,赞美清静无为的处世态度,正是仁宗一朝政治风尚的典型表现。而文彦博反复诵读此诗,无疑是在委婉地告诫王安石,不要轻易变更法度。王安石一笑置之,第二天,便在晏殊诗后题诗一首:

赐(子贡名端木赐)也能言未识真,误将心许汉阴人。桔槔俯仰妨何事? 抱瓮区区老此身。

——王安石《赐也》

王安石认为:子贡虽然能言善辩,但并未能认识真正的道理。他对汉阴老人的服膺,实在是一种谬误。桔槔一起一落,就可以轻轻松松地汲水,究竟有何不妥? 何必像汉阴老人那样,拘泥旧习,老此一身? 诗歌讽刺因循守旧,主张求新变革,诗意与晏殊原作完全相反。

除了这种不动声色的较量,随着农田水利法与保甲法的推行,王安石与文彦博之间的攻防与对峙,也越来越激烈。

漳河是当时河北路的一条大河,先后流经磁州(治所在今河北磁县)、洺州(治所在今河北永年县)、冀州(治所在今河北信都县)等大片地区,长期以来,水患不断,为害极大。熙宁三年(1070),朝廷派程昉、王广廉,进行实地考察。熙宁四年(1071)二月二十一日,诏令开修。开修漳河,需要调集数万名兵夫,工程长达160里。神宗召集宰辅大臣,讨论经费的筹措

问题。文彦博对此表示反对,他说:

"若想财用丰足,需使百姓安宁;要使百姓安宁,朝廷就应减少工程力役。漳河累年不加疏凿,有何妨害? 河水泛滥,不在东边缺口,便在西边缺口,无论东边西边,利害并无差别。如今调遣大批兵夫,进行开治,一定要徙东向西,究竟何利之有?"

王安石反驳道:

"漳河不沿河道流淌,则东西泛滥,为害相同;若通过整治,使它不再偏离故道,则有利而无害。若如您所说,河道疏凿与否,利害并无差别,当年大禹,为何定要疏浚川流,尽力沟洫? 劳民伤财固然需要谨慎,但听之任之,无所作为,恐怕也并不符合先王之道。"

在王安石的强力坚持下,漳河之役于熙宁五年(1072)完工。工程浩大、艰难,征用九万兵夫,为赶工期,昼夜兼作,"践踏田苗,发掘坟墓,残坏桑柘"(刘挚《勃程昉开漳河疏》)之类的事情,也时有发生,"愁怨之声,流播道路"(同上),因而不断招致御史们的攻讦。但"浚治之后,免除了二三十年的水灾,原武等三县几千顷民田获得了丰收"(漆侠《宋代水利事业的发展》)。

熙宁四年(1071)三月三日,正是上巳假期,陕西转运使急件送达,奏报不久前庆州发生的兵乱事件。此事虽已平定,但神宗仍为边地军事深感忧虑,于是召集宰辅大臣,于资政殿集会。文彦博乘机劝告:

"朝廷施为,务必合乎人心,以静重为先。凡事当兼采众论,不宜有所偏听。陛下即位以来,励精求治,而人情未安,皆因更张之过。祖宗制定的法制,未必皆不可行,只是有些执行不严之处罢了。"

神宗不以为然,回答道:"三代圣王之法,亦难免不尽完善。今国家承平百年,怎能不小有更张?"

王安石也说:"朝廷只是去除于民有害的弊政,有何不可? 如果万事因循苟且，不加努力，则会日益淆乱。"

场面一时有些僵持，吴充连忙打圆场，道："朝廷更张旧制，都是出于便民。但州县官吏在具体奉行时，多不能真正体会陛下爱民之意，可能确有扰民的现象发生。救弊振衰，仍需循序渐进。"

神宗点头称是。但略有和缓的氛围很快又被打破，围绕着正在开封府推行的淤田法、保甲法等，文彦博、冯京与神宗、王安石之间，发生了激烈的争论，双方各执己见，互不相让。

文彦博、冯京等对变法的质疑，多多少少影响了神宗的信心。此时，《畿县保甲条例》颁行已经三月，相关负面新闻，开始接连不断地通过文彦博执掌的枢密院，传到神宗耳中。

熙宁四年（1071）三月十三日，枢密院反映：推行保甲，每十人一小保，其中三人或五人须要配备弓箭，县吏要求百姓自行购置，如果没有就进行处罚。而买弓一张需一千五百钱，买箭十支需六七百钱。如今正当青黄不接之际，普通百姓如何买得起？而且，每一小保还需要自行建筑射垛，以及巡逻岗亭，并购置示警用的鼓。乡村居民居处远近不一，假如甲家遭贼，鼓在乙家，则无法击鼓，这样便须每人置一鼓，又费钱不少。

神宗批示：立即下令停止这些扰民的措施。王安石认为，要想建立民间武装，改善地方治安，这些过程是必须经过的，因此他将神宗的御批退回，没有下达施行。

熙宁四年（1071）三月二十一日，枢密院反映：民间风传，一旦选为保丁，则有可能被编入义勇军，将来远戍边疆。乡民十分恐慌，父子抱头痛哭，有人甚至故意砍伤手指、手腕，逃避保丁之职。

关于民众为避保甲而自伤的传言，王安石最初也将信将疑，不过，他认为：

"致人断指，尚未可知。即便实有其事，亦不足为怪。陛下一有所为，朝廷士大夫尚且纷然惊怪,何况二十万户百姓？其中必定会有些易受蛊惑的愚蠢之人。岂可因有类似事件发生,就不敢有所作为？"

过了十余天,他又对神宗说:"臣已召问过开封府的差役、公人,他们反映,保甲皆人所情愿,无不便之处,并非如枢密院所说。有关两名断指者,经过调查,其中一人,遍问无有,一人是因砍桑树误伤,有三人为之作证。"

神宗也曾派宦官到开封府十三县了解情况,并未发现有因保甲法而自伤者。得到的反馈是,百姓大多支持保甲,一则家家户户有了安全保障,不用担心盗贼;二则如果捉到盗贼,官府还有酬奖。但诸县官吏,在具体执行过程中,难免有违立法本意而惊扰百姓之处。因此,百姓认为:"此极是好法,要当缓为之。"(李焘《续资治通鉴长编》)推行不可急于求成。

神宗主张听从民意,对那些违失立法本意而惊扰百姓的官吏问罪,王安石却不赞成。他说:"奉行法令不能称人意,便加之罪,这正是陛下的变法意志不能顺利贯彻执行的原因。"

至于各乡保丁将来作为国防力量编入义勇军的说法,目前虽未实行,却恰恰是王安石的下一步计划。他说:

"今所以为保甲,足以除盗,但并非只为除盗而设,可以逐渐训练成兵士,然后使其与募兵相参,既可消募兵骄矜之志,又可省养兵之费。此乃国家长治久安之大计,并非小事。但需陛下明断,不可受流言浮议影响。"

神宗点头道:"募兵不可恃,将来须得征用民兵。"

王安石说:"若想公私财用不匮乏,为宗庙社稷长久计,募兵之法必须变革,不可独恃。"

神宗忧心忡忡地说:"枢密院以为,如此必有建中之变。"

　　所谓建中之变,是指唐德宗建中二年(781)发生的藩镇叛乱事件。在这次事件中,唐德宗被乱兵包围在奉天(今陕西乾县)城中,达一月之久。

　　王安石闻言,宽慰道:"陛下躬行德义,忧勤政事,上下不蔽,必无此理。"

　　神宗双眉紧锁,道:"民心齐一,智勇难敌,不可不畏。自上而下,推行法度,虽不免违拂众情,亦当以便民为考量。"

　　王安石掉转话头:"赵子幾深得民情,在开封府界推行保甲法,顺利有效,可以让他延长任期,将此事交付与他,必定有成。现在,开封府界的保户,已经愿意免除朝廷补贴的粮草了。"

　　神宗十分高兴,说:"此事极好,但需逐步推进,不可事先张扬。"

　　王安石感叹道:"岁月如梭,不能不珍惜!"

　　神宗仍坚持道:"但也不可过于仓促,只怕操之过急,反致祸害。"

　　王安石点了点头,说:"此事自然不敢不慎密,今日仅王珪在此,必定不会泄漏此言,所以才敢详加奏陈。"

五、免役法试行后,东明县数百户县民集体进京上访

　　王安石变法的另一重头戏是役法改革。宋代长期实行差役法,此法规定,除坊郭户(城市人户)、未成丁(无成年男子的人户)、单丁(仅一名成年男子的人户)、女户、寺观、品官(有品级的官员)之家以外,全国民户,按土地财产多寡,分为五等,需自备生活物资,无偿为官府服役。差役大致分为四类:其一是孔目(管理财目等)、押司(办理文书、狱讼等事务)之类的州县之吏,他们"一无薪资,二无官告,算不上真正的官府中的公职人员"

（漆侠《宋代经济史》），地位虽然不高，却是地方上的实权派。其二是衙前，主要职责是出纳、保管、运输官府的各项物资。衙前役原本由一等户承担，但在实际运作中，则往往"落在第二、三等户，即一般中下层地主和富裕农民身上"（同上）。其三是耆户长、弓手、壮丁等役，主要职责是追捕盗贼，维护地方秩序。其中耆户长由第二等户承担，弓手、壮丁由第四、第五等户即自耕农民承担。其四是各种杂役，大都由第四、第五等户承担。这一制度设计，存在种种缺陷，随着时间的推移，形成诸多严重弊端。"重者衙前，多致破产；次则州役，亦须重费"（马端临《文献通考》）。其中尤以衙前役为害最大，"被差之日，官吏临门"（同上），家中连杯盘碗碟，都被登记在册，算作资产，许多二、三等户都被强行列入一等户，要求承担风险巨大的衙前役。人民不堪重负，怨声载道。为了逃避重役，民户或者是"不敢营生"，"贫者不敢求富"，因为"富者反不如贫"（司马光《论衙前札子》）；或者是将田产卖给享受免役待遇的官户，原本由他承担的役务，便并增于其他本等户；甚至有人宁愿家破人亡、骨肉离散，也不愿承担衙前役。韩绛就曾在奏章中举过几例：

> 闻京东有父子二丁将为衙前，其父告其子云："吾当求死，使汝曹免冻馁。"自经而死。又闻江南有嫁其祖母，及与母析居以避役者。此大逆人理，所不忍闻。
>
> ——马端临《文献通考》引韩绛语

有鉴于此，自宋仁宗庆历年间开始，即不断有人呼吁改革役法。到嘉祐、治平年间，诸如官府花钱雇人服役、民户出钱免役等改革建议，已成为士大夫的共识。如，司马光在嘉祐七年（1062）所作《论财利疏》就明确主张，农民在租税之外，不应再承担衙前之役，朝廷"当募人为之"。并进一步建议,让原本免役的坊郭之民,"部送纲运,典领仓库"。因坊郭之民见多识广,敏捷机巧,同一役事,坊郭之民"不费二三,而农民常费八九"。治平年间,韩绛也提出"宜界上农,及官户、单丁、女户簿,率钱(即凑钱)募衙前吏"(李清臣《韩献肃公绛忠弼之碑》),主张将募役钱的收取范围,扩大到官户、单丁、女户等原本免役的人户。此后,更有人主张,"增天下田税钱谷,各十分之一,募人充役"(司马光《涑水记闻》),即全体税户皆为应役人户。与此同时,各种局部的改革尝试,也在朝廷及地方各州府不断进行。

神宗继位之初,便从各方章奏中深知差役法之害,下定决心要进行全方位的改革。治平四年(1067)六月,诏令全国,无论官民,皆可上书陈述差役利害。由此开启有关役法改革的大讨论。同年七月至十月,先后任命赵抃、陈荐、滕甫、钱公辅等人,负责整理、讨论和审定"中外臣庶所言差役利害"(《宋会要辑稿》)。熙宁二年(1069)二月,变法核心机构制置三司条例司成立后,又派遣刘彝、谢卿材、王广廉、侯叔献、程颢、卢秉、王汝翼、曾伉等人到地方进行调研。

经过长达两年的意见征集和几个月的调研,熙宁二年(1069)十二月,制置三司条例司综合众论,以"计产赋钱,募民代役"(同上)为核心内容,制订了免役法(又称募役法、雇役法)实行条目草案,并派遣官员到各地,与转运司及州县官员磋商。由于草案规定,所有民户,包括官户、形势户①、寺观、下户、女户、单丁户等旧时免役人户,均需缴纳免役钱,各级官吏大多认为,"新法之行,尤所不便"(马端临《文献通考》引)。因此,草案下发后,很长时间,得不到转运司与州县的积极回应。熙宁三年

---

① 宋代对在仕籍的文武官员和州县豪强人户的统称。

(1070)六七月间,司农寺①请示朝廷,决定先在局部地区进行试点,以便突破改革困局,"候其成就,即令诸州军,仿视施行。其成法实便百姓者,奖之"(同上)。

免役法最先在开封府试行。熙宁三年(1070)十二月八日,提点开封府界诸县镇公事②赵子幾,起草了府界役法试行细则。经过判司农寺邓绾、同判司农寺曾布审核修订后,下发所属各乡镇。公告一个月,"民无异辞"(同上)。于是著为政令,熙宁四年(1071)正月底,在开封县公布实施,又于四月前后,推行至开封府下属其他各畿县。

然而,反对之声很快就出现了。在三月三日的资政殿会议上,枢密副使冯京率先对役法改革提出疑问,神宗不以为然,回应道:

"朕近日已派人询访邻近,百姓皆以免役为喜。新法虽令民户出钱,但不需亲自服役,免去追呼、刑责之虞,故而人皆情愿。"

文彦博说:"祖宗法制具在,不须更张以失人心。"

神宗反问:"更张法制,士大夫或许多有不悦,但于百姓何所不便?"

文彦博激动地说:"陛下为与士大夫治天下,非与百姓治天下!"

神宗坚持道:"士大夫也并非全以更张为非,自有以为应当更张者。"

王安石则抓住"法制具在"一语,大加反驳:"如果法制具在,则财用宜足,中国宜强。而今却是财不足,国不强,岂可谓之法制具在?"

文彦博一时语塞。王安石语气放缓,接着说道:"更张之事,确实是出于不得已。但我们的原则应是,更张而去害则为之,更张而更害则不可为。凡事豫则立,不豫则废,天下事须早做安排,不可随波逐流,稍有

---

① 官署名。宋前期主掌官府用田、祭祀所需物品,以及常平仓平籴利农等事。熙宁三年五月制置三司条例司撤销后,司农寺事权大幅增加,既是财务机构,又是推行新法的政务机构。设判司农寺、同判司农寺各一员,下设三局十二案,司农寺丞四员,主簿六员,又有勾当公事官。

② 差遣名,主管开封府界所属县、镇刑狱、贼盗、兵民、仓场、库务、沟洫、河道等事。

议论便左右摇摆。"

神宗认为,免役法推行后,原本享有差役豁免权的达官贵人、富商大贾,都须出钱免役,虽然触犯了社会上层的利益,但有利于占人口大多数的中下层农民,所以理直气壮地面对冯京等人的质疑。确实,从宏观的角度来看,免役法的立法本意并没有问题,真正可能出现严重偏颇与弊端的,是推行过程。

而文彦博强调,"陛下为与士大夫治天下,非与百姓治天下",则一针见血地指出了宋朝政府行政体制的本质核心。鉴于唐末、五代武人跋扈、拥兵割据的历史教训,宋初通过一系列的手段,将武将排除在权力核心之外,采取以文制武、崇文抑武的政策,即所谓"与士大夫治天下"。皇帝与士大夫共治的权力格局下,赵宋立国百余年来,不仅成功地避免了重蹈晚唐五代的覆辙,而且有效地限制了多种可能对皇权形成威胁的势力,如后妃、外戚、宗室、宦官等,保证了政权的持续、稳定。因此,文彦博提醒神宗,如果损害了士大夫集团的利益,同时也就会伤害皇帝的统治基础。

然而,宋朝实行科举取士制,并未给士大夫家族提供世代为官的绝对特权。为了使家族的势力不至于随着自己的致仕或退职而沦落,士大夫们往往团结整个家族,大量买田置地,成为兼并之家、地方豪强。而土地兼并之风导致中下农户破产失业,加剧社会贫富分化,带来严重的社会危机。皇帝虽"非与百姓治天下",但古往今来,许多王朝,岂不都是因百姓不堪重负而招致覆亡? 而且,以官僚豪绅为代表的兼并势力,既不断侵占农田,同时又享受赋役豁免,直接侵蚀了国家的财政收益,使国库空虚,经济命脉均由豪强把持。所有这些,正是王安石多项改革所要解决的问题。因此,马端临《文献通考》指出:

> 潞公此论失之。盖介甫之行新法,其意勇于任怨,而不为毁誉
> 所动。……(潞公此语)皆介甫所指以为流俗干誉不足恤者,是岂足
> 以绳其偏而救其弊乎!

事实上,一项自上而下的改革方案,一旦遭遇千差万别的客观现实,必然会暴露出诸多瑕疵,急需富有施政经验的朝中大臣和地方官吏们,本着建设性的态度,查漏补缺。但遗憾的是,在随后发生的一系列事件中,反变法派似乎完全无意扮演这样的角色。

正当府界役法在开封府各畿县推行之际,熙宁四年(1071)五月十四日,开封府东明县数百户县民突然集体进京上访,"诉超升等第,出助役钱事"(李焘《续资治通鉴长编》)。他们首先群聚于开封府衙门前,要求知府出面解决,没有得到回应。于是群情愈加激愤,蜂拥蚁聚,"突入王安石私第"(同上),希望讨个说法。王安石亲自出面,向他们解释,此事相府并不知情,承诺一定下令调查解决。百姓仍不满意,紧接着又奔赴御史台陈诉……"数百人往来街市,京师喧然"(刘挚《论役奏》)。

神宗闻知,十分震惊,接连几次亲书手诏,询问此事。由于事发突然,信息不完备,王安石仓促之间,也很难应对,惶恐不安,只得以退为进,称病家居。反变法派紧追不舍,轮番向皇帝施加压力。御史中丞杨绘指出:京畿乃天下之根本,若人民纷扰,申诉不已,"恐川壅而溃,其伤必多"(李焘《续资治通鉴长编》);监察御史里行刘挚批评道:"使人均出缗钱,非时升立户等,期会急迫,所以人情惶骇,无所赴愬"(同上),要求神宗立即发布命令,告知各县:"今来新法未得施行,别听朝旨。"(同上)以便安抚众心,实际就是要求立即取消免役法;谏官孙洙也声称:"助役之议直可罢也。"(同上)一时之间,可谓风声鹤唳,朝中舆论极不利于变法派。

面对此情此境,神宗内心动摇,举棋不定,遂批复中书:"民之不愿出钱者,仍旧供役。"(同上)试图以免役、差役并行的折中办法,来平息事端。神宗的犹疑态度,极大地鼓舞了反变法派,要求完全停止役法改革的奏章,纷至沓来。在这些奏章中,针对募人服役一事,他们提出一系列耸人听闻的假想,诸如"耆长雇人,则盗贼难止""专典雇人,则失陷官物""应募或为外夷所使,焚烧仓库;或守把城门,潜为内应"(同上)。

圣旨很快由中书下发到司农寺。判司农寺邓绾、同判司农寺曾布,没有立即遵命向开封府传达,而是怀揣圣旨,火速赶赴王安石府中报告:"免役法已为众人所动摇,不可成矣!"王安石闻知,深感情势严峻。不过,经过几天的调查了解,变法派已经弄清了东明县群体事件的前因后果,并拟订了攻防策略。

免役法草案试行的第一步,就是将开封府界所有民户,根据贫富划分等级,然后再将预先估算好的免役钱,依"岁分夏秋,随等出钱"(同上)的原则,摊派给三等以上乡户,与五等以上坊郭户。乡户四等以下、坊郭户六等以下可以不出役钱,官户、女户、寺观、未成丁役钱减半。官府再用这笔钱,"募三等以上税户代役,随役轻重制禄"(李焘《续资治通鉴长编》)。这一法令,二三月间在开封县推行,十分顺利。"令下,募者执役,被差者欢呼散去。开封一府,罢衙前八百三十人"(同上)。随后,在其他畿县的推行,也多平顺,如咸平县,"罢牙前(即衙前)数百人,而民甚悦"(范祖禹《范百禄墓志》)。为何东明县却闹出这么大乱子呢?

杨绘、刘挚等认为,是因司农寺逼迫属县,"超升等第,以就多出钱"(李焘《续资治通鉴长编》)。他们指责司农寺,没有按照各县上报的役额和雇值,作为征收基础,导致东明县原有三等以上户,少于司农寺规定的纳役钱的户数,因此知县贾蕃,不得不将四等以下一千户,升为三等户,以凑足纳役钱户数。

实际情况则是,各县役钱征收总额,由知县根据本县情况上报,并经过府界与知县谈判而定,因此,总额过多,其直接责任人应为知县。而东明县是开封府界唯一发生这类群体性事件的属县。那么,东明知县当初为何要申报且接受,超过本县实际承受能力的役钱?其内在动机值得探究。东明县距离汴京城九十里路,以当时的交通条件,往返需要数日之久。而县民们竟能组织成百上千人的上访队伍,由开封府,到王安石私宅,再到御史台,横扫朝廷最为核心的重地,沿途遇到朝廷要员,还拦马挡轿,申告免役法不便。这些来自乡村、一贫如洗的下等户民,竟有如此惊人的胆识,并拥有食宿交通的必要经费,对朝廷各重要机构、宰相私宅所在位置,以及朝廷要员出入时间、路线,皆能了如指掌。凡此种种,不能不令人生疑。而更令人费解的是,面对东明县百姓对于"超升等第出助役钱事"的不满和质疑,负有重要责任的知县贾蕃,似乎毫不惧怕事态升级,他既不接受百姓诉状,也不进行必要的解释说明,而是任凭百姓们进京上访。

以王安石为代表的变法派,针对这些疑点,进行了深入的调查和分析。首先,他们发现,上访民户的组成并不单纯。其中部分民户,在推行免役法之前,虽然列在四等,但实际资产却足够列入三等以上。长期以来,为逃避差役,他们通过行贿作弊,而藏匿于四等户中。这次重新划等,各从其实,故而心怀不满。这些人,以往既然能与官吏勾结作弊,长期隐在下等,自然是地方上有势力的群体,所以有能力聚众闹事,并周知朝廷相关信息。另一部分民户,则确实是贫穷的四等户,而被强行升高了户等。那么,为什么会出现后一种情况呢?这就必须对知县贾蕃进行考察。贾蕃其人,背景深厚,既是范仲淹的女婿,又是已故宰相贾昌朝的堂侄,作为官宦世家子弟,他与朝中多位反变法派大臣关系密切。因此,变法派认为,"超升第等",是贾蕃为激起民众对新法的不满,而故意为之。当然,由此也说明,司农寺下达的府界役钱征收细则存在缺陷,才有可能被贾蕃利用。

五月十八日,神宗派中使催促王安石上朝。五月十九日,王安石进宫面见神宗,将这些天掌握的各种情况和盘托出,说:

"东明县衙本该接受诉状,并晓谕百姓,却故意不受诉状,反而驱之进京。这种情况,开封府界其他各县,均未发生,难道还不能说明问题吗?"

神宗若有所悟,问道:"贾蕃与枢密院哪位大臣关系密切?"

王安石避开神宗问询的眼神,说:"臣不知。"

沉默片刻,他又说:"今大臣、近臣,谁为助成圣政之人? 今台谏官谁为不附流俗之人? 倘若陛下于忠邪真伪之际,不能判然明白,赏罚分明,则小人何所忌惮? 小人无所忌惮,敢为纷扰,陛下虽聪明至圣、殚精竭虑,恐怕终究难成治世。"

接着,针对杨绘论说东明县民上访事件、攻击免役法的奏章,王安石逐条分析批驳。神宗深以为然,终于同意,收回之前批复中书的诏令,再次坚定了推行免役法的决心。同时,王安石还特别指出:

"此前任命杨绘为御史中丞时,臣提出过反对意见。臣以为杨绘不明事理,不可为中丞。此番言论,必定被有心人故意泄漏。臣猜想,杨绘因此怀恨在心,故毁坏役法以自立异。"

随后,王安石一方面命赵子幾前往东明县,收集贾蕃的违法事证,"治其不奉法之罪"(李焘《续资治通鉴长编》);另一方面,又命曾布以同判司农寺的身份,撰写长篇奏札,逐条驳斥杨绘、刘挚以及其他台谏官,有关司农寺与免役法的各种负面言论,借以消除朝廷内外的各种疑虑。在这场风波中,变法派的危机处置十分成功,其中曾布的作用尤其巨大。首先是与邓绾一起,当机立断截留圣旨,为变法派赢得回旋余地;其次是正面反击杨绘、刘挚等对司农寺及免役法的攻诘。据史书记载,王安石原本安排张琥撰文驳斥,但张琥"辞不为"(同上)。曾布遂主动请缨,既消除了东明县民上访事件,对朝廷内外造成的惊扰与疑惑,同时也正面宣传了输钱免役的新法,取得了舆论上的主动。①

曾布,字子宣,嘉祐二年(1057)与其兄曾巩,及苏轼、苏辙兄弟同榜登进士第。熙宁三年(1070)四月,因韩维、王安石的推荐,上书言事,得神宗召见,大加赞赏,被任命为编敕删定官,自此脱颖而出,逐渐成为变法派阵营中的重要一员。熙宁三年(1070)九月,吕惠卿因父丧离职,曾布遂成为王安石最信赖的心腹助手。王安石曾说:"法之初行,异论纷纷,始终以为可行者,吕惠卿、曾布也;始终以为不可行者,司马光也;余人则一出焉,一入焉尔。"(王称《东都事略·曾布传》)

上访事件平息后,变法派也暂时冷静下来,对府界试行的免役法条款,进行了认真的检讨与完善,于熙宁四年(1071)十月一日正式颁行全国。

六、对有碍变法的人和事, 王安石几乎持零容忍的态度

每一项新法的酝酿颁行,都伴随着变法派与反变法派持续不断的激烈交锋,也伴随着一拨又一拨朝中人事大改组、大换血。在此过程中,王安石的态度越来越强硬果决。

"异论相搅",原是宋朝帝王代代相传的御臣之术,"以折奸臣之萌,

---

① 本节参考黄敏捷《北宋熙宁四年东明县民上访事件与变法君臣的危机处置》,《史学月刊》,2016年7月。

而救内重之弊"(苏轼《上神宗皇帝书》)。神宗继位以来,一直努力践行这
一朝廷纪纲。他一方面倚重、信赖王安石等变法派大臣,另一方面也十
分尊敬、优礼司马光等反变法派大臣,在人事安排上,也是兼而用之,互
相牵制,客观上助长了朝廷内外自由议论的政治风气。

王安石对此十分不满,他说:"今人才乏少,且其学术不一,一人一
义,十人十义,朝廷欲有所为,异论纷然,莫肯承听。"(马端临《文献通考》)
作为政治改革家,他渴望思想一统,渴望树立新法的正宗地位,渴望营造
一个"士之有为于世也,人无异论"(王安石《答王深甫书》)的政治环境。
他不止一次委婉地批评神宗,"察君子、小人情状不尽"(李焘《续资治通鉴
长编》),未能做到"御臣以道",导致朝中"君子道不长,小人道不消"(同
上),从而异论频出,难以定于一尊。他曾与神宗谈论十六国时期著名的
政治家、军事家王猛。王猛与苻坚君臣相得,出将入相,使前秦兵强国
富,垂及升平。王安石认为,王猛成就赫赫功业的关键,在于赏罚分明。
流放尸位素餐者,拔擢沉沦下僚的贤能之士,无罪而不刑,无才而不任。
以古律今,王安石强调:尸位素餐者尚且应该尽速流放,阻挠、破坏朝廷
新政的反对派,又岂能容忍?他希望神宗"以定取舍、变风俗为先务""大
畏众志,使无实者不敢肆其说,而忠力者不为小人所沮"(同上)。对于王
安石一次又一次的谆谆告诫,神宗深以为然。虽然他从未放弃平衡朝中
各派政治势力,但具体决策时,心中的天平,总是不由自主地倾向变法
派。因为,他和王安石一样,有着强烈的革新意志。体现在朝中人事上,
即是变法派的不断前进与反变法派的节节败退。

东明县上访事件之后,涉嫌破坏役法改革的东明知县贾蕃受到处
罚,谪监顺安军酒税;激烈反对免役法的御史中丞杨绘、监察御史里行刘
挚,也在王安石的强势排挤下,落职离朝。王安石认为,如果任凭这些
反对派占据言路,全国各地尽力推行新法的官吏,难免受到不良舆论的

影响,怀疑观望,不敢履行职责;而心怀二心的不逞之徒,更会转相唱和,疑惑天下之人。这样下去,朝廷政令如何能够贯彻执行?

自熙宁元年(1068)酝酿变法,王安石的内心,便充满了对改革事业成功的无限期待。随着时间的流逝,以及不断遭遇的阻挠与攻击,这种期待,渐渐演变成深深的焦虑,他常常感叹:

"古人治国,皆是七年五年便可大成,因政策施行先后有序,且必定贯彻到底。如今朝廷推行变法已经数年,每项政令发布不久,即横遭沮坏,想要初见成效,恐不可得也。"

这种焦虑感,强化了王安石性格中执拗刚愎的一面,对于一切他认为有碍变法事业的人和事,几乎都持零容忍的态度,即便是面对曾经关系极为亲密的恩师欧阳修。

王安石与欧阳修最后一次见面,是在嘉祐八年(1063)。那一年,因母亲去世,王安石离京守制。熙宁元年(1068)春末,当王安石怀揣革故鼎新的宏图远志重回汴京时,欧阳修早已拖着衰颓老病的身体,于一年前离开了京城,以观文殿学士、刑部尚书出知亳州(今安徽亳州)。仕途险恶、饱经沧桑的欧阳修累了、倦了,他打算以亳州作为过渡,一年之后正式请求致仕归田。因此,熙宁元年(1068)二月到七月,他接连上了五表、四札,请求致仕,但没有得到批准。八月四日,诏令转兵部尚书,改知青州(今山东益都),充京东东路安抚使。

变法运动开始以来,欧阳修一直没有发表过任何评论。一方面是因为远离朝廷,未能及时真切地感知这股强风巨浪;另一方面,从内心深处,他始终向往并主张政治革新。但曾经亲历"庆历新政"的失败,加上多年从地方到中央的施政经验,又使他清楚地认识到,政治改革不能仅凭一腔热血,它必然涉及社会各个阶层、不同思想背景、不同利益诉求的个人与群体,不可避免地卷入许多复杂、琐碎、偶然却又不容忽视的因素。从初衷到结果,其间有太多难以预测、难以把控的情况发生。因此,他选择暂时做一个沉默的观察者。

欧阳修的沉默,使王安石一度对他抱有期待。熙宁三年(1070)四月,宰相曾公亮已年过七十,很快就要退休;枢密使吕公弼对新法屡有异议,又与枢密副使韩绛不和,神宗对他十分不满,也打算将他撤换。此时,欧阳修青州之任将满,从资历和人望来看,他继任宰相或枢密使,都是最合适的人选。一天,神宗问王安石:

"欧阳修与邵亢相比何如?"

邵亢字兴宗,治平四年(1067)九月拜枢密副使,熙宁元年(1068)引疾辞职,出知越州。

王安石实事求是地回答道:"邵亢不及欧阳修。"

神宗又问:"与赵抃相比呢?"

赵抃字阅道,治平四年(1067)九月任参知政事,此时仍在任上。

"胜过赵抃。"

过了几天,神宗又问王安石:"欧阳修比吕公弼何如?"

王安石回答道:"欧阳修胜过吕公弼。"

"那么,和司马光相比又何如?"

王安石想了想说:"欧阳修胜过司马光。"

很显然,比较上述诸人,王安石更愿意与欧阳修搭档共事。但即便如此,他心中仍有些疑虑。虽然过去一年,欧阳修没有对新法提出批评,但也没有一语表示赞成。因此,他建议道:

"陛下应先召欧阳修进京,与之讲论时事,进而审察其主政中书,是否于事有补。"

熙宁三年(1070)四月十二日,神宗派内侍冯宗道前往青州,慰问欧阳修,同时宣布,任命欧阳修为宣徽南院使、判太原府、河东路经略安抚使①，并命他尽快进京朝见。神宗的意图十分明显，"中外之望，皆谓朝廷方虚相位以待公"（欧阳发《先公事迹》）。

冯宗道于四月二十九日抵达青州。这一任命，完全出乎欧阳修的意料。他求退心切，坚决不肯接受，遂将敕告寄存在州军资库，并上《辞宣徽使判太原府札子》，请求朝廷取消这一任命。

同样出乎神宗与王安石意料的是，皇帝特使前脚刚跨出汴京，欧阳修《言青苗钱第一札子》，就送到了朝廷。这篇奏札作于三月底，这是他第一次就变法问题发表意见。文章指出，青苗法颁行之后，"中外之议皆称不便"，争论的焦点在于"议者言青苗钱取利于民，而朝廷深恶其说"。制置三司条例司虽然反复解释说明，"然告谕之后，搢绅之士论议益多"。欧阳修认为，若想打消众人的疑虑，真正体现惠民的本旨，朝廷应该取消利息，准予特困户，或因水旱灾害拖欠青苗钱的农户，暂不交还所欠款项，同时罢除派遣到各路催督青苗钱发放的提举、常平官。这些意见，和其他反变法派并无二致，王安石读罢十分恼怒。第二天，他对神宗说：

"陛下想重用欧阳修，但欧阳修对时政的见解大多乖谬，如果由他主政，恐怕会妨碍陛下想要成就的事业。"

神宗叹息道："如今实在无人可用。"

王安石说："宁用才德平庸之辈，也不宜用可能会从中作梗之人。"

神宗说："宰相人选，还应该肯做事、有担当者。"

王安石说："肯做事固然好，但倘若所做之事，与理相悖，岂非误了陛

---

① 宣徽南院使：职事官名，或为加官。位于枢密使之下，枢密副使之上。多用以优待勋臣、外戚等。判太原府：府，同州，是地方行政编制单位名，但府较尊。判，二品以上及带中书、枢密院、宣徽院使职事者知府事，称"判"。经略安抚使：差遣名。以文臣总制一路军事、民政，防范武帅专制。位高于安抚使。

下大事？陛下未免过分在意朝野舆论,一旦受其牵制,难免贻误事机,为臣不能不感到忧虑啊！"

神宗沉默良久,回答道:"姑且等欧阳修进京后再慢慢商议吧。"

王安石深知欧阳修在士林中的声望,一旦入朝主政,很有可能形成一股反对新法的强大势力,因此,他坚决地对神宗说:

"臣以为,欧阳修执政必定无补于时事,只会使好为异论者追随其后,给朝廷添乱。"

这番对话,千里之外的欧阳修自然毫不知情。他早已厌倦仕途,加上一年多来对新法实践的冷静观察,深感自己的政见,与王安石相去甚远,更坚定了退隐之志。他迟迟不肯进京,五月初又接连递呈了三道《辞宣徽使判太原府札子》。与此同时,由于三月底奏陈的《言青苗钱第一札子》,未得朝廷批复,他又写了《言青苗第二札子》,再次对青苗法的推行提出异议,而且未经同意,便擅自命令京东东路各州军,停止发放"秋料青苗钱"。欧阳修这一做法,引起朝廷极大的不满,倘若依照惯例,必将严加惩罚。但碍于他的声望,神宗和王安石还是宽恕了他,只在五月二十一日,颁发了一道诏令予以批评,并特许免罪。欧阳修一面上表谢罪,一面又上了两道《辞宣徽使判太原府札子》,明确表示自己"守拙""循常"、反对"新奇""功利"的政治态度。七月三日,朝廷同意了欧阳修的请求,罢宣徽南院使,复为观文殿学士,改知蔡州。

至此,王安石对欧阳修失望到极点,以至于很长一段时间,他内心的怨怒都难以克制。一天,君臣几人谈文论艺,神宗说:

"华美文辞毫无用处,不如吏材有益。"

王安石极为认同:"华美文辞确实毫无用处,而有吏材则能治人,使人受其利。专务文辞,而不知圣人之道者,必然乱俗害理。"略一停顿,他辞锋一转,接着说:

"如欧阳修文章,在当今文坛,确实可称卓越,但不知经,不识义理,非《周礼》,毁《系辞》,误导天下学者,世风几乎败坏!"

此番言论,明显带有强烈的门户之见。打破僵化的章句注疏之学,"疑古""疑经",是北宋儒学复兴的突出标志,而欧阳修正是引领这一思潮的重要人物。他曾撰写《易或问》等专题论文,对《易传》提出质疑。《易传》是诠释《周易》的经典著作,包括《彖》(上下)《象》(上下)《文言》《系辞》(上下)《说卦》《序卦》《杂卦》等十篇,故又称《十翼》。前人认为,这部著作是孔子所作。欧阳修通过自己的认真研究与独立思考,大胆提出《系辞》以下五篇非孔子所作。而其《诗本义·豳问》《问进士策三首》等文章,则认为:"今之所谓《周礼》者,不完之书也",所述官僚体制过于庞杂,既难以置信,也难以实行,与现实相违背。王安石则极为重视《周礼》,所著《周礼新义》是其新学思想的重要成果之一。他早年还曾著有《易解》,不仅注释《周易》,而且注释《易传》,说明他对《易传》也是十分重视的。王安石与欧阳修对儒学经典的不同看法,原本只是学术思想上的分歧,所谓"误导天下学者,世风几乎败坏"之说,无疑过于武断,而且充满了非理性、情绪化色彩。

熙宁三年(1070)九月,欧阳修到达蔡州任所,他的身体状况每况愈下,百病交攻,不得不常常告假家居。因此,熙宁四年(1071)春夏,又接连写了几道请求致仕的表疏。依照惯例,大臣七十致仕,而欧阳修刚刚六十五岁。六月,神宗与臣僚讨论欧阳修的去留。参知政事冯京坚决主张继续挽留,但神宗已经毫无此意。王安石更是如此,他说:

"欧阳修依附韩琦,将他视为社稷之臣,唯恐朝廷纲纪有立、风俗不变。"

此言对欧阳修否定太过,神宗也不能完全认同,忙说:

"欧阳修当年担任台谏官时,也是直言敢谏之人。"

王安石说:"倘若没有当年的忠耿,便与如今的言事官并无二致。"

参知政事王珪提出:"听凭欧阳修去位致仕,恐怕朝廷上下皆会异议纷然。"

神宗说:"何必顾虑众人异议?为了追求百姓口中的美名,竟然肆意违背朝廷政令,欧阳修之前在青州的作为,殊为不妥!"

王安石又火上浇油道:"如此等人,与一州则坏一州,留在朝廷则附和流俗,坏乱朝廷,非得留他何用?"

神宗深以为然。于是,熙宁四年(1071)六月八日,正式批准欧阳修以太子少师、观文殿学士致仕。

当时杨绘还在御史中丞任上,得知朝廷不再慰留欧阳修,极为不平,抗言道:

"今旧臣告老归乡,或出知地方者,都未年老。范镇年六十三、吕海五十八、欧阳修六十五,皆纷纷致仕。富弼六十八,被弹劾引疾而归,司马光、王陶年方五十,而求散官闲职,陛下难道不该想想其中的缘故吗?"

他又说:"如今两制①多缺员,堂陛相承,不可少!"

朝中百官都认为杨绘所言极是,王安石却回答道:

"确实如此。然而,关键在于,须得基能承础,梁能承栋,方可建房造屋。若以粪壤为基,烂石为础,朽木为柱与梁,则不待建成,房屋早已倒塌。"

神宗听罢哈哈大笑。

然而,仅仅一年之后,熙宁五年(1072)闰七月二十三日,欧阳修因病在颍州去世。讣闻很快传遍全国,神宗依例休朝一日,表示哀悼。

而作为昔日的门生,王安石的内心极为复杂。在死亡面前,政见

---

① 两制:负责起草机要诏令的官员。翰林学士加制诰官衔者称内制,其他官加制诰官衔者称外制。

的歧异又算什么呢？回首往日欧阳修对自己的赏识、提携，以及那一次次难忘的诗酒欢聚，王安石不禁痛哭失声。他满怀深情写下《祭欧阳文忠公文》，寄托哀思，并对欧阳修的学术文化成就、政治品格、功业建树给予了全面、公正的评价。文章最后写道：

> 天下之无贤不肖，且犹为涕泣而嘘唏。而况朝士大夫，平昔游从，又予心之所向慕而瞻依？呜呼！盛衰兴废之理，自古如此，而临风想望，不能忘情者，念公之不可复见，而其谁与归！
>
> ——王安石《祭欧阳文忠公文》

虽然在理智上，他非常清楚，人生有聚必有散，有生必有死，这是亘古不变的自然法则，但是，一想到从此再也见不到敬爱的老师，他的内心便一阵阵隐痛，情不自禁发出"其谁与归"的深深叹息。这一声叹息，与他年轻时代那一句"非公无足知我者"，遥相呼应，此时王安石或许已渐渐体会到，欧阳修才是这个世界上最欣赏自己、最关心自己的人！

政治家与文学家的双重思维，共存于王安石身上，前者理性、独断、唯目的性，后者感性、深情、重审美性，两种思维方式的自由转换，于他似乎非常自然。官宦子弟王钦臣"清亮有志操"（《宋史·王钦臣传》），嗜古好学，藏书数万卷。虽以门荫入仕，但深得欧阳修器重。熙宁三年（1070）七月，由文彦博、赵概等人推荐试学士院，赐进士及第。王安石对他也十分欣赏，熙宁四年（1071）正月，荐其召对，讲论新法，却意见不合，神宗也不满意，于是命他重回地方，担任旧职。王安石一面感叹人才不为己用，一面将王钦臣的诗书于扇面，不时把玩。著名诗人黄庭坚，治平四年（1067）进士，任叶县尉时，作《新寨》诗，有"俗学近知回首晚，病身全觉折腰难"之句，公开表达对推行新法的不满与无奈。诗歌传到汴京，王安石读罢击节称叹,说:"黄庭坚乃清雅之才,不适合做俗务缠身的州县小官。"于是任命他担任大名府(宋四京之北京,治所在今河北省大名县)府学教授。熙宁四年(1071)五月,吕诲(字献可)去世,司马光为其作墓志铭,其中一段写道:

> 是时有侍臣弃官家居者,朝野称其材,以为古今少伦。天子引参大政,众皆喜于得人,献可独以为不然,众莫不怪之。居无何,新为政者恃其材,弃众任己,厌常为奇,多变更祖宗法,专汲汲敛民财,所爱信引拔,时或非其人,天下大失望。献可屡争不能得,乃抗章悉条其过失,且曰:"误天下苍生必此人! 如久居庙堂,必无安静之理。"又曰:"天下本无事,但庸人扰之。"
>
> ——司马光《右谏议大夫吕府君墓志铭》

文章突出表彰吕诲率先反对新法、弹劾王安石的事迹,文辞极为尖锐。吕诲家属原本计划请河南监牧使刘航手书刻石,刘航读到文章后,迟疑不敢书写,最后由他儿子代写。刘航还再三嘱咐吕诲之子,千万不可翻录摹本,一旦传出去,恐怕三家都会受到牵连。不过,天下没有不透风的墙,没过多久,这篇墓志铭还是辗转送到了王安石手中。王安石读过之后,竟毫不在意,他的全部注意力,似乎都放在对司马光文章之美的赏玩之上。他将这篇文章挂在墙壁上反复欣赏,还对门下之士说:"君实之文,西汉之文也。"

七、王安石用人不论资格，首要原则是拥护新法

排摈反对派的同时，王安石拔擢了大批拥护新法的中下层官员，除早已崭露头角的吕惠卿、曾布、薛向等人，后来在北宋政坛叱咤风云的章惇、王韶等，也在这个时期获得重用。

章惇，字子厚，建州蒲城（今属福建）人，徙居苏州。他博学能文，性格豪宕，心高气傲。嘉祐二年（1057），与苏轼同榜中进士第，因这一榜的状元是侄儿章衡，章惇耻居其后，竟将进士及第的诏令，弃掷在地，毅然放弃功名，重整旗鼓，于嘉祐四年（1059）高中第一甲第五名，授商洛令。欧阳修深爱其才，推荐他参加学士院考试。治平四年（1067）闰三月考试合格，却遭御史弹劾，认为他"佻薄险悍，无士人之行"，不配担任清要馆职，其中一个重要证据就是，"向以擢第不高，辄掷敕于廷"（李焘《续资治通鉴长编》）。结果未能如愿被授予馆职。章惇虽因恃才傲物，为自己的仕途带来第一次挫折，但才名早已远播四方。熙宁初，制置三司条例司检详文字李承之便向王安石推荐章惇，但王安石最初的反应却是：

"听说章惇品行极为不端。"

李承之回答道："承之所荐者才也，倘若其才可用，素昔之事何足为累？建议您召他一见，亲加考察。"

李承之是真宗、仁宗两朝宰相李迪之子，为人严谨稳重，以忠亮耿直著称，王安石对他十分器重。对于他的意见，自然乐于听从。于是很快召见章惇，发现他果然见解独到，胆识过人，"安石大喜，恨得之晚"（李焘《续资治通鉴长编》）。

王韶,字子纯,江州德安(今属江西)人,嘉祐二年(1057)进士。他好读兵书,富有韬略,曾"客游陕西,访采边事"(《宋史·王韶传》)。嘉祐三年(1058)春,王韶屏居庐山东林寺裕老庵读书,庵前有一棵老松,他题诗一首:"绿皮皴剥玉嶙峋,高节分明似古人。解与乾坤生气概,几因风雨长精神。装添景物年年别,掉阖穷愁日日新。惟有碧霄云里月,共君孤影最相亲。"诗歌境界高远,笔力雄健。王安石时任江南东路提点刑狱,出差路过,偶然读到,大加称赏,遂结为知己。熙宁元年(1068),王韶携《平戎策》三篇进京,其主要观点是:"欲平西夏,当复河湟。河湟复,则西夏有腹背受敌之忧。今古渭之西,熙河、兰鄯皆汉陇西等郡,董毡虽国其间,而不能制诸羌,宜并有之,以绝夏人右臂。"(陈均《九朝编年备要》)"河湟"指今青海省和甘肃省境内的黄河和湟水流域,此地夷夏杂处,原本隶属中原,唐中叶之后落入吐蕃。宋仁宗宝元元年(1038),元昊称帝,建西夏国,为扩张势力,图谋河湟。河湟吐蕃政权唃厮啰,接受宋朝册封,以保顺军节度使之号,联宋抗夏。唃厮啰晚年,河湟吐蕃分裂为三,长子瞎毡居龛谷,次子摩毡角居宗哥,幼子董毡与唃厮啰居青唐城,部众多有投归西夏者,其与西夏的关系,由敌对转为和平相处,并不时进犯宋朝边境。英宗治平二年(1065),唃厮啰卒,董毡成为吐蕃唃厮啰政权继承人,他虽也接受了宋朝册封,但同时又"娶契丹女为妻,合从夏戎"(张方平《秦州奏唃厮啰事》)。至此,"联唃抗夏"的策略已不能奏效。因此,王韶主张,不如趁河湟地区分裂之机,以招抚与战争双重手段,逐步收复,再以此为基础,击败西夏。王安石十分认同这一战略思想,力主其议,遂将他推荐给神宗。

仁宗康定、庆历年间,宋夏战争持续多年,国家元气大伤,此后两国虽然媾和,但夏人仍不时在边境骚扰,宋人一直处于被动防御的状态。这使年轻气盛的神宗深感屈辱,甫一继位,便展现出经略西北的宏图远志。治平四年(1067)九月,他曾密谕种谔谋取绥州(今陕西绥德县),在战略上转向主动进攻。读到王韶《平戎策》三篇,神宗正中下怀,立即召问方略,授以管干秦凤路经略司机宜文字①之职。但主战、用兵的思想主张,被当时士大夫视为异端,他们认为"杀人之祸莫大于用兵"(王称《东都事略》),战事一起,必然会使生灵涂炭,不符合安民立本的儒家仁政思想。富弼谆谆告诫神宗"须是二十年不说着用兵二字",便是这一士大夫舆论最为突出的代表。因此,王韶其人的任用,从一开始便充满了争议。

王安石毫不顾忌,他深信"举事则才者出,不才者困,此不才者所以不乐举事也"(李焘《续资治通鉴长编》)。推行新政,与发现人才、培养人才相辅相成,是否拥护新法,也是衡量其人才与不才的一项重要标准。因此,他用人的原则,首先是拥护新法,其次便是才具出众。如,吕惠卿"材识明敏,文艺优通"(欧阳修《举刘攽吕惠卿充馆职札子》),"学者罕能及"(欧阳修《与王文公》);曾布具"文理密察之才,与纵横奥博之辨"(梁启超《王安石传》);薛向"吏事精锐,所至以办治闻"(王称《东都事略·薛向传》),"干局绝人,尤善商财"(《宋史·薛向传》);王韶"用兵有机略,临出师召诸将,授以指,不复更问,每战必捷"(《宋史·王韶传》),等等。确实可说是一时之选。

由于持不同政见者纷纷退出,而新法的推行又急需用人,王安石不得不打破常规,大量起用资历轻浅的新人,这恰恰又犯了北宋官场的大忌。经过百余年的发展,宋代官吏管理制度十分成熟完备,其中磨勘考课制度,决定文武官员在仕途中的进退升降。磨勘意味着有升迁的机会,但磨勘的前提是任职年限,"何种官应磨勘之格、历多少年磨勘一次,均有条令规定"(龚延明《宋代官制总论》)。如京官四年一磨勘,使臣五年

---

① 秦凤路所辖区域属西北边境,经略司是掌管本路军事的机构,治所在秦州(今甘肃天水)。管干经略司机宜文字,是经略司属官,掌本司机密文字的保管、收发、奏报。

一磨勘,武臣七年一磨勘。论资排辈的观念,在当时官场早已成为共识。王安石用人不限资历,多有破格提升的情况,自然会引得朝议纷纷,以至于连优伶也加入了嘲讽队伍。据说,有一天,宫里的伶人给神宗表演杂剧时,骑着驴子直登轩陛,左右侍从连忙阻拦。伶人故作惊讶,说:"不是有脚者皆可上吗?"一时传为笑谈。

为了广纳人才,王安石甚至起用了一些不具备官员身份的人,他本人也常在私邸接见来自各地的官员和士大夫。宋代官员选拔,虽有五种途径:科举取士、门荫补官、军功授官、吏人出官、纳粟买官。但科举取士、门荫补官者,占官员总数的百分之八十五以上。也就是说,如果不是出身官宦世家,一个平民若想取得做官资格,主要只能通过科举考试,而工匠、商人、僧道还俗者,以及有罪之人,则不允许参加科考。因此,整体而言,官、民(包括吏)之间的界线,仍极为分明,颇难逾越。王安石在这点上,却有着比较开放的态度,早在庆历、皇祐年间在鄞县任上,他就十分赏识明州司法吏汪元吉,离任之前,还专门写信给两浙转运使孙甫,予以郑重推荐,并明确指出:

> 今世胥吏,士大夫之论议常耻之。惟通古今而明者,当不以世之所耻而废人之为善尔。
>
> ——王安石《上浙漕孙司谏荐人书》

正因如此,王安石主持变法之后,无论是胥吏、农民、商人、仆隶,还是罪人,只要能对改革提出建议,或者具备一定干才,都可任命为官。而且,王安石还鼓励他们,进行大大小小的改革尝试,官府给予人力物力支持。如有成效,即除官、赐金帛,无效亦不问罪。当然,劳民伤财之事,也因此多有发生。凡此种种,皆招致大量的批评和非难。

在反对派看来,这些在短期内迅速拔擢的人才,或多或少,都带有道德瑕疵,不过是一群迎合时好、侥幸求进的无耻小人。他们无时无刻不瞪大双眼,审视着这批"小人",不放过任何一个弹劾的机会。王安石也决不示弱,总是不避嫌疑,力辩到底。

熙宁二年(1069)十二月,吕公著论奏:"制置三司条例司用人轻率,推荐的官员全是奴事吕惠卿而得,并非韩绛、王安石所识拔。"王安石反驳道:"地方举荐的人,确非我等所识,但亦是听取众人之议。若说奴事吕惠卿,则惠卿在条例司用事以来,何曾离开朝廷? 地方之人又如何奴事得?"

熙宁三年(1070)正月,程颢、李常论奏:"王广渊挟转运使之势临郡县,以鞭笞强制百姓出息钱。朝廷如不惩处,臣恐奸利小人,交相以搒克为事,穷阎败室,日益困穷,终致祸乱。"王安石极力陈述王广渊推行新法之功,并辩护道:"王广渊人品如何,诚不可知。但其见陛下欲责功实,乃能奋勇而前,唯圣上旨意所向。朝廷命官,岂不就是应晓谕朝旨,使百姓明了并实行吗? 怎可以迎合朝廷而治其罪?"

熙宁四年(1071)六月,东明县上访事件之后,赵子幾受命勘查贾蕃,除超升户等、沮坏新法之外,又查出一些其他不法之事。刘挚论奏:"赵子幾领按察之任已久,平日不闻其举发贾蕃之事,如今百般牵拖,推原其心,可见险薄。"王安石驳斥道:"贾蕃违背朝旨,破坏新法,刘挚身为言事官,正该为陛下弹劾此辈。刘挚不论贾蕃,反而攻击正直守法的赵子幾,以为谄媚刻薄。尽职奉公即谓之谄刻,欺罔不端即以为忠纯,如此何以正朝廷?"

诸如此类的交锋,可谓层出不穷。当然,必须指出的是,尽管王安石极力提携、庇护支持新法的中下层官员,但他绝不徇私背公,以权谋私。薛向是王安石颇为倚重的理财干将,早在嘉祐五年(1060),王安石担任度支判官时,就曾推荐薛向负责陕西马政,熙宁二年(1069)又力排众议,任命薛向为江、淮等路发运使,负责均输法的实行,二人关系不可谓不亲密。王安石患有哮喘,药方中须用紫团山人参,但这味中药极为难得。有一次,薛向回京述职,特意从河东带回数两,送给王安石,但王安石坚决不收。有人劝说道:"相公的喘疾,非此药不可治。宿疾可忧,您还是收下吧!"王安石答道:"平生未尝吃过一钱紫团参,不也活到了今天吗?"另一次,有人送给他一方"呵之可得水"的奇砚,他"笑而却之"(吴垌《五总志》),说:"即使能呵出一担水,又能直几何?"熙宁四年(1071)三月,王安石发现江、淮发运司荐举的官员,大多既无才干,也无人望。尤其是新近推举的章俞,此人是王安石另一得力干将章惇之父,年过七十,素来无人称引,既老朽衰迈,又平庸无能。王安石将这一情况告知神宗,神宗说:"此必薛向所为。"王安石点头道:"或恐如此。"改革正在紧要关头,朝廷需要依靠薛向协调三司,推动新法,但如此徇情枉法,则断然不可。因此,王安石建议神宗下达一道特别诏令,罢黜章俞,借以警告薛向,令其知所敬畏。

总之,无论反对派如何不满,王安石始终坚定不移地建构并维护着自己的改革团队。到熙宁四年(1071),从中央到地方,已经换上了大批支持拥护新法的官员。反变法派或引退,或投闲置散,或在朝廷的严令之下,不得不被动服从。新法的执行,也由最初的困难重重,而逐渐变得较为顺利。

八、熙宁四年(1071)十月,王安石迁居东府,阖家团聚

良辰吉日,天朗气清,鞭炮声声,鼓乐齐鸣。熙宁四年(1071)九月二十六日,神宗专为宰执大臣修造的东、西二府落成。此前,宰辅都是租屋而住,有功者,或宠遇盛厚者,则赐以官宅。由于执政府邸,散处京城四隅,遇有紧急公文需要处置时,便难免有辗转延误的情况发生。因此,神宗决定创建宰辅专属官邸,并亲自起草设计。东、西二府各四幢,东府第一幢一百五十六间,其余各一百五十三间。东府命宰相、参知政事居住,西府命枢密使、枢密副使居住。建成之日,神宗亲临剪彩。十天后,于王安石将要入住的府邸,大宴群臣,三司副使、知杂御史以上,全部出席,举朝欢庆,一片祥和。

十月七日,全体宰执大臣正式迁入新居。由于政务繁忙,百虑煎心,王安石已经很久没有写诗作赋了。此时,在喜庆欢乐的氛围中,紧张的心情顿时松弛了许多。已经退休的户部侍郎张揆,率先作诗相贺,王安石与参知政事王珪、枢密使文彦博等,皆欣然依韵唱和。王安石所作《张侍郎示东府新居诗因而和酬二首》其一曰:

> 得贤方慕北山莱,赤白中天二府开。功谢萧规惭汉第,恩从隗始诧燕台。曾留上主经过迹,更费高人赋咏才。自古落成须善颂,扫除东阁望公来。

西汉开国宰相萧何,功业盖世。"汉五年,既杀项羽,定天下,论功行

封……高祖以萧何功最盛，封为酂侯"（《史记·萧相国列传》），并赐北阙大第，以示荣宠。萧何所创立的规章制度，继任者曹参全盘遵从，故世有"萧规曹随"（扬雄《解嘲》）之说。战国燕昭王有富国强兵之志，为谋士郭隗"筑宫而师之"（《战国策·燕策》），并筑黄金台招纳贤才，于是天下之士，纷纷前来归附。王安石诗歌颔联，运用这两个典故，表达自己对朝廷恩遇的感激和惭愧。

诗歌写成之后，他先拿给门生陆佃欣赏。陆佃评论道：

"萧规曹随，高帝论功，皆摭故实。但《战国策》原文，乃'今王诚欲致士，先从隗始'，您诗中'恩'字似无出处。"

王安石不慌不忙，笑着说："你这个问题提得好！韩退之与孟东野《斗鸡联句》曰：'受恩惭始隗。'若无依据，岂可以用来对'功'字？"

这一则逸事，被宋人笔记纷纷转载，无不赞叹王安石诗歌用字之工。

好友兼亲家吴充，也有新诗相赠，王安石立即步韵唱和，其诗曰：

> 承华往岁幸跰躇，风月清谈接绪余。并辔入朝今已老，连墙得屋喜如初。诛茅我梦江皋地，浇薤公思洛水渠。敛退故应容拙者，先营环堵祭牢蔬（泛指荤、素祭品）。
>
> ——王安石《和吴相公东府偶成》

吴充于熙宁三年（1070）九月，由三司使升任枢密副使，这次也奉旨迁入西府。两位好友论交至今，经历无数风风雨雨，情谊仍在。虽岁月流逝，年华已老，各自皆怀思乡退隐之念，但暂泊京城，得以比邻而居，亦是极可欣悦的幸事！

同样值得欣慰的是，亲族子弟此时亦陆续汇聚京城。妹婿朱明之于熙宁四年(1071)正月,授崇文院校书①,冯京称他"学行可取"(李焘《续资治通鉴长编》),神宗多次想委以重任,王安石与朱明之皆力辞不受,十月五日,改检详枢密院文字②。六弟王安礼也于十月任满回京。他原在河东路掌机宜文字,知太原府吕公弼,对他赞赏有加,认为"材堪大用"(同上)。因吕公弼的推荐,熙宁五年(1072)正月,获神宗召对,颇得赏识,神宗本想破格重用,但身为兄长兼宰相,王安石认为不妥,坚决辞谢,于是依例授崇文院校书。而最令王安石感到自豪的,是长子王雱。

王雱,字元泽,自幼聪敏过人。在他还只有几岁时,一天,客人送来一獐一鹿,关在同一个笼子里。王雱好奇地围着笼子观看,客人笑着问他:

"你可知何者是獐？何者是鹿?"

王雱被问住了,这还是他第一次见这两种动物呢。但他不肯服输,想了想,回答道:

"獐边者是鹿,鹿边者是獐。"

客人哈哈大笑,称叹不已。

王安石兄弟皆博览群书,学富五车,彼此切磋琢磨,家中学术文化氛围浓厚。王雱自幼生长在这样的环境,不仅养成嗜书如命、好学深思的习惯,而且耳濡目染、剿闻习熟,胸襟见识,远超常人,年未及冠,著书已达数十万言。十三岁时,听一名从秦州(治所在今甘肃天水)回来的士兵,谈起洮河边地的情况,他感叹道:

"朝廷应设法招抚此地,使其归附,倘若为夏人所得,则其势力更强,必定边患不断!"

洮河在今甘肃省西南,地近河湟,为羌族、吐蕃等少数民族聚居之

① 博学能文而得大臣推荐可供选拔使用者,如果资历浅,一般先授此职。
② 主掌检阅、审核枢密院条列与文件,及起草机要文书等。

地,其时既不隶属于宋,亦不隶属于西夏。这一思路,与王韶"欲平西夏,当复河湟"的观点,不谋而合。

治平四年(1067),王雱进士及第,授旌德尉,但他没有赴任,而是继续留在家里读书著述,作策论三十余篇,极论天下事,许多思想,在王安石主持变法时得以施行。父子俩经常一起讨论朝廷大政,时人称之为"小圣人"。此外,王雱对佛、道亦有研究,作《佛书义释》及《老子训传》各数万言。这些著作都镂版印刷,在市面上销售。曾布、章惇等,纷纷向神宗推荐。熙宁四年(1071)八月二十六日,神宗召对延和殿。第二天,便任命他为崇政殿说书,负责给皇帝讲说书史,解释经义,备顾问之用。这是极大的荣誉,而此时,王雱刚刚三十岁。

四弟安国,熙宁元年(1068)赴西京国子监教授任,三年任满,和六弟安礼几乎同时回京。但王安国对变法持反对态度。回京后,神宗召对,问王安国:

"卿学问博通古今,卿以为汉文帝何如?"

王安国拱手答道:"臣以为三代以后,贤君无人能及文帝。"

神宗大出意外,不由得语含褒贬道:"只可惜虽有雄才,却不能立法改制。"

王安国朗声道:"文帝初即位,从封地代国进京,夜入未央宫,于呼吸顷刻间稳定乱局,武将文臣皆屏息待命,无才者恐怕无从办到。在位时,能用贾谊之言,待群臣有礼有节,以德化民,海内礼义隆兴,风俗淳厚,刑法几可不用。如此,则文帝雄才更加一等。"

神宗转换话题,又问:"王猛辅佐苻坚,虽仅为蕞尔小国,但其令必行。今朕以天下之大,而政令殊难推行,其故为何?"

王安国答道:"王猛睚眦必报,专教苻坚以严刑峻法杀人。陛下旨意难行,必因小臣刻薄所误。愿专以尧、舜、三代为法,理顺而势利,则在下者岂有不从者乎?"

几番对话,神宗皆不甚满意,最后又问:"安石秉政,外间有何议论?"

王安国不客气地说:"但恨聚敛太急,知人不明耳。"

神宗默然不悦。召对前,人们都猜测,以王安国的才学,必得经筵之职,跟王雱一样,成为帝王之师,结果却只是依惯例授崇文院校书而已。

除了在神宗面前直言批评新法,安国也多次劝谏王安石,他说:

"天下汹汹非议新法,皆归咎于兄,若不悬崖勒马,日后恐怕会给家族招致灾祸!"

但王安石不听。安国遂往供奉祖先图像的影堂跪拜痛哭:

"列祖列宗,我家将会有灭门之祸啊!"

曾布是王安国的妻舅,经常出入王安石府上商议政事。一天,王安国拦住曾布,责备他误导、迷惑宰相更变法令。曾布冷冷回应道:

"足下只不过是宰相之弟,朝廷变法,与足下何干?"

王安国勃然大怒:"宰相乃我兄长,宰相之父即我先父,宰相因为你的缘故,将招杀身破家之祸,乃至连累先人,岂能说与我何干?"

王安石执拗专断,王安国忠诚耿直,兄弟俩彼此都太了解各自的性格了,因此,分歧归分歧,毕竟兄弟情深,不谈政事时仍可和谐相处。兄弟子侄都是能诗工文之士,闲暇时际,亦以切磋学问、诗艺为多。第一场冬雪降临时,安礼率先赋诗,举家唱和,王安石诗曰:

> 奔走风云四面来,坐看山垄玉崔嵬。平治险秽非无德,润泽焦枯是有才。势合便疑包地尽,功成终欲放春回。寒乡不念丰年瑞,只忆青天万里开。

——王安石《次韵和甫咏雪》

　　诗歌虽谓咏雪,实则抒怀。王安石认为,"知天之所为,然后能为天之所为。为天之所为者,乐天也,乐天然后保天下。不知天之所为,则不能为天之所为。不能为天之所为,则当畏天。畏天者,不足以保天下。"(李焘《续资治通鉴长编》)祈寒暑雨,世人难免怨苦连连,而天不为之变,唯其如此,方可成就来年农事的丰收。人们对新法的非议,又何尝不是如此?因此,要想成就太平盛世,就应效天法地,任理而无情。待到功成之日,回首来路,便有如丰年忆瑞雪。

　　阖家团聚中,十一月十三日,王安石在新居迎来了五十一岁生日。神宗赐衣一对、锦采一百匹、金花银器一百两、马二匹,金镀银鞍勒辔一副,以为贺礼。官民登门庆贺者络绎不绝,"朝士献诗颂,僧道献功德疏以为寿,舆皂走卒皆笼雀鸽,就宅放之,谓之放生"(魏泰《东轩笔录》)。有个叫巩申的官员,既不会写诗,也不能诵经,于是也像那些下层小吏一样,带了一大笼鸟雀前来,一边开笼放生,一边大声祈祷:"愿相公一百二十岁!"

　　当时富贵繁华景象,亦可谓鲜花着锦,烈火烹油。

第十二章

调一天下制夷狄

变法的目的是富国强兵,解决日益严重的内忧外患,实现"调一天下,兼制夷狄"的宏伟目标。但是,要想真正达成这一目标,关键则在陶冶人才,"教之、养之、取之、任之有其道",这是王安石嘉祐四年(1059)所作《上仁宗皇帝言事书》中,就已明确提出的重要观点。在王安石看来,人才是改革得以顺利推进的关键所在,人才也是改革成果得以延续的重要保障。人才之所以为人才的首要条件,则是能为天下国家所用。这一思想,随着几年来改革实践中,不断遭遇纷扰和阻力,而变得更为强烈。"为天下国家所用"的内涵,也变得日益明确而简单,即为当今变法所用。因此,在雷厉风行地进行经济、军政等诸多领域改革的同时,人才选拔与培养制度的改革,也早已铺开。

一、王安石将"一道德以同俗"的思想付诸实践

科举制首创于隋,奠基于唐,至宋代臻于完善。宋代礼部贡举,设有进士、明经,以及九经、五经、三礼、开元礼、三史、三传、学究、明法、经律等诸科。进士科的考试内容为:诗、赋、论各一首,策五道,帖《论语》十帖,对《春秋》或《礼记》墨义十条。"帖"即默写经典原文,"墨义"即默写前人对经典的注释。明经科的考试内容为:先帖文,然后口试,问大义(即经文要旨)十条,答时务策三道。至于九经、五经等诸科,则只考帖和墨义。总的来说,进士科重在诗赋,能一定程度上窥见写作者的学识、修养之深浅,格局、才情之大小。明经及诸科,则只需死记硬背,即可过关。因此,进士科最为朝廷所重,人才多出于此科。进士出身的官员,升迁更为顺利,整个社会亦以得中进士为荣。但从国家治理的层面,早在宋仁

宗庆历年间，就有许多政治家对此提出异议。范仲淹指出："国家乃专以辞赋取进士，以墨义取诸科，士皆舍大方而趋小道，虽济济盈庭，求有才有识者，十无一二。"(《答手诏条陈十事》)欧阳修也说："今贡举之失者，患在有司取人，先诗赋而后策论。(《论更改贡举事件札子》)因此，"庆历新政"的一项改革措施，就是"精贡举"。并于庆历四年(1044)三月，颁布了贡举新法，但未及实行，便于庆历五年(1045)三月被废止。

作为庆历二年(1042)进士第四人，王安石可说是既有制度的获益者，但他一直对诗赋取士制度持反对态度。无论是《上仁宗皇帝言事书》这样的皇皇巨论，还是《试院中》《详定试卷二首》这样的言志小诗，他的立场始终没变。熙宁二年(1069)，王安石主持变法伊始，即将贡举改革提上议事日程。三月九日，神宗诏群臣详议。五月，苏轼的一篇《议学校贡举状》令神宗举棋不定。王安石挺身反驳苏轼，他认为，前代名公巨卿，虽然有不少都是通过诗赋取士的科考途径崭露头角，但那是由于"仕进别无他路"(马端临《文献通考》)，优秀人才只好屈从。这一制度的缺陷十分明显，其败坏人才之处在于，使士子整日闭门学作诗赋，而不能趁着少壮，"讲求天下正理"(同上)，以至于步入仕途后，"世事皆所不习"(同上)，大部分人都无法成为称职的官员。因此，贡举法非改不可。而改革的第一步，即是"去声病对偶之文，使学者得以专意经义"(李焘《续资治通鉴长编》)，能以所学，思考现实社会与政治的实际问题，并提出解决方案。如"邦家之大计何先？治人之要务何急？政教之利害何大？安边之计策何出？""礼乐之损益何宜？天地之变化何如？礼器之制度何尚？"(王安石《取材》)而不是"以章句声病累其心""以记问传写为能"(同上)。从而培养和选拔出，真正能通经术、明时务的吏治实干人才。

经过将近两年的酝酿，熙宁四年(1071)二月一日，贡举新制正式颁发。新制规定：

一、取消明经科、诸科,仅保留进士科,并废止旧有进士科考试项目。

二、应考者任选《诗》《书》《易》《周礼》《礼记》一经,进行研习,谓之本经;兼习《论语》《孟子》,谓之兼经。

三、考试分四场:首场试本经;次场试兼经,外加大义十道,务通义理,不须尽用注疏;第三场试论一首;第四场试时务策三道。

此外,还有一些过渡性措施,避免原来修习明经、诸科的考生,因变法而受到不利影响。

改革贡举法的目的,固然是为了更有效地选拔人才。但王安石并不仅仅满足于此。主持变法以来,他痛切地感到,"今人才乏少,且其学术不一,一人一义,十人十义,朝廷欲有所为,异论纷然,莫肯承听"(马端临《文献通考》),给政治改革平添了诸多阻碍。因此,他渴望思想一统,令出必行,认为这才是上古三代的理想政治形态。早在嘉祐年间,他就曾多次描画过这种理想政治形态,并与现实政治相对照。他说:

> 古者一道德,以同天下之俗,士之有为于世也,人无异论。今家异道,人殊德,又以爱憎喜怒,变事实而传之。
>
> ——王安石《答王深甫》

> 古者一道德以同俗,故士有揆古人之所为以自守,则人无异论。今家异道,人殊德,士之欲自守者,又牵于末俗之势,不得事事如古,则人之异论可悉弭乎?
>
> ——王安石《与丁元珍》

他对神宗寄予厚望,一再告诫年轻的皇帝,魏武帝、唐太宗皆不足道,应以尧、舜为法。当改革遭遇强大阻力时,亦多次批评神宗,"刚健不足,未能一道德以变风俗"(李焘《续资治通鉴长编》)。他认为,唯有"一道德",才能改变这种"异论纷纷不止"(同上)的局面。"一道德"一方面君主要明示好恶,使群臣知所劝惧,"为欺者不敢放肆,为忠者无所顾惮"(李焘《续资治通鉴长编》);另一方面,则须兴学校。兴学校,则贡举法不可不变。改革所应达到的最终目的是:

> 道德一于上,习俗成于下,其人才皆足以有为于世。
>
> ——李焘《续资治通鉴长编》

当然,要达到这一目的,贡举新制的颁行,还只是一个开端。接下来,王安石从两个方面着手,将"一道德以同俗"的思想付诸实践:一是整顿和发展学校,二是编撰与颁发专用教材。

宋代官学,有中央学校与地方学校之分。宋初,国子监是中央官办最高学府,太学是其下属三馆之一。宋仁宗庆历四年(1044),太学独立出来,成为官学主体。与前代不同的是,无论是国子监还是太学,招收学生并不只限于贵胄子弟,太学更是汇聚了大量低级官僚子弟与寒素人家子弟。庆历之后,国子监与太学生员逐年攀升,至熙宁元年(1068)五月,总数已达九百人。王安石的学校改革计划,即从太学开始。熙宁四年(1071)十月,立太学生内外上舍法。将太学生员,分为外舍、内舍、上舍三等。生员各治一经,有专人讲授,每月考试。初入学者为外舍生,不限名额;通过一年的学习、考查,优秀者可升为内舍生;内舍生则可进一步升为上舍生。内舍以二百员为限,上舍以百员为限。次年,又规定外舍生限七百员,太学生总额上千人。除主判官外,朝廷任命十名直讲,负责教学。学正、学录、学谕,则从上舍生中选拔。学行卓然优异者,由主判和直讲担保，报送中书，可直接授官。而且，朝廷还给予太学生以优厚的经济待遇，外舍生每月津贴850文，内舍生和上舍生，每月津贴1090文。

宋初不许州县立学，地方官学肇始于宋真宗大中祥符二年(1009)。仁宗庆历四年(1044)才全面放开，"令州若县皆立学"(《宋史》)，选州县属官任教授，或"取于乡里宿学有道业者"(同上)。熙宁四年(1071)二月，贡举新法颁布时，考虑到京东、京西、陕西、河北、河东五路士人，历来多以明经、诸科见长，为了帮助他们尽快适应新制，朝廷率先于五路置学官。并要求各路，分别选拔三至五位"经术行谊卓然、为士人所推服者"(李焘《续资治通鉴长编》)负责教授生员。三月，朝廷再发诏令，命全国各路皆置学官，举人最多的河南府、青州亦置学官，其余各州皆选置教授。每所州学，划拨十顷田，作为办学经费。凡在州学有兼职的官员，皆可由此获得补贴。学官应具备京朝官身份，教授应为通晓经术的品官，或新及第出身(即殿试前三名)的进士。学官和教授，都需经过严格考试。学官由中书负责考核，教授则委托国子监询考。王安石的得意门生陆佃、曾巩曾布之弟曾肇，皆先后被选拔为学官。

无论太学还是州学，所有生员都应通晓经术，通过对儒家经典的研读，汲取古代智慧，解决现实问题。王安石特别选定《诗》《书》《易》《周礼》《礼记》作为教材。然而，由于学者思想背景的差异、学术取径的不同，对经典的解读，难免仁者见仁，智者见智，异论纷然，不利于王安石所确立的"一道德以同俗"的教育目标。这一情况，在学官的选拔考试中，很快凸显出来。熙宁五年(1072)正月十八日，新一轮学官考试结束，王安石将合格学官等第进呈御览。他说：

"新选学官中，黎侁、张谔二人，文字极佳，但所述不合义理。"

神宗叹息道："对先儒经典的阐释，今人人乖异，何以一道德？"

早在嘉祐、治平年间，王安石撰述的《易解》《淮南杂说》《洪范传》《上仁宗皇帝言事书》等，在当时思想界，就已产生很大影响，构成了思想史上所谓"荆公新学"的基本格局，吸引了大批追随者。这些著作，神宗也都读过，因此，他又说：

"卿有所著，可以颁行，令学者定于一尊。"

对此，王安石早有安排，他答道："《诗》已令陆佃、沈季长作新的注本和义理阐发。"

陆佃，字农师，越州山阴（今浙江绍兴）人。早年家境清贫，"夜无灯，映月光读书"（《宋史·陆佃传》）。治平年间，不远千里徒步至金陵，受经于王安石。熙宁三年（1070），以第三名进士及第，授蔡州观察推官，熙宁四年（1071），选为郓州教授。沈季长，字道原，真州人，是王安石的三妹夫。他科场不顺，三十九岁才中进士。但他精研儒典，"专取群经，深探而力索之，至忘寒暑"（王安礼《沈公墓志铭》），以经术著称于时。他们二人的学术思想，均深受王安石影响，所以将编撰《诗经新义》的重要任务交给他们。而且，编撰过程中，王安石也时常和他们一起商议、讨论。为了更快、更好地完成经典新释的工作，一年后，朝廷又设置经义局，由王安石任提举，吕惠卿、王雱同为修撰，新进士余中，白衣徐禧、吴著、陶临等为检讨，集中力量，编撰《诗》《书》《周礼》新义。

王安石对人才选拔与培养制度的改革，对宋代社会产生了广泛的影响，青年士子学风顿改。但是，另一方面，这项改革也遭遇了诸多反对，反对派"群起而非之"（《宋史》）。以经术、策论，代诗赋、记诵，其本意虽然是想引导青年士子，学习治国理政思想，思考社会现实问题，但诚如苏轼所言，"自文章而言之，则策论为有用，诗赋为无益；自政事言之，则诗赋、策论均为无用矣"（苏轼《议学校贡举状》）。知识、学问，与实际政务能力，终究不能画等号。如何通过考试，考查出真才实学，乃是一道千古难题，至今难解。

　　而真正的危害则是,为了适应政治改革的需要,王安石运用行政权力,强制实行学术见解的统一,"新学"定于一尊,成为唯一正确的选项,窒息了思想,结束了庆历以来百家争鸣、自由讨论的局面,原本与"新学"同台竞技、相互争锋的诸多儒学流派,遭到权力的打压。鼓励迎合主流、人云亦云,反对独立见解和个人思考,从此学术沦为政治的附庸。熙宁五年(1072)五月,太学生员考试中,这一指导思想的不良后果就已显现。许多考生"多盗王安石父子文字"(李焘《续资治通鉴长编》),试官们凭着自己的学术素养和专业判断,将他们黜落。随后,试官却受到指责,首先是御史蔡确奏论"太学试太草草"(同上),接着是神宗一锤定音:

　　"要一道德,若当如此说,则安可臆说?《诗》《书》法言相同者,乃不可改。"

　　王安石也补充道:"'柔远能迩',《诗》《书》皆有是言,别作言语不得。"

　　十多年后,曾经生气勃勃、繁荣昌盛的学术文化界一片荒芜。许多士人苦读多年,竟成为"模画手""转盘仓",也就是说,他们只会一点一画地照抄原书,就像一座转手运输的转运仓库,通过几次的转运,库存不见增加,而是日见其少。元祐元年(1086),苏轼在写给弟子张耒的信中惊呼:"文字之衰,未有如今日者也!"(苏轼《答张文潜书》)对于这一现实,苏轼进行了深刻的分析:

　　　　其源实出于王氏。王氏之文未必不善也,而患在于好使人同己。自孔子不能使人同,颜渊之仁,子路之勇,不能以相移。而王氏欲以其学同天下。地之美者同于生物,不同于所生,惟荒瘠斥卤之地,弥望皆黄茅白苇,此则王氏之同也。

　　　　　　　　　　　　　　　　　　　　——苏轼《答张文潜书》

可悲的是，这种强求一统的专制思想，并非王安石及其学派所独有，几乎是宋代士大夫及各学派的普遍追求，朱熹就曾反驳苏轼道：

> 东坡云："荆公之学，未尝不善，只是不合要人同己。"此皆说得未是。若荆公之学是，使人人同己，俱入于是，何不可之有？今却说"未尝不善，而不合要人同"，成何说话？若使弥望皆黍稷，都无稂莠，亦何不可？只为荆公之学自有未是处耳。
>
> ——《朱子语类》

苏轼这样倡导学术文化多元化与多样化的主张，可谓空谷足音。唯有宋末元初的大学者马端临，在其巨著《文献通考》中，呼应了苏轼的观点：

> 然介甫之所谓一道德者，乃是欲以其学，使天下比而同之，以取科第夫？其书纵尽善无可议，然使学者以干利之故，皓首专门，雷同蹈袭，不得尽其博学详说之功，而稍求深造自得之趣，则其拘牵浅陋，去墨义无几矣。况所著未必尽善乎？至所谓"学术不一，十人十义，朝廷欲有所为，异论纷然，莫肯承听"，此则李斯所以建焚书之议也，是何言欤！

据说，王安石晚年也意识到了这项改革的失误，曾感叹道："本欲变学究为秀才，谁知却变秀才为学究！"

二、王安石的内心开始冒出了暂退的念头

熙宁五年(1072)正月,连续多日,天气阴沉,不见阳光。二十一日,司天监灵台郎亢瑛上书称:"五纬失度,建月久阴,政失民心,强臣专国,行有大变。"奏书直指王安石名姓,并征引童谣作为佐证,请求朝廷,于西北召拜宰相,同时宣问判南京留司御史台张方平、判西京留司御史台司马光,以及都知(殿前武官)、押班(内宫女官首领)、御药局,商讨对策。亦请禀报太皇太后。

其实,这已经不是第一次有人以"天谴"之说,攻击王安石及其新政。熙宁二年(1069)十月,富弼罢相离朝时,就曾告诫神宗说:"比见亲旧,乃知人情大不安,进用多小人,诸处地动、灾变,宜且安静。"(李焘《续资治通鉴长编》)熙宁三年(1070)正月,翰林学士范镇《上神宗论新法》,指责朝廷"皇皇于财利,使中外人心惊疑不安",其时"天雨土,地生毛,天鸣地震"等异常自然现象,"皆民劳之象"。四月,监察御史里行程颢也说,"天时未顺,地震连年,四方人心,日益摇动",是由于"兴利之臣日进,尚德之风浸衰",提醒神宗"当仰测天意,俯察人事"(同上)。

以阴阳五行学说为基础的天命感应政治神学,曾在汉代盛极一时,且千年不衰。在这一理论框架下,一切自然灾害和异常自然现象,都是对现实政治的感应和预示。宋代以前,几乎无人对此提出质疑,宋代以后,遭到知识界越来越强烈的非议。率先发难的是欧阳修,其早年所作《正统论》等文章,明确指出:"谓帝王之兴,必乘五运者,缪妄之说也。"在宋代思想界引发了正统之辨的大讨论。"这场讨论的最大收获就在于,第一

次将王朝的更迭由'奉天承运'的政治神话变成了'居天下之正'的政治伦理问题"(刘浦江《五德终始说的终结》)。尽管宋代历史上利用天象、符瑞等学说,进行政治斗争的例子,仍然不绝如缕,但随着北宋中期儒学复兴运动的胜利,知识精英逐渐从学理上,消解了谶纬之说的价值,并努力从思想上清除它们的影响。欧阳修撰《新五代史》,即取消了自《汉书》以来所有史书都会沿袭的《五行志》,而代之以《司天考》,只记天象,不与人事相比附。

王安石是这场充满理性精神的儒学复兴运动的后起之秀,也是当之无愧的中坚力量。他肯定天人之间具有统一性,整个宇宙是一个互相感应的有机整体,但相信这种感应并非一一对应的关系。他认为,帝王应该敬天、畏天,按照天意行事,但并非帝王的所有行为,都会招致天意的感应。如果将天人感应机械化,那么"尧、汤水旱,奚尤以取之邪"(王安石《策问十道》)?唐尧、商汤都是上古圣君,但据史书记载,尧的时代连续九年遭遇水灾,汤的时代连续七年遭遇旱灾,是否可以认为,是他们逆天悖理,遭到上天的惩罚呢?显然这是十分荒谬的。他强调,天地万物是人君效法的对象,倘若"天地万物不得其常",人君"恐惧修省,固亦其宜也"。"以为天有是变,必由我有是罪以致之",或者"以为灾异自天事耳,何豫于我?我知修人事而已",这两种对待天象的态度,都不可取,前者"蔽而葸(xǐ 怯懦)",后者"固而怠"。正确的态度应该是,"亦以天变为已惧,不曰天之有某变,必以我为某事而至也,亦以天下之正理,考吾之失而已矣"(王安石《洪范传》)。

正因为谶纬之说,在宋代已呈衰微之势,所以,通常朝廷对这类问题的处理,往往比较理性,这次也是一样。和平时收到的其他弹章一样,神宗将亢瑛的奏章,转给了中书。王安石读罢,即刻依惯例居家待罪,听候朝廷发落。冯京等宰辅大臣经过讨论,决定将亢瑛处以英州编管。决议递呈之后,神宗批令刺配英州牢城。第二天,王安石复出理政。一切似乎很快又恢复了正常,但王安石的内心,却开始冒出了暂退的念头。

王安石的家族遗传基因,似乎并不很好。父亲与两位兄长,都是壮年早逝,他自己从青年时代以来,也一直体弱多病,诗文中充斥着"病躯""病身""衰病""病昏""病骨""病齿"等语词。自熙宁元年(1068)回朝,已近四载,日理万机,昼夜劳碌,还要承受巨大的精神压力,何况如今已经年过半百,更觉衰惫。所以,二月以来,每当身心交瘁时,有个声音便在思想的深处闪现:"歇歇吧,离开这是非之地,回江宁歇歇吧!"但另一个更加洪亮的声音立即压来:"现在如何能走?改革刚刚有些头绪,现在离开,岂不前功尽弃!"

这番心事,正月二十二日王安石也曾跟神宗说起过。那天,因论及一些政务纠纷之事,君臣二人有过一次深谈。王安石批评神宗,虽察于小事,但不明于帝王大略,对妨功害能、败坏国事者不能明察,导致忠良不敢竭尽全力,小人却敢肆意为非。如果不能有所改观,"调一天下,兼制夷狄"的宏图远志,恐难成就。最后,王安石说:

"臣近来疾病侵凌,曾多次与冯京、王珪等言,虽荷圣恩,然疾病衰惫,整日耗心力于千头万绪的政务之中,已深感精力有所不逮,只是目前尚不敢轻易告劳求退。但恐怕终究不能胜任陛下重托。"

直到一件事情发生,这个原有的内心格局遂被打破。

熙宁五年(1072)四月初十,神宗二十四岁生日,时称同天节,在紫宸殿举行寿宴。依照朝仪旧制,紫宸殿宴集,亲王、皇亲皆可入座,只有集英殿大宴才有亲王、驸马都尉不坐之仪。不久前,阁门使、枢密都承旨李评,刚刚修定了新的朝仪,但条款多有含糊其辞之处。因此,阁门吏未加请示,便依惯例排定了座位。寿宴之后,李评弹劾阁门吏,不该令亲王、皇亲、驸马于紫宸殿预坐,认为有违新制,多名官员因此而得罪免官。

　　李评，字持正，祖母是宋太宗女儿万寿长公主。他虽然是以外戚门荫入仕，但颇为知书习典，工于心计，长期在神宗左右侍奉，深得神宗倚重。先令他担任东上阁门使①，接着又令他兼任枢密院都承旨②，都是皇帝最贴身的侍从官。神宗对李评的宠幸，无人可比。李评喜论政事，对于他的意见，神宗十分重视，往往都会采纳。每次与同僚奏事之后，李评必定单独留下来。有时即使不奏事，神宗也会和他说一会话。和李评交谈，神宗总是非常开心。李评也会将外间闻听的大小事情，全部告诉神宗。但李评为人刻薄，挟势弄权，无所顾忌，到处安插耳目，收集信息，朝中上下，受到他谗言毁谤的人不少。阁门司和枢密院的吏人，更是被他的苛刻精明，折磨得苦不堪言。但朝中百官，包括谏官、御史，无人敢说他一句不是。大家都觉得，神宗迟早会将他升为从二品的签书枢密院事（枢密院副长官）。对于李评的所作所为，王安石原本也未置可否，因他是神宗身边的贴身近侍，对他还多了几分客气。但开封府推行保甲法之后，李评曾在神宗面前大加挞伐，王安石得知后十分恼怒，从此经常指摘李评的过失。李评也多次挑拨神宗与王安石的关系，攻击王安石擅权专国，使神宗不得有所作为。这些言语，最终也都传到了王安石耳中，更令他怒不可遏。

　　这次李评纠弹负责同天节宴集座次的阁门吏，导致多人免官，王安石决定借此事向李评开刀，五月五日遂面奏神宗：

　　"紫宸殿宴集之事，原是李评所定新仪，不够清晰明了，如今却妄加他人以罪。李评应受惩处。"

---

　　① 阁门司负责皇帝朝会、宴享礼仪等事务，其中东上阁门司掌吉礼及承旨禀命，西上阁门司掌凶礼。设有东、西上阁门使四员，副使二至三员，阁门通事舍人二骦。

　　② 枢密院属官之首，从五品，掌承接、传宣机要密命，通领枢密院事务。皇帝御便殿，及外国使者入见，在旁侍立。检阅、考试禁卫兵校技艺，负责向皇帝汇报、取旨。考核本院主事以下吏人及其升、免之事。

事实如此,神宗也只能说:"确实是新定仪制错乱不可用,李评纠弹不当。"

于是,诏令李评与阁门司官吏全部赦罪开释,即认定双方皆有罪,只是朝廷开恩,不再追究。李评闻知,忙向神宗申诉:

"不过小事一桩,王安石却如此大动干戈,无非想要沮辱臣。陛下每有所黜,王安石多方庇护,当黜者反被擢升;王安石有所怨怒,陛下虽明知其无罪,王安石必欲加罪,如臣即是一例。"

神宗本就想袒护李评,一番话更说得心动,于是决定收回原诏,仍认定阁门吏有罪,要求中书重新进呈赦罪敕文。但王安石坚持道:

"阁门吏原本无罪,李评弹劾不当,贾佑、马仲良不该罢官。而且,王昭序和贾佑、马仲良同时受到弹劾,贾佑、马仲良被罢免后,却派王昭序继任此二人的职事。李评如此擅自与夺,作威作福,可谓不义。一人横行天下,周武王深以为耻。阁门吏皆近在殿陛左右,尚且横被摧迫,有内怀不平之人,陛下何以为天下之主?何以作万姓父母?臣并非与李评争曲直,但义当如此。"

神宗百般为李评辩护,两人反复论难,谁也说服不了谁。最后,神宗说:

"即便李评有罪,也不可轻易论其罪。"

四年来,这似乎还是第一次没能说服神宗,王安石十分不快,内心深处那个呼唤着离任退归的声音,忽然变得很大,几乎压倒了另一个声音。五月十五日,在与宰辅成员一道例行奏事之后,王安石单独留下来面奏,他说:

"臣长久以来过度劳倦,最近又疾病缠身,深恐职事有所隳败,连累陛下知人之明。请求免去相职,得东南一郡,偷安养疾。"

神宗大吃一惊,忙问道:"卿莫非心中有何难言之事?当与朕说,不要有所保留。朕何尝违逆过卿？是因为李评吗？"

王安石否认道："臣并非因为此事。自二月以来，便一直感觉体力衰惫。若能在外休息一二年，使疲病稍减，将来陛下不认为臣无用的话，仍可再回朝任事。"

神宗坚决不肯，他说："卿有何疾病？必定是心中有事，尽管向朕直言。天下事方有头绪，卿若离去，如何得了？"

王安石未及回话，神宗又以饱含深情的语气，推心置腹地说：

"朕深知，卿之所以为朕所用，并非为个人爵禄，乃是因怀抱道德才智，可以利益天下，不当埋没而已。朕之所以用卿，又岂有其他缘故？无非也是珍惜天赋才智，相与尽其道以安民而已。自古君臣如卿与朕相知者极少，岂可与近世君臣相提并论？前日冯京、文彦博请求离职，朕尚可理解。卿岂可如此？"

稍一停顿，神宗接着说："朕天资愚钝鄙陋，自卿任翰林学士，才得以闻道德之说，稍有所悟。卿是朕的师臣，决不许卿离任！卿万万不可奏陈请辞文字，若使四方闻知，将生观望之心，怀疑朕与卿君臣之间有嫌隙。朕与卿岂是他人离间得了的？卿有何心事，一定要对朕坦诚相告。"

王安石回答道："臣蒙陛下知遇，自然应当鞠躬尽瘁，不敢随意请辞。确实因疾病衰耗，唯恐不能尽职，辜负陛下信赖。思量甚久，不得不上烦圣听。近日，冯京、文彦博皆请辞而不得。有此先例，臣也担心陛下不肯放臣离去。原本不想徒增纷扰，但反复思量之后，仍觉得非如此不可，乞请陛下详察。"

说完起身告退，神宗将他留住，千叮咛，万嘱咐，切不可奏陈请辞文字。如此反复再三，王安石拱手答道：

"臣领圣旨，不敢上陈请辞章表，等一二日再来当面请辞。"

神宗回绝道："不可如此，终不许卿离去。卿若离朝，必致外人观望，于大局有害。"

三、熙宁五年(1072)六月,王安石六上辞呈,要求暂解机务

朝中一日万机,政务繁冗,倏忽便到了六月。但李评一事,就像一根插在喉中的鱼刺,始终未能拔去,令王安石心有不甘。不久,李评又有一事被王安石得知。枢密院僚属起草的一份文件,已经枢密副使蔡挺审批定稿,李评却擅自进行修改,这无疑是极为不妥的行为。王安石抓住机会,奏论李评欺害政事。神宗随即令李评前来,给予当面警告批评,仍想息事宁人。李评摆出一副无辜的神情辩解道:

"书吏未尝明言已经枢密副使改定。臣担心文字有误,所以仔细阅读了一遍,按照自己的理解,改动了数十字。确实是臣鲁莽之罪。"

神宗听言,认为李评并非有意篡改,而是由于工作认真、不敢苟且,乃是无心之过,理当宽恕,于是批付枢密院免于论罪。但王安石不肯罢休,他说:

"文件上有枢密院副使蔡挺亲笔签名,岂可推说不知情? 只是书吏都畏惧李评,无人敢出面揭穿他的谎言。"

神宗说:"即便擅自改了,又有何妨? 除非因此而造成政事差失,才可治李评之罪。"

对于神宗的这一说法,王安石极不认同,反驳道:

"名分有上下,地位有尊卑。臣当初任参知政事时,对于宰相已审定的文件,即便有异议,也不敢随意修改,只是当面与宰相反复论辩。臣若随意修改,必定招致左右大臣弹劾,陛下也会认为臣不妥。参知政事与

宰相层级相当,尚且如此,李评不过是枢密院吏人,却敢如此放肆! 若因事关李评,陛下便随意放任,则枢密院任何属吏,皆可擅改长官文字,如此岂有上下? 陛下若以为李评最可倚仗,不如便用他为枢密使! 况且,据臣所知,李评并非仅仅改易蔡挺文字,从前所改文书甚多,如今却推说不知枢密副使已经批定,显然是欺罔之辞! 倘若李评并非忠良,臣恐陛下为其所误!"

神宗辩解道:"朕岂以李评为忠良? 但用人难以求全责备,如李评这般肯尽力为国者亦少。"

王安石说:"既非忠良,慢上暴下,私结朋党,欺陛下耳目,岂可不略加稽查约束?"

这番争辩仍是不了了之。六月十一日,中书奏陈:

"请求通告阁门司,今后紫宸殿上寿,亲王、宗室、驸马都尉均依旧制赴坐。"

显然,这是针对李评新定朝仪的反制。王安石说:

"李评所修朝仪新制,大略乖谬,阁门吏无所依从。若事事都需请示,难免动辄得咎。今既以阁门吏未加请示有罪,原修定仪制乖谬者,岂可论其无罪? 李评修仪制乖谬在前,反而劾奏阁门吏不遵仪制,奸罔竟至如此! 陛下谓其尽力为国,臣则以为诬陷同类、自以为功,实乃奸罔小人!"

神宗不愿再提此事,敷衍道:"此乃小事,此前已发过敕令。"

王安石不依不饶:"此乃小事,陛下却三降手诏,当是疑臣于此事不能秉公施行,有所偏袒。臣备位宰相,有责任为陛下分辨是非,若不能自正己身,则难以安于此位。若陛下认为臣欺罔不直,可令臣去位,则不再议论;若不许臣去位,则应容臣辨正,以中书所奏条陈,下达阁门司,令中外臣僚,了解事情曲直。"

神宗不得已，只好听从王安石的意见，诏准了中书的奏议。但此事并没有完结。随后又发生了几件事情，李评都设法抵赖脱责。六月十九日，王安石将这些事情，原原本本地给神宗讲了一遍，并说：

"李评诞谩大抵如此。前几天擅改蔡挺文字，借口说吏人未尝告知。而臣闻知，李评擅改枢密副使文字之事甚多，并非仅此一次。一旦陛下过问，便归咎于书吏。"

神宗解释道："此前李评所改，都不是枢密院正、副长官签署过的文书。前几天改蔡挺文字，相关书吏已经具状证明，李评确实不知已经签署。"

王安石说："书吏具状岂可为据？大臣尚且害怕李评中伤，不敢与之争执，何况区区一名小吏，又怎敢作出不利李评的证明？"

神宗反驳道："中伤李评的人也为数不少，譬如御史说李评与吴充结亲，实则子虚乌有。"

王安石说："朝廷原本允许御史风闻言事，疏略在所难免。当年汉元帝因刘向、京房疏略，遂相信石显是忠臣，结果如何？今李评欺罔行径，清晰可见，陛下如果秉公审问，即便李评巧言令色，也必定难以文过饰非。"

接着，王安石又历数李评的不实言辞，神宗也不得不承认李评确实有罪，令送宣徽院①查核审理。

第二天，神宗批示："阁门司失察三事，已召问李评等人，皆已认罪，纵加审问，不过如此。若不罢去，事必愈多，烦费推求，何日穷已？可令李评不再负责阁门司事务，其余全部赦免开释。"

语气明显带有情绪，且暗含责备之意，王安石读罢心中十分不快。加上近半年来，在处置淤田司争议，及边地将帅间纠纷等事务上，亦常与

---

① 内廷官署。总领内廷诸司、殿前三班及内侍的相关事务，如迁补、休假、纠劾等。

神宗意见相左。程昉、王韶等执行新法的得力干将,频频受人攻讦,王安石虽全力护航,而神宗往往坚持推究其罪,即便最后证明无罪,诬罔之人也未能受到惩处。王安石痛感神宗未能明察妨功害能者,"使忠力寡助之人,反为人百端攻沮"(李焘《续资治通鉴长编》)。所有这一切,都令他体会到一种前所未有的无力、无奈之感。以道事君,以道进退,合则进,不合则退,决不为权力和利禄逡巡留滞,原是王安石素志所在。因此,六月二十一日,他便请假居家。神宗闻知,连忙命内侍冯宗道前往抚问,王安石却早已写好请辞相位的表札,托冯宗道带回宫中。神宗当即命冯宗道封还表札,并附亲笔手诏一则,要求王安石进宫面议。

六月二十二日,王安石又上《求退札子》一道,说:"臣明日当入见,然臣之恳款,具如前奏所陈。匹夫之志,有不可夺,实望圣慈,必赐矜从。"

六月二十三日,王安石入见,神宗责怪他不该求去。王安石说:

"一则是因臣疲病交加,实在难以承受繁重的公务。二则是任事已久,朝廷内外积怨甚多,上情下达或有壅塞。暂令臣辞位,既可稍稍舒解内外怨恶,上下若有壅塞,陛下亦可察知。若察知臣不为邪僻,将来再加驱策,臣不敢推辞。"

神宗反问道:"卿从来岂是畏人怨恶者?人情又有何壅塞?卿心中必是别有所怀,为何不为朕坦言?是不是为李评之事?李评已承认有过失,既有过失,自当调查审问。"

王安石回答:"臣所怀已如奏状所陈,不为其他。"

神宗进一步探问道:"卿莫非是说朕有疑心?当初,朕自知制诰识拔卿,付以天下大事,吕诲将卿比为少正卯、卢杞之类大奸大恶,而朕不为所惑,岂还有别人可以蛊惑朕?朕对卿绝无疑心,不须如此。"

王安石说:"臣平生操行,本就无可疑议,蒙陛下拔擢,未及一两月,尚无任何行动,吕诲便将臣比卢杞。即便臣确是卢杞之辈,也须有所行动,罪状明白,方可为人识破。子虚乌有之事,便妄加比附,人人皆可知其荒谬,陛下不信也是当然之事。如今任事已久,疑似之迹渐多,若谗诬之人,巧言过于吕诲,则臣不敢保证陛下无疑心。"

神宗说:"吕公著曾与卿交游甚厚,任御史中丞后却说:韩琦必起兵讨君侧恶人。朕亦不曾为公著所惑。"

王安石说:"吕公著此言,亦不需陛下聪明,然后可辨,明明在上,岂有如此之理!"

神宗见往日君臣情谊无法说服,便转换角度:

"卿深通性命之理,并非有心于功名爵禄。然君臣之义,卿必不可废。朕于卿未有过失,卿又实无疾病,为何决然求去?"

王安石说:"臣只是太累了,想休息一两年。"

神宗苦口婆心地劝道:"卿的心志所在,虽朋友未必能尽知。众人见朕与卿相知如此,也都不明所以。朕与卿相知,近世以来所未有。君臣不过是外在形式,自然不足以束缚卿。然而,君丞之义,毕竟重于朋友,即便是朋友与卿要约,如此恳切至诚,卿也当为他稍稍有所退让。朕既与卿为君臣,怎能不为朕稍有退让?"

王安石仍坚持道:"臣蒙陛下知遇,固当以死相报。如今确实是因疾病缠身,而且古今有别,大臣久居要职,未有无嫌隙、过失者。等到真有嫌隙、过失再求去,则将有损于陛下知人之明,同时也有伤臣的私德。正因如此,臣不得不违忤陛下。"

神宗也不肯松口:"周公为成王所疑,避居东方,及成王不疑则归周。即便朕于卿有疑,今天相见之后,便已无疑,卿亦可不必再求去。"又说:"如亢瑛这样的卑微小臣,尚敢指斥卿,上下之情岂有壅塞?卿无须过虑。"

王安石不答,请求告退,神宗执意挽留。先后告退过三四次,都被神宗留住，直到日暮时分才得以出宫。神宗再三恳请王安石速回中书任事，不可再上辞呈。但回到家里，王安石又写了《乞解机务札子》，再次表示，"实以疾病浸加"，请求"暂均劳逸，非敢遂即田里之安"。神宗当即令冯宗道封还札子，同时令阁门司等处，皆不许收接王安石请辞文字。

六月二十四日，王安石干脆自己带着辞表进宫面见，神宗不肯打开看，直接退还给他，敦促他去中书就职，并说：

"朕自从见卿请辞文字，连日惶惑不安，卿且顾念朕的心情。"

无论王安石如何请求，神宗坚决不答应。回到家里，王安石思来想去，决定暂退一步。六月二十六日，再次进宫，对神宗说：

"陛下不许臣离去，臣不敢固执己见，违背圣旨，但臣确实有病在身，若勉强再坚持半年，仍觉体力难支，请陛下务必容臣请辞。"

神宗意有不足，答道："卿答应朕甚好！但怎可半年后又要请辞？千万不可。"

缓兵之计亦未奏效，六月二十八日，王安石继续请辞，神宗依旧不肯，并引刘备白帝城托孤于诸葛亮一事，来比拟他们之间的君臣关系，说：

"卿之德才无愧于诸葛亮，朕与卿君臣之分，岂有纤毫疑贰？"

此时，王安石内心深处并存的两个声音，也相持不下。神宗的苦苦挽留，固然颇为壮大了要求坚守宰相职位、持续推动变法的意愿，但秋风渐起、黄叶枯落的景象，亦深深地勾起了王安石思归念远的情愫。既然暂时无缘得归，七月的一天，他命家人在东府庭中，建造了一方盆池，移植了几株含苞待放的红莲，聊慰乡愁：

黄尘投老倦匆匆，故绕盆池种水红。落日欹眠何所忆，江湖秋梦橹声中。

——王安石《壬子偶题（熙宁五年东府庭下作盆池故作）》

看来,扁舟江湖之上,仍是一个桨橹声声的秋梦,渺不可及。闲暇之时,环绕盆池散步沉思,清澈的池水倒映着高天流云,他总会情不自禁地想起少年时,随父亲宦居的江宁府园:

> 槐阴过雨尽新秋,盆底看云映水流。忽忆小金山下路,绿蘋稀处看游鲦。
>
> ——王安石《怀府园》

他清楚地记得,也是这样的新秋雨后,也是这样的绿槐浓荫,在府园的小金山下,有一条碎石铺就的花径。他与父兄相携漫步,池上青荷婷婷,绿蘋漪漪,不时有游鱼浮现……如今父兄已逝,自己也步入老境,却仍有太多未及成就的事业,在等待着他,需要他重新鼓舞起高昂的斗志,去面对所有挑战!

李评之事,自六月二十日交付宣徽院审查,至七月中旬结案报告出来,罚铜六斤。李评自乞免阁门使之职,但神宗没有同意,仍将他留在身边。王安石得知后,对神宗说:

"陛下既然尊宠倚信李评,臣当避位。"

神宗辩解道:"朕未尝尊宠倚信李评,阁门司、枢密院都只是用他点检簿书而已。"

王安石气愤地说:"臣备位宰相,查办小臣延慢,罪状明白,而小臣任事如故,臣反受诘责,实在难以安职,唯有罢免臣,则李评自可不免阁门使之职。"

神宗反问:"朕何尝诘责卿?"

王安石说:"陛下此前降诏云:'烦费推求,何日穷已。'臣岂不理解陛下圣意？臣论议同天节之事，据理评议，亦屡次蒙陛下责备。"

神宗说："同天节之事，中书亦有不周全处。"

王安石说："此皆极琐细之事，而陛下却迫不及待，令中书改正。以臣所奏，实不见李评有何道理，李评敢为诬罔蔽欺，不止此事，如此小人，岂可留在人主左右？臣闻枢密院官吏所言，李评奸诈不法之事甚多，因臣未详知本末，故不曾论奏。朝廷内外之人，谁以陛下亲信李评为可？"

神宗不好再加辩护，只得说："李评确非忠良之人，又无远见卓识。今若改任，当换何等差遣？"

王安石语气放缓："臣虽知陛下圣质高明，但四方之人又岂能得知？只见陛下如此亲厚李评，罪状明白，仍宠眷不衰，则天下奸邪，岂肯洗心革面？"

王珪建议让李评出知冀州，神宗说："李评父亲老迈，给他安排宫观之职如何？"

话音刚落，又改口道："哦，这样的话，还是没能脱离阁门。"

王珪说："罢都承旨之职，依照惯例应该升迁。"

过了好一会，神宗回应道："李评因罪去官，岂可再升迁？"

于是决定将李评出知保州。王珪看出神宗心中怅然，忙说："李评若改过迁善，过一两年可再将他召回。"

王安石断然否定道："变诈小人，若再令其亲近殿陛，只能有亏圣德。陛下果真能够觉悟，又怎可再令其亲近？然而，此事须陛下深思熟虑，若因臣的缘故，勉强斥逐，则臣难免有恣意专横之嫌。"

神宗略带解嘲地说："李评在阁门、密院，多与人争，触怨怒，又有什么好处？"

王安石针锋相对地说："有人以守道违众触怨怒，有人以招权窃威福、假装公正以迎合人主而触怨怒。触怨怒虽同，其实则异。如唐代裴延龄欺罔,而德宗深信之,即因其巧变诡诈之故。陛下怜惜李评,恐怕近于此类。"

七月二十一日,诏东上阁门使、枢密都承旨李评知保州、领荣州刺史。

四、边事捉襟见肘,神宗逐步接受 王安石"安内以制外"的整体方略

契丹建国于后梁贞明二年(916),比宋朝早了四十四年,后汉天福十二年(947)改国号为辽。辽国占地广阔,境内民族众多,既有契丹人,也有汉人,以及其他游牧民族。政治制度上,实行胡汉分治,同时高度汉化;经济上,则在原有畜牧业的基础上,发展农业、手工业。到十世纪中期,已成为东亚地区综合实力强大的核心国家。宋朝甫一建立,即面临来自辽国的巨大威胁。经过四十余年的较量、斡旋,宋真宗景德元年(1004),两国订立澶渊之盟,宋朝每年助辽军旅之费,银10万两,绢20万匹(庆历二年,又每岁增金帛20万,改"助"为"纳"),两国约为兄弟之国,国书互称"大宋""大契丹"(后改称"大辽国"),有时也"去其国号,止称南朝、北朝"(徐松《宋会要辑稿》)。从此,两国之间,基本维持了长达百余年的和平关系。

西夏是党项族(羌族的一支)政权,长期利用宋、辽矛盾,在两国间虚与委蛇,对宋朝时附时叛,逐渐壮大自己的力量。宋仁宗明道元年(1032),李元昊继位,开始全力向河西走廊扩张。景祐元年(1034),多次侵扰宋朝府州(治所在今陕西府谷),接着又在环、庆二州(今属甘肃)打败宋军。宝元元年(1038),元昊在兴庆府(今宁夏银川)"筑坛受册,即皇帝

位"(《宋史·夏国传》)，国号大夏。元昊称帝后，上表宋廷，要求"许以西郊之地，册为南面之君"(同上)，遭到拒绝。康定元年(1040)宋、夏开战，直到庆历四年(1044)才停战媾和。双方签订的停战协议规定：元昊取消帝号，仍对宋称臣，受宋朝册封为夏国主；宋朝每年赐元昊银7.2万两、绢15.3万匹、茶3万斤，重开沿边榷场贸易。此后，宋、夏之间虽以和平相处为主，但零星的冲突仍是不断。尤其是嘉祐以后，继李元昊之后继位的李谅祚年岁渐长，对宋的骚扰不断升级，双方关系日趋紧张，几度濒临破裂，成为宋朝的心腹大患。

宋神宗即位之初，便有志于改变长期以来对辽、夏屈辱称和的局面，希望能恢复汉唐中原一统的格局。但这一志向，没有得到当时元老重臣的认可，直到王安石的到来，才使他不再有孤掌难鸣之憾。与重内轻外、恩信怀柔、被动妥协的主流策略相反，王安石主张"安内以制外"，以积极进取的心态，面对边境事务。他多次鼓励神宗，"调一天下，兼制夷狄，极不难"(李焘《续资治通鉴长编》)。关键在于，要有整体、长远的规划，有步骤，分轻重，循序渐进。既要认识到"四夷皆衰弱"(同上)，树立无惧夷狄的信心；同时也要认识到，"夷狄人众地大未有如今契丹"、夏国"劲兵数万亦岂难得"(同上)，以及辽、夏唇亡齿寒的利害关系等复杂的客观情势，切不可盲目乐观，轻率行动。因此，按照王安石的设想，首先应该安内稳外，迂回包抄；取得一定成效之后，则采取稳辽制夏的策略，乘胜追击；最后实现"调一天下，兼制夷狄"的终极目标。

第一阶段是安内稳外，迂回包抄。所谓安内，即统一思想，"使君子甘自竭力，小人革面不敢为欺"(同上)，全国上下，集中力量改革内政，富国强兵。所谓稳外，即尽可能避免和减少与辽、夏两国的正面冲突，以免受到牵制，影响改革进程。而所谓迂回包抄，则是重点经营、开发秦渭地区，招纳与秦渭相邻的各少数民族政权，逐步收复河湟，对西夏形成左右

包抄之势。但是，自治平四年(1067)九月，神宗密谕边将种谔，谋取绥州
(今陕西绥德)之日起，宋朝的对夏战略，已由被动退守，转为主动进攻。
要说服神宗转变思路，并不容易。

绥州乃汉唐旧地，此时则属夏国横山部落。治平四年(1067)十月，
种谔设计，诱逼部落首领嵬名山，率众降宋，占领了绥州，并耗资六十万
筑城固防，从而激化了宋、夏矛盾。夏人以牙还牙，诱杀宋将杨定，宋、夏
失和。由于种谔乃是奉密旨而行，就连他的上司，鄜延经略安抚使陆诜，
事先也不知情。事后朝议纷纷，认为失信西夏，擅开战端，必致内忧。司
马光、滕元发等皆有论奏。种谔因此被治罪，贬秩四等，安置随州。同
时，是否应将绥州归还西夏，朝中也是争论不休。治平四年(1067)十二
月，夏国主李谅祚卒，长子李秉常继位，年仅八岁，太后梁氏摄政。熙宁
元年(1068)三月，夏国遣使告哀求和，宋朝依惯例册封秉常为夏国主。
熙宁二年(1069)三月，双方达成协议，夏献纳安远、塞门二寨，宋归还绥
州。十月二十六日，夏国使者来谢封册时，王安石就告诫神宗：

"既已册封秉常，便应坚明约束，严令边将切勿生事，妄立城堡，争小
利害，自作不值。"

神宗对此表示认同。但是，以安远、塞门二寨交换绥州的协议，由于
种种原因，最后未能顺利落实。熙宁三年(1070)七月十五日，朝廷得泾
原等路谍报，西夏结集"举国人马，七十以下、十五以上"(李焘《续资治通
鉴长编》)，将于八月半攻打绥州，同时分兵出击甘谷城，似乎来势极为凶
猛。王安石替神宗分析道：

"夏人岂无邻敌？怎会七十以下、十五以上倾巢尽出，而不忧邻敌窥
夺其国？如果真是如此，则正说明夏人无谋，不足畏惧。苻坚举国南伐，
所以为东晋击败，并非东晋能败苻坚，全因苻坚逼迫举国之人而招致失
败。臣以为，此乃西夏虚张声势，诱使我方边帅聚兵费粮草。粮草费，则

陕西困,陕西困,则无以制西贼。庆历之战,殷鉴不远。当时前线阵亡十万余人,平时天下饥馑疾疫,一年之中,所死何止十万人?于天下未觉有损。而庆历之战,却导致天下大困穷。可知主要原因,是在枉费粮饷。这是方今最应吸取的教训。"

纵观夏人历次扰边,皆以掳掠财物为重要目的。因此,王安石主张不随夏人起舞,不在边寨聚兵聚粮,以守为攻,以退为进,以可能的局部牺牲,换取整体利益:

"倘若西贼以大兵犯城寨,我坚壁以待,任其全力进攻小城寨,即便小城寨被攻破,于彼无利可图,于我亦所损有限,且能大省粮草,则犹不为失计,何况城寨未必就一定能被攻破呢?《孙子兵法》有言:'将有五危:必死可杀,必生可虏,忿速可侮,廉洁可辱,爱民可烦。凡此五者,将之过也,用兵之灾也。'今臣以为:惜破小城寨,则是可辱也;惜一小城寨,而常聚兵费粮草,致使整个陕西困窘疲弊,则是可烦也。"

七月二十五日,在另一次谈话中,神宗认为,宋军最大的问题是无纪律,有纪律则足以胜敌。王安石则认为:

"纪律所以自治,谋略所以胜敌。故《孙子兵法》曰:'多算胜,少算不胜,而况于无算乎?'如今非但无纪律,尤患无谋略。"

论及战争的走向,神宗说:"若要言和,则不应先自屈,而应先问罪于夏人。此次沿边各路牒报皆云:'乃因我方边将而起。'此类言辞,不应出自我方之口。"

对此,王安石表示部分认同,他进一步强调:

"现今朝廷,不能首尾兼顾。若对夏人稍示强硬,而夏人不肯退听,则朝廷将何以待之?若交兵,则今日势所未能;若不交兵,则局面如何收拾?先示强,受挫之后再窘迫退让,更为不利。所以,因时制宜,仍是姑且柔静以待为上。柔静才是此时最好的策略。"

八月十五日，果然如谍报所称，夏人"倾国入寇，攻围大顺城、柔远寨、荔原堡、淮安镇、东谷寨、西谷寨、业乐镇，兵多者号三十万，少者二十万，围或六七日，或一二日"（李焘《续资治通鉴长编》）。在御前会议上，王安石慷慨陈词，鼓舞信心：

"西贼亦不足惧，以顺讨逆，以众攻寡，以大敌小，以陛下之明审对十岁孤儿，则胜负之形已决。且夏人举动无谋算，我方必可获胜。"

并重申自己的主张：

"当前局势，朝廷应以勿扰应对，切不可临事惶扰，措置不中事机。只要大计已定，小有摧败，亦不足为虑。"

王安石原本希望亲临前线坐镇，考虑到变法正处在关键时刻，经过再三讨论，朝廷决定由参知政事韩绛出任陕西路宣抚使，负责前线战事。此时，种谔已重获起用。十月，韩绛至陕西，召问计策。种谔建议由绥德（即绥州，熙宁二年十月改名）进兵，攻取娄城，建六寨，以通麟州，包地数百里。则鄜延、河东二路，有辅车之势，足以制敌。韩绛将这一作战方案上报朝廷，神宗十分兴奋，将王安石坚壁以待、柔静勿扰的告诫，抛到一边。于是，韩绛驻军延州，命种谔率军二万，出无定川，攻娄城，可相机行事，酌情处理一切突发情况，不必请示，四路经略司皆不得干预，诸将皆听种谔节制。

熙宁四年（1071）正月初二，种谔领兵攻下抚宁，第二天抵达娄城。敌帅聚兵娄城之北，种谔以轻兵三千突袭，大败敌军。第三天，敌军重新聚集，种谔派千人迎战。恰在这时，大风卷起漫天尘雾，草木皆兵的敌军惊慌失措，失声叫嚷："汉兵至矣！"纷纷夺路而逃，溃不成军。这次作战行动，"大小四战，斩首一千二百，降口一千四百"（李焘《续资治通鉴长编》）。韩绛将种谔的战绩报告朝廷后，神宗极为振奋，忙派遣内侍前往慰问。

攻占娄城后,种谔率部在娄城、抚宁修筑军事防御工程,用时二十九天。种谔出师之前,便已了解到,敌军在横山有积粟,所以令运送军需物资的民兵,少运粮草,多运建筑工具。行军、作战加筑城,总共三十五天,种谔率领的步兵、骑兵共二万人,仅用官米二斗二升,草料六束,其余全部都是从敌军获得。与此同时,韩绛又奏告:"鄜延路当筑四寨,已令种谔驻兵筑娄城。建成后,进兵筑永乐川、尚颇岭二寨。并派都监燕达、赵璞筑抚宁故城,又分荒堆三泉,吐浑川,开光岭,葭芦,与河东路修筑通接,各寨相去四十余里。"(同上)

然而,问题很快开始显现。为了攻占娄城及修筑城防,熙宁三年(1070)冬至熙宁四年(1071)正月,征用大量民夫,"调发仓猝,关陕骚然,河东尤甚"(同上),民力颇感不堪。正月十三日,河东经略司转运使、知太原府吕公弼,将这一情况报告朝廷。神宗一方面嘱咐吕公弼,尽量配合前线需要,另一方面又担心百姓不堪重负,导致内乱,同时还疑心吕公弼"过当处置,阴欲摇动边事"(同上),决定派御史范育,火速前往,实地调查。河东的问题尚未落实,延州的奏报又送到了朝廷。原权发遣①提点陕西刑狱赵卨,于本月二十三日调任权发遣延州,履职之初,便发现蕃汉健兵,都已随种谔去往前线,就连青壮年妇女,也被征发运送军需物资,仅剩老人小孩留守。而且,种谔专权自用,无视纪律,只要有所需索,便以军法促办,甚至毁撤边障楼橹,用来充建新城。经略安抚都总管司,对此毫不知情。赵卨一面命人,将这些被毁坏的城堡、要塞、瞭望台等,进行修补,以备不虞;一面将上述所见所闻,全部奏报朝廷,并说:"种谔轻率冒进,而无深谋远虑,娄城地处孤远,终究难保。今不患外国内侵,

---

①资历浅而获得破格提拔的官员,一般冠以"权发遣"之名,与正常晋升的同级官员相区别,但职权相同。权发遣提点刑狱,职权等同于提点刑狱。权发遣延州,职权亦等同于知延州。

而患纪律不正;不患城池难守,而患威柄倒持,祸起萧墙,动失机会。望改择贤帅,以解西部危局!"

更糟糕的是,西夏娄城挫败之后,决定向辽国借兵,进行报复。熙宁四年(1071)二月十四日,朝廷接河东路探报,契丹秘密调遣三十万大军,前往西部边界。神宗闻知,惊疑不定。王安石分析道:

"契丹有此动作,不足为怪。陛下即位以来,即经营绥州,又取银州,破辽、夏唇齿之势。契丹认为,中国若已征服夏国,必定窥视幽燕。趁宋、夏相持之时,加以阻挠,自然事半功倍。既可阻挠中国,又于己方利益无损,契丹何为不许?"

神宗忧心忡忡地说:"果然如此,当如何应对?"

王安石说:"陛下若能以静重待之,即便加一契丹,边事亦不至于狼狈。若想进取,则非臣所知。我方若能坚壁清野,积聚粮草以待敌,则敌不至于成为我之大患。而夏、辽二国集大军于边境,其粮草何以持久?爱惜粮草,无伤民力,而以静重待敌,则外患不足为虑!"

参知政事冯京提出,派使者前往辽国斡旋,令其不要出兵。王安石认为,这些虚辞伪事,皆不足为。他重申:

"若要胜过夷狄,唯有内修政刑,使将吏称职,财谷富足,兵强马壮。"

神宗担心陕西财用不足,王安石说:

"今所以不应取攻势,即因财用不足。因此,臣以理财为方今急务。尚未理财而先用兵,则难以成功。臣多次说过,天下事如弈棋,以下子先后当否为胜负。理财则以农事为急,农事则以去民疾苦、抑制兼并为急。此臣所以汲汲于差役之法也。"

至此,神宗开始接受王安石"安内以制外"的主张。第二天,神宗郑重地嘱咐辅臣,戒谕各路将帅,不可妄生事端,并说:

"方今国财民力皆困匮,纪纲政事正宜修理,卿等更需加倍努力。"

　　王安石说："昔魏征有言：'中国既安，远人自服。'此乃至理名言。自古未有政事修而财用不足、远人不服者。"

　　吴充也补充道："《诗经》中亦有句云：'惠此中国，以绥四方。'盖先于治内尔。"

　　冯京和王安石都建议神宗明降诏书，但神宗认为，昭告天下，恐怕会让别有用心者"缘而生奸"，只需令边臣领会朝廷意旨即可。于是，二月十六日，诏令河东、陕西诸路经略安抚转运钤辖司，戒谕守边将吏，不可贪功生事，妄起衅端，以开边隙。令各路帅臣，遵守约束，各务安静，如有违反，当行诛责。

　　与河东探报同时，二月十四日这天，神宗又接到权发遣延州赵卨的奏报："娄城必不可守！宾草、抚宁二堡皆未就绪，种谔又欲修配岗及义合镇。为了配合其军事工役，竟然将边地视同内地村镇，随意裁撤戍卫，导致篱落隳坏，人民单残，甚于寇至。"

　　熙宁三年（1070）冬，韩绛谋划发兵取横山时，赵卨为韩绛幕僚，掌安抚司机宜文字，对于横山军事行动，就一直持反对态度。认为大兵所过之处，"山界皆沙碛，乏善水草，又无险隘可以控扼"（李焘《续资治通鉴长编》），十分危险。而且，攻取娄城之后，不建城寨，不储粮草，则难以安集。虽然趁着兵威，可以暂时筑城，但娄城深入敌境，形势孤绝，又无水草，粮道阻绝，难以长期坚守。因此，"劳师远攻，未见其利也"（同上）。但韩绛没有听从他的意见。

　　读罢赵卨的奏章，神宗与宰辅商议之后，于二月十六日派遣户部副使、司勋郎中张景宪等，火速赶赴前线，按视娄城、抚宁城。熟谙边事的张景宪受命即奏曰："二城不可守，臣固不待到而后知。"（同上）果然，二月二十日，抚宁被夏人攻陷。张景宪刚刚走到半路，就得知了这一消息。抚宁失陷，导致千余人阵亡。朝廷于三月二日才听闻其事，神宗恻然伤悼,无比沉痛地说:"边城举动,后宜深戒也!"

祸不单行,三月三日,陕西路又传来坏消息。抚宁失陷后,敌军集中兵力攻打娄城,形势危急,韩绛命庆州出兵牵制。但庆州之兵,此前已因边将争功、赏罚不公等缘故,矛盾重重,此时仓猝征发,将士皆深怀怨恨,于是两千多士兵持械叛乱。二月二十四日夜晚,焚烧北城,大噪纵掠,斩关而出。虽然,知庆州王广渊临危不乱,处置果断,不到半个月就平息了兵乱,但这一突发事件,给本已危如累卵的前线军情,又平添了更多变数。收到庆州兵乱消息的当天,正是上巳假日,神宗紧急召开御前会议。王安石再次告诫神宗:

"财用不足,又未有足以倚赖的人才,边事姑且只能静重而已。若能静重以待边事,则夷狄未能为患,于是可以修内政。内政已成,人才足用,财力富强,则为之无不可者。"

正月派往河东的范育,已于二月底回朝复命。他调研的结果,不仅证实了河东路经略司当初的反馈,而且发现韩绛、种谔预定"取娄城,建六寨,以通麟州,包地数百里,则鄜延、河东二路,有辅车之势"的规划,极不现实。因麟州与娄城相距遥远,行军需九天,不仅将士束手疲饿,而且"尽日行狭隘中,若遇数百人邀击,则只轮不返"(同上)。更何况宋军有所行动之后,夏人已在沿途严阵以待。日前河东还只筑完荒堆三泉一寨,而河东财力已竭。所幸二月二十二日,朝廷已下令停止其余城寨的修建,否则生民扰攘,为患极深。而荒堆三泉寨,去敌才数十里,修筑之时,已引得敌军数万争占。"孤城深寄贼巢,兵多则转饷难给,兵少则捍御不足"(同上),加以未知地利,很难长期坚守。张景宪抵达鄜延之后,也于三月初奏报朝廷:"娄城距绥德百余里,邈然孤城,凿井无水,无可守之理。"(同上)并将沿途所见"百姓憔悴,师旅咨嗟之状"(同上),一一告知,请求"罢徒劳之役,废无用之城,严敕诸将,大为守备而已"(同

上）。随后，其他使者也回奏："入鄜延界，询求娄城利害，无一人言便者，乞速毁废，以解一路之患。"（同上）

除了已经投入的大量人力物力，当时娄城尚有三千将士，并积聚了大批粮草，但抚宁失陷之后，士气低落畏怯。经过反复商讨，为避免更多无谓的牺牲，三月十八日，朝廷正式诏令：弃毁娄城。三月二十一日，种谔因失陷抚宁堡之罪，责授汝州团练使，潭州安置。三月二十二日，韩绛因兴师败绩之罪，罢陕西路宣抚使，以本官出知邓州。王安石曾评价种谔：

"若委以兵三二千，令其出入境上，扰击蕃部，即似可用。但不可命为主帅。"

此时，西夏也早已苦于征战，开始释出请和意愿。王安石主张"明示欲和，以怠其志，徐与之议，以坚其约"（李焘《续资治通鉴长编》）。于是，熙宁四年（1071）三月下旬，宋、夏之间的这场纷争，亦逐渐接近尾声。

随后便是如何处置交战期间，因受利诱或战败而投降入宋的夏人。对此，无论是朝廷内部还是边地将帅之间，都存在诸多分歧。主流的观点是，应将这些人统统留下，既可以减少夏国人口，"使彼人少，即于彼有害"（李焘《续资治通鉴长编》）；同时，这些人皆深晓夏国内情，"招降蕃部，可用为向导"（同上）。王安石则主张，应征询这些降附者本人的意见，愿归夏者令其归夏，愿留宋者给予妥善安置，则"留者皆为我用，去者亦必怀惠"（同上）；对于朝廷来说，亦"可以省粮食，免检察，且足以示广大推恩"（同上）。反之，如果全部强行留下，一则荒瘠边地。主要依靠国家财政支撑，大宋子民尚且生活艰难，"乃更欲招夏国老弱收养"（同上），于国家有害无利；二则许多降附者，父母妻小都在夏国，必定不安于宋，即便不得已留下来，将来也会"谋窜归夏国"（同上），反而成为腹心之患。在王安石条分缕析的劝说下，神宗接受了这一主张。熙宁四年（1071）十二月,先于麟州放归了一位名叫结星的夏国人。此人在与宋军交战中力屈而降,后来接受了宋朝的官职,作为惩罚,夏人杀害了他的爱女,但他仍有诸多家人留在夏国,时间长了,思家心切,试图潜归夏国,被人告发。此事上报朝廷后,神宗说:"结星力屈而降,家在西界,其欲归宜也,可听其去,而厚赏告者。"(同上)随后又正式颁发诏令:"去秋以后所获夏国人口,各令经略司选差官就便取问,如愿归并准此,愿留者存恤之。"(同上)各路将愿归者名单统计好了之后,通知夏国,统一在各处边界地带交割。这一举措,不仅减轻了宋朝的财政压力,更重要的是,缓和了两国之间的矛盾,一定程度上有助于外部环境的稳定。

对于边界问题,王安石的处置态度,也与众人不同。在尚未做好充分的军事准备之前,他不主张寸土必争。他认为,边境安宁,"正宜讨论大计,如疆场尺寸之地,不足校计"(同上)。熙宁五年(1072)四月,赵卨打算趁夏人不备,占领荒地修筑堡寨,执政大臣大多认可,只有王安石表示反对,他说:

"今若要与夏人绝交,就明确绝之;要与之和,则须坚守信誓。既已约夏人商量地界,又出其不意,占领荒地,此非良策也。况且,我赖以与敌对峙,亦不在此数里之地。"

神宗听罢也很认同,于是下令放弃原有计划,在绥德城界范围内,寻找地势合宜,"有水泉处修置堡寨"(同上)。此后其他涉及边界争端的事情,亦多遵照这一原则处理。

五、受王安石之托，王韶经营河湟，起步极为艰难

在积极推动"安内稳外"决策导向的同时，逐步对西夏形成迂回包抄之势的计划，也早在王安石的考虑中。在他心中，撰写《平戎策》三篇的王韶，正是执行这一计划的最佳人选。熙宁元年（1068），在王安石推荐下，王韶得到神宗召见，授管干秦凤路经略司机宜文字，直接派到西部边境。熙宁二年（1069）三月，王安石亲自写信给秦凤路经略安抚使、知秦州孙永，称美王韶之才。王韶抵达秦州(今甘肃天水)后，经实地考察，发现渭源城至秦州成纪县，沿河五六百里，无人耕种的良田多达万顷，遂向朝廷建议，由官府出面，向秦州和籴场①，借钱三五万贯作本钱，募人耕种，预计一顷地大约用钱三十千，岁收将不下三百石。以一百石为人、牛、粮种之费，尚存二百石。沿边地区，历来仰给朝廷，若能募人营田，则可一定程度减轻中央财政负担。同时，王韶还发现，秦凤路边境贸易十分兴盛，每年货物销售额达百千万钱，而价格涨跌，往往受到少数富商大贾的操控，利润尽为这些人所取。因此，建议朝廷在秦凤路设置市易司，借官钱为本，从内地采购货物，到沿边建立市场，与边民交易。既可招徕蕃部，又能从中赚取利润，同时稳定市场、平抑物价、促进贸易发展，还可收取商贾交易税，用于营田的资本。将来措置洮河之事，亦可不必朝廷拨款，收市易之赢与营田所获，即可解决古渭(今甘肃陇西)聚兵所需粮草。

神宗召集宰辅讨论这一建议，文彦博照例反对，他说：

---

① 负责征收粮食的机构。

"这就好比工师造屋,刚开始说得天花乱坠,令人容易发心修造。待到动工之后,没有退路,这才开始坐地增价。"

神宗反驳道:"屋坏岂可不修?"

王安石说:"如果主家精明周详,自有忖度,岂至为工师所欺?"

熙宁三年(1070)二月十一日,王韶被任命为提举蕃部兼营田、市易,负责秦凤路营田、市易事务。但是,接下来工作进展却极不顺利。首先是知秦州李师中,对王韶的任命提出异议,他认为如果用王韶为提举,而不令秦凤路兵马都钤辖向宝为大提举,将会失向宝之心,使他不愿为国尽力。文彦博、陈升之都表示赞成,唯有王安石坚决反对,他说:

"向宝一向沮坏王韶之事。王韶曾说:有两个夷族不肯接受招抚,即是向宝从中作梗之故。如今若令向宝与王韶共事,而官位又居其上,则恐怕王韶根本无法开展工作。况且,朝廷用一王韶,为何就是有亏于向宝?向宝又有何理由不肯为国尽节?"

在王安石的强力坚持下,四月十八日,神宗紧急撤回了任命向宝兼提举秦州西路缘边蕃部的诏令。四月二十三日,任命高遵裕与王韶同为提举。四月二十六日,派专使训谕李师中:

"向宝若心怀怨望,不肯尽力为国,朝廷岂无刑戮以待之?卿为主帅,亦岂免责?王韶所论之事,卿皆参与商议,事成事败,朝廷诛赏必以卿为首,不专在韶。"

李师中极为信任和倚重向宝,对朝廷的训谕十分不满,遂回奏道:"向宝在边地无由得安,乞罢之,专委王韶及高遵裕。"随即又给朝廷出了一个难题:秦州边地土著托硕、隆博二族相仇,武胜军(今甘肃临洮一带)吐蕃首领董裕以兵助托硕,这场骚乱非向宝不能制。同时,李师中还劾奏王韶营田时,违背朝廷"募人耕种,止标拨荒闲地,不得侵扰蕃部"(李焘《续资治通鉴长编》)的诏旨,"又欲移市易司于古渭寨"(同上),他担心

"自此秦州益多事,所得不补所失"(同上)。并表示,王韶当初献议,朝廷即依所奏,未尝令秦凤路经略安抚司及秦州府进行考察评估,请求朝廷派人重行审定。

这份奏章在宰辅大臣之间又引发了一场激烈争论。六月七日,神宗决定派开封府判官王克臣、内侍押班李若愚,前往秦州调查核实。同时,命秦凤路副总管窦舜卿知秦州,李师中侮慢朝廷、奏事反复,令于永兴军听旨。但李师中、文彦博都认为,吐蕃董裕作乱,王韶身为提举蕃部不能及早察觉,应该承担责任。六月十七日,神宗批付中书、枢密院,令王韶于秦州听旨,等王克臣、李若愚考察结果出来后再做处置。王安石极力为王韶辩护:

"王韶任职不久,威信未立,孤立无援,又为李师中所忌、众兵官所恶,又岂能排沮向宝?王韶在秦州,威势远不及李师中,师中尚不能预知董裕作乱,王韶又如何能知?如果骤然令其于秦州听旨,恐怕会挫伤其意气,今后再令做事,难免畏首畏尾,不敢施展。"

七月十一日,李若愚等回奏朝廷,不仅证明李师中所奏属实,而且带回来一个几乎令人难以置信的消息:"问耕地何在?王韶竟不能回答,只是一味嚷嚷,众人合谋陷害我。窦舜卿派人丈量,仅得地一顷六十亩,不久地主申诉,又归还了。"李若愚等劾奏王韶欺罔朝廷,又说古渭寨置市易司甚为不妥,还指控王韶将官钱借与亲旧,"使之他方贩易,放散甚多"(同上)。这一结果大出王安石意料。因李若愚与李师中私交甚笃,王安石认为若愚所奏不实,神宗也有此疑虑,于是令新任秦凤路都转运使沈起再次查究,并令王韶详细报告,耕地所在位置。

王韶试图将市易司从秦州移至古渭寨,正是其收复河湟的战略步骤之一,对此王安石心领神会。他对神宗解释道:

"臣以为,若想合并生羌(指既不归属西夏、亦不归属宋朝的羌人),则形势欲张,应接欲近。于古渭置市易,则应接近。古渭商旅并集,居者愈多,朝廷即可在此建军①,增兵马,择人守之,则形势张矣。"

李若愚等人认为,在古渭寨置市易司,聚三十万货物,将令西夏起掳掠之心,又妨碍秦州私家交易,私人交易多赊贷,官府市易则不然,而且市易司移到古渭,则秦州的酒税收入必然减少。曾公亮、文彦博、冯京都认为李若愚等人所言为是。针对这些反对意见,王安石逐一进行了驳斥,他说:

"若夏人能侵占古渭,岂止三十万贯之利?若连三十万贯尚且不敢置于古渭,唯恐夏人争夺,则何必奢谈招纳洮、河、武胜生羌?夏人若敢与我争夺此三地生羌,则其利又岂只区区三十万贯而已?今蕃户富有者,往往手中便有三二十万缗,他们尚且不怕劫夺,堂堂朝廷却怕被抢,难道朝廷威力竟衰弱至此?至于说官府市易不许赊贷,百姓不便,今设立市易,并非禁止民间赊贷,于百姓有何不便?而所谓秦州酒税减少之说,更不值一驳,秦州酒税减,则古渭酒税增,钱在古渭或在秦州,有何区别?"

有人指出,韩琦曾令增古渭地税,阻止秦州人往古渭聚居。王安石说:"这恰恰说明,百姓都认为往古渭交易更为便利。不然,又何须用增税的手段阻止聚居?而秦州乃军事重地,只怕有战力的兵士减少,商旅减少又有何妨?今王韶欲在古渭置市易,此事利弊,臣虽不敢断言,但若愚所奏,臣亦不敢苟同。"

十月,沈起回奏:经调查,王韶所言荒地确实存在,但此时不宜进行丈量,恐怕引起边人疑惑,"俟招安诸蕃各已信服,人情通顺,然后为之未晚"(李焘《续资治通鉴长编》)。沈起的调查报告,遭到侍御史知杂事谢景

①军:与州平级的地方行政单位,地势冲要、户口少而不成州者,则设军。

温、御史薛昌朝的反对,连章弹击,指控沈起所说乃甘谷城之地,并非王韶此前所说渭源城至成纪县(秦州治所)沿河荒地,要求朝廷治王韶、沈起欺妄之罪。其实,甘谷城在秦州西北一百八十五里处,是熙宁元年(1068)韩琦主张下新建的一座堡寨,位于渭河支流散渡河沿岸的狭长冲积平原(今甘肃甘谷县西北与通渭县东南交界处),正在王韶所指渭源至秦州这一地理范围的中间地带。而且,熙宁三年(1070)六月,李师中的奏折中也表明,甘谷城周围确有大片荒地,只是他与王韶对这些荒地的性质,说法不同,王韶说是蕃部献地,李师中说是私占蕃部土地。①但无论是御史,还是神宗以及王安石等宰执大臣,由于不熟悉边疆地理,且集体忽视了李师中六月的奏折,在李若愚等人的调查报告误导下,将荒地性质之争,转变成荒地有无之争,由此爆发了一场纠缠不清的口水战。王安石指责李师中、向宝稽留朝旨,奏事反复;文彦博为师中辩护,指责王韶从中搅扰,令边帅难以任责。

王安石说:"王韶虽是陛下特旨差为机宜文字,但履任不久,李师中便上书力荐,称王韶有王佐之材,乞令管勾蕃部事,故而朝廷从其奏请。营田之事,亦皆是李师中审批施行,王韶何尝搅扰师中?"

讨论处罚结果时,吴充主张向宝、王韶皆降官。王安石说:"向宝有上书不实之罪,王韶又有何罪?"

文彦博说:"沈起善于观望奉迎,岂肯推究王韶罪状?"

神宗也怀疑王韶所说荒地不实:"王韶既然不能明确指陈,必是无地。"

王安石说:"京东路曾有人冒名侵占大泽泊,被人论告,此事积年不决,原告反而被以诬罔不实之罪判处徒刑。后来王广渊追查其事,才知

① 此处参考崔玉谦《熙宁初年甘谷城垦田争议考述》,《西夏学》第9辑。

确曾冒占。内地州县,地契、账簿,历历分明,尚且如此,何况边地蕃汉杂处,又无地契、账簿可以查验?经略使不肯根究,官吏承望风旨,虽有荒地,却令生户、熟户各自占认,王韶又怎么可以陈指?"

话虽有理,却无真凭实据,神宗疑虑难解,王安石终究不胜众论。十月二十二日,神宗诏令:李师中落天章阁待制之职,降授度支郎中、知舒州;向宝落带御器之职,仍为秦凤路钤辖;王韶由著作佐郎降为保平军节度推官,依旧提举秦州西路蕃部及市易司。

诏令下达后,神宗反复思量,仍觉此事尚在疑似之间。过了一段时间,又令继任秦州知州韩缜再次调查核实。熙宁四年(1071)春,韩缜回奏:"渭河流域确实有荒田四千余顷。"

王安石闻知,为王韶抱不平,对神宗说:"王韶为陛下尽力,陛下仍执意夺其官职,臣不知是何用意?"

神宗亦深感有亏王韶,遂于熙宁四年(1071)五月,召王韶进京入对①。六月十六日,王韶奉诏入对。几天后,神宗对臣僚说:

"边臣诞妄确实害事,循理可知而事不可知,边臣奏报诚实乃可决断。如窦舜卿说王韶所奏之地只有一顷,当时朝廷以为必无此地,如今韩缜丈量,乃有四千余顷,但舜卿仍坚持韩缜所言之地,必非王韶所指之地。"

文彦博、冯京也都认为韩缜所言不实。文彦博说:"凡事患在巧言乱实。"

神宗说:"患不明,不患巧言。若见理明,巧言又怎能乱?边臣皆凭各自爱恶利害处事,无所忌惮。韩缜此次之所以打量出地来,乃是因其与窦舜卿不相能的缘故,其他事亦不肯如此尽力。"

---

① 臣下进入皇宫回答皇帝提出的问题。

　　文彦博、冯京都说韩缜所指之地，乃是打算用来招弓箭手①的荒地。王安石说：

　　"王韶当初所奏乃是：'荒田不耕，何啻万顷。'并不曾说除招弓箭手之地以外，尚有如此多的荒地。"

　　文彦博反问道："照此说来，则须治窦舜卿之罪？"

　　王安石说："窦舜卿奏章明言除去欲招弓箭手之地，从奏章文字来看，未见欺罔。"

　　文彦博等仍认定王韶、韩缜欺罔。王安石拿出秦州所献地图，将图中所载，一一指示给众人，并说：

　　"韩缜素来与王韶不和，多有毁沮之辞，其言语具载于奏报之中，陛下皆亲眼所见。有何理由唯独在此荒田之事上，与王韶朋比为欺？当初御史为何攻讦王韶？都是听从陈升之、冯京的吩咐！谢景温说，沈起将甘谷城荒地，妄作渭河沿岸荒地，欲掩饰王韶之罪。臣当面诘问景温：'沈起所呈案卷具在，并未将甘谷城地作王韶所奏之地，为何如此妄言？'景温当着臣与冯京之面回答：'乃是听闻集贤相公与参政谏议②所言如此。'陛下可曾记得此事？"

　　此时，神宗已坚信王韶无罪，应恢复官职。文彦博等虽极力阻拦，但神宗心意已决。熙宁四年（1071）六月二十二日，王韶复为著作佐郎、提举秦州西路蕃部及市易司。

---

　　① 弓箭手：边地民兵。宋朝规定，凡边民应募为弓箭手，可给予闲田，免其租税，平时务农，战时即与正规军一同作战，但朝廷不提供武器粮食等。
　　② 陈升之时任宰相，带集贤殿大学士之职，故称集贤相。冯京为右谏议大夫、参知政事，故称参政谏议。

六、针对王韶的非议不断，王安石全力护航

　　持续三年多的宋、夏正面对抗，既已于熙宁四年(1071)三四月间趋于平缓，神宗从这三年多充满挫败、劳而无功的武力尝试中，吸取了教训，完全接受王安石"安内稳外，迂回包抄"的战略方针，决定将主要精力，用于经营河湟。遂于熙宁四年(1071)八月九日，置洮河安抚司(又名秦凤路缘边安抚司)，命王韶任安抚使、兼营田市易。自古渭寨，至青唐(今青海西宁)、武胜军(今甘肃临洮一带)应招纳蕃部、市易、募人营田等事，均由王韶主管。高遵裕同领安抚使、兼营田市易。

　　治平二年(1065)，吐蕃分裂，董毡承续其父唃厮罗，仍对宋保持依附关系，但他对河湟地区的控制力有限。熙宁三年(1070)，蕃僧结斡恰尔、康藏星罗结二人，利用董毡、董裕(董毡异母兄瞎毡之子)亲族间的矛盾，偷偷迎接董裕到武胜军，"立文法(法规、制度)，谋姻夏国，有并吞诸羌意"(李焘《续资治通鉴长编》)。如不及早加以征讨，将会养成大患。王安石制定的对策是，"以兵威迫胁，厚立购赏，捕星罗结并结斡恰尔，招安其余众"(同上)。因河湟蕃人大多信奉佛教，结斡恰尔信众甚多，此次奉诏入对，王韶主张运用宗教手段进行劝降，请求朝廷派高僧智缘，一同前往边地，协助招纳蕃部。

　　智缘是随州人，法号妙应大师，他口才极佳，且长于医术，替人诊脉，不仅能知病症，还可知人贵贱、祸福。嘉祐八年(1063)到京城为仁宗治病，士大夫争相拜访，王安石也在那时与他相识。据说，智缘曾为王安石诊脉，预测"当有子登科之喜"(周辉《清波杂志》)，当时王珪在座，不以为

然，认为是奇谈怪论，从古至今闻所未闻。智缘回答道："春秋时期，秦医和为晋侯诊脉，而知良臣必死。良臣之死，乃见于晋侯之脉。诊父而知子，又何足怪？"果然，治平四年(1067)，王雱进士及第。熙宁三年(1070)，智缘登门"乞文以为宠"(同上)，王安石为作短文《与妙应大师说》。不过，也有人说，这篇文章并非王安石所作，"特其徒假公重名，矜炫以售其术尔"(同上)。

　　王韶携智缘回到边地后，一边持续推进营田、市易，一边着手招纳青唐蕃部。俞龙珂一族在青唐势力最大，渭源(今甘肃渭源)的羌人以及西夏，都想方设法笼络，欲使其归属于自己。对于这块多方觊觎之地，秦凤路的将帅打算以武力征讨，但王韶认为不妥。一天，他在例行巡察边境时，带着几名随从骑兵，直入蕃部帐幕，与俞龙珂等青唐部族首领把酒论交，畅谈天下大势，谕以成败祸福，当天晚上，便留宿在他们的帐幕中。众首领都被王韶的豪爽热情与诚挚恳切所吸引，更被他笃信无猜的气度所打动，第二天一早，便有两个部族派出豪右之士，随王韶东归，以示归顺。与此同时，智缘也发挥他出色的口才与宗教优势，积极配合王韶的招抚计划。他初到边地，即以游方僧人的身份"径入蕃中"(《宋史·智缘传》)，与结斡恰尔谈经论道，结为挚友。王韶成功说服青唐诸位部族首领后，形势开始朝利于宋朝的方向转化，结斡恰尔等人不得不暂停另立政权，并放弃与夏国联姻的打算。随后康藏星罗结束手就擒，许多羌人部族纷纷降服。智缘趁机成功劝说结斡恰尔归顺宋朝，结斡恰尔的信众辖约裕啰、格勒裕勒、藏纳克凌结与巴勒凌结等部族，都因智缘的关系，向宋朝表达归顺之意。大势所趋之下，不久，俞龙珂也率领属下十二万口归附。

　　但是，针对王韶的各种非议依然源源不断。神宗受到负面言论的影响，对王韶时而信任，时而生疑，摇摆不定。王安石一次又一次进行辩驳,全力护航。熙宁四年(1071)十二月,王韶奏报,"俞龙珂及旺奇巴等举种内属"(李焘《续资治通鉴长编》),请求给俞龙珂、旺奇巴等蕃部首领授予官职。但文彦博认为,河湟西蕃本就脆弱,微眇不足虑,不值得朝廷耗费人力物力进行招抚。对此,王安石反驳道:

"熙宁三年(1070)托硕引董裕作乱,秦州便奈何不得。今幅员数千里边地异族,倘若有一豪杰自强,自立制度,逐渐内侵,则蜗角蝇头之事,亦不可谓之无而小视之。今董毡等固然只是庸才,若稍稍凶悍狡黠,必定兼并生羌,日迫内地,则是另一夏国诞生,岂可以为微眇不足虑?《老子》曰:'其脆易破,其微易散,其未兆易谋。'如今生羌微眇,正是当施计谋之时。若待其党众聚合,方才虑及,则为时已晚!"

神宗常听人说,王韶夸大其词、虚报功劳,他声称已受招抚的蕃人,其实并不能为朝廷所用,故而表示,必须可以按名册征集为朝廷所用,才能称得上"举族内属"。王安石说:

"笼络异族,需循序渐进,怎可立即要求王韶征集为用?朝廷若能依王韶之谋,给归附的蕃人首领授予官职。朝廷再付给王韶等人十万缗作为本钱,置市易司,收其利息,用于归附蕃人的禄赐,并非劳民伤财。即便三五年间,不能按名册征集,但至少蕃族均已受我羁縻,有利无害。将来再征召其强壮者为民兵,则其强壮者服于下,首领附于上,其余人众还怕不为我用?但此事恐怕须稍待岁月,乃见成效!况且,如今朝廷已经封赐的蕃官,如董毡为节度使,木征为刺史,又何尝有用?"

神宗听罢,觉得有理,于是"令悉依王韶所乞"(李焘《续资治通鉴长编》)。几个月后,又授俞龙珂西头供奉官之职,厚赐金帛,并赐汉名。俞龙珂自言:"平生闻包中丞乃朝廷忠臣,乞赐姓包氏。"遂赐姓包,名顺。

但时隔不久,熙宁五年(1072)正月十九日,神宗又向王安石抱怨:

"王韶过于轻率,边臣奏报,最近兰山族刚来申请恩赐,他便宣称说举族内附。"

王安石解释道："王韶不过是急于为朝廷所知，故小有收获便匆匆奏报。况且，兰山族既已表示愿受招纳，称之为举族内附也不为过。考察王韶前后谋略策画之事，皆精密准确，从未有过失算。他能于众人窥伺倾轧之中建立事功，不可谓没有气魄与谋略！"

二月十三日，神宗忽然有旨，令秦凤路缘边安抚司核算市易钱，提请秦凤路经略司逐一勘查，把剩余部分上缴，招纳蕃部有所需索，可另行支取。王安石闻知，忙问神宗所为何故？神宗说：

"有人反映，市易司并无利润，所谓以市易钱支付蕃部皆是造假，虚报功劳，欺罔朝廷。因此事涉及外蕃，时过境迁之后难以查实，不如预先防备，明明白白拨数万缗专款专用。"

王安石说："即便一个平庸的商贾，若能得二十万缗本钱，便能赚取利润，王韶岂能不运筹干办？不知此言陛下听何人所说？必是无中生有。市易司并非王韶独掌，财物也非王韶独专，王韶如何能造假欺罔？若真有此事，彻查又有何难？例如，付钱一百缗给结斡恰尔，便可向结斡恰尔核实。况且，王韶的事业刚刚起步，怎会骤然自毁前程？"

神宗说："朝廷并未怀疑王韶，只是令事事清楚明白，以免遭人谤议罢了。"

王安石说："谤议如何可免？陛下倘能信任不疑，谤议又有何伤？既然如此猜疑，又有什么理由要求王韶竭诚尽力？臣以为，任人当有大略，如汉高祖用陈平，自言不受金无以为资，汉高祖即付金四万斤，任其收支出纳，绝不查问，所以能成大事。何况王韶并不像陈平那般品行不端。今陛下另拨三五万缗专款专用，在下者若有心做伪，恐怕也无从辨察。以臣愚见，即便王韶妄用市易钱，若能成就一方大事，亦当容忍，何况他并未妄用，不应如此猜疑。王韶内为宰执大臣所沮，外则为将帅所坏，无罪尚且凛凛不自保,何况有罪?"

神宗原本打算派使者前往古渭考察虚实,王安石说:

"蕃户有无力量,能否为我所用,即使久在边地的王韶,目前尚不得而知,临时派去的使者,又能了解到什么实情? 生羌与中国隔绝已久,其有力量或无力量,皆非中国所知,只要肯来归附,即应授官赐赏。未来附属之人自争强弱,亦非安抚司所能知。附我者虽弱,不可不助;未附者虽强,不可不摧,如此才能施恩立威。"

秦凤路经略司受旨勘查市易钱,凡王韶任用之人皆发文追捕。王韶强势应对,追捕文书一律截留,称相关人等有紧急边务,暂不能应命,需等边务完成之后方可。并上奏朝廷:"如此大张旗鼓,恐人情骚扰,乞请改由三司查核。"经略司只拘捕到商人元瓘。此人曾在市易司供差遣,熙宁四年(1071)有人奏论:元瓘是还俗的僧人,品行不好。王安石认为,市易司供差遣之人,不可能全都是笃行君子,但仍是无法拗过满朝舆论。于是,三司下令:元瓘不得在市易司供职。王韶认为元瓘谙习商贩,令下属进京公干时,到待漏院投递申请,希望聘用元瓘,没有得到批准。王韶遂设法将元瓘改名为仲通,仍让他在市易司供职,并交给他五千缗交子作为公用。此次勘查即从元瓘着手。

王安石对神宗说:"王韶并非贪墨之人,臣敢保任。假若王韶想侵吞公款、欺罔朝廷,高遵裕等人都有监督之责,岂肯包庇? 王韶所借官钱总共才二千余缗,即便全部私吞,以朝廷委任边臣的待遇与规格而言,亦不值得计较。"

虽然层出不穷的非议,使神宗难免对王韶疑窦丛生,但王安石的说服力却更为持久而深入。王安石认为,秦凤路缘边安抚司招纳蕃部以兼制羌夷,之所以谤议纷纷,根本原因在于"其事独出于圣算,而专委王韶"(李焘《续资治通鉴长编》)。经略西北是神宗夙愿,早在登基之初就遭到群臣反对,如今宰执大臣亦多以事不关己的态度对待,甚至"幸无所成"(同上),以证明自己有先见之明;而专委王韶,则边地将帅因自身权力遭到分割,所以"多方沮坏,以快其私志"(同上)。为使王韶能全力推进其事,不受牵制,王安石经过多次努力,终于说服神宗,先于熙宁五年(1072)正月二十八日撤换了陕西都转运使谢景温,又于二月二十六日撤换了秦凤路安抚使、判秦州郭逵。谢景温任御史时曾弹劾王韶,后出知邓州,不久改陕西都转运使,此时又移知襄州。郭逵则多次奏论王韶欺罔,但王韶奏称:"郭逵在公开场合,常说不应招纳俞龙珂,却私下派人诱劝俞龙珂来秦州,欲将招纳之功,据为己有。"如此情势,二人已难同在一地任职。

经过这一系列的波折,神宗对王韶的好感和信赖与日俱增。一天,他对王安石说:

"王韶真是不可多得之才,有建功立业之志。"

王安石回答道:"王韶确实不可多得,为了招抚生羌,轻身入俞龙珂帐中,可谓有智有勇。秦州常患地广人稀,难以管辖,古渭繁盛,即可分秦州之忧。王韶所筹划的事情,决无后患,但须尽快施行。"

神宗点头表示认同。这次谈话,他们还议及古渭建军之事。古渭(今甘肃陇西),即唐代渭州,"安史之乱"后陷入吐蕃,宋皇祐四年(1052)收复,建为寨。紧临河湟,属秦州管辖,乃极边远之地。熙宁三年(1070),王韶将市易司移至此地,逐渐成为夷汉聚集的商贸中心。至熙宁五年(1072),"羌夷尽来古渭决曲直"(李焘《续资治通鉴长编》)。如果在古渭建军,不仅能对周边地区实施更加有效的统治,使"秦州形势遂长,足以抗西贼"(同上),而且还可作为恢复河陇向西北拓展的前沿基地。神宗命王安石写信给王韶,告知将在古渭建军的想法,随后又派专使前往古渭,与王韶、高遵裕等商议。

熙宁五年(1072)五月二日,神宗诏令:"以古渭寨为通远军,以王韶兼知军。"

五月十二日,王安石收到王韶来信,信中说:"已拓地一千二百里,招附三十余万口。众人或以为成效卓著,但以韶立志欲为朝廷所建功勋而言,此尚未仿佛,料相公对韶的期望,当亦不止于此。但恐主事者各欲保守已有功绩,无复奋励向前之意。"

至此,王韶经营秦渭边地,已初见成效,收复河湟,迈出了第一步。

王安石将王韶的来信进呈给神宗,说:"此三十万众,若能渐次以法度调取,不久即可将其汉化。王韶还说,已募得义勇之士九百余人,耕田百顷,酒坊三十余处。蕃部贱土贵货,归化之后,汉人可与蕃部交易,汉得土地,蕃部得货,各得其所欲。而田畴开垦,货殖流通,蕃汉为一,自然易于调取。然后再依序推行免役法、保马法、保甲法,使其人民富足,士马精强,即可为我所用。"

神宗有点急不可待地叹息道:"今虽已招纳得,却还用不得。"

王安石说:"王韶此前的谋略,如今已见端绪。自此以往,日见成效,不忧用不得。但要陛下明察,毋令异议扰之而已。待王韶狱事了结,可召其进京,面谕此旨,必能成就。"

五月十七日,秦凤路缘边安抚司奏请,于通远军建立学校,令蕃官子弟入学,接受教育,既可"与之亲狎,又平居无事时,家家如有质子在州"(李焘《续资治通鉴长编》)。这一计划立即获得批准。

五月二十三日,诏割秦州所辖的宁远等四寨,纳入通远军版图,并于青唐、武胜军及新招降的马禄族三处,各建一堡寨。

与此同时,秦凤路经略司勘查王韶市易钱的案子,仍在紧锣密鼓地进行,王韶下属官吏,皆先后受到传讯。五月,王韶也被要求从通远军任所,前往秦州受讯。高遵裕原本受命进京召对,如此一来,缘边安抚司便无人主持。王韶上奏："乞留遵裕在任,并由经略司别遣官代遵裕行。"(同上)这一案件,经过多方反复角力,几次更换主审,直到十一月才了结,多人为此遭到落职、贬官的处罚,王韶则被罚铜八斤。由于现存文献所限,其中是非曲直,已难详考。

七、熙宁六年(1073)十月十二日,举朝欢庆,共贺熙、河大捷

王韶在古渭招纳蕃部,令控制熙、河地区的蕃部首领木征高度紧张。木征是董毡异母兄瞎毡的长子,唃厮罗的长孙,嘉祐三年(1058),被宋朝册封为河州刺史。

熙宁五年(1072)二月,知秦州郭逵奏报："木征遣人来告:王韶原与我咒誓,约定不取渭源城一带地及青唐盐井,如今却暗中以官职诱招我部属、谋夺我土地,我力不能较,将往投奔董毡,结连蕃部来巡边。"王安石闻知,呛声道："木征是河州刺史,朝廷招纳生羌,又不侵入其所辖疆境,却称我告董毡去,我结连蕃部去,此岂河州刺史所当言? 今来招纳,何尝要其盐井及地?"

随后,木征果然前往董毡所在的青唐城结盟。五月五日,秦州使者报告,发现木征坐在董毡庭下。木征自河州到青唐途中,沿路打劫财物,但路过刚被宋朝招纳的洮河东岸时,则一如进入汉界,不敢再打劫,这一现象说明,王韶招纳蕃部,对木征起到了震慑作用。

五月六日,因木征此前进贡过药物,朝廷赐其细衣著百匹、翠毛细花锦旋襕一领,但木征面对前来赐物的朝廷使者,态度骄蹇,言语悖慢。

五月十二日,神宗明确表示："木征须早剪除。"并命王韶、高遵裕等

随机筹划。

七月,王韶举兵占领渭源堡(今甘肃渭源),派兵击破蒙罗觉族,占领策缴丕勒,又攻破穆尔瑞巴族。当时敌人处高恃险,宋军诸将打算在平地布阵。王韶考虑到敌人可能不肯放弃险要地势,速战速决,则我军必定无计可施。而部队已经深入险地,则应化险为利,化危为机。于是率领部队至玛尔巴山,翻越竹牛岭,在逼近敌军之处布阵,并喝令全军:

"兵置死地,敢有言退者,斩!"

敌军从高处扑面迎战,气势惊人,宋军不免稍稍退却。王韶披坚执锐,伫立帅旗之下,沉着冷静,指挥若定,宋军稳住阵脚,挺身迎击。敌军溃败,四处逃散。宋军乘胜追击,斩获首级、俘虏、器甲无数,并点火焚毁敌军营帐。消息传出,震惊了整个洮河西部地区。这时,木征率军渡洮河声援,余党在玛尔巴山再次聚集。王韶对诸将说:

"若官军直抵武胜,则玛尔巴山可一举而定。"

于是,令景思立、王存二将,率领泾原兵士,在竹牛岭南路虚张声势,吸引敌军主力。王韶自己则亲自率领一支部队,悄悄由东谷路直扑武胜。在距离武胜军约十里之处,与敌军遭遇,奋力击破。高遵裕亦从渭源堡西北三十里的庆平堡率军夜行,清晨抵达野人关,"羌人旅拒,引亲兵一鼓破之,进营武胜城下"(李焘《续资治通鉴长编》)。敌军首领辖约等弃城夜逃,大首领吹斯缴王阿噶出降,武胜顺利收复。

这次战争历时月余,降蕃部两万多人。八月十一日,捷报传到汴京,神宗十分兴奋,王安石也抑制不住内心的激动,赋诗一首:

吾君英睿超光武,良将西征捍隗嚣(wěi xiāo,人名,两汉之际地方割据军阀)。誓斩郅支(zhì zhī,人名,匈奴单于)聊出塞,生禽颉利(xié lì人名,唐代东突厥可汗)始归朝。一丸岂虑封函谷,千骑无由饮渭桥。好立功名标竹素,莫教空说霍嫖姚。

——王安石《西帅》

　　整首诗几乎句句用典,以汉、唐比赵宋,以光武帝刘秀比神宗,以名将霍去病比王韶,以地方割据军阀、匈奴单于、突厥可汗比西蕃。语调铿锵,节奏明快,洋溢着豪迈乐观的情绪。东汉初,隗嚣负隅顽抗,属将王元建议以一丸泥东封函谷关,结果"据隘自守,旷日持久,以待四方之变"(《后汉书·隗嚣传》)的迷梦,很快便遭到粉碎;初唐时,"突厥颉利至于渭水便桥之北"(《旧唐书·太宗本纪》),隔水窥见唐军军容盛壮,严阵以待,遂大惧而请和。今日情势亦复如是。有英明睿智、威震四夷的帝王,有立志成就功业、留名青史的良将,胡马窥江将永远成为历史,一去不复返!

　　随后,神宗命王安石亲自部署武胜筑城固防之事。在写给王韶的信中,王安石描绘了武胜新城的远景蓝图:

　　洮河东西蕃汉集附,即武胜必为帅府,今日筑城恐不当小。

——王安石《与王子醇书》

　　考虑到目前人力、物力之限,可能"功多难成,城大难守",他建议王韶不要毁坏旧城,在保留旧城的基础上加建新城,同时应"审处地势,以待异时增广"。因为城成之后,朝廷将设置市易司、蕃巡检等各种行政机构,届时还需修造大量官舍,然后再招募蕃、汉有能力之人,"假以官本,置坊列肆,使蕃汉官私两利"。

　　对于武胜的未来,王安石充满信心,他说:"洮西必将成为内地,武胜若移置市易司,不久即可成为繁华都会。洮河位于夏国上游,足以制其死命!"

神宗也慷慨表态:"当初韩绛花费六百万贯,结果一无所成。武胜即便花费更多,亦值。"

想到战争带来的伤亡,王安石深怀哀感,他说:"武胜攻讨杀伤,遇难将士百姓,亦不能不令人恻怛哀伤。然反观其地多年纷扰,递相仇杀,如今收归皇朝,便将再无内乱,则一时攻讨杀伤,亦是不得已为之。"为了尽快修复战争的伤痛,朝廷也颁发了一系列优恤政策。

八月十六日,朝廷诏令:改武胜军为镇洮军,命高遵裕任知军。

八月二十八日,王韶奏报:破木征于观凌城。木征败走,其弟结斡延正率部族二千余人,与观凌城大首领李楞占讷芝出降。

九月一日,朝廷诏令:以结斡延正为礼宾副使、镇洮军河西一带蕃部钤辖,封其母为永安县太君,赐以器币。

九月三日,朝廷诏令秦凤路缘边安抚司,晓谕木征:限一月内投降,即可免罪,并优与官爵。如若不从,将多设方略擒讨,并以内殿崇班的官职及赏钱五千缗,悬赏抓捕。一个月过去,木征没有投降,但熙、河地区的其他吐蕃首领,相继降宋,其中就包括木征的重要谋主辖约。辖约是俞龙珂(包顺)之兄,降宋后亦赐姓包,仍名约,即包约。木征的势力受到严重损毁。

十月二十一日,朝廷诏令:改镇洮军为熙州,置熙河路经略安抚司,下辖熙州、河州、洮州、岷州、通远军,王韶升任龙图阁待制、熙河路都总管、经略安抚使兼知熙州。

王韶履任之后,百废待兴,赏赐军功,安抚百姓,处置俘虏,筹置市易司、招纳周边尚未归附的蕃部,造船、置水手,打造一支五百人的水军,为下一步征战做准备。与此同时,王韶也着手发展农业生产。他发现洮河流域可以开垦为稻田,但蕃人不事农耕,需要善于种稻者进行指导。朝廷遂令淮南、两浙、江南、荆湖、梓州各路,如有谙晓耕种稻田的农民,犯罪该刺配者,除情理凶恶者,或罪状较轻者之外,皆刺配熙州,满三百人即止。几个月后,熙州逐渐恢复正常的生活状态。十二月二十三日,派去监修武胜城的特使回朝复命,禀报说:"熙河人情甚喜,城中时有蕃酋女子,联袂围绕汉官踏歌,都说从今以后,再无仇杀,蕃汉交易,生意兴隆,快快乐乐不愁生计,也不用担心被木征抢夺人口牛马。"

虽然,河州、洮州、岷州已纳入新置的熙河路经略安抚司,但这些地区皆尚未收复,正是王韶下一步的目标。为此,神宗亲下手诏:"所议不须申覆及上奏,亦不必过为详。谨妨事。"(李焘《续资治通鉴长编》)赋予王韶全权处置前线事务的权力。

经过将近半年的调整、准备,熙宁六年(1073)二月,王韶命苗授为先锋,攻破香子城(今甘肃和政),作为大军来往的核心基地。接着,命景思立由香子城领兵向西挺进,力战数合,斩敌数人,军声大振。王韶率大军紧随其后,于二十二日攻克河州(今甘肃临夏),斩首千余级。木征战败,弃城逃走,其妻儿均被活捉。就在这时,香子城告急,数千敌军包围,虏掠辎重粮草。王韶忙命副将田琼,率弓箭手七百余人,前往救援,在牛精谷与敌军交战,寡不敌众,田琼及其子永吉皆战死。王韶得报,又命苗授率骑兵五百,连夜赶赴香子城,于二十三日清晨发起突袭,大败敌军。苗授与香子城守将奚起,两军相合,进讨聚集大量敌军的牛精谷,焚毁敌军营帐,斩首千余级。因道路尚阻,二十四日又派景思立、王君万率军通路,斩首三千级,夺回被虏掠的辎重粮草,同时收获牛羊刍粟不可胜计。但河州重新被木征占领。考虑到部队首尾不相及,王韶决定暂且收兵,一部分守住香子城,其余则退回熙州(今甘肃临洮)。

回到熙州后,王韶几次派兵过洮河,先后攻占康乐城(今甘肃康乐)、刘家川堡、结河堡,扫除熙州与香子城之间的障碍,使粮草运输畅通无阻。又亲自领兵攻破阿纳城(今甘肃广河)。五月,朝廷诏令:改阿纳城为定羌城、香子城为宁河寨、康乐城为康乐寨、刘家川堡为当川堡,均属河州管辖,令景思立知河州。因河州城尚未收复,治所暂置于宁河寨。并拨付钱款,从永兴军、秦凤路等相近州军,调集人力物力,修筑上述城寨,同时也为将来河州城防修筑做准备。

对于下一步行动,王韶已有了明确的规划。七月初,遂向朝廷奏陈:"臣欲于河州未筑城以前,平定洮州、岷州。此地敌军屯集不解,阶州、成州、秦州等缘边州郡,皆恐慌不安,将士亦不得休息,不如及早讨荡,自不妨河州之举。"宰辅大臣多以为洮、岷山林深险,粮道难继,而河州方兴兵役,不宜于此时发兵。唯有王安石全力支持,他说:

"洮、岷敌军屯聚已久,军心疲困,我军前往攻伐,当可一举击溃。如此,则阶、成、秦一带安稳妥帖,且亦不妨河州之举。但须告诫王韶,加倍周详审慎。"

神宗亦以为然,遂于七月七日诏令王韶详度事机,务在持重,并戒高遵裕等不得深入。

收到诏令,王韶兵分两支,命景思立率领泾原路兵马,准备由香子城正面出击河州,王韶本人则率领熙河路禁兵、蕃兵、弓箭手五千,及秦凤路援军三千,翻越露骨山,往南进入洮州界内,击破木征之弟巴珍觉,"尽逐南山诸羌"(李焘《续资治通鉴长编》)。木征闻知震恐,忙命属下留守河州,亲自率精锐部队追踪宋军,伺机攻击。当时诸将都主张趁木征离城,直奔河州攻取。但王韶认为,如果大军直抵河州城下,木征必定返身为外应,而四山蕃部得此气势,当会重新聚集,"则大事去矣"(同上)。于是密令景思立先往河州,自己则与木征在洮州界内周旋,击败木征之后,迅速从香子城(宁河寨)山中,转道至河州,与景思立汇合。王韶率部抵达河州城下,守城敌军以为是木征归来,过了一会才发现不是,知道大势已去,只得宣布投降。

八月十九日，这次行动尚在进行中，朝廷接到熙河路都总管司走马承受公事①李元凯奏报："王韶自露骨山经过，山路陡峭艰险，一日之中，竟有五到七次，不得不下马步行。"

神宗不知王韶行军路线及目的地，十分担忧，再三说："王韶不应如此疲敝兵甲。"

但王安石早已猜到了王韶的策略，可能是想声东击西，攻洮、岷而使河州松懈，从而收一举两得之利。七月十八日，王韶上书，要求与景思立分掌军队，自己"为思立后继，若有警急，即专留思立修城，臣不妨退军应接"（李焘《续资治通鉴长编》）。王安石就曾给神宗分析其中的玄妙："王韶之计甚善！若声言应接，则是意在河州。而出兵洮西，由洮、岷不虞之道，攻其所不备，此乃用兵之至计！"不过，王韶给朝廷的奏报中并未明言，只说"为后继"、"为应接"，王安石有点担心自己的分析，是对王韶奏章的过分解读。身为大将，王韶率领万人为后援，如果景思立所部率先收复河州，则王韶属下将佐都无功可立，将佐无功则会心生怨恨而军纪涣散，作为将帅一定要预先估计到这种情况。如果能趁机击破洮、岷，则不必担心河州之役无功。因此在给王韶的回信中，王安石有意透露了自己的猜测："以万人为景思立后继，甚善！想当以其间攻洮、岷所不戒也。"虽然不敢"辄然明劝喻之"，但希望借此"微发其思虑"（同上）。

当神宗忧心忡忡之际，王安石则略有几分把握："王韶颇有计虑，举动必不妄。"

话虽如此，但毕竟"胜败乃兵家常事"，王安石心中还是难免有些忐

---

① 走马承受公事：差遣官名。为皇帝特派、身份公开的特务，负责监察本路将帅、人事、物情、边防动息、州郡不法事。每年一次赴阙直达奏事。如有边警急报，不时驰驿上闻，并许风闻行事。

忐。退朝后,忙召集习知兵法及山川地理的幕僚,详加咨询,都说如此出兵确为上策。第二天,他立即将大家的看法告知神宗,并说:

"用兵如弈棋,若一着只应得一着,即无取胜之理;须一着应三两着,乃可胜敌。今王韶因援河州,略定南山一带,乃是弈棋一着应三两着之类也。"

直到八月二十五日,前方捷报传来,果然如王安石所料! 神宗悬着的心,这才终于落了下来。

收复河州之后,王韶又独自率军出征,洮州望风归降。九月十七日,王韶军抵达马练川,迫降了木征的另一个弟弟瞎吴叱,攻占宕州(今甘肃宕昌东南)。随后打通前往洮山的道路,继续向前推进。岷州(今甘肃岷县)首领本令征,主动献城出降。接着,王韶分兵攻破位于绰罗川的青龙族,打通前往熙州的道路。叠州首领钦令征、洮州首领郭厮敦,相继前往军中,献城听命,此前在南山之役中被击溃的木征之弟巴珍觉,也率领族人归附宋军。

洮、岷、叠、宕诸地,与青唐玛尔巴山相连,林木丛生,道路险狭不可行。每次进军之前,需为大军开道,王韶都派青唐羌人先行伐木,令兵士于谷口镇守。战争结束时,各处道路,皆可数骑并排而行,而盐井、平川等地,也都已筑城固防,占据青唐咽喉之地。此次大规模军事行动,"军行凡五十有四日,涉千八百里,复州五,辟地自临江寨,至安乡城,东西千里,斩首三千余级,获牛羊马以数万计"(李焘《续资治通鉴长编》)。

战争进行过程中,由于山深林密,信息难通,大军进入之后,自九月十八日之后,便音讯全无。于是谣言四起,纷纷传说王韶已全军覆没,神宗万分焦虑,寝食难安。

十月十一日,熙河路走马承受公事李元凯快马进京,带来了激动人心的好消息:王韶连收五州! 正所谓"谋中机会,所至克捷"!

第二天一早,王安石率宰执大臣上表称贺,神宗大喜,亲解腰间玉带赐王安石,并令内侍李舜举当廷宣旨:

"洮河之举,小大并疑,惟卿启迪,迄有成功。今解朕所御带赐卿,以旌卿功。"

王安石再拜固辞:"陛下亲自拔擢王韶于疏远小臣之中,恢复一方,臣与二三执政,不过奉承圣旨而已,不敢独当此赐。"

神宗又令李舜举宣谕:

"群疑方作,朕亦欲中止,非卿助朕,此功不成。赐卿带以传遗子孙,表朕与卿君臣一时相遇之美也。"

王安石这才叩谢受赐。这条玉带,宽十四挎,号"玉抱肚",是宋真宗时期,西夏所献贡品。此后被王安石家族世代珍藏,到南宋绍兴年间,由王安石的曾孙王璹重新献给朝廷。

王韶因收复之功,由枢密直学士、礼部郎中,晋升为端明殿学士兼龙图阁学士、左谏议大夫。其他边将亦各有封赏。

于是举朝欢庆,群臣唱和,共贺熙、河大捷。王安石也兴致勃勃地和诗两首:

城郭名王(指蕃部首领)据两陲,军前一日送降旗。羌兵自此无传箭(古代北方少数民族起兵令众,以传箭为号),汉甲如今不解纍(léi,绳索)。幕府上功联旧伐(功),朝廷称庆具新仪。国家道泰西戎喙(疲困),还见诗人咏串夷(混夷,指西部少数民族)。

——《和蔡副枢贺平戎庆捷》

朝廷今日四夷功,先以招怀后殪(yì,杀)戎。胡地马牛归陇底,汉人烟火起湟中。投戈更讲诸儒艺,免胄争趋上将风。文武佐时惭吉甫(周宣王时的贤臣尹吉甫),宣王征伐自肤公(大功)。

——《次韵元厚之平戎献捷》

前一首和枢密副使蔡挺之作,后一首次翰林学士元绛之韵,以热情洋溢的笔调,抒写心中的无限喜悦,并展望未来,国泰民安,河湟地区亦将投戈讲艺、息马论道,重续中断数百年的中原礼乐文化。因元绛原诗有"何人更得通天带,谋合君心只晋公"之句,以中唐名相裴度(封晋国公,世称裴晋公)比王安石,故次韵诗尾联,化用《诗经·小雅·六月》中"薄伐玁狁,以奏肤公""文武吉甫,万邦为宪"等诗句,将熙、河大捷之功归美于神宗。

第十三章

君心渐远力渐衰

　　熙宁六年(1073)九月,真州、扬州、润州、常州等地发生旱灾,十一月,灾情蔓延到河北路、京东路、陕西路等北方广大地区,坏消息一个接着一个,从四面八方不断传到汴京。朝廷一方面采取暂免赋税、调拨常平仓钱粮赈济灾民、招募流亡民众兴修农田水利等措施,缓解民间困苦;一方面通过祭神、祈雨、赦免罪囚等方式,感召天地和气。然而,旱情持续不解,影响范围越来越大。神宗日夜焦劳,寝食难安。天降大灾,身为帝王难辞其咎,遂于熙宁七年(1074)三月六日下诏,避正殿,减常膳,以应天谴。三月十三日,又派遣官吏前往京城及京畿境内各神道祠庙,祈祷请罪。东岳泰山、西岳华山、南岳衡山、北岳恒山、中岳嵩山,以及长江、黄河、淮河、济水等五岳四渎,也派官员前往祭祀。并令审刑院、大理寺、各路监司,检察巡按下属州县,是否有迟迟未判、纠纷难解的刑案,尽快结案上报。

　　与此同时,和新法相关的负面消息,也越来越多。有人反映,为缴纳免役钱,有些百姓不得不拆卖房屋;有人反映,很多百姓因为向市易务贷款没能及时归还,抵押的家产被没收,还被披枷带锁关进牢房;有人反映,市易务收取免行钱①太重,百姓怨声载道……而更加可怕的是,不断有人警示:京城乃至天下,或将爆发大乱! 神宗感受到前所未有的不安和动摇。虽然经过调查核实,贫下户拆卖房屋,并非专为纳免役钱,而是因秋冬旱灾,生活难以为继,但他仍然认为,有必要重新反省和检视朝廷的施政方针,而首当其冲的就是市易法。

---

　　① 又称免行役钱,宋代向商人征收的一种杂税。

一、市易法起步之初，便未得到神宗的全力支持

市易法是王安石推行的第五项经济改革措施，是针对商业、借贷业等领域原有财政政策的改革。宋代是我国社会生产力高度发展时期，与之相应，商业活动日益频繁，城市、商镇数量迅猛增长，规模不断扩大。为适应社会经济形势的变化，北宋前期，就逐步取消了延续千年的坊市制①，和警示晨昏的街鼓（俗称"冬冬鼓"），不再限制商品交易的地点、时间。与商业并行的是借贷业。高利贷，作为一种古老的经济形态，早在战国时期便已出现，至唐代更成为官府机构合法谋利的手段。在商业繁荣的大背景下，宋代借贷业也获得了新的发展，不仅上自官府，下至寺院、个人，均从事放高利贷活动，而且借贷业遍及全国，不少人因经营高利贷而发家致富。商业和借贷业的发展，使货币形式的财政收入，在国家财政总收入中，所占比重增大。因此，宋人对商业和借贷业的看法，较之前代亦发生了明显的变化，虽囿于传统，依旧认为"非王政之事"（张载《周礼》），但充分肯定市易之政与市官的设置"决不可阙"（同上），历朝历代奉行不变的"重农抑商"的基本国策，受到一定的冲击。

熙宁以前，商业和借贷业在快速发展的同时，亦产生了一系列社会问题。诸如：势力雄厚的大商人垄断市场，把持各种行会，贱买贵卖，从原产地运到城市中的商品，均需通过行会才能出售，小商小贩生存艰难，消费者备受其苦；部分官僚与商人勾结，违法增价牟利，有时甚至直接影

---

① 坊市制将商业区（市）和居住区（坊）分开，居住区内禁止经商。

响军队的粮食供应,危害边防事务;底层民户因生活所迫,困于高利贷的盘剥,每年劳动所得,尽以偿付利息,以致无力缴纳税赋,影响国家财政收入;百姓借贷常以田产甚至妻儿抵押,一旦无法按时偿还,不免家破人亡,由此引发的刑事案件时有发生,严重扰乱社会治安。凡此种种,都需要朝廷制定新的政策法规予以解决。而自仁宗朝以来,国家财政日益窘迫的状况,也需要从商业和借贷业的发展中,寻找纾困的途径。

对于上述社会变迁与现实问题,王安石早已有全面观察与深入思考,并纳入其改革的整体规划中。熙宁三年(1070),王韶于秦凤路设置市易司,即是王安石商业改革的局部尝试。随后,布衣之士魏继宗上书指陈时弊,其书言:"京师百货所居,市无常价,贵贱相倾,或倍本деньга,富人大姓皆得乘伺缓急,擅开阖敛散之权。"(李焘《续资治通鉴长编》)货源充足时,他们极力压低市价,大量收购,等到货源紧缺时,则哄抬物价,一进一出之间,赚取数倍利润,导致"外之商旅无所牟利,而不愿行于途;内之小民日愈朘削,而不聊生"(同上),民间财富不均,"国家财富之用,亦尝患其窘迫"(同上)。因此,魏继宗建议朝廷,设立常平市易司,任命通晓理财事务的官员负责,并选择有经验的商人辅佐,"使审知市物之贵贱,贱则少增价取之,令不至伤商;贵则少损价出之,令不至害民"(同上),既能平抑物价,使中小商人和普通百姓得到保护,又能从中赚取部分利润,收归国有。魏继宗的上书,深得王安石赞赏,抑制兼并是王安石长久以来的政治主张,早年通判舒州时,所作《兼并》《发廪》等诗中,就曾明确表达这一观点,增加国家财政收入,更是变法的重要目的所在。

熙宁五年(1072),朝廷府库钱货已多有余积,具备了介入商业、借贷业的物质条件。于是,中书奏请,在汴京设置市易务,推行市易法。三月二十六日,神宗诏准施行。归纳起来,大致包含以下内容:

第一,机构设置:监官两名,提举官一名,勾当公事官一名。同时在汴京各商铺招收牙人(即经纪人)、行人(参加同业商行的商人)若干名。

第二,机构人员职责:提举官起监督、约束作用。监官、勾当公事官,负责用官钱平价收购滞销货物。牙人、行人则担当货物买卖的具体工作。

第三,管理制度:牙人、行人须有财产抵押和五人以上的人员担保,保证官钱、官物的偿还,避免损失。

第四,工作流程:牙人、行人等预支官钱,以平价买入货物。市易务根据财产抵押的多少,将收购的货物分给各商铺,按时价出售,约定半年或一年内,将货款缴还市易务,原价之外,半年之内加缴百分之十利息,一年之内加缴百分之二十利息。逾期不交,每月增加百分之二的罚款。

第五,外来客商如果有无法脱手的货物,允许卖给市易务,由行人、牙人、客商一道评议价格,根据行人需要的数量,由市易务支钱收买。如果客商愿意,也可折合官府的各种物品。行人不需要的商品,如果可以保存变卖,也由市易务收购,按时价向市场出售,不许收取过多的利钱。

三月二十七日,任命吕嘉问提举在京市易务,赐内藏库钱一百万贯为本钱。吕嘉问,字望之,出身官宦世家,是仁宗朝宰相吕夷简的曾孙,吕公弼、吕公著的从孙,由门荫入仕。他积极拥护变法,熙宁初,即在制置三司条例司任属官,后任户部判官,笺诸司库务,在京畿及开封府界各酒坊,推行"连灶法"[①],一年节省柴薪钱十六万缗,王安石称其"最为称职"(李焘《续资治通鉴长编》)。市易务成立后,吕嘉问立即拟定市易十三条,其一云:

"兼并之家,较固(垄断)取利,有害新法,令市易务觉察,申三司按置

————————
① 又称"烧省法",即一个灶门设置多个锅镬,原是宋代蜀地煎盐业的一项技术创新,后推广到酿酒行业及饮食行业。

以法。"

神宗批示:"减去此条,其余皆可施行。"

御史刘孝孙闻知,赞叹道:"于此即可见陛下宽仁爱民之至。"并要求朝廷约束市易务。

王安石针锋相对,予以反驳:"刘孝孙称颂此事,以为圣政,臣窃以为此乃是圣政之阙。上天付予陛下九州四海,就是要陛下抑制豪强,扶助贫弱,使贫富均受其利,不应有所畏忌而不敢也。欺行霸市、垄断市场,从来都是律法所不容,如今只不过严加申明。'不患寡,而患不均',是孔子的教诲,于圣政有何伤害? 陛下删去此条,使兼并之家,得以窥见陛下不敢限制豪强,故而内连陛下宠爱亲信之人,外惑言事官,使其放言议论。"

神宗笑着回答:"正因为已有法律,自可施行,故不须再立条款。"

王安石坚持道:"虽然已有法律,但未曾实行,也未曾委任具体部门负责此事,所以需加以申明,使兼并知所避忌。"

神宗说:"若设法使其彼此对立,相互竞争,则兼并之家自不能为害。"

王安石不以为然,反问道:"朝廷若不敢明立法令,只是设法相倾,即是纸铺孙家①所为。岂有天下之主,效市井小民所为?"

王安石的这番话,后来被反对派指为"侮薄君父"(李焘《续资治通鉴长编》)的悖逆之言。

这天,神宗又说:

"有人反映,市易新法推行后,市场的油价贵了。"

王安石退朝后,立即命下属送来市易务所定油价,以及京城油店铺

---

① 纸铺孙家,大意是指市井商贾人家。

户账簿阅视，第二天回禀神宗道："油未尝增价。"

总之，市易法起步之初，并未得到神宗的全力支持，质疑、反对之声几乎同步出现。但王安石并不退缩，艰难中继续向前。五月，朝廷再赐八十七万缗，为在京市易务本钱。七月，又将在京榷货务[①]并入在京市易务。以市易务为东务上界，掌京师内官钱贷赊、平抑物价之事；以榷货务为西务下界，掌货币汇兑票券之事。市易务的职权范围进一步扩大。

闰七月的一天，神宗忽然批复王安石：

"闻说市易买卖极为苛细，市人藉藉怨谤，以为官府过度侵扰市场，尽收天下之货，自作经营。可令只依魏继宗当初的筹划施行。"

第二天朝会后，王安石独自留下来，对神宗说："陛下所闻必有事实，请明确告知。"

神宗说："有人反映，市易务卖冰，导致市商卖雪销量大幅下降。"

王安石答道："卖冰乃四园苑[②]，并非市易务。"

神宗说："又听说市易务成立后，物价上涨，买梳子则梳子贵，买芝麻则芝麻贵。"

王安石解释道："今年西京及南京等处水灾，芝麻不熟，自然会贵，岂可因此责怪市易务？倘若因市易务收购而导致物价昂贵，则应是百物皆贵，为何只有芝麻贵？卖梳朴的商人被垄断市场的豪商抑价，不甘于低价出手，长期滞留京师，无奈之下，至待漏院[③]请求朝廷相助，臣遂谕令其往市易务，故由市易务出钱收购。京师豪商想依新法一并包销，吕嘉问没答应，全部分给中小型梳铺，维护市场，抑制兼并，正是制定和推行市

---

① 官署名，宋太祖时已设置，负责收受商人现钱，让商人到指定地点支取茶、盐等专卖商品，同时负责香药、象牙、绢帛等贵重物品的出卖。

② 北宋京师开封四大御花园的总称，即玉津园、瑞圣苑、宜春苑、琼林苑。负责种植时花鲜果进献宫廷，及修筑亭阁以备游幸。

③ 百官晨集准备朝拜之所。

易法的本意所在,不知究竟有何不妥?"

神宗说:"有人说,吕嘉问少年不谙世事,其所任用的办事人员尽皆奸猾,而吕嘉问不能识察。"

王安石反驳道:"京师各部门官员,若皆寤寐饮食,不忘职事,又能晓达事情,如吕嘉问,则朝廷可以无事。其所任用的办事人员,如沈可道、孙用勤,若不收置于市易务中,则必定为兼并害法之首,如今皆令其于市易务供职,乃所谓'御得其道,天下狙诈咸作使'(扬雄《法言》)也。今任用兼并之首,推行抑兼并之法,使其置于众人的监督下。朝野上下,窥伺市易务缺漏者甚多,若市易务管事者违法压榨百姓,众人又岂肯罢休?"

神宗说:"又听说市易务悬赏捉拿不肯来市易司买卖货物之人。"

王安石断然否定:"此事尤其不值一驳,一听即可知虚妄不实。吕嘉问每隔几天,必定与臣见面,市易务事无巨细,臣皆要求他详尽汇报。若不张榜,如何胁迫商贾? 若有此榜,臣又岂能不知? 如果真有此事,则是臣与僚属相互勾结,欺骗陛下。陛下当知,臣素来操行,不至如此污下!"

神宗说:"卿确实不至如此,就怕任用之人,不能体会朝廷用意,须详加审察。"

王安石曰:"凡经过的事情,必定留有痕迹,待臣彻底查核后,再来回禀。更张法度,必定会触犯一部分人的利益。陛下可曾记得? 措置宗室法初行,不但宗室深感不满,前后两省内臣,乃至大宗正司吏人,包括官媒之类,全都失其常业。接着改革粮仓、左藏、内藏库法,则历来通过行贿受贿等不法手段,替人介绍货运承包机会,从中收取佣金的那帮说纲①行赇之人,又都无可伺之机。原来披门外的旅店,住满说纲行赇之人,至此为之一空。后来又改革三班审官东西院、流内铨法,则历来书铺、计

---

① 纲:量词,指成批运输货物的计量单位,如花石纲、茶纲之类。每批以若干车或船为一组,分若干组,一组称一纲。

会、差遣行赇之人，又都失其常业。如今立市易法，则兼并之家，以及中介人等，又都失其常业。仅以茶行为例，原来由十余户大茶商把持，外地客商运茶进京，往往须先馈献并宴请这些大茶商。若大茶商收买茶叶，外地客商不敢求取半毫利润，目的就是要借他们之力抬高市价，然后再从中、小茶铺，成倍收取利润。市易法推行后，这十余户大茶商，与中、小茶铺买卖均一，他们必定不满新法，造作谣言，大加毁谤。新法施行两月以来，朝廷所收茶税倍增，由此亦可知，此前大茶商垄断获利的概况。不知陛下以为，为天下立法，是要均天下之利，立朝廷政事？还是要听任兼并、游惰、行贿受贿之人欺行霸市？若要均天下之利，立朝廷政事，则凡是因实施新法而失职、受损者，皆不足顾恤。又如，保甲法的实行也是一例。臣前日阅襄邑县奏报，未立保甲以前，八月之间，发生窃、盗案件各二三十件；立保甲法后，则黎民不再频繁地遭受盗窃之苦。但此法推行后，强盗、小偷及窝藏赃之人，必定大感不便。天赐陛下聪明旷绝，故能拔擢王韶，令其治边，王韶材干果然足以治边；拔擢程昉，令其治河，程昉果然可以治河。然而，王韶屡被质疑、谗毁，几乎被废；程昉尽力公事，而陛下却听信谗说，指责他举荐不公。陛下虽有旷绝聪明，却每每被小人蒙蔽，不能与天赐之资相称。"

听到这里，神宗忍不住笑了。王安石又说：

"陛下好恶不明，纵容小人太过，所以小人无所忌惮。陛下本意是想兼听人言，以明察事理，臣不知陛下以为兼听欺罔之词，即能明察事理？还是兼听忠信之词，然后能明察事理？"

神宗说："当然是要听忠信之词。"

王安石说："如今忠信者极少，欺罔者极多。造成这种局面，不可责怪他人，陛下须自我反省。欺罔者众，而陛下不忍惩处；忠信者少，而陛下又每每惑于欺罔，而深求其过失；待遇如此不公，若非本性笃于仁义，谁肯卓然独立为忠信？因此，如今欺罔者众，而忠信者少，皆是陛下一手造成，不可以推责于人臣。"

　　对于神宗，王安石可谓期之至而责之深。神宗虽在帝位已经六年，对于臣下仍保持着谦和有礼的涵容态度，这也是君臣之间常常能深入透彻地探讨问题的前提所在。但另一方面，尽管神宗一直给予王安石极高的礼遇，屡屡称为"师臣"，并与王安石同样有着富国强兵的革新愿望，却始终没有放弃"异论相搅"的祖宗家法，从不过多压制反变法派的言论，即便有些言论，事后证明确为"诬罔之词"，亦并不严厉惩处，以此保证言路的畅通。于是，几乎每次君臣谈话，最后都会归结到"君子""小人"的话题之上，也必定以王安石痛责神宗"遇君子小人不分明"而结束谈话。其实，政治立场与道德品质，是两个内涵完全不同的概念，无论是变法派还是反变法派，其中既有品德高尚的君子，也不能排除少数品德低劣的小人，更多的或许都是品德并不那么纯粹（介于君子小人之间）的普通人。两派的根本区别，不在道德，而在于观察现实、处理问题时所处的地位和抱持的态度。但包括王安石、司马光在内的绝大多数宋人，都深陷思维的误区，将特定时代社会政治背景下的政见之争，简单化为"君子""小人"之争，从而导致专制、主观、片面、非理性的政治文化性格。

二、熙宁七年(1074)春，
市易法遭到更为激烈而频繁的抨击

　　随后两年间，市易法逐渐向全国推行。一方面，在京市易务的职权范围进一步扩展。每年朝廷所需的荐席、黄芦等六十余种物资，以往都是由诸路负责征购上供，自熙宁五年(1072)十二月起，全部改由市易务派人承揽。另一方面,许多重要商业城市和边境市镇,陆续设立市易司。熙宁五年(1072)八月,镇洮军置市易司,赐钱帛五十万为本钱;熙宁六年(1073)正月,在京市易务勾当公事孙迪,奉命前往两浙路、淮南东路,与转运司商讨在杭州、楚州二地设立市易司事宜;三月,诏令提点秦凤等路刑狱张穆之与熙州官吏规划市易条约;七月,委任河东路转运副使赵子幾筹划设立市易司,恢复河东路汉蕃贸易;十月,拨钱三十万缗,借为杭州市易司本钱。熙宁六年(1073)十月,将提举在京市易务,改为都提举市易司,成为全国各地方市易司的直属领导机构。

在此过程中,反对的声音依然持续不断。熙宁五年(1072)十月十二日,文彦博批评市易司不应差官买卖果实,从而导致华州山崩的灾异事件。对此,王安石反驳道:

"华州山崩,臣不知天意谓何?若真是有意,必定为小人发,而不为君子发。汉元帝时曾有日食,史高、恭显之徒,将此天象归咎于萧望之等,萧望之等则归咎于恭显之徒。臣以为天意不可知,萧望之等的所作所为,虽并不完全符合天意,但假若真有天意,必定宽恕萧望之等,而责怒恭显之徒。"

神宗同意王安石对灾异的解释,但也认为市易司买卖果实太过繁细,要求停止这项业务。王安石解释说,市易司并未买卖果实,只是给商贩提供贷款,采用贱时买进、贵时卖出的方法,进行囤积、周转。新法推行后,商贩利润增多了,而所费十减八九,市场需求也获得了保障,商品质量有所提高,于官于私都两得其利。由于商贩大多贫穷,市易司担心官钱损失,所以每天都会派人去各家店铺,收取应该上缴的官钱,致使人们误以为市易司买卖果实。至于说"繁细有伤国体",王安石极不认同,他说:

"朝廷在各地设有专门机构监酒,一升也卖;同时也在各地设有专门机构监商税,一钱也收,岂不细碎?人们却不以为非,因为习以为常,自三代以来就是如此。《周礼》已有征收商税的记载,但并未规定几钱以上乃征。泉府之官,掌管收购滞销物资,也未说几钱以上乃买。周公制法如此,不以繁碎为耻。小大并举,乃是为政之本。尊者任其大,卑者务其细,此先王之法,乃天地自然之理。正如人的身体,视听食息,皆在头部,若要搔痒,则须指甲。体有小大,所用不同,然各不可缺。天地生万物,一草之细,无不有其存在的合理性。为政只当论所立法是否有害?不当因其繁细而废。市易务勾当官,之所以聘请商贾来担任,就是因为其事繁细,岂可因此责备市易务勾当官不为大人之事?臣以为不当任繁细者,乃大人之事。如陛下整日检察市易务公事,未免过于繁细,非帝王大体。"

神宗听罢,忍不住笑了。他也承认:"如今买得的果实,确实比以往好了很多。"

但他主张免除商人利息。王安石认为,市易法的施行,已经给商人带来了利好,不必再免利息,建议将所收利息,用来增加朝廷各部门胥吏、差役的俸禄。他说:

"诸司吏禄极为不足,这些人常借办事之机盘剥、敲诈。不盘剥则无以养家糊口,盘剥又犯刑法。与其免除商贩利息,不如将所收息钱用来增加吏役俸禄。尤其是新法实行以来,胥吏、差役往往盘剥无门,日子更加艰难。俸禄增加了,朝廷即可行重法,凡有贪赃枉法之事,必定严加惩处。"

神宗点头同意,王安石很快便着手落实此事。但神宗心中多少还是有些犹豫,一则担心朝廷财政无力负担,二则怀疑是否真能改良吏治。王安石对于财政支出问题,早已成竹在胸。因为,在京市易务成立以来,用资一万八千缗,不到两年,仅商税收入已达九万缗。等市易法全面推行后,收入将更加可观。加上对全国大宗上供货物运输流程、方法等方面的改革,仅京东、成都府两路,每年就增加收入一百万缗。因此,他说:

"吏禄不可不增,不必担心朝廷无钱支付。"

那么增禄是否能改良吏治呢? 神宗说:

"即使增加俸禄,终究所增有限。据说胥吏过去所得贿赂,仍比现在所得俸禄要多。"

王安石答道:"过去所得虽多,但须奸诈狡猾、敢于犯法者才能多得,而怯懦良善、不敢犯法者所得未必多。左藏库历来号称肥缺,但总是招人不到,就是因为俸禄太低,爱惜品性、不愿赃污的人都不愿应募。自从重禄法实行以来,招人变得非常容易。"

得知这些情况,神宗颇感满意。由于成绩突出,熙宁六年(1073)五月提举在京市易务吕嘉问升两任、监在京市易务上界刘佐减磨勘二年。

然而,旱灾席卷全国后,朝野上下反思朝政利弊,市易法遭到更加激烈而频繁的抨击。从熙宁七年(1074)三月起,神宗不断质询王安石。

三月十三日,神宗问:"据说百姓因无法偿还市易务贷款,多有没收家产并遭囚禁者?"

王安石回答,置市易务以来,两年之间,仅有六户变卖抵押资产缴纳欠款,上枷囚禁的只是不法分子,他们造谣生事、唆使他人不按时缴纳欠款。但神宗并不相信,他已从多个渠道听说,各地市易务出现的很多问题,因此继续追问:

"为何朕却听说,变卖家产并遭囚禁者极多,以至无人可监守?"

王安石回答:"既然有人进言,陛下何不宣示言者姓名,委托有关部门进行追查? 若实有其事,而市易司隐匿不言,自然罪不可恕;若实无其事,不知陛下如何处置造谣之人?"

神宗又问:"批评市易务扰人不便者甚多,不知何故?"

王安石回答:"文彦博之徒认为朝廷不当言利,此乃为臣而发;陛下身边亲信之人,诬罔市易务,则是因吕嘉问秉公执法,曾与内藏库、内东门司、都知押班、御药局等多部门,争论是非曲直,这些事情此前都已有论奏。吕嘉问每事都想追根究底,辨明真相,也曾与三司、开封府多次论争,虽然有理有据,但由此引起众怨。如今人臣只要依附陛下亲信之人,即可免责,一与陛下亲信之人相忤,即被吹毛求疵。臣以为并非清明治世的风气。"

三月十六日的御前会议上,神宗提出:"成都暂且停置市易务如何?"

王安石答道:"已派李杞前往调研,等他回来后再做商议,不置也无妨。"

神宗说:"若不置,却又调研,则必定惊扰蜀人。"

王安石反问:"置市易务有何惊扰? 何况只是调研,因何惊扰?"

神宗说:"天旱民饥,应尽量省事,休养生息。"

王安石说:"若因天旱人饥便废修政事,恐无此理。臣早已有言,成都置市易务必会招致异论。市易司近在京城之内,尚且不免谗言日出,若于万里之外置市易务,则异论必然更多。陛下当初又何必令臣派人调研? 如今既已派出了使者,却担心蜀人惊扰而匆忙罢去,岂不为四方有识之士笑话? 以为朝廷临事忧怯?"

神宗也觉得有理,便不再坚持。成都设置市易务的计划,已经讨论很长时间,并先后派遣了三批使者前往调研。五代时期,蜀地形成独立王国。太祖乾德二年(964)派兵征蜀,功成之后,主将王全斌竟纵兵掳掠,激起蜀地兵士和民众的激烈反抗,战争创伤长期不能修复;太宗淳化四年(993),又发生王小波、李顺起义,义军一度占领成都,建立大蜀政权,控制蜀地大部分地区。有关王小波、李顺之事的起因,当时已有不同说法。冯京说，《太宗实录》记载，是因朝廷将茶、帛等列为专卖物资造成的；王安石则说，是因饥民未得到官府抚恤所致。无论如何，都是前车之鉴。因此神宗非常担心，唯恐稍有不慎，激起民变。

这天，神宗还查问了免行钱的收取情况。所谓免行钱，是熙宁六年（1073）新创设的一种商业税。汴京城里官府机构林立，既有中央部门，也有府县等地方行政机构。以往各级机构所需的物料、人工，都向城里各工商行勒派。行户不仅需要供物，还要负责运送，甚至常因所供之物不令官府满意，而遭申斥、鞭打，因此不胜其苦。熙宁六年（1073）四月，肉行徐中正等人提出，是否可以免除行户供肉的差使，改为用钱折算，称为"免行钱"。官府用行户缴纳的免行钱，自行购买所需物资。这一申请很快得到朝廷响应，在京市易务与开封府，联合成立了详定行户条贯所。经过讨论调研决定，汴京屠户共二十六户，每年共出免行钱六百贯，不再供应官府各处肉类。其中，中户一十三户，每户每月缴纳二贯七十文；下户一十三户，每户每月缴纳一贯二百九十文。随后，这一新规在京城各行各业推行。然而，熙宁六年（1073）十二月，便有御史奏论："吕嘉问过为苛察，掊敛过多。"熙宁七年（1074）正月以来，更有各种异议传到神宗耳中，有人说免行钱收取范围过大，就连街头卖茶水的小贩，也被要求缴纳；有人说免行钱收取数额过重，"人情咨怨，至出不逊之言"（李焘《续资治通鉴长编》）。

对于这些质疑和批评，王安石实事求是地说："是否确有其事，待臣调查核实。新法初行，难免有不当之处，须因事修改。"

不过，神宗并没有坐等王安石的调查结果，三月二十日即亲书手札，命近侍连夜送交三司使曾布："闻市易务近日收买货物，有违朝廷原初立法本意，颇妨细民经营，众语喧哗，不以为便，致有出不逊语者，卿必知之，可详具奏。"

这则手札传递的信息十分明确，神宗已基本采信反变法派的意见，高度怀疑市易务违法。而市易务隶属三司，作为三司使的曾布"必知之"，因此要求他提供详细材料。

曾布既是王安石的亲戚，又是变法派骨干，参与新法制定，推进新法施行，批驳反变法派的种种非难，可谓冲锋陷阵，对于变法事业功勋卓著。近来，对变法的质疑、批判之声，又一次达到高峰，就连神宗也不再坚定，而"市易务违法案"，或许就是政局扭转的一大关键。变法前期，神宗以王安石为"师臣"，几乎言听计从。但随着时间的推移，神宗的执政经验日益丰富，"上与安石如一人"的状况已悄然改变。这次神宗绕过王安石夜下手诏，便颇能说明问题。曾布会怎么想？又会怎么做？

另一方面，几乎从市易务成立之日起，前任三司使薛向，与提举市易务吕嘉问之间，便时常因公事发生冲突。嘉问出身名门，年少气盛，又深得王安石器重，在时人眼中看来，颇有挟势陵慢薛向之嫌。且市易法初行，王安石极为重视，命吕嘉问每隔两三天，必至中书汇报。一来二去，通过吕嘉问的叙述，薛向在王安石的印象中，便成了"沮害市易事"的流俗之人，逐渐失去信任。在回答神宗的质询时，王安石不止一次指责三司。熙宁七年（1074）二月九日，薛向出知定州，曾布继任三司使。曾布对薛向与吕嘉问之间的矛盾一向了然，如今既已接任三司使，以他强硬的个性，当然不愿重蹈薛向覆辙，希望能有机会整治吕嘉问，理顺上下级关系。此前，曾布已经听说，神宗"数以市易苛细诘责中书，意欲有所更张"（李焘《续资治通鉴长编》），如今接到内侍连夜送来的手诏，更证实了此前的传闻。

对于神宗的这一操作，王安石毫不知情。三月二十一日，围绕市易法，王安石又一次与神宗展开了论争。

神宗说："市易法推行后，如米、麦之类能平价，民得其利，确实很好。

其他细微百货,市易务零卖,民间便零卖不得,有害细民。"

王安石说:"此事不然。行新法前,细民受制于富商巨贾,富商取利厚,细民收利薄。如今有官府介入,只需令官府少收利,细民便能多得利,岂有害细民之理?"

神宗说:"为何近臣与后族都说其不便? 前日谈及此事,两宫太后竟至于泣下,非常担心京师动乱,加上天旱如此,更失人心。"

这番话令王安石极感不平,遂一连例举了两桩后族涉嫌违法乱纪的事情。其一是神宗皇后之父向经,长期虚报名下商铺,逃避赋役。推行免行钱后,详定行户条贯所将其一一查出,并寄送公文,令其依法缴钱,至今不见听从。其二是神宗祖母曹太后之弟曹佾,借用太后殿中内臣,翻修府宅,赊买他人木材不还钱。内臣却冒用曹佾家差役的名字,写下状纸,说:"定下的木材,被市易司强行买去。"市易务调查取证,木材商则说:"只有曹侍中赊买木材不还钱之事,并无曹侍中已定木材,却卖给市易司之事。"吕嘉问将此案移交开封府,开封府传唤曹佾家差役,却说状纸不是他所写。最后查出,是太皇太后殿中内臣,冒名诬告市易司官员。开封府只是将调查结果通报市易司而已,并未处置诬告者。

王安石气愤地反问:"陛下试观此两事,后族怎会不造作言语,称新法不便? 至于近臣,请问陛下,有谁全力为朝廷着想,有所闻必考覆事实? 无非都是道听途说,即以上闻,而且居心叵测。陛下如果肯明示言者姓名,令其与中书当面对证,这些人便不敢空口妄言,陛下所闻才能都是实事。否则对政事有何补益?"

说到此处,王安石不禁深深为吕嘉问抱屈:"吕嘉问主管市易司,为了公事,与开封府、三司据理力争,又多次冒犯都知、押班、御药局等。陛下试加思量,吕嘉问这么做,究竟为了什么? 若为自身私计考虑,何必如此招人忌恨? 而且,他既因公事得罪朝廷内外众人,怎么可能做得了欺罔之事？若想做欺罔之事，必须在内先与陛下左右亲信结交，在外缔结朋党，然后才能堵塞他人议论。吕嘉问所做所为，能堵塞他人的议论吗？"

神宗又问："据说中书也曾案问市易事？"

王安石答道："案问不止一次，但终究没发现市易务有违法害民之事，所以臣敢保任。"

于是神宗转移话题，讨论赈灾惠民措施，并提出："下等商户的免行钱可予免除。"

王安石表示同意："可令市易司逐一查实申报，然后陛下特诏，免除下户应缴税钱，岂非人所甚愿？"

神宗点头称善。

三、变法派内部矛盾公开化，曾布游离出变法队伍

根据神宗三月十六日旨意，在京市易务重新修改了免行钱条例，并将符合减免的行户名单逐一列出。三月二十二日，王安石将相关文件进呈御览，请神宗选择可信赖的内臣，实地探问行户，若有与市易司文件不同之处，再令中书调查核实。神宗还想在此基础上进一步减免行户应纳免行钱，王安石说：

"下户免交便已减省不少，若再减省，已增的吏禄如何支付？"

神宗命令保留增吏禄的部分，其余全部减免。并说：

"京师人历来受朝廷优宠，格外多得些优待，也是自然。"

王安石不禁冷笑："如此看来，陛下确是被左右蒙蔽，不知京城百姓

疾苦。未施行免行钱以前，京师商户被官府百般困扰。臣家中曾雇佣过一个洗衣妇人，她有个儿子会作饼，就因为官府勒派太重，无钱赔费，开张不得。陛下却以为历来倍受优宠！如今立市易法，收取免行钱，增补吏禄，禁以重法，官府不敢横扰百姓，陛下却反而以为不如未立法以前。"

曾布接到神宗手札后，将魏继宗找来了解情况。一方面，魏继宗是市易法最初建言人，后又担任在京市易务监当官，前后过程都有参与；另一方面，熙宁七年（1074）正月，曾布任河北西路察访使，曾征聘魏继宗为助手，彼此十分熟稔。而魏继宗在吕嘉问属下任职两年，二人是否存在矛盾？矛盾的性质究竟怎样？今天均不得而知。总之，面对曾布的访询，魏继宗谈起市易务各种事情，既悲愤又惋惜：

"主事者（指吕嘉问）完全违背最初议定的条款，一心只想多收息钱，以求朝廷奖赏。凡商旅所有，必须卖给市易务；并非商铺所无，也必须从市易务购买。大多是贱买贵卖，重入轻出，广收赢余，可谓挟官府之势而为兼并之事。都邑之人，不胜其怨！"

三月二十三日，曾布将魏继宗领到王安石府上，令他详细报告了市易务两年来的情况，与吕嘉问之前所言大有出入。王安石十分震惊，责备魏继宗道：

"事情若真如你所说，为何此前一直隐匿不言？"

魏继宗回答："提举（即吕嘉问）几乎每天都在相公左右，我等哪敢开口？"

王安石默然不语。曾布说："布明日当召对，须将上述情况原原本本禀报皇上。"

事已至此，王安石也只好点头同意。不过，他仍然更愿意相信吕嘉问。

三月二十四日一早，王安石等宰辅大臣，与神宗在崇政殿议事，曾布在殿外等候召对。神宗问王安石："曾布也说市易法不便，卿可知道？"

王安石回答:"知道。"

神宗又问:"曾布所言如何?"

王安石道:"曾布今天上殿会向陛下禀报。"

预感到曾布之言很有可能极大地影响神宗的决策,王安石忧心忡忡。其他辅臣散去后,他单独留了下来,十分恳切地嘱咐神宗:"市易法之事,臣每日考察,恐怕不致如言者所说,陛下切勿仓促决断,容臣一一推究,陛下再加覆验,自然可见是非曲直。若陛下为众人谗毁所动摇,临事仓促,恐怕会使忠良蒙受诬枉。"

神宗问:"曾布为何说市易法不便?"

王安石说:"曾布与吕嘉问互不相能,多有争议,其事可见。"

神宗说:"曾布或许是因与卿素来亲厚,不忍卿为嘉问所欺。"

王安石说:"臣不敢揣测人心,只据实查验事情,要见是非曲直而已。"

王安石告退后,曾布进殿,将魏继宗所言一一禀报,神宗竟"矍然喜见于色"(李焘《续资治通鉴长编》),似乎这正是期盼已久的结论。他问曾布:

"王安石知道吗?"

又问:"王安石认为怎样?"

曾布皆据实以对,此时他仍不能完全确定神宗的态度,于是补充道:"继宗所言之事,臣尚未经调查,亦不敢断其虚实。"

神宗说:"朕久已闻之,虽未经调查,可以推知大半可信。"

听闻此言,曾布有了充分的把握。谈话将要结束,神宗命他暂且将奏札留在榻后。

这时,曾布又说:"布召问行户,往往流涕哽咽。陛下因久旱焦虑劳神,倘若天谴确由市易务所致,则惩凶足以致雨。"

神宗略一沉吟,说:"此事必须考见实状,非卿无人可担当此任。"

曾布低头拱手道:"臣虽才识有限,不敢不尽力。"

神宗似乎下定了决心,说:"如此,便将奏札直接送呈中书吧。"

三月二十五日晚,神宗批示王安石:"恐吕嘉问实涉欺罔,并非曾布私忿迁怒。"但王安石仍不以曾布所言为是,写下长篇奏札,"明其不然"(李焘《续资治通鉴长编》)。于是,神宗诏令曾布与吕惠卿,一同调查市易务违法事宜。吕惠卿的加入,无疑是王安石的意见。

曾布受命后,有人向他建言:"此前中书曾多次调查市易司是否有违法情节,结果都被吕嘉问巧为蒙蔽,甚至档案文件,也往往藏匿改易。若不能阻断这一弊端,则彻查必定无法见其实情。"于是,曾布奏请出榜征集线索,重赏举报人。三月二十六日,神宗批准了这一请求。曾布立即派人,将悬赏举报的公告,张贴在吕嘉问的居所外。显然,曾布对吕嘉问等市易法实施者,采取的是有罪推定,重点追查其违法证据。

吕惠卿的做法则完全不同。三月二十七日,他先到三司召问魏继宗及行户,发现众人口径完全一致。接着将魏继宗带回自己的官舍,仔细盘问魏继宗当初被曾布聘为察访司指使的缘由,追查魏继宗所言市易司违法是否属实。据魏继宗说,吕惠卿对他进行了利诱和威胁,令他诬告曾布曲意罗织,而他没有听从。此外,吕惠卿又派其弟吕温卿,秘密造访王安石,告知曾布张榜悬赏举报者一事,以及吕惠卿本人初步调查的情况。吕嘉问也第一时间赶往王安石府中,诉说遭遇,极为痛切。王安石本想连夜收回悬赏公告,但属下告知,公告上加盖了皇帝御印,因此只得作罢。

三月二十八日,吕惠卿进宫,以紧急公事为由,请求单独面见神宗。曾布也将魏继宗所说吕惠卿威逼利诱的详细情况,一一向神宗汇报,并说:

"惠卿所见不同,不可共事,请陛下另选他人调查。"

与此同时,中书也提出意见:依照程序,三司收到宫中发出的诏令,应申报中书覆奏取旨。而三司竟未经中书，擅自出榜，应加惩处。显然，对于曾布的做法，王安石十分恼怒。

面对如此激烈的对峙，神宗以调停之术处置，诏令三司涉事官吏免罪，原奏请张榜一事不再施行，榜文缴纳中书。但曾布不服，上书争辩：三司奏请御批，依惯例不须覆奏。何况调查市易司一事，早已申告中书，故三司无罪可免。神宗再下诏令，认同曾布所言。

至此，变法派内部矛盾公开化，曾布游离出变法队伍。

曾布的游离，和他与吕惠卿之间难以明言的隔阂，有直接关系。两人同为嘉祐二年（1057）进士，同样具有突出才能。熙宁二年（1069）二月，变法领导机构制置三司条例司成立，吕惠卿便成为王安石的心腹助手。青苗法、助役法、农田水利法、均输法都是吕惠卿起草拟订。熙宁三年（1070）九月，吕惠卿因父丧离京守制，王安石推荐曾布为崇政殿说书、判司农寺①，接替吕惠卿的工作。曾布的工作能力，也深得王安石认可，此后更身兼多项重要职务。王安石曾对神宗说："布今所领事，不可一日令他人为之。"（李焘《续资治通鉴长编》）然而，熙宁五年（1072）十月，吕惠卿免丧回朝，这一局面被打破。曾布与吕惠卿的关系，开始变得有些微妙。由于神宗和王安石在对二人职务的安排上，十分小心地保持着平衡，因此，直到熙宁七年（1074）二月之前，矛盾并没有凸显。

但比较而言，无论是神宗还是王安石，都更加偏爱吕惠卿。神宗曾说："惠卿胜布。"熙宁五年（1072）十二月，吕惠卿继曾布之后，任同检正中书五房公事，曾布转任翰林学士，王安石想让曾布仍兼修中书条例，但神宗说："惠卿吏文尤精密，不须留布也。"而王安石不仅在政事上重用吕惠卿，同时还令吕惠卿参与编修国子监经义。因此，到熙宁七年（1074）

---

① 熙宁三年五月制置三司条例司撤销后，司农寺事权大幅增加，既是财务机构，又是推行新法的政务机构。

二月,两人的职任开始出现一些畸轻畸重的变化。吕惠卿以知制诰、检正中书五房公事、判军器监兼判司农寺,曾布以翰林学士、起居舍人权三司使。司农寺是变法核心机构,权任皆重;检正中书五房公事一职,是宰执属官,检查、核对、纠正、催促中书门下处理的公务,时人以为近于执政,军器监则是神宗极为看重的部门。而三司自王安石变法以来,原有职权范围已极度缩减,仅负责"赋税、常贡、征榷之利"等事务。可以想见,此时曾布心中难免会有逐渐边缘化的忧虑,需要寻找合适机会巩固政治地位。加上曾、吕二人几次先后负责同一部门的工作,政见并不完全一致,矛盾便由此产生。熙宁三年(1070)九月,曾布继任判司农寺不久,即将吕惠卿原本拟订的"助役法"改为"免役法","吕惠卿大憾之"(司马光《涑水记闻》)。熙宁七年(1074)二月,吕惠卿再判司农寺之后,认为曾布主持工作时期,司农寺推行新法"多违法意"(李焘《续资治通鉴长编》),奏请朝廷追究其责任,直接威胁到曾布的政治前途。这一切,为"市易违法案"的发展演变埋下了伏笔。①

四、郑侠决定拼死一搏,为民请命

正当变法派内部因"市易务违法案",闹得如火如荼之际,另一股影响变法前景、撼动王安石个人地位的超强冲击波,悄然袭来。

三月二十六日,一封紧急密报,经快马递送到银台司②。午后,神宗

---

① 本节内容参考燕永成《北宋变法派首次分裂问题试探》,《文史哲》2011年第2期。
② 银台司负责接收全国奏状、案牍,抄写条目经通进司上送皇帝,及发付有关部门,督促及时处理。

565

收到密报,打开一看,是一幅《流民图》和一封奏状,《流民图》的背景竟是
汴京城安上门外!只见图中风沙霾暗,成群的灾民,扶老携幼,塞满大
道。有的挖野草、剥树皮,掺一点米糠、麦麸,聊以裹腹;有的披枷带锁,
拆屋卖房,偿付官债……个个瘦骨嶙峋,愁容满面,衣衫褴褛。神宗大惊
失色,连忙翻开奏状,几乎字字锥心:

> 臣伏睹去年大蝗,秋冬亢旱,以至于今,经春不雨,麦苗枯焦,
> 黍粟麻豆,粒不及种。旬日以来,街市米价暴贵,群情忧惶,十九惧
> 死……天下之民,质妻卖儿,流离逃散;斩桑伐枣,拆坏庐舍,而卖
> 于城市,输官籴粟,遑遑不给……谨以安上门逐日所见,绘成一图,
> 百不及一。
>
> ——郑侠《上皇帝论新法进〈流民图〉》

文章指出,汴京安上门在天子脚下,百姓生活已如此艰难,令人咨嗟
涕泣,"而况数千里之外,有甚于此者哉"?造成这一悲惨现实的根本原
因,"皆由中外之臣,辅相陛下不以道",施政不以"爱养黎庶""人人富寿"
为旨归,而以"充满府库,盈溢仓廪,终以富衍强大胜天下"为目标。文章
抨击王安石为代表的变法派,"肆其叨懫(贪暴),剗割(残害)生民,侵肌及
骨,使之困苦而不聊生,坐视夫民之死而不恤";指责台谏"具位而不敢言
事,至有规避百为,不敢居是职者";痛斥其余辅弼之臣"皆贪猥近利"之
人;批评神宗"以爵禄驾驭天下忠贤,而使之如此,甚非宗庙社稷之福
也"。并大声疾呼:

> 臣愿陛下开仓廪,赈贫乏;诸有司敛掠不道之政,一切罢去。庶
> 几早召和气,上应天心,调阴阳,降雨露,以延天下万姓垂死之命,而

固宗社万万年无疆之祉。

——郑侠《上皇帝论新法进〈流民图〉》

最后，作者慨然表示：

　　如陛下观图，行臣之言，十日不雨，即乞斩臣宣德门外，以正欺君谩天之罪！如稍有所济，亦乞正臣越分言事之刑，甘俟诛戮，干冒冕旒。

——郑侠《上皇帝论新法进〈流民图〉》

　　上书人是监汴京安上门①郑侠。郑侠，字介夫，福州福清人。治平年间，随父宦游江宁，拜入王安石门下。治平四年（1067），中进士甲科，任光州司法参军。不久，王安石入参大政，兴利除弊，言无不行。郑侠素来敬重老师，对每项新法的推出，都抱持极为积极正面的看法，在写给王安石的信中，他曾说："侠每见朝廷举一令，新一事，未尝不与三代尧舜同其仁。凡命令之初下，士民稍有识者，莫不欢欣鼓舞，以为真得利民之术，而太平可坐致也。"（郑侠《上王荆公书》）在光州时，郑侠处理的几桩疑难案件，上报朝廷后，也深得王安石赞许。师生二人虽相隔千里，依然有同声相应、同气相求之感。可是，随着变法的逐步展开，身在地方的郑侠失望地发现，新法"行之未几，往往败坏，民吏厌苦，至于颦眉蹙额而后道"（同上）。这使他感到无比忧虑。因此，熙宁五年（1072）春，任满回京时，他便决定沿途访问田父野老，多方了解新法推行的具体情况，研究之所以败坏的缘由。根据他的调研，变法不如人意的原因，主要在于"贪缪之

---

　　① 监门：监当官名，负责守门或收门税。安上门，是汴京西南城门。

人急功而要利,督促以成就,不念民之休戚,势之缓亟可否"(同上)。以青苗法为例,官吏们为了个人政绩,发放青苗钱时,破坏自愿请贷的原则,"强而与之者常半"(同上);回收贷款时,"又不稍缓其期,谷米未及干,促之已急"(同上)。在官吏们穷凶极恶的追逼下,民户不得不将辛苦收获的粮食,贱价出卖。立法本意是救济贫乏、抑制兼并,而实际效果却正好相反。"无知者便谓青苗为不善,不知贪暴之吏坏之也"(同上)。

郑侠回到汴京后,师生相见,十分欢喜。再次登门拜访时,王安石便建议他参加律法考试。对律法的重视,也是王安石人才改革计划中一项重要内容。汉代律学属六学之一,但后世士大夫多以之为耻。宋代科举考试,虽有明法科、经律科,但和明经、学究等科一样,基本属于记诵之学。试明法、经律者,往往"徒诵其文,罕通其意"(《宋史·选举》),由此二科入仕,"世皆指为俗吏"(同上)。王安石推行贡举法改革,以经义取进士之外,为适应断狱治民的实际需要,又设立"新科明法",考试断案、刑名、《刑统》义等,重点考察应试者的实际司法能力。同时,朝廷还规定,选人(即幕职州县官)、任子(即门荫入仕者)以及进士第三人以下,都须考试律令才能任职,"有以见恤刑之意"(《宋史·选举》)。郑侠回京时,正当试法之令初行,选人通过律法考试,即可改为京官。按照宋朝官制,京官以上由中书任命官职,而选人则由吏部铨选任命,选人要通过多次任期考核,才能升为京官。王安石建议郑侠参加律法考试,无疑是指出一条仕宦捷径,也表明了自己对郑侠的欣赏,相信以他的能力,应付这类考试绰绰有余。但郑侠婉言谢绝了。第三次见面时,王安石问郑侠近来有何见闻,郑侠早就想找机会禀报自己对于变法的思考。可是话刚出口,王安石便表现出明显的排斥态度,原本亲密的师生情谊,顿时蒙上了些许阴影。此后,出于强烈的自尊,郑侠不再主动前去拜访,但每日辗转反侧,郁郁忧思。他相信王安石的人品,也对老师怀着深厚的感情,担心老师被那些"苟学以求合于先生者"（郑侠《上王荆公书》）蒙蔽。因此于公于私，自己都不应也不忍就此沉默不言。他一次又一次深夜秉笔，将自己沿途收集的百姓呼声，以及自己的思考，写成书信，寄送给王安石。但每一封都如石沉大海。

过了一段时间，郑侠通过吏部铨选，得到监在京安上门的差遣，王安石听说后很不高兴。熙宁六年（1073）社祭，王安石的仪仗从安上门回城，郑侠作为本门监官，按规定在路旁恭迎。王安石一见，恻然伤感，深觉屈才，不禁停步执手，关切地询问他的近况。第二天，又派儿子王雱来传话，打算和朝中几位大臣一起，举荐郑侠参加律法考试。但郑侠婉谢道："朝廷新立此科，选拔习法之士，必使无丝毫滥得，方可示范后人。我素来未曾修习律法，只不过在光州时，遇到四五件疑案，主管官吏处置不合情理，而我身为法官，不得不详审。于是对与案件相关的法律条文，进行了仔细研究，以求得更加妥善的处置。丞相便以为我明习律法，其实所知有限。若贸然应试，是以不能为能，误丞相之知，以苟求进取。我郑侠即便贫饿乞讨，也不敢为此欺天罔人之事！"

我们无法揣测郑侠的真实想法，但这番话在当时语境下，也可做另一番理解。王安石认为，"礼、乐、刑、政"，是圣人创立的治国之术，四者缺一不可。而"士之欲施于政，未有不学而能者"（王安石《皇侄宗实可起复旧官泰州防御使知宗正寺制》）。因此，早在知鄞县时，作《慈溪县学记》，描写理想中的学校，他就将"受成（接受作战计划）、献馘（guó，古时出战杀敌，割取左耳，以献上论功）、讯囚"等军事、刑狱方面的知识学问，列为学子的必修课，与礼乐文化，以及"养老、劳农、尊贤、使能、考艺、选言"等施政方略，同样不可偏废。但当时士大夫更普遍的观点则是："为士者果能知道义，自与法律冥合。"（司马光《起请科场札子》）有道义即能通法律，不必专门学习。让青年士子学习断案、刑名、讯囚，会将他们培养成刻薄小人。这种观点在传统社会极具影响力,也是汉代之后律学衰微的重要原因之一。正是基于这一思想背景,朝廷新兴律学的种种举措,在士大夫群体中颇遭非议。熙宁四年(1071)苏轼在写给弟弟苏辙的诗中,就曾以自傲的语气自嘲道:"读书万卷不读律,致君尧舜知无术。"(苏轼《戏子由》)认为"法律不足以致君于尧舜,今时又专用法律而忘诗书,故言我读万卷书,不读法律,盖闻法律之中,无致尧舜之术也"(《乌台诗案》)。

熙宁六年(1073)三月二十四日,王安石兼任提举修撰国子监经义,设立修经局,需要选拔几名才学精博的官员,想趁此机会,延聘郑侠为经义局检讨。曾派侄婿黎东美,转达自己的意思。但郑侠说:"检讨的职责是查漏补缺、正讹纠谬,我读书不多,怎能胜任如此重要的职位?"并通过书信、诗歌,向王安石表达了愧谢之情。不久,黎东美再次前来,详细传达了王安石的意思:"凡人仕宦,都须先改京官,然后可以别图差遣,介夫为何如此偏执?"郑侠回答道:"我这次回京,本意只想求一席之地,可以继续师从于丞相门下,并不在意官位的美恶高低。不承想,如今丞相位高权重,开口无非以爵禄为先,接纳天下之士如此而已吗?丞相若真想提携郑侠,何不好好看看我之前呈上的那些建议?若能择其一二实行,使我进而无愧,岂不更好?"此后,他又通过口头传话和书信等方式,多次向王安石表达自己对市易法等的不同意见。

几个月过去,朝廷对市易法的推行,虽有部分政策的微调,但远远未能达到郑侠心中的期望。十月,王韶收复河、洮、岷、叠、宕五州,举朝欢腾。庆祝酒筵上,王安石作《何处难忘酒》,诗曰:

> 何处难忘酒?君臣会合时。深堂拱尧舜,密席坐皋夔。和气袭万物,欢声连四夷。此时无一盏,真负《鹿鸣》诗。

郑侠读罢,心情却全然不同,遂和诗道:

何处难缄口,熙宁政失中。四方三面战,十室九家空。见佞眸如水,闻忠耳似聋。君门深万叠,焉得此言通。

十一月,郑侠再次致书王安石,痛陈市易务收取免行钱、市例钱之弊,并痛心疾首地指出:先生信任的都是与自己观点一致的人,"虽先生之子弟,不得一言以间其毫发"(郑侠《上王荆公书》);而忠义之士,只因其不与我同,即便赤诚如血,"其言必不见听"。他无比急切而恳挚地大声疾呼:"先生亦不得而尽知也!""诚见先生不能无误也!"但是,王安石依然没有回信。

适逢大旱连月,到熙宁七年(1074)春,"民间焦熬,殊无生意"(《景定建康志·郑侠传》)。郑侠在安上门城楼,每天看到城外源源不断的流亡民众,从汴京城外经过,希望能找到一个可以吃口饱饭的地方。他们"或二三十人,或三五百人,各各自有群伴。然而衣服褴褛,虽车乘之上,亦止是锅釜一二只、破笼、弊甑、瓦器之类""陂栖野宿,采凫茈野菜之类以为食"(郑侠《流民》)。流民队伍中,也有比较富裕的家庭,他们之所以流亡,则是因为"贫者、小者既已流迁,田无人耕,宅无人居"(同上),社会治安也随之变得极为恶劣,不时有人入室抢劫,与其在家里担惊受怕,还不如跟随乡亲逃亡异乡……每天看到和听到太多悲惨的事情,郑侠越来越难以忍受。他不再对王安石存有幻想,决定拼死一搏,为民请命!他找来画工,以鸟瞰式全景构图法,真实地描绘出安上门外,哀鸿遍野的景象,题为《流民图》,并附上一封奏状,前往阁门司投递,但遭到拒绝。于是,他调用安上门所辖马匹,谎称有紧急密件,直接发往银台通进司。作为本门监官,他清楚地知道,越职言事、擅自调用快马向宫中传递文件,都属违法行为,但在奏状中慨然自陈:"甘俟诛戮,干冒冕旒!"

神宗反复翻阅这份奏状和《流民图》,长吁短叹,坐立不安,竟至通宵未眠。

三月二十七日,神宗批示,令司农寺调发常平米,不计成本,以低于市场的价格,减价出售。当时京城米价,每斗已达一百五十钱。在此之前,司农寺、三司曾调集共计一百二十二万斛官米,将米价平抑到每斗百钱,现在再次减到每斗九十钱。此外,神宗还令在京各城门,减收百姓运货出入城门的税额。当天晚上,又令翰林学士承旨韩维进宫,起草诏令。韩维是神宗东宫旧人,又是王安石的好友,变法开始后与王安石渐行渐远。这段时间,韩维多次向神宗反映,当此旱灾之际,民不聊生,但京畿各县仍催缴青苗钱甚急,"往往鞭挞取足,至伐桑为薪,以易钱货"(李焘《续资治通鉴长编》)。他强烈谴责朝廷当政者,兴兵拓土,处之不疑、行之甚锐;减免租税、救民水火,却迟迟而不肯发。每次面见,韩维都极力劝说神宗,"痛自责己下诏,广求直言,以开壅蔽"(同上),大赦天下,以和人情。

三月二十八日,韩维起草了皇帝诏书,三月三十日由中书正式颁发全国。诏曰:

> 朕涉道日浅,晻于致治,政失厥中,以干阴阳之和。乃自冬迄今,旱暵为虐,四海之内,被灾者广。间诏有司,损常膳,避正殿,冀以塞责消变。历月滋久,未蒙休应。嗷嗷下民,大命近止。中夜以兴,震悸靡宁,求惟其咎,未知攸出。意者朕之听纳不得于理欤?狱讼非其情欤?赋敛失其节欤?忠谋谠言郁于上闻,而阿谀壅蔽以成其私者众欤?何嘉气之久不效也!应中外文武臣僚,并许实封言朝政阙失,朕将亲览,考求其当,以辅政理。三事大夫,其务悉心交儆,

成朕志焉。

　　大灾之年，皇帝下诏罪己，广求天下直言，原是惯例。然而，对于变法与反变法两大势力缠斗已经超过五年的北宋政坛而言，显然又不只是惯例而已。这道诏书无疑释放出了一系列政治信号：首先，"上与安石如一人"的时代已经过去；其次，神宗似乎开始认同"变法违逆天道"的说法。熙宁二年（1069）以来，每有自然灾害或异常天象出现，反变法派必定借以论奏新法，王安石曾无数次进行辩驳，以往他都能成功地说服神宗，这一次却失败了。因为久旱无雨，神宗每次与辅臣见面，未尝不愁容满面、叹息恳恻，对于继续推行新法，表现出强烈的动摇，王安石总是劝说道：

　　"水旱灾害的发生自有其规律，非人力所能控制，尧帝时九年大水，商汤时七年大旱，可知上古圣君亦不能免此忧患。陛下即位以来，连续多年风调雨顺，五谷丰登，今年虽遭遇旱暵，只需进一步修明人事，以应天灾，不必因此过于忧虑。"

　　神宗却反驳道："此岂小事？朕今之所以如此恐惧，正因为人事有所未修。"

　　虽然同样强调"人事"，但思路已经完全不同。王安石期望君臣协力，通过加强"人事"，克服天灾带来的不利影响。神宗则试图检讨过去五年的"人事"，从中寻找导致天灾的原因，从而改变施政方针。在笃信天人感应的整体社会氛围中，王安石虽然有超越时代的理性精神，一旦失去了皇帝的支持，也就坐实了逆天背道的罪名，无从辩驳，进退失据！

　　接下来的几天，朝廷又连续发布了一系列免税、减刑、以工代赈等救灾措施，并暂停成都置市易务的计划，暂停受灾各路推行方田法、保甲法的进程,同时加大力度,祈祷郊庙社稷、宫观寺庙。

四月六日,汴京城终于迎来了一场大雨。四月七日京师雨足,群臣恭贺,奏请神宗皇帝御正殿、复常膳。欢腾过后,神宗将郑侠的奏疏和《流民图》出示给诸位辅臣,责备道:

"卿等常说法度修明,礼乐兴行,民物康阜,虽唐虞三代无以过,如今民间竟如此凄惨。"

众辅臣一齐惶恐谢罪,王安石更是神色惨然。神宗问:

"卿可曾认识郑侠?"

王安石回答:"尝从臣问学。"

这一天,神宗传旨,免除郑侠擅发马递之罪。

五、熙宁七年(1074)四月十九日, 王安石罢相,知江宁府

王安石从宫中回到东府后,没有丝毫的犹豫和停留,立即收拾行囊,迁居定力寺,并接连上了三道《乞退表》,请求罢相。整整五年执掌大政,"当循名责实之时,故任怨特多于前辈;兼躏令改制之事,故服劳尤在于一身"(王安石《乞退表》其二),无论功过怨劳,都应一力承担,原本就是理之必然,王安石对此并不意外,或是憋屈。真正让他感到难过的是,"忠或不足以取信,而事事至于自明;义或不足以胜奸,而人人与之为敌"(同上其二)。这些年来,他失去了多少知交好友? 时至今日,就连自己一手提携的晚辈、悉心培育的弟子,也成为掣肘变法大业的强劲敌手! 以诗人的敏锐和善感,他又何尝没有第一时间察觉神宗态度的微妙变化? 或许,熙宁五年(1072)李评之事,是君臣二人第一次真正的对峙,那一次王

安石的决不妥协,已经深深伤害了神宗的感情?又或许,随着年轻的帝王从稚嫩走向成熟,交织着爱与恨的痛苦的代际冲突,同样必然地发生在这对情同师生的君臣之间?此时,在定力寺的斗室中,王安石独对孤灯,不禁想起一件令他颇觉屈辱的往事。

熙宁六年(1073)正月十四日,正当举国欢腾的元宵佳节,王安石奉命从驾观灯。和往年一样,他乘坐马车从宣德门西偏门驶入宫城。这时,意想不到的事情发生了!御道两旁的侍卫,突然大喊"停车",并十分无礼地用手中武器,敲击王安石的座驾,拉扯车上的旌旗。当马车依惯例停靠在宣德门内时,守门侍卫扑上前来,殴打王安石的马匹和随从。车夫抗声说:"相公马车,有何不可!"宦官首领张茂则大声呵斥:"相公也是人臣,岂可如此?莫非想做王莽!"王安石又惊又怒,心想:"宫中侍卫熟知仪制,从来不敢藐视宰执大臣,今天居然如此妄为,一定有人暗中指使,目的恐怕是想令我盛怒失态,然后加以不敬之罪。"同时,他也疑心自己在宣德门内下马的惯例,是否真的不符合宫中仪制,因此暂且隐忍未发。禁军指挥使李师锡闻声赶来,将涉事侍卫王宣等四人,押送开封府处置。

事后,王安石命人查验相关仪制,发现各部门说法不一。中书通行官领班王冕等提交的报告称:"自来从驾观灯,两府臣僚皆于宣德门西偏门内下马,于左升龙门出。"并有嘉祐八年(1063)、熙宁四年(1071)殿前司日记为据。皇城司则说:"宣德门并无两府臣僚上下马条例。若论惯例,内巡检指挥使毕潜等报告称:自来每遇上元节,两府臣僚应于宣德门外下马。"

正月二十四日,王安石向神宗奏告此事,他说:"臣自备位两府以来,上元节从驾,皆于宣德门西偏门内下马,门卫未尝禁止。唯独今年不许进入,以至打伤随从和马匹。况且,宣德门内下马,并非自臣始。臣随曾公亮从驾,亦是如此。"对此,文彦博表示,自己从来都在门外下马,冯京则说记不清楚,也有门外下马的时候。神宗说:"朕为亲王时,位在宰相之下,亦于门内下马。今不知何故如此?"随后,神宗下令开封府彻查此事。

就在这时,御史蔡确忽然上章,弹奏开封府官吏曲意逢迎宰臣,正月十四日处置宣德门一事不公,要求朝廷特加重贬,并危言耸听地说:如若不然,"臣恐陛下大权,一去不可复收还矣"(李焘《续资治通鉴长编》)!这顶大帽子砸下来,令王安石深感惶恐,连上两章,说明自己本意只是希望相关部门,定夺两府臣僚下马仪制,并请求神宗对涉事侍卫"特加矜恕"(同上)。开封府重新审察此案,结论是无幕后指使者。于是,二月三日,神宗诏令,受到蔡确弹劾的开封府判官梁彦明、推官陈忱各罚铜十斤,其余涉事人员各决仗二十。并颁布法令,指定下马地点。

这番处置并不能真正令王安石满意,但唯恐遭人加以骄矜僭越的罪名,也只好息事宁人。"事既明白,又复何言"(同上)?他虽然生性刚直磊落,但久历宦海,对人情世态多少有所领悟。倘若神宗眷顾不衰,此事怎么可能如此草草结案?这些年,针对王安石个人的攻击屡见不鲜,仅以熙宁五年(1072)而言,除了正月司天监亢瑛借天象失常请罢宰相;十月又曾发生同知谏院唐坰在朝堂上越次请对,当着满朝文武百官,直斥王安石作威作福,"天下但知惮安石威权,不知有陛下"(李焘《续资治通鉴长编》),并指着御座说:"陛下若不听臣言,不得久居此座!"无论是亢瑛还是唐坰,言辞的激烈程度和蔡确相比,可谓有过之而无不及,但神宗的态度令王安石感到安心,不至陷入惶恐和忧惧之中。然而这次,似乎就很不一样了。春寒料峭之中,怨怒与忧惧相加,原本体质羸弱的王安石病倒了,一连十天请假休养。病中心绪悠悠,遂作诗自遣:

　　槿花朝开暮还坠,妾身与花宁独异?忆昔相逢俱少年,两情未

许谁最先?感君绸缪逐君去,成君家计良辛苦。人事反覆那能知,

谗言入耳须臾离。嫁时罗衣羞更着,如今始悟君难托。君难托,妾

亦不忘旧时约。

——王安石《君难托》

　　诗歌运用传统比兴手法,以夫妇之情,喻君臣之义,抒发内心的幽怨

与悲苦。

　　这天,参知政事王珪来府上探病,闲谈中告知:"中书驱使官温齐古

说:有人听到宣德门侍卫私下议论,一人曰:'打伤宰相随从、马匹,其罪岂

小?'另一人答道:'我怎能不知?只是上面逼得紧,没办法啊!'"这番话证

实了王安石的猜想,他很想循此追查下去,但一则温齐古害怕入狱对证,

推说不记得转述者姓名,二则如今自己的处境似已不同往时,只好就此作

罢。他思来想去,深感"国论所属,怨恶所归"(王安石《乞解机务札子》),孤危

日迫,如履薄冰,不如趁此告病之机请求罢职,全身而退。但几次递交辞

章,都被神宗退还。神宗不仅当面竭力挽留,又多次召王雱进宫,表示关

切和慰问,并派冯京、王珪前往王安石府中传达意旨。王安石也仍然心

中眷眷,"不忘旧时约"(王安石《君难托》),于是几天后再次复出。

　　倏忽又是一年!虽然主政以来,每一年都非常艰难,而今年的艰难

非比寻常……想到这里,王安石长叹一声来到桌前,提笔写道:

　　忽忽余年往,茫茫不自知。殷勤照清浅,邂逅见衰迟。辅世无

贤业,容身有圣时。归欤今可矣,何以长(zhǎng)人为。

——王安石《中书偶成》

这是他前些天写的一首小诗,却是他近年来时时都会浮上心头的感慨。"君子体仁,足以长人。"(《周易·文言》)效法天地,躬行仁道,长育万民,陶成天下,这是他毕生的理想与追求。然而现实却是,年衰体倦,事业难成……心底深处那个声音变得前所未有的高亢:"归去吧!归去吧!放下这份拯时济世的执着情怀吧!"

自三月三十日神宗广求直言的诏书颁布后,朝政似乎就处在了一个十字路口,接下来将何去何从?已经沉默多时的司马光,"伏读诏书,喜极以泣"(司马光《应诏言朝政阙失状》),立即撰写了长达四千字的奏章,痛陈"方今朝之阙政,其大者有六":"一曰广散青苗钱,使民负债日重,而县官实无所得;二曰免上户之役,敛下户之钱,以养浮浪之人;三曰置市易与细民争利,而实耗散官物;四曰中国未治,而侵扰四夷,得少失多;五曰结保甲,教习凶器,以疲扰农民;六曰信狂狡之人,妄兴水利,劳民费贮。"力促神宗罢此六者,使"溥博之德,及于四海"。知青州滕甫也上疏道:"新法害民者,陛下既知之矣,但下一手诏,应熙宁二年以来所行新法,有不便悉罢,则民气和而天意解矣。"(李焘《续资治通鉴长编》)其余反变法派人士,亦无不欢欣鼓舞,奔走相告。王安石恰恰在这时避居定力院,坚决请辞。因此,变法派人士都十分紧张、忧虑。为了留住王安石,维持变法大局,吕惠卿、邓绾等多次在神宗面前含泪请求,又派人每天投匦上书,营造舆论氛围。

神宗承受着来自多方面的压力,心情极为复杂。一天,神宗和弟弟岐王赵颢一道,去看望祖母。寒暄过后,太皇太后曹氏说:

"我听说民间甚苦青苗、助役钱,何不罢去?"

神宗不愿面对这个话题,既然祖母提起,不得已答道:"新法利民,并非苦民。"

太皇太后说:"王安石确有才学,但怨之者甚众。皇上若想保全他,不如暂时将他出之于外,待一年半载后再将他召还亦可。"

神宗心中隐痛,叹息道:"群臣之中,唯有王安石能舍身为国。"

岐王赵颢忍不住插话:"太皇太后之言,乃至理明言,陛下不可不思。"

神宗怒从心起,厉声道:"是我败坏天下吗? 你来做好了!"

一向敦睦孝悌的神宗突然失态,所有人都惊呆了。

岐王又惶恐又委屈,哭道:"何至于如此?"

当日不欢而散。

对于王安石,神宗内心深处既有疑虑,也有不舍,举棋不定之际,仍循惯例令吕惠卿宣圣旨,又遣内侍冯宗道赐手诏,催促王安石尽快复位,但挽留的诚意和力度明显不及以往。王安石冷暖自知,去意坚决,随即上书,表明"匹夫之志有不可夺"(王安石《乞解机务札子》其四),再次请求罢任,并推荐政治态度较为中立的韩绛继任宰相,吕惠卿任参知政事,以保证变法大业能持续进行。或许,此情此境下,这才是最好的安排。

事已至此,神宗痛下决心,派吕惠卿以手札相谕,同意王安石辞去相职,但希望他留在京师,以备顾问。一则顾全王安石的感受,二则也是安慰自己内心的不舍之情。王安石何尝不明白神宗的良苦用心,但他认为,"更留京师,以速官谤""固非所宜"(王安石《答手诏留居京师札子》),所以恳请离京外任,同时承诺:如果神宗召唤,将来仍愿再回朝廷任职。既呼应了神宗的不舍和眷顾,也表明了自己仍心系变法大业。君臣默契,不必多言。于是,神宗再赐手诏,表示体谅王安石的心意,不再勉强挽留,将任命他出知江宁府,希望他能借此机会好好休息。同时又郑重叮咛:"朕体卿之诚至矣,卿宜有以报之。手札具存,无或食言,从此浩然长往也。"(李焘《续资治通鉴长编》)王安石也再次承诺,"苟异时陛下未赐弃绝,而臣犬马之力尚足以效"(王安石《谢手诏训谕札子》),一定不食前言。

四月十九日,神宗诏令:礼部侍郎、平章事、监修国史王安石,罢为吏部尚书、观文殿大学士、知江宁府。出入仪仗仍如宰臣,大朝会亦仍列中书门下班列。制书高度称赞王安石"学问渊博,为时儒者之宗;议论坚明,有古直臣之烈""忧勤百为,夷险一节",对于他"遽上封章,愿还政事,确诚莫夺",表示惋惜和尊重,最后嘱咐道:"纳忠告猷,卿所素尚;尊德乐道,朕岂或忘。毋怠乃心,而不予辅。"(李焘《续资治通鉴长编》)与此同时,任命韩绛任宰相,吕惠卿任参知政事。

消息传出,许多变法派人士顿时觉得失去了依靠,吕嘉问、张琥等甚至痛哭失声。王安石对吕惠卿寄予厚望,希望他能担当起变法派领袖的重任,继续自己未竟的事业。诏令发布当天,他亲笔撰写《贺吕参政启》,表达由衷的祝贺和殷切的期望。

此时,韩绛尚在知大名府任上,神宗派内侍刘有方携诏令前往大名,召韩绛进京。又亲赐手诏,请王安石与韩绛当面交接政务:"韩绛恳欲得一见卿,意者有所咨议,卿可为朕详语以方今人情政事之所宜急者。"(同上)

王安石将要离任的消息传到熙河,王韶担心朝廷政策改变,心甚忧惑,颇不安职。神宗"虽已降手敕开谕"(同上),为进一步稳定军心,仍请王安石"致书安慰之"(同上)。

四月二十三日,神宗诏令:王雱升任右正言、天章阁待制、兼侍讲,同修撰经义。因王雱有病在身,不能上朝,神宗特许他带俸从王安石回江宁。并诏令王安石依旧提举详定国子监修撰经义。五月六日,又命经义检讨官余中等同往江宁府。

随后,王安石率家人及经义局幕僚登舟离京。搬运行李时,王雱的洗脸盆不小心被打破,因旅途必需,临时命人上街购置。岸边送行的文武百官惊讶地发现,无论是先前打破的旧盆,还是刚刚购置的新盆,都不过是极普通的瓦盆。大家都暗自感叹:六年宰相之家,父子二人的生活仍是如此简朴。王雱和他父亲一样,除了诗书,别无嗜好。对比唐代宰相段文昌,早年家贫,"富贵后打金莲花盆盛水濯足"(孙光宪《北梦琐言》),真是大异其趣啊!

六、六月十五日,王安石回到阔别多年的江宁

作别神宗和京师的同僚旧友,虽难免怅然和不舍,但回乡的激动与喜悦仍溢满心头:

> 日日思北山(即钟山),而今北山去。寄语白莲庵,迎我青松路。
>
> ——王安石《思北山》

其时已是夏季,行舟水上,白天暑热逼人,只能躲在船舱内读书、静坐。日落之后,江上凉风习习,清爽宜人,王安石便几乎整夜都倚在船边,享受着徐徐抚过的阵阵轻风,欣赏着波涛滚滚的悠渺江面,看金色的晚霞渐渐消逝在水面,看微微的曙色悄悄晕染天际……他忽然觉得,乍离京师的万千愁绪和忧思都消失了,就连身体也变得轻快了不少,归隐江湖的意愿因此更加坚定,不禁轻声吟道:

> 扁舟畏朝热,望夜倚危樯。日共火云退,风兼水气凉。未秋轻

病骨,微曙浣愁肠。坚我江湖意,滔滔兴不忘。

——王安石《夏夜舟中颇凉因有所感》

熙宁七年(1074)六月十五日,王安石抵达江宁。眺望云深雾绕的钟山,想起六年前满怀豪情进京之际,友人王介引孔稚珪《北山移文》作诗相讽,往事历历,时空迁转,归来已是满身疲惫……

人间投老事纷纷,才薄何能强致君。一马黄尘南陌路,眼中惟见北山云。

——王安石《人间》

几年的世事纷纷,几年的长安尘土,辜负了这青山绿水和白云。既已归来,就将一切暂且放下吧！相较于日理万机的宰相,地方知府的工作极为清闲。不过,兼任提举修撰经义,政务之余,著书立说,仍难免殚精竭虑,耗费心神目力。因此,在《经局感言》一诗中,他感叹道:

自古能全已不才,岂论骐骥与驽骀。放归自食情虽适,络首犹存亦可哀。

庄子笔下的樗树、栎树,"以为舟则沉,以为棺椁则速腐,以为器则速毁,以为门户则液樠(mán,液体渗出),以为柱则蠹"(《庄子·人间世》),"立之涂,匠者不顾"(《庄子·逍遥游》),因"不才"而免遭斧斤所伤,得以终其天年,成为庄子心目中道者的象征。从生命本身的意义而言,日行千里的骐骥与凡庸的驽骀并无区别。这是与儒家完全不同的生命价值观。辞去相职,藏拙于职闲责轻的江宁府,也算是一种合乎庄子理念的人生选择。但修撰经义，则是关乎国家思想、风俗淳朴归一的大事，故而深感责任重大，仍不免羁勒束缚之感。但日与经史相伴，却是王安石青年时代即已养成的生活习惯，苦中亦有无穷乐趣。因此，诗歌虽是自嘲、自叹，字里行间不经意间亦流露出自得之情。

唯一令他忧心的是，因长途劳顿，长子王雱的病情有所加重。神宗闻知，忙派内侍前来问候，并赐汤药，还专程派冲静处士张谔进行医治，令王安石倍感温暖。不仅如此，十月二十二日，神宗又依在外使相①规格，差冯宗道亲往江宁，赐赠生日礼物。据宋人记载，在此之前，仅太祖、太宗朝宰相赵普，享受过如此崇高的礼遇。十一月二十五日冬至，神宗于汴京南郊合祭天地于圜丘，礼毕，大赦天下，王安石因南郊恩加食邑四百户、实封一百户②。

自秋凉后，王雱的身体渐渐好转，王安石的闲居生活随之更臻胜境。有时约老友相聚：

> 君正忙时我正闲，如何同得到钟山。夷门（开封别称）二十年前事，回首黄尘一梦间。
>
> ——王安石《示王铎主簿》

有时邀晚辈同游：

> 我老愿为臧丈人（《庄子·田子方》中功成身退的道者），君今少壮岂长贫。好须自致青冥上，可且相从寂寞滨。深谷黄鹂娇引子，曲

---

① 亲王、枢密使、留守、节度使兼侍中、中书令、同平章事者，皆谓之使相。
② 古代封建国家名义上封赐给功臣贵戚食邑的户数与实际封赏数往往不符，实际上赐与的封户叫实封。

碕翠碧巧藏身。寻幽触静还成兴,何必区区九陌尘。

——王安石《寄张谔招张安国金陵法曹》

更多的时候,则是深居简出,谈经阐义,静赏风朝雨夕:

谈经投老拼悠悠,为吏文书了即休。深柱炉香闭斋阁,卧听檐雨泻高秋。

——王安石《金陵郡斋》

与此同时,王安石亦尽责尽忠地履行州府长官之职。无论是过去还是现在,他都不是一名仅仅满足于上传下达、完成日常事务的官员。江宁城西北栾家矶一段水路,风高浪险,往来商船、旅客,常常在此遭遇不测。熙宁五年(1072),江南东路转运司与江宁府,曾联合治理,虽有所改善,但未能真正解决问题。王安石知江宁时,经过多方考察、调研,决定另开新河,"以避栾家矶数十里风水"(张舜民《郴行录》)。他将这项工程,交由上元县主簿韩宗厚具体负责。宗厚虽由门荫入仕,但既富干才,又勤于政事。任职以来,率领民众开垦荒地,大兴水利,"溉污莱为良田者,至二千七百余顷"(朱光裔《韩宗厚墓志铭》),同时建造堰闸,根据水旱情况,控制和管理水利资源,"民获其利,歌咏载途"(同上)。长期以来,王安石痛感"在位之人才不足"(《上仁宗皇帝言事书》),特别留意培养和发现人才,对韩宗厚这样的青年才俊,赏识有加,不仅"事多委于君"(朱光裔《韩宗厚墓志铭》),使他有机会施展才干;而且"上其状于朝"(同上),希望他能获得更好的发展。韩宗厚亦不负所望。新河建成后,"甚为行舟之利"(张舜民《郴行录》)。

虽然身在地方,王安石对朝廷大政仍十分关切。免役法施行后,为了减少役钱的支出，熙宁七年（1074）五月，朝廷颁布了"给田募役法"。主要内容是：官府购买各地闲田用来募役；受募服役的人，官府不支付佣金，而是分拨官田，供役人耕种，以每年应缴的田租，抵充佣金。这样，对官府来说，如果买田成本低，以田募役，就能减少役钱的支出，增加财政收入。然而，实际的情况则是，除沿边地区人少地多，田价便宜，其他地区往往正好相反，这一法令事实上难以为继。王安石看到了这一问题，曾写信给吕惠卿，提请他注意。但考虑到自己不在其位，不宜极论朝政得失；同时也充分相信吕惠卿能很好地处理，因此信中只是点到为止，未尝"深言利害"（李焘《续资治通鉴长编》）。

王安石非常享受这种自在充实、劳中有逸的生活状态，曾作《芙蓉堂》诗曰：

> 投老归来一幅巾，尚私荣禄备藩臣。芙蓉堂下疏秋水，且与龟鱼作主人。

不必每日穿着庄重的朝服五更朝拜，也不必宵衣旰食、日理万机。虽依然贵为方面大员，备受皇帝恩遇，一身轻便朴素的布衫头巾，却使他自由的天性得以尽情释放。漫步郡斋，看芙蓉堂畔，大大小小的龟鳖鱼虾，在清浅的水中游弋，他愿意岁月永远这样单纯无忧。

王雱却不像父亲那般心境悠然。这些年，他一直在父亲身边，作为部分政务的参与者和推动者，对朝中的人和事，有着不一样的观察和认识，譬如吕惠卿。虽然他们同样才华卓越，又有着同样的政治主张，彼此之间却并不亲密，也不真正信任，似乎总有点格格不入，却又没有可以言说的确切事证，因此常常如鲠在喉。读过父亲的《芙蓉堂》诗，那种时时在心头浮现的感觉，又一次闪现，于是和诗一首，其中两句曰：

直须自到池边放，今世仍多郑校人。

子产为春秋时郑国丞相。一天，有人送了一条活鱼给他，他命主管池沼的小吏（校人），将这条鱼养在池中。小吏偷偷将鱼煮熟吃了，回头却向子产汇报说："刚放在水里时，鱼儿似乎有点迷迷瞪瞪的；过了一会儿，就变得自在悠然；紧接着，便游得不见影子了！"子产听罢，十分高兴地说："得其所哉！得其所哉！"王雱这两句诗，从王安石诗中"龟鱼"二字生发，借郑子产命校人养鱼的故事，提醒父亲不可太过相信某些貌似忠诚的追随者。

七、熙宁八年（1075）二月，王安石重登相位

王安石变法最为倚重的两位得力助手，吕惠卿和曾布，二人的才华毋庸置疑，过去几年对变法事业的贡献，也是有目共睹。王安石罢相前后，由于对"市易务违法案"的不同态度，曾布即已游离于变法队伍之外，吕惠卿成为王安石唯一可以信托的接班人，在王安石推荐下，担任参知政事，主持变法。从个人来说，这是吕惠卿仕途上的一大跨越，可喜可贺；但从变法大业来说，则是受命于危难之际，可忧可惧。至此，对于吕惠卿而言，个人仕途与变法事业，已完完全全合二为一。无论于公于私，他都须奋力维持政局，保证新法持续推行。熙宁七年（1074）四月，神宗下达广求直言的诏令、批准王安石罢相离职，两件大事前后相继，给予反变法派极大鼓舞。面对严峻的政治形势，吕惠卿担心，"中外因王安石罢

相,言新法不便"(李焘《续资治通鉴长编》),从而导致变法事业中道夭折。
他不辞烦劳,给全国各地支持新法的各路监司、郡守逐一写信,让他们上
书陈述利害,坚定神宗推行变法的信心。同时,他还约请在朝的变法派
人士,轮番当面劝谏。他说:"陛下网罗英俊,数年以来,忘寝废食,仅成
此数事,天下方被其赐,一旦用狂夫之言,罢废殆尽,岂不惜哉?"(郑侠
《西塘集·郑侠传》)在吕惠卿的积极努力和恳切劝说下,加上四月十七日,
在西北拓边的王韶再传捷报,神宗心中的犹疑逐渐消退。四月二十二
日,神宗颁发诏令,明确表达了坚定不移的变法意志。首先,肯定过去八
年,君臣夙兴夜寐所创制的新法,皆符合先王之道。其次,所有新法,均
是"参考群策,而继自朕志"(李焘《续资治通鉴长编》)。也就是说,并非王
安石一人所定,当然也就不可能因王安石个人的去留,而受到任何影响。
再次,新法布之四方,"已行之效,固亦可见"。尽管在具体推行的过程
中,有些官吏"私出己见,妄为更益,或以苛刻为民,或以因循为得,使吾元
元之民,未尽蒙泽",但这些都只是局部的问题,朝廷决不会"为之废法",
而是"博谋广听,案违法者而深治之",对于新法不够完善之处,"考察修
完,期底至当"。最后,要求全体士大夫奉行新法,"以称朕意",如有违反,
"必罚无赦"。诏令一出,朝野不再徘徊观望,大局得以基本稳定。

　　接下来,吕惠卿要重点处理的,便是"市易务违法案"。三四月份以
来,变法所遭遇的重大危机,与这一案子关系甚大。是否能妥善处理,既
关系到市易法的顺利推行,也会对整个变法事业产生影响。熙宁七年
(1074)三月下旬,吕惠卿与曾布受命一同彻查此案。刚开始,二人各自
分头行动,处置方式、态度、得出的结论,皆各不相同,很快导致矛盾公开
化。随后,神宗命二人"一处取问",避免"互有辞说"(李焘《续资治通鉴长
编》),每过三五日汇报一次,矛盾却并未因此消泯,反而更加激化。神宗
原本支持曾布,但四月十九日王安石罢相、吕惠卿被任命为参知政事后,

情势逐渐发生变化。接下来的几个月,一方面加强了对各地市易务收入的监管,处置了多起市易务违法事件,如楚州市易务王景彰等,巧立名目收取利息,"违法籴买商人物货"(同上);广州市易务吕邈等,"擅入市舶司,拘拦蕃商物"(同上),等等,对市易法的制度设计等方面,也进行了修正和完善。另一方面,经过一番精心运作,吕惠卿也成功地利用"市易务违法案",将曾布这一最具威胁性的竞争对手排挤出局。八月十七日,曾布罢去权三司使之职,出知饶州;吕嘉问罢去提举市易司之职,出知常州军器监。曾布的罪责是,未能觉察下属官吏唆使行户造作伪证,"词理不应奏而奏"(同上);吕嘉问的罪责是,未能觉察下属官吏多收息钱。两人皆因公务过失,分别处以杖八十、杖六十的惩罚。魏继宗则被罢官停职。

就任参知政事后,吕惠卿与同为参知政事的冯京,议事多有不合。冯京字当世,皇祐元年(1049)进士第一,前宰相富弼的女婿。冯京与王安石共事多年,两人经常因政事发生论辩。但王安石既善于言辩,资历、位阶又高于冯京,而且深得神宗信赖,因此每有异议多能取胜。吕惠卿则只是晚辈,冯京比他年长十一岁,步入仕途比他早了十二年,担任参知政事也已五个年头,虽为同列,却总令吕惠卿有落于下风的感觉,许多工作的推动,也是困难重重。对此,吕惠卿愤恨不平,又无可奈何。不过,只要有心,机会自然不难找到,这个机会便在监安上门郑侠身上。四月七日,神宗特旨免除郑侠之罪后,朝臣议论纷纷,"或以为擅发马递奏事惊御,或以为心狂,或以非毁良法,乞追逮付所司勘罪"(郑侠《三月二十六日以后所行事目》),御史台则直接奏请,将郑侠收系御史台审问。于是神宗再下旨意,将郑侠擅发马递案,交由开封府审理。对此,郑侠早有心理准备,自然毫不介意。但王安石罢相、吕惠卿任参知政事,这一人事变化,显然不是郑侠冒死上《流民图》所希望达到的目的。因此,他不顾一切,再次越级言事,直斥吕惠卿为变法乱象的真正祸首:"安石本为惠卿所误,以至于此。"(《西塘先生文集》附《郑侠传》)批评王安石荐引吕惠卿,乃是自相胶固,不念宗庙社稷之重,并预言吕惠卿终会背叛王安石。他还极力称许冯京贤能,建议神宗重用冯京为宰相。紧接着,又连上数封奏疏,批评市易、用兵等事,"累十余纸,皆细书密行"(同上)。吕惠卿读罢大怒,遂将正在开封府勘查的"郑侠擅发马递"一案,移交刑部定罪。刑部判处郑侠罚铜十斤,放逐出京。但神宗诏令"特免勒停"(郑侠《三月二十六日以后所行事目》),仍保留了他的官职。又过了百余日,郑侠打算等十一月二十五日郊祭之后,便申请一个广南或福建的差遣,远离这个令他失望的是非之地。但愤于吕惠卿对新法的维护与坚持,遂于十一月初一再次上书,并请求神宗召见。这一次,他受到了最为严厉的惩罚:追毁出身以来文字,送汀州(今福建长汀)编管。也就是说,自进士及第以来的所有仕宦凭证和档案都被毁弃,从官员队伍中彻底除名,并遭羁押管制。初六敕令颁布,初七便被押出汴京。

　　郑侠虽位卑官低,但早有才名,冒死上书一事,更是震惊朝野,赢得诸多舆论的认同。冯京等人都对他十分称赏,王安石之弟安国,也与他交往密切。吕惠卿决定将此案深挖广查,或许能有意想不到的收获。这天,他乘单独入对的机会,对神宗说:"郑侠只是一名小官,如青苗、免役等事,皆可闻于道路,至如被甲登殿、禁中君臣对面所言,为何能了解得如此迅速而且详近? 据说郑侠前后所言,皆冯京命王安国转述。"十一日早朝后,冯京单独留下来奏事,神宗忽然问道:"卿身为重臣,知朝政有缺失,何不对朕直言? 却令郑侠言之?"冯京十分惊惶,说:"臣与郑侠素不相识。"神宗将信将疑。这时,侍御史知杂事张琥上书称,冯京曾向郑侠借书,并送钱米给郑侠,"侠所言朝廷机密事,非京告教,何得闻此"(李焘《续资治通鉴长编》)? 那时,郑侠正在押送汀州途中,张琥请求将郑侠追回,进一步审问。十二日,郑侠被押解回京,所有与他有书信往来的人,全被抓捕入狱。主审官虽"深探侠辞,多所连引"(同上),但始终没有找到冯京与郑侠交往的直接证据。但张琥坚信,郑侠"非有所恃,安敢如此"(同上)?最后终于在浩繁的审讯文档中,找到一点蛛丝马迹:郑侠去登闻检院①上书,判检院丁讽曾请他喝茶,了解他的诉求,并对他表达称奖之意。后来,丁讽见到冯京,谈及郑侠,冯京也赞赏郑侠文辞甚佳,身为小臣能有如此勇气,实属不易。至于王安国,与郑侠本是江宁旧友,且都不认同新法,所以关系一直十分亲密。郑侠曾对王安国说:"侠前后多次写信劝谏丞相,他都不听,莫非被人迷惑?"王安国叹息道:"安国之言尚且不听,你的劝谏又怎肯接纳?"郑侠上书后,王安国曾找他借阅草稿,郑侠没同意,王安国说:"能言之者是你,能揄扬、流布于人者是我,请一定要将草稿给我看。"但郑侠推说已经烧掉了。这桩案子最终在十二月二十二日结案,熙宁八年(1075)正月七日,正式宣布处分结果:冯京罢参知政事出知亳州,丁讽落职监无为军酒税,王安国追毁出身以来文字、放归田里,汀州编管人郑侠改英州编管,此外还有多名牵连入案的大小官吏,受到轻重不等的处罚。王安石与安国兄弟情深,神宗知道此事对他的打击一定不小,特诏慰谕。王安石闻讯悲痛万分,以至当着使者的面,泪如雨下。

韩绛与吕惠卿也诸多不协。他既不是激进的变法派,为人又方严庄重、仁爱恺悌,治国理念上与司马光较为接近。主政之后,专门设立一个部门"考计用度,以制国用"(范纯仁《司空康国韩公墓志铭》)。或许是本身行政能力有限,不似王安石那么雷厉风行,抑或是与吕惠卿相互牵制、相互龃龉,导致"事多留滞不决"(王称《东都事略·韩绛传》)。他多次推荐司

---

① 官署名,凡官民章奏申诉不能由都进奏院或阁门通进者,可向登闻鼓院投诉,如投诉为登闻鼓院所抑,以及事涉机密者,登闻检院接收处理。

马光，认为可以大用，但许多意见都未被采纳，因此常常感叹："吾知无补于时矣。"对于吕惠卿屡兴大狱极为不满，当冯京被指为郑侠同党而遭到审讯时，他更是挺身而出，极力为之辩解，并说："倘若冯京明日被黜，我立即请辞相位！"冯京出知亳州后，韩绛亦上章乞罢政事。神宗虽然没有同意，但冯京所受的处罚，也因此有所减轻。韩绛深知自己无法制约吕惠卿，于是在一次单独奏对时，建议神宗重新起用王安石。

熙宁八年(1075)二月十一日，神宗诏令：观文殿大学士、吏部尚书、知江宁府王安石依前官平章事、昭文馆大学士。翌日，命内侍刘有方赍诏前往江宁相召。但王安石连上两道奏章，请求辞免。他说：

> 畲而不菑，虽或许其继事；灌以既雨，岂不昧于知时？况惟疲曳之余，过重休明之累。且用人而过矣，固不免于败材。苟改命而当焉，亦何嫌于反汗？
>
> ——王安石《辞免除平章事昭文馆大学士表》

变法由他开启并长期主持，重新回朝担当重任，就好比农民在已经开垦过的土地上继续耕耘，可算是"代终已成而不造也，不擅其美，乃尽臣道"(王弼《周易注》)；但朝中并非无人，自己退而复进，就好比天降大雨，仍固执地挑水浇地的愚人一样，难免不识时务之讥。王安石借用《周易注》"不菑而畲"、《庄子·逍遥游》"时雨降矣而犹浸灌"两个语典，表明对再任宰相的基本看法。接着陈述自己衰老疲困的实际状况，恐怕会有累神宗知人之明。而且，重用同一个人，时间久了，也不免会产生种种问题。因此，恳请神宗收回成命。虽然"号令如汗，汗出而不反"(《汉书·刘向传》)，但如果收回成命的做法是正确的，又何必在意所谓"反汗"之说？

但神宗批答"不允",并命他不许再上辞免章表。

"上之施既光,则下之报宜厚"(王安石《除平章事昭文馆大学士谢表》)。而且,熙宁七年辞任时,既与神宗有约在先,而此时他也依然心系变法大业,经过认真思考,王安石终于接受了复相的诏令。

第十四章

萧墙乱起致君疑

熙宁八年(1075)三月一日,王安石启程前往汴京,船过瓜州,正是夕阳西下时节。遥望对岸,繁华热闹的扬州城,在暮霭的掩映下,一片苍茫:

> 落日平村一水边,芜城掩映只苍然。白头追想当年事,幕府青衫最少年。
>
> ——王安石《入瓜步望扬州》

那座熟悉的城市是他仕宦的起点。人生啊,是如此的漫长又短暂,当年英姿锐利的少年,转眼间已是饱经沧桑的白发老者!

一、李士宁卷入宗室谋反案,王安石深感忧惧

三月中旬,王安石回到汴京,重新投入宵衣旰食、日无暇晷的生活。时隔一年,君臣再次相对,神宗满心欢喜,也满怀期待,他说:

"小人已渐渐消歇,卿可以施展身手,大有作为!"

又说:"自卿去后,小人极是纷纭嚣张,全赖吕惠卿主张。"

尽管在吕惠卿主导的郑侠案中,四弟安国遭受严惩,令王安石痛彻心扉,但他一向公私分明,并不因此而对吕惠卿有任何芥蒂。自己最为信赖且极力推荐的人才,得到神宗的认可,他的内心也深感欣慰,因此连连点头道:

"吕惠卿兄弟皆为难得之才。臣原本不太了解和卿,去年离京之际,和卿一路相送至陈留县,道中多有交流,方知他极晓时事。"

谈及自身,王安石表示,投老余年,虽不能长久辅佐神宗,唯愿及时

粗有所效,以报知遇之恩。神宗再三嘱咐道:

"此亦朕所寄望于卿。君臣之间,切勿见外、生疑,如此最为有害。"

对于吕嘉问遭贬,王安石感到极为不平。他说:

"吕嘉问内则冒犯近习贵戚,外则与三司、开封府争议,恪守职事,奉行新法,最后竟因未能觉察市易务多收利息,而被降职到偏远小州任知州。多收息钱罪在监官,监官因告老辞官而免罪,吕嘉问却因监官之罪而得罪,他本人何曾有罪? 尽力为朝廷守法立事,却不容于朝廷,以后谁肯尽力为国?"

他认为,如今官员多不称职,人才难得固然是原因之一,主要原因则是"多观望不尽力"(李焘《续资治通鉴长编》)。因为"尽力则犯众怨,犯众怨则中伤以法"(同上),而吕嘉问便是典型例子,倒"不如因循偷惰之可以自安"(同上)。虽然神宗表示,吕嘉问已恢复原有官衔,王安石仍极力主张,应将吕嘉问调回市易司。但吕嘉问被贬后,市易司由吴安持负责,神宗担心吴安持不乐见此事,不免又生出人事纠纷。吴安持是吴充之子,王安石的女婿,因此,王安石说:

"臣既已将女儿嫁给安持,自然也会为他考虑。市易之事极为重要,必须有吕嘉问参与协力,才能有所成。"

王安石非常看重市易法抑制兼并的作用。他认为,兼并之风盛行,不仅导致贫富分化,使大量底层百姓破产失业,而且使国家财政,受制于少数官僚豪绅、富商大贾,这是秦、汉以来延续千余年的社会痼疾,历朝历代均无根治之术。而自熙宁五年(1072)三月,市易法实行以来,三年过去,"近京师大姓多止开质库,市易摧兼并之效,似可见方"(李焘《续资治通鉴长编》)。他相信,"苟能摧制兼并,理财则合与须与,不患无财"(同上)。吕嘉问则是达成这一目标的不二人选。

于是,四月十七日,先以吕嘉问为检正中书户房公事;四月二十三

日,又以吕嘉问兼提举市易司。随后,在王安石的授意下,吴安持请辞提举市易之职,但神宗没有批准,王安石只好亲自出马,他说:

"当初吕嘉问遭人谗诬,臣因与他私交亲厚,已难以为他辩护。安持是臣女婿,将来万一有事,臣更不便说话,乞请陛下另选他人。"

神宗仍坚执不可。

当王安石以他一贯果决的作风,全身心地推动政务开展时,凶险和危机却无时不在。首先是宗室赵世居谋反案,因事涉老友李士宁,几乎将他卷入。此案最先发生在沂州。熙宁八年(1075)正月,沂州人朱唐状告前余姚县主簿李逢谋反。京东东路提点刑狱王庭筠等奏报:李逢虽偶有谤议朝廷的言论,但并无谋反实情,朱唐纯属诬告,应予治罪。神宗一眼看到奏折上"李逢"二字,便立即有所警觉。李逢乃是宋太宗朝参知政事李昌龄之孙,太宗临终之际,李昌龄曾与殿前都指挥使李继勋、知制诰胡旦、宦官王继恩,谋立潞王赵元佐,被宰相吕端识破而失败。真宗继位后,李昌龄遂以交结宦官的罪名遭到贬窜。此事乃属宫闱秘闻,外人鲜有耳闻,而神宗无疑了如指掌。因此,他怀疑朱唐状告李逢一事,并不像王庭筠奏报的那么简单,遂于正月十七日,诏令权御史台推直官蹇周辅,前往勘验。经过一个多月深入细致的调查、审问,果然发现李逢与右羽林军大将军、秀州团练使赵世居勾结,图谋不轨。赵世居是太祖四世孙,他爱好文学,喜欢结交士大夫,在士林中颇享美誉。由于既是谋反,又与宗室相关,案件的性质顿时变得极为严重。赵世居及其医官刘育,立即被逮捕入狱。提点刑狱司此前的处置,无疑过于草率,王庭筠引咎自缢而死。三月二日,神宗命知制诰沈括、同知谏院范百禄,与御史台官员组成联合办案组;命御史台会同内侍官,搜查赵世居及刘育的宅第,找到图谶、书简等诸多物证。三月九日,又派开封府推官郑遵度,会同宗正丞,查封赵世居全部家产,由专人看守。随后,通过李逢、赵世居、刘育等人的口供及搜查到的书简等物证,很快查出一大批涉案人员,道士李士宁便是其中之一。

　　治平年间与王安石江宁一别之后,李士宁继续云游四海,往还于公卿大夫、王侯贵族之间。熙宁年间到汴京,在王安石府中又住了好几个月。此次被牵扯入案,其一是因他曾赠诗给赵世居的母亲,诗中有"耿、邓忠勋后,门连坤日荣"之语。此诗其实是仁宗皇帝为开国元勋曹彬的后代曹傅所作挽词,"耿、邓"是东汉初名臣耿弇、邓禹,二人曾辅佐汉光武帝刘秀定天下,诗歌用来代指曹彬。李士宁素有"能言人休咎"(魏泰《东轩笔录》)之名,赵世居等人都将他奉若神明,因此"解释其诗,以为至宝之祥"(《宋史·徐禧传》)。其二是李士宁曾送给赵世居一把宝刀,刀上装饰着镀金双龙。主审官范百禄认为,正是李士宁的赠诗、赠刀,激起了赵世居的非分之想,可谓居心叵测,因此怀疑他是谋反的核心成员。但李士宁坚决否认。赵世居、李逢等人的供词也表明,李士宁并没有参与谋反。另一名主审官徐禧不认同范百禄的推断,两名主审官对李士宁在此案中的角色认定,产生了根本性异同。徐禧拒绝签书,并上书朝廷,他说:

　　"李士宁赠诗,本身并无狂妄悖逆之意,不过是被作乱之人过度解释而已。范百禄的意图,无非是因李士宁曾在王安石门下,便试图借机擅自增损案牍,深文罗织,陷人入罪。臣不忍苟同,乞免签书。请求朝廷差官仲裁。"

　　紧接着,范百禄也上奏道:"李士宁诙诡诞谩,惑世乱俗,终身隐匿。一旦败露,乃王法之所必诛。李士宁尚未归案时,徐禧曾对臣说:'即便李士宁罪不至死,我徐禧也必定奏请朝廷将他诛杀。'不知为何骤然翻覆?臣私意揣测,徐禧并非对李士宁心生仁慈,其目的必定是想借此机会,收恩掠美,使执政大臣爱己而恶人罢了!徐禧身为御史,竟敢昌言于朝,挟诈罔上,如此歪风,不可助长。如今案牍分明,囚犯尚在,请求朝廷据实查验。"

于是,神宗诏令龙图阁待制曾孝宽、御史知杂事张琥辨其曲直,并派内侍李舜举、冯宗道审问李士宁。不过,神宗内心似乎更偏向范百禄,他对王安石说:

"百禄并无他意,此事尚未结案,徐禧便骤然上书,似乎是有意倾轧百禄,人心难知。朕虽然欣赏徐禧通晓事理,但又怎能保证他用心良善?况且,即便李士宁有罪,与卿何干?"

话虽说得极为轻松,但神宗既然屡屡感叹"人心难知",如果李士宁真的涉案深重,又如何能不对王安石心生疑虑?对此,王安石可谓洞若观火。因此,他坦率直白地将自己这些天来内心的忧惧与思考,和盘托出:

"假使李士宁谋反,陛下以为臣有罪,臣岂敢不伏辜?初闻李士宁牵连入狱,臣确实深感恐惧。因为,自陛下即位以来,未尝有一个案子勘查得正当!臣所言并非诬罔,皆可验覆。如今李士宁入狱,倘若主审官有意构陷,只须在案牍之上,将其言语稍加增损,臣便有百口莫辩之罪。后来,臣扪心自问,无愧天地,即便横遭诬陷,也是命中注定,便不再庸人自扰。"

说到这里,他略微停顿了一下,又说:

"陛下以为人心难知,臣则以为并非如此。若素行君子,必定不至为小人;素行小人,岂有可能忽然为君子?"

当然,君子、小人之辨,一旦掺杂特定政治立场,便难免见仁见智,莫衷一是。因此,对于徐禧、范百禄二人的争端,王安石建议神宗,不要过早表明自己的爱憎,他说:

"愿陛下切勿仓猝,仓猝即上下迎合,是非扭曲,黑白混淆,案情勘断即会失实,从而危害朝廷政事。因此,臣不免犯颜论奏。"

闰四月,案情基本审理清楚。赵世居以谋反罪赐死,在御史台推直官监督下,缢杀于普安院,由中使冯宗道监督埋葬;其子孙免于死罪,除名落籍,由开封府软禁于官舍;其妻、女、儿媳、孙女等,送入皇家寺庙为尼;其兄弟罢官免职。李逢、刘育、徐革等,以谋反罪凌迟处死,妻子或发配军中为奴婢,或流放偏远地区。张靖、李侗、郝士宣等,以谋反罪腰斩。李士宁收藏钑龙刀并与赵世居饮酒,司天监学生秦彪以星辰行度图与赵世居,皆杖脊并发配湖南。大理评事王巩,因听闻徐革有不敬之语,而未告发,追两官勒停。知瀛州、祠部员外郎、天章阁待制刘瑾,知明州、前翰林侍读学士、礼部侍郎滕甫,皆因与赵世居、李逢有书信往来而落职。此外还有大批涉案人员,受到不同程度的处罚。

此前,在讨论处理结果时,神宗说:"刘瑾与世居往还书简比滕甫更多,其中竟有'不容居内'之语。"言语间颇有要严加惩办之意。

王安石解释道:"'不容居内'可以有多种理解,不知是说陛下不能容? 或是执政不能容? 或是法度不能容? 皆无法确知,故亦不可据此加重对刘瑾的责罚。"

吕惠卿愤愤不平地说:"王巩是韩绛亲戚,收到传讯通知,竟拖延三天不奏报。考察其与徐革等人往来情形,颇似知情,后来审讯结果却无罪。倘若换作是臣与王安石的亲戚,恐怕便大涉嫌疑。"

神宗点头道:"王巩确非佳士,他见徐革,竟说世居形似太祖,又劝徐革焚毁文书。"

王安石反问道:"杜甫《赠汉中王瑀》诗云:'虬须似太宗。'与此何异? 令徐革烧毁文书,文书若烧毁,即于法无罪。王巩既与徐革交游,劝其规避法禁,自是朋友之道,又有何罪? 王巩之罪只是不该擅入宫邸。"

神宗问该如何处置赵世居一案,王安石建议:"世居当依法处置,其妻儿家小,宜从宽处理,除去宗室属籍即可。"

随后,赵世居一案的处置,基本依照王安石的建议施行。李士宁原本被判死罪,王安石在案卷上亲笔改作徒罪;王巩原本被判流放,改作勒停;刘瑾、滕甫等所有涉案人员,都一一被减轻责罚。

宋朝立国百余年来,以忠厚为本,宽仁为治,"故立法之制严,而用法之情恕"(《宋史·刑法志》),像凌迟、腰斩这样的酷刑,熙宁以前都未尝用过;对于奖励告密者的做法,历任君臣亦深怀戒惧,不敢轻易使用。这些惯例,在处理赵世居谋反案中,全被打破。因此,案件了结之后,王安石语重心长地告诫神宗:

"如今因为此案,既重责监司,又厚赏告密者,臣深恐此举将开后人诬告干赏之风,官府为避罪责,难免惟重不惟轻,致使无辜者横遭灾祸。愿陛下自此深加省察。须知方今风俗,出于一己之私,不惜枉杀人命、坑陷他人家族者不在少数。"

二、王安石努力维持宰执群体的稳定与团结

宋代行政管理体系中,宰执制度居于重要地位,既是皇帝的辅弼,又对皇帝的权力构成一定制衡。宰执包括宰相与执政。宋代宰相官名为同中书门下平章事;执政则包括副宰相(参知政事)与枢密院正、副长官。宰执员额通常不确定。如果同时有多名宰相,则以所带职衔排序:首相带"昭文馆大学士",简称昭文相;亚相带"监修国史",简称史馆相;末相带"集贤殿学士",简称集贤相。熙宁二年(1069)二月,王安石初任参知政事时,富弼(昭文相兼史馆相)、曾公亮(集贤相)为宰相,赵抃、唐介为参知政事,文彦博、吕公弼为枢密使、陈升之知枢密院事①、韩绛为枢密副

---

① 与枢密使交错或并为枢密院长官,辅佐皇帝执掌兵权。

使,加上王安石,共二相七执政;熙宁三年(1070)十二月,王安石升任史馆相,韩绛为昭文相,冯京、王珪为参知政事,文彦博为枢密使,吴充为枢密副使,共二相四执政。

熙宁八年(1075)二月,王安石重回中书任昭文相时,韩绛为史馆相,王珪、吕惠卿为参知政事,陈升之为枢密使,吴充、王韶为枢密副使,两个月后,陈升之外任,吴充升任枢密使。其中王珪以文才擢拔,"其文闳侈瑰丽,自成一家,朝廷大典策多出其手,词林称之"(《宋史·王珪传》),但政治上无所建明,道谀将顺、随时俯仰而已;吴充"神采秀澈,词气温厚,内行修饬"(《东都事略·吴充》),个性沉稳,谨慎周到,政治上中立不倚,与王安石既是多年知交,又是姻亲。因此,王安石与王珪、吴充两位执政一直相处和谐。但是,在随后的日子里,却与韩绛、吕惠卿、王韶等屡屡产生分歧,有时甚至是颇为激烈的冲突和纷争。

韩绛比王安石年长九岁,他出身显宦之家,父亲韩亿为仁宗景祐年间知枢密院事、参知政事。庆历二年(1042)进士甲科及第,与王珪、王安石同年。其时,王珪第二、韩绛第三、王安石第四,此后三人又同为宰执,一时传为佳话。韩绛在仕途上比王安石资深,早在治平四年(1067)九月即被擢升为枢密副使,熙宁三年(1070)四月任参知政事,十二月进昭文相。熙宁四年(1071)三月,因对西夏用兵失策罢任,熙宁七年四月(1074)再入为史馆相。所以,此时班位,反而在王安石之下,加上王安石素来个性强硬、行事果决,二人共事,不能不令韩绛时常备感压抑。

闰四月十八日,淮南节度使、知相州韩琦上书,请求暂停预买绸绢[①]、暂停收取民户借贷钱粮应缴税钱,允许分五七年延期交纳。王安石认为不可,韩绛说:

———————————

① 宋代政府于春季贷款给农民,至夏秋时令农民以绸绢偿还,谓之预买。

"百姓无力缴纳,朝廷应予宽恤。"

宽仁为治、视民如伤的思想理念,是宋代乃至整个中国古代社会的主流政治观,从来无人敢正面提出非议,韩琦的上书,韩绛的支持,也都基于这一思想理念。王安石却认为,"近岁以来,方镇、监司争以宽恤百姓为事"(李焘《续资治通鉴长编》),不过是装幌子而已,其真实的意图大可疑议,大略不出这两方面:其一是媚民为己,因为"宽恤百姓,固是美名好事,人臣优为之"(同上);其二是作为抵制新法、对抗朝廷的手段。他反问:

"韩琦执政十余年,期间也多次遭遇灾伤年份,可曾暂停预买绸绢?可曾暂停配卖①银绢?那时配卖,每户有时需要赔钱数百贯,朝廷也并没有下达过因灾伤而暂停的命令。如今的政策,是听民户自愿赊买,不知为何却须要分五七年延期交纳?去年旱灾,朝廷体贴民瘼,多次免税,国库损失甚多,结果反而助长了侥幸心理。国用不足,如何能不取之于民?当年苏秦假装在燕国获罪而逃亡齐国,齐宣王将他尊为客卿。齐宣王死后,齐湣王即位,苏秦游说湣王厚葬以彰显孝道,大肆修建宫室苑囿以彰显国力,其真正目的,却是为燕国破坏损害齐国。如今某些地方长官,用心亦如苏秦,陛下岂能不察?"

神宗似乎深有同感:"韩琦用心可知,连年灾荒,正称了他的心愿吧!每当朕向他咨询国事,他总是说'只须罢废新法,便自然无事。'"

王安石说:"韩琦两次经历国家易代的重大变故,是朝廷的大功臣,陛下加以礼遇是应该的,但若与他讨论国事,则不过是启宠纳侮而已。"

神宗懊恼地说:"当初也没想到韩琦用心如此。韩琦甚至对朕派去的使者说:先帝是臣所立,陛下乃先帝儿子,做得好,臣脸上有光;做得不

---

① 官府把积压的茶、酒、盐等专卖物品配给行户代为销售,谓之配卖。

好,臣也跟着惭愧。"

王安石与神宗二人说得投机,谈话主旨早已转移,韩绛在旁边竟插不上一句话,他的意见也完完全全被忽略。

闰四月二十二日,神宗与宰辅讨论检正中书五房公事①的人事任免,王安石主张用张谔代替李承之,韩绛认为不可,说:

"张谔和李承之有矛盾,曾诋斥给田募役法。"

王安石反驳道:"给田募役法不妥,臣在江宁时就曾写信跟吕惠卿说过,当时限于外臣身份,不宜极论朝政得失,所以没敢深入剖析。不任事者不敢极言,在其任者又因挺身反对而得罪,那么,天下事如何能得正理?"

韩绛想用沈括,王安石说:"沈括也与李承之不和,如何可用?"

神宗说:"何不用吕嘉问?"

韩绛表示反对:"吕嘉问资历太浅。"

王安石说:"吕嘉问确实可用。但岂可因张谔反对过李承之就废而不用? 当初陛下要推行给田募役法,张谔明知违背圣旨,仍敢于力争,这正是陛下所应奖拔。"

韩绛仍不赞同:"如果用张谔,李承之一定会认为,自己遭到张谔倾轧排挤。"

神宗也认为,臣僚论事,有时不过是出于好胜之心,未必都是出于忠心。王安石反驳道:"据理言事,却疑其好胜,是否应违理从众? 不知这样对陛下有何好处?"

神宗不语。韩绛坚持道:"张谔资历既浅,又无突出贡献,也无过人才智。"

———————————

① 宰执属官,掌管检查、核对、纠正、催促中书门下处理的公务,权任颇重。

王安石说:"去年《三司敕式》四百卷修成,主要就是张谔一人之力,陛下亦必知其熟谙官府文牍,临事又肯争议,不避执政,所以进用应在众人之先。"

最后,神宗采纳了王安石的意见,任命张谔为检正中书五房公事。

五月十六日,提举市易司举荐刘佐。刘佐此前因违法降职,代替他职务的官员,不懂买卖规则,所收息钱,大不如前。王安石想批准刘佐复职,韩绛坚决反对。整顿市易务,是韩绛熙宁七年(1074)继任宰相后主持的一项重要工作。王安石复相后,立即起用吕嘉问,如今竟然又要起用刘佐,这是他无论如何也不能接受的。因此,他严正指出,依照朝廷官吏任用制度,"冲替事理重"者,"不合受差遣"(李焘《续资治通鉴长编》)。但王安石说:

"市易司举官原本可以不受规章约束,而且七八万贯的场务①必须交给有能力者负责。"

韩绛仍坚决反对,表示不能因人废法。王安石说:

"方今理财为急务,不可缓。刘佐此前绩效突出,乃不可多得之才。"

韩绛冲口回应道:"治平年间,臣曾任三司使,亦何尝缺乏?"

王安石说:"郑州枷拷百姓,令贱卖家产以供军中赏赐,大臣、近臣有人得以贱买民产,这些岂不是韩绛所见?"

韩绛一时理屈词穷,嗫嚅道:"其时确实缺乏。"

他没有忘记,治平四年(1067)春神宗继位之初,身为三司使,他呈上的第一封奏札,就是坦陈"百年之积,惟存空簿""承平日久,用度无节,以致公私财利匮乏"(李焘《续资治通鉴长编》)。即便如此,他仍坚持道:

"小人喻于利,不可用。"

---

① 场务:宋时盐铁等专卖管理机构。生产和专卖盐铁的机构为场,税收机构为务。

王安石说："市易务若不喻于利,如何任事? 如今多少官吏既不喻于义,又不喻于利,尚且居官自如。喻于利者,又如何可废而不用?"

于是,神宗调和道:

"姑且令他管事,等重新获得任职资格时,再正式任命,如何?"

韩绛一听,立即起身再拜:"既然如此,臣请辞宰相。"

神宗愕然道:"小事一桩,何必如此?"

韩绛回答:"小事尚不能争,何况大事?"

显然,无论是此前与吕惠卿相争,还是近两月来与王安石议事,一次又一次的挫败,已经让他忍无可忍了。他十分憋屈地说:"臣若不求去,恐怕又是一个冯京!"

王安石忙缓和道:"韩绛用心必定与冯京不同,只是这一事与臣意见分歧罢了。"

五月十八日,韩绛称病不出,正式请求罢任。王安石不希望事情闹到这个地步。虽然大家时有意见不合之处,但身为首相,他仍希望维持宰辅臣僚之间的团结,因此请求神宗罢刘佐之任,以慰勉韩绛,但神宗不同意。王安石说:

"倘若为一小臣任免相争不下,而导致韩绛去位,臣亦不敢安职。"

神宗这才同意罢用刘佐,并派中使持手札谕请韩绛复职。

然而,韩绛刚刚复职不久,吕惠卿又请求外任。起因是五月二十七日,御史蔡承禧弹劾吕惠卿之弟吕升卿,"经学纰缪,不当教国子,且挟惠卿之势,崇建亲党,轻傲犯法,招权慢上"(李焘《续资治通鉴长编》)。宰执一同将蔡承禧的奏章进呈御览时,吕惠卿颇感不安,神宗表示无须回避。弹章中提到,吕升卿征聘刘谷入经义所,拿着朝廷的俸禄,日常职事却是教吕家的小儿读书而已。神宗读罢,问道:

"经义所征聘刘谷,想必是因刘谷深通经义?"

吕惠卿说:"刘谷有学问,有德行。"

王安石回答:"臣亦听闻其颇有德行,但并不认识他。"

神宗似乎有意忽略吕惠卿,接着王安石的话说道:"经义检讨为修撰经义而设。虽有德行,于修经何补?德行之士自然别有用处。"

说着,又看着王安石,称许他秉公处事,没有私心。近期,在与宰执的谈话中,神宗已经多次说过类似的话语,显然是在婉转地批评吕惠卿。

议及蔡承禧弹章的处理意见,吕惠卿乞请,令升卿上状申辩。

第二天,吕惠卿便请假居家,并上表求去。王安石单独进宫奏事。看着他略显疲惫的面容,神宗颇觉怜惜地说:

"卿任事无助,极为不易。"

想到韩绛当初独掌中书时,"事多留滞不决"(《东都事略·韩绛传》),且与吕惠卿多有不协,如今又屡屡与王安石异议,神宗对他十分失望,决定就此做个了断。神宗说:

"必须得让韩绛离朝,不然煽动小人,危害政事。"

但王安石仍坚决主张,让韩绛继续留任,将来若有原则上的重大分歧再做处置,亦不为晚。接着,神宗又说:

"惠卿也不济事,并非能助卿者。"

王安石问:"不知惠卿何事不合陛下之意?"

神宗说:"忌能,好胜,不公。如沈括、李承之等,虽然并非佳士,卿能不废其所长,吕惠卿则每事必言其非。"

王安石解释道:"惠卿对沈括恐怕并非忌能。沈括反复无常,人人所知,真是壬人(巧言谄媚者)。陛下对沈括之流,应畏而远之,其虽颇有才具,也不可亲近。惠卿屡次为陛下言说,并非不忠啊!"

但神宗不以为然:"大抵吕氏兄弟,皆好胜、忌能。此前还曾对朕极力诋毁练亨甫。亨甫聪敏机警,明晓事理,惠卿兄弟见其才能超过自己便忌妒。"

王安石说："升卿等人，也对臣说过练亨甫诸多不是，臣屡次劝说他，不可因一己之好恶，非议他人。"

随后，王安石又对神宗称许吕惠卿的另一个弟弟和卿温良晓事，并说：

"承禧弹劾升卿，不免带有私愤，不然不至于如此深切。升卿并无大过，只是个性略有些轻率放肆，往往在闲谈中议及承禧。"

因此，他恳切地劝说神宗："惠卿这样的难得之才，陛下不宜因纤介细故而见于辞色，令他不安于位。如，当着惠卿之面，屡次称许臣公正、无私，令惠卿做何感想？辅弼之臣乃国家所仰赖，恐怕不宜如此对待。"

于是，神宗派冯宗道前往抚问吕惠卿。王安石也亲自到惠卿府上，转达神宗的问候。

五月二十九日，吕升卿进呈了申辩书，神宗读罢感叹："升卿才能难得。"

王安石说："从申辩书看，升卿亦无大过。"

过了几天，神宗又对王安石说："承禧说，升卿建议惠卿坚卧十日，不去中书理事，朝廷便自会驱逐台官。是否真有其事？"

王安石回答："若真有其事，承禧又是如何得知？"

在此期间，吕惠卿又多次上表札请求补外，都被神宗封还不受。又命王安石、王珪一道晓谕惠卿。于是吕惠卿请求面见神宗。神宗追问他执意求去的原因，吕惠卿回避不愿回答。在一连否定了神宗提出的五种可能原因之后，神宗进一步问道：

"既然如此，安石重回朝廷，正当齐心协力，为何求去？"

吕惠卿终于吞吞吐吐、极尽婉转地表露了自己内心的真实想法。首先，他指责王安石重回朝廷后"一切托疾不事事，与昔日异"（李焘《续资治通鉴长编》)。而之所以如此，乃是因"陛下所听既不一，争又不胜，百官纷纷，莫可调御"(同上)。对此，神宗并不认同，他深知，在王安石心中，富贵显达轻如鸿毛，绝不可能如一般贪恋权位的官僚那样，甘于尸位素餐，明知无所作为，仍愿东山再起。因此，他说：

"安石必须见天下有可为之理，乃肯再来。"

吕惠卿又何尝不明白这一点？其实他真正想说的话还在后面。接着，他以一种十分犹疑的语气说道：

"或许是回京后所见不如所想，故不安其位？或许是因臣在此，陛下所听不一？朝廷事可以无臣，而不可无安石，此臣所以求去也。"

这番话，语气虽不确定，意思却是极为明白。表面上说因自己的存在，而令王安石不安其位，实际上想说，自己与王安石政见不合，受到王安石的凌逼。神宗断然否定道：

"安石必不忌卿。"

吕惠卿忙说："安石何尝忌臣？只是，陛下初用安石，因其势孤力单，臣为陛下助之，故每事易成；今日陛下知安石势力渐盛，臣为陛下节之，故每事难就。则臣在朝廷所补者少，而所害者多，不如令臣离去，陛下专听安石之言，天下之治可成也！"

这番话原本记录在《吕惠卿家传》之中。即便我尽可能保持理性客观的态度，仍难以忽视这看似委婉的文字中所包藏的恶意。历朝历代的君主，尤其是具有雄才大略的有为之君，最顾忌的不就是只手遮天的权臣吗？最忌讳的不就是偏听偏信吗？因此，高度重视皇权的赵宋王朝，在制度设计上采取中书主民、枢密院主兵、三司主财各不相涉的建制，大幅度削减相权；又将原本"直言君主过失"(《大唐六典》)的谏院，与监察百官的御史台，合二为一，使其脱离宰相的制约，成为"人主之耳目"(李焘《续资治通鉴长编》)，构成对相权的有力牵制。台谏官由皇帝亲自除授，其弹劾百官、议论朝政,宰相无权干预。除了这些制度上的保障,宋代君主也十分注意保护异议者,严密防范朝臣结党。神宗虽以弱冠之龄登帝位,但亦深谙这套帝王之术。尽管他与王安石有着高度一致的政治理念,但他始终坚守底线,对异议者予以礼遇、涵容。因此,王安石常常批评他"刚健不足""曲直不分,功罪不明"(同上),神宗则总是一笑置之,然后顾左右而言他。精明如吕惠卿,不可能不懂帝王心曲,却口口声声说,"安石势力渐盛",将自己描述成无私无党、唯神宗旨意是从的忠君之士,并暗示神宗,王安石因不满同僚的制约,而消极怠工。所谓"不如令臣离去,陛下专听安石之言",则显然是正话反说,其用心不难揣测。接着,他又说:

"若因臣的节制,而使安石的才华、抱负不得尽情施展,并非国家之福。毕竟,为朝廷分别贤不肖、是非,极是难事,何况还将敛天下之怨于一身以及其子孙? 人主若不能察知,便不免于国事敷衍塞责、粗疏草率而已。"

或许是神宗此时对王安石并无疑心,他没有回应吕惠卿的前半段话语,只是用十分肯定的语气答道:

"有官守者不得其守则去,以安石的为人,必定不肯苟且敷衍。"

神宗没有同意吕惠卿的请辞,并为他宽心,无论政事如何,"卿但参贰,责不尽在卿"(同上)。但吕惠卿再三表示"臣去则陛下听安石"(同上),依旧请辞不已。君臣之间上表、封还,反复多次。几天后吕惠卿再次进见,他问神宗:

"陛下多次晓谕臣辅佐安石,不知何故? 参知政事不是参知陛下之政事吗?"

这一问可说是惊心动魄,将他此前遮遮掩掩、欲说还休的意思,表达得更加明白、露骨。但神宗仍只是淡淡地回应道:

"安石政事，即朕之政事也。"

于是，吕惠卿说道："承禧之所以纠弹臣弟，其意乃在臣。"

原来，他心中认定，吕升卿被弹劾，是一起针对自己的政治打压，而王安石就是幕后的指使者。神宗闻言，不动声色，只是说：

"朕已知晓，不必过虑。"

三、王安石与吕惠卿的矛盾完全公开化

王安石与吕惠卿之间的矛盾最初都是缘于国事。首先是关于给田募役法和手实法。这两项法令都是吕惠卿担任参知政事后，针对免役法实施过程中出现的问题，而推出的补充法令。王安石在江宁时，就曾写信给吕惠卿，对给田募役法提出不同意见。熙宁八年（1075）四月三日，更列举出十余条弊端，力主罢废。四月十二日，给田募役法即被正式废除。手实法的实行，目的是要解决免役出钱不均的问题。吕惠卿认为，长期以来，民户财产的登记和等级的划分，都是"凭书手及户长供通"（李焘《续资治通鉴长编》），多隐漏不实，导致现有五等丁户财产簿籍，"不可信用"（同上），因此采纳其弟吕和卿的建议，制订了手实法。具体做法是，各家各户参照官府所定财产等级标准，进行折算，自行据实申报；各县再根据丁口、财产总数，和役钱总额，进行分摊，然后公布于众；两月之内没有异议，就依照标准征收。若有财产申报不实者，准许告发，并将所隐财产的三分之一，奖励告发者。手实法于熙宁七年（1074）七月推出后，争议不断，虽也有人认为，此法"正百年无用不明之版图，而均齐其力役"，乃"天下之良法"（李焘《续资治通鉴长编》），京畿各县，如咸平、新郑、

白马、酸枣等县,"推行簿法,均定役钱,榜示民户,并无辞诉"(同上),效果良好;但更多的都是反对意见。反对者既有反变法派,如陈襄、范百禄、苏轼等,也有变法派,如邓绾等。反对意见主要集中在三个方面:第一,各地重排户等时,"未绝奸弊,难为均济"(同上),并没有改变隐漏不实的情况。第二,"奉使者至析秋毫""田土所出,或服食器用,船、车、碾、硙(wèi,石磨)等物,牛、羊、驴、骡之类,凡所以养生之具,民日用而家有之"(李焘《续资治通鉴长编》),巨细无遗,都被要求作为财产申报,加上部分官吏"趣功过甚,措置苛酷"(同上),手实法竟沦为他们邀功请赏的工具,致使百姓不仅"有余者不敢停塌(囤积)租赁,不足者不敢蓄息营利,匮急者无所告求举贷",无论贫富"皆失其所以为生",而且"家家有告讦之忧,人人有隐落之罪"(同上)。第三,更糟糕的是,悬赏以求人之过,大开告讦之门,将使礼义廉耻、敦厚仁义荡然无存,严重败坏社会风气。因此,熙宁八年(1075)十月二十三日,朝廷正式下令罢手实法。尽管在现存文献中,我们既找不到王安石有关手实法的片言只语,也看不到他与这一法令的丝毫关涉,但以王安石的个性,如果是他认可的人、事或主张,必定甘冒天下之大不韪,尽力维护和坚持。而围绕手实法的存废,王安石竟无一字留存,由此或许可以推知他对手实法的一贯态度。

其次,在用人方面,王安石与吕惠卿也存在很大的分歧。这一点,神宗似乎早有察觉。在吕惠卿极力请辞时,神宗就曾问他:"是否因与安石商议人事任免意见不合?安石想用之人,卿不欣赏,卿想用曾旼,而安石不赞同?"当时吕惠卿表示,这件事不会影响自己的去留,而且王安石也并没有说过不用曾旼。但几个月后,两人之间的矛盾完全公开化,吕惠卿却向神宗诉说,曾旼没能得到重用,完全是因王安石有意打压自己的缘故。对王安石十分器重的吕嘉问、练亨甫等人,吕惠卿也深怀恶感。练亨甫字葆光,句容(今江苏句容)人,自幼聪颖过人,七岁即能作文,十四岁进京求学,熙宁六年(1073)进士及第,聘为经义所检讨,熙宁八年(1075)五月,为中书户房习学检正公事①,迅速跻身朝廷核心部门。练亨甫深得王安石赏识,呼为小友,神宗也多次称赞他机警晓事,但吕惠卿认为他是小人,曾对神宗说:"臣兄弟少小贫贱,历经世事,善于识别小人,因此练亨甫尤为嫉恨臣兄弟。"王安石则认为,练亨甫并没有什么过失,却屡屡遭到吕惠卿兄弟的诋毁,主要原因是,他们兄弟总喜欢设想他人心怀不轨。此外,王安石召用郑亶,提拔卢秉等人,吕惠卿也颇有异议。

王安石原本个性执拗,争强好胜,即便与神宗相争,也决不轻易退让,何况吕惠卿在此之前,一直都是他的晚生后辈、助手、下级,因此,可想而知,一旦两人意见分歧,王安石在言语、态度上,难免咄咄逼人,显得专横独断,吕惠卿在他所撰的《日录》中,就曾抱怨说"才与商量便恶发"。追随王安石多年,彼此关系极为亲密,吕惠卿无疑十分熟悉和了解王安石的个性,但随着自身身份的改变,他的心态也随之发生了很大的变化。以往,作为王安石的追随者和心腹助手,接受王安石的强势态度,或许并不特别困难;但如今他已然是参知政事,位阶固然仍有高低之别,但不再是上下级关系,而是"同列"。每一次因政事发生分歧后,王安石一如既往,对事不对人,故而心无芥蒂;吕惠卿则桩桩件件,耿耿于怀,这恐怕是王安石做梦也不曾想到的。

吕惠卿复出就职后,与王安石愈加处处不合。六月十八日,王安石

---

① 中书户房习学检正公事:宰相属官,主要职责是实习中书政事,增广议论。中书省常设吏房、户房、礼房、刑房、孔目房五个办事部门,中书户房掌管全国户口以决定行政区划的升降并废,调发边防军需钱粮,同时日常处理尚书省所上奏请、台谏所陈奏疏、内外臣僚官司申请,应取旨并事关本司之文字。

提出,在河北路推行"俵籴"之法①,停止往澶州、北京等地运米,则既能为朝廷节省大量运输费用,又能保障边防部队的粮食供用,还能避免谷贱伤农。吕惠卿认为不便;八月十三日,王安石主张在陕西路废止"交子"(即北宋流通的纸币),吕惠卿坚决反对;八月二十二日、二十四日讨论两浙路官员的违纪事件,两人意见不合……偏偏就在这时,又爆发了《诗经义》事件。

　　设置修撰经义局重新注释儒家经典,是王安石人才选拔与培养制度改革中的重要举措。经义局于熙宁六年(1073)三月设立,通过两年多的努力,《周礼义》《诗经义》《尚书义》修成,合称《三经义解》(又称《三经新义》)。其中《周礼义》(又称《周官新义》)由王安石亲自撰写,《尚书义》是王安石、王雱父子先后担任经筵侍讲时撰成的讲义,唯有《诗经义》则是由"臣雱训其辞""臣某等训其义"(王安石《诗义序》),乃是集体著述成果。先后参与过《诗经义》著述的,除王安石、王雱外,至少还有陆佃、沈季长、吕惠卿、吕升卿、余中、徐禧、吴著、陶临、曾旼等多人。据吕惠卿叙述,《诗经义》也是以王雱经筵讲义为基础,先由经义局检讨官分定篇目,删改润色,再由吕惠卿统稿,然后送王安石审定。熙宁八年(1075)六月,《三经义》奏进后,王安石亲自撰写了《三经义序》,时间仓促,未及再次审阅全书,七月便颁行全国。不久之后,王安石忽然发现,由王雱主撰、经过自己审定的《诗经义》被删改了。王安石才高学富,士林推服,神宗亦执弟子之礼,屡屡称为师臣,加上个性好强,骄傲自信,"自以我之所见,

①　"俵籴"即官府预付钱物给河北路的农户,秋收时由市易务前往收取粮食入库。王安石提出这一主张的原因是:近年来兴修农田水利、推广淤田技术,黄河水患逐年减少,河北路诸多支流皆已回复故道,从而多出大量耕地。和过去相比,河北路每年的粮食产量"增出数百万石"(李焘《续资治通鉴长编》),而"民食有限",物价难免会越来越低。实行"俵籴"之法,则既能为朝廷节省大量运输费用,又能保障边防部队的粮食供用,还能避免谷贱伤农。

天下莫能及。人之议论与我合则善之，与我不合则恶之"（司马光《与王介甫书》）；王雱才华个性皆与其父如出一辙，"未弱冠已著书数万言""气豪，睥睨一世"（《宋史·王雱传》）。可以想见，一旦发现自己的著述未经首肯，即被他人擅自篡改，父子二人无论如何不能容忍，当即勃然大怒。经义局检讨官余中、叶唐懿，忙将这一消息报告了吕惠卿。吕惠卿首先是拒不承认进行了删改，他派弟弟吕升卿前往王安石府上解释：

"《诗经义》乃是家兄与相公一同改定进呈。"

王安石一听，更加怒不可遏："我王安石为文岂是如此悖谬？令兄亦不致如此。这必定是曾旼所作，训诂也不懂！"

两天后，吕惠卿便将此事奏告了神宗，并又一次请求罢任。他说：

"当今天下，臣内心最为钦服者，安石一人而已。自年少时即与王安石交游，商榷学问，相互驳正，未尝有所避忌；讨论政事，极口争辩，未尝有所怨怒。不知为何此次安石如此大发雷霆？"

他怀疑是小人从中离间所致，而这个小人十有八九就是练亨甫，甚至蔡承禧弹劾吕升卿，也是由练亨甫教唆。他表示：

"照理而言，《诗经》之义即便是圣人也不能穷尽，并非不可增损。自安石离京后，臣受命掌管经义局，有权据理修订。但出于对安石的尊重，其所审定的旧稿亦不敢稍改。"

王安石并不认同吕惠卿的辩解，决心捍卫自己的学术观点。九月十二日奏陈，表示王雱撰成《诗经义》初稿后，经过自己的亲自审阅。后来经义局再加改动，"学者颇谓所改未安"（王安石《论改诗义札子》），而陛下欲以经术造就人才，自己又主掌此事，因此"在臣所见，小有未尽，义难自默"（同上）。同时，他还将《诗经义》新、旧两个版本异同之处，加以批注，说明两种不同阐释的优劣所在，进呈御览。请求停止销售被篡改的初印本，重新镂版，《诗序》可用吕升卿注解本，《诗义》则仍依旧本颁行。神宗批准了王安石的请求，并令他连同吕升卿所解《诗序》一起删定，等于将经义局此前的工作全部否定了。

　　吕惠卿读到王安石的奏札，及神宗的诏令后，极为不快，立即撰写了一份札子加以反击。他指出：首先，倘若旧版已是不刊之论，朝廷为何还要设置经义局、征聘检讨官？岂不就是应对旧版有所增损吗？可见修改旧本属于经义局分内之事，即便有所删削，也并非越权。其次，陛下曾说："旧文颇约，新学不知，今之修定，宜稍加详。至其进论，多涉规谏，非学者所务，宜稍削去。"对旧本进行修订，乃是遵从陛下的旨意。最后，已颁行的《诗经义》中，《大序》及《周南》《召南》五卷，都经过安石审定，"一句一字如有未安，必加点窜，再令修改如安石意，然后缮写，安石亲书臣名上进"（李焘《续资治通鉴长编》）。修撰《邶风》《鄘风》《卫风》几卷时，安石尚在京城，曾多次到经义局检查、审阅。安石离京后，经义局也曾将此数卷送往江宁审定，批注修改不止一处。此后便不再轻易修改已经定稿的《诗义》，只对《诗序》进行解读。安石回京后，也曾将后续所撰送呈审定。因此，他质疑道：

　　"安石尚未老迈昏聩，何至于如此健忘？以安石之才，《国风》曾审阅修改多达数遍，倘若其文皆不可取，当初为何都未发觉？而今日又是因何人阐明而后发觉呢？"

　　回首往昔，他感慨道：

　　"臣与安石学术、思想曾颇为投契，每读文章，臣以为是，安石是之；反之亦然。《洪范义》《易义》出版后，安石又与臣反复商量，修改了三二十篇，如今市面上所卖新改本即是。安石学问虽日增月益，亦不至于去春今秋迥然有别吧？此外，制置条例司前后奏请各项政令，无不出自臣的手笔，如今臣所作文字却突然皆不可用，反而要送练亨甫修改。臣虽不肖，岂至不如亨甫？"

最后，他激烈地表示："置局修撰非一日，如今既然全都不可用，则臣应该夺官削职！"

神宗反复宽解，吕惠卿仍坚决表示不可再居执政之位。

这场纠纷不仅使彼此的矛盾完全公开化，而且由朝政事务延伸到学术领域，卷入其中的人员也顿时增加，不再只限于两人之间。九月十六日，在与神宗的单独面谈中，吕惠卿将几个月来与王安石之间的所有矛盾全盘托出，并彻底撕破情面，毫无顾忌地大加攻诘。

他指责王安石大权独揽："两府大臣中，吴充虽与安石小有异同，但不过是自我保全的计策而已；王珪则是个和稀泥的老好人，王韶也不济事。倘若臣不与他抗衡、较量，则是非对错谁来辨析？然而，中书属官起草文件，却皆不与臣商议，因为他们不敢得罪安石。如此作为，恐涉朋党，故臣不得不略加奏陈。"

他抨击王安石压制言论："安石常说，用兵须严格区分身份、角色，使有异议者不敢擅自开口，则思想归一、步调一致。其实安石之意并非只是治军，治国亦欲如此。他视天下如敌人，虽能禁绝身边的异议，却又能如天下何？"

他诋斥王安石不善于辨别君子小人，被谗言蛊惑而不自知："自古只有人主堂陛隔绝，人情难通。如今安石竟听谗纳谮，每日只被吕嘉问、练亨甫几个围绕，练亨甫整天守着王雱，吕嘉问回京后便整天守着安石。其余人全都说不上话。"

应该说，吕惠卿确实是最了解王安石的人，每一句都切中要害。自五月二十七日蔡承禧弹劾吕升卿以来，吕惠卿便认定这并非是一次单纯的御史弹劾，并自认为对于背后的层层授意了如指掌。此前出于种种考虑，在神宗面前只是多方暗示，并未直接说破，此时则终于将这条线索清楚明白地勾勒出来：吕惠卿与王安石议论不合，王雱授意练亨甫伺机陷害,练亨甫指使蔡承禧,利用御史风闻言事的职权,拿吕升卿开刀,达到打击吕惠卿的目的。

不过,聪明如吕惠卿,一旦被个人恩怨所裹挟,自以为准确无误的分析,却难免与事实相去甚远。确实,身为御史的蔡承禧,一直紧盯着吕氏兄弟不放。五月二十七日首次弹劾,由于王安石一心维护宰执群体的和谐团结,极力从中斡旋,吕升卿写了一份自辩书后,事情便不了了之。蔡承禧不肯罢休,又奏请罢除吕升卿崇政殿说书之职,没有得到朝廷的回复。于是,他转而排挤吕惠卿亲信,批曾旼仗着吕惠卿的权势,"忽侮同列,动有呵斥之辱;谬为刚狷,阴招权利之臣"(李焘《续资治通鉴长编》)。斥方泽才识庸下,因是吕惠卿妻弟,而得越级升迁。任职越州时,"有不可言之秽行,为人所诉,几欲成狱,本州庇覆得免"(同上),等等。然而,吕惠卿似乎选择性地忽略了许多其他事实。尽管蔡承禧与王安石同为抚州临川人,但素来便与王安石意见不合,担任御史后,频频上奏,指摘时病。对王安石赏识的沈起、李定、沈季长、徐禧等人,也同样不留情面。

九月十六日与神宗面谈之后,吕惠卿便告病家居,与王安石的抗衡,让他感受到深深的挫败。他对身边的人说:

"惠卿熟读儒家经典,只知仲尼可尊;广览释道典籍,只知佛陀可贵;遍识今世学者,只知介甫可师。不料竟为谗言所间,失平日之欢!现在只求他高抬贵手,放我全身而退。"

作为一名颇有心机的政治人物,吕惠卿说出这番话,人们自然有理由怀疑他的意图。然而,若从他与王安石长期以来的亲密关系来看,从人之常情来看,恐怕也不能完全否认其中所包含的真情实感。当这番话辗转传到王安石耳中时,王安石确实被深深打动,与吕惠卿之间闹到如此地步,无疑是他始料未及的。他难过地对儿子王雱叹息道:

"吕六如此境况,使人深觉不忍。"

王雱却不为所动,答道:"您虽觉不忍,他人对您又岂会不忍?"

语调中带着阴森冷酷。尽管蔡承禧对吕氏兄弟及亲信的多次弹劾,均与王雱无关,但王雱对吕惠卿的恶感由来已久,《诗经义》事件发生后,更达到极致。此时,他自以为拿到了一张王牌,决心亲自出手,让吕惠卿一败涂地。但他没有跟父亲说。

四、王安石长期处于心绪欠佳的状态

九月二十二日,在王雱授意下,御史中丞邓绾奏称:

"参知政事吕惠卿及其诸弟,勾结前华亭(今上海松江)知县张若济,指使县吏王利用,借富民朱庠等六家钱,共计四千余缗,在当地购置田产,由王利用负责催收租课。"

又说:"张若济任华亭知县时,曾收受县民吴湘等白银九百余两。若济升任秀州(治所在今浙江嘉兴)通判后,怀疑继任知县上官汲调查其贪赃之事,遂利用职权,罗织罪名,将上官汲贬官降职。上官汲之妻高氏千里进京,赴登闻鼓院申诉。与此同时,两浙提刑卢秉,亦发现若济贪赃。若济闻讯,遂请惠卿之舅郑膺,携五万钱进京疏通,又暗中派人盗取相关案卷,加以烧毁,隐匿罪行,最终得以从轻发落。上官汲不服,诉讼不已。故臣得以闻知。"

章上,神宗批示,命司农寺主簿王古,重审张若济贪赃一案。因事涉吕惠卿兄弟及亲属,九月二十六日,又应吕惠卿请求,增派徐禧、冯宗道,与王古组成工作组进行彻查。然而,就在同一天,御史蔡承禧再次上奏,以洋洋数千言,罗列了二十余条罪状,抨击吕惠卿欺上罔下、弄权自恣、破坏国家法度，言辞极为激切。

神宗读罢，大为震怒，即于十月二日亲下手诏：

> 给事中、参知政事吕惠卿：朕不次拔擢，俾预政机，而乃不能以公灭私，为国司直，阿蔽所与，屈挠典刑，言者交攻，深骇朕听，可守本官知陈州。
>
> ——李焘《续资治通鉴长编》引

吕惠卿罢参知政事的前一天，其弟吕升卿亦被免去崇政殿说书之职，出为江南西路转运副使。十月十四日，曾旼因“交斗王安石、吕惠卿”（同上），遭到神宗嫌恶，罢为潭州州学教授。十一月十三日，御史陈睦也因“朋附吕惠卿”（同上），不按察贪官张若济，以及在两浙路提点刑狱任上，违法买女奴等罪名，遭到弹劾，随后自请免除台谏之职。

吕惠卿离京后，王安石与他终身不复相见。如师如友的亲密关系，竟落到如此结局，无论是谁，恐怕都不好受，何况他们还有着共同的变法事业？王安石《老树》一诗，或许就曲折地表达了他此时的矛盾心绪：

> 去年北风吹瓦裂，墙头老树冻欲折。苍叶蔽屋忽扶疏，野禽从此相与居。禽鸣无时不可数，雌雄各自应律吕。我床拨书当午眠，能惊我眠聒我语。古诗“鸟鸣山更幽”，我念不若鸣声收。但忧此物一朝去，狂风还来欺老树。
>
> ——王安石《老树》

南宋李壁认为“此诗托意甚深”（《王荆公诗注》），当代学者也认为，此诗是一首政治寓言诗，“安石以老树自况，以北风喻反对派，以野禽喻变法运动之投机者"(李德身《王安石诗文系年》)。

吕惠卿遭到罢黜之前,韩绛已于八月二十一日出知许州。错综复杂的矛盾冲突下,王安石力图维护宰辅班子稳定与团结的初衷,最终还是落空了。高层权力圈出现空缺,人们纷纷传说,王安石有意召曾布回京,重新委以重任。神宗闻知,以手札问王安石是否确有其事?可详细奏陈。事实上,这些传言都不过是好事者的凭空猜测。在王安石内心,他始终无法原谅曾布在市易务事件上的反戈一击,这一点吕惠卿十分清楚。王安石复相以来,当初重用过的人,一一被召回京城,唯有曾布未能获召。甚至在八月十五日中书的中秋餐会上,王安石还曾数落曾布的"数件大恶"(李焘《续资治通鉴长编》)。因此,他斩钉截铁地回复神宗道:"陛下无以其刀笔小才,忘其滔天大恶!"(同上)

曾布、吕惠卿相继离去,王安石失去了左膀右臂,他常常感叹人才难得。一天,他与家中子婿闲坐品评人物,认为支持变法事业的年轻一辈中,唯有儿子王雱、女婿蔡卞、蔡卞之兄蔡京,以及吕惠卿具宰辅之才。但王雱长年卧病,蔡氏兄弟尚未在政坛崭露头角,而吕惠卿却已与自己决裂。

在这五味杂陈的几个月中,还发生了一件大事。六月二十八日,一代名相韩琦薨逝,享年六十八岁。据说,就在前一天晚上,有大星陨落于韩琦所在相州州治,枥槽中的马匹都受到惊吓,嘶鸣不已。对于这位青壮年时代的老上级,中年以后的政敌,王安石始终心怀敬意,他常说:"韩公德量才智,心期高远,诸公皆莫及也。"(魏泰《东轩笔录》)在讨论韩琦身后赠官时,宰辅同僚主张依仁宗前期名相吕夷简的规格,追赠韩琦为太师、中书令。王安石说:"韩琦乃两朝顾命大臣,既受仁宗遗命策立先帝(英宗),又辅佐陛下登基,其功业非夷简可比,宜加特赠。"最后合议,特赠尚书令,谥忠献。宋代官制,三省长官以尚书令为最贵,通常都是作为亲王加官。十一月二日,神宗诏令,派遣河北、河东两路兵卒,以一品卤簿仪仗,在相州安阳县农安村,为韩琦举行隆重的葬礼。王安石撰《韩忠献挽词二首》,称许韩琦"心期自与众人殊,骨相知非浅丈夫"。限于职守,无法亲临安阳送葬,他以无限感慨的笔调写道:"幕府少年今白发,伤心无路送灵輀(ér,灵车)。"

王安石的妹婿张奎,也在这一年不幸病逝。大妹文淑自十四岁嫁入张家,即随丈夫宦游四海,兄妹聚少离多,最近一次会面还是嘉祐八年(1063)在江宁居母丧时。王安石印象最深的,还是大妹幼时的模样,在故乡临川,兄弟姐妹们常常手牵着手,一起外出游玩。那时的寻常,都已成为不可企及的梦影。如今妹婿去世,王安石既痛悼逝者,更怜惜文淑,千山万水之外,唯有远寄诗书同声一哭:

十年江海别常轻,岂料今随寡嫂行。心折(中心摧折,形容伤感到极点)向谁论宿昔,魂来空复梦平生。音容想象犹如昨,岁月萧条忽已更。知汝此悲还似我,欲为西望涕先横。

——王安石《寄张氏女弟》

接二连三的人事变故,使王安石长期处于心绪欠佳的状态,加上冬令祁寒、劳累过度等因素,于是旧疾复发,不得不居家卧病。神宗十分关切,每天派中使问候,最多的时候一天往返十七次。医官诊脉后,也要求他们立即进宫面奏。经过全力医治,王安石的身体逐渐好转,神宗特许他继续在家调养十天。随后,又给假三天。如有重要公事,即命两府大臣前往王安石府中议事。然而,衰病之躯逢岁暮时节,思归的愁绪像寒夜的北风,一阵紧似一阵。他想念金陵的清澈江水:

世故纷纷漫白头,欲寻归路更迟留。钟山北绕无穷水,散发何
时一钓舟?

——王安石《世故》

他牵挂环绕着父母墓地的北山松林:

道人北山来,问松我东冈。举手指屋脊,云今如此长。开田故
岁收,种果今年尝。告叟去复来,耘锄尚康强。死狐正首丘,游子思
故乡。嗟我行老矣,坟墓安可忘?

——王安石《道人北山来》

更怀念远离世间纷扰,与山中友人相对论道的时光:

欲见道人非一朝,杖藜无路到青霄。千岩万壑排风雨,想对铜
炉柏子烧。

——王安石《和平父寄道光法师》

在寄给二妹婿沈季长的信中,他写道:

又复冬至,投老触绪多感,但日有东归之思尔。上聪明日隮(jī,
升起),然流俗险肤,未有已时,亦安能久自困苦于此?北山松柏,闻
修雅说已极茂长,一两日令俞逊往北山,因欲渐治垣屋矣。

——王安石《与沈道原舍人书》

王安石归隐之志日益滋长的另一个重要原因是,神宗已经是一位成

熟、有主见的君王,尽管仍然对王安石礼遇有加,但不再言听计从。两个同样刚毅果断的人,相处便显得颇为不易。王安石曾对身边关系亲近的人感叹:"哪怕只听从得五分也好啊!"君臣之间微妙的冲突,早在熙宁七年(1074)四月王安石罢相之前已经出现。但彼此之间长久建立的亲密互信,使他们仍然对再次合作心存幻想。无论是神宗还是王安石,都深深怀念熙宁之初,君臣如一、心灵共振的美好时光。但重回朝廷几个月,王安石越来越明白,那种难得的默契,再也不会有了。因此,这年年底,他决定派家臣俞逊,回江宁整修房舍,为退隐做准备。

新的一年来临,汴京城里照例洋溢着节日的喜庆气息。王安石却只是例行公事地出席朝廷宴飨,跟随神宗游幸集禧观、中太一宫、大相国寺、宣德门等地。装饰着锦绣华盖的御车,从玉石砌成的台阶驶出,伴随着明月微风,伴随着一曲接一曲优美动人的音乐,满街辉煌灯火,满耳欢声笑语,王安石的心,却置身于这热闹繁华之外,飞向了遥远的江宁:

投老翻为世网婴,低徊终恐负平生。何时白石冈头路,度水穿云取次(随意)行?

——王安石《中书即事》

熙宁九年(1076)二月初,王安石上章请辞机务,希望神宗"闵其积疢,收还上宰之印章;赐以余年,归展先臣之丘垄"(王安石《乞出表二道》)。神宗坚决不许,并于二月七日诏令管理东府的使臣,不得令王安石家属行李出府。无奈之下,只好暂且安下心来,等待时机。二月下旬,在送五弟安礼赴知润州时,他写道:

都城落日马萧萧,雨压春风暗柳条。天际归艎那可望,只将心寄海门潮。

——王安石《别和甫赴南徐》

五、王雱铸下大错，饮恨而亡

虽然吕惠卿及其兄弟亲党等多人，已先后被逐出朝廷，但王雱等人对吕惠卿的清算，并没有就此止步。首先遭到再次打击的是吕升卿。吕升卿在朝时，曾多次向神宗反映练亨甫与王雱结党营私，并说："陛下若不信，臣有老母，敢以为誓！"此事被御史邓绾等闻知，于是上书抨击道："当初王安国非议其兄，吕惠卿斥其不悌，放归田里。如今升卿竟在陛下面前，亲口诅咒自己的母亲，岂不比安国罪状更重吗？"开封府秋试后，吕升卿对神宗说："得解进士李籍不识字。"中书省取李籍试卷复核，结果完全合格，并无违规情况。吕升卿辩解道："说不识字，意思是不别菽麦。"于是，熙宁八年（1075）十二月三日，吕升卿以言语不实之罪落职，降授太常寺太祝，监无为军酒税。接着，吕惠卿妻弟方泽，被控与张若济华亭贪黩案牵连，也被诏送根究公事所①审查。邓绾还上章指责吕惠卿与章惇、李定、徐禧等连朋结党，兼相庇护，要求按察吕惠卿执政之日欺谩事迹，依法流放、贬窜。

经过长达七个月的审讯，熙宁九年（1076）五月十四日，根究公事所奏陈："吕惠卿借钱买田一事，惠卿自辩并无其事。经审查，其弟温卿居忧时，曾在秀州买田，向富人借贷，早已还清。惠卿当时护丧归葬泉州，

---

① 即开封府勾当左、右厢公事所，熙宁三年五月设立，分管新、旧城左、右厢民事纠纷及斗讼事件。

没有参与,也不知情。"这一结果,出乎王雱、邓绾等人的意料。于是,邓绾再次上章,指控参与办案的徐禧、尹政,是吕惠卿党人,对吕氏兄弟违法事实百般庇护,不究情实;吕温卿罪状已明,而久居一路按察之职,吕和卿资历浅薄,一无所能,妄冒功劳改任京官。请求朝廷查考吕惠卿的种种罪状,加以重责;张若济当时如何逃脱死罪,亦当彻查;吕温卿、吕和卿都应追夺官职。御史蔡承禧也说:华亭一案,朝廷虽已派专人审讯,但办案官吏有心掩覆,以致难以依法处置。惠卿兄弟等贪恶之迹影响极坏,其妹婿郭附亦牵连在案,却仍居官任职,应将他们先废罢,然后按劾。

五月二十一日,神宗批示:"吕温卿、郭附等罢官,送审官东院查处,命塞周辅前往秀州,依法勘查吕温卿等违法事实。"至于吕惠卿,通过自辩和审查,神宗已经完全相信,他与这桩弊案并无牵连,因此不在重审之列。

但王雱的目标是吕惠卿,他觉得这或许是彻底打败吕惠卿的最后机会。于是背着父亲,私下和吕嘉问、练亨甫等商量,将邓绾、蔡承禧弹劾吕惠卿的事情,杂入中书省起草的敕书中,而不用御批之语,仍以勘查吕惠卿为名下达敕书。当然,在制度严密的宋代中央行政体系中,这样一件瞒天过海的事情,并非两三个人就能办成,需要涉及几个部门的官吏。但此时吕嘉问兼任权检正中书五房公事,职权和私谊都足以支配相关官属。于是,偷梁换柱的把戏,很快便悄无声息地顺利完成。

敕书下达后,吕惠卿立即上章自诉:首先,此事既已穷究首尾,考析明白,为何还要重启调查?其次,即便需要重审,也不应派塞周辅,因周辅是邓绾同乡,后又为御史台下属,不仅有勾结营私的嫌疑,而且有违朝廷法度。

六月七日,王安石依例将吕惠卿奏章进呈御览。此时,神宗还蒙在鼓里,以为吕惠卿上章只是为温卿之事。王安石也并不知情,所以他很不以为然地说：

"当初朝廷命徐禧、尹政参与审理此案，他们二人都曾得惠卿推荐、提携，那时惠卿为何不曾主动避嫌？如今倒说周辅不可用。不知周辅有何嫌疑？"

神宗解释道："惠卿说，邓绾有罪，其言不可信。邓绾指控惠卿借钱，确属不实之词。"

王安石说："邓绾认为此事尚未调查清楚，他所言未必不实。而且，朝廷准许台谏官风闻言事，即便所言不实，亦不可骤然说其有罪。"

神宗意味深长地说道："惠卿说：'看宰臣气焰，必欲置臣于死地。'"

王安石闻言，不便再说，于是请求改差他人，神宗不同意。最后商定添差一人，命李竦与蹇周辅一同推鞫。

然而，就在这时，形势突然发生逆转。中书抄写文书的堂吏，素来与吕惠卿关系亲厚，只要是涉及吕惠卿的文书，都极为留心。他发现中书敕书与五月二十一日的御批内容相异，而与邓绾等的奏章雷同，遂火速前往陈州告知吕惠卿。吕惠卿立即上章控辩，连篇累牍写了数十页，谴责邓绾和王安石蔽贤党奸，欺君罔上。他指出："邓绾等人上奏之语，和中书发布的敕书，如出一口，可谓是夕出于权臣之口，朝书于言者之奏。"又说："安石矫诬敕命，以令勘官，此皆奸贼之臣，擅作威福的手段！陛下平日是何等礼遇安石？安石平日又是以何等人自任？岂料竟至如此作为！"

无论是擅改君命，还是勾结台谏，都是极为严重的指控。神宗将吕惠卿的奏章出示给王安石。王安石大为震惊，矢口否认。然而，检核文书，事实具在。他连忙回家责问王雱，这才了解到全部情况。他痛心疾首，厉声痛斥王雱。但覆水难收！

王雱的不良用心和弄巧成拙，不仅使王安石陷入进退维谷的被动局面,更使他愧对神宗,愧对自己数十年如一日倾心崇奉的圣人之学！尽管过去八年,他不断遭受政敌的攻击、毁谤,但无非是道不同所致,他深信自己并没有做错什么,他有足够的信念和理由为自己辩护。但这一次完全不一样,吕惠卿说的句句在理,这就是"潜慝胁持"！这就是"犯命矫令"！这就是"尽弃素学,而隆尚纵横之末数"(李焘《续资治通鉴长编》)！虽然,这些无法饶恕的罪行,都是儿子犯下的,但身为父亲和宰相,他岂能置身事外？这恰恰证明了自己治家、治政的双重失败！多少年来,王雱是他心中的骄傲,赞以圣贤之资,许以宰相之才,可如今,这个令他骄傲的儿子,竟铸下大错！失望、愤怒、沮丧、羞愧,种种负面情绪交织心头,大发雷霆之后,他被深深的空洞与无助之感重重包围……

六月十一日,王安石将情况如实报告神宗,满怀愧疚引咎辞职。神宗仍温言慰勉挽留。

为了维护朝廷的体面,只能大事化小。六月十三日,权检正中书五房公事吕嘉问、检正刑房公事张安国、提点五房公事刘衮、刑房堂后官张奕等,以"出敕差误"(同上),受到不同程度的处罚。同日,王安石上疏求去。

王雱本已久病卧床,经此一事,病情急转危重。六月二十二日,神宗特许王安石休假,在家抚视。王雱气息奄奄,水米难进,王安石看在眼里,痛在心上,动用一切力量,遍请朝野名医,但所有灵方妙剂,皆无济于事。他爱子心切,万般无奈之下,命道士在府中作醮祈安,祭坛上摆满了钱币。

就整体的社会意识而言,宋朝和历朝历代一样,仍是多神崇拜的时代。宋人狂热地信奉着千千万万的神祇,如天地之神、社稷之神、山水之神、土地之神、祖先之神、圣贤之神,等等。而自唐宋以来,道教和佛教为了吸引更多信众,也和这些区域性的民间神祇一样,具备了祈福禳灾的功能。遇到疾病灾伤,求神拜佛,设坛醮祭,在当时十分常见,可说是一时风气。但是，王安石并非常人，他从少年时代起，便以"真儒"自期，将希圣希贤作为自己人生的终极目标。那么，儒家圣贤如何看待求神祈福呢？《论语·述而》记载，孔子生病，子路请求向神祈祷，但孔子说："丘之祷久矣。"意思是说，向神灵祈祷，无非是悔过迁善，以求神灵祐护，如果日常言行皆合于神明，就如同一直都在祈祷。死生有命，生老病死恐怕神灵也不能轻易改变。在《洪范传》《推命对》等诸多著述中，王安石一直强调，君子应该将祸福置之度外，遵行仁义，顺应天命。如今爱子命在旦夕，父子天性完全压倒了几十年铸就的坚强理性。如果用吕惠卿抨击他的话来说，就是"尽弃素学"(李焘《续资治通鉴长编》)。四弟王安国也觉得不妥，因此劝说道：

"您身居相位，言为士则，行为世范，天下后世之人都将效仿。雱儿虽然病重，但诚如夫子所言，'丘之祷久矣'，此时设醮做法，又有何益处？您曾以仓法①约束吏人为奸作伪，如今却以钱币徼福，又怎知三清门下不行仓法呢？"

王安石闻言极为不快。这些道理他又何尝不懂？但作为父亲，眼见着儿子命悬一线，难免方寸大乱，任何事情，无论当做不当做，有效抑或无效，必定不惜一试，就如溺水之人，寄望于漂浮而过的丝草一般，虽然荒唐，却是人之常情。

此时王雱倒是比父亲坦然。他自幼饱读诗书，虽年纪轻轻，已著述等身。除参与《三经新义》的修撰，还著有《论语义》《孟子义》《老子训传》《南华真经新传》《佛书义解》，另有《元泽先生文集》三十六卷，于儒、释、

---

① 仓法：全称"诸仓乞取法"。宋特别法之一。神宗以前，吏人一般不给俸禄。熙宁三年，因京师诸军粮仓吏人任意克扣军粮，神宗命三司定出约束十条，给仓吏俸禄，严厉处罚请托、勒索。其后，朝廷各司和监司各州吏人普遍推行此法而增俸，因称仓法为重禄法。

道三家均濡染甚深。自知沉疴难起,他挣扎着在卧榻前的屏风上,亲笔自撰墓志铭。曾布的妻弟魏泰前来探病,看到屏风上写道:

> 宋故王先生名雱,字元泽。登第于治平四年,释褐授旌子尉起身,事熙宁天子裁六年,拜天章阁待制。以病废于家……
>
> ——释文莹《玉壶野史》

后面的文字被挂在屏风上的衣服挡住,没能看完整。事后,魏泰常跟人感叹王雱于生死之际的达观。

父亲的全力以赴,终究挡不住死神的脚步。六月二十五日,王雱病殁,年仅三十三岁。身后无子,仅有一个女儿,年方三岁,长大后嫁给了吕嘉问之子吕安中。

老年丧子乃是人生最深的痛,最大的悲!然而,对王安石来说又岂止如此?王雱既是他的儿子,也是他的同道、幕僚,更是他政治理念、学术思想的重要继承者。多少次,他与身边的人评点天下人才,总是无比自豪地将王雱推为首选。如今,死亡摧毁了他全部的希望!

神宗深深体谅王安石的痛苦心情,特许他等王雱七七之后再供职,并令其幼弟王安上专程护送王雱灵柩,归葬江宁。七月二十五日,又诏令起复已放归田里的四弟王安国,为大理寺丞、江宁府监当。但王安石忧伤成疾,去意甚坚。熙宁九年(1076)春以来,他已多次上章请辞未获恩准,知道神宗不会轻易让他离去,于是转而求助参知政事王珪,请他在神宗面前曲为开陈。在写给王珪的信中,他说:"自春以来,求解职事至于四五,今则疾病日甚,必无复任事之理"(王安石《与参政王禹玉书》其一)。又说:

　　顾自念行不足以悦众,而怨怒实积于亲贵之尤;智不足以知人,而险诐常出于交游之厚。且据势重而任事久,有盈满之忧;意气衰而精力弊,有旷失之惧。

——王安石《与参政王禹玉书》其二

　　他已心灰意冷,唯愿抛开一切是非纷争,回到父母、兄长和儿子长眠的故土,安静地度过余生。

　　覆舟山下龙光寺,玄武湖畔五龙堂。想见旧时游历处,烟云渺渺水茫茫。

　　烟云渺渺水茫茫,缭绕芜城一带长。蒿目黄尘忧世事,追思陈迹故难忘。

　　追思陈迹故难忘,翠木苍藤水一方。闻说精庐今更好,好随残汴理归艎。

——王安石《忆金陵三首》

　　这梦呓般的诗句,不断重复着一个极为单纯的愿望:"回去!回去!"如此酸楚,如此寥落,恍惚能从字里行间,看到一个缠绵病榻、喃喃向空的老者……

六、熙宁九年(1076)十月二十三日,
王安石以使相判江宁府

　　王安石陷溺于疾病忧伤,一味求去,练亨甫、邓绾唯恐失去靠山。两

人私下商量,决定由邓绾上书,请求神宗"以殊礼待宰相"(李焘《续资治通鉴长编》),或许便能将王安石留住。所谓"殊礼",第一,在京城赐予府第田宅;第二,诸弟皆为两制;第三,次子工旁任馆职,女婿蔡卞为经筵官。这两个利欲熏心之徒,以小人之心,度君子之腹,以为王安石所求也不过是良田美宅、家族荣显。神宗闻言,问邓绾道:

"安石之意,卿何以知之?"

邓绾说:"安石门人对臣说过。"

神宗问:"门人是谁?"

邓绾迟疑,不愿说。神宗再三追问,只好答道:"练亨甫。"

神宗心中颇感疑惑,一方面觉得不可信,因为与王安石历来的为人处事太不相符;另一方面又觉得人心难测。想到后一层时,不免有些恼怒,假如真是如此,岂不是赤裸裸的要挟?第二天两府奏事完毕,神宗将枢密使吴充留下,详细告知了此事,让他前往王安石府中了解情况。王安石得知后,大惊失色,急忙上书辩白,他说:

"臣久以疾病忧伤,不接人事,因此众人所传论议,多有不知。昨日方闻,御史中丞邓绾,尝为臣子弟营官,及荐臣子婿可用,又为臣求赐第宅。邓绾身为台谏,职责是为国司直,纠察奸邪,却不守分际,为宰臣乞恩,极为伤辱国体。不仅如此,他近期举荐两人担任御史,随即又自行撤回,必定别有缘故。据臣所知,其中一人叫彭汝砺,曾与练亨甫不和,邓绾因亨甫游说,而请求撤销对汝砺的举荐。亨甫身在中书学习公事,臣亦多次训导他须避嫌疑,不可与言事官交往。如果此二人串通为臣乞恩之事属实,则邓绾不可再居台谏,亨甫亦不当再任宰府属官。请将臣所奏交付外朝,依法公开处置。"

十月五日,邓绾罢翰林学士、御史中丞,以兵部郎中知虢州。十月九日,练亨甫罢为漳州军事判官。

经过反复考量,神宗终于批准了王安石的请求。十月二十三日,王安石罢为镇南军节度使、同平章事、判江宁府,大敕系衔①在陈升之上,出入内廷,依中书、枢密院臣僚条例。王珪进为宰相,冯京知枢密院事。罢相制词写道:

> 王安石得古人之风,蕴真儒之学。眷方深于台辅,志弥茂于政经。挈持纲维,纠正法度。俄属伯鱼之逝,遽兴王导之悲。引疾自陈,丐闲斯确。宜仍宰路之秩,载加衮钺之荣。
>
> ——《王安石罢相拜太傅镇南军节度、同中书门下平章事、判江宁府制》

其中“俄属伯鱼之逝,遽兴王导之悲”两句,说明王安石罢相的原因,表达深深的惋惜。孔子的儿子孔鲤字伯鱼,因王安石有当世圣人之誉,故制文以伯鱼代指王雱。王导是东晋名相。晋元帝永昌元年(322),其堂兄王敦起兵造反,王导率全家老幼诣阙请罪,并恳请尚书左仆射周颛援救。周颛虽在皇帝面前竭力保奏王导无罪,但在宫中醉酒而出,不仅没有告知申救情况,反而大声说:“今年杀诸贼奴,取金印如斗大系肘。”令王导心生误会。王敦攻入建康后,专掌国权,处置群臣,曾向王导征求处理周颛的意见,王导沉默不语,于是周颛被杀。随后王导翻检宫中文书档案,发现了周颛援救自己的表章,执表流涕,悲不自胜,痛哭道:“吾虽不杀伯仁,伯仁由我而死。幽冥之中,负此良友!”(《晋书·周颛传》)王雱虽是因病逝世,却是在王安石怒斥之后,病情急转直下,作为父亲,

---

① 节度使、同平章事称“使相”。官至尚书左、右仆射及使相以上领州、府则称判。使相不参预政事,不签署朝廷命令,但当朝廷有重大的敕命要颁布时,使相拥有和中书门下官员并排的权力,列衔于敕令末尾,称“大敕系衔”。

王安石事后必定悔恨无极，丧子之痛更增数倍。因此制词以"王导之悲"喻指。

王安石随即搬离了东府，寓居定力院。八年前，他满怀雄心壮志，希望能成就一番千秋伟业。八年过去，虽国库充盈，兵力大增，开疆拓土也卓有成效，但异论纷纷，怨声载道，士风民俗，似乎愈加败坏，他所梦想的"道德一于上而习俗成于下"(王安石《乞改科条制札子》)、上下同心、举世和乐的王道盛世邈不可见，而他自己却落得众叛亲离、遍体鳞伤！他一遍又一遍地在壁间题写着唐人薛能的诗句：

当时诸葛成何事？只合终身作卧龙！

——薛能《游嘉州后溪》

世事翻覆，白云苍狗，这个扰扰攘攘的梦终于醒了：

江上悠悠不见人，十年尘垢梦中身。殷勤未解丁香结，放出枝间自在春。

——王安石《出定力院作》

往后余生，王安石只愿如一棵荒地上的野树，在大自然中舒解心中郁结。因此，他两上《辞免使相判江宁府表》，希望朝廷"追还涣号(帝王的旨令)，俯徇愚衷，许守本官，退依先垄"。离京前，神宗召见，君臣最后一次面谈，他表示，回到江宁将再上表札，请求准予卸去一切现职，授一宫观闲职，回江宁养病。

在回江宁的路上，王安石特意在高邮停留，拜访青年时代的挚友孙侔。庆历二年(1042)秋季扬州相识订交之后，三十余年，彼此动若参商，长相暌隔。王安石走南闯北，从地方到中央，历尽宦海风波；孙侔则绝意仕进，在江淮间平平淡淡地做一介草民。他"志节刚果，不为矫激奇诡之行，而气貌足以动人，所至一坐为之凛然"，虽然"未尝传经教授，而学者闻其风指，多所开悟"（林希《孙少述传》），因此声名远播。自嘉祐以来，朝臣唐询、刘敞、沈遘、王陶、韩维等多次向朝廷举荐，朝廷也多次授予官职，但孙侔始终没有接受。王安石主政后，两位好友将近九年不相闻问，人们都以为他们绝交了。苏轼赠孙侔诗曰："凛然高节照时人，不信微官解浼君。蒋济谓能来阮籍，薛宣直欲吏朱云。"（苏轼《重寄一首》）史书记载，西汉元帝时，丞相薛宣想延揽侠士朱云而遭拒；魏晋时期，太尉蒋济想征用阮籍而不得。刘攽赠孙侔诗也说："不负兴公《遂初赋》，更传中散《绝交书》。"（陆游《老学庵笔记》引）晋人孙绰字兴公，性喜山水，作《遂初赋》明归隐之志；魏晋之际，嵇康（世称嵇中散）与山涛（字巨源）同为竹林之友，后因各自不同的人生抉择而作《与山巨源绝交书》。这些诗句所用典故各不相同，但都是赞美孙侔风节凛然，不与王安石合作。孙侔对此不置可否，亦不以为意。这次王安石专程前来拜访，两位老友执手相对，除了白发苍颜，竟不觉岁月的流逝与隔绝。彼此问候寒暄之后，孙侔也只是吊慰王雱之逝，二人心中丝毫不存穷达贵贱之念。当日，孙侔命家人杀鸡为黍，留王安石共进晚餐。两位好友像青年时代一样，畅谈经学，直到日暮时分。临别之际，王安石说：

"告退之后，即解舟南下，以后恐怕不会再见了。"

孙侔点了点头，说："如此，则不去奉谢了。"

彼此再无多语，"然惘惘各有惜别之色"（陆游《老学庵笔记》）。

第十五章

钟山脚下一居士

船过京口，正是夜间，王安石停舟上岸，来到金山龙华院，拜见老友宝觉禅师。十年前，也是这样一个夜晚，他们对床夜语，通宵达旦。只是那时他将启程，而如今他已归来。他疲惫的心灵渴望安憩，佛法禅理，梵音钟磬，恰如炎夏凉风，令他顿觉舒适自在。当晚，他赋诗三绝：

老于陈迹倦追攀，但见幽人数往还。忆我小诗成怅望，金山只隔数重山。

世间投老断攀缘，忽忆东游已十年。但有当时京口月，与公随我故依然。

与公京口水云间，问月何时照我还？邂逅我还还问月，何时照我宿金山？

——王安石《与宝觉宿龙华院三绝句》(题下自注：旧有诗云："京口瓜洲一水间，钟山只隔数重山。春风又绿江南岸，明月何时照我还。")

一、熙宁十年(1077)六月十四日王安石罢江宁任

熙宁九年(1076)十一月十三日，是王安石五十六岁生日，神宗特派蔡下押送生日礼物前来贺寿。以使相之尊出镇江宁，许多昔日的同僚下属也纷纷寄来贺启。但王安石对这些皆不甚在意，此时他急于完成两大心愿：其一是将历年来"用所得禄赐"(王安石《乞将田割入蒋山常住札子》)在江宁府上元县购置的田地，捐献给蒋山太平兴国寺，为父母及儿子王雱营办功德，需要获得神宗恩准；其二则是想尽快辞去使相及判江宁府之任，除宫观之职。他自思"忧伤病疚之余"，倘若"过叨荣禄，非分所宜，

黾勉方州,亦将不逮"(王安石《乞宫观札子》其一),因此接连写了《乞宫观表》和《乞宫观札子》,恳切陈情。对于前者,神宗很快便批复了;对于后者,则派中使冯宗道专程来江宁传敕,宣谕不允。王安石不肯罢休,又托冯宗道捎去表、札,再次强调"地闲禄厚,非分所宜。圣心虽示优容,臣终难于叨昧(贪恋)"(王安石《乞宫观札子》其二),请求神宗理解他的心情。

王雱的灵柩,于熙宁十年(1077)二月,由内臣李友询护送回江宁。神宗还非常贴心地命李友询带来御药局炮制的上好药物,给王安石调养身体。痛失爱子已近一年,王安石夫妇的伤悼之情仍未稍减。去年自京师回金陵途中,曾听人说:兴化县尉胡滋,其妻乃宗室之女,临产前梦见有人身穿金紫之服,自称"王待制来为夫人儿",不久即生下一个儿子。王雱官至天章阁待制,故称王待制。随后胡滋任满,挈家回京改任,正在旅途中。得知这一讯息,王安石夫妇每天都坐在船门帘下,见有船经过,便派人打听:"是否胡县尉船?"后来真的遇上了,举家悲喜交集,连忙前往抚视,不禁涕泪横流。送给胡家的"金帛不可胜数"(司马光《涑水记闻》),并邀请他们到金陵小住。胡滋说他任县尉期间捕盗有功,此次进京想去求赏,王安石便派人为他办理,得以改任京官。王安石很想收养这个孩子,但孩子母亲不同意。胡家即将上京赴任,这点微渺的安慰又将失去,这时迎来王雱灵柩,夫妇俩更是肝肠寸断。王雱下葬后,王安石为他在宝公塔院(即太平兴国寺)建了一座祠堂,并作《题雱祠堂》:

斯文实有寄,天岂偶生才? 一日凤鸟去,千秋梁木摧。烟留衰草根,风造暮林哀。岂谓登临处,飘然独往来。

《论语·子罕》记载,孔子被匡人误认为残暴的阳虎,从而遭到围困,情势十分危急。面对生死威胁,孔子坦然对弟子说:"周文王去世后,我是周代礼乐文化的唯一继承者。上天若想要毁灭这种文化,我便不可能掌握它;上天若不想毁灭这种文化,匡人又能把我怎样呢?"王安石诗歌的开篇两句,即借用这一典故,表达对王雱之死的深深憾恨。他认为,王雱是儒家思想最合格的继承人,为什么上天要夺走他年轻的生命?"一日凤鸟去,千秋梁木摧"两句,则分别出自《论语·微子》和《礼记·檀弓》。古代传说凤凰是治世祥瑞,决不会现身于乱世,因此《论语·微子》中,楚狂接舆将孔子比作凤凰,认为在春秋乱世周游列国,推行王政理想,是十分危险的事情。而《礼记·檀弓》记载:一天,孔子早起,举着手杖在门前漫步,唱道:"泰山其颓乎? 梁木其坏乎? 哲人其萎乎?"唱完便回到房间对着门坐下。子贡听到之后,惊惶地说:"泰山其颓,则吾将安仰? 梁木其坏,哲人其萎,则吾将安放? 夫子殆将病也。"七天后,孔子便去世了。王安石通过这两个典故说明,王雱的去世,是整个学术文化事业无可估量的巨大损失。

半个多世纪后,这首诗遭到邵博的激烈批判。他联系王雱所作荆公画像赞:"列圣垂教,参差不齐。集厥大成,光于仲尼。"认为王雱推尊父亲超过了孔子,王安石则以儿子比孔子,"父子相圣,可谓无忌惮者矣。"(《邵氏闻见后录》)

邵博这番议论发表于南宋前期,那时王安石的变法和新学均遭到否定,他的诗文作品也被一一检视。事实上,邵博的批评极不公正。如果我们回到王安石父子生活的北宋中期,可能会有不一样的看法。一方面,王安石少年时代就立下壮志,"欲与稷契遐相希"(王安石《忆昨诗寄诸外弟》);三十多岁时,学术思想逐渐成熟,曾向欧阳修表述自己的人生目标:"他日若能窥孟子,终身何敢望韩公?"(王安石《奉酬永叔见赠》)到嘉祐末年,他的儒学著作风行天下,成为学术经典,"当代周、孔"之誉已隐然欲现。熙宁四年(1071)父子同侍经筵时,弟子陆佃以诗相贺即曰:

"润色圣犹双孔子,调燮元化两周公。"(吴曾《能改斋漫录》引)太学正范镗献诗亦云:"文章双孔子,术业两周公。"(李壁《王荆公诗注》引)熙宁八年(1075)《三经新义》颁行,新学成为官方哲学,以王安石父子比圣方贤的表述正式出现在官方文书,如熙宁九年(1076)罢相制词所谓"俄属伯鱼之逝",即以孔子喻指王安石。之后,元丰元年(1078)衢州文人何恭作七言长篇献给苏轼,全诗大意即是推尊王氏新学为孔孟著述、周公礼乐。元丰二年(1079)韦骧作《过江宁上仆射王舒公》,也以"文章追孔孟,事业过伊皋"相颂。可以说,王安石对此早已习惯成自然,以"凤鸟""梁木"比拟王雱也便不足为怪。另一方面,宋人诗文中,以孔子典故自喻或喻人的现象十分普遍。在王安石之前,杨亿为宰相毕士安所作墓志铭:"叹梁木斯坏,何哲人之云亡。"(《毕公墓志铭》)宋庠为鲁宗道作挽词:"忽嗟梁木坏,褒册贲忠魂。"(《赠兵部尚书鲁肃简公挽词》)王禹偁自叹身世:"阁栖凤鸟容三入,巢宿鹪鹩只一枝。"(《赁宅》)梅尧臣送别晚生:"凤鸟不在笯(nú),麒麟宁受靽(bàn)。"(《刘彝秀才归江南》)在王安石之后,参寥、晁补之哭苏轼:"梁木倾何速?"(参寥《东坡先生挽词》)"何嗟及矣,梁木其摧!"(晁补之《祭端明苏公文》)朱熹哀李侗:"不幸天丧斯文,而先生殁矣。"(朱熹《延平先生李公行状》)诸如此类的例子不胜枚举。

托冯宗道带去请辞表、札后,神宗依然没有同意。三月二日,先派提举江南路常平朱炎传圣旨,令王安石至江宁府衙履任;接着又派内臣梁从政携诏敦谕,一定要等王安石上任后才回京师。梁从政在金陵一连待了几个月,王安石只得暂且遵命。但归隐之志已决,因此又先后上了三次表、札。在这些表、札中,他极力渲染自己的衰病迟暮,以及可能带来的职事旷废。他说:"力惫矣而弗支,气喘焉而将蹶。"(王安石《乞宫观表》其三)"自涉春以来,众病并作,气满力惫,殆不可支。其势如此,以尸厚禄,则有食浮之忧;以任州事,则有官旷之责。"(王安石《乞宫观札子》其四)

"病势日增,虽外视形色,若无甚苦,而神耗于中,力惫于外,一有动作,即不可支。思虑恍然,事多遗忘。以此居官,岂能塞责?"(王安石《乞宫观札子》其五)这些都是实情,但最主要的原因,则是他已彻底厌倦仕途。在《自府中归寄西庵行详》一诗中,他写道:

> 意衰难自力,扶路便思还。强逐萧骚水,遥看惨淡山。行寻香草遍,归漾晚云闲。西崦分明见,幽人不可攀。

最后,神宗实在拗不过,终于同意了他的请求。六月十四日,诏令王安石为集禧观使,居江宁。集禧观使属祠禄官中的宫观使,北宋前期曾以首相兼任,仁宗天圣七年(1029)以后,则只以使相、节度使、宣徽使、宗室等领使。宫观使无所职掌,只需在特定时日朝见皇帝,并允许居于京城之外。至此,王安石一定程度上得遂心愿,但仍不愿接受使相的待遇,只愿以原来的官职领宫观,于是又上《已除观使乞免使相札子》。王安石罢相前的官职是左仆射、观文殿大学士;罢相时进为镇南军节度使、同平章事,以示优礼。他认为这是"非分之名器",自己"若以衰残向尽之年,贪非所据",则无异于"自隳素守"。但神宗不允。于是,又一次漫长的拉锯开启,王安石先后上了五次表、札,直到元丰元年(1078)正月九日才获批准。

这次归来,和熙宁七年(1074)相比,王安石的心态已大不相同。那时很大程度上是以退为进,这次却是彻彻底底地厌倦了、放下了。在《芙蓉堂》其二中,他写道:

> 乞得胶胶扰扰身,五湖烟水替风尘。只将凫雁同为侣,不与龟鱼作主人。

当时仍以"尚私荣禄备藩臣""且与龟鱼作主人"(《芙蓉堂》其一)为乐,如今则一反前言,只愿泛舟五湖,与凫雁麋鹿为友。在另一首诗中他表达了同样的意思:

纷纷扰扰十年间,世事何尝不强颜。亦欲心如秋水静,应须身似岭头云。

——王安石《赠僧》

只有彻底辞去所有职事,完完全全退出官场,做一个闲云野鹤般的隐士,才能真正摆脱纷纷扰扰的是非,使心灵归于虚静。

长女随夫婿吴安持留在京城,骤然与父母相隔千里,无限牵念,寄诗相问,满纸忧伤。王安石回赠道:

梦想平生在一丘,暮年方得此优游。江湖相望真鱼乐,怪汝长诗特地愁。

——王安石《寄吴氏女子》

他的心情渐渐变得轻松、开朗,偶尔还与古人开起了玩笑。江宁冶城附近的山坡,俗称谢公墩,民间传说东晋名相谢安(字安石)曾与书法家王羲之一同登山游玩,故名。王安石诙谐地写道:

我名公字偶相同,我屋公墩在眼中。公去我来墩属我,不应墩姓尚随公。

——王安石《谢公墩》

于是有人开玩笑说:"荆公性好与人争,在庙堂则与诸公争新法,归山林则与谢公争墩。"(李壁《王荆公诗注》引)

二、王安石与夫人生活习惯上很不相合

正当王安石打算与亲友优游里闾、从容山水之间,又一个不幸降临。熙宁十年(1077)八月十七日,他最钟爱的四弟安国因病去世,年仅四十七岁。他与四弟,政见虽殊,情感甚笃,即便在安国因非议新法而被罢黜之后,兄弟俩仍保持着密切的诗书往来,每有新作,必相唱和。如今丧子之痛尚未平复,又遭手足之伤,可以想见王安石内心的凄惨与悲凉。

为了慰藉王安石的伤痛,妻弟吴颐千里迢迢前来探望。吴颐字显道,他魁垒辩博,以学问文章为江右知名之士。王安石当政时,太学陈于等上疏言:"吴某学成行尊,愿得为国子师,俾学者有所矜式。"(孙觌《宋故右承议郎吴公墓志铭》)但因为亲嫌,王安石没有同意。不过,这并不影响郎舅之间的感情。罢相回江宁之初,王安石就曾远寄诗书,约吴颐前来相聚,"岁暮谁邀客,情亲故忆君"(王安石《怀吴显道》)。得知吴颐即将到来的消息,更是日日翘首相盼:

> 舟约刀头(刀头:即刀柄,有环,与"还"谐音)止岁前,故人专使手书传。出门江上问消息,极目寒沙空渺然。
>
> ——王安石《寄吴显道》

或许是因王安石府中正在举丧,所以来到江宁后,吴颐借住在佛寺行香厅。这天,寺庙建道场,州府僚属将在行香厅集会,知州元积中派人命吴颐搬走,吴颐坚决不搬。行香仪式结束后,官吏们会聚行香厅,吴颐心中不忿,在屏后谩骂不止。元积中充耳不闻,不加回应。转运使毛抗、转运判官李琮闻知,大感不平,立即下发公文,命州府派人将吴颐抓来审问。州府派两名差役,带着公文去追捕吴颐,吴颐逃到王安石家躲避。而王安石对此前的纠纷毫不知情。过了一会,两名差役追了过来,遭到府中家丁阻拦,便在庭中大呼小叫,说是公务在身,捉拿犯人。王安石刚好出门,看到了这一幕。两名差役仍喧闹不已,在王安石呵斥下才悻悻离去。元积中听说后,立即责罚了两名差役,并与毛抗、李琮一道前来谢罪。王安石唯唯而已,夫人吴氏却在屏后大声叱责道:

"相公罢政,昔日追随者十有七八改换门庭,但亦不曾有谁敢到府中捉拿我家亲戚。你们几个竟敢如此放肆?"

就在这时,前来吊唁的中使抵达,了解到这件事情,回京后详细禀告了神宗。于是,元积中、毛抗、李琮等都被调离。十月十一日,幼弟王安上被任命为权发遣江南东路提点刑狱,治所原本在饶州(今江西上饶),神宗特诏移治江宁,以便照顾王安石的生活。十月二十一日,又命吕嘉问知江宁府。对于神宗的贴心安排,王安石十分感动,他写道:

> 江海衰残,云天悠远,恩言狎至,感涕交流……追千载之遭逢,殆无前比;顾百身之糜殒,安可仰酬。
>
> ——王安石《差弟安上传旨令授敕命不须辞免谢表》

而吕嘉问的到来,尤其令王安石喜出望外,欣然赋诗,期待与他同游山水：

> 潮沟东路两牛鸣，十亩漪涟一草亭。委质山林如许国，寄怀鱼鸟欲忘形。纷纷易变浮云白，落落谁钟老柏青？尚有使君同好恶，想随秋水肯扬舲。

——王安石《招吕望之使君》

潮沟是三国时吴国孙权开凿的人工河道，用来疏导长江之水。东起青溪，向西南流入秦淮河干道，北与玄武湖相接。"两牛鸣"在这里做量词使用。据《大唐西域记》，印度的长度单位是踰缮那，一踰缮那等于八拘卢舍，相当于四十里左右。"拘卢舍者，谓大牛鸣声所极闻"。以此换算，"两牛鸣"则相当于十里左右。诗歌首联描述江宁城里城外，水网交织的景象。颔联抒写自己退居后纵情山水，如当年在朝时许身报国一样专注无贰。颈联感慨罢相后人情冷暖，世态炎凉。尾联表达对吕嘉问的无限期盼。

至此，行香厅事件算是得到了妥善的解决。这一事件折射出当时官场的势利，倘若王安石尚在其位，应不至于发生。而另一方面，从吴颐面对江宁府官吏时倨傲不屈的态度，也可以大略推想，王安石主政时，他的亲属仗势跋扈的情形。尽管王安石本人品格高尚，视富贵权位如浮云，但并不意味着家人亲戚也能和他一样。十年后，监察御史孙升在弹劾章惇时就曾提到，章惇"赂遗及于王安石之妻母，而主于安石之妻弟吴颐"（李焘《续资治通鉴长编》）。王安石夫人吴氏，也曾因奢侈铺张而遭人讥议，有一次还惊动了神宗。

大约是熙宁八年（1075）前后，王安石的小女儿出嫁，结婚对象是少年才子蔡卞。吴夫人"乃以天下乐晕锦为帐"（曾纡《南游纪旧》）。天下乐晕锦是一种极为名贵的锦缎，即便是皇帝赐给一、二品高官的官服，也只有绶带是用这种锦缎制成，而吴夫人竟然用来制作床帐。因此婚礼尚未办，"而华侈之声已闻于外"（同上）。一天，神宗语带责备地问王安石："卿乃大儒之家，亦用锦帐嫁女？"王安石对家中事务全不知情，仓促之间谔然无言以对。回家后一问，果然如此。最后，在王安石的坚持下，锦帐被施舍给开宝寺福胜阁作为佛帐。

另外，吴夫人有洁癖。有一次，大女儿带着孩子回娘家，吴夫人非常高兴，准备给外孙做几件新衣服，全是名贵布料。一天，有只小猫钻到她存放布料的衣笥里，她立即喝令婢女将衣笥连同布料一起，扔到浴室外面，最后全部烂掉，也没人敢取用。

与夫人相反，王安石的生活则极为俭朴。在相位时，王雱的妻弟萧公子来京，王安石约他来府上吃饭。第二天，萧公子盛装而往，以为会有一场丰盛的宴席等着自己。结果入座时却发现"果蔬皆不具"（曾敏行《独醒杂志》），酒过三巡之后，先摆上来两枚烧饼，接着是少许猪肉片，然后是米饭，最后配上一些菜羹，如此而已。萧公子从小娇生惯养，几乎没有下筷子，只吃了一点烧饼中间的馅。

除了俭朴，王安石还不爱洗浴，以至于嘉祐年间，好友吴充、韩维等弄出一个定期"拆洗王介甫"的活动。有一次御前奏事，一只虱子在他鬓上爬来爬去，神宗看到忍不住发笑，而他自己毫无察觉。退朝后，问王珪："皇上为什么发笑？"王珪告知原因后，他忙叫侍从来捉掉。王珪说："不可轻去，当献一言颂虱之功。"于是一本正经地吟诵道："屡游相鬓，曾经御览。"（陆游《老学庵笔记》）王安石听罢也忍不住哈哈大笑。

可以想见，夫妇俩在生活习惯上很不相合。六月十四日，王安石获准辞去判江宁府之职，他们一家从府衙搬回自家私第。有一张公家的藤床，吴夫人很喜欢，一直借用未还，管事的官吏前来索取，但王家仆佣都不敢跟夫人提起。王安石得知后,故意光着双脚踏上藤床,俯仰偃卧好一阵,夫人看见,便不愿再用,马上叫人将藤床送回了府衙。

这种过分的俭朴和不修边幅,使得王安石给人以不近人情之感,因此常有人说他"不晓事"(司马光《上神宗论王安石》)、"不甚知人疾痛苛痒"(黄庭坚《跋王荆公惠李伯牖钱帖》),其实有时候也并非如此。例如,他本人一向十分俭朴,在舒州任通判时,僚属纷纷效法,勉强改变自己的生活习惯。唯有一个叫李冕的下属"鲜明被服如常",王安石反而十分看重他,称许他"不矫伪以失己,所以为贤也"(《故袁州李君墓志铭》)。回江宁后,有个叫吴二的年轻人,是蒋山下的田家子,来王安石府上帮佣,日供洒扫。一天一块黑色旧头巾被风吹到地上,吴二赶紧捡起来重新挂到墙上。王安石说:"你带回家送给你父亲吧。"过了几天,再见到吴二,王安石问起那块头巾,吴二说:"老父没有戴,小的把头巾拿去卖了,得了一笔钱用来供养老父。谢谢相公恩赐!"王安石叹了一口气,忙叫仆人用原价将头巾赎了回来,用一把小刀,亲自在头巾角上剖磨,里面包着两块金灿灿的黄金。原来,这块头巾是宫中所赐。随后,王安石将黄金和头巾又都给了吴二。

如果说这些都是生活小事,那么还有一件事情,则无论如何都可以说得上是人生大事。王安石的次子王旁,有过精神疾病史,日常生活基本正常,而且善诗,王安石曾作《题旁诗》:

> 旁近有诗云:"杜家园上好花时,尚有梅花三两枝。日莫欲归岩下宿,为贪香雪故来迟。"俞秀老一见称赏不已,云:"绝似唐人。"旁喜。作诗如此,诗甚工也。

王旁曾娶同郡庞氏女为妻,不知为何,他总是神经过敏,疑神疑鬼。

一年后庞氏生下一个儿子,王旁却觉得孩子长得不像自己,怀疑妻子不忠,千方百计想把孩子杀死,结果导致孩子惊吓而亡。从此夫妻不和,整日吵闹不休。王安石十分了解自己的儿子,深知儿媳是无辜的,想让他俩离婚,又怕因此而使庞氏女背上恶名,影响后半生的幸福。于是,决定将她视作自家的女儿,亲自挑选女婿,准备嫁妆,将她嫁出王家。如此客观理性,如此大度宽容而又与人为善,即便是在观念开放的当今,恐怕也很难有人能够做到。后来,王旁另娶,生有一儿一女,所幸没有再发生类似的悲剧。

与王旁不同的是,王安石的门人侯叔献娶魏氏女为妻,魏氏性格凶悍、蛮横。侯叔献早逝,魏氏生活不检点,而且暴烈如常,就连儿女们也"不胜其酷"(王辟之《渑水燕谈录》)。王安石得知后,即上奏朝廷,诏令将魏氏休弃,逐归娘家。于是,当时京城有谚语:"王太祝生前嫁妇,侯工部死后休妻。"(魏泰《东轩笔录》)

三、王安石"泯然众人"地享受着退休生活

十一月二十七日冬至,三年一次的南郊大典举行,神宗率百官合祭天地。礼毕,大赦天下,王安石被封舒国公,并加食邑四百户、实封一百户。时人称为"舒公"。舒州是王安石早年仕宦之地,古称桐乡,境内有天柱山、吴塘陂等山水。人生真是奇妙,时隔多年,竟然又以另一种方式,与这个地方发生联系。因此,他写道:

陈迹难寻天柱源,疏封投老误明恩。国人欲识公归处,杨柳萧

萧白下门。

　　桐乡山远复川长，紫翠连城碧满隍。今日桐乡谁爱我，当时我自爱桐乡。

　　开国桐乡已白头，国人谁复记前游？故情但有吴塘水，转入东江向我流。

——王安石《封舒国公三首》

　　此时，陈升之以镇江军节度使、同平章事、判扬州。他的祖坟在润州，而镇江即本镇，因此每年十月初一和寒食节，神宗特许两次前往镇江祭扫。作为前任宰相、枢密使，陈升之每次扫墓，必定是两州迎送，旌旗蔽天，舳舻十里，州县官吏身着花团锦簇的官服列于道旁，吸引无数百姓远远围观，可谓今古一时之盛。而王安石正好相反，通常都是骑驴出入，只有一个老兵或二三僮仆相随。元丰元年（1078）寒食，陈升之奏请，于扫墓之后转道江宁，探望王安石。陈升之的船队舟楫衔尾，蔽江而下，街上也已贴出告示，令百姓肃静、回避，舟中更是喝道之声不绝。王安石听说陈升之来了，因病体初愈，不便骑驴，坐着一台二人小轿，到江边迎接。陈升之"鼓旗舰舳正喝道，荆公忽于芦苇间驻车以俟"（王铚《默记》）。陈升之忙令靠岸，结果大船回旋好半天才停泊下来。此情此景，令陈升之颇感惭愧，于是回程便令罢舟中喝道，稍稍减省了一点排场。

　　王安石就这样"泯然众人"地开始享受他的退休生活。或与友人畅游山水：

　　起视明星高，整驾出东阡。聊为山水游，以写我心惆。

——王安石《与望之至八功德水》

捐书去寄老山林，无复追缘往事心。忽值故人乘雪兴，玉堂前话得重寻。

——王安石《和叔雪中见遇》

或夜宿佛寺，与僧人道友谈禅论佛：

竹鸡呼我出华胥，起灭篝灯拥燎炉。试问道人何所梦？但言浑忘不言无。(自注：与安大师同宿，既晓，问昨夜有何梦？师云：有数梦，皆忘记。)

——王安石《书定林院窗》

都城羁旅日，独许上人贤。谁为孤峰下，还来宴坐边。是身犹梦幻，何物可攀缘。坐对青灯落，松风咽夜泉。

——王安石《示安大师》

更多的时候则是，或幅巾杖履，或乘驴而出，自在行游。既无目标，也无计划，如果牵驴的老兵走在前面，就由老兵引路；如果老兵走在后面，则由驴子任意驰行。想停就停，有时随意地坐在松石之间，有时则去田野农家小坐片刻，有时则入寺庙稍憩。每次出行都会带着书，"或乘而诵之，或憩而诵之"（王巩《闻见后录》）。通常都会用一个袋子装十几个烧饼，王安石吃剩了给老兵，老兵吃剩了喂驴子。碰上热情的乡民敬献饮食，他也会接过来吃。亲友见他年迈体衰，劝他乘轿出入，他却说不愿"以人代畜"（邵伯温《邵氏闻见录》）。

为了更加便于亲近自然山水，王安石在白下门外谢公墩修筑宅第，"去城七里，去蒋山亦七里"（《景定建康志》），自号"半山园"：

今年钟山南,随分作园囿。凿池搆吾庐,碧水寒可漱。沟西雇
丁壮,担土为培塿(péi lǒu,小土丘)。扶疏三百株,莳楝最高茂。不
求鹓鶵(yuān chú,凤凰的一种)实,但取易成就。中空一丈地,斩木
令结搆。五楸东都来,斫以绕檐溜。

——王安石《示元度·营居半山园作》

园子的中间是屋宇,屋外是清澈的水池,水池的西面是一座人造小
山,小山上种着数百种植物,其中莳萝和楝树长得最为茂盛。庄子笔下
高傲的鹓鶵,"非梧桐不止,非练实不食"(《庄子·秋水》),诗歌借"鹓鶵实"
代指名贵的植物。不仅园中所植不追求名花异草,建筑也极为简朴,"其
宅仅蔽风雨,又不设垣墙"(魏泰《东轩笔录》),远远望去,就像一座旅店,
没有一点点高门大户的气派,谁能想到这里竟住着当朝声威赫赫的退休
宰相呢?"所居之地,四无人家"(同上)。有人劝王安石在园子外面筑一
道高墙,他却王顾左右,不作回答。而这便是他为自己打造的理想家园,
与尘世相离,与自然为伴:

老来厌世语,深卧塞门窦。赎鱼与之游,喂鸟见如旧。

——王安石《示元度·营居半山园作》

"平日乘一驴,从数僮仆游诸山寺"(魏泰《东轩笔录》)。但也并不是
全然与世隔绝,"欲入城,则乘小舫泛潮沟以行"(同上),还可以邀请心意
相契的亲友前来谈今论古,共赏春光:

独当邀之子，商略终宇宙。更待春日长，黄鹂弄清昼。

——王安石《示元度·营居半山园作》

他虽然嗜书如命，却"不耐静坐，非卧即行"（叶梦得《避暑录话》）。每天早餐后，必定去钟山漫游一圈。有时候早出晚归，有时候半途而返。日复一日，与山下的村夫野老渐渐熟识，特别是一个姓张的老头，王安石每次经过他家门口，都会亲切地招呼一声"张公"，老头则高兴地回应一声："相公。"一天，王安石忽然哈哈大笑道：

"我做宰相这么久，只和你一字不相同呀！"

另一次，和一位老太太攀谈，老太太说自己得了疟疾，想去买药。王安石刚好随身带着些药，便取出来送给她。老太太回赠给他一缕麻线，说："请相公带回去给相婆。"他笑着接受了。

当然，也并不是所有人都认识王安石，尤其是那些来钟山游玩宴饮的人。一天，他纵步山间，碰见一群士子坐在树荫下，"盛谈文史，词辩纷然"（刘斧《青琐高议》），于是也在旁边坐了下来，那帮人兀自高谈阔论，似乎没有注意到他的存在。见他听得认真，过了好一会，其中一个人忽然扭头问道："你也读过书吗？"

王安石唯唯而已。那人又问他姓甚名谁，他拱手答道："安石姓王。"

于是"众人惶恐，惭俯而去"（同上）。

除了喜欢与人随意攀谈，他还有一大爱好，就是坐在水边，看那水中倒映的花草树木：

石梁度空旷，茅屋临清泂。俯窥娇饶杏，未觉身胜影。

——王安石《杏花》

一陂春水绕花身,身影妖娆各占春。

——王安石《北陂杏花》

陂梅弄影争先舞,叶鸟藏身自在啼。

——王安石《次韵平甫村墅春日》

亭台背暖临沟处,脉脉含芳映雪时。莫恨夜来无伴侣,月明还见影参差。

——王安石《沟上梅花》

背人照影无穷柳,隔屋吹香并是梅。

——王安石《金陵即事》

在清清流水的映衬下,无论是杏花、梅花抑或是杨柳,都平添了几许韵致和风采。

此外,王安石还喜欢下棋,但棋艺不精,棋品也不是太好。每次和人对局,"未尝致思,随手疾应"(胡仔《苕溪渔隐丛话》),一旦快要失败,便不肯再下,说:

"本来是为了适性忘虑,反而苦思劳神,不如算了吧!"

经常和他一起下棋的是侄婿叶涛(字致远)。他俩有时在山间路隅下棋,清脆的落子声引得行人都来围观:

樵夫驰远担,牧奴停晏饁(yè,这里指食物)。旁观各技痒,窃议儿女嗫(想说话而又吞吞吐吐不敢说出来的样子)。

——王安石《用前韵戏赠叶致远直讲》

樵夫忍不住放下肩上的担子,牧童忘了手中还没吃完的午餐,每个人都跃跃欲试,在一旁窃窃私语。对弈的两人极力排除周围的干扰,紧张地应对着对方的攻击、围剿：

> 或撞关以攻，或觑眼而厣(yè，压)。或赢行伺击，或猛出追蹑。
>
> ——王安石《用前韵戏赠叶致远直讲》

眼看就要大功告成，忽然又被对手破坏；似乎无路可走，转眼柳暗花明：

> 垂成忽破坏，中断俄连接。
>
> ——王安石《用前韵戏赠叶致远直讲》

对弈双方应对策略各不相同，每一局的输赢情况也不相同：

> 或外示闲暇，伐事先和燮。或冒突超越，鼓行令震叠。或粗见形势，驱除令远蹀(dié，走)。或开拓疆境，欲并包总摄。或仅残尺寸，如黑子着靥。或横溃解散，如尸僵血喋。
>
> ——王安石《用前韵戏赠叶致远直讲》

无论谁输谁赢，总是赢者欢喜，输者羞惭，而且决不甘心，恨不能立即扳回一局。每个人都是宁死不愿认输，因此一旦错下一子，便后悔得恨不能打自己两个耳光：

> 或惭如告亡，或喜如献捷。陷敌未甘虏，报仇方借侠。讳输宁断头，悔误乃批颊。
>
> ——王安石《用前韵戏赠叶致远直讲》

但下棋总有输赢,于是常常彼此约定,输者罚诗一首。一天,王安石与薛处士下棋,以梅诗相赌,结果输了,只得作诗一首:

> 华发寻香始见梅,一枝临路雪培堆。凤城南阱它年忆,杳杳难随驿使来。

——惠洪《冷斋夜话》引

另有一次,和一位道士下棋,则道士输诗一首:

> 彼亦不敢先,此亦不敢先,惟其不敢先,是以无所争,故能入于不死不生。

王安石笑道:"这不是诗,只是棋谜罢了。"于是借道士诗中"无所争"之意,以及《庄子·齐物论》中"有成与亏,昭氏之鼓琴也"的典故,作《棋》诗:

> 莫将戏事扰真情,且可随缘道我赢。战罢两奁收黑白,一枰何处有亏成。

隔代之亲,童真之趣,也给王安石的退休生活带来了无穷的快乐:

> 南山新长凤凰雏,眉目分明画不如。年小从他爱梨栗,长成须读五车书。

——王安石《赠外孙》

双鬟嬉戏我庭除,争挽新花比绣襦。亲结香缨知不久,汝翁那更镊髭须。

——王安石《仲元女孙》

作为爷爷或外公,他是如此宽容慈爱。在他眼里,孙辈们的一颦一笑,一言一动,都是那么可爱动人。小外孙不爱读书,他会说:不急不急,还小呢!爱吃爱玩就是小孩儿天性。老友徐徽(字仲元)的孙女爱漂亮,他开玩笑道:小女孩长大啦!用不了多久,你爷爷就得亲自给你系上香缨,送你出嫁了!爷爷能不老吗?《建康实录》记载,南朝齐太祖萧道成,平时喜欢叫人帮他拔白发。一天,五岁的重孙萧昭业在床前嬉戏,太祖逗他玩,说:"我是谁?"昭业稚声稚气答道:"太翁帝。"太祖忽然感慨道:"岂有为人曾祖拔白发乎?"于是将镊子扔了。晚辈的成长,总是让人格外清晰地意识到岁月的流逝。王安石借此典故抒写时序之感。

四、心境的改变带来了诗风的变化

自由自在的生活,使他的心中充满了诗意和雅趣,即便是黄昏、春深抑或是岁暮,萦绕于怀数十年的焦虑和愁思,也渐渐变得极浅极淡,被一种宁静、澹然的感觉悄然取代:

南浦随花去,回舟路已迷。暗香无觅处,日落画桥西。

——王安石《南浦》

> 春风取花去,酬我以清阴。翳翳陂路静,交交园屋深。床敷每小息,杖屦或幽寻。唯有北山鸟,经过遗好音。
>
> ——王安石《半山春晚即事》

> 月映林塘澹,风含笑语凉。俯窥怜绿净,小立伫幽香。携幼寻新薂(dì,莲子),扶衰坐野航。延缘久未已,岁晚惜流光。
>
> ——王安石《岁晚》

钟山周回六十里,高一百五十八丈,东连青龙山,西接青溪,南有钟浦,下入秦淮,北接雉亭山,"岂尧巉异,其形象龙"(《景定建康志》),林深树茂,钟灵毓秀,王安石每日前往,百游不厌,好几次一直爬到钟山的两座高峰之间。山花、山鸟、山中的一切景物都深深吸引着他,令他流连忘返:

> 自予营北渚,数至两山间。临路爱山好,出山愁路难。山花如水净,山鸟与云闲。我欲抛山去,山仍劝我还。只应身后冢,便是眼中山。且复依山住,归鞍未可攀。
>
> ——王安石《两山间》

心境的改变带来了诗风的变化,后人读到这些诗作无不惊叹赞美:"荆公暮年作小诗,雅丽精绝,脱去流俗。每讽味之,便觉沆瀣(即仙露)生牙颊间。"(胡仔《苕溪渔隐丛话》引黄庭坚语)又说:"晚年始尽深婉不迫之趣。"(叶梦得《石林诗话》)"精深华妙,非少作之比。"(胡仔《苕溪渔隐丛话》引《漫叟诗话》)"观此数诗,真可使人一唱三叹也。"(胡仔《苕溪渔隐丛话》)

他有了足够的时间来锤炼语言,雕琢诗艺,因此构思更为精巧,诗律愈发精严,字句越加精致,对仗尤其精工,使事用典既丰富贴切,又能自出己意,借事发明,新意迭出,从而使诗歌更富有表现力。于是,品评、玩味王安石诗歌艺术之美,成为宋人诗话中一个十分热门的话题,《书湖阴先生壁二首》其一最为人乐道:

　　茅檐长扫静无苔,花木成畦手自栽。一水护田将绿绕,两山排闼送青来。

诗歌描写友人杨德逢宅院的清雅静美,句句写景而句句见人,透过景物描写,即可想见湖阴先生淡泊宁静的品格与盎然的生活情趣。看似浅显平易,仔细品味,其修辞的巧妙、技艺的精湛,不禁令人击节称叹。尤其是最后两句,分别借用《汉书·西域传序》与《汉书·樊哙传》中的"护田""排闼","把两个人事上的古典成语来描写青山绿水的姿态"(钱锺书《宋诗选注》),不仅拟人与描写融合无间,而且借事发明,富有新意,而又自然妥帖。即便不知道典故的来历,也决不会影响我们对诗义的理解,达到了古人对于用事的最高要求:"用事不使人觉,若胸臆语也。"(《颜氏家训》)此外,这两句对仗也极为讲究,所谓"史对史""汉人语对汉人语"(叶梦得《石林诗话》)。
　　另一首被推为典范的《南浦》诗,也曾得到诸多点评:

　　南浦东冈二月时,物华撩我有新诗。含风鸭绿粼粼起,弄日鹅黄袅袅垂。

前人认为,这首诗艺术上的高妙之处,首先在于,"用事琢句,妙在言其用,不言其名耳"(惠洪《冷斋夜话》)。也就是说,诗歌写景应呈现形象而不是概念。诗中虽然没有出现"水"和"柳"之名,但鸭绿、鹅黄的颜色点染,波光粼粼、袅袅低垂的形态描写,则令"水""柳"生动形象,如在目前。其次,这两句诗的对仗也极为精工,乍读之下却不觉有对偶,好似脱口而出,没有一点点勉强,"但见舒闲容与之态"(叶梦得《石林诗话》)。

这两首诗都是王安石的得意之作,他曾亲自将"一水护田将绿绕,两山排闼送青来"两句题在壁上,还特意展示给前来拜访的人。他也经常吟哦"含风鸭绿粼粼起,弄日鹅黄袅袅垂"两句,并得意地说:"此几凌轹春物!"

这个时期,他还迷上了集句为诗,也就是选取古人不同的诗句,进行重新组合,构成一首新诗。如《梅花》:

> 白玉堂前一树梅,(薛维翰《春女怨》)
>
> 为谁零落为谁开?(严恽《惜花》)
>
> 唯有春风最相惜,(杨巨源《和练秀才杨柳》)
>
> 一年一度一归来。(詹光茂妻《寄远》)

据说,王安石作集句诗,是受到李士宁的启发。李士宁赠人诗作,往往全用古人成句,而且还从经典中找到理论依据。他说:"《孝经》乃是孔子所作,每章必引古诗。难道孔子不能作诗吗? 意到即可用,不必皆自己出也。"王安石十分赞成这一说法。

集句为诗虽近于游戏,但既须博闻强志,也须高超的艺术才能,若要写好,难度不亚于原创。王安石曾想用白居易《琵琶行》中"江州司马青衫湿"一句作对,想了很久都没找到下句。一天,他问门人蔡天启,可有什么句子能相对? 天启应声答道:

"何不对'梨园弟子白发新'(白居易《长恨歌》)?"王安石一听大喜。

另有一次,他去蒋山拜访赞元觉海禅师,两人相对品藻古今,禅师说:

"相公口气逼人,可能是著述辛苦劳役,心气不正,何不坐禅,体悟禅道?"

过了几天,王安石高兴地对禅师说:

"坐禅果然有益。我多年来一直想作《胡笳十八拍》集句,久未能就,这几日夜间坐禅,思如泉涌,已经写成了!"

王安石所作《胡笳十八拍》,虽为集句,却是文学史上的名篇佳作,并被谱为琴曲,为人传唱。严羽《沧浪诗话》评曰:"集句惟荆公最长,《胡笳十八拍》浑然天成,绝无痕迹,如蔡文姬肺肝间流出。"正因为如此殚精竭虑,深入钻研,他的集句诗有如己出,"语意对偶,往往亲切过于本诗"(沈括《梦溪笔谈》)。集句诗这种独特的体裁,便在他的手里出神入化,引得世人纷纷效仿。

平时很少写作的小词,这时候也重新捡了起来。新结识的俞秀老、俞清老兄弟,都是洒脱自在的隐逸之士,滑稽善戏谑,洞晓音律,善于歌唱。王安石写了好几首《渔家傲》,每次在山间游玩,就让他们放声高歌。有一次,王安石在江上人家的墙壁上,看到一首绝句:

> 一江春水碧揉蓝,船趁归潮未上帆。渡口酒家赊不得,问人何处典春衫。

他特别喜欢首句,反复涵泳,过了很久才离开。不久,作《渔家傲二首》其二,即化用其语:

> 平岸小桥千嶂抱,柔蓝一水萦花草。茅屋数间窗窈窕,尘不到,时时自有春风扫。
>
> 午枕觉来闻语鸟,欹眠似听朝鸡早。忽忆故人今总老,贪梦好,

茫然忘却邯郸道。

有一次午睡,他梦见了三十年前爱慕过的一位女子,梦中作长短句相赠,醒来后只记得后半阕:

> 隔岸桃花红未半,枝头已有蜂儿乱。惆怅武陵人不管,清梦断,亭亭伫立春宵短。

另一首《谒金门》,也是梦中相思怀人之作:

> 春又老,南陌酒香梅小。遍地落花浑不扫,梦回情意悄。
> 红笺寄与烦恼,细写相思多少。醉后几行书字小,泪痕都揾了。

作为诗人,王安石虽然也有善感多情的一面,但更多地体现在对亲情、友情的缠绵眷顾。他一生仅娶吴氏为妻,既不曾纳妾,也不曾豢养歌姬舞女,更没有任何与官妓及青楼女子的风流韵事传之于世。因此,在他的创作中,抒写男女相思怨别之情的作品极为罕见,可以见出他此时身心的闲适与松弛。

五、覃思佛典,修订《字说》,
也是王安石重要的生活内容

不过,生活也并非总是那么舒心。

元丰元年(1078),知江宁府吕嘉问,与江东路转运判官何琬发生矛盾,相互论奏不休,并牵连到王安石。何琬揭发吕嘉问滥用公使钱①违法修造,"不遣监司商量公事,而数至王安石之门"(李焘《续资治通鉴长编》)。还将王安石与吕嘉问之间往来酬唱的诗作抄录上呈,认为其中"讽刺交作"(同上)。随后吕嘉问移知润州,元丰二年(1079)五月,以违法修造等罪降职。审案过程中有词连王安石之处,神宗特诏不许取问,这才避免了对簿公堂的尴尬。

与吕嘉问遭劾相先后的是太学案。元丰元年(1078)十二月,建州进士虞蕃上书,指控太学讲官不公,考试生员时接受请托,营私舞弊。神宗诏令开封府审查,"逾年方决,追逮遍四方"(李焘《续资治通鉴长编》),牵连数十人,王安石的妹婿沈季长、甥婿龚原、沈铢,以及侄婿叶涛,都卷入其中,遭到追官、勒停、冲替等处罚。

元丰二年(1079)七月二十八日,知湖州苏轼因讥讽时政遭御史台羁押,系于台狱一百三十天,于十二月二十八日作出终审判决,从轻发落,贬官黄州。牵连入案的大小官吏数十人,幼弟王安上亦在其中,被罚铜二十斤。

苏轼"乌台诗案"初起时,御史何正臣、舒亶等交章力诋,指责他愚弄朝廷,妄自尊大,犯有该杀之罪。审讯期间,不仅苏轼本人遭到恐吓和威逼,所有与他有过诗文往来的人,也都被传唤,一时之间,人人自危。六弟王安礼时任直舍人院,曾向御史中丞李定问起苏轼狱中情况,李定立即警告道:

"苏轼与金陵丞相论事不合,您最好不要出面营救,否则将会被列为朋党。"

意识到王安礼有意营救苏轼时,谏官张璪也不禁忿然作色。尽管如

---

① 宋代官府用于宴请和馈送过往官员的费用。

此,安礼仍找机会向神宗进言,他说:

"自古大度之君不以语言谪人。虽然苏轼怀才不遇,不免有怨望之词,但若因此严加惩处,恐怕后世之人会说陛下不能容才。"

王安石执政期间,苏轼一直是他的反对派,而且直到此时,御史们也仍以"苏轼与金陵丞相论事不合"为说词,但王安石并不赞成以言罪人的做法。据说,苏轼被囚期间,他曾驰书相救,说:

"岂有圣世而杀才士者乎!"

此事虽属传闻,未必确切,但《杨刘》一诗,则清楚地表明了他对"诗谏"的看法:

> 人各有是非,犯时为患害。唯诗以谲谏,言者得无悔。厉王昔监谤,变雅今尚载。末俗忌讳繁,此理宁复在!南山咏种豆,议法过四罪。玄都戏桃花,母子受颠沛。疑似已如此,况欲谆谆诲。事变故不同,杨刘可为戒。
>
> ——王安石《杨刘》

每个人都有不同的是非观念,如果触犯时政,则难免给自己带来灾祸。但是,诗歌是唯一的例外。"下以风刺上,主文而谲谏,"(《毛诗序》),诗人以富于文采的语言,委婉地提出对时政的批评,"言之者无罪,闻之者足以戒"(同上),这是上古三代的优良风尚。暴虐的周厉王,曾命令卫巫监视谤议朝政者,致使国人皆噤声不言,道路以目。即便如此,也不曾禁止诗人的谲谏,召穆公、凡伯、卫武公、芮伯等都曾作诗讥刺时政,《民劳》《板》《荡》《桑柔》等篇,仍载于《诗经·大雅》。此后风俗日下,忌讳愈繁,这一优良传统不复存在。汉代杨恽曾作诗曰:"田彼南山,芜秽不治。种一顷豆,落而为萁。人生行乐耳,须富贵何时。"遭人告发,认为是暗讽朝廷荒乱，正直的官员被流放，在朝的大臣阿谀逢迎，竟被腰斩。唐代刘禹锡久贬还朝，作《自朗州至京戏赠看花诸君子》曰："玄都观里桃千树，尽是刘郎去后栽。"触怒新贵，再度遭贬，带着八十老母前往偏远的连州。杨恽与刘禹锡的诗作，与现实政治的关联，都只在疑似之间，便遭到如此惨烈的迫害，更别说直率坦诚的谆谆之言。世事变迁，古今如此不同，杨、刘二人的遭遇，足以引起诗人的警戒。

元丰三年(1080)正月十八日，吕嘉问降知临江军，临行前过江宁与王安石话别。当年王安石位高权重，门庭若市，俗子纷至沓来，令人生厌；退居乡野后，趋炎附势之辈顿时绝迹，留下来的都是真情实意、气类相从的友人。在王安石看来，吕嘉问就是这样一个盛衰不改其态的朋友。他说：

> 纷纷旧可厌，俗子今扫轨。使君气相求，眷顾未云已。
>
> ——王安石《与吕望之上东岭》

此去千里，相见时难，王安石备感不舍，他深情地写道：

> 子来我乐只(语气词)，子去悲如何。谓言且少留，大舸已凌波。黯黯虽莫测，皇明迈羲娥(日御羲和与月神嫦娥的并称，这里借指日月)。修门(本是楚国郢都的城门，这里借指京师)归有时，京水非汨罗。
>
> ——王安石《闻望之解舟》

此时吕嘉问处于仕宦低谷，前程黯淡不明，王安石衷心祝愿他尽快迎来转机。

年迈之人最怕别离，送别吕嘉问已令王安石感伤莫名，然而更加令人伤怀的消息还在路上。人生啊,充满了无常的变幻,一次次的暂别与永诀,总是这样不可抗拒,而又猝不及防!这一年,王安石先后失去了多位亲友。

正月二十一日,大妹文淑卒于颍州。至此,兄弟姐妹十人已经故去六人。手足之痛,痛彻心扉!

四月二日,好友吴充卒于汴京。王安石与吴充,同年出生,同年进士及第,从至和年间即同朝为官,并结为亲家,"出则交辔,处则连樯。坐肘则并,行肩则差"(王安石《祭吴侍中冲卿文》),回顾彼此绵延半生的交谊,王安石发自内心地感叹:"岂愿所及,天实我贻。"(同上)

九月四日,与王安石亲如兄弟的方外至交、太平兴国寺长老、觉海赞元大师坐化于北山。佛家虽以了生死为人生要义,但王安石世情未断,又如何能不感到悲伤?"自我壮强,与公周旋。今皆老矣,公弃而先"(王安石《祭北山元长老文》)。自退隐江宁以来,他便在太平兴国寺旁边的定林寺筑堂读书,往来山中。稍觉心气烦杂,便去拜访赞元,"相向默坐,终日而去"(惠洪《禅林僧宝传》)。如今赞元逝去,从今往后,他将到何处寻找这份自在安宁?

于是,他更深地沉潜于佛典的研读和注解。熙宁十年(1077)完成了《金刚经》《维摩诘经》的注释,随后又注解了《华严经》,此时又着手《楞严经疏解》,对前人所详之处多略释,对前人所略之处则详释。对佛理的玩味和领悟,使他内心的痛苦得以缓解,所谓开卷有益,这是一种最真切的内在体验,他也乐于将这种体验与家人分享。

长女久居汴京,想念双亲,愁思难解,寄诗倾诉离情:

> 西风不入小窗纱,秋气应怜我忆家。极目江南千里恨,依然和泪看黄花。

王安石便将自己手书的《楞严经》新释寄给她，并赋诗劝导：

孙陵西曲岸乌纱，知汝凄凉正忆家。人世岂能无聚散，亦逢佳节且看花。

（自注：南朝九日台在孙陵曲街旁，去吾园只数百步。）

秋灯一点映笼纱，好读《楞严》莫念家，能了诸缘如梦事，世间唯有妙莲花。

——王安石《次吴氏女子韵二首》

九月二十日，朝廷举行九年一次的明堂大飨，合祭先王，以英宗配飨。神宗御紫宸殿，群臣称贺。御宣德门。明堂礼毕，大赦天下。王安石拜特进，改封荆国公，加食邑四百户，实封一百户。从此，"荆公"成为后人对他最常用的称呼。

除了覃思佛典，王安石也花了很多时间重新审阅《三经新义》，考正失误。在《乞改〈三经义〉误字札子》中，他表示自己"闻识不该（完备），思索不精，校视不审"，因此这一重要著述中仍存在不少问题。例如，《诗经·豳风·七月》中"八月剥枣"一句，汉代毛亨释义："剥，击也。"唐代陆德明注音："剥，普卜反。"王安石父子则注为："剥枣者，剥其皮而进之，养老也。"一天，他散步路过蒋山张公家，老头不在门前，家人说："去扑枣了。"王安石猛然意识到，此前的注释有误，随即专门上了一道札子："尚有《七月》诗'剥枣者，剥其皮而进之，养老故也'十三字，谓亦合删去。"（《乞改〈三经义〉误字札子》其二）

中国文字包含音、形、义三个元素。王安石认为，字音的高低开合、平上去入，字形的横竖弯勾、斜正上下、内外左右，"皆有义，皆本于自然"

（王安石《熙宁字说序》），不是某一个人自出胸臆的独特创造。通过字音、字形，正确把握文字之义，关系到对经典文本的理解和道德风俗的统一。为避免"天下后世失其法"（同上），三代先王每过三年，就会对文字进行一次规范统一。然而，秦始皇烧《诗》《书》，杀学士，文字"于是时变古而为隶"（同上），导致文化断裂。幸而东汉许慎《说文解字》一书，保留了大量上古文字。王安石早年即深入钻研这部文字学著作，"于书之意时有所悟"（同上）。遗憾的是，许慎的记录既不完备，且错误较多。王安石认为，儒学研究和教学必须从文字学入手，才能彻底廓清汉代以来对先秦经典的误读。因此，于熙宁年间他撰写了《字说》二十卷。

《字说》成书后，并未立即由朝廷正式颁行，但已在学者中广为流传，并被太学讲官作为辅助教材使用，很快拥有一大批追捧者。有人给《字说》做注，有人写诗作文"亦用《字说》中语"（陆游《老学庵笔记》），有人通过研读《字说》获得学问境界的突飞猛进，有人"每相见必谈《字说》，至暮不杂他语，虽病，亦拥被指画，诵说不少辍"（同上）。但与此同时，也出现了不少否定之声，主要是批判和讥讽《字说》穿凿附会。例如，有人传说，苏轼曾问王安石："'波'字如何理解？"王安石说："波者水之皮。"苏轼说："那么'滑'字就是水之骨？"又有人传说，苏轼曾嘲笑王安石《字说》："以竹鞭马谓之'笃'，以竹鞭犬有何可笑？"又说："'鸠'字从'九'从'鸟'，亦有证据，《诗》曰：'鸣鸠在桑，有子七兮。'和爷和娘，恰是九个。"这些故事的主旨，都是讽刺和否定王安石《字说》，是否实有其事，以及《字说》中是否确有类似解读（《字说》已散佚，今仅有辑佚本），皆大可疑议。《道山清话》中记载的一个故事，则更便于我们客观地看待当时人们的反应。一天，张耒问张方平："司马君实总说王介甫不晓事，是为什么？"张方平回答："你去看看《字说》就明白了。"张耒说："《字说》也只是二三分不合理。"张方平说："如此看来，则足下亦有七八分不解事！"张方平年长于王安石，并且是坚决的反变法派。张耒则是苏轼、苏辙的得意门生，熙宁六年（1073）进士，后来成为著名的"苏门四学士"之一，诗文成就颇高，也是饱学之士。政治态度上，张耒虽受二苏影响，但总体而言较为中立。两相比较，可以说张耒对《字说》的评价较少掺杂学术之外的因素。同为"苏门四学士"的黄庭坚也认为，王安石《字说》"出入百家，语简而意深"（黄庭坚《书王荆公骑驴图》）。而张方平的批评则难免带有政治偏见。当然，人们对《字说》的讥讽和批评，也并非完全出于偏见。百余年后，朱熹从学术上较为理性地分析了《字说》遭人诟病的原因在于，汉字本有六种造字法：象形、指事、会意、形声、转注、假借，而"安石既废其五法，而专以会意为言。有所不通，则遂旁取后来书传、一时偶然之语以为证。至其甚也，则又远引佛、老之言，前世中国所未尝有者而说合之"（朱熹《读两陈谏议遗墨》）。

无论外界怎样喧嚣，王安石则是我行我素，该坚持的依然坚持，该修订的仍须修订。退居之后，更是精思殚虑，用功至勤。他在定林寺的书室，禅床前放着笔砚，经常彻夜都亮着灯，躺一会，又忽然起来写一两个字，几乎都没有好好睡过觉。有一次，桌上摆着几十颗新鲜莲子，他一边吃一边思考。莲子吃完了，家人没有及时补充，他还在机械地重复着一拈一嚼的动作，结果不知不觉咬破了自己的手指，血流出来也没意识到。

此时，从四面八方前来江宁跟随王安石问学的人甚多，"一经题品，号为云霄中人"（蔡绦《西清诗话》）。其中最得赏识的当属蔡肇。蔡肇字天启，润州丹阳人，元丰二年（1079）与父亲同榜进士及第，授州户曹，不赴，从王安石读书于钟山。初次见面，王安石不以为然地责备道："后生何不出仕，却来此寂寞之滨？"经过几次谈话后，发现蔡肇通达聪敏，过于常人，便对他另眼相看。问他有没有读过佛典，蔡肇表示没有读过。王安石说："佛典中《华严经》最有理，但部帙浩大，没有一年半载，不能究极。"结果蔡肇只用了半个月,便掌握了全书的主旨。一天,王安石论及《华严经》的几处疑义,蔡肇应答如流,令王安石惊叹不已。又有一次,王安石偶然谈及中唐诗人卢全的《月蚀》诗,此诗十分生僻,很少有人读过,蔡肇则能背诵全篇。所以王安石称赞道:"从容与之语,烂漫无一涉。""载车必百万,独以方寸摄。"(王安石《再用前韵寄蔡天启》)蔡肇不仅博学能文,而且胆识超群。王安石有一匹恶马,见人就踢,无人能驯服。蔡肇得知后,说:"世上哪有不能调服的马? 只是长久无人骑它,养成了骄纵之气而已!"立即起身,抓住马鬃,一跃而上,"不用衔勒,驰数十里而还"(叶梦得《石林诗话》)。王安石大壮之,作《示蔡天启三首》,赞曰:

> 蔡子勇成癖,能骑生马驹。(其一)
>
> 蔡子勇成癖,剑可万人敌……开口取将相,志气方自得。(其二)
>
> 身着青衫骑恶马,日驰三百尚嫌迟。心源落落堪为将,却是君王未备知。(其三)

从此,士大夫盛传,王安石以将帅之材许蔡肇。《字说》修订过程中,博学多才的蔡肇遂成为得力助手,王安石曾寄诗道:

> 侯方习篆籀,寸管静尝擪(yè,书法执笔法之一)。深原道德意,助我耕且猎。
>
> ——王安石《再用前韵寄蔡天启》

另一位重要助手是刘发。刘发字全美,遂宁人,他曾是王令的学生,此时从王安石问学。元丰八年(1085)状元及第。刘发精于文字学,著有《字说偏旁音释》《字说备检》《字会》等书。王安石亦有诗相赠:

西崦晴天得强扶，出林知有故人居。数能过我论奇字，当复令公见异书。

——《过刘全美所居》

王安石治学重视广见博闻，从年轻时代起，便"自百家诸子之书，至于《难经》《素问》《本草》诸小说，无所不读，农夫女工，无所不问"（王安石《答曾子固书》）。在知识的世界里，始终保持着开放的心态。一天，他在屋子里踟蹰徘徊，若有所思而不得。儿媳妇看到，忙问他有什么事，他说：

"解飞字未得。"

儿媳说："鸟反爪而升也。"

王安石一听，非常高兴，觉得很有道理。

经过几年的努力，《字说》修订完成，全书共二十四卷。奏呈朝廷后，神宗"读其说而好之，玩味不忘"（王应麟《玉海》）。和王安石一样，神宗也十分重视字学，曾有感于"字学缺废，诏儒臣探讨"（《宋史》）。并于元丰元年（1078），命太子中允王子韶"于资善堂置局，修定《说文》"（李焘《续资治通鉴长编》）。

《字说》是王安石晚年的得意之作，"常自以为平生精力尽于此书"（黄庭坚《书王荆公骑驴图》）。因此，每有好学者追随请教，他总是不厌其烦地"口讲手画，终席或至于千余字"（同上）。俞清老便是《字说》的爱好者之一，常常"冠秃巾，衣扫塔服"（同上），一副寺庙佣工打扮，抱着一本《字说》，跟在王安石乘坐的驴子后面，往来法云寺、定林寺，过八功德水①,逍遥于浕(jiàn)亭之上,随时随地请教。

> 朝寻东郭来,西路历浕(jiàn)亭。众山若怨思,惨淡长眉青。浕水泣幽咽,复如语丁宁。岂予久忘之,而欲我小停。歇鞍松柏间,坐起俯轩楹。秋日幸未暮,奈何雨冥冥。
>
> ——王安石《浕亭》

> 西崦水泠泠,沿冈有浕亭。自从春草长,遥见衹青青。
>
> ——王安石《浕亭》

> 幽独若可厌,真实为可喜。见山不碍目,闻水不逆耳。脩然无所为,自得而已矣。
>
> ——王安石《书八功德水庵》

> 欲寻阿练若,曳屐出东冈。涧谷芳菲少,春风着野桑。
>
> ——王安石《题八功德水》

这些诗篇,连同王安石与俞清老等行游的场景,被人绘声绘色加以描述、传说。著名画家李公麟(字伯时)听说后,悠然神往,感慨道:"这是一时胜事啊,不可不入画!"先后创作了《王荆公骑驴图》《王荆公游钟山图》等画作。

---

① 在钟山上,传说此水有八大特点:一清,二冷,三香,四柔,五甘,六净,七不饐(腐败发臭),八蠲疴(除病)。故名八功德水。

六、王安石与众多老友重修旧好

　　除了大批年轻的追随者,亲朋戚友的往来也十分频密。耿宪(字天
骘)是王安石最脱略形骸、最贴心知意的朋友。相识时,彼此都只是少不
更事的顽皮孩子。此后湖海相隔,顺逆有别。王安石庆历年间一举及
第,耿宪则是嘉祐年间才中进士;王安石在政坛叱咤风云,耿宪则功名无
成,官止于县令。但耿宪并非流俗之辈,他"读书五千卷""潜心唯丘轲"
"百口不忧贫,九品不为贱"(郭祥正《寄题东城耿天骘归洁堂》),笃好文史、
淡于荣利。世人据以群分类聚的所谓富贵贫贱、党派是非等等,都不曾
影响他们之间的情谊。王安石曾深情地写道:

> 雪云江上语依依,不比寻常恨有违。四十余年心莫逆,故人如
> 我与君稀。
>
> ——王安石《送耿天骘至渡口》

他们可以谈心事,话家常:

> 旁(王旁)妇已别许人,亦未有可求昏(婚)处。此事一切不复关
> 怀。陶渊明所谓"身如逆旅舍,我为当去客",于未去间,凡事缘督
> (循中道)应之而已。
>
> ——王安石《与耿天骘书》其一

纯甫(王安上)事,,失于不忍小忿,又未尝与人谋,故至此。事已
无可奈何,徒能为之忧煎耳。旁(王旁)每荷念恤,然此须渠肯,乃可
以谋,一切委之命,不能复计校也。

——王安石《与耿天骘书》其二

王安石给耿天骘寄药和药方,耿天骘给王安石送竹冠、千叶梅,还有
自家果园里的梨。都是家常物事,也都是彼此需要和喜欢的东西。每一
次礼物的往来,都会激起两位好友赋诗唱和的雅兴。今天我们还能看
到,《临川先生文集》中,收录了许多这类作品,如:《和耿天骘以竹冠见赠
四首》《耿天骘惠梨次韵奉酬三首》《耿天骘许浪山千叶梅见寄》,等等。
陆游在《老学庵笔记》中颇感会心地写道:"王荆公于富贵声色,略不动
心,得耿天骘(宪)竹根冠,爱咏不已。予雅有道冠、拄杖二癖,每自笑骇,
然亦赖古多此贤也。"

耿宪退居太平州(今安徽当涂)东城,虽不在一地,但约定年年相聚,
策杖同游,夜宿僧寺:

故人不惜马虺隤(huī tuí 疲病),许我年年一度来。野馆萧条无
准拟,与君封殖浪山梅。

——王安石《与天骘宿清凉广惠僧舍》

闻有名花即谩栽,殷勤准拟故人来。故人岁岁相逢晚,知复同
看几度开。

——王安石《耿天骘许浪山千叶梅见寄》

和耿宪相处,王安石感到自在、亲切、温暖:

摄衣负朝暄,一笑皆捧腹。逍遥烟中策,放浪尘外躅(zhú,踏)。晤言或世闻,谁谓非绝俗。

——王安石《和耿天骘同游定林》

邯郸四十余年梦,相对黄粱欲熟时。万事祇如空鸟迹,怪君强记尚能追。

——王安石《与耿天骘会话》

每次分别,都依依不舍,殷勤嘱咐:

白土长冈路,朱湖小洞天。望公时顾我,于此畅幽悁(yuān,忧愁)。

——王安石《示耿天骘》

还有一个老朋友是程师孟(字公辟),苏州人。他比王安石大了整整十二岁,进士及第也比王安石早了八年。他是一位精明干练的官员,"为政简而严""发隐摘伏如神,得豪恶不逞、跌宕(放纵)者,必痛惩艾之,至剿绝乃已"(《宋史·程师孟传》),所到之处,深得百姓拥戴,洪州、福州、广州、越州等地,均为他立生祠。他喜好写诗,效法白居易,而比白居易更为简易直白。知洪州时,在府中筑静堂,曾作诗题石,抒写无日不到的喜爱之情:"每日更忙须一到,夜深长是点灯来。"因过于浅俗,而被人嘲为"登溷(如厕)之诗"(魏泰《东轩笔录》)。他乐易纯质,为官近五十年,"至老不改吴语"(叶梦得《避暑录话》)。这种性格为他赢得好人缘,每次出知外地,都会有很多人为他赋诗送行,最壮观的一次是熙宁十年(1077)出知越州,京师士大夫送行者六十余人,赋诗七十多篇,可谓一时盛事。

王安石很喜欢程师孟的率直无隐,他们原本就是布衣之交,几十年本色不改。在朝时,有一次,程师孟对王安石说:"介甫文章名著当世,师孟有幸能与您同时,愿得您一篇墓志铭,或许可以传名不朽。"王安石以为他是为已故的父亲求墓志,忙请问他父亲的名讳,谁知程师孟说,他是想为自己预先求一篇墓志,将来死了就能用上。王安石被他逗乐了,这个直性子人,就连恭维话也说得这么赤裸裸。后来王雱去世,有个叫张安国的中书属吏披发藉草,哭于枢前,说:"您不幸无子,今闻郡君有孕,安国愿死,托生为您的后代!"于是有人凑成一组对句:"程师孟生求速死,张安国死愿托生。"(司马光《涑水记闻》)

王安石退居江宁后,程师孟两度来访。第一次是熙宁十年(1077)秋赴越州任途中,只是匆匆一晤,临别前夕,王安石赋诗相送:

> 投老更知欢可惜,通宵先以别为忧。
>
> ——王安石《次韵送程给事知越州》

第二次则是元丰四年(1081)五月,程师孟时年七十三岁,以正议大夫致仕归苏州,绕道江宁,专程前来看望老友。王安石开玩笑地问他:"您还想做官吗?"

程师孟老老实实地回答:"还可再做一任知州。"

王安石大笑,作诗道:

> 故人辞禄未忘情,语我犹能作扦城(守边将帅)。身自不遭如贡、薛,儿应堪教比韦、平。老黑岂得长高卧,雏凤仍闻已间生。把酒祝公公莫拒,缁衣心为好贤倾。
>
> ——王安石《次韵公辟正议,书公戏语,申之以祝,助发一笑》

颔联典故出自《汉书》。贡、薛、韦、平指西汉名臣贡禹、薛广德、韦贤、平当。贡、薛位列三公,韦贤及其子韦玄成、平当及其子平晏,均先后为宰相。"老罴"一句出自《周书·王罴传》,王罴是北魏名将,在与齐军对峙时,曾说:"老罴当道卧,貆子安得过?"魏太祖闻而壮之。诗歌借用上述典故,说程师孟仕途虽不及贡、薛等人显达,但他的儿子一定像韦贤、平当之子一样功名顺遂。他虽然年纪老大,但壮心不已,余威仍在,尚可为国守卫边疆。缁衣指官服,《诗经·郑风》有《缁衣》篇,前人认为,"郑桓公、武公,相继为周司徒,善于其职,周人爱之,故作是诗"(朱熹《诗经集传》),缁衣心即是指好贤之心。

程师孟走了之后,倏忽又是一年过去。元丰五年(1082)五月的一天,一封意外的来信搅扰了王安石内心的平静。他手持书信,时而呆坐桌前,时而徘徊廊下,再三披阅,怅叹不已。信中写道:

> 如某叨蒙一臂之交,谬意同心之列。忘怀履坦,失戒同嘻(xī)。关(同"弯")弓之泣非疏,碾足之辞亦已。
>
> ——魏泰《东轩笔录》引

这些简洁而典雅的语句,清楚地传达出重修旧好的迫切愿望!曾经的同声相应、同气相求,曾经的无拘无束、亲密无间;曾经的弯弓相对,曾经的失望、委屈和愤怒,乃至曾经痛失爱子的凄绝惨怛,一切的一切,瞬间涌上心头,那样刻骨铭心!那样不堪回首!然而,今天是否真的应该重新面对?《孟子·告子(下)》曰:"有人于此,越人关弓(拉满弓)而射之,则己谈笑而道之;无他,疏之也。其兄关弓而射之,则己垂涕泣而道之;无他,戚之也。"我们可以不在乎关系疏远的人对自己的加害,却不能不在意来自至亲的中伤！那种伤痛，无论是当时还是过后，都同样让人难以忍受。但另一方面，又正如《庄子·庚桑楚》所言："蹍市人之足，则辞以放骜（傲），兄则以妪（抚慰），大亲则已矣。"踩了街市路人的脚，需要立即赔罪；踩了弟弟的脚，需要好言抚慰；踩了儿子的脚，就无需谢过。所以关系越亲密，越不拘泥于礼节。这也是人之常情。因此，来信表示：

> 然以言乎昔，则一朝之过，不足害平生之欢；以言乎今，则八年之间，亦将随数化之改。内省凉薄，尚无细故之嫌；仰揆高明，夫何旧恶之念？
>
> ——魏泰《东轩笔录》引

信的作者是吕惠卿。自从熙宁八年（1075）彼此交恶，将近八年过去了，这是王安石第一次收到吕惠卿的私人信函。是否给他回复？是否接受求和？王安石的内心充满了矛盾。对于这位自己曾经最赏识、最信赖、最亲密的下属，这些年来，虽不是时时想起，却也从来没有真正忘记。一连几天，王安石反复披阅吕惠卿来信，时而对身边的门客说："此亦不必还答。"时而又说："终究还是会给个回复。"拿起笔来，便不自觉地在纸上写满"福建子"三字，其中的复杂情愫，不仅外人无法明白，即便是王安石自己恐怕也难以分晓。

有人说，吕惠卿于元丰二年（1079）丁母忧，元丰五年（1082）除丧，即将起复。而此时王安石六弟安礼任尚书右丞[①]，位列执政。"吕意切惮之，乃过金陵"（周煇《清波杂志》），向王安石求和。这种可能性未尝不存在，但也许只是一个触发的诱因，若以此作为唯一的解释，则显得过于简单粗

[①] 元丰官制改制后，门下侍郎、中书侍郎及尚书左丞、尚书右丞代参知政事为副宰相之职。

暴。毕竟,当初关系破裂时,王安石还是宰相,为何就没有忌惮?以常理常情推之,吕惠卿的心曲,旁观者未必清楚,而唯有王安石才最能懂得。

总之,经过几天激烈的思想斗争,王安石终于给吕惠卿回信了。他写道:

> 与公同心,以至异意,皆缘国事,岂有它哉?同朝纷纷,公独助我,则我何憾于公!人或言公,吾无与焉,则公何尤于我?趣时便事,吾不知其说焉;考实论情,公宜昭其如此。开喻重悉,览之怅然!昔之在我者,诚无细故之可疑;则今之在公者,尚何旧恶之足念?然公以壮烈,方进为于圣世;而某苶(nié)然衰疢(chèn),特待尽于山林。趣舍异路,则相呴(xǔ)以湿,不如相忘之愈也。
>
> ——王安石《答吕吉甫书》

信中表示,我们之间本无私怨,但有同道相助之谊。当初或许有人诋毁你,但我并未参与,因此问心无愧。如今冷静回首,你应该也能明白这一点。往日恩怨就此一笔勾销,从此各行其道,相忘于江湖,或许是最好的结局。

六月,吕惠卿再次来信,王安石只回复了短短几十个字,但语气明显平和了许多。首先客气地表达了谢意,接着说到吕惠卿的新作,"知有所谕者,恨未见之"(王安石《与吕参政书》),最后简要提及自己的近况,"优游疾瘳,弃日茫然"(同上)。完全是一封标准的应酬信。

而到八月,彼此的关系则似乎有了进一步的改善。吕惠卿给王安石寄来了一些海产品,王安石则回赠了两笼新出的板栗。八月十三日,朝廷诏令吕惠卿知太原府。七天后,又加大学士。在回信中,王安石亲切地询问:

闻有太原新除,不知果成行否?想遂治装而西也。

——王安石《再答吕吉甫书》

信中还较为详细地叙述了自己的近况:

某今年虽无大病,然年弥高矣,衰亦滋极,稍似劳动,便不支持。

——王安石《再答吕吉甫书》

更多的篇幅则是用于他们同样热爱的谈学论道:

示及法观文字,辄留玩读,研究义味也。观身与世,如泡、梦、幻,若不以洗心,而沉于诸妄,不亦悲乎!相见无期,惟刮磨世习,共进此道,则虽隔阔,常若交臂。虽衰荼薾耗,敢不勉此。……向著《字说》,粗已成就,恨未得致左右。观古人意,多寓妙道于此,所惜许慎所传止此,又有伪谬,故于思索难尽耳。

——王安石《再答吕吉甫书》

信中甚至表示:

犹冀未死间,或得晤语,以究所怀。

——王安石《再答吕吉甫书》

至此,可以说王安石已经将一切放下,尽弃前嫌。

相比较和吕惠卿的和解,王安石与孙觉、吕公著、曾巩等人的关系修复,则显得毫无波折。毕竟,撇开政见分歧,他们有着同样高尚的品格、渊博的学识和相似的人生趣尚，并由此缔结了深厚的友谊。在朝政纷争中，也都恪守了君子之道，没有造成过于深刻的情感伤害。

孙觉赴福州任时，曾特意绕道江宁相访，"从容累夕"（《宋史·孙觉传》）。

吕公著知扬州时，也互有书信往来，情意惓惓，并有"绝江款郡斋之约"（吕祖谦《题伯祖紫微翁与曾信道手简后》）。

王安石与曾巩因为既是好友，又有多重亲戚关系，虽一度疏远，但并未完全中断联系。王安石退居江宁后，则联系明显增多。弟安国去世，王安石亲撰墓志，又收集遗文百卷，委托曾巩作《王平甫文集序》。王安石晚年究心诗歌，除日常应酬、朝请等必须的书、启、章、表外，几乎不再作文，却应曾巩之请，撰写了《重建许旌阳祠记》。

元丰六年（1083）二月，曾巩兄弟扶母丧过江宁，船刚靠岸，王安石便立即前往吊祭。那天，因为太过急切匆忙，没来得及换衣服，登舟之际，一低头，发现自己竟系着一根红色束带。有个随从站在旁边，他扫视一眼，忙将自己的束带解下来，换上随从的黑腰带，然后上船吊唁。此时曾巩已在病中，到江宁后病情加重。在随后的日子里，王安石每天都去看望。两位老友榻前相对，时光倒流，仿佛又回到了初相识的那些年月。

江之南有贤人焉字子固，非今所谓贤人者，予慕而友之……

王安石清晰地回想起自己二十二岁写的那篇《同学一首别子固》，以及曾巩在同一时间写的《怀友一首寄介卿》。那时，他们是多么快乐！多么意气风发！得遇知交，彼此都觉得是人生莫大的幸运！如今，王安石还像当年一样，有太多太多关于思想、历史、文化的观点，想和曾巩交流讨论，然而曾巩已经气息奄奄，无力作答，只能"颔之而已"（曾纡《南游记旧》)。两个月后,曾巩在江宁病逝,享年六十五岁。

送别老友,岁月依然,但心灵深处某个空缺却是永远也填不上了!

七、一个更有吸引力与亲和力的王安石

七月,半山园迎来了一位特立独行的年轻人。他身着唐代冠服,风神萧散,音吐清畅,尚未进园,已引得一帮仆役争相窥视,窃窃私语。此人是一代奇才米芾(字元章)。他为文奇险,不蹈袭前人轨辙,书法沉著飞扬,得王献之笔意,画山水人物自名一家,尤长于临摹,几可乱真,而且"精于鉴裁,遇古器物、书、画则极力求取,必得乃已"(《宋史·米芾传》)。此次来江宁,原本是应新任江宁知府刘庠之聘来就幕职,谁知朝廷临时取消了刘庠的任命。不过,既来之,则安之,米芾决定趁此机会拜访名士大家、游览名胜古迹,亦可不虚此行。

王安石早就见过米芾的诗笔,十分喜爱,只是一直未见其人。米芾持诗书求见,自然是热烈欢迎。王安石本是盖世天才,目下无尘,"于人才少所许可"(蔡肇《故南宫舍人米公墓志铭》),读过米芾的诗后,竟摘取佳句,书之便面(用以遮面的扇状物)。唐末五代书法家杨凝式的书法"天真烂漫纵逸"(米芾《书史》),风格与唐代书法家颜真卿相类。王安石年少时,曾认真地学过杨凝式的字,又加入自己的风格进行了变化,因此从未有人看出他的书法渊源。而米芾却一眼识破,王安石大加叹赏。此后在与米芾的书信往来中,便刻意地展现杨凝式的字法。逗留江宁期间,米芾为王安石定林寺书室题写"昭文斋"三个大字作为匾额,王安石高兴地赋诗道:

我自中山客，何缘有此名？当缘琴不鼓，人不见亏成。

——王安石《昭文斋》

《庄子·齐物论》曰："有成与亏，故昭氏之鼓琴也；无成与亏，故昭氏之不鼓琴也。"原意是说道的境界是整体圆融的，人类对道的认识则难免片面，就如鼓琴，即便技艺高超如古代著名琴家昭文，也只是弹奏出极少数音声，而失落掉更多音声。米芾所题"昭文"，本义是赞美王安石传承、弘扬文化的伟大功业，王安石却巧妙地联想到《齐物论》所提及的昭文故事，袭用其语，变化其意，谦称自己因无所成就，人不知深浅，而浪得虚名。

分别后，王安石"亲作行笔，录近诗凡二十余篇寄之"（李之仪《跋元章所收荆公诗》），人们发现，笔画与他平时的字迹很不相同，"几与晋人不辨"（同上）。这才知道，原来王安石在书法上也颇有造诣。

学者王安石、文学家王安石，比位高权重的宰相王安石，更富有吸引力与亲和力。褪去了政治的光晕，许多不认同新法的人，以及个性清高、自觉与权力场保持距离的人，都纷纷以朝圣的心情前来拜见。黄庭坚便是其中的一位。早在少年时代，黄庭坚就对王安石极为钦佩，曾为王安石《明妃曲》辩护。熙宁四年（1071）任叶县尉时作《新寨》诗，有"俗学近知回首晚，病身全觉折腰难"之句，传到京城，王安石读罢，击节称叹，说："黄庭坚乃是清逸之才，非奔走风尘的俗吏。"随后，在招考四京学官的考试中，黄庭坚名列优等，被任命为北京（今河北大名县）国子监教授。但两人始终没有机会见面。元丰七年（1084）二月初，黄庭坚赴德州任路过江宁，好友俞清老、俞秀老此时都是半山园的常客，遂由二俞引见，前来拜会神交多年的大文豪。

接过黄庭坚呈递的作品集,王安石爱不释手地翻阅着,一边问道:"作小词,读过李后主的词吗?"

黄庭坚点点头:"读过。"

王安石饶有兴味地发问:"何处最好?"

黄庭坚回答:"一江春水向东流。"

王安石摇头道:"未若'细雨梦回鸡塞远,小楼吹彻玉笙寒'。还有'细雨湿流光',更妙。"

"一江春水向东流"出自后主李煜《虞美人》,"细雨梦回"两句出自中主李璟《摊破浣溪沙》,"细雨湿流光"则出自冯延巳《南乡子》,他们同为南唐词人,风格极为相近,许多词集常将三人的作品误置,南宋以后才有学者进行辨析。其中"一江春水"句出语天然,情致酣畅;而两组"细雨"句,皆景意微妙,含蓄内敛,是两种不同的美感类型。

接着,王安石朗诵了自己的新作《钟山即事》:

> 涧水无声绕竹流,竹西花草弄春柔。茅檐相对坐终日,一鸟不鸣山更幽。

随即又将每句各减二字,再成一首:

> 涧水绕竹流,花草弄春柔。相对坐终日,不鸣山更幽。

他笑着对黄庭坚说:"古人云'鸟鸣山更幽',我则以为不若'不鸣山更幽'。"

一方面,王安石写诗作文不沿袭前人,喜欢刻意求新。对于前代典故、佳句,往往反其意而用之;另一方面,执政八年,"异论者谍谍不已"

（方勺《泊宅编》），曾作诗相讽："山鸟不应知地禁，亦逢春暖即啾喧。"（王安石《崇政殿后春晴即事》）退出政坛，终于耳根清净，心亦清净，所谓"一鸟不鸣山更幽"，乃是抒写他个人的独特体验。

黄庭坚还带来了一幅珍藏的五代名画，是著名花鸟画家徐熙的作品。赏玩之余，王安石以戏谑之语题绝句一首：

> 江南黄鹤飞满野，徐熙画此何为者？百年幅纸无所直，公每玩之常在把。

—— 王安石《跋黄鲁直画》

"虽属率尔命笔，亦自大有风致"（蔡上翔《王荆公年谱考略》）。

这一次会面，给黄庭坚留下了难以磨灭的印象，更加深了他长久以来对王安石的倾慕之情。不仅敬仰他崇高的品德："熟观其风度，真视富贵如浮云，不溺于财利酒色，一世之伟人也！"（黄庭坚《跋王荆公禅简》）而且高度推崇他的诗歌艺术："暮年小诗，雅丽精绝，脱去流俗，不可以常理待之也。"（同上）

此时，王安石的健康状况已经非常不好。就在这次见面后不久，因背疮余毒，突然风疾暴作，心虽明了，口不能言，这种状况持续了两天。稍有好转之后，他觉得有必要趁着能说话，赶紧交代后事，于是对夫人说：

"夫妇之情只是偶然聚合，你不必太过悲伤，好好照顾自己。"

接着又拉着侄婿叶涛的手叮嘱道："你很聪明，应广读佛书，千万不要徒劳地造作世间言语。我这一生枉费精力，写下很多无用的东西，如今非常后悔。"

夫人含泪劝阻："相公不宜出此不祥之言。"

683

王安石说:"生死无常,我恐怕到时不能言语,如今把想说的都说了,时辰一到就走,你也不必劝我。"

神宗闻知,急忙派内侍陪同太医前来诊治。经过多位医生的治疗,病情逐渐平复。这一病就是五六十天,邻舍杏花都已盛开。在家人搀扶下,王安石终于可以慢慢步出庭院:

> 独卧南窗榻,翛然五六旬。已闻邻杏好,故挽一枝春。
>
> ——王安石《病中睡起折杏花数枝》

三月中下旬,病情更见好转。他又可以和亲友一道外出散步、游玩了:

> 前时偶见花如梦,红紫纷披竟浅深。今日重来如梦觉,静无余馥可追寻。
>
> ——王安石《元丰七年三月十九日,与道原自何氏宅步至景德寺》

经历过生死一线的危境,他比任何时候更强烈地感受到人生虚幻如梦,从而也更将世间的一切看淡:

> 井径从芜漫,青藜亦倦扶。百年唯有且(此),万事总无如。弃置蕉中鹿,驱除屋上乌。独眠窗日午,往往梦华胥。
>
> ——王安石《昼寝》(自注:甲子四月十七日午时作)

晋代高僧僧肇《物不迁论》有言:"梵志出家,白首而归,邻人见之,曰:'昔人尚存乎?'梵志曰:'吾犹昔人,非昔人也。'邻人皆愕然,非其言也。"岁月就是如此奇特,往而常静,静而常往,不迁而又不留,使人惆然不能意识到无常时时都在,"吾犹昔人,非昔人也",听来便似奇谈怪论。人们都会嘲笑那个砍樵的郑人,将猎杀的麋鹿"藏诸隍中,覆之以蕉"(《列子·穆王篇》),过后忘了所藏之处,"遂以为梦焉"(同上)。却不知人生原本就是一场大梦,所有费尽心机求取的功名利禄、金银财物,终究会"遗其所藏之处"(同上)。宝爱这些身外之物,恰如"爱其人者,兼屋上之乌"(刘向《说苑》)。而此时,王安石自觉已从这虚幻的大梦中醒来。

神宗担心王安石资用不足,派内侍凌文炳送来黄金二百两。王安石望阙跪拜,谢恩之后,对文炳说:"安石闲居,无所用。"

当即在庭下发封,对家中臣仆说:"送蒋山定林寺,置田修庙,祝延圣寿。"

不仅不受神宗所赐黄金,他甚至已经下定决心舍宅为寺。六月二十日,王安石正式上札,请求将"今所居江宁府上元县园屋,为僧寺一所,永远祝延圣寿"(王安石《乞以所居园屋为僧寺并乞赐额札子》)。奏准,神宗赐名"报宁禅院"。第二年三月,王安石与弟安礼分别撰写疏文,一同礼请真净克文禅师为住持,是为开山第一祖。此后,王安石不再修造宅第,合家在江宁城中租房而居。

王安石将要迁出半山园之际,谪居黄州整整四年的苏轼,正在量移汝州的旅途之中,于六月底到达江宁。七月十一日,苏轼亲书诗文十篇,寄往半山园。最后一页写道:

> 元丰七年七月十一日,舟行过金陵,亲录此数篇,呈丞相荆公,以发一笑而已,乞不示人。轼拜白。[1]

---

[1] 此帖收录于《中国书法全集》(湖北美术出版社,2002年)第12册,称《姑孰帖》。

　　王安石早年即与苏洵有过节,变法开始后,一度对苏辙委以重任,但很快反目,而苏轼也是异议不断,熙宁三年(1070)前后,王安石曾多次阻止神宗重用苏轼。或许,即便撇开政见之争,王安石也并不特别认可苏轼的行政才能。但是,作为文学家,苏轼在王安石心中的地位无疑屈指可数。这些年,虽彼此毫无交集,但他一直都在关注苏轼的创作动态。

　　王安石评文章,"常先体制而后文之工拙"(黄庭坚《书王元之竹楼记后》)。熙宁八年(1075),苏轼应韩琦之子韩忠彦请求,作《醉白堂记》。韩琦在世时筑此堂于私第之池上,并取白居易《池上篇》之意,作《醉白堂》诗,表达对白居易晚年悠闲生活的向往而自叹弗如。苏轼《醉白堂记》即以此为发端,比较韩琦与白居易人生得失的异同:出将入相、安邦定国是韩琦之所有,而白居易之所无;退居悠游、"日与其朋友赋诗饮酒,尽山水园池之乐"是白居易之所有,而韩琦之所无;"忠言嘉谋效于当时,而文采表于后世,死生穷达不易其操,而道德高于古人"则是韩、白之所同。文章最后指出,取名"醉白","非独自比于乐天而已",乃是"齐得丧,忘祸福,混贵贱,等贤愚,同乎万物,而与造物者游"。王安石读罢,开玩笑说:"文词虽工,但不是《醉白堂记》,乃是《韩白优劣论》。"

　　熙宁十年(1077),苏轼《眉山集》出版,王安石立即买回来细读,其中《雪后书北台壁二首》格外引起他的兴趣。这两首诗,一首押"尖"字韵,一首押"叉"字韵,都是极难押的韵字,今存唐诗五万余首,但押"尖"字的诗歌只有约二十首,押"叉"字的诗歌则只有三首。①写作这类险韵诗,极其考验诗人的才学与艺术功力。王安石争奇斗胜之心,瞬时又被调动起来,他一连写了五首"叉"韵诗,仍意犹未尽,过了几天又作《读〈眉山集〉,

---

　　① 数据引自连国义《"尖叉韵"考论》,《江西社会科学》2014年第4期。

爱其雪诗能用韵,复次韵一首》。所谓次韵,即依序使用苏轼原诗的韵字,这就更进一步加大了难度。苏轼原诗如下:

> 城头初日始翻鸦,陌上晴泥已没车。冻合玉楼寒起粟,光摇银海眩生花。遗蝗入地应千尺,宿麦连云有几家? 老病自嗟诗力退,空吟冰柱忆刘叉(唐代诗人,曾作《冰柱》诗)。
>
> ——苏轼《雪后书北台壁二首》其二

王安石次韵之作仅录其一:

> 若木昏昏未有鸦,冻雷深闭阿香(神话中推雷车的女子)车。抟云忽散簁(shāi,筛)为屑,剪水如分缀作花。拥帚尚怜南北巷,持杯能喜两三家。戏授乱掬输儿女,羔袖龙钟手独叉。
>
> ——王安石《读眉山集次韵雪诗五首》其一

元丰三年(1080),有访客从黄州来,王安石问:“子瞻近日有何妙语?”

客人说:“子瞻宿于临皋亭,醉梦而起,作《胜相院经藏记》千有余言,仅修改一两字,即成定稿。我有抄本,现在船上。”

王安石忙派人取来。当时月出东南,林影在地,他站在屋檐下展卷细读,喜见眉梢,评论道:“子瞻,人中龙也。然有一字不够稳妥。”

客人拱手道:“愿闻之。”

王安石说:“‘如人善博,日胜日负’,不若曰:‘如人善博,日胜日贫。’”

苏轼听到后,拊掌大笑,认为王安石堪称一字之师,欣然提笔,加以修改。不过,另有一个说法是,苏轼原稿本就是“日胜日贫”。倘若真是如此,也许是抄本误作"日胜日负",则王安石作此修改,恰说明英雄所见略同。

此时,苏轼系舟秦淮河上,虽有心前往拜会,但身为谪臣,加上父子三人与王安石的昔日恩怨,他不敢造次,于是手书近作,投石问路。

收到苏轼的诗书,王安石十分惊喜,也完全明白苏轼的顾虑,第二天便身着便服,乘驴而往,主动到苏轼停舟之处拜访。苏轼大出意外,来不及戴帽子,更来不及换衣服,立即跳下船来,拱手而揖:

"苏轼今日敢以野服见大丞相。"

王安石笑道:"礼岂为我辈设哉!"

此后,苏轼逗留江宁的日子,便经常与王安石相晤。王安石拿出自己所作"叉"韵诗和苏轼切磋,问道:

"道家以两肩为玉楼,以双目为银海,'冻合玉楼寒起粟,光摇银海眩生花'两句,是用这两个典故吗?"

苏轼这两句诗,和王安石"一水护田将绿绕,两山排闼送青来"一样,其妙处恰在于,不懂典故的读者,自可根据诗歌字面意思,体会诗句的意义和美感,而对于懂得典故的读者来说,便能在此基础上,获得更进一步的联想与审美的愉悦。这是用典的最高境界,但非才高博学者不能做到。那天,苏轼离开时,对叶涛说:"学荆公者,岂有如此博学哉!"

王安石还和苏轼讨论史学,他说:"裴松之学问该洽,超过陈寿。但他没有自撰史书,只为《三国志》作注,所以署名在陈寿之下。实际上,很多有价值的史料都在注中。很遗憾,欧阳公修《五代史》而不修《三国志》。我曾有意重修三国史,一直无暇着手,岁月蹉跎,如今老了!依我看,此事非子瞻,他人下手不得。"

但苏轼认为,自己并非良史之才。而且,修撰史书,需网罗数十百年之事,以成一书,很难没有失误,因此不敢接受王安石的建议。

一天,王安石用"动""静"二字问门下诸生,大家纷纷作答,都不下数百字,王安石无一满意,说:"等明天苏子瞻来,看他怎么说。"

第二天,苏轼闻言应声答道:"精出于动,神守为静,动静即精神也。"

王安石击节称叹。

在江宁期间,苏轼曾与知州王益柔同游蒋山,作《同王胜之游蒋山》。王安石极爱其中"峰多巧障日,江远欲浮天"两句,抚几而叹,说:"老夫平生作诗,无此二句。"并作《和子瞻同王胜之游蒋山(并序)》。

苏轼兴趣广泛,喜欢收集药方。王安石素有偏头痛的毛病,有一次在殿中奏事时突然发病,痛不可忍,神宗令他先在中书休息,随即派小黄门送来一种药水,说:"左边痛则灌右鼻,右边痛则灌左鼻,左右皆痛则两个鼻孔都灌。"用药后当场止痛。进殿拜谢时,神宗说:"禁中自太祖时传下来数十个秘方,这是其中的一个。"并将这个秘方赐给王安石。而这一次,王安石又将秘方送给了苏轼。

王安石还劝苏轼在江宁买房安家,比邻而居,以后便可常相往来。苏轼也曾有"买田金陵,庶几得陪杖履,老于钟山之下"(苏轼《与王荆公》)的打算,但没有找到合适的机会。

八月,苏轼离开江宁,继续北上。王安石手抄近作四首相赠:

午阴宽占一方苔,映水前年坐看栽。红蕊似嫌尘染污,青条飞上别枝开。

酴醾一架最先来,夹水金沙次第栽。浓绿扶疏云对起,醉红撩乱雪争开。

北山输绿涨横陂,直堑回塘滟滟时。细数落花因坐久,缓寻芳草得归迟。

故作酴醾架,金沙只谩栽。似矜颜色好,飞度雪前开。

今《临川先生文集》中,其中第三首题为《北山》,其余三首均题为《池上看金沙花数枝过酴醾架盛开》。苏轼次韵道:

> 青李扶疏禽自来,清真逸少手亲栽。深红浅紫从争发。雪白鹅黄也斗开。
>
> 斫竹穿花破绿苔,小诗端为觅桤栽。细看造物初无物,春到江南花自开。
>
> 骑驴渺渺入荒陂,想见先生未病时。劝我试求三亩宅,从公已觉十年迟。
>
> 甲第非真有,闲花亦偶栽。聊为清净供,却对道人开。(原注:公病后,舍宅作寺。)
>
> ——苏轼《次荆公韵四绝》

目送苏轼远去的身影,王安石对身边人说:"不知更几百年,方有如此人物!"

八、元祐元年(1086)四月六日, 王安石病逝于江宁秦淮小宅

元丰八年(1085)三月五日,一个震惊朝野的消息发布:神宗皇帝崩于福宁殿,年仅三十八岁。宰臣王珪宣读遗制。年方九岁的赵煦即皇帝位,是为哲宗。

自熙宁九年(1076)十月罢相离京,君臣不相见已经九年多,如今竟

成永诀! 这九年之间,宫中使者往来不绝,不断带来神宗对这位相伴九年的老臣深挚的关切和慰问。元丰三年(1080)九月明堂祀典,元丰六年(1083)十一月南郊祀典,神宗两次召王安石进京陪位,由于健康原因,王安石没有赴召。神宗胸怀宏图远志,励精图治,追复三代。自登帝位以来,无论春夏秋冬,阴晴雨晦,总是宵衣旰食,殚精竭虑,健康受到严重伤害。元丰五年(1082)九月就曾大病一次,将近十天没有上朝,这是登基以来从未有过的事情。病愈之后,仍然日理万机,百虑煎心,终致英年早逝。王安石满怀悲痛,撰写挽词二首:

> 将圣由天纵,成能与鬼谋。聪明初四达,俊义尽旁求。一变前无古,三登岁有秋。讴歌归子启,钦念禹功修。
>
> 城阙宫车转,山林隧路归。苍梧云未远,姑射露先晞。玉暗蛟龙蛰,金寒雁鹜飞。老臣他日泪,湖海想遗衣。
>
> ——王安石《神宗皇帝挽辞二首》

第二首着重抒发自己对于神宗去世的伤悼之情。第一首则化用《周易》《尚书》《国语》等古籍中的典故,歌颂神宗天纵之才及其卓越成就,并希望他的后代能继承他的伟大事业,就像远古夏启继承大禹的事业一样。然而,摆在王安石面前的现实,却是事与愿违。

哲宗年幼,神宗遗命太皇太后高氏垂帘听政,权同处分军国大事。高太后历来反对变法,在她支持下,反变法派迅速汇聚京城,与朝中变法派形成对峙之势。四月二十一日,司马光上疏,抨击王安石“欲蔽先帝聪明,专威福,行私意,由是深疾谏者,过于仇雠,甚于盗贼,是以天下之人以言为讳”(司马光《乞开言路状》),他要求朝廷广开言路,借以制造反对新法的舆论。四月二十七日,司马光再次上疏,抨击王安石“于人情物理多不通晓""又足己自是,谓古今之人皆莫己如""以己意轻改旧章,谓之新法"(司马光《乞去新法之病民伤国者疏》),要求立即罢除保甲法、免役法、将官法等。五月二十六日,司马光任门下侍郎(副宰相),同时上疏抨击王安石"不达政体,专用私见,变乱旧章,误先帝任使"(司马光《请更张新法札子》),要求朝廷更张新法。六月二十八日,吕公著也上奏请求更张新法,抨击王安石"变易旧法,群臣有论其非者,便指以为沮坏法度,必加废斥"(李焘《续资治通鉴长编》)。自此,政局翻覆,变法派相继贬出,反变法派全面执政。

这年秋初,天气酷热。王安石租住的秦淮小宅,面积狭窄,更觉热不可挡。于是折松枝架栏避暑:

> 火腾为虐不可摧,屋窄无所逃吾骸。织芦编竹继栏宇,架以松栎之条枚。
>
> ——王安石《秋热》

回想当年,即便天气再热,都能潜心书史,不禁感叹如今年老气衰,心志耗散:

> 忆我年少亦值此,脩然但以书自埋。老衰奄奄气易夺,抚卷岂复能低回。
>
> ——王安石《秋热》

诗歌最后四句似乎语带双关,暗示了即将到来的政治风暴:

> 西风忽送中夜湿,六合一气窜新开。帘窗幕户便防冷,且恐霰

雪相随来。

——王安石《秋热》

朝中不断发生的变化,以及对他个人的种种抨击,早在王安石意料之中。在朝时他就曾多次与曹太后、高太后以及向皇后家族的兼并势力交手,太后的政治立场他能不清楚吗?而变法派中最有能力的吕惠卿、曾布等人,都在地方州郡,无人能阻止政局的翻覆。尽管如此,他仍然难免关切,财富名位原本不在虑中,毕生的心血事业即将毁弃,终究心有不甘。但不甘又能如何?唯有深潜佛法,任世事随风而去。

《楞严经》的校正与疏解已经完成,王安石亲书《楞严经旨要》,于元丰八年(1085)四月刻书于寺中。他平时往来最多的是蒋山的僧道,还曾寄书致礼,邀请茅山道士静一先生刘混康来江宁。对于前来拜谒的晚辈,也多劝他们学佛。朱彦(字世英),江西南丰人,熙宁九年(1076)进士,有志学道,曾随王安石在定林寺斋住数日。王安石对他说:

"成周三代之际,圣人多生儒中;两汉以下,圣人多生佛中。此不易之论也。"

又说:"我做宰相,只以雪峰禅师一句话:这老子尝为众生,自是什么?"

意思是,无私无欲,只以众生之心为心。并教导世英:"越王勾践卧薪尝胆,伍子胥一夜头白,两人都一心雪耻复仇,焦身苦思二十余年,最后实现心愿。所谓有志者事竟成。若移此心来学无上菩提,什么障碍不能克服?"

或许是为了更加坚定自己学佛的愿力,王安石撰写了《望江南·归依三宝赞》四首:

　　归依众,梵行四威仪。愿我遍游诸佛土,十方贤圣不相离,永灭世间痴。

　　归依法,法法不思议。愿我六根常寂静,心如宝月映琉璃,了法更无疑。

　　归依佛,弹指越三祇(即阿僧祇劫,佛教用语,指极长的时间)。愿我速登无上觉,还如佛坐道场时,能智又能悲。

　　三界里,有取总灾危。普愿众生同我愿,能于空有善思维,三宝共住持。

　　他依旧不耐烦久坐,有事没事总要出去转悠转悠。精神不济时就扶病泛舟,精神好一点就骑驴出入,酷热盛暑也不例外。福建路提点刑狱李茂直任满路过江宁时,正要前去拜访,刚好在路上相遇。王安石当即从驴背上下来,邀李茂直坐于路旁。他自己坐一条小板凳,让李茂直坐胡床(可以折叠的轻便坐具)。两人聊了很长时间,太阳转西,阳光照了过来,李茂直令随从撑伞。过了一会,阳光又斜射到王安石的身上,李茂直让左右移动伞的位置,为王安石遮挡日光。王安石说:

　　"不必了。倘若来生做牛,须与他日光下耕田呢。"

　　秋去冬来,寒暑易节。朝政的翻覆,也使王安石门下熙熙攘攘的宾客渐趋绝迹。人世的炎凉更变,竟和自然的冷暖交替一样,鲜明、强烈、不可抗拒。

　　岁暮,老友王皙前来探望。王皙字微之,比王安石略长,但他养生有道,"造食物必至精细,食不尽一器,食包子不过一二枚耳"(张耒《明道杂志》)。他说:"食取补气,不饥即已。饱生众疾,至用药物消化,尤伤和也。"(同上)因此,虽已年过七旬,依然身体健康,精神不衰。王皙"好学守节,名在循吏"(苏轼《王皙可知卫州敕》),著有《春秋皇纲论》《孙子注》

等。治平年间，王安石忧居江宁，王皙时任江南东路转运使，二人交往密切，酬唱甚欢。当此门人离析、宾客崩散之际，老友一如既往，前来拜会，王安石十分感慨：

> 此身已是一枯株，所记交朋八九无。唯有微之来访旧，天寒几夕拥山炉。

——王安石《谢微之见过》

自元丰八年（1085）六月起，新法被依次罢废，王安石始终没有发表过意见，似乎"夷然不以为意"（朱熹《三朝名臣言行录》）。直到元祐元年（1086）二月，司马光废止免役法，复行差役旧法，消息传来，他不禁愕然失声道：

"连这也罢除了吗？"

过了好一会，又说："此法终不可罢！我与先帝反复商议了两年才推行，无不曲尽！"

事实上，司马光罢免役、复差役，在朝中引发了巨大争议。不仅变法派反对，即便是反变法派也认为免役和差役各有利弊，相比之下，还是免役法较为有利，"法无新旧，惟善之从"（《宋史·王觌传》）。吕公著、范纯仁、李常、苏轼等都持同样意见。司马光说，臣民上书言民间疾苦，从朝廷已经公开的数十封奏章来看，"无有不言免役之害，足知其为天下之公患无疑"（李焘《续资治通鉴长编》）。但是，变法派大臣章惇则指出，他仔细阅读了这些章奏，发现"言免役不便者固多，然其间言免役之法为便者亦自不少，但司马光以其所言异己，不为签出"（同上）。因此，章惇认为，臣民上书"所言利害各是偏辞，未可全凭，以定虚实当否"（同上），免役法并非不可更改，但应详究事实，曲尽人情，尽心讲求利害之当，使纤悉备具。这样,推行之后经久可行,则"国家政事修完,生民永永蒙利"(同上)。这些理性中肯的意见,可惜完全不被采纳。此时,司马光似乎完全忘记了,自己嘉祐、治平年间作《论财利疏》《衙前札子》时,对差役旧法弊端所做的尖锐抨击。

闰二月二日,司马光拜相。王安石阅视邸报,怅然道:"司马十二作相矣!"

接着又感叹道:"终始以为新法不便者,独司马君实!"

王安石素有写日记的习惯,熙宁在朝期间,他几乎每天都会记录朝廷奏对之语,日积月累,撰成卷帙浩繁的《熙宁日录》,后世也称《荆公日录》。为了防止后患,他叫侄儿王防将《日录》烧毁。但王防没有听命,而是用其他书替换,将《日录》保存下来。该书史料价值极高,后来哲宗亲政时期、徽宗初年,两次编纂《神宗实录》,此书都是重要的史源。

在此前后,针对王安石学术的否定和批判也开始了。闰二月二日,刘挚上疏抨击熙宁、元丰间以《三经新义》和《字说》为准则,"苟不合于所谓《新经》《字说》之学者,一切在所弃而已"(李焘《续资治通鉴长编》),主张自今以后,科举考试中禁止引用《字说》。三月五日,司马光上《起请科场札子》,抨击王安石"不当以一家私学,欲掩盖先儒""使圣人坦明之言,转而陷于奇僻;先王中正之道,流而入于异端""黜《春秋》而进《孟子》,废六艺而尊百家",同时全盘否定王安石的科举新制,尤其对于明法新科大加挞伐。因此,他主张恢复"先朝成法,合明经、进士为一科,立《周易》《尚书》《诗》《周礼》《仪礼》《礼记》《春秋》《孝经》《论语》为九经"。司马光对王安石学术的否定,同样也引起了争议。因政见分歧而与王安石疏远的韩维,挺身而出,说:

"王安石经义发明圣人之意,极有高处,不当废。"

此时王安石的健康状况已非常不好。家人担心他受到刺激加重病

情,刻意隐瞒了朝中的许多消息。直到有一天,一名从京城归来的举子前来拜访,王安石问有何新闻?举子回答道:

"最近新下诏令,不许读《字说》。"

王安石一时气结无语,接着声音略带颤抖地说:"法度可改,文字亦不得作乎?"

这天夜里,他"绕床行至达旦"(曾慥《高斋漫录》),在屏风上反复书写"司马光"三字,达数百次。随后的日子,他每天只在书房读书,"时时以手抚床而叹"(陆友仁《研北杂志》)。一天午睡,梦见有个穿着古代服装的人求见,容貌十分魁伟,自我介绍说:"我是夏桀。"两人辩论治国之道,"反复百余语,不相下"(《蔡宽夫诗话》)。梦醒后,王安石浑身都被汗水浸透,他笑着对身边的门客说:

"我的习气尚如此严重?"

这里所谓"习气"是佛教用语,佛教瑜伽行派称过去行为所造成的潜在力量为习气。修行者需要根除习气,才能获得解脱。于是,作《杖藜》一首:

> 杖藜随水转东冈,兴罢还来赴一床。尧桀是非时入梦,固知余习未全忘。

到三月末,王安石病情更加严重,虚弱到只能卧床休息。家人为他折花数枝,置于床前。他颤颤巍巍地伏枕写下今生最后一首诗作:

> 老年少欢豫,况复病在床。汲水置新花,取慰此流光。流光只须臾,我亦岂久长。新花与故吾,已矣两相忘。

> ——王安石《新花》

四月六日，一代伟人病逝于江宁秦淮小宅。

就在三天前，右司谏苏辙奏请"来年科场一切如旧，但所对经义兼取注疏及诸家议论，或出己见，不专用王氏之学"（苏辙《言科场事状》）。监察御史上官均也肯定熙宁科举改革"去数百年之弊，不为不艰"（李焘《续资治通鉴长编》），若骤然废罢，"未见其为得也"；对于经义，上官均也主张"请令学者各占三经，杂以《论语》《孟子》，不必专用《新义》"（同上）。都对王安石的学术持包容态度，并获得朝廷的最终认可。可惜，王安石没能等到这些消息的到来。

九、荆公德业存天地，身后是非凭谁论

王安石去世的消息传到汴京，司马光十分伤感。尽管两人政治上绝然对立，学术上也诸多分歧，但在人格境界和学问才华上彼此敬重，嘉祐年间同朝共事，酬唱甚欢，建立了深厚的友谊。此时，司马光也在病中，他亲书手札一封，命人送交门下侍郎（副宰相）吕公著：

> 介甫文章节义过人处甚多，但性不晓事，而喜遂非（掩饰错误），致忠直疏远，谗佞辐辏，败坏百度，以至于此。今方矫其头，革其弊。不幸介甫谢世，反覆之徒必诋毁百端。光意以谓朝廷特宜优加厚礼，以振起浮薄之风。苟有所得，转以上闻，不识晦叔以为如何？更不烦答以笔札，扆（yǐ，屏风。这里代指垂帘听政的太后高氏）前力言，

则全仗晦叔也。

——司马光《与吕晦叔》

随后,朝廷对王安石的盖棺论定,便基本依从司马光在这封短简中所表达的态度:否定王安石的政治成就,高度肯定他的道德、人品、文章、才学。追赠太傅。中书舍人苏轼撰《王安石赠太傅制》,文章曰:

> 故观文殿大学士、守司空、集禧观使王安石,少学孔、孟,晚师瞿、聃(佛、道),网罗六艺之遗文,断以己意;糠秕百家之陈迹,作新斯人。属熙宁之有为,冠群贤而首用。信任之笃,古今所无。方需功业之成,遽起山林之兴。浮云何有,脱屣如遗。屡争席于渔樵,不乱群于麋鹿。进退之际,雍容可观。

虽不乏褒扬之辞,但亦仅限于文学节义等方面,而对王安石的政治事业则一笔带过。

讣文发布后,在京太学诸生自设灵堂进行吊祭,“一日三千人”(刘弇《上蔡元度右丞书》)。还有许多太学生“相率至佛宫荐悼”(周辉《清波杂志》)。

门生陆佃闻讣失声,哭而祭之:

> 维公之道,形在言行。言为《诗》《书》,行则孔、孟。……德丧元老,道亡真儒。畴江汉以濯之,而泰山其颓乎!……回也昔何敢死,赐也今将安仰? 恟貌象之谁如,恍音尘之可想。呜呼已矣! 病不请祷,葬不反筑。寄哀一觞,百身何赎!

——陆佃《祭丞相荆公文》

慣识无心有海鸥,行藏须向古人求。皋陶一死随神禹,孟子平生学圣丘。雕篆想陪清庙食,玉杯应从裕陵游。遥瞻旧馆知难报,绛帐横经二十秋。

——陆佃《丞相荆公挽歌词》

老友郭祥正赋诗哀挽:

间世君臣会,中天日月圆。裕陵龙始蛰,钟阜鹤随仙。畜德何人绍,成书阖国传。回头尽陈迹,麟石卧孤烟。

公在神明聚,公亡泰华倾。文章千古重,富贵一毫轻。若圣孔非敢,犹龙耳强名。悲风白门路,啼血送铭旌。

——郭祥正《王丞相荆公挽词二首》

王安石下葬之后,郭祥正又专程赴江宁蒋山奠谒:

再拜孤坟奠浊醪,春风斜日漫蓬蒿。扶持自出轩雄上,光焰宁论万丈高。

大手曾将元鼎调,龙沉鹤去事寥寥。寺楼早晚传钟响,坟草春回雪半消。(原注:公《蒋山绝句》云:他生来听此楼钟。)

平昔偏蒙爱小诗,如今吟就复谁知?箧中不忍丌遗卷,娇娇龙蛇彼一时。

——郭祥正《奠谒王荆公坟三首》

孙觉、孔平仲等也曾作文吊祭。此外,刘奉的文集中尚有《代祭王荆公文》两首,不知主祭者是何人。

　　自嘉祐以来,王安石"以多闻博学为世宗师,当世学者得出其门下者,自以为荣,一被称与,往往名重天下"(王辟之《渑水燕谈录》),尤其是熙宁秉政之后,门人故旧更是遍及海内。然而,一旦政治风向有所更变,"学者皆变所学,至有著书以诋公之学者,且讳称公门人"(同上)。所谓墙倒众人推,曾备受王安石恩惠者尚且如此,某些原本心怀怨恨者更趁机发泄私愤。有个叫王汾的人,熙宁年间任馆职,因违忤王安石之意,改任判闻登鼓院四年,"家贫俸薄,累乞外任,不许"(孔平仲《孔氏谈苑》),故而怀恨在心。依照宋代礼制,王公及职事官三品以上薨,可由家属录其行状上书请赐谥号。通过尚书省、太常礼院、中书门下等多个部门的考核审议,拟定谥号,奏准后,于未葬之前赐其家。"善行有善谥,恶行有恶谥,盖闻谥知行,以为劝戒"(《宋史》)。王安石去世后,王汾竟上书"乞赐恶谥,以为后来之戒"(李焘《续资治通鉴长编》),所幸并未得逞。

　　有感于世态人心的凉薄,张舜民作《哀王荆公》四首,其中"恸哭一声唯有弟,故时宾客合如何",以及"今日江湖从学者,人人讳道是门生",尤其沉痛悲凉。张舜民字芸叟,号浮休居士,治平四年(1067)进士。熙宁年间,曾上书反对新法:"裕民所以穷民,强内所以弱内,辟国所以蹙国,以堂堂之天下而与小民争利,可耻也。"(陈均《九朝编年备要》)但他仰慕王安石的道德文章,元丰六年(1083)曾到江宁拜访,并相约同游蒋山。

　　与张舜民有着同样感慨的还有黄庭坚,在《西太一见王荆公旧诗偶次其韵二首》其一中,他写道:

　　　　风急啼乌未了,雨来战蚁方酣。真是真非安在,人间北看成南。

　　尽管司马光希望通过对王安石身后"优加厚礼"的方式,防止迎合时务、投机附会的浮薄之风蔓延，但政治才是最大的指南针和风向标，朝廷既然在政治上全盘否定王安石，其他一切褒扬都显得无足轻重。五、六月间，三省、太常讨论神宗庙庭配享功臣，有人从尊重历史事实的角度出发，主张由王安石和吴充配享，遭到众多旧党人士反对，最后竟作出一个极为牵强的决定：由富弼配享。并不惜改变旧制，仅用一人配享。可见当时执政群体的普遍意识中，党派的偏见超越了对历史的尊重，即便这个群体的核心人物司马光就是一位著名的历史学家。而尤其匪夷所思的是，江宁府司理参军、郓州州学教授周穜，竟因上书"乞以故相王安石配享神宗皇帝庙庭"而遭罢黜，罪名则是"草芥之微，而敢建此议……事关消长，忧及治乱"（苏轼《论周穜擅议配享自劾札子二首》其二）。倘若真想"振起浮薄之风"（司马光《与吕晦叔》），周穜以微贱小臣而不迎合朝廷，敢于发表不同意见，难道不正应予以褒奖吗？也就是在这样的政治氛围下，国子司业黄隐要求太学诸生，"凡程试文字不可复从王氏新说"（李焘《续资治通鉴长编》），如有引用，即遭降等。此外，黄隐还对祭奠王安石的太学生进行处罚。然而，黄隐的所做所为很快遭到御史刘挚、吕陶、上官均等的弹劾。若将周穜与黄隐两件事情合而观之，不能不让人感慨微妙复杂政局之下，下层官吏处世之艰难，"人人讳道是门生"的局面，恐怕也不能完全归咎于人性的浮薄。

时光的车轮昼夜不息，政局的变化循环往复，王安石身后地位亦随之升沉起伏。

元祐八年（1093）九月三日，太皇太后高氏去世，哲宗亲政，次年四月十二日改元绍圣，意思是继承神宗朝的施政方针。绍圣元年（1094）四月十三日，"诏故观文殿大学士、集禧观使、守司空、荆国公、赠太傅王安石，配享神宗皇帝庙庭"（《宋会要辑稿》）。五月十九日，诏礼官议故相王安石谥号，谥曰"文"，意谓"有功于斯文"，后世遂称"王文公"。

元符三年(1100)正月九日,哲宗崩逝,因为没有儿子,由弟弟赵佶继位,是为徽宗。次年正月,改元建中靖国,意在调停新旧两党。十二月,又改元崇宁,意为崇熙宁之政。崇宁三年(1104)六月七日,诏荆国公王安石配享孔子庙庭,位次于孟子。并令国子监"图其像,颁之天下"(《马端临《文献通考》》)。政和三年(1113)正月十九日,"赠太师、荆国公王安石追封舒王"(《宋会要辑稿》),王雱封临川伯,从祀孔子庙庭。

宋钦宗靖康元年(1126),国势危殆,言者归咎于王安石变法及其学术思想。诏复诗赋取士,禁用庄、老及王安石《字说》。五月,程颢、程颐弟子杨时,上疏抨击王安石变乱祖宗法度,"致今日之祸"(《靖康要录》)。诏降王安石配享孔子庙庭为从祀。

靖康元年(1126)十一月,金兵攻破汴京,徽、钦二帝被掳,北宋灭亡。次年五月,康王赵构在南京(今河南商丘)即帝位,是为高宗。建炎三年(1129)六月,将北宋灭亡之罪归咎王安石,诏罢王安石配享神宗庙庭。绍兴四年(1134)八月,追夺王安石舒王封号。

宋孝宗淳熙四年(1177)七月十二日,罢临川伯王雱从祀孔庙。淳祐元年(1241)正月十五日,罢王安石从祀孔庙。这一年距离王安石去世已经一百五十五年。

三十五年后,公元1276年,蒙古军队攻陷临安,恭帝赵㬎被俘北去。公元1278年端宗赵昰病逝。公元1279年,陆秀夫背负宋代最后一个皇帝赵昺,跳海殉国。

有着三百年基业的大宋王朝灭亡了! 那些困扰了一代又一代仁人志士的内忧外患,那些殚精竭虑、呕心沥血的扶危救弊,那些调一天下兼制夷狄的宏图远志,乃至那些撕裂了无数美好情谊的是非论辩,都已成陈迹!

然而,关于王安石变法,以及王安石学术思想的争论,却并没有结束。如同他所效忠的这个王朝一样,王安石在后世的评说中,褒贬两极,聚讼纷纭,莫衷一是,历千年而不息。作为一位在历史进程中,发挥过深远影响的政治家、思想家、文学家,他的身影映照千秋万代,他的足迹也已深深烙在历史的车轮上,每一次转动都会留下痕迹,无论他主观上是否"畏影恶迹"(《庄子·渔父》),都无法真正做到"处阴以休影,处静以息迹"(同上)。在生命的最后阶段,王安石想必已经明了这一切,因此他留下了这样的诗篇:

> 我与丹青两幻身,世间流转会成尘。但知此物非他物,莫问今人犹昔人。

——王安石《真赞》

面对丹青写就的自我肖像,他曾追问:我是谁? 谁是我?

作为一位皈依佛门的在家居士,王安石相信,幻亦非幻,真亦非真,真即是幻,幻即是真,幻有则成一切法,幻无则空一切相。我犹昔人,非昔人也。丹青是我,我非丹青。现在的我,画中的我,乃至世间万事万物,无论是真是幻,都将在时空流转中灰飞烟灭!

娑婆世界本自人言言殊,是非真假,姑且任人评说。

附　录

一、王安石生平及创作简表

皇帝年号	公元	年龄	生平经历	重要作品
真宗天禧五年	1021	1	农历十一月十三(公历12月19日)辰时生于临江军府治清江县(今江西樟树市)维崧堂。字介甫,号半山。	
乾兴元年	1022	2	随父至新淦。	
仁宗天圣元年	1023	3	随父至庐陵。	
天圣二年	1024	4	随父在庐陵。	
天圣三年	1025	5	随父至新繁。大妹文淑生。妻吴氏生。	
天圣四年	1026	6	随父在新繁。	
天圣五年	1027	7	随父在新繁。	
天圣六年	1028	8	随父在新繁。	
天圣七年	1029	9	随父进京。	
天圣八年	1030	10	随父至韶州。	
天圣九年	1031	11	随父在韶州。弟安国(平甫)生。	
明道元年	1032	12	随父在韶州。	
明道二年	1033	13	祖父去世,随父回临川守制。	
景祐元年	1034	14	居临川。弟安世生。	
景祐二年	1035	15	居临川。弟安礼(和甫)生。	《闲居遣兴》
景祐三年	1036	16	随父进京。	
景祐四年	1037	17	随父至江宁。	
宝元元年	1038	18	居江宁。大妹文淑出嫁。	
宝元二年	1039	19	居江宁。父亲病逝。与兄安仁、安道入江宁府学。与李不疑(通叔)为友。	
康定元年	1040	20	居江宁。在江宁府学。与马仲舒(汉臣)为友。	
庆历元年	1041	21	五月免丧。进京应礼部试。与曾巩定交。	
庆历二年	1042	22	三月登杨寘榜进士第四名。授校书郎、签书淮南节度判官厅公事。八月至扬州。与孙侔定交。	《上田正言书一》《送孙正之序》

续表

皇帝年号	公元	年龄	生平经历	重要作品
庆历三年	1043	23	在扬州任。三月以事赴江西。五月归临川。与表妹吴氏结婚。八月还扬州。	《扬州新园亭记》《伤仲永》《灵谷诗序》《张刑部诗序》《同学一首别子固》《豫章道中次韵答曾子固》
庆历四年	1044	24	在扬州任。长子王雱生。	
庆历五年	1045	25	在扬州。淮南判官任满。归临川。赴京改官。	《次韵子履远寄之作》《赠曾子固》《次韵和中甫兄春日有感》《送陈长之序》
庆历六年	1046	26	在京候任。正月充点检试卷官。与王回定交。	《上人书》
庆历七年	1047	27	至鄞县知县任。四月鄞女生。	《天童山溪上》《龙泉寺石井二首》《上杜学士言开河书》《鄞县经游记》《与马运判书》
庆历八年	1048	28	在鄞县任。六月鄞女卒。	《答姚辟书》《扬州龙兴讲院记》《慈溪县学记》
皇祐元年	1049	29	在鄞县任。	《鄞县西亭》《省兵》《收盐》《秃山》《答曾子固书》
皇祐二年	1050	30	鄞县任满。归临川。归江宁。	《别鄞女》《登飞来峰》《若耶溪归兴》《乌塘》《葛溪驿》《信州兴造记》
皇祐三年	1051	31	有旨召试馆职，上书请辞。改殿中丞、通判舒州。四月葬父。五月再召试馆职，再辞。七月赴舒州。十月长兄安仁(常甫)卒。	《到舒州次韵答平甫》《舒州被召试不赴偶书》《舒州七月十七日雨》《题舒州山谷寺石洞泉穴》
皇祐四年	1052	32	在舒州任。四月回江宁葬兄安仁。七月仲兄安道卒。	《壬辰寒食》《宣州府君丧过金陵》《老杜诗后集序》
皇祐五年	1053	33	在舒州任。五月至苏州相视水利。六月祖母卒。	《发廪》《感事》《兼并》《郊行》《促织》《偶成二首》《芝阁记》
至和元年	1054	34	舒州任满。力辞召试馆职。九月除群牧司判官。	《杜甫画像》《游褒禅山记》《乌江亭》
至和二年	1055	35	在群牧司判官任。三月诏特授集贤校理，固辞不拜。	《河北民》《丙申八月作》《答钱公辅学士书》《答王深甫书》

续表

皇帝年号	公元	年龄	生平经历	重要作品
嘉祐元年	1056	36	在群牧司判官任。七月受命考试锁厅举人。十二月任提点开封府界诸县镇公事。	《奉酬欧阳永叔见赠》《桃源行》《虎图》《题景德寺院壁》《寄题郢州白雪楼》《怀舒州山水呈昌叔》
嘉祐二年	1057	37	四月改知常州。五月离京赴任。七月抵常州。	《示长安君》《平山堂》
嘉祐三年	1058	38	二月移提点江南东路刑狱。四月赴任。十月除三司度支判官。	《临吴亭》《寄虔州江阴二妹》《解使事泊棠阴时三弟皆在京师二首》《日出堂上饮》《与刘原父书》
嘉祐四年	1059	39	在三司度支判官任。五月诏直集贤院，累辞不允，乃拜。六月好友王令卒。	《上仁宗皇帝言事书》《酬提刑邵学士》《王逢原墓志铭》
嘉祐五年	1060	40	正月奉命伴送辽国使臣回国。二月还京。四月诏同修起居注，固辞。八月考试开封府举人。十一月再诏同修起居注，再辞。	《明妃曲二首》《永济道中寄诸舅弟》《白沟行》《涿州》《出塞》《入塞》《思王逢原三首》《拟上殿札子》《度支副使厅壁题名记》
嘉祐六年	1061	41	三月为御试详定官。弟安礼(和甫)进士及第。六月召试知制诰。以知制诰纠察在京刑狱。八月秘阁试制科。	《试院中》《详定试卷二首》《八月十九日试院梦冲卿》
嘉祐七年	1062	42	十月徙以知制诰同勾当三班院。	《读孟尝君传》
嘉祐八年	1063	43	正月与范镇、司马光同知贡举。六月弟安国(平甫)举茂才异等，有司考校第一。八月母亲卒于京师。归江宁守制。	《题西太一宫壁二首》《秣陵道中口占二首》
英宗治平元年	1064	44	居丧江宁。本年朱氏妹卒。	《虔州学记》

续表

皇帝年号	公元	年龄	生平经历	重要作品
治平二年	1065	45	七月好友王回卒。十月除母丧,复为工部郎中、知制诰,召赴阙,以病辞。	
治平三年	1066	46	在江宁,三辞赴阙。	《句容道中》《自金陵至丹阳道中有感》《金陵怀古四首》《桂枝香·金陵怀古》《南乡子·自古帝王州》
治平四年	1067	47	三月子雱进士及第。诏知江宁府。九月除翰林学士。	《浪淘沙令·伊吕两衰翁》《太平州新学记》
神宗熙宁元年	1068	48	三月离江宁进京。四月诏越次入对。七月弟安国赐进士及第。本年任经筵侍讲。	《松间》《泊船瓜洲》《离北山寄平甫》《本朝百年无事札子》
熙宁二年	1069	49	在京。二月除右谏议大夫、参知政事。封赠三代。二月创制置三司条例司,议行新法。	《元日》《上元戏呈刘贡父》《御柳》《夜直》《禁中春寒》《孟子》《商鞅》《赐也》
熙宁三年	1070	50	在京。十二月任礼部侍郎、同中书门下平章事、监修国史(即史馆相、亚相)。	《咏月三首》《众人》《贾生》《吐绶鸡》《斋居晚兴》《答司马谏议书》
熙宁四年	1071	51	在京。任史馆相。八月子雱为太子中允、崇政殿说书。	《相国寺启同天道场行香院观戏者》《和吴相公东府偶成》《次韵和甫咏雪》
熙宁五年	1072	52	在京。任史馆相。	《壬子偶题》《怀府园》《西帅》《祭欧阳文忠公文》《上五事札子》
熙宁六年	1073	53	在京。任史馆相。三月置经义局,修撰《诗》《书》《周礼》经义,任提举。子雱同修撰国子监经义。	《和蔡副枢贺平戎庆捷》《次韵元厚之平戎庆捷》《何处难忘酒》
熙宁七年	1074	54	四月以观文殿大学士、吏部尚书知江宁府,仍提举经义局。子雱为右正言、天章阁待制,从江宁修撰经义。五月离京。六月到江宁任。	《夏夜舟中颇凉因有所感》《思北山》《人间》《芙蓉堂》《示王铎主簿》《金陵郡斋》《经局感言》

续表

皇帝年号	公元	年龄	生平经历	重要作品
熙宁八年	1075	55	二月拜同中书门下平章事、昭文馆大学士(即昭文相、首相)。三月进京。六月《三经新义》颁行,加左仆射,兼门下侍郎。	《入瓜步望扬州》《读史》《寄张氏女弟》《道人北山来》《世故》《老树》《寄道光大师》
熙宁九年	1076	56	在京。六月子雱卒。十月为镇南军节度使、同平章事、判江宁府。回江宁。施田与蒋山太平兴国寺。	《中书即事》《出定力院作》《怀金陵三首》《与宝觉宿龙华院三绝》《与参政王禹玉书》
熙宁十年	1077	57	居江宁。六月罢判江宁府,以使相为集禧观使。八月弟安国卒。十一月封舒国公。	《题雾祠堂》《自府中归寄西庵行详》《封舒国公三首》《芙蓉堂》其二《谢公墩》《赠僧》《寄吴氏女子》
元丰元年	1078	58	居江宁。正月辞使相,以本官领集禧观使。	《与望之至八功德水》《书定林院窗》《宿北山示行详上人》《两山间》
元丰二年	1079	59	居江宁。营建半山园。	《示元度》《示蔡天启三首》《半山春晚即事》《两山间》《与耿天骘会话》《和耿天骘游定林寺》《送耿天骘至渡口》《岁晚》《胡笳十八拍》
元丰三年	1080	60	居江宁。正月大妹文淑(张氏妹)卒。九月拜特进,改封荆国公。	《邀望之过我庐》《送望之赴临江》《闻望之解舟》《次吴氏女子韵》《渔家傲》
元丰四年	1081	61	居江宁。三月弟安礼为翰林学士。	《元丰行》《与道原游西庵遂至草堂宝乘寺二首》《与耿天骘宿清凉寺》《南浦》《染云》《即事》
元丰五年	1082	62	居江宁。四月弟安礼为太中大夫、守尚书右丞(即副宰相)。《字说》成。	《仲元女孙》《后元丰行》《送和甫至龙安微雨因寄吴氏女子》《寄吴氏女子》《答吕吉甫书》
元丰六年	1083	63	居江宁。	《书湖阴先生壁二首》《杖藜》《北山》《南浦》《昭文斋》

续表

皇帝年号	公元	年龄	生平经历	重要作品
元丰七年	1084	64	居江宁。以所在园屋(即半山园)为僧寺,神宗赐名报宁寺。在江宁城中租屋而居。	《钟山即事》《寄蔡氏女子》《昼寝》《病中睡起折杏花数枝二首》《回苏子瞻简》
元丰八年	1085	65	居江宁。三月神宗卒,哲宗即位。以哲宗登极恩守司空。	《秋热》《题半山寺壁》《望江南·归依三宝赞》《谢微之见过》
哲宗元祐元年	1086	66	四月病逝,赠太傅。	《杖藜》《新花》

二、王安石身后荣衰简表

皇帝年号	公元	荣衰情况
哲宗元祐元年	1086	科场禁《字说》。
哲宗绍圣元年	1094	谥文公。配享神宗庙。除《字说》之禁。
哲宗绍圣二年	1095	赠太师。
徽宗崇宁三年	1104	配享孔庙，列于孟子之次。
徽宗政和三年	1114	追封舒王。子雱封临川伯，从祀孔庙。
钦宗靖康元年	1126	禁《字说》。罢配享孔庙，降为从祀。
高宗建炎三年	1129	罢配享神宗庙。
高宗绍兴四年	1134	追舒王告，毁抹。
高宗绍兴十年	1140	临川知州詹大和重刊《临川文集》。
高宗绍兴二十一年	1151	曾孙王珏刻《临川先生文集》。
孝宗淳熙四年	1177	子雱罢从祀孔庙。
理宗淳祐元年	1241	罢从祀孔庙。

三、王安石亲族简表

称谓	姓名	备注
父亲	王益(舜良)	大中祥符八年(1015)进士,官至江宁府通判,追封楚国公。
母亲	吴氏	追封魏国太夫人。
长兄	王安仁(常甫)	同父异母兄。皇祐元年(1049)进士,曾任宣州司户参军。
次兄	王安道(勤甫)	同父异母兄。
四弟	王安国(平甫)	熙宁元年(1068)赐进士及第,曾任著作佐郎、秘阁校理。娶曾巩之妹,其一女嫁叶涛。
五弟	王安世(庆甫?)	
六弟	王安礼(和甫)	嘉祐六年(1061)进士,官至尚书左丞。娶谢景温之妹。
七弟	王安上(纯甫)	曾任江南东路提点刑狱。娶段氏。
大妹	王文淑	嫁张奎,封长安县君,其一女嫁龚原。
大妹夫	张奎	王益同僚张若谷之子,官至尚书比部郎中。
二妹	(朱氏妹)	嫁朱明之(昌叔)。
二妹夫	朱明之(昌叔)	官至大理少卿。
三妹	(沈氏妹)	嫁沈季长(道原),封德安县君。
三妹夫	沈季长(道原)	曾任天章阁侍讲、同修起居注等职。
妻	吴氏	堂舅吴芮之女,封吴国夫人、越国夫人。
妻弟	吴颐(显道)	
长子	王雱(元泽)	治平四年(1067)进士,官太子中允、天章阁待制。娶萧氏。
长女	鄞女	早夭
次子		早夭
幼子	王旁	官至奉议郎、秘书省正字,先娶庞氏,再娶郑氏。
次女	(吴氏女子)	嫁吴充子吴安持,封蓬莱县君。
女婿	吴安持	吴充次子,官至天章阁待制。
幼女	(蔡氏女子)	嫁蔡京弟蔡卞,封福国夫人。
女婿	蔡卞(元度)	熙宁三年(1070)进士,官至尚书左丞。
侄婿	叶涛(致远)	王安国婿,熙宁进士,元丰间为国子直讲。
侄婿	黎珣(东美)	治平四年(1067)进士。
甥婿	龚原(深之)	文淑婿,熙宁进士,元丰间为国子直讲。
孙子	王棣(仪仲)	王雱过继子,宣和四年赐进士出身,官至显谟阁直学士、知开德府、充本路经略安抚使。
孙子	王桐	王旁子,官至承事郎、直龙图阁,娶郑氏。
孙女		王雱女,嫁吕嘉问子吕安中。
孙女		王旁女,嫁郑居中弟郑久中。
外孙	吴侔	吴氏女之子,其父吴安持。
外孙	蔡仍(子因)	蔡氏女之子,其父蔡卞。

四、王安石著作重要版本录

全集

《临川先生文集》

　　　　宋绍兴二十一年杭州刻本

　　　　明嘉靖十三年安正堂刻本

　　　　清《四库全书》本

　　　　《四部丛刊初编》本

《王文公文集》

　　　　宋绍兴年间龙舒刻本

　　　　中华书局上海编辑所 1962 年影印本

　　　　唐武标校,上海人民出版社 1974 年

《王荆文公诗笺注》宋李壁笺注

　　　　元大德五年刊本

　　　　清乾隆六年清绮斋重刻本

　　　　清《四库全书》本

　　　　中华书局上海编辑所 1958 年重刊本

　　　　上海古籍出版社 1993 年影印日本名古屋蓬左文库所藏朝鲜

活字本

　　　　高克勤点校,上海古籍出版社 2010 年

《王安石全集》

　　　　王水照主编,复旦大学出版社 2017 年

选本

《王安石散文选集》,王水照、高克勤编撰,上海古籍出版社 1997 年

《唐宋八大家文钞校注集评·临川文钞》,高海夫主编,三秦出版社1998年

《王安石诗文选注》,张白山、高克勤撰,上海古籍出版社1998年

《王安石散文选集》,洪本健选注,百花文艺出版社2006年

《王安石诗词文选注》,高克勤选注,上海远东出版社2013年

后　记

终于到了结束的时候。这本书的写作,于我而言,真是一次漫长而艰难的跋涉。

早在1997年秋季至1999年春夏,我与王水照先生合作撰写《苏轼传》时,王安石就是一个无法绕开的人物。他和苏轼同样受知于欧阳修,却因政治、学术、性情、人际关系等多重因素,交织成一段亦敌亦友的复杂关系,剪不断理还乱。那时,我便对王安石萌生了极大的兴趣,可惜限于时间和学力,没能深研王安石本人的诗文集,只是参考借鉴学术界已有的研究成果,这成为我心中的一个遗憾。2005年夏,着手写作《欧阳修传》,作为一个不可或缺的人物,王安石又一次出现在我面前。而王安石与欧阳修的关系,更加耐人寻味,若即而又若离。但是我仍没能全面深入地研究王安石其人其文,遗憾之感更加强烈。

2008年《欧阳修传》出版后,很多朋友都问:"下一个会写谁?"师兄朱刚则直接建议道:"就写王安石吧!"确实,这正是我心中的愿望,但是却没有勇气。虽然,欧阳修、苏轼和王安石,同样都是百科全书式的人物,同样跨越政治、学术、文学艺术诸多领域,但欧、苏最突出的成就无疑是在文学方面。写作《苏轼传》《欧阳修传》,虽然也需要熟悉宋代历史政治、典章制度,以及中国古代学术思想史等相关内容,但涉猎的深度与广度,基本上仍在我个人知识结构能企及的范围之内。然而,王安石不一样。那些在欧、苏二传中可以轻轻避开或几笔勾勒的历史背景,在《王安石传》中却不得不展开正面叙述。所以,很长时间,我没有勇气去追逐自己的梦想,实现自己的愿望。那些年至少有三四家出版社的编辑朋友,先后约我写李清照或辛弃疾。但王安石才是我真正的兴趣所在。2014年秋,《欧阳修传》2013版责编伍绍东先生,又一次来邀约选题时,我终于下定决心,说出了这个长久以来的愿望。但是,也明确告诉绍东,这个选题对我来说很难,可能需要比较长的时间。绍东表示愿意等待。选题通过后,于12月初签订了出版合同,约定2017年3月交稿。

2014年秋季学期开始,每周一次与研究生的读书会,读书内容便从原定的《四库全书总目提要》,改成了《临川先生文集》以及各种类型的宋史著作。其中涉及经济、军事和边疆人物地理的部分,最为繁难。2016年开始动笔写作,仍然觉得举步维艰。除了自身知识的边界不断遭到挑战,还有以下几大困难:首先,没有权威的王安石著作整理本。这个问题在2017年5月获得解决。王水照先生领衔的《王安石全集》出版后,老师第一时间送给我一套。其次,没有详细可靠的王安石年谱和作品编年。刘成国先生所著《王安石年谱长编》于2018年1月出版,我大约是在三四月间才买到。因此,前五章的写作,在史实的排比、作品的系年等方面,困难重重。虽然也有一些研究论著可以参考,但较为零散,大多不成体系,且往往错讹参差之处不少,需要费时费力详加辨析。再次,自南北宋之交,因为政治、思想等多方面的原因,王安石及新党人士被污名化,史实的扭曲和遮蔽非常严重,如何取舍也颇费斟酌。因此,从2016年到今天,断断续续写了四年。每次解决完一个难题,都有种力量耗尽的感觉,天性中的懒散和畏难情绪就会怂恿我停下来休息。一旦搁置,重新开始又需鼓足勇气。于是,交稿时间一推再推。可喜的是,我终于完成了!

作为一位重要的历史人物,有关王安石的传记并不少见,而且有多部大家、名家之作,如:梁启超《王安石传》、邓广铭《北宋政治改革家王安石》、漆侠《王安石变法》等。但受制于近现代以来特殊的社会政治背景,这些传记无一不是聚焦于政治改革,在动笔之前即已将王安石定位于一个比较单一的、确定不变的身份,固然具有很强的现实性,却也难免会遮蔽一些历史事实。但我想写的,不是一部政治家的传记,而是一个人的传记。试图尽可能抛开固有的观念、习见的标签,从王安石的全部作品入手,从最原始的文献入手,通过对王安石心灵世界的体认和理解,结合对他同时代人与他的多层次互动的考察，还原一个真实鲜活、有血有肉的王安石。在写法上，本书也仍然延续《苏轼传》《欧阳修传》的风格。坚持"无一事无来历"的宗旨，凡所讲述的事件，包括一些细节，均有文献根据，绝不凭空编造。其中，所据的宋人笔记有的未必可靠，但仍保留着真实的时代风气、氛围和风俗习惯，即便是没有发生过的事情，却是有可能发生的事情。坚持"无一事无来历"，但并不主张"无一字无来历"，在追求某一事件、故事、情节在时、地、人的真实性的基础上，允许作一些合理的想象和推演，以表示笔者对这些事件等的个人理解，也使此书具有生动性与可读性。

1997年着手写作《苏轼传》，2001年开始收集《欧阳修传》的文献史料，2020年《王安石传》完成，三部书稿，先后绵延二十四年。这二十四年，我的阅读和思考，主要都是围绕这三位伟大人物而展开，我的心灵世界，也因着追寻这三位伟大人物的心路历程，而变得更加丰富宽广。跟随他们的足迹，我闯入了许许多多在我日常生活中几乎不会触及的领域，虽然大多数时候都只是在门外窗前片刻的好奇张望，但足以让我大开眼界。作为一名传记作者，虽然尽可能采取理性、客观、严谨的学术研究方法来处理材料，但写作过程中，我的情感仍会随着人物命运的起伏而跌宕。在我心中，苏轼是智者，一切境遇皆能从容应对，因此《苏轼传》越写越欢喜，欢喜中充满了感动；欧阳修是达者，但在世事纷扰、疾病侵凌下，仍难敌生命的虚无，因此《欧阳修传》越写越感伤，感伤中亦充满了敬意；王安石是勇者，激流勇进，激流勇退，世罕其匹，因此《王安石传》越写越崇敬，崇敬中充满无尽的心疼。如果可以选择，我希望成为东坡的朋友，欧公的弟子，半山居士的兄弟姐妹。

感谢我的导师王水照先生，引领我走进宋代文学这个无限美妙深广的世界，得以如此近距离地与人类历史上最伟大的灵魂共处、对话。

感谢天津人民出版社,感谢历任责编王华女士、徐庆平女士、伍绍东先生,以及前后两位副总编任洁女士、杨舒女士,一次一次的约稿和耐心等待,在如此快节奏的时代,给我这个习惯慢生活的人足够的包容,让我可以按照自己的节奏来完成每一部书稿。

感谢宋代文史学界的前辈和当代学者,本书的写作过程中,大量参考了他们宝贵的研究成果,限于体例,未能全部一一注明,敬请谅解。感谢尧军先生、吴健先生,提供难得的、稀见的资料。

2021年农历十一月十三(公历12月19日),是王安石诞辰一千周年纪念日,谨以此书敬献给这位不朽的文化巨人!

著者

2020年9月8日

大学者 名高一时，学贯千载

拗相公 立于浊流，人品贵重

变法家 虽千万人吾往矣

是北宋亡国的罪魁祸首，还是史上最伟大的改革家？
是权倾一时的政治家，也是流芳千古的文学家。

学者崔铭耗时七年力作，无一事无来历，
发掘"拗相公"政治家和文学家的双重人格。
以此纪念王安石诞辰一千年。

崔 铭

复旦大学文学博士，南京师范大学博士后，现任同济大学中文系副教授、硕士生导师，兼任中国欧阳修研究会常务理事、中国苏轼研究会理事、上海市古典文学学会理事。

代表作品：《智者在苦难中的超越：苏轼传》《达者在纷争中的坚持：欧阳修传》《张耒年谱及作品编年》《中国古代文学经典导读》《大学语文》《唐代诗歌选》《宋代诗词选》等。

王安石传

责任编辑：伍绍东　　出版统筹：赵子源　苏　晨

营销编辑：苏　晨　　封面设计：姚立扬　李晶晶

版式设计：周丽艳

蚂蚁书架